JN247083

十九世紀日本の園芸文化

江戸と東京、植木屋の周辺

平野 恵 著

思文閣出版

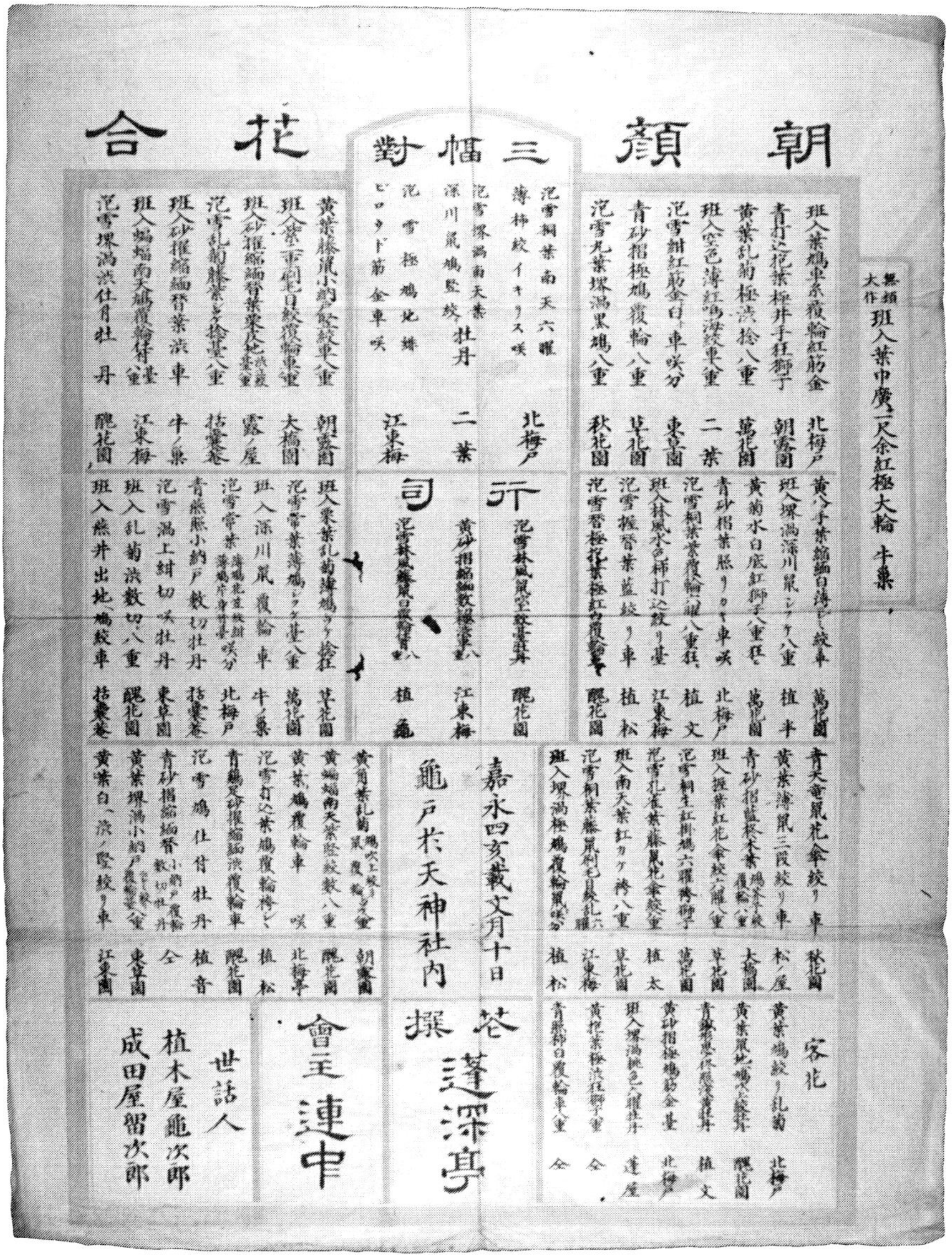

口絵1　嘉永4年『朝顔花合』

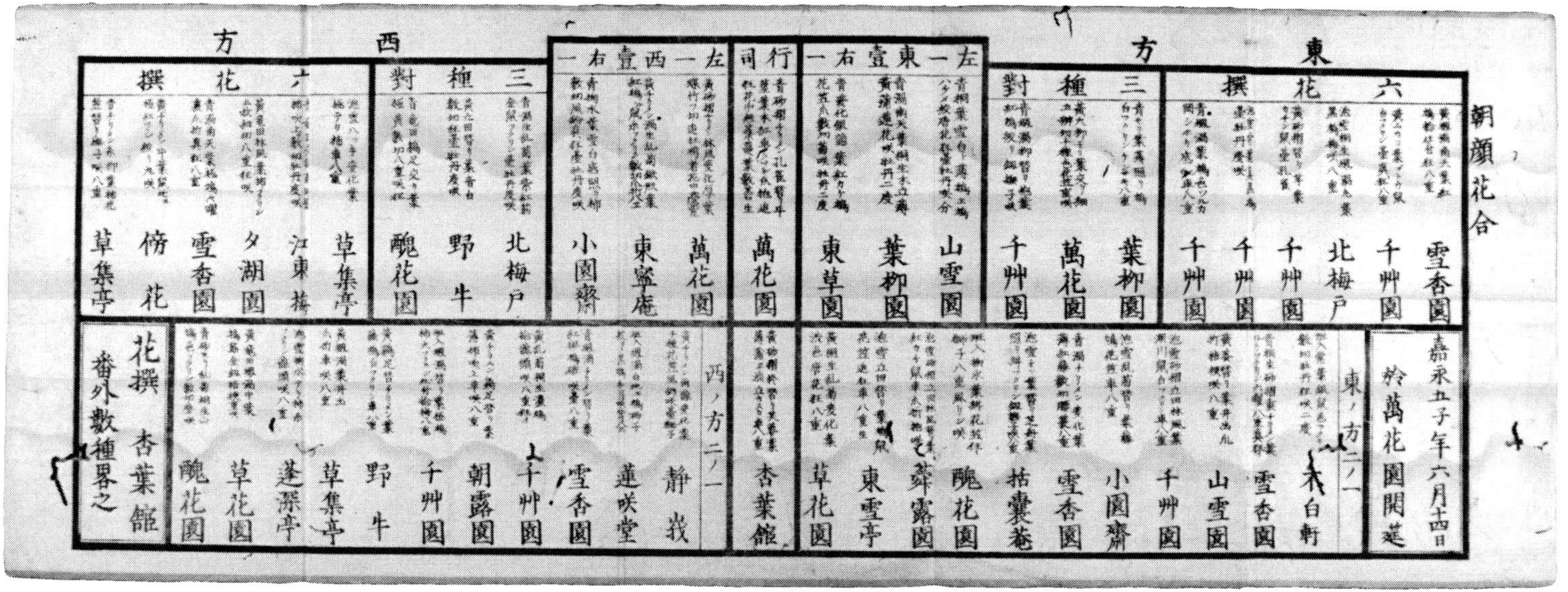

口絵２　嘉永５年 万花園『朝顔花合』

目次

第三部　植木屋の隆盛

十九世紀日本の園芸文化

——江戸と東京、植木屋の周辺——

序章　課題と研究史

第一節　本研究の課題

本研究は、十九世紀の江戸・東京地域における園芸文化を明らかにすることを大きな課題とする。園芸とは、草木の栽培技術を意味するが、栽培技術の詳細を明らかにするのが主目的ではない。本研究の目的は、園芸にたずさわる担い手側が、園芸をどのように受容し、さらにどのように推進していったかを文化史学・思想史学の側面から考察することである。

本来「園芸」は、近代以降に用いられた概念・言葉であって、広く花卉園芸や果樹園芸・蔬菜園芸・造園業をも含む概念である。本研究で扱う園芸の範囲は、近世においては「種樹《しゅじゅ》」と呼ばれ、近代以降の使用語では「花卉園芸」が最も近い。近年は「ガーデニング」と称されることも多い分野である。筆者は、歴史を叙述する際には、使用された時代の語を用いるのが最も適当だと考えている。この意味で近世において使われた用語「種樹」は、樹木を植え育てることをいい、ひいてはその業に専従する人間、もしくは職種の名として用いられたという歴史がある。しかしながら本研究では、現代においては死語となってしまった「種樹」という言葉自体になじみがない点を第一の理由に、この使用を退けた。第二の理由としては、担い手の問題である。本研究で扱う十九世紀、すなわち近世後期から明治初期における「種樹」つまり花卉園芸が、本草学・洋学・国学・狂歌という同時代の学芸の影響を受けて、この業に専従する人間以外の積極的関与をもたらした。「種樹家」を担う立場の「種樹家」は、十九世紀の本草書には「植木愛好家」という意と「植木屋」という意の混用が目にとまる。一方で園芸に専従すべき「種樹家」つまり植木屋が、見世物・開帳など庶民娯楽の影響下に置かれて、「種樹」という一業種の範疇から逸脱する場合がある。以上の理由で狭義の「種樹」の使用を避け、現代も通用する「園芸」を採用した。しかしながら冒頭に述べたように、園芸技術を明らかにすることが真の目的でないため、誤解を避けるため「園芸文化」とした。

従来の近世史研究においては、文化史は趣味的なもの、好事家的な事柄を叙述するだけであって、歴史分野でありながら、別のカテゴリーとして認識されていた。このなかで、西山松之助ら江戸町人研究会による『江戸町人の研究』全五巻(1)が果たした役割は小さからぬものがある。名主・職人・札差など諸階層を対象にし、開帳・出板など個別具体的な文化事象を生活文化として掘り下げた手法は、生き生きとした都市「江戸」を映し出すことに成功した。文化史における生活文化・都市文化という新たな領域を生み出し、以降の文化史に重要な指標を示し得た。『江戸町人の研究』以降現在まで近世江戸の文化史は、ここに提起された文化事象を踏襲して、さらに細分化する傾向にある。とくに一九八〇年代以降における地域博物館等の増加によって、博物館展示を中心にこの傾向が強くなった。そのため展示は画一化し、具体的な事象は個別に語られ、文化を一元的に採り上げられない側面を呈しはじめている。

この意味では、思想史分野においても同様の事態を招いている。国学・蘭学・考証学・本草学・文学など諸分野に細分化され、それぞれの分野を横断する視点の欠如がまま見られる。本研究において、思想史としてあらためてその歴史的意義を問い直すのは、本草学である。近年、本草学は磯野直秀の『日本博物誌年表』(2)を筆頭に、史料による再編が盛んになされている。しかしながら明治維新以後、「博物学」の語にすりかえられ、本来的な薬効研究の意味はもちろんのこと、国学・蘭学・考証学・文学の性質を帯び、なおかつ民俗学・名物学・植物学・動物学・鉱物学などを包含する、近世後期に発達した総合学問として君臨した本草学の本質が語られる機会は得てして少ないといえよう。現時点において筆者自身、すべての本草分野に言及するには未だ調査が進んでおらず、また、従来の本草研究を卑下するものではない。本研究では、園芸と本草を分離させては考えず、思想史的な視点から総合学問、「本草」の一側面としての「園芸」を絶えず念頭に置いて、本草がどのように園芸文化に作用したのかを考えるという方針を取る。同時に多様性を帯びる近世文化史においては、一面的な現象で羅列的に語られる場合が多い園芸文化を、他の文化史との結びつきを示しながら、その独自性を際立たせたいと考える。

以上の文化史・思想史の側面に加えて、本研究のキーワードとして挙げる点は、都市史である。吉田伸之の『近世巨大都市の社会構造』(3)『巨大城下町江戸の分節構造』(4)は、近世都市江戸における都市機能を「町会所」や「役」などの町の歴史から、あるいは表店層や市場社会・寺院社会・藩邸社会としての町の機能を、個別具体例を示すことによって分析している。岩淵令治は『江戸武家地の研究』(5)で、本研究でも採り上げた駒込（現、豊島区・文京区）地域について、町の属性を寺社地・武家屋敷地・町場さらに路上空間と分類して細密に検討し、町の歴史を紐解くことに成功した。このような分析は、岩淵も使用している語であるが、「地域史」よりもさらに細密な「地点史」(6)という概念を念頭に置いた作業である。二〇〇二年における地方史研究協議会大会のテーマ「江戸・東京の北郊」もまた、江戸・東京の北の郊外である現在の北区・豊島区・板橋区・荒川区・足立区・練馬区のそれぞれの地点史を研究する博物館学芸員が中心になったテーマ設定であった。しかしながら、地点史として現在の行政区分からかもし出すイメージにとらわれたためか、都市中心域と郊外の双方の側面を有する文京区や台東区が、「北郊」の範疇に当初組み入れられなかったことは、未だ地点史研究が周知されていないためと考えられる。(7)

本研究では、園芸文化を担った層が集住する浅草・下谷・本所・駒込・巣鴨・染井など、都市とその近接する郊外における地点史を明らかにすることを念頭において執筆した。第一部では、下谷・本所を中心とした下町地域に在住した、朝顔・小万年青《こおもと》に関わった園芸文化の担い手に注目したが、これは裏を返せば園芸文化の担い手は、都市における下町地域に顕著であったと結論づけられよう。また、前述の地方史におけるテーマであった「北郊」に関しては、第三部第三章で「北の郊外」に文京区域が含まれることを念頭に稿を成した。

以上の課題を前提に、次に研究史として、園芸史・本草学史・見世物史それぞれの分野別の概観と本研究との関連性を中心に述べていく。

第二節　園芸史

近年の園芸史分野の研究で注目すべきは、博物館における展示である。一九八〇年代から現在までの約二十年間に、東京二十三区部における地域博物館を中心に、園芸文化の展示が増加している。この中でも、近世の園芸地帯として最も名高い、江戸近郊農村、染井・巣鴨を擁す東京都豊島区が先進的な調査を行ってきている。地域に密着した地場産業として園芸をとらえ、『駒込・巣鴨の園芸史料』[8]を刊行、『豊島区史』[9]に園芸関係の史料を多く収載した。豊島区立郷土資料館では、一九九三年に「植木屋のある風景―園芸都市の地域像をさぐる―」展を開催した。これは先行研究、川添登『東京の原風景―都市と田園との交流―』[10]、川添登・菊池勇夫『植木の里』[11]とともに、園芸都市を扱ったものとしては記念碑的な業績といえよう。園芸文化を地域史の側面からとらえ、担い手としての植木屋に着眼した点が新しかった。しかし「植木屋のある風景」展は、植木屋のバックグラウンドである染井・巣鴨・駒込、それぞれ個別の地域性に触れず、年代ごとの特徴を把握しづらい構成であった。享保期における染井の伊藤伊兵衛のほかは、個別の人名は登場するものの全体としては植木屋を集団としてのみとらえ、やや雑然とした印象が否めない。また細かいことではあるが、「駒込の植木屋」の中に、隣接する植木屋集住地域、行政区分でかつて駒込村に属した団子坂（現、文京区千駄木）の植木屋が含まれないのは、観覧者に誤解を与え、地域史として考える上で批判されよう。とはいえ本展示は、地域博物館における園芸展示の先駆けとして、基本的な要素を備えていた。花名所・担い手（植木屋）・地域史としての園芸文化の三要素がそれである。この三要素は、その後の地域博物館における園芸展示で欠かせないものとなった。本研究においても中核を占める部分である。

　花名所を前面に打ち出した展示は、近年増加が著しい[12]。しかし、地域博物館の所蔵資料のうち、最も標準的な錦絵・名所図会を陳列したものが多く、文字通り華やかではあるが、物足りない展示も少なくない。この中では、葛飾区立郷土と天文の博物館における「堀切菖蒲園―葛西花暦―」展（一九九五年）に始まった、図録・報告書が充実している[13]。豊島区が試みた、集団として存在する植木屋を擁す地域性という観点ではなく、花菖蒲という一つの植物と、これを栽培した新名所としての菖蒲園に焦点を絞った地域性重視の展示である。ただし、一九九五年の展示において第二部として、葛飾区・墨田区・江東区などを一つの地域として「葛西」に集約する試みは、花菖蒲以外の植物も対象に含めてしまい、テーマが大きい割に、展示方法は錦絵の羅列のみで、地域の特性が描き出されていなかった。しかし、これ以降は、葛飾における花菖蒲をメインテーマに戻し、近世から近代という連続性を視野に入れた文献史料の分析によって、幅広い展開を見せている。

　担い手から迫った展示では、豊島区立郷土資料館「伊藤伊兵衛と江戸の園芸」展（二〇〇三年）[14]があり、植木屋を集団でとらえず、ここでは有名植木屋・伊藤伊兵衛一人に焦点を当てた。また同館は、植木屋以外の担い手にも注目した。「竹本焼と園芸・盆栽文化―中島英雄コレクションを中心に―」（二〇〇一年）である。同館学芸員・横山恵美は、幕末から明治期に生きた竹本要斎《ようさい》という人物の研究を進めており、展示はその成果である[15]。要斎は、幕末期には有能な旗本として外国奉行を二回務め、明治四年には自宅および浅草寺において物産会を開いた。この物産会は、おそらく田中芳男（後述）の知恵を借りたと考えられ、鳥獣・植物など近世における本草会（薬品会）そのものであった。園芸文化においては、変化朝顔の研究会「穰久会《じょうきゅうかい》」（明治二十六年創立）設立に尽力した功がある。また、息子隼太・孫皐一らとともに盆栽に使用される「竹本焼」を開発、シカゴ万博では高い評価を受けた。この竹本要斎のように、武士でありながら物産に関心が高く、モノの考究に傾倒していく層が十九世紀以降増加し、園芸文化の担い手として活躍し始めるのである。これは後に「博覧会男爵」とも呼ばれた、幕末の本草学者で明治期の官僚、田中芳男と共通する。近世において、本草分野における物産に関心が高かった人物は、明治維新を迎えてもその知識を生かし殖産興業に順応できたのである。この点は、次節の本草学史で詳しく触れる。

これまで述べてきた地域博物館展示の充実と比較すると、歴史学という観点から園芸を採り上げた先行研究は少なく、一九九〇年代に入って前述のような地方自治体の調査研究が始まるまでは、技術面からのアプローチに偏っていたのが八〇年代までの特徴であった。現在でも同様であるが、園芸研究界は、桜草・朝顔・花菖蒲など、個々の園芸品種ごとに研究会や愛好会がある。それぞれの植物の歴史はこれらの会誌に載せられ、広く一般に知られることは少なく、桜草や万年青《おもと》など単体の植物を対象に歴史を語るため、例えば一人の担い手が複数の園芸植物栽培に従事したという視点に欠けてしまっていた。そのなかで前島康彦『樹芸百五十年』[16]は、本所四ツ目（現、江東区）の植木屋、成家文蔵の創立にかかる「富士植木」の社史という形式を取りながら、近世における園芸植物の流行の実態、植木屋の領域まで言及され、江戸の園芸史を全般に記した好著である。このほか芦田潔[17]、小笠原亮[18]、渡辺好孝[19]、青木宏一郎[20]などが一般向けの概説書を著し、園芸文化の周知に努めている。なお変化朝顔は園芸品種の中でも番付・図譜が最も多い植物であるため、遺伝学からのアプローチもあり、国立歴史民俗博物館では一九九九年「伝統の朝顔」展を開催、翌二〇〇〇年も引き続き同展を開催、変化朝顔に関する出版物が多く発行された[21]。筆者はこの展示プロジェクトに参加し、本研究第一部第一章および第二章はこの展示成果を反映した論考である。

庭園・造園学の方面からは、小野佐和子による「帯笑園《たいしようえん》」の研究が注目される[22]。駿河国沼津原宿にあった庭、「帯笑園」にまつわる園芸的な性格を、当主の植松家文書を用いて明らかにしたものである。交際があった者に、近隣の植木屋のほか江戸の植木屋の名前も認められ、花園が名所として成立するための条件を備えた、文化サロンとしての庭の一例を呈示した。丸山宏は、植木屋作成の図譜に注目した「江戸後期の垣根図譜『藩籬譜《はんりふ》』について」[23]をはじめ、近世における庭造りを技術史上からとらえた研究がある[24]。飛田範夫も園芸に主軸を置く庭園史研究を進めており、『日本庭園の植栽史』[25]としてまとめた。

以上のとおり花名所や植木屋は、博物館展示においてそれぞれの地域の特色を描き出す有効な手段として重宝されており、一方で園芸史では植物別の研究に重点が置かれ地域史としての記述は比較的薄いのが現状である。本研究は、豊島区に代表される、地域性の高い地場産業としての園芸を評価する方法を踏襲する。すなわち地点史[26]を詳細に検討する作業の積み重ねによって、都市における文化史を明らかにすることを目指すものである。

第一部「連と園芸品評会の流行」でまず注目したのは、駒込・巣鴨・染井のような栽培地ではなく、品評会が頻繁に開催された下谷・浅草地域である。浅草蔵前の寺院境内において、江戸で初めて変化朝顔の品評会が行われたように、当該地域は会の場所として選ばれることが多い、寺院に隣接する繁華街である。また、明治期に花名所となる入谷という地域は、朝顔の栽培地でもあった。このように、駒込・巣鴨・染井とは性格が異なる下谷・浅草という下町地域を、朝顔の史料の検討から、会の開催地である点、朝顔では供給地となった点、さらに時代を経るにしたがい担い手に植木屋が多くなる点を、地域の特徴として位置づけた。本研究では第一章に当たる。

次に、植木屋以外の担い手に注目したのが、第二章である。大田南畝を代表格とする近世後期の文人が、複数の植物を対象として園芸文化に関与し、とりわけ狂歌師が果たした役割に重点を置いて考察を加えた。狂歌独特の「連」という、地域的結合力を背景に、園芸文化のネットワークが拡大した文化・文政期と、第一章で詳述した植木屋を中心とする嘉永・安政期を対比して、両者の共通点を探った。

江戸地域の特色を追究する上で必要と考え、江戸とこれ以外の都市における園芸文化の比較を試みたのが第三章である。図譜・番付による大坂と江戸の比較、さらに、その地理的または文化的中間に位置する名古屋の本草学者・水谷豊文《ほうぶん》の著した史料を用い、朝顔における担い手の問題を植木屋と武家、双方から考察した。

第三節　本草学史

前節では、博物館展示を中心に園芸文化における、地域性と担い手に注目した研究史を紹介してきた。しかしこれらの研究史では、すべて共通して本草学の影響を無視している。園芸文化全体を見通すためには、なぜここに園芸文化が現出したのかを問わなければならない。園芸文化は、植木屋や本草学者や医師や考証学者など、様々な立場の担い手側から考えていくべきである。本研究の独自性は、園芸史・本草学史・見世物史といった複数の分野にまたがっている点である。この三分野から相互に共通する問題や関連性を見極め、その統合をはかるのを目的とする。このため、以下では、園芸文化の性格を明らかにすることを前提に、本草学研究史を紹介する。

本研究では、園芸文化も広義の「本草」分野に含まれるものとする。ここでいう本草は、植物学・動物学・鉱物学など自然研究分野のほか名物学分野さえも包含する多岐にわたる研究分野である。狭義の薬効を考究する伝統的な学問「本草」に限定するものではない。前節に掲げた研究史では、用いた史料が番付・図譜・板本・錦絵に終始しており、本草学者の手になる本草書の検討がなされていなかった。本草学者の事績の中には、園芸分野が含まれる場合も多々あり、また明治維新以後に活躍した田中芳男・伊藤圭介など博物学者と認識される人物やその交友関係にも、園芸関係者が多い点に注意を喚起するため、現在の分類では、植物学史や博物学史あるいは思想史分野と考えられているものも含めて紹介する。本節では、博物館展示を中心とした各論を先に抽出し、十九世紀本草学史にかかわる研究を次に採り上げる。

本草史料の所蔵機関による展示では、前節に述べた園芸展示のような地域性重視の展示は少なく、網羅的・羅列的な展示が多かった(27)。しかし徐々に、和歌山市立博物館「江戸時代の動植物図鑑―紀州の本草学を中心に―」（一九九四年）、世田谷区郷土資料館「江戸の博物図譜　世田谷の本草画家斎田雲岱の世界」（一九九六年）、岐阜県博物館「花と鳥のイリュージョン―江戸の学問と芸術―」（一九九七年）、一関市博物館「民間備荒録―江戸時代の飢饉と救荒書―」（二〇〇〇年）、飯田市美術博物館「江戸時代の好奇心―信州飯田・市岡家の本草学と多彩な教養―」（二〇〇四年）、富山市売薬資料館「飢えに備えて―救荒策にみる薬草―」（二〇〇四年）、西尾市岩瀬文庫「日本人のナチュラルヒストリー」（二〇〇五年）など、地域出身の本草学者に焦点を当て、地域に根ざした展示が増加してきた。

その最たるものが、名古屋における伊藤圭介の顕彰事業である。白井光太郎《みつたろう》と並び国立国会図書館本草関係蔵書の双璧をなす伊藤圭介に関する研究は、主として出身地・名古屋で行われている。基本的な文献、杉本勲『伊藤圭介』(28)、吉川芳秋『医学・洋学・本草学者の研究―吉川芳秋著作集―』(29)をはじめとして、膨大な日記が圭介文書研究会によって『伊藤圭介日記1～11』(30)として翻刻が続けられている。没後一〇〇年にあたる二〇〇一年には、名古屋市博物館において「伊藤圭介と尾張本草学　名古屋で生まれた近代植物学の父」（二〇〇一年）展が開催され、同時に名古屋大学附属図書館において「江戸から明治の自然科学を拓いた人―伊藤圭介没後一〇〇年記念シンポジウム―」が催された。生誕二〇〇年に当たる二〇〇三年には、名古屋市東山植物園「生誕二〇〇年記念　伊藤圭介の生涯とその業績　名古屋市東山植物園伊藤圭介記念室の蔵書・蔵品」の展示会、および名古屋大学附属図書館における展示会「錦窠図譜の世界―幕末・明治の博物誌―」が開催された。研究論文では、圭介文書研究会による業績の蓄積があるが、洋学者・医者としての側面から見た研究が多く、本草学的側面が少ないのは残念である。この中では土井康弘による、幕府や明治政府との関連性を示した研究が興味深い(31)。近年は磯野直秀が、圭介の未完の大著『植物図説雑纂』をまとめたのが注目される(32)。

ここで本草研究の新たな分野として、腊葉《さくよう》標本研究を紹介したい。腊葉標本は、P・F・シーボルトのコレクションが、一部展覧会で紹介される程度であったが、「シーボルトの21世紀　東京大学コレクション」展（二〇〇三年）は、腊葉標本・液浸標本・木材標本を所狭しと列品した、今までにない展覧会であった。展示を担当した大場秀章は、すでに同館において「日本植物研究の歴史―小石川植物園三〇〇年の歩み―」（一九九六年）でも、東京大学黎明期における植物学者の群像を描き出し、また『花の男シーボルト』(33)においてわが国に蘭学をもたらした人物として著名なシーボルトを園芸家として位置づけ、新たなシーボルト像を生み出すことに成功している(34)。「シーボルトの21世紀」展にも関わった加藤僖重《のぶしげ》は、『牧野標本館所蔵のシーボルトコレクション』(35)において、近世後期の本草学者が作成した腊葉標本の検討を行った。文政九年（一八二六）、尾張宮（現、名古屋市熱田区）において伊藤圭介・水谷豊文らが、江戸参府途中のシーボルトと初めて対面した際の標本である。これは、一九六三年にロシアのコマロフ植物研究所から東京都立大学（現、首都大学東京）牧野標本館に寄贈されたシーボルトコレクション約二五〇〇点で、標本作成者の名をはじめて明らかにした貢献度は大きい。同じく和田浩志も薬学史側から、ライデン標本館所蔵の果実・種子標本を歴史資料として扱い、記された和名を本草書から検討し、文献資料だけでは判明し得ない事実を明らかにしている(36)。このように、大場・加藤・和田、三者とも植物学分野による、本草研究の複合性を示している。しかしながら本草学における腊葉標本制作の歴史的意義は、未だ明確にされていないといえよう。標本作成者に尾張「嘗百社《しょうひゃくしゃ》」のメンバー（水谷豊文・伊藤圭介・大河内存真《おおこうちぞんしん》）が多いのはなぜなのか。他地域に標本技術が普及しなかったのか。また植物同定に標本を用いるという現代の常識にとらわれ、標本とともに多用された図譜（または印葉図）[37]についての見解がなされていない。[38]このような地域的、資料的な特徴を、標本研究の視座に加えて再考すべき余地はあると考えられる。

以上述べてきた特徴的な研究動向の前提には、園芸と深い関わりを持つ本草学史がある。次に、近世後期における、本草学の歴史的位置づけにまで論が及ぶ、思想史的研究動向を紹介する。

本草学史研究は、近世本草学に学ぶべき点が多いとして、すでに明治時代の科学者によってなされている。その筆頭が、植物病理学者・白井光太郎である。白井は駒場農学校で教鞭を執るかたわら、本草学史の発掘にも情熱を傾けた。その蔵書は、没後昭和十五年（一九四〇）から十七年にかけて、遺族のはからいと農林省勅任技師・矢野宗幹の斡旋で帝国図書館に収められ、現在の国立国会図書館における本草コレクションの中核を占めている。著作集は、『本草学論攷』[39]として、亡くなった直後から刊行が開始された。白井光太郎は、近代植物学者の中では最も近世本草に関心が高い学者といえ、昭和四年には近世本草の基本文献である李時珍『本草綱目』翻刻の意義を見出していた。[40]ほかにも『樹木和名考』[41]において、イロハ順に明治三十二年（一八九九）までの古書を紹介、挿絵に白井自身の図のほか岐阜大垣の本草学者・飯沼慾斎《よくさい》の『草木図説《そうもくずせつ》』を多用した。このように白井は、近世本草学が当代の博物学にも貢献度が少なからぬものと認め、史料紹介を精力的に行った。

白井の著書『植物妖異考』[42]は、変異種を植物病理学的に解明したものである。変異種は、近世においては「奇《き》品《ひん》」と呼ばれ、珍奇なものとして愛好されかつ研究の対象であった。白井は、明治二十六年九月、団子坂の植木屋「薫風園《くんぷうえん》」に出品された菊（図1）を採り上げて植物の形状を記し、変異の理由を考察した。その様子は、かつて本草学者が植木屋の持ち寄った「奇品」を研究する姿を彷彿とさせる。ただし近世においては、斑入り葉の生産技術に長じてはいたが、ウィルスによって葉が変異するなどの病理学的知識はなかった。白井が植物病理学を専攻した理由も、彼の研究志向に園芸が重きをなしており、変異種のシステム解明に興味を抱いたからであろ

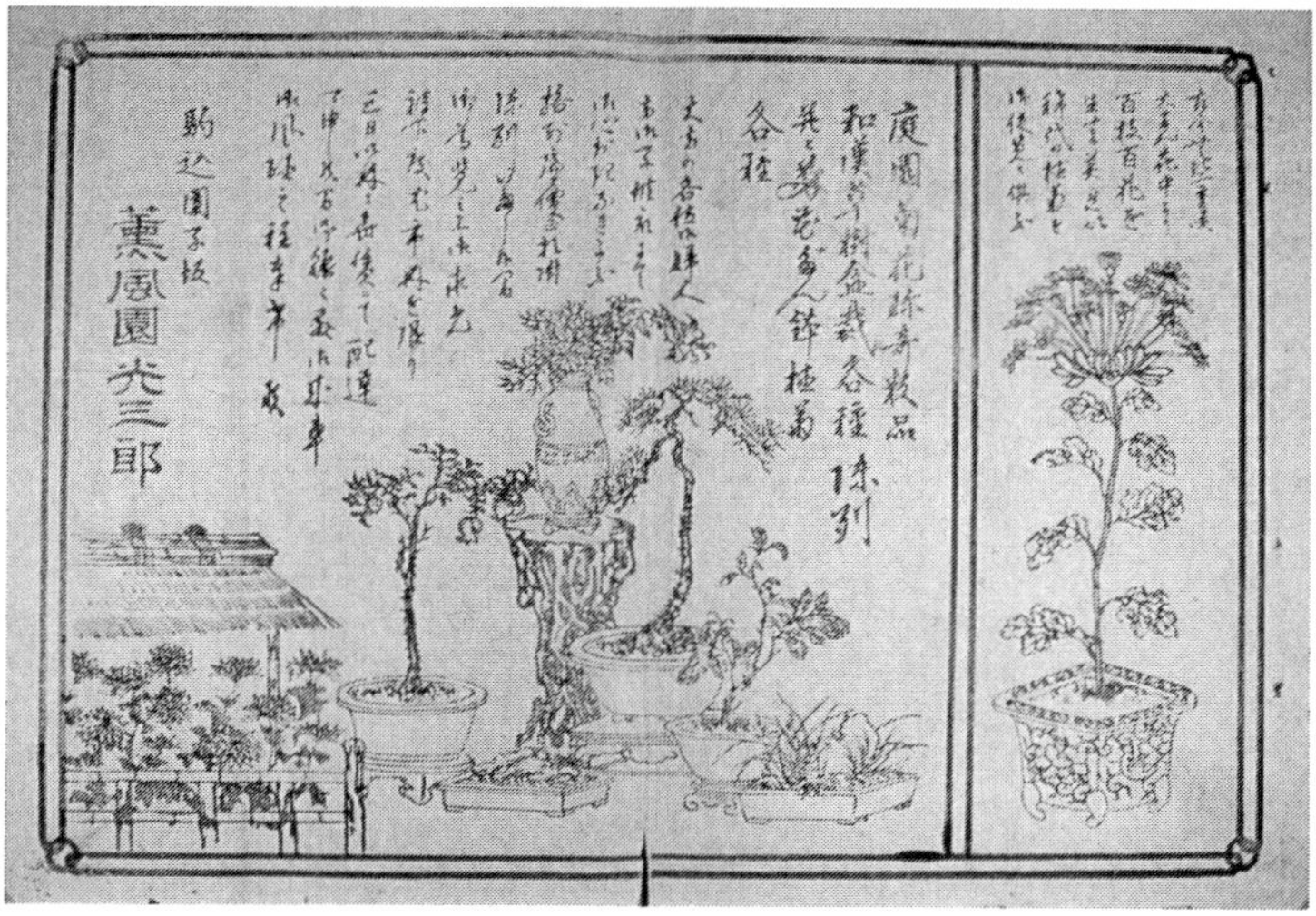

図1　薫風園の植木引札

う。このことは国立国会図書館所蔵白井光太郎旧蔵書に園芸書が多いことからも判明し、園芸文化の担い手の一人、近世後期の本草学者・岩崎灌園《かんえん》についての研究に熱心であったこともその片鱗である。白井は、大正五年（一九一六）から十年まで五年をかけて、自らの蔵書と旧富山藩主・前田家蔵書を底本に、岩崎灌園の大著『本草図譜』全九十四巻の復刻[43]を果たし、近代において本図譜の価値を見出した一人である（岩崎灌園については後述）。

白井の業績のうち最も重要なものは、明治二十四年に執筆した『日本博物学年表[44]』である（図2）。初めて網羅的に本草学史を編纂しようとした試みであり、この後に年表が編まれる契機となり、後世に影響を与えた研究としても特筆すべき価値がある。引用書目のうち「植物図譜及園芸書目」一六九種は、最多を数える「博物書目」一七七種に次いで多く、やはり園芸に重きを置いていることがわかる。

白井に続いて明治三十四年には、田中芳男が『日本物産年表[45]』の編纂を果たした。農産・水産・工産・鉱産と各分野別の構成で、物産家として田中自身の業績も含めて編年された明治二十年までの年表である。田中は、大日本農

図2　『日本博物学年表』

会・大日本山林会・大日本水産会の会頭を務め、文部省・内務省・農商務省において内国勧業博覧会や共進会など種々の博覧会業務を執り行った。また明治初期の園芸文化を具現した人物としても、本研究に関連が深い人物である。博物館では、人物と地域性を重視した展示が、出身地・長野県の飯田市美術博物館「日本の博物館の父　田中芳男」（一九九九年）や、長野県立歴史館「殖産興業と万国博覧会　明治期における長野県と世界の交流」（一九九七年）として開催された。子孫である田中義信[46]の業績も、これらの博物館展示に貢献している。

田中芳男の精力的な活動の基盤には、尾張の本草研究結社「嘗百社」で培われた本草学の思想が脈打っている。彼の広範囲に及ぶモノへの関心を如実に物語るものに、『捃拾帖《くんしゅうじょう》』全九十八冊がある。[47] 安政年間（一八五四～六〇）から大正五年（一九一六）の没年まで、自身が手にした様々な印刷物（商品の広告、料理屋の箸袋、催物のプログラム、番付、招待状、乗り物の時刻表その他）を、ほぼ年代ごとに貼り込んだスクラップブックである。この貼込帖作製のきっかけは、師である吉田雀巣庵《じゃくそうあん》（尾張の本草学者）から、次のような助言を受けたことが直接の動機である。

（前略）研究本艸者須正産地、欲正産地者非博聞多識不能。且雖古今人工之物、必以草木金石作之故、雖非天造物可不検査乎。欲検之者不此挙不能也。子之師錦窠先生（伊藤圭介の号）、亦既有此挙、名其冊称「爛紙籠」、其他同志之所集、皆以已見各名其冊、或称「板行帖」、或称「咫尺千里」、或称「塵塚」等不暇枚挙。子欲学本草、宜倣此集捃拾天下。（後略）[48]

これは、『捃拾帖』第一冊目の自序として安政六年に書かれたものからの引用である。師から言われた内容は、「本草研究者は、動・植・鉱の天造物（自然物）の調査のために豊富な情報を持っていなければならず、また人工物であっても原材料はみな天造物であるのだから、これについてもよく調べる必要がある。この目的のために、こうした収集が不可欠の作業であり、伊藤圭介をはじめ同志（嘗百社メンバーを指す）はみな貼込帖を作り、それぞれ『板行帖』『咫尺千里』『塵塚』等の名前をつけているから見習うべきである」との言であった。ここに触れられる通り、伊藤圭介も『爛紙籠』という貼交帖ではないが、見世物の引札や園芸植物の番付を収集し[49]、また本草に関する他人の著作物を切り貼りした『錦窠《きんか》植物図説』[50]『植物図説雑纂』[51]などをのこしている。さらに、明治期以降に活躍した白井光太郎にもこの傾向が強い。国会図書館白井文庫の充実がそれを物語っている。

田中や伊藤や白井のこのような収集癖は、実は本草学者や植物学者に限ったことではない。すでに触れた、自らのコレクションを物産会に出品した竹本要斎以外でも、平田篤胤《あつたね》門で初代の博物館（東京国立博物館の前身）長である町田久成《ひさなり》や、陶磁器コレクターとして著名な蜷川式胤《にながわのりたね》、国学者の黒川真頼《まより》などは、明治四年の文部省物産会に主催者側としてかかわる一方で、それぞれ出品者としても名を連ねている。これらの特徴は、近世後期の学問の形態にすでに芽生えている。例えば、二〇〇〇種以上の石のコレクションを東海道を往来する旅人に公開した近江の木内石亭《きのうちせきてい》や、五万巻の蔵書「不忍《しのばず》文庫」の主、江戸の屋代弘賢《やしろひろかた》である。石亭は、京や石山寺において「奇《き》石会《せきかい》」を催し、屋代は、文政七年（一八二四）から翌年まで、江戸不忍池畔の淡々亭《たんたんてい》においてモノを持ち寄り批評を行う「耽奇会《たんきかい》」のメンバーであった。屋代は諸国奇談を集めた「兎園会《とえんかい》」にも参加し、「三五会《さんごかい》」を主催した。これらの会の様子は、『耽奇漫録』[52]『兎園小説』[53]『弘賢随筆』[54]に記録されている。

近年は、これらの面々を「好古家《こうこか》」[55]あるいは「考証家」と呼び、思想史の一側面として見直す研究動向がある。鈴木廣之は主として明治維新以後の好古家の活動について記し[56]、表智之は近世思想史の上で考証家として屋代や狩谷棭斎《えきさい》の活動に目を向け[57]、ロバート・キャンベルは本草学者が戯作という異分野へ進出したことを明らかにし[58]、大塚祐子は屋代の書誌学的考察を進めている[59]。なお、耽奇会や兎園会よりも先んじて、文化八年から天保・嘉永年間（一八三〇〜五四）まで京で長く開催されていた「以文会《いぶんかい》」の研究は、昭和四年に教育者・考古学者として著名な三宅米吉が、考古学分野を抄録して『以文会筆記抄』(60)を発表し、その後は書誌の検討が行われている程度(61)で、充分な研究成果はまだない。概してこの方面の研究は、屋代や狩谷ら国学者・考証学者の活動が強調され、シーボルトや木内石亭など人物の個々の研究は豊富であるにもかかわらず、その学問の根本に存在する本草学特有の思考回路を指摘した研究は少ない。時折、西村三郎『文明のなかの博物学』(62)のように、近代化に適合できなかった本草学者の例として挙げられることはあるが、十九世紀における複合的な学問分野が混沌と入り交じった原因に、本草学を位置づけたものはないように思われる。

ここで、田中芳男がスクラップブック『捃拾帖』を製作したとおり、本草学者の研究姿勢として、収集が必須条件であったことを思い出してもらいたい。本草学者の情報収集は、江戸「赭鞭会《しゃべんかい》」や尾張「嘗百社」などに代表される結社においてなされ、物産会や薬品会によってさらにより多くの情報を得ていた。好古家としてある特定の人物像を抽出するに当たって、収集と公開が本草学者に顕著な特徴だという点を重要視すべきである。国学者・屋代弘賢は、「三五会」のメンバーの各人に得意分野を記述させた、百科事典『古今要覧稿』(63)を編纂するが、その半分近くを占める植物部門を執筆したのは、本草学者・岩崎灌園である。屋代自身は本草学者ではないが小野蘭山墓誌を手がけるなど本草に理解がある人物としてとらえることができる。また狩谷棭斎は、岩崎灌園の門人録に名を連ねている。明治期に活躍した田中芳男の業績は多岐に分かれており、博物学者であり、博覧会業務をこなした有能な官僚でもあり、本草学者と一言では片づけられない。しかしその活動を裏づけた原動力は、収集し、会し、モノを追究した、幕末における本草学の伝統を汲んだものとして初めて理解できるのである。

以上のように、園芸に重点を置く白井と、本草の手法を習得し物産を業務とする田中による研究が戦前における本草学史の大きな流れである。戦後の日本の科学史は細分化が進み、西洋の影響を受けた洋学の影響がすなわち近代化であって、伝統的な近世の本草を評価し体系的にとらえるという動きは起こらなかった。これを一掃したのが、昭和四十八年における上野益三《ますぞう》『日本博物学史』(64)の刊行である。動物学者・上野益三による本書は、白井年表の形式を引き継ぎ、年表部分が全体の三分の二を占める。上野は、白井同様自らの蔵書を用い、しかも白井の年表に比して格段に情報量を増加させた。白井と上野の研究姿勢には類似点が多く、岩崎灌園をとくに評価したのも共通している。上野の『岩崎常正著武江産物志武江畧図解説』(65)は、岩崎灌園のまとまった伝記(66)として、また環境学の視点から、江戸自然誌を著した史料として『武江産物志』を評価した点が優れている。(67)

ここで本研究においても重要な位置を占める、岩崎灌園について触れておこう。灌園は、下谷三枚橋(現、台東区上野)に生まれた下級武士で、名を常正といい灌園は号である。根津権現後ろ(現、台東区谷中)に自宅を構え、また幕府より薬園を小石川上富坂町(現、文京区小石川)に拝領した。京より医学館教授のため招聘された小野蘭山の最晩年の門人で、すでに述べたように屋代弘賢編の『古今要覧稿』には画家兼執筆者として参画した。文政九年(一八二六)、江戸滞在中のシーボルトに面談し、彼の肖像画をのこすなど西洋博物学の洗礼も受けている。代表的業績は、日本最初の本格的植物図鑑『本草図譜』の執筆である。『本草図譜』の意義ははかり知れないものがあるが、飯沼慾斎『草木図説』(安政三年・一八五六刊行開始)や、牧野富太郎『牧野日本植物図鑑』(昭和十五年・一九四〇完成)など、植物図鑑の嚆矢としての役割、前二書の達成に際し影響を及ぼしたことが第一に挙げられよう。しかしながら灌園についての研究史は、『本草図譜』を含めた個々の史料評価にとどまっているのが現状である。(68)

さて戦後の本草学史を語る上で、近年の磯野直秀の研究業績を抜いては考えられない。磯野は、『慶應義塾大学日吉紀要　自然科学』を中心に、一九八〇年代後半から近世本草学史にかかわる論考を専ら発表している。磯野の研究上の特徴は、板本であっても書誌に関して詳細に調査した結果を、きちんと整理した上で比較検討する点である。この特徴がよく表れているのが、本草書を所蔵する機関の目録や見過ごされてきていた史料の細目である[69]。これら目録化の作業は、一つの研究として評価できる業績である。一九九三年からは「日本博物学史覚え書」として史料紹介や作者名を明らかにするなど新知見を発表し、これには園芸分野も多く含まれる[70]。また江戸の本草結社「赭鞭会」研究も充実し[71]、さらに動物学分野でも「江戸時代の禽類図譜と養禽書」[72]では、園芸と性質を同じにするペットとして飼われた鳥の飼い方を記す養禽書を示し、「『遊覧記』に見られる江戸の鳥類」[73]では、非常に史料が少ない「飼鳥屋」の記録を紹介、園芸における品評会同様に近世における趣味分野の充実を示した。本研究第三部第二章補論、飼鳥文化については磯野の論考と一部重複している。

磯野の研究は、極めて綿密でかつ膨大な史料に裏づけられた実証性が高いものである。この研究蓄積に対して批判を加える部分があるとすれば、事例報告に比して論の展開が少ないことであろう。極めて興味深い史料を、丹念に調査しながら、その歴史的意義について言及したものは数少ない。「日本博物学史覚え書」においては、論文とはいえず事例報告集である。その磯野が、近世本草学についての考え方を初めて明確にしたのが、二〇〇二年に刊行された『日本博物誌年表』[74]の序文である。次にこの大著の特徴と筆者なりの批判点を掲げる。

『日本博物誌年表』は、形式としては白井・田中・上野の年表を継承するが、その刊行は前三書以上に本草学史研究者にとって福音である。前三書と比較して採択史料の量が飛躍的に多く、国立国会図書館と東京国立博物館蔵書を中心に、初めて紹介された史料が多い。記述年代はあえて慶応四年（＝明治元年）で終え、古代から近世までにとどめた。白井は、初版では慶応元年（一八六五）の記述が最後であるが、昭和九年の改訂増補版では、明治三十二年まで筆を進めており、田中は明治二十年、上野は明治三十四年と、ほかはすべて明治維新以後、ほぼ十九世紀の終了時点まで収録し、「博物学」あるいは「物産学」として年表化している。引用書は、白井年表では一〇三八種[75]、田中年表は少なく一六三種、上野年表は一五三六種[76]であった。これに対して、明治元年で筆を擱いているにもかかわらず、磯野年表では最多の二四三二種(77)を数える。磯野が近世までの記述にとどめたのは、取り扱う事象の範囲をはっきりしたかったためである。これは、近代生物学史にも詳しく、近世・近代を縦断して数多の史料を博覧した磯野ならではの決断であろう。「博物学」ではなく「博物誌」という言葉を用いたのも前二書と異なる大きな特徴である。磯野が提唱した「博物誌」の範囲は、同書の序文によると、

少なくとも日本の場合、動植鉱物と人間とのかかわりを記述することと考えている。まずは、衣食住や医薬に用いられる品、ついで趣味(園芸・養禽・介の収集)や花見・見世物、文学・美術・史書に現れる動植物、海外から渡来した鳥獣や草木、そして動植鉱物そのものへの興味等々が含まれる(78)。(傍線部筆者、以下同)

と博物を「記述」するという意味で「誌」の語を用い、その内容は多岐にわたることを明らかにしている。これゆえに、西洋博物学と日本博物誌がまったく「別々の線路を別々の方向に走っていた(79)」として、一線を画して考えるべきだという。西欧のイメージがつきまとう「博物学」という言葉の使用を避け、「博物誌」の語を採用したのである。

ふりかえって、白井も上野もともに年表では「博物学」の語を用いていた。白井は、明治以前には「博物学」はなく、「本草学」「名物学」「物産学」の三科で構成されていたと回想し(80)、「本草」を薬効を求める狭義に解釈し、近世の学問がこの三科でそれぞれが独立していたとする。しかしながらこの分類は、近世の学問を近代の分類に当てはめたに過ぎず、狭義の「本草」が伝統的な名物学を包含し、貝原益軒《かいばらえきけん》(一六三〇~一七一四)『大和本草』以降十八世紀には実学的側面を帯びはじめ、十九世紀には西洋博物学の影響を受けた、広義の「本草」に変化した事実をまったく無視している。同様に、上野も近世の本草分野を、「ヨーロッパの十八世紀におけるナチュラル・ヒストリー、とくに英国の場合と全くかわらない(81)」として、近世における日本独自の学問形態をイギリスの博物学と等閑視するという過ちを犯している。確かに上野が年表に拾った近代の植物学教科書などは、西欧の分類下

で執筆されているが、近世本草書をそれと同等に扱うのは、あまりにも乱暴な分類であろう。

白井は、自らが創刊に関わった雑誌名に『本草』[82]の語を用いるが、この昭和七年創刊の雑誌には、白井や牧野富太郎ら植物学者が執筆陣として参加しており、その内容は薬品考究のみにこだわらず、岡不崩《ふほう》「『あさかほ』流行史」[83]など、近世園芸植物の史料紹介なども含まれる総合的な本草をテーマとしている。この例のように、白井が確たる信念をもって「本草」と「博物」を区別していたのかは少々疑わしい。

　これに比べると、白井と同時代を生きた田中芳男の方が明確である。田中が使用した「物産」の語は、「本草」の中の一分野と考えれば納得がいく。田中年表のみが、白井・上野・磯野と明らかに質が違うのはこのためである。田中年表が根拠とした書目には、白井・上野が力を入れた岩崎灌園の著作は参考にされておらず、『武江《ぶこう》年表』や『新編武蔵風土記稿』『和訓栞《わくんのしおり》』『嬉遊笑覧《きゆうしょうらん》』など史書・地誌・辞書を挙げている。殖産興業に力を注いだ田中らしいこの年表は、狭義に本草をとらえたものとして書名が異なるだけでなく、内容もまったく性質が違うのである。

　上野・白井がいう「博物学」「博物」は、西洋のNatural Historyの訳語であり、これを頻繁に用いる時期は、日本においては近代以降であった。近世の「本草」を説明するのに近代以降の「博物学」の語を用いるのは、西欧の概念、学問の歩みを、背景も歴史も異なる日本に当てはめただけの強引な論法である。この違いをはじめて指摘し、意識して使い分けたのが、磯野の「博物誌」年表だったのである。

　本研究では、磯野がいう「博物誌」研究に異論があるわけではなく、むしろ準拠すべき部分が多く、圧倒されるほどである。扱う範囲も多岐に広げられており、近世本草学の総合的側面を正確に識別していることがわかる。問題は、「博物誌」の語そのものである。本研究では、その時代に使用されていた言葉であり、現在でも通用する言葉「本草」を使用したいと考える。現在多くの研究が、近世本草学を語る上でも「博物」の語を用いているが、近世と近代という時間軸だけでなく、明治政府の用いた殖産興業の意味合いが強い「博物学」との質の違いに触れないまま使用する点には問題が多い。あるいは遠藤正治は、本研究と同じく十九世紀を対象とした『本草学と洋学―小野蘭山学統の研究』において、洋学の影響を受けて「博物学的な本草研究」が展開したと説明する。[84]磯野も遠藤も十九世紀日本における本草学が、それ以前のものとは性格が異なる点に留意して使用する語を模索していると考えられる。しかしこれを表現するのに、当時使用されていた「本草」の語ではなぜいけないのか。西洋の博物学とは違うことを認識しているのにもかかわらず、代替語に主として近代以降に訳語として用いられた「博物」を含む語を充てることだけは、承服できない点である。

本草学史全般を対象とする研究分野では、磯野と並んで平野満の研究が注目される。平野は、人物に重きを置いた点が特徴で、[85]とりわけ江戸の本草研究会「赭鞭会」に詳しい。「赭鞭会」は、福井久蔵『諸大名の学術と文藝の研究』[86]に触れられて以降、会の実態の分析がなされていなかったが、「天保期の本草研究会『赭鞭会』―前史と成立事情および活動の実態―」[87]をはじめ、赭鞭会やその周辺の人物の動向にかかわる論考を発表している。[88]平野は、会員や会の周辺の著作物を用いて人物の事績をたどることで、近世後期における代表的な本草研究会の活動を明らかにしてきている。平野による赭鞭会関連の一連の論文は、会の主要メンバー、富山藩主・前田利保に対する関心をうながし、富山市立郷土博物館における「お殿様の博物図鑑―富山藩主前田利保と本草学―」（一九九八年）を皮切りに、近年の富山県地域における本草研究充実のきっかけとなった。[89]

同じく平野満による「近世学藝の世界―『人物志』出板の背景」[90]に代表される、近世における人物間の関連性を明らかにした業績は、本草に重点を置きながら広い視野で思想史として「学藝（「学問」ではなく「学藝」の語を使う。本来の意味では「藝」の文字を使用すべきであるが、本研究では略字体の「芸」を使用することとする）」をとらえた、注目すべき論考である。平野の視座は、蘭学・洋学・文学・地理学など多分野に行きわたり、近代以降に改変された、学問の分類の垣根を取り外そうという意欲が垣間見える。しかしながら、学芸のうちの「芸」の部分、芸術・技術・芸能的な側面は、「学」で採り上げた人物ほど多様性に満ちてはいない。平野の扱う人物の対象の多くが学者であるのも、「学」に偏り「芸」の担い手に関心が低い表れである。

本草学研究は、未だ解明されていない問題を多く抱えている。本研究において重要視するのは、以上の研究史でも触れられてきた「会」に代表される、情報提供の「場」の問題である。本草学では「会」のほかに「場」として薬園が存在する。これについては、上田三平『増補改訂日本薬園史の研究』[91]以後、遠藤正治が幕府医学館薬園について触れた「小野蘭山・蕙畝父孫と幕府医学館の本草学」[92]、尾張藩の「尾張藩薬園の成立と変遷」[93]など数える程度しかなく、その機能について体系的に考察した論はない。しかしながら薬園もまた、園芸分野における植木屋の庭と同じ役目を果たし、本草学者や植物愛好家の情報交流の場として機能したと推測され、「会」と似通った性格を包含する。

本研究における第二部「園芸と本草学」では、本草学が、植物学・動物学その他の分野からの考察も加えて、常に総合的判断を求められる分野であることに鑑み、歴史的・全体的にとらえるため、近世後期にとどまらず明治十年代まで範囲を広げて論究を試みた。全体として近世後期を中心に検討しているが、明治初年においても、田中芳男や伊藤圭介や白井光太郎の周辺で、近世的な学芸交流の「会」が行われてきていたことは、第一章・第二章で具体例を挙げて述べた。

第一章では、岩崎灌園の園芸への傾倒ぶりに着眼し、園芸文化を学者側から具現した人物として特に採り上げた。その際品評会において地域的特徴に留意したのと同様に、灌園の活動域（谷中・小石川）が、園芸に関心を注ぐだけの特質を備えている点に言及した。前述の十九世紀におけるモノへの関心が高じて行われた好古の会が学者中心に進められたのに対し、灌園はその園芸的関心から情報を植木屋や園芸植物品評会で得たことをも指摘した。また、灌園の薬園と前田利保の薬園の地理的位置も、園芸文化における江戸という都市の地域性を如実に表すものとした。このように「場」を主軸に据えても、本草学は重要な因子を包含する。

第二章では、「学」を本草学、「芸」を園芸として、平野満が提示した「学芸」の統合をはかりたいと考え、柏木吉三郎という植木屋が本草学者として存在するという事実をはじめて採り上げた。この際、本草や園芸にまつわる「行為」に重点をおいて検討した。本研究で植木屋を一貫して採り上げた理由は、実務（「芸」）にたずさわる人物でありながら、学問に参加可能であったその特殊な立場にある。このように植木屋を中心に、正史に登場しなかった人物の事績をたどることで、十九世紀という時代の特質として、とりわけ明治維新以後、西洋式の学問の方法を採用し、日本人が顧みなかった部分を再度評価する契機となることをめざした。この十九世紀学芸の特徴は、担い手に学者と職人・商人という二つの異なる層が存在する点であり、これを実現可能にした最大の要因が、開かれた「場」である。書画会が開かれた寺社境内や料亭、研究会が開かれたメンバーの自宅、そして、まったく交流がない人物の出会いの場として機能したのが、本草学では物産会（薬品会）であり、[94] 園芸では品評会であった。

以上のように第二章では、都市における園芸文化を考える上で、本草学が重要なキーワードとなりうる事実を明らかにすることを目的とする。

第四節　見世物研究史

本節は、担い手という視点で、園芸文化とは共通点の多い、近世見世物研究史の概観を述べる。見世物研究は、本研究で主軸に据えた園芸文化の担い手のなかで、菊細工や菊人形を担ったのが植木屋であるため、実務にたずさわる人物の研究と重なり合う。また、学芸の「芸」をまさに具現したものとして、検討する価値がある領域である。

見世物は、見世物研究家・朝倉無声《むせい》によって手品・奇術・軽業・曲芸・舞踊・武術などの「技術」、身障者・珍禽獣・異虫魚・奇草木石などの「天然奇物」、からくり・生人形・ガラス細工・籠細工・貝細工・菊細工などの「細工」の三つに分類されている[95]。しかし、担い手として江戸の植木屋を考えた場合、菊花をもって造形する菊細工である「細工」と、珍しい鉢植を見せる「天然奇物」と、同時に同じ会場で同一人物が見世物にする場合がほとんどである。この例のように朝倉が行った分類は便宜的なものであり、それぞれの見世物についての個々の研究と、相互の関連性の解明が課題としてとりのこされている。

菊細工を含めた見世物研究は、朝倉無声[96]以後は、「風俗史」の一つとして趣味的なものという理解のもと、歴史学の正史から分離されてきた。これを、やはり無視し続けて来た美術史の方面で正面から採り上げたのが、木下直之の『美術という見世物[97]』である。「美術」は見世物から生まれたが、「近代」化の過程で数多くの事象を切り捨ててきた。しかし、切り捨てられた見世物への著者のまなざしはあたたかい。木下は美術面に限って言及しているが、同じことが、前節で述べた「本草」から「博物」へ言葉のすり替えだけではない切り捨て行為が、学問の世界で行われてきた。排除されたものと採用されたものを明らかにすることで、そこに近世的・近代的なカテゴリーを如実に見出すことができる。『美術という見世物』は、近世から近代への過渡期における、文化・思想史の研究史上極めて重要な方法論を提起したとして高く評価できる。木下の描き出した時代は近代であったが、本書では、近世後期にすでに新しいカテゴリーが発生し、古いカテゴリーを淘汰しようとする動きに眼を向けていく。

見世物の個別具体的解明は、『江戸の見世物[98]』の著者、川添裕が広範囲に研究を進めている。川添も木下同様、趣味世界に埋没した見世物を、十九世紀における歴史的意義を問いかける分野として新しい視座を開発した[99]。川添は、錦絵や引札を史料として用い、出版文化[100]、興業件数[101]、見世物研究家[102]など、見世物にかかわる周辺の美術史・出版文化史まで波及している。しかしながら、担い手に関しては、「鳥熊《とりくま》」「一田正一郎《いちたしょういちろう》」など成功した興行主に関しての人物研究はあるが、菊細工や奉納作り物を手掛けた植木屋に代表される、生業をほかに持つ江戸市民が見世物にどう関係したかは未だ決定的な論考がない。

菊細工から変化した菊人形では、川井ゆうの研究がある。各地に取材した『菊人形ガイドブック』[103]をはじめ、全国の菊人形師の動向を数値で示した「菊人形の興行化と展開―旅する技の軌跡―」[104]など、明治期から現代までの菊人形および細工人形に関して、担い手も視野に入れて文献と聞き取りによって調査を進めている。しかしながら、これまでの研究史で触れられていない部分は、近世菊細工から近代菊人形へと連続した視点である。あるいは、菊細工から菊人形への不連続性を問題にしてもよい。近代以降の事例は数多く挙げられているが、近世を採り上げていないため、そこに菊人形の「近代」性を見出しにくくなってしまっている。

近年、見世物の世界においても園芸分野と同様に注目に値するのは、博物館展示によって明らかにされた部分が少なくない点である。文京ふるさと歴史館「菊人形今昔―団子坂に花開いた秋の風物詩―」(二〇〇二年)、名古屋市博物館「盛り場―祭り・見世物・大道芸―」(二〇〇二年)、たばこと塩の博物館「大見世物」(二〇〇三年)、町田市立博物館「大阪天満宮御神事天神祭御迎船人形―付・見世物人形細工人達の系譜」(二〇〇四年)、川崎市市民ミュージアム「日本の幻獣　未確認生物出現録」(二〇〇四年)、大阪歴史博物館・熊本市現代美術館「生人形と松本喜三郎」(二〇〇四年)などが挙げられる。このような博物館の実物展示によって、忘れられた文化が現代によみがえり、見世物の文化史的意義を問い返すという行為が繰り返されるようになった。しかしここでも、珍奇なものの陳列に終始する傾向が少なくない。

見世物を語る上には、見世物以外の要素を考えに入れるべきである。本研究では、見世物のうち菊細工を例に、担い手の中心であった植木屋とその地域性を重要視した。採り上げた地域は、団子坂、伝中（現、文京区本駒込）、巣鴨、染井の植木屋集住地帯である。この地域的差異および変遷は、文京ふるさと歴史館の展示「菊人形今昔」（前掲）において検討した成果である。ここでは菊人形の母体の菊細工を担った植木屋について、番付に表れる情報から居住地域を分析した。文化年間および天保十五年・弘化二年における全盛期には、巣鴨・染井・団子坂の植木屋が従事していたが、嘉永年間以降幕末期には、団子坂が中心となり禽獣草木をかたどったものから、人物像、つまり菊人形へと移行した点を明らかにした。本展覧会の独創は、担い手の植木屋を採り上げる際、楠田右平次・森田六三郎という個人に注目した点と、園芸と見世物との複合性を重視した点の二つである。この展示内容に新たに内山長太郎と斎田弥三郎という二名の巣鴨の植木屋を加えて、その地域性から考察を加えたのが本書の第三部第三章である。

菊細工研究は、開帳に代表される時事性と、浅草寺境内や両国橋東詰、巣鴨・染井・団子坂など開催地の地域性を視野に入れ究明していくべきだと考える。本研究では、前節で「場」の問題として重要だと指摘した、薬品会（物産会）と品評会が、見世物的な様相を示している点にも注目し、ここでも学芸の複合が指摘できる。このことを念頭に、第三部第三章補論において、菊細工の地域性と開帳の問題について触れた。

以上のように、本節では、研究史として代表的に見世物を採り上げたが、本研究の第三部「植木屋の隆盛」は、見世物だけにとどまらない植木屋の園芸以外の分野における活動に主眼を置いている。

第一章では、文政十年（一八二七）刊行『江戸名所花暦』以降、幕末期に花暦が複数出板されていたことに着眼し、園芸文化に貢献した植木屋増加の現象について検討した。毎年出板されるだけの需要がある花暦と、それを可能にした花名所の拠点である、植木屋の庭に注目した。

第二章では、第一章で明らかにした花名所たる植木屋の庭において、最も数を増やしてきた梅屋敷を採り上げた。観光地として生き残るために講じた、集客手段を具体例を挙げて検討した。これらの方法が、文人・学者との相互作用において機能した点にも触れた。

第二章補論は、梅屋敷の一つ、根岸梅屋敷を採り上げ、当地で幕末に流行した鶯の啼合会の実態および「飼鳥文化」について論じたものである。園芸文化の担い手が植木屋に移行したのと同じように、飼鳥文化の担い手が、武士から飼鳥屋に移り、次第に大衆の娯楽と化していく典型として検証した。

第三章は、本研究で問題とした地域性・本草学との関連性・担い手の要素をすべて包含した部分である。化政期以降に菊細工に従事した植木屋を、近郊農村型と都市型に区分し、植木屋の性質の違いに目を向けた。農間余業として植木業を営み、「花屋」と称した染井の植木屋を近郊農村型とし、幕末から明治にかけて急成長した植木屋、巣鴨の内山長太郎・斎田弥三郎、団子坂の楠田右平次・森田六三郎を都市型として位置づけた。都市型の特徴は、本草学に貢献する学者であり、職人から商人へ転身した姿でもあり、新しい職業形態として評価した。

第三章補論は、現時点で判明している菊細工番付を提示し、その年代決定を試みた。この上で菊細工番付そのものが内包する情報の検討を行い、植木屋を筆頭に飲食店や寺院などの地域住民が、菊細工による経済効果を期待した事実を明らかにした。菊細工を支えた原動力として、植木屋以外の要素について、番付の板元、開帳や檀那寺の関係、臨時飲食店など今まで検討されていなかった、地域への還元という視点から考察した。ここでは番付を採り上げることによって、見世物に付随する出板文化に重きを置いた。

以上、研究史とこれに対する本研究の特質を挙げてきた。ここで、本研究の課題を改めてまとめると以下の三点に集約できる。

第一に挙げる点は、近世後期の江戸および明治初期東京における園芸文化の地域的な特徴を解明することである。具体的には、品評会が行われた寺院を擁す下谷・浅草と、植木屋集住地帯である駒込・巣鴨・染井・団子坂の地理的特徴による差異や、品評会出品者が、年代・植物によって地域が異なるという点に注目する。第一部「連と園芸品評会の流行」および第三部第三章がこれに相当する。とくに江戸の地域名把握のため、巻末に関係地図を挿入したので参照されたい。

第二に、本草学の視点から園芸をとらえるという点である。本草学者として著書をのこした本草学者・岩崎灌園と植木屋・柏木吉三郎を採り上げ、本草学にとって園芸とは果たしてどのような存在なのか、本草と園芸にまたがる複合的な性格を検討する。第二部「園芸と本草学」がこれである。

第三に、園芸文化の担い手としてのキーパーソンである植木屋が、文化・文政期の近世後期から明治十年代までの、十九世紀江戸・東京にどのような役割を果たしたかという点である。番付や花暦の出板の隆盛によって、植木屋の庭が名所化し、錦絵に描かれ、近世後期に行楽文化の重要拠点となり、これが明治維新後にはさらに拡大し商業主義と変じていった経過を明らかにする。この植木屋の変貌に大きな影響を及ぼしたのが、菊細工であると考え、見世物の特質についても触れていく。第三部「植木屋の隆盛」がこれに当たり、第一部で述べた地域的特徴と第二部の本草学との関連性もここに呈示できる。

本研究は、一九九七年から二〇〇四年にかけて執筆したものを改稿した。初出は次のとおり。

第一部　連と園芸品評会の流行

第一章　「幕末の台東　文化を支えた人々」「幕末の台東　商工業のありさま」（台東区『台東区史　通史編Ⅱ』第五章第二節一～四項、第五章第三節六～九項、二〇〇〇年）（二〇〇二年に『台東区史　通史篇Ⅱ　下巻』として文庫化）

第二章　「朝顔合と狂歌―朝顔品評会における文人の役割―」（国立歴史民俗博物館『伝統の朝顔Ⅲ―作り手の世界―』

所収、二〇〇〇年）および「江戸園芸の仕掛人『連』から植木屋へ」（秋田書店『歴史と旅』二八巻三号、二〇〇一年）

第三章「近世後期における変化朝顔流行の形態―江戸と大坂の比較及び名古屋を事例として―」（日本生活文化史学会『生活文化史』四一号、二〇〇二年）

第二部　園芸と本草学

第一章「本草学者・岩崎灌園―十九世紀本草学の指標となった人物―」（日本盆栽協会『盆栽春秋』三七二号、二〇〇四年）

第二章「植木屋柏木吉三郎の本草学における業績」（東京国立博物館『MUSEUM』五七七号、二〇〇二年）

第三部　植木屋の隆盛

第一章「幕末期花暦出板と園芸文化―新名所としての植木屋の庭―」（日本生活文化史学会『生活文化史』三七号、二〇〇〇年）

第二章「幕末から明治前期における江戸・東京の植木屋の庭の名所化」（旅の文化研究所『研究報告』一二号、二〇〇三年）

第二章補論「『初音里鶯之記』碑―鶯啼合会の研究―」（日本生活文化史学会『生活文化史』三二号、一九九七年）

第三章「十九世紀江戸・東京の植木屋の多様化―近郊農村型から都市型へ―」（地方史研究協議会編『江戸・東京近郊空間の史的空間』〈雄山閣出版、二〇〇三年〉所収）

第三章補論「菊細工番付再考―その地域性を中心に―」（日本生活文化史学会『生活文化史』四六号、二〇〇四年）

（1）吉川弘文館、一九七二〜七八年。
（2）平凡社、二〇〇二年。
（3）東京大学出版会、一九九一年。
（4）東京大学出版会、二〇〇〇年。
（5）塙書房、二〇〇四年。第一章「『場末』地域の成立―江戸北郊の駒込村を事例に―」。
（6）この言葉は、検討対象が限定されることから、主として発掘調査報告書で使用されるようである。『宇津木台遺跡群Ⅳ』（八王子市宇津木台地区遺跡調査会、一九八八年）などで用いられた。しかしながら、文献によっても「地点史」の積み重ねは、すでに地方自治体を中心に行われつつあるにもかかわらず、点と点を結びつける努力がなされていない。自戒もこめて今後の課題としたい。
（7）「第五三回大会を迎えるにあたって　大都市周辺の史的空間―江戸・東京北郊地域の視点から―」（地方史研究協議会『地方史研究』五二巻四号、二〇〇二年）。
（8）豊島区立郷土資料館調査報告書第一集、一九八五年。
（9）『豊島区史　資料編二』豊島区、一九七七年、および『豊島区史　通史編一』同、一九八一年、『豊島区史　通史編二』同、一九八三年、など。
（10）日本放送協会（NHKブックス、一九七九年）。後、ちくま学芸文庫（筑摩書房、一九九三年）。
（11）ドメス出版、一九八六年。
（12）国立公文書館「古書に見る植物・動物たちの江戸時代」（一九八六年）、同館「花と行楽」（二〇〇二年）、北区飛鳥山博物館「花・遊・園―名所から公園へ―」（二〇〇〇年）、荒川ふるさと文化館「ひぐらしのさと　江戸の名所と文人たち」（二〇〇三年）、北区飛鳥山博物館「江戸のリッチモンド　あこがれの王子・飛鳥山展」（二〇〇五年）など。なお、地域史と園芸を結びつけた展示では、練馬区郷土資料室の「練馬の商品作物と漬物―江戸・東京の台所をささえた特産物―」（二〇〇一年）展および同時開催の板橋区立郷土資料館「江戸・東京の四季菜―商品作物・漬物の生産と板橋―」展が挙げられる。しかし、ここでいう園芸は、近代以降に「園芸」と分類される農作物の栽培であり、近世においては、農業に分類される分野である。展示は、近世・近代を通して地域の特産物であった、著名な練馬大根などの流通史を採り上げた興味深いものであったが、文化史として園芸を考える本研究とは、関連性が低い。

(13)「堀切と花菖蒲」(一九九八年)、「花菖蒲　江戸の面影・堀切菖蒲園」(一九九八年)、「花菖蒲2」(二〇〇二年)、「花菖蒲3」(二〇〇四年)。また千葉県立大利根博物館「いずれ菖蒲か杜若―水辺の花の物語―」展(二〇〇五年)は、園芸書や錦絵だけでなく、工芸品や文芸作品に資料を求めた展示であった。

(14) 同館学芸員・秋山伸一の「伊藤伊兵衛政武と楓研究」(『豊島区立郷土資料館研究紀要』一三号、二〇〇三年)は、展示成果を示したものである。秋山はほかに「染井植木屋における精神生活の一側面」(同八号、一九九四年)、「江戸の庭園管理と園芸書―植木屋の諸活動を通して―」(竹内誠編『近世都市江戸の構造』〈三省堂、一九九七年〉所収)、「ガーディナー伊藤伊兵衛と江戸園芸」(秋田書店『歴史と旅』二八巻三号、二〇〇一年)、「江戸北郊地域における花名所の創出」(地方史研究協議会編『江戸・東京近郊の史的空間』〈雄山閣出版、二〇〇三年〉所収)がある。

(15)「竹本要斎と『含翠園』の創業について」(『豊島区立郷土資料館研究紀要』一二号、一九九八年)、「明治初年の物産会と竹本要斎」(同一三号、一九九九年)、「陶工竹本隼太の著作について」(同一四号、二〇〇〇年)、「文献資料にみる竹本焼の特徴と変遷―竹本隼太・皐一を中心に―」(同一五号、二〇〇一年)。

(16) 富士植木、一九八六年。

(17)「江戸時代のオモト史」(『植物と文化』一二号、一九七四年)、「明治時代のオモト史」(同一四号、一九七五年)。

(18)『江戸の園芸・平成のガーデニングープロが教える園芸秘伝』小学館、一九九九年。

(19)『江戸の変わり咲き朝顔』平凡社、一九九六年。

(20)『江戸の園芸　自然と行楽文化』筑摩書房、一九九八年、『江戸のガーデニング』平凡社、一九九九年。

(21)『伝統の朝顔』一九九九年、『伝統の朝顔Ⅱ　芽生えから開花まで』二〇〇〇年、『伝統の朝顔Ⅲ　作り手の世界』二〇〇〇年、『朝顔を語る』二〇〇一年、など。また、同展プロジェクト委員・仁田坂英二は米田芳秋と共著によるCD-ROM版『アサガオ画像データベース』を刊行した(二〇〇〇年)。同展覧会開催は、二〇〇五年現在まで七回を数える。

(22)「駿河原宿植松家の帯笑園」(『ランドスケープ研究』五九巻五号、一九九六年)、「駿河原宿帯笑園の訪問者について(1)東海道を往来する人々」(『千葉大学園芸学部学術報告』五一号、一九九七年)、「駿河原宿帯笑園の訪問者について(2)宿内とその周辺からの訪問者」(同)、「帯笑園における鉢物献上について」(同五二号、一九九八年)「帯笑園における高家大名等の訪問について」(『ランドスケープ研究』六〇巻五号、一九九七年)。このほか小野は、行楽文化を明らかにした『江戸の花見』(築地書館、一九九二年)や、どのような植物がいつの時代に流行したかを明確にした「江戸時代における園芸植物の流行について」(『造園雑誌』四八巻五号、一九八五年)もある。

なお帯笑園については、拙稿「植松家と帯笑園」(二〇〇五年成稿、二〇〇六年沼津市より発行予定『沼津市史　通史編　近世』に所収)も参照されたい。

(23) 日本造園学会『ランドスケープ研究』五九巻五号、一九九六年。
(24) ほかに「滝沢馬琴の庭造りと家相」(『ランドスケープ研究』六〇巻五号、一九九七年)、「江戸後期の家相書と庭造りの吉凶」(同六一巻五号、一九九八年)など。また京都大学所蔵の朝顔雑誌に関して「明治期における朝顔雑誌の創刊とその展開」(『造園雑誌』五七巻五号、一九九四年)もある。
(25) 京都大学学術出版会、二〇〇二年。
(26) 註(6)参照。
(27) 国立国会図書館「自然を見る眼―博物誌の東西交流―」(一九八九年)、石川県立歴史博物館「科学技術の十九世紀」(一九九三年)、東京都江戸東京博物館「博覧都市江戸東京展」(一九九三年)、東京国立博物館「花」(一九九五年)、国立科学博物館「日本の博物図譜」(二〇〇一年)、同館「江戸大博覧会―モノづくり日本」(二〇〇三年)、国立国会図書館「描かれた動物・植物　江戸時代の博物誌」(二〇〇五年)など。
(28) 人物叢書、吉川弘文館、一九六〇年。
(29) 八坂書房、一九九三年。
(30) 名古屋市東山植物園、一九九五～二〇〇五年。
(31) 『日本初の理学博士　伊藤圭介の研究』皓星社、二〇〇五年。
(32) 「伊藤圭介編著『植物図説雑纂』について」(『参考書誌研究』五九号、二〇〇三年)。
(33) 文芸春秋社(文春新書)、二〇〇一年。
(34) ほかに『江戸の植物学』(東京大学出版会、一九九七年)もある。
(35) 思文閣出版、二〇〇三年。

(36)「シーボルトが日本で集めた種子・果実について(1〜9)」(『マテシス・ウニウェルサリス』一九九九〜二〇〇四年)。
(37) 印葉図とは、植物の葉を拓本にしたもの。尾張嘗百社において多用された。
(38) 例えば、水谷豊文による標本は、葉一枚の腊葉の周辺に、白描による図の追加がなされている。このことは、近世後期においては、標本より図の方が優位であった証拠となし得るのではないか。
(39) 第一〜四冊。一九三三〜三六年、春陽堂。なお『白井光太郎著作集』(科学書院、一九八五〜九〇年)は、『本草学論攷』と人類学・考古学など他分野の論考を加えて再編成したものである。
(40) 鈴木真海訳、白井光太郎校注『頭註国訳本草綱目』全一五冊、春陽堂、一九二九〜三四年。
(41) 内田老鶴圃、一九三三年。
(42) 甲寅叢書刊行所、一九一四年発行。後、一九二五年、岡書院が復刻版を刊行した。
(43) 本草図譜刊行会発行。
(44) 丸善書店発行。増訂版が一九〇八年、丸善書店から、また改訂増補版が一九三四年、大岡山書店から刊行された。さらに一九八〇年、科学書院より複製版が刊行された。
(45) 十文字商会発行。田中芳男纂、溝口傳三校。
(46)『田中芳男十話・田中芳男経歴談』(田中芳男を知る会、二〇〇〇年)、「新資料 田中芳男自筆『田中芳男履歴年表』解説と翻刻」(『飯田市美術博物館研究紀要』一四号、二〇〇四年)、「田中芳男の貼込帖—『多識帖』を中心に—」(同一五号、二〇〇五年)。『田中芳男十話』は一九九五年『南信州』連載原稿の改訂版。なお芳男の墓は台東区谷中霊園乙八号十側一番に現存(台東区史跡。『台東区の文化財保護第二集』〈台東区教育委員会、一九九八年〉を参照)。
(47)『捃拾帖』を所蔵する東京大学総合図書館でも展示会が行われた(一九九四年)。
(48)『捃拾帖』第一冊末尾の「後自序」。田中義信『田中芳男十話・田中芳男経歴談』(田中芳男を知る会、二〇〇〇年)に翻刻がある。
(49) 国立国会図書館蔵『朝顔花競』[特7-2]、『植物銘鑑』[特7-652] など。
(50) 名古屋大学附属図書館蔵。同館には、『錦窠虫譜』『錦窠魚譜』『錦窠動物図説』『錦窠獣譜』の所蔵もある。

(51) 国立国会図書館蔵本など。
(52) 『日本随筆大成』第一期別巻、吉川弘文館、一九九三〜九四年。
(53) 『日本随筆大成』第二期一巻、吉川弘文館、一九七三年。
(54) 国立公文書館内閣文庫蔵。
(55) 「好古」の語は、すでに近世後期に登場している（筑波大学附属図書館蔵『以文会筆記』など）。なお「好古」が考古学へ移行した点に関しては、文京ふるさと歴史館「弥生町遺跡発見一二〇周年記念　文京むかしむかし」展（二〇〇五年）において紹介した。拙稿「好古から考古へ—近世から近代へ継承された学問の形態—」（東京大学総合研究博物館『ウロボロス』二六号、二〇〇五年）を合わせて参照されたい。
(56) 『好古家たちの19世紀　幕末明治における《物》のアルケオロジー』吉川弘文館、二〇〇三年。
(57) 「19世紀日本における〈歴史〉の発見—屋代弘賢と〈考証家〉たち」（『待兼山論叢』三一号、一九九七年）、「〈歴史〉の読出し／〈歴史〉の受肉化—〈考証家〉の一九世紀」（『江戸の思想』七号、一九九七年）。
(58) 「書画　廓と博物学者—阿部櫟斎の文苑採花」（『国文学　解釈と教材の研究』三八巻九号、一九九三年）。
(59) 「屋代弘賢著書目録稿1〜4」（『東洋文庫書報』一八〜二一号、一九八七〜九〇年）など。
(60) 雄山閣出版、一九二九年。三宅は筑波大学附属図書館蔵本を底本に翻刻したが、同本は写し間違いが多く、後掲註(61)に紹介される天理図書館所蔵本の方が善本とされる。
(61) 鳥居清「以文会筆記に就いて」（『ビブリア・天理図書館報』一六号、一九六〇年）。神崎順一「司馬江漢と以文会筆記—天理図書館所蔵日欧交渉資料6」（同一一三号、二〇〇〇年）。
(62) 『文明のなかの博物学(上)(下)』紀伊国屋書店、一九九九年。第九章「江戸博物学から明治の生物学」において、伊藤圭介と田中芳男を採り上げ、両人があくまでモノに囚われ、理論を構築できない（あるいはしない）江戸本草学の呪縛から脱出できなかったがために、新政府による近代動植物学の高等教育システムから排除されたと結論づける。
(63) 文政四年〜天保十三年にかけて納本。明治三十八年から四十年に翻刻された（国書刊行会発行）。
(64) 平凡社。後、年表は『年表日本博物学史』（八坂書房、一九八九年）として再刊され、年表部分を除いた部分は、講談社学術文庫『日本博物学史』（一九八九年）にまとめられた。

(65) 井上書店、一八六七年。
(66) 木村陽二郎『生物学史論集』(八坂書房、一九八七年)にも岩崎灌園の伝記的な記述がある。
(67) 近年、野村圭佑によって発表された『江戸の自然誌―「武江産物志」を読む―』(どうぶつ社、二〇〇二年)も上野の研究に依拠したもので、個別に動植物を同定した点が新しい。
(68) 北村四郎編『本草図譜総合解説一~四』(同朋舎出版、一九八六~九一年)は、図譜の影印刊行、植物同定という点では評価できるが、著者・岩崎灌園がどこから情報を得ていたかなど記事の検討が充分ではない。概して岩崎灌園については、その名が有名であるにもかかわらず代表作『本草図譜』の書誌研究も充分でなく、未だ研究の余地がある人物である。木村陽二郎解説による『美花図譜―植物図集選―』(八坂書房、一九九一年)では、『本草図譜』に引用されるウェインマン『花譜』の日本における受容のあらましが述べられ、平野満「本草学史史料二種―『本草家番附』と岩崎灌園伝記史料―」(『駿台史学』八二号、一九九一年)や、横内茂「茶席挿花集　その茶花に使用された植物」(茶の湯文化学会、一九九九年)、佐々木利和「博物館書目誌稿―帝室本之部　博物書篇―」(『東京国立博物館紀要』二一号、一九八五年)などによって個々の史料評価が進められているのが現状である。
(69) 「東京国立博物館蔵『博物館図譜』について」(『慶應義塾大学日吉紀要　自然科学』一二号、一九九二年)、「田中芳男の貼り交ぜ帖と雑録集」(同八号、一九九五年)、「東京国立博物館資料館蔵「帝室本」本草・博物誌関係和書目録」(同二一号、一九九七年)、「岡不崩著『古版本草書目解題』目録」(同二三号、一九九八年)、「博物書の宝庫―帝室本」(『MUSEUM』五二六号、一九九五年)、「杏雨書屋の博物書」(『杏雨』二号、一九九九年)など。
(70) 松平定朝『百花培養集』『花菖培養録』について記した「日本博物学史覚え書4」(『慶應義塾大学日吉紀要　自然科学』二一号、一九九七年)、『秋野七草考』諸本についての「日本博物学史覚え書8」(同二七号、二〇〇〇年)、花暦『みやひのしをり』の「日本博物学史覚え書9」(同二八号、二〇〇〇年)、『朝鮮珍花彙集』の「日本博物学史覚え書11」(同三〇号、二〇〇一年)など。
(71) 「日本博物学史覚え書3」(『慶應義塾大学日吉紀要　自然科学』一九号、一九九六年)や、富山藩士による『奇草小図』を紹介した「日本博物学史覚え書10」(同二九号、二〇〇一年)、飯室楽圃の没年月を示した「日本博物学史覚え書12」(同三一号、二〇〇二年)などが挙げられる。

(72)『慶應義塾大学日吉紀要　自然科学』一一号、一九九二年。
(73)磯野直秀・内田康夫。『慶應義塾大学日吉紀要　自然科学』七号、一九八九年。
(74)註(2)に同。
(75)『日本博物学年表』巻末に載せる「博物書目」による。一九三四年の改訂増補版では一〇三三種。
(76)『年表日本博物学史』(八坂書房、一九八九年)の書名索引によった。
(77)『日本博物誌年表』書名索引によった。
(78)『日本博物誌年表』序文。
(79)註(78)に同。
(80)白井光太郎「博物学者としての貝原益軒」(初出は一九一三年の「益軒先生二百年記念祭」講演要旨、後『本草学論攷』第一冊〈春陽堂、一九三三年〉に所収)。
(81)註(76)序文による。
(82)春陽堂、一九三二年発行。
(83)『本草』二三号、一九三四年。
(84)思文閣出版、二〇〇三年。序文による。
(85)「文久年間の小笠原島開拓事業と本草学者たち―小野苓庵(職愨)・宮本元道・井口栄春・栗田万次郎・阿部櫟斎」(『参考書誌研究』四九号、一九九八年)、「幕末の本草学者阿部喜任(櫟斎)年譜」(同五六号、二〇〇二年)も人物研究である。
(86)厚生閣、一九三七年。
(87)『駿台史学』九八号、一九九六年。
(88)「黒田斉清(楽善堂)と江馬春齢(第四代)・山本亡羊の交流―『駿遠信濃卉薬鑑』・『忘革竊記』を手掛かりに」(『明治大学人文科学研究所紀要』四五号、一九九九年)、「薬品会・物産会の基礎的研究―富山藩の盆栽月次品評会『日新会』と富山藩薬品会―補論。『奇草小図』の印刷―金属活字」(同四八号、二〇〇一年)。
(89)富山県立山博物館「立山に奇草を求めて―富山薬品会を通して―」(一九九九年)、富山市売薬資料館「富山の薬―反魂丹」（二〇〇三年）、同「飢えに備えて―救荒策にみる薬草―」（二〇〇四年）の展示や、正橋剛二「近世後期における本草学史上の立山について」（『富山県立山博物館調査研究報告書』一九九九年）、吉野俊哉「享保七年立山・黒部奥山での幕府採薬使による薬草見分について」（富山県［立山博物館］『研究紀要』六号、一九九九年）、同「立山を訪れた幕府派遣採薬使―享保七年、十六年の薬草見分に関する『為覚通聞記』の記述から」（同七号、二〇〇〇年）、同「幕末期の『物産会』に見る物と人の交流―京都・大坂の「物産会」に出展された越中・立山での採集品から」（同八号、二〇〇一年）、「嘉永六年の『富山藩薬品会』開催とその出展品―越中での博物的本草学受容の視点から―」（同九号、二〇〇二年）。

(90)『明治大学人文科学研究所紀要』四九号、二〇〇一年。

(91)渡辺書店、一九七二年。

(92)『慾斎研究会だより』七六〜七九号、一九九七〜九八年。註(84)に収載。

(93)『日本医史学雑誌』四二巻四号、一九九六年。註(84)に収載。

(94)磯野直秀が次の年表にまとめている。「日本博物学史覚え書2」（『慶應義塾大学日吉紀要　自然科学』一六号、一九九四年）、「資料　薬品会・物産会年表（増訂版）」（同二九号、二〇〇一年）、「薬品会・物産会年表」（『科学医学資料研究』二四七号、一九九五年）。

(95)朝倉無声『見世物研究』思文閣出版、一九七七年。

(96)註(95)『見世物研究』、『見世物研究姉妹篇』平凡社、一九九二年。

(97)平凡社、一九九三年。後、ちくま学芸文庫、一九九九年。

(98)岩波新書、二〇〇一年。

(99)『日本歴史と芸能十三　大道芸と見世物』（共著、平凡社、一九九一年）、川添裕・木下直之・橋爪紳也編『別冊太陽　見世物はおもしろい』（平凡社、二〇〇三年）、『見世物探偵が行く』（晶文社、二〇〇三年）、「大見世物―江戸・明治の庶民娯楽」（たばこと塩の博物館、二〇〇三年）など、近年は川添裕を中心として、たたみ掛けるように研究成果が発表されている。

(100)「『見世物絵』とその出版の諸相」（『浮世絵芸術』一三一号、一九九九年）。

(101)「見世物をどう理解するか―近世後期の興行件数と見世物絵から」(『芸能史研究』一四八号、二〇〇〇年)。
(102)「見世物研究家・列伝」(『自然と文化』五九号、一九九九年)。
(103) ふみづき舎、一九九九年。
(104) 旅の文化研究所『研究報告』六号、一九九八年。ほかに「花を衣裳になぞらえるということ―変化する菊人形の見立て」(『日本研究』一一号、一九九四年)、「菊人形の分布と系譜」(『かたち・あそび』五・六号、一九九五年)、「『せともの人形』の成立と展開」(同一〇号、一九九九年)、「菊人形とフラワーショウ」(『現代風俗研究』六号、二〇〇〇年)、「団子坂菊人形見物」(『菊人形今昔―団子坂に花開いた秋の風物詩―』〈文京ふるさと歴史館、二〇〇二年〉所収)などがある。

第一部　連と園芸品評会の流行

第一章　下町地域における園芸植物の流行――変化朝顔と小万年青を中心に――

はじめに

近年、マンションのベランダでもできるガーデニングは、その人気が衰えることなく、都市近郊では大型園芸店がにぎわいをみせる、人気が高い趣味の一つである。本章では、図譜・番付という印刷物刊行の隆盛という事象によって、こうした現代にも通じる庶民レベルでの園芸趣味の流行が顕著に発現した、近世後期を対象とする。採り上げる園芸植物は、番付・図譜が最も多く出板された、変化《へんか》朝顔と小万年青《こおもと》で、これらの植物の流行が、その地域性に根ざした文化事象であることを検証していく。

本章において主眼を置く地域は、都市と農村が並存する、下谷・浅草・本所という下町地域である。現在、花や植木を売買する縁日として著名なものに、当該地域にあたる、台東区の入谷朝顔市がある。台東区では朝顔を区の花と定めて、観光資源として幅広くアピールしている。現在の市で売買される朝顔の供給元は、江戸川区、埼玉県安行や盆栽町など、都市化の影響のため郊外に及び、栽培地とイベント開催地とは別々の場所となっている。しかし、さかのぼって近世後期には、栽培地イコール開催地であった。以下では、同時代に菊の栽培地兼イベント開催地であった染井・団子坂などの植木屋集住地域と比べて、入谷が後発的な供給元である点を、図譜・番付から考察していく。あわせて、入谷を含む浅草・本所などの下町地域の園芸が発達した歴史には、変化朝顔に代表される、鉢植を中心とする園芸植物の流行が起因していたことを実証する。

第一節　朝顔栽培地としての下町地域の特徴

まず、近世後期江戸における朝顔流行事象の確認のため、二種類の「花暦」の内容を比較する。花暦といえば、文政十年（一八二七）刊『江戸名所花暦』が最も有名であるが、花暦自体はこれ以降も板行が重ねられ、形式を冊子体から折本・一枚物に変え、幕末期には、毎年出板されていたようである。[1] 本章で採り上げる花暦は、天保二年（一八三一）以降に刊行された[2]『東都花暦名所案内』と、天保四年刊『花みのしおり』[3]である。

板本『花みのしおり』の奥付には、

天保癸巳春
東台麓
忍川舎著
三枚橋仲田蔵梓（朱文長方印）（図3）

とあり、「東台」すなわち、東叡山寛永寺の麓の忍川舎が記し、（下谷）三枚橋（現、台東区上野）の仲田という人物が出板したとわかる。作者・忍川舎は、凡例の末尾に、

（前略）予が先に著す東都近郊図に合せ見るべし。

とある文言から、文政八年刊『東都近郊図』の作者でもあることがわかり、さらに『東都近郊図』の作者は仲田惟善であることから、作者と板元が同一人物であると判明する。

今回この『花みのしおり』と比較する史料は、作者名が判明している文政八年『東都近郊図』の図をそのまま

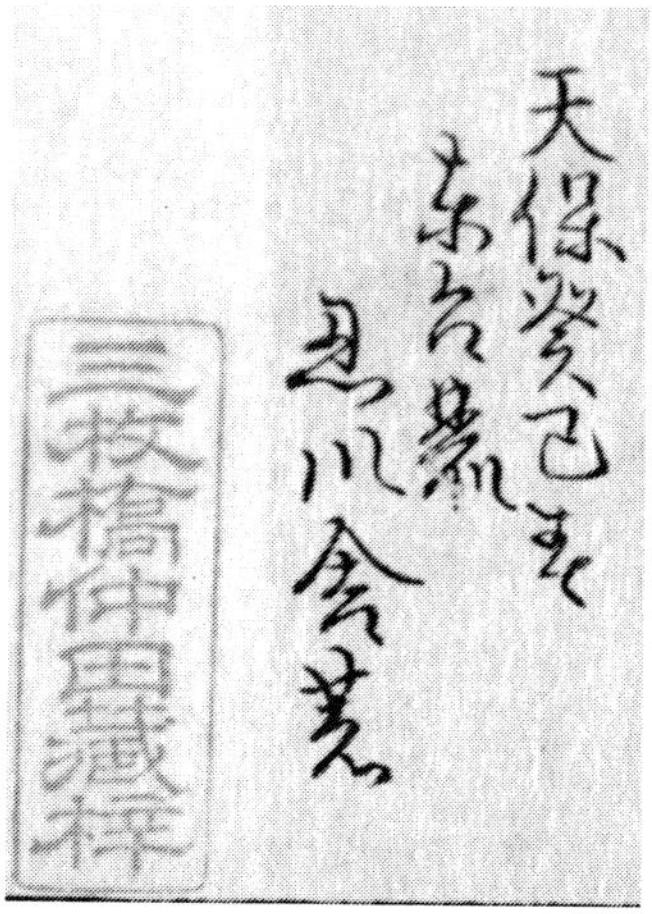

図3　『花みのしおり』奥付

借用して、余白に名所一覧表を附して板行した『東都花暦名所案内』である。この名所一覧の内容は、『花みのしおり』に非常に良く似ていることから、作者は同じ仲田惟善と考えられる。また本史料『東都花暦名所案内』末尾に「九皐堂蔵」と刷られている板元は、「東京下谷区下谷仲徒町四丁目八番地九皐堂別舍[4]」とある、明治時代の書物を発行した、本草学者・博物学者である鶴田清次のことと考えられる。作者・仲田惟善と板元・九皐堂は地理的に近く（下谷三枚橋と下谷仲御徒町）、「九皐堂」が著名な発行元でない点から、知己の縁から出板刊行の運びとなった、きわめてローカルな印刷物として位置づけられる。

以上のように、天保二年以降に刊行された『東都花暦名所案内』も、ほぼ同じ頃天保四年に刊行された『花みのしおり』も、作者は同一人物、仲田惟善で、板元は前者が作者の居住地に近い九皐堂、後者は作者自身が兼ねるという、どちらも私家版に近い形態であった。以上からこの二種類に記される内容は、作者の嗜好が直接反映されたものであり、居住地域である下谷の記述は特に信用がおけるものとわかる。

花暦には、近世後期の江戸に花名所がいくつもあって、その中には隅田川・飛鳥山・上野寛永寺の桜、亀戸の藤、堀切の花菖蒲など、現在でも時節になれば大勢の人出でにぎわう地域も含まれ、また花のほかに鶯や蛍、雪、枯野などの記載もある。これは、花暦が行楽地への案内書だった表れである。このことを示すため表1に、「花暦」掲載名所の一覧を掲げた。なお『花みのしおり』には、別に明治十一年（一八七八）の写本『花見のしほり[5]』がある。板本にない書き込みがなされ、明治期の様相もうかがえるので、その部分を括弧（　）で示した。

『花みのしおり』に登場する地域はのべ二九一箇所で、『東都花暦名所案内』ののべ一二一箇所と比較すると、倍以上に増えたことがわかる。新たに追加された項目は、彼岸桜、糸桜《いとざくら》、野駒、瞿麦《なでしこ》、納涼、六月祓、朝皃（朝顔）である。このように、地域と品種数が多い桜や、花として該当しない納涼・六月祓・野駒まで採用したのは江戸市民の行楽範囲拡大のためであり、紹介地が少ない『東都花暦名所案内』が『花みのしおり』に先行するので

表1『花みのしおり』(架蔵)に見る江戸の花名所　※〔　〕内は『花見のしほり』

項目	場所
梅	亀井戸梅屋敷(古梅園)・同所(亀戸)天神・新梅屋敷・隅田川木母寺・今戸八幡〔当時少し〕・下谷入谷藤堂侯〔今は无〕・日暮里梅の天神・田畑六あみだ道半三郎・中里同道(六あみだ道)十蔵・西が原牡丹屋敷跡・白山権現・雑司谷清土・同所(雑司ケ谷)畠町植木や十助・増上寺内天神・四ツ谷新町梅林・千駄谷水野侯・目黒不動脇石古坂・蒲田梅屋敷・杉田
鶯	小石川鶯谷・根岸・谷中三崎鶯谷
柳	神田川土手・護持院はら・上野清水・不忍池新土手〔今は少し〕・隅田堤・綾瀬
緋桃	上野谷中道・染井・西ケ原道
彼岸桜	上野山王・同(上野)清水観音・同(上野)御宮前・四軒寺前・上野車坂其外山内地中・伝通院中締凱寮・麻布新堀光林院
糸桜	上野護国院・清水門(此外院内多くあり)・谷中経王寺・同所(谷中)善照寺・日暮里延命院・同所(日暮里)善福寺・同(日暮里)修性院・根津権現・湯島麟祥院・伝通院・牛天神・御廐谷某・成子常円寺
桃	三番町御薬園・隅田川堤・六郷の下羽田より大師河原道・大房・増林
桜	池上本門寺・上野山内所々・谷中感応寺・同(谷中)瑞林寺・根津権現・白山権現・駒込吉祥寺・飛鳥山・王子権現・隅田川堤・木母寺・同所(木母寺)水神・寺島蓮花寺・吾妻の森〔今は少し〕・木下川薬師・深川元八幡・同所(深川)上木場天忠・万年橋霊運院・小日向服部坂道栄寺・大久保中百人町・柏木村円照寺・渋谷八幡・千駄谷水野侯・増上寺ねはん御門・高輪如来寺・品川御殿山・同所(品川)天王・大井・(大井)来福寺・(大井)西光寺・(大井)常連寺・小金井
浅黄桜	谷中感応寺・同所(谷中)瑞林寺・隅田川長命寺・(隅田川)木母寺・白山権現
椿	上野車坂上・谷中感応寺庭・千駄木やぶ下・橋場総泉寺庭・木母寺・向島秋葉前吉村某〔百株余異花あり。今は少し〕・下平井川岸通り

野駒	下総小金
雉子	王子・西がはら・隅田関屋の里・雑司谷・駒場野
雲雀	巣鴨庚申塚より平尾道・西ケ原・滝の川・高田・品川大崎
梨子	なま麦村・大師河原　中嶋のわたし・市川より八わた道
躑躅	上野穴いなり・根津権現・日暮里修性院・大塚護国寺・大久保中百人町
菫菜	本所羅漢寺辺・飛鳥山・荒木田の原・品川東海寺うしろゆるぎばし辺
蓮花草	護持院はら・本所らかん寺前・王子いなり前
桜草	千住の野・野新でん・戸田河原・下谷某園中〔今はなし〕・染井植木や〔かはり花数百種あり。今は少し〕
土筆	隅田関屋の里・千住堤・尾久の原・広尾原・落あひ
蕨	道灌山〔今は少し〕・飛鳥山〔今はなし〕・落合藤の森いなりの辺・小金井宮沢の辺
山吹	三めぐりいなり〔今はなし〕・新梅やしき・寺嶋蓮花寺・平井聖天〔八重にて遅し〕・木下川薬師・滝の川〔今は少し〕・蒲田梅やしき
藤	坂本円光寺〔今はなし〕・根岸芋坂熊蔵・向島武蔵や権蔵〔今は少し〕・亀井戸天神・上北沢村平蔵
杜若	根津権現・向島秋葉・新梅やしき・寺嶋蓮花寺・吾妻の森・木下川薬師・蒲田梅やしき・感応寺内善明院〔芍薬もあり。今はなし〕・新梅屋敷〔芍薬もあり。今はなし〕
牡丹	染井植木や・上尾久深山某・四ツ谷新町天神横丁三丁・代々木村仙蔵・同所〔代々木村〕植木屋藤吉・下北沢淡島の前幸蔵・同所〔下北沢〕柳屋次良吉・上北沢左内園中百株余あり
卯花	巣鴨庚申塚・奥沢九品仏・大師河原　塩浜へ出る道多くあり
杜鵑	忍か岡・駿河台・小石川初音の里・高田・八ツ山辺
霧嶋	染井植木や・大久保百人丁〔飯嶋某殊に多し〕・四ツ谷久能町楠某・千駄谷水野侯・深川上木場天忠〔今はなし〕・上北沢喜太郎

花菖蒲	感応寺内善明院〔今は少し〕・新梅屋敷
桐花	赤坂御門外桐畑・駒込妙義坂
橘	亀井戸天神社前・池上本門寺
樗	道灌山下通り・本所押上柳島辺
蓮	不忍池・護持院原池・赤坂溜池・同（赤坂）御門外御堀・市ケ谷牛込御堀・増上寺弁天・下谷池の妙音寺・木母寺うら白鳥池・竹の塚より赤山道多くあり
瞿麦	新梅屋敷・感応寺内善明院〔少し〕・下谷某〔今なし〕
蛍	谷中蛍沢・根岸用水通り・浅草たんぼ・江戸川・関口姿見橋・日光道大門宿
水鶏	不忍の池・浅艸たんぼ・浅茅がはら・同所（浅茅が原）玉姫いなりの辺・本所十間川・吾妻の森
納涼	両国河岸・元柳ばし・上野広小路・高輪海岸
六月祓	真崎神明・佃島住吉
萩	柳島龍眼寺〔今は少し〕・新梅やしき・寺嶋蓮花寺・浅草奥山・同所（浅草）清水寺・下谷幡随院・同（下谷）龍泉寺町正燈寺〔今は少〕
女郎花	青梅道荻久保関村のへん・小金井宮沢の辺
尾花	広尾のはら・野新田・戸田の原
朝皃	新梅屋敷・寺嶋蓮花寺・下谷〔入谷に多し〕・本所某花葉形のかわり数百種あり
雁	隅田関屋の里・深川洲崎・川越三芳野
虫	道灌山（松むし）・御茶の水・外桜田（鈴虫）・西ケ原王子道（きり〳〵す）・大塚の原（くつわ虫）・巣鴨庚申塚・根岸〔今は少し〕
月	隅田河・綾瀬・深川洲崎・関口・高輪・神奈川・玉河・武蔵野

鶉	西がはら・駒場野
菊	山巣鴨染井植木や・目黒・青山辺
紅葉	品川東海寺・同所(品川)海晏寺・目黒不動・千駄谷八幡・大久保天神・高田穴八幡・関口姿見の辺・下谷龍泉寺丁正燈寺〔今は少し〕・根津権現・滝野川〔今盛りに而人多く出る〕・上野清水の辺・向島秋葉〔今少し〕・寺嶋蓮花寺〔今少し〕・真間弘法寺
鹿	志村のはら・徳丸のはら
枯野	雑司谷堀の内道
雪	御茶の水・関口目白台・日暮里・道灌山・隅田堤・忍が岡
千鳥	中川洲崎・深川佃島・鈴が森荒ゐが崎
都鳥	隅田川
鶴	葛西小松川・品川大森・三河島・千住

当然の結果といえよう。それでは、項目として新たに撫子と朝顔（表1の網掛け部分）が増えたのはなぜだろうか。

撫子と朝顔は、梅や桜のような樹木ではなく鉢植で栽培できる草木である。鉢植植物が、名所案内に載るようになるためには、他を凌ぐ量と奇抜さがなければ注目され得ないのではないか。撫子の記述は、明治十一年の書き込みによると、感応寺内善明院[6]では「少し」、下谷某では「今なし」となって新梅屋敷（現、墨田区。向島百花園）のみの栽培地しか残らなかった。しかし、朝顔は新梅屋敷と寺島村蓮華寺（現、墨田区）で栽培され、

下谷　本所某　花葉形のかわり数百種あり。

という注記があった。このように朝顔栽培地域としては、下谷と本所が挙げられ、本所の某所では、花形や葉形が変わっている「変化朝顔」が数百種あったという。変化朝顔とは、とても朝顔とは思えないような奇態をしめ

す花や葉を鑑賞する朝顔の突然変異体のことをいう（図4）[7]。この遺伝子変異を起こした変化朝顔は、江戸においては文化・文政期、嘉永・安政期、明治期と三回の流行のピークを迎え、明治時代の写本『花見のしほり』に「入谷に多し」と書き加えられたように、近代の東京における有数の名所「入谷の朝顔」を生むことになる。

本章では、以上の二種（写本も含めると三種）の花暦の記述に簡潔に記された、朝顔栽培地域の変遷を検証することを目的とする。具体的な朝顔史料の検討は次節以降に譲ることとして、次に、朝顔栽培に下谷と本所が選ばれた理由を、駒込・巣鴨地域と比較しながらその特徴を挙げて考察を加える。

駒込・巣鴨の植木屋が発展した背景には、武家屋敷や大寺院の需要があり、ここでは躑躅・楓・椿など鑑賞するための庭木が中心であった。これが文化・文政期になると、箱庭または路地空間しか持たない、下級武士や町人のための鉢物栽培に移行する。すでに武家や富裕商人による投機的な橘や桜草のブームはあったが、尋常ではない価格で売買されるなどその熱が行き過ぎたために、寛政十年（一七九八）に売買行為の禁令[8]が出て下火になっていた。しかし、文化・文政期には禁令が出ておらず、同時期に染井で菊作りが始まり、御徒町では朝顔栽培が始まった。近年の考古学調査では植木鉢の分類が進められ、十八世紀後半以降、装飾性の低い土製のものが圧倒的多数を占めて出土しており、また焼塩壺の底に穴を空けて植木鉢に転用したものも多く見られる[9]。これは鉢植愛好家の人口の増加とともに、高価な鉢を必要としない、庶民層にも流通した結果といえよう[10]。

図4　変化朝顔の一例

朝顔は、下谷・浅草・本所という下町地域で最も盛んに栽培された、代表的な鉢植栽培植物である。なぜ、下町地域が選ばれたのであろうか。その理由の第一に、地理的条件が挙げられる。各種の江戸切絵図を見てわかるとおり、当該地域は、市街地化した江戸市中に最も近い百姓地という立地である。朝顔を売るには行商人が担い棒で町々を巡るか、寺社縁日に出る露店、植木市で売るのが有効な手段であった。下谷・浅草・本所に近い植木市というと、上野寛永寺元三大師の縁日、毎月三日と十八日に開かれた下谷広小路の植木市と、毎月八日に開かれた茅場町薬師前の植木市が挙げられる。『東都歳事記』では茅場町が最もにぎやかであったと記すが[11]、大きな植木市でなくても寺社の縁日には市が欠かせず、寺社の多い下谷・浅草に植木屋が多い点は心にとめておく必要があろう。朝顔と並んで、盛んに栽培された園芸植物に菊があるが、菊の栽培地は、染井・巣鴨・駒込・団子坂という山の手地域であった。

本書のカバーに掲げた「東都三十六景　本郷通り」は、文京区本郷通りの植木屋を描く。どこかへ納品する途中の光景で、桜と松の根を菰《こも》で包み、運搬している様子が描かれる。背景に見える武家屋敷は、加賀藩上屋敷である。本図に描かれたように、武家・寺院の庭に隣接した、山の手の植木屋は造園を専らとし、扱う植物は松・桜など樹木が大半であるため、これを培養できるだけの広大な土地を必要とした。山の手の植木屋は、当初、朝顔のような草花は取り扱わず、出入りの屋敷の庭作りに専従していたのである。江戸の庶民とかかわりを持つようになるのは、飛鳥山の花見や六阿弥陀詣での隆盛などを機縁に、あるいは、前述した花暦の刊行を契機に行楽地化してからのことであった。

伝統的な造園を旨とする山の手の植木屋に比べて、本所・下谷・浅草には、新興の植木屋が多かった。彼らが選んだのは、庭木のように広大な土地を必要としない、鉢植栽培である。これは地理的に、日常生活圏にごく近いという理由で流通条件に非常に適していた。以上が第一番目の理由である。

第二番目の理由は、栽培に適した植木鉢の生産地であった点である。廉価な朝顔の販売方法は、振り売りか植木市に出店することである。運搬する場合、樹木のように根巻きをして人力で運搬する方法は、朝顔のような脆弱な植物では弱ってしまうため適さない。運搬にふさわしい方法は鉢植の状態であるため、必然的に植木鉢の生産が増加した。

低温で焼く土製の簡便な植木鉢は、朝顔の栽培に適している。この瓦質の焼物は、現在でも製作されている「今戸焼」という土製玩具にも結びついたとおり、(12)古代・中世以来、浅草寺など寺院の屋根瓦に使用された隅田川沿岸の土を材料とするため、近接地域の名産品となった。明治期の坂本村（現、台東区入谷・北上野・根岸にわたる地域）の物産には、

牽牛花《あさがお》　十万鉢　価金　百五十円
土焼牽牛花鉢　一万個　価金　十円(13)

が挙げられている。この二つの項目、「土焼牽牛花鉢」と「牽牛花」というのは、この坂本村のみに表れる特産物である。また植木鉢と同じ材質からなる「土焼手遊物」「燈明土器」も当該地域の物産に挙げられている。このように地域の名産品が、朝顔栽培に欠かせない容器としての植木鉢に転用されたのである。

第三番目の理由として、土壌の質によってその地域に適した植物が選ばれたことも念頭におかなければならない。山の手の土と下町の土の違いは、本草学者・阿部櫟斎の著した園芸書『草木育種後編《そうもくそだてぐさこうへん》』(14)に次のように具体的に記されている。

○凡盆栽土の上品といふは、黒土の赤みあるものなり。江戸地方にて青山・巣鴨辺の土なり。極めて黒きは水を含みてわるし。菜園《はたけ》などの土、冬月糞汁《ふんしる》を澆ぎ、霜にいてさせ、盆栽《はちうへ》に妙なり。下谷辺溝《とぶ》土は桜艸・刺叭花《あさかほ》によし。

青山・巣鴨付近は黒土で上等とされ、下谷辺の溝土は質の上では青山・巣鴨に劣るが、桜草と朝顔には適合する

とある。朝顔の培養土は、駒込・巣鴨の台地の土よりも、川砂が混じった浅草・入谷のような低湿地の土が適していた。同じ意味の記述は、本草学者・与住秋水《よずみしゅうすい》が著した、次に掲げる朝顔の培養書『朝皃水鏡前編』(15)にもある。

地性に朝皃に合と合ぬとあり。江戸にて言は、下谷・浅草を上とす。本所是に次。荒木田土はしまりたる故この《(好)》まず。山の手土はこえ《(肥)》過て、草生さかんに葉ふとり《(太)》過て、花小さく色もさへぬもの也。

とある。つまり山の手は、土壌の質が肥え過ぎて、花をつける以前に養分が茎・葉の生長に費やされ、結果的に花の大きさは小さくなってしまうのである。下谷・浅草の土壌はこれに比べて、養分が強過ぎず、水はけがよく、朝顔の培養には好ましい土質であった。また土壌の質という視点では、朝顔だけでなく、桜草についても同様の指摘がある。四谷在住の幕臣・水野忠暁《ただとし》が記した『草木錦葉集《そうもくきんようしゅう》』(16)でも、下谷のどぶ土のことを採り上げている。

下谷辺の少しづゝ流るゝ下水の土は別してよし。桜草には此土にまさる《(優)》はなし。築地辺の土もよけれど下谷よりおとれ《(劣)》り。

築地は、本所に隣接する地域（現、中央区築地）である。このように、朝顔・桜草の培養土は下谷・浅草産が最適、次いで本所産という格づけが、園芸に詳しい本草学者により明文化されている。

以上のとおり、朝顔栽培に下町地域が選ばれた理由には、地理的に販売市場である都市域と隣接している点、容器としての植木鉢の材質が土地の名産品であった点、さらに朝顔に最も適していた土壌を有す点であったと判明した。

これまで採り上げてきた史料は、朝顔栽培が下谷・本所で活発化した以降のものであったが、江戸における初期の朝顔栽培の記事は、文政十年刊『江戸名所花暦』(17)に詳しく記されているので、次に紹介する。

下谷御徒町辺　朝皃は往古より珍賞するといへども、異花奇葉の出来たりしは、文化丙寅（文化三年・一八〇六）の災後に下谷辺空地の多くありけるに、植木屋朝皃を作りて種々異様の花を咲せたり。おひ〳〵ひろまり、文政はじめの頃は、下谷、浅草、深川辺所所にても専らつくり、朝皃屋敷など号《なづけ》て見物群集せし也。

このように、当初は文化年間に下谷御徒町で栽培され、文政には下谷・浅草・深川辺で作られた変遷が記されている。ここでは「朝皃屋敷」で鑑賞するとしか記されないが、これ以降は、図譜や番付類が作られ、これにより朝顔を栽培した愛好家や、序跋を記した文化人の具体名が判明し、そして品評会という形式で鑑賞した、朝顔流行の実態が見てとれる。そこで次節以降では、これらの図譜・番付を年代順に検討する。

第二節　文化・文政期の朝顔の流行

(1)『朝顔叢』

変化朝顔の江戸における最初の流行、文化・文政期の史料としては、まず文化十四年初春刊『朝顔叢』[19]が挙げられる。本書からは、江戸に先行して朝顔流行がまず大坂で始まり[18]、その後江戸に伝わった事実、江戸における朝顔品評会開始時期、朝顔流行を側面から担った文人の存在の三点が確認できる。まず、大坂から江戸へ流行が伝播したことは、著者・四時庵形影の序文に次のようにある。

（前略）こたひ朝皃は一朝の盛りをえて、津の国難波の富家饒民、貴となく賤となく、僧となく俗となく、これをもてあそひて、すまひ《（相撲）》になすらへ、浪華のよしとしあしゝと定めて、勝負《かちまけ》あらそふ事、こゝに三とせはかり也けり。さるを、東都にはこれを市に鬻《ひさ》く者、あるは独り種をうゑて、ひとり楽しむ家はおほけれと、さなから流行としも聞へされは、是か好士《こうし》も時にあはさる事久し。

このように朝顔は、浪花において、富家や貧家、僧俗とりまぜて相撲になぞらえて勝ち負けを定めることが三年ばかり行われていた。対して江戸では、朝顔を市で売る者、あるいは一人でその栽培を楽しむ人もいるにはいたが流行というほどではなかった。しかし、文化末年に至りようやくこうした大坂の影響を受けて、江戸で初めて

品評会が開催され、年々品種を増やしていった。序文では続けて、

爰には、去年の秋や、行はれつ、通《つう》して尊卑のもてあそひとなれることは、此秋を初めにして、文月中の九月《（ママ）》は浅草牛頭天王の別当、大円精舎にこの花すまひをそ催したる。か丶りけれはあさかほの品々は、月々に数そひて、あまつ星のかそふるともつくすへからす。其価《あたひ》は日にそひて雲梯《うんてい》をも登りつべし。

と「此秋」、文化十三年の七月九日、江戸において「花ずまひ」＝花相撲、つまり花を持ち寄る品評会である花合が、浅草大円寺において開催されたとわかる。(20)大円寺は牛頭天王社（現、浅草橋二丁目の須賀神社）別当の天台宗寺院で、現在はない。

この大円寺の花合をきっかけに、朝顔の異品は七百品余りとなり品数が増え、増加した朝顔を記録するため、本書『朝顔叢』が作られた。本書の体裁について、序文の末尾には、次のように語られる。

さりや江都《こうと》に翫ふもの、今凡七百余品、予か見るところのもの、わつかにこ丶にうつ《（写）》して五百余種、各々形葉を異にし、艶色《えんしょく》をことにす。其容《かた》ちをことにするものは、象《かたち》をもて知らしめ、色をことにするものは筆をもていはしむ。号《なづけ》て朝顔叢といふ。書画拙うして容色つぶさにわきがたからんものは、監察《（ママ）》し給へ。としかいふ。

于時文化丙子ことし中秋日　四時庵形影述

このように、個々の朝顔がどのように異なるかを、形と色を以て図譜化したことを断っている。本書は、江戸の朝顔図譜の嚆矢であり、文化十三年秋に開催された花合に出品された朝顔を集め図譜となし、花合開催から半年遅れて翌年の正月に出板したものである。ただし内容としては、朝顔図は載るものの個人の名前が記されないので、朝顔栽培の担い手が不明なままである。これは大坂ですでに刊行されていた図譜、文化十二年刊『花壇朝顔通』、同年刊『牽牛品類図考』の形式に倣ったためであろう。この大坂との類似性は、序跋に文人の文章を添える

という点でも共通する。次に掲げた本書の題言は、大田南畝[21]が誌したもので、ここから大円寺以外の別の地で花合が開催されたという情報が得られる。

（前略）丙子秋日。都人士大闘花于浅草大円寺。再闘于東睿子院。一時喧伝。嘖々不已。予亦夙興。至不忍池上。賦二絶。曰。耳聡何怪殷師儔。如蟻行人者不休。正是東山池上寺。新花百種闘牽牛。花戸新奇奪化工。牽牛花発瓦盆中。莫将頃刻千花碧。不及尋常百日紅。書肆携此書。以乞一言。漫題而返之。

文化丙子冬日　杏花園主人（印）（印）

文化丙子（文化十三年）秋、江戸市民が「大闘花」を浅草大円寺で催し、同じ年に再度東叡山（寛永寺）子院[22]で花を競う会があったとある。この子院は「至不忍池上」とあり、別に本文中の「井手の月」という品に対する説明に、

予さきに弁天会莚にて丸咲白の底黄を以て井手の月と名付。同名別種と知るべし。

と弁天で開催された会への言及が認められるので、不忍弁財天別当の生池院とわかる。

さらに本書の特徴を挙げれば、題言の末尾には「書肆携此書。以乞一言」と、本題言を書肆に請われて付したという経緯が記してある点である。たしかに本書は巻末に「山城屋佐兵衛」「大羽屋弥七」という書肆名の記載がある。このことにより、本屋を通して公刊されたものとわかり、第三節で紹介する、嘉永・安政期の朝顔図譜が、個人による蔵板である点と大きく異なることがわかる。実は、この板元を通して板行するという点に関しても、前に掲げた大坂の二書と共通する特徴である。

本書の著者・四時庵形影の経歴は不明であるが、本書の巻頭に、

朝顔や硯にはねる窓の露　四時庵老人

という俳諧を寄せていることから、俳諧を専門とした人物と推測できる。さらに、この俳諧に続けて、遠桜山人

の名で大田南畝が狂歌を寄せている。また、図を描いたのも凡例の文章により、著者・四時庵形影と判明し、以上のように『朝顔叢』は、文人の色彩が濃い図譜である。

（2）『丁丑朝顔譜』

『朝顔叢』刊行の翌年、『朝顔叢』の記事よりさらに詳しい情報を加えた史料が、文政元年四月に公刊された『丁丑朝顔譜』[23]である。『朝顔叢』と同じ本屋「山城屋佐兵衛」「大羽屋弥七」と、さらに大坂の本屋「泉本八兵衛」「高橋千助」を加えた、二都の本屋四名を介して出板された。本書の著者・与住秋水による文化十四年秋の自序では、

予始て去年の秋、浅草牛頭天王別当所大円精舎にして朝顔合を催し、四方よりもて来し花に、左と右とを分ち、花の殊にうるはしきを、一の位に定め、是が等《しな》を七つに分ちぬ。しかせしより朝皃の花合てふものいでき。

と、ここに掲げたように、「予」つまり与住秋水が主催者になって開催した、去年の秋（文化十三年）の浅草大円寺の花合の会が、江戸における最も早い朝顔の花合の事例だと述べ、初めて主催者の名を明らかにしている。自らが主催したので、左右に分け等級を定めた点など具体的な記述が目立ち、信用をおける史料といえる。与住秋水が、江戸における花合の先駆者であり、流行の仕掛人であった点は、『丁丑朝顔譜』序文の中ほどでさらに明確に言及されている。

この秋も、予が催せし浅草寺境内梅園精舎の花合せを始とし、二たび三たび花合有き。そが中にあやしく妙なるものを、友人濃淡斎の筆を借りもて写し置しを、書肆切に梓にのぼせん事を乞求めぬにや、一時の戯れ事を梓にせりはめむはおにのわざなれど、まだ見ざらん人の談柄《ハナシクサ》ともならば花の面目ならんと、花合にもれ

たるもめづらなるは書あつめて五十種に及びぬれば、まづ書肆にあたへぬ。

と、この秋（文化十四年）も浅草寺内梅園院の花合を皮切りに三度花合を主催し、花合に出品した品を中心に、ただし出品がなくても珍しい品種であれば採用し、友人濃淡斎に図を依頼して本書『丁丑朝顔譜』を作ったとある。

著者の与住秋水の経歴はほとんど知られておらず、昭和期に朝顔の文献解題を著し、自らも朝顔愛好の徒であった岡不崩《ふほう》の次の解説がほとんど唯一の伝記である。

土浦の人。江戸浅草天王寺横町（現、台東区蔵前）に住み、医（内科）を業とす。名は順庵、痩菊と号し（後略）(24)

このように医業を専門とし、浅草南部の蔵前の住民であった秋水は、文政元年に『朝皃水鏡前編』という、朝顔栽培書を刊行する。ここに寄せられた伊沢蘭軒の序文には、秋水が朝顔を愛した由来が記されている。これまで注目される機会がなかったので、次に紹介する。

（前略）与住秋水尤《モ》愛二賞之《ヲ》一。而《シテ》家園所《ノ》レ貯《ル》、都《テ》為《リ》二詭《（ママ）》品一。故其徒以《テ》二斯花《ノ》魏姚《ヲ》一目《ス》レ之《ヲ》矣。秋水業《トス》レ医《ヲ》。居常熟《セリ》二薬艸培養《ノ》法《ニ》一。而《シテ》観《テ》下近日種二藝《スル》斯花《ヲ》一者《ヲ》上伎療不レ能レ無《コト》レ出《スコト》レ言《ヲ》。且《ツ》愛賞之深《キ》遂《ニ》著《ス》二牽牛花水鏡一巻《ヲ》一。種藝之法、品類之分、実《ニ》可レ謂レ尽《スト》矣。復《タ》有二続編一。輯《テ》下古今篇章関二係《スル》斯花《ニ》一者、暨《ヒ》方薬合二用《スル》斯種《ヲ》一者《ヲ》上無レ有《ルコト》二遺漏一。即《チ》亦《タ》秋水好《ミ》レ学《ヲ》精《キ》レ医之余、波二及《スルナリ》斯花《ニ》一也。与下彼遊閑子弟、汲二々《タル》於賞花一事《ニ》一者上自有《ルカナ》二段隔一哉。

文政紀元蜡月蘭軒拙者伊澤信恬識（印）(25)

この序文により、秋水と朝顔の関係がいっそう具体性を帯びて見えてこよう。秋水が最も愛し、自園の庭で栽培していた朝顔は、「詭《（ママ）》（脆）品（脆い品、つまり生育が悪い品）」であったため、この花の栽培技術を研鑽していた。また、彼は薬草栽培技術に熟練した医者であったため、近年の朝顔栽培を始めた人々の技術を見るに見かねて、また本来の朝顔栽培癖が高じて、本書『朝皃水鏡』を著すに至った。前編では、「種芸」（栽培）や品類（分類）を詳らかにし、また続編の計画があり、そこでは、「斯花ニ古今篇章関係」とあることから、朝顔に関する古今の文献や、薬用として朝顔を用いる方法をも編纂する予定であった。このように、朝顔を愛好した由来が記されている。

序文を記した伊沢蘭軒が高い評価を与えているのは、秋水が学を好み医に精通していたため、現代では、薬学や考証学に当たる学問分野の中で朝顔をとらえた点である。「賞花一事」に汲々する最近の遊び半分の「遊閑子弟」とは、目的の上で格差があると強調する。

秋水は、蘭軒に序文を依頼し絶賛を受けただけでなく、『丁丑朝顔譜』において序文を寄せる大田南畝とも親しく交際したことが別の史料によっても判明する。(26) このように『朝顔叢』『丁丑朝顔譜』で例に挙げたとおり、変化朝顔の流行とそれに続く出板は、大田南畝や伊沢蘭軒など当代一流の文人や学者が殊更に注目を寄せた事柄であった。

続いて内容に目を向けたい。特筆すべきは、『丁丑朝顔譜』において初めて出品の担い手が判明する点である。本文にはのべ六十七箇所から出品された朝顔を載せ地名のみの記載がほとんどであるが、モチノ木（現、千代田区飯田橋）の牽牛亭、鳥越（現、台東区鳥越）の月下庵、隅田川花屋敷（現、墨田区東向島三丁目、向島百花園）、茅場町（現、中央区茅場町）の文糸の四名は、地名と出品者名が明かされている。また、本史料に住所が記されなくても、以後の朝顔番付に登場する名前と一致することで、居住地が判明する者もいた。蔵前在住の著者、与住秋水の号である「秋水茶寮」や、根岸の「植市」、下谷久保町の「八尾上」、小梅村の「植吉」の三名である。名前を載せない出品者の地域名には、箕輪（現、台東区三ノ輪）、浅草、猿屋町、和泉橋通、モチノ木、雉子橋通、小川町、駿河台、小石川、本郷、妻恋、汐見坂（団子坂に同）、茅場町、照降町の十四箇所が確認できる。このほか居住地不明な者は十三名であった。出品者の身分は、植市、植金など、「植」を冠す名前から推測して、植木屋と判明する者が五名認められる。以上をまとめると、名前だけの者が十七名、名前と居住地を示す者が四名、居住地のみの者が十四名ということになる。このうち、小石川、モチノ木など地名だけを載せる出品者の中には、士分の者が身分を隠して出品した者も含まれると考えられる。[27] 表2に、現在の行政区分別に出品者と地域の一覧を掲げた。品評会の会場を提供した寺院（大円寺・生池院・梅園院）を有する台東区域が最も多く、次いで千代田、文京、中央、墨田の順であった。なお、本章でこれ以降紹介する表において網掛けを施した欄は、特に断りのない限り植木屋と判明する者を指し、また括弧で括った地名表記は、別の史料により判明した地名であることを、ここで断っておく。

表2　『丁丑朝顔譜』出品者と地域

現在地	名　前	地名表記	現在町名
台　東	植　市	（根　岸）	鳥越根岸
	秋水茶寮	（蔵　前）	蔵　前
	月下庵	鳥　越	鳥　越
	八尾上	（下谷久保町）	台　東
	不　明	箕　輪	三ノ輪
	不　明	浅　草	浅　草
	不　明	猿屋町	浅草橋
千代田	不　明	和泉橋通	千代田・台東
	牽牛亭	モチノ木	飯田橋
	不　明	モチノ木	飯田橋
	不　明	雉子橋通	神田小川町
	不　明	小川町	神田小川町
	不　明	駿河台	神田駿河台
文　京	不　明	小石川	小石川
	不　明	本　郷	本　郷
	不　明	妻　恋	湯　島
	不　明	汐見坂	千駄木
中　央	文　糸	茅場町	茅場町
	不　明	茅場町	茅場町
	不　明	照降町	日本橋小舟町
墨　田	植　吉	（小　梅）	向　島
	隅田川花屋敷	（向　島）	向　島
不　明	植　孫	不　明	
	植　庄		
	植　金		
	笠山斎	不　明	
	二丑園		
	松仙堂		
	野　蒼		
	小　山		
	竹ノ内		
	朝　花		
	閑　泉		
	不老庵		
	四時園		

以上のように、『丁丑朝顔譜』の著者は、江戸で初めての花合を開催しただけではなく、その後も連続して花合を催し、友人の画家に依頼して朝顔図譜を制作・公刊した。主催者が編者である本書の体裁は、一部不明な者がいるものの、出品者の名前と地域、朝顔の品名を載せた書物として重要である。この形式は、大坂の図譜にはないもので、後々にまで影響を与え、以降に制作された図譜の模範的印刷物として位置づけられる。

（3）『槿花合』

これまで『朝顔叢』と『丁丑朝顔譜』という図譜形式を紹介してきたが、朝顔については、図譜と並行して文字情報だけの相撲見立番付が発行されている。現存する早いものでは、江戸で開かれた文化十四年六月二十三日

表3　文化14年『槿花合』出品者と地域

現在地	名　前	地名表記	現在町名
台　東	八尾上	下谷久保町	台　東
	不　明	二丁町	台　東
	不　明	下　谷	下　谷
	不　明	箕　輪	三ノ輪
千代田	不　明	泉橋通	千代田区・台東区
	不　明	モチノ木	飯田橋
	不　明	小川町	神田小川町
	不　明	キジバシ通	神田小川町
文　京	不　明	小石川	小石川
	不　明	本　郷	本　郷
	不　明	汐見坂	千駄木
中　央	不　明	カヤバ町	茅場町
	不　明	テリフリ町	日本橋小舟町
江　東	不　明	四ツ目	毛　利
不　明	二丑園	不　明	
	小　山		
	野　蒼		
	竹ノ内		
	植　孫		
	茅生㊛		
	不老庵		
	朝　花		

開催の『槿花合』[28]が挙げられる。表3に、出品者と地域を掲げた。「会主」と呼ばれる主催者は、市兵衛・金兵衛・甚兵衛・吉兵衛・庄八・平吉・長七・吉五郎・彦兵衛・清吉・八上・孫七の十二名、出品された花数は七十品で、出品者の実数は二十二名である。会場は、植木市開催で著名な茅場町薬師（現、中央区茅場町）であった。表3を見ると、下谷久保町・二丁町・下谷・箕輪（以上、現、台東区）、泉橋通・モチノ木・小川町・キジバシ（雉子橋）通（同千代田）、小石川・本郷・汐見坂（同文京区）、茅場町・テリフリ（照降）町（同中央区）、四ツ目（同江東区）と、都市中心域に集中し、表2と同一の傾向が認められる。居住地が不明な者のうち、前項(2)の『丁丑朝顔譜』にも出品している「植孫」という人物がいるが、「植」を冠することにより植木屋と考えられ、会主の孫七の可能性が考えられる。

(4)『朝顔花合位附』

都市部集中の傾向は、文政元年七月八日に浅草御蔵前黒船町（黒船町。現、台東区蔵前）榧寺（蔵前三丁目に現存）で開催の『朝顔花合位附』[29]でも同様である。表4に掲げたとおり、下谷・根岸・蔵前などやや台東区域が多くなっているが、墨田・中央・千代田・文京区における地域名は表2、表3と同一である。本番付の末尾には「植木屋益五郎」とのみあり、この人物がおそらく会主と考えられる。出品数は全部で七十六品、出品者の実数は二十七名であった。本番付の出品者として登場し、名称から植木屋と考えられる「植長」「植市」「植甚」「植金」の四名は、それぞれ(3)『槿花合』の会主、長七、市兵衛、甚兵衛、金兵衛である可能性をここで挙げておきたい。これに加えて(2)『丁丑朝顔譜』の出品者「植市」「植吉」「植孫」「植庄」「植金」もまた、(3)『槿花合』の会主、市兵衛、吉兵衛もしくは吉五郎、孫七、庄八・金兵衛とも考えられる。

以上の四種が文化・文政年間に発行された図譜・番付で(2)『丁丑朝顔譜』と(4)『朝顔花合位附』に、(3)

表４　文政元年『朝顔花合位附』出品者と地域

現在地	名　前	地名表記	現在町名
台　東	植　長	（入　谷）	下　谷
	巳之吉	下　谷	下　谷
	植　市	（根　岸）	根　岸
	八尾上	（下谷久保町）	台　東
	秋　水	（蔵　前）	蔵　前
	不　明	サルヤ丁	浅草橋
	不　明	福富町	浅草橋・鳥越
墨　田	花やしき	（向　島）	向　島
	不　明	本　所	本　所
中　央	文　糸	（茅場町）	茅場町
	不　明	イセ丁	日本橋本町
千代田	不　明	サルカク丁	猿楽町
	不　明	スルガダイ／スルガ台	神田駿河台
文　京	不　明	小石川	小石川
不　明	植　甚	不　明	
	植　金		
	朝　花	不　明	
	丹　利		
	森　徳		
	暁　嘉		
	鬼　蔦		
	野　蒼		
	田亀坊		
	竹　内		
	亀しま		
	二丑園		
	セン造		

『槿花合』の会主と思われる人物が出品者に名を連ね、それぞれ関連性が深い。ここに（1）『朝顔叢』を加え、ここまでを流行の極初期と位置づける。なお（1）～（4）までで登場した植木屋は八名を数えたが、植木屋は代々同じ名称を名乗る場合が多く、「巳之吉」も約五十年後の別の史料から植木屋と判断したが[30]、天保・弘化期に菊細工を出品した植木屋の、一世代前ではないかと思われる人物が何名か存在する。染井の庄八、金兵衛、巣鴨の市兵衛、吉五郎、伝中の吉兵衛である。断定はできないがここに記しておく。

（5）『朝顔図譜』

流行の極初期に続いて、次に採り上げるのは、文政七年に成立した、西尾市教育委員会岩瀬文庫蔵『朝顔図譜』[31]

である。本書は本所林町（現、墨田区立川）の愛好家、朝笑堂による朝顔図譜であるが、前四種の史料と異なり写本で伝わり、もともと公刊することも想定されていなかったと思われる。

序文には『朝兒水鏡』（『朝顔水鏡前編』）や『丁丑朝顔譜』に漏れた花や葉があるので、年々珍しい花を図示したいと思っているが、種類が多いので望みを果たせず悩んでいたところ、今年（文政七年）は例年になくいい朝顔ができたので、自分は画家ではないけれども、花・葉の形、色彩を正確に写すことのみ心懸けて精写したという。この朝顔の彩色図譜の序文には、

望み乞ふ人もあれば、あながちに惜みもせじ、かし《（貸）》まいらすべし。速に返し給ふべし。

と、貸与を拒まない文言を載せ、後編奥付に「天保八酉とし牧野うつし」「天保十二丑とし本多借写」とある墨書により原本ではなく写本であると知られる。「牧野」や「本多」は不明であるが、名前から武士と推測できる。

本図譜は、前編に花と葉の形状を紹介し、後編に実際に出品されたのべ七十七品の朝顔を描く。最大の特徴は、同好の士の集まりで、よく地域名を冠して結んだ党、「連」について説明がある点である。序文末尾には、

其連といふは、花合の始めより今に至る迠、怠りなく年々弥らかなる花をと《（音）》のしな《（品）》丹誠をしら《（知）》す輩を撰集めて華丸の一連と定む。いかなれ候此銘有りといふに、朝兒の花は丸を根本といふなれはな号《づ》けて、朝がほ《（顔）》作れる人の根本とやいわんと。

と、花合の始まったときから今まで、年々珍しい花を拵えた人々を選んで「華（花）丸の一連」を定めたとある。「華丸の一連」は、本図譜中で「花○」と印を付す者を指し、五十一品・十九名の出品者に該当する。このうち、所在地が知られるのは、著者、本所林町の朝笑堂と慶応三年（一八六七）のサボテンの花合(32)で本所在住と判明する朝詠堂のみであった。所在地不明のうち「松濤庵」は、松濤と号した入谷長松寺の第十六世相誉の可能性もあるが、他の史料で「松濤舍」「松濤亭」という記載もあるので不明に数えた。無印の中には「南水連」「下谷朝花連」

表5　『朝顔図譜』出品者と地域

現在地	名　前	地名表記	現在町名
墨　田	朝詠堂	本　所	本　所
	朝笑堂	本所林町	立　川
台　東	富　春（下谷朝花連）	下　谷	下　谷
江　東	不　明	六軒堀	新大橋・森下・常盤
荒　川	不　明	新　堀	日暮里
豊島・文京	其日庵	（高田豊川町）	豊島区高田・文京区目白台
不　明	蕣　窓		不　明
	時　鳴		
	金釜堂		
	四方亭		
	秋楽亭		
	自保亭		
	臥　松		
	籬秋園		
	盛久舎		
	朝楽園		
	千歳亭		
	朝盛堂		
	秋池亭		
	天倶堂		
	松濤庵		
	ヨモヤ		
	曙雪庵		
	晩色亭		
	養蕣亭		
	ウキン堂		
	山　文		
	山　芝		
	大亨堂		
	暁　花		
	七宝舎		
	小　園		
	呉　竹		
	鬼　蔦		
	暁　嘉		
全く不明	不　明		不　明

があり、「華丸の一連」のほかにも朝顔の連が別にあったことを示す。

　本書の出品者は、〇〇庵や〇〇舎とあり、与住秋水や長松寺住職（松濤）のように本業が別にあるやも知れず、身分の貴賤があるので植木屋だけではないのは確実である。しかし、本所の二人を含む「華丸の一連」「下谷朝花連」の登場により一年限りの栽培でなくなり、同好会の結び付きが一定の地域に集約されつつある過渡期を示している。本図譜は、連の成立を物語る上で欠かせない史料のため、第二章において詳述することとしたいが[33]、出品者の地域の変遷を知る上で必要と考え、一覧のみ表5に掲げた。

（6）文政八年『朝顔花合』

（5）『朝顔図譜』制作の翌年、文政八年七月二十一日に開催された番付をもとに作表した表6と、（5）『朝顔図譜』の一覧である表5を比較してもらいたい。表6は、浅草三筋町の植木屋太郎吉が会主、秋水茶寮が撰者、惣植木屋中が世話人となって、御蔵前八幡宮社（現、台東区蔵前に現存、蔵前神社）で開催された『朝顔花合』[34]の出品者一覧である。五十四品の花数を数えるが、三十名の出品者のうち名前と地域が同時に判明する者は一人も存在しない。しかし、表5の『朝顔図譜』と共通する名前が、五名（蕣窓、時鳴、金釜堂、四方亭、秋楽亭）存在し、この五名がいずれもほかの朝顔図譜・番付に登場せず、助の連に所属した「時鳴」以外の四名は、『朝顔図譜』で花○の連に属する者であった。また、「朝花」は、「下谷朝花連」の「朝花」と同一人物とすれば、下谷在住の者と

表6　文政8年『朝顔花合』出品者と地域

現在地	名前	地名表記	現在町名	備考
台東	不明	蔵前	蔵前	
文京	不明	本郷	本郷	
不明	植伝	不明		
	植太			
	蕣窓	不明		花○の連
	朝花			下谷朝花連か
	時鳴			助の連
	金釜堂			花○の連
	四方亭			花○の連
	秋楽亭			花○の連
	巴熊			
	暁花亭			
	松寿			
	古道			
	秋花堂			
	明遊			
	重花園			
	千川			
	久花園			
	錦花堂			
	蕣好園			
	蕣花亭			
	京久			
	右田			
	蕣好子			
	秋顔			
	松花			
	一馬			
	北水			
	松仙			

考えられる。

ここで、極初期と定めた表2・3・4と、その後の表5・6とを見比べてほしい。表2・3・4では、名前が伏せられていても、地域が記されていたため、台東・千代田など都市中心域に集中していることを知り得たが、表5と表6はほとんど地域名を明らかにせず、わずかに判明するのは本所・下谷・深川・日暮里・高田・本郷・蔵前の七地域名のみで、表2・3・4にあった千代田区・中央区域が消滅し、荒川・豊島区など江戸の郊外地域が登場する。

このように表5と6は、出品者が一部重複し年代も近く、出品者の地域の傾向に共通点があり、表2・3・4の極初期のグループとは異なる傾向が認められる。このことは、「○○亭」や「○○堂」のほか風雅な名前を明らかにしているが、出品者の地域を記さないことによって、逆に極初期のグループより地域性の推測がしにくい状態を招いた。名前だけ示されても人物の経歴が不明な者がほとんどなので、いっそう担い手の身分などの詳細が不明になってしまった。表6の会の世話人は、「惣植木屋中」と、植木屋中が後援を謳っているにもかかわらず、出品者の植木屋は、二名だけ（植伝と植太。植太は、会主の植木屋太郎吉の可能性もある）であるのは、植木屋は名実ともに世話をするだけで出品に執着していないと考えられ、この特徴は、表2・3・4でも共通する。しかし、出品者として名前だけしか載せないという点に、「連」のメンバーだけが了解している情報という感がぬぐわれず、排他的な連の性質が表5・6の地域情報の乏しさという状況に顕著に表れているととらえられる。

(7)　『朝顔集図』

これまで、文化・文政期の朝顔流行を物語る図譜・番付を列挙してきた。この後、番付は、天保四年[35]と同八年[36]に刊行されるが、図譜は、文化十四年『朝顔叢』、文政元年『丁丑朝顔譜』刊行の後、嘉永七年（一八五四）まで刊本は存在せず、その間、写本である文政七年『朝顔図譜』[37]と天保三年『朝顔集図』[38]があるのみである。このように、朝顔流行は一時中断した様相を呈す。本節の最後に、朝顔流行の中断の理由を探る糸口になると思われる、天保三年六月成立の『朝顔集図』を採り上げたい。本書は、品評会出品者の名前は明かさず、「土拵の法」や肥料のやり方、害虫予防など朝顔栽培に必要な園芸手引書の形態を取る。その序文では、

（前略）加ふに年々歳々新しき奇異のものを続生し、今年の珍奇は明年の並品と成り其停止する処を知らず。

とあり、年々新しいものが発生し今年の珍品は来年は並の品になるといい、朝顔の奇品栽培熱はまだ衰えていないことを記す。しかし、同時に新しい品に関心が移りやすく、新種が登場しないと熱が冷める危険性をも暗示する。本書は、朝顔栽培が徐々に一握りの愛好家だけのものではなく、素人が栽培を試みるようになった状況に合わせて、素人のために書かれた培養書の性格が強い。次のような、事細かい種まき・栽培の心得がこれを物語る。

無暗に何れの種子をも撰ばず、下種せしとて良花を得らるゝものに非ず。故に親草並に種子の撰択は一入用心注意あるべし。総じて変り花殊に重ね厚きもの又は切込み深きものは、最早花の変化を極しものにて多くは種子を結ぶことなし。稀れには開花の終り梢に至り花咲きたるものに種子を結ぶことあれども之を下種して畢て親草と同一の花葉は共に得がたく多くは並品に変化するものと覚悟あるべし。

無闇に種子を蒔いても変わり花は得られない。花弁が重なっていたり花弁に切り込みが入ったりするものは、種子を結ばないことが多い。種子を蒔いても変化朝顔に成長する場合は少ないという覚悟をしておくべきとの、明らかに栽培に不慣れの初心者向けの注意書が付される。文化・文政の流行の最後に、このような素人向けの栽培書が刊行される理由は何であろうか。

朝顔流行が衰退した理由として、天保末年からは天保改革の影響が考えられ、また大塩平八郎の乱（天保八年二月）によって、大坂の朝顔と江戸のそれの交換がなされなくなり衰退したとも考えられる。しかし文政十年に

『江戸名所花暦』が、天保四年に『花みのしおり』がそれぞれ出板されているから、園芸熱自体はまだ冷めておらず、文政後半から天保初年は特にこれといった理由もなく朝顔の記述が減少する。この点について『東都歳事記』[39]は、

異様のものにして愛玩するに足らず、されば四、五年の間にして文政の始めより絶えしも宜なり。

と、異様であるがために飽きられたという。しかし、これは中断の理由として最もふさわしくない見解と筆者は考える。異様を維持していれば、飽きられることはなかったはずである。むしろ、異様を維持できなくなったために、折からの朝顔流行に乗じて栽培を始めた愛好家は、栽培が面倒であり自宅で気軽に楽しむ域を超え、労力の割には一年草で種も付きにくい変化朝顔に魅力を感じなくなった。本節の最後に紹介した『朝顔集図』のような素人を対象とする啓蒙的な書物が書かれたにもかかわらず、別の植物に関心を移していったと考えられるのではないか。このことを裏づけるかのように、嘉永・安政期に図譜となった変化朝顔は、文化・文政期のそれに比して、変異の発現の度合いが大きくなっている。

折しも文政十年には『草木奇品かがみ』が、同十二年に『草木錦葉集』が刊行され、世間は斑入り葉を持つ奇品の鉢物、中でも投機商品たる万年青《おもと》に夢中になっていった。次節では朝顔から離れて、その空白時期を埋めた小万年青流行について述べる。

第三節　天保期の小万年青の流行

(1)『草木奇品かがみ』

天保期に品評会が頻繁に行われた小万年青を代表とする、斑入り植物愛玩の兆候は、文政十年に青山権田原(現、新宿区南元町)の植木屋、増田金太が編んだ『草木奇品かがみ』[40]にすでに発現している。本書は、奇品、かつ

鉢植植物の図譜である。奇品とは、斑入り植物など変異種を指す言葉で、常体のものより珍重された。その代表が、現在でも愛好家が多い万年青であり、また変化朝顔も一種の奇品である。奇品愛好の風潮は、朝顔だけにとどまらず斑入り植物全般に及んでいる。次に、多くの人名・地名を載せる『草木奇品かがみ』から、出品者を地域別に分け、表7に掲げた。

表7　『草木奇品かがみ』人名と地域（住所・現在地不明の者16名を除く）

現在地	地名表記	名称	備考
新宿	四谷	永島先生	享保の頃
	四谷新邸	朝比奈	永島門
	四谷	相馬木徳	
	大窪	呂州	
	市谷安養寺	真和	享保元文、安住寺連
	大久保鍋づる	末代良	
	四谷	曲渕	
	四谷新邸	浅井	
	市谷	大池	
	四谷新邸	池亭	寛保の頃、商家（鴻池）
	市谷	志賀宗庵	
	四谷新邸	樋口	巨万家
	大久保	大橋	集木園
	市谷	飯田露山	槙随居
	市谷	佐橋	四季園（赭鞭会メンバー）
新宿	牛込赤城下	松本	
	四谷大番町	上田	別号：錦林亭
	四谷	浅倉	
	大久保	鳥山	
	大窪	大野	
	牛込	布施布山	
	市ケ谷山伏町	常敬寺	僧
	四渓	雲州封君広瀬侯	
	成子新町	幡屋	農商を業。略称：幡長
	大久保北町	須藤	水野門人
	四谷新屋敷	家根吉	
	四谷忍原横町	小三郎	
	四谷忍原横町	庄五郎	
	四谷忍原横町	弥七	
	四谷南寺町	音吉	
	南寺町	平五郎	

新宿	四谷荒木横町	弥次兵衛	
	同忍原横町	長次郎	略称：天長
	四谷大番町	吉蔵	
	四谷荒木横町→成子	次郎兵衛	
	四谷大番町	吉右衛門	
	四谷忍原横町	辨之助	
	四谷荒木横町	伊八	
	四谷	文右衛門	
	四谷大番町	留蔵	
	四谷番衆町	伊助	
	四谷新町	庄兵衛	幼名：鎌吉
	四谷	彦太	
	大久保	寅右衛門	
	四谷新屋敷下道	長五郎	
	（四谷大番町）	（水野）大休	水野忠暁父
	赤山戸塚村	政次郎	
	青山権田原	金太	植木屋
	権田原	英	
	青山権田原	弥助	弥介の末子が撰者金太
港	赤坂	初鹿野	
	麻布	佐藤昌慶	
	麻布日か窪	矢部	

港	赤坂	寿竹園	
	青山	一宮天甫	栄伝の門弟。医者
	青山	和田幸久	
	青山	春也	和田幸久の子
	青山	岩上	
	青山	紀藩阿部	
	麻布	仕立屋久蔵	
	高なわ	明石	
	赤阪	米幸	商家
	青山	木原雪朝	
	南芝→白金別荘	仙波	豪富。略称：仙太
	青山	山田	略称：山武
	白銀	岩切	
	赤坂	鈴木	略称：鈴勝
	青山	俳名：月庭安羅多	上原弄鬼翁の子
	三田魚藍した	熊五郎	
	麻布新町	喜兵衛	
	白かね大和横町	久太郎	
	今里	平太	
文京	小日向服部阪	大草	
	駒込白山御殿の辺	東儀	
	小石川	栗元	（幕府医官栗本家）

文京	小石川無量寺傍	筧	
	（池之端上屋敷）	真江田	（富山藩主前田利保）
	関口水道町	豊島屋	商家
	小日向連	星合	
	小日向	間宮	
	礫川	杉浦	
	駒込	伊勢伝	商家
	城北根津別当町	何某	
	白山	岡田	
	大塚	長次	
	三崎	宇平次	植木屋
	下駒込薮下	勇蔵	植木屋
	駒込内海屋敷	長左衛門	
	駒込白山前	利兵衛	植木屋
	駒込動坂	平吉	
	駒込内海屋敷	金三郎	
	同（駒込）内海屋敷	三五郎	
	千駄木	六三郎	植木屋
	駒込	鶴吉	植木屋。政吉の男
	駒込	笑花堂	
豊島	染井	源二	花屋
	巣鴨	植亀	植木屋

豊島	巣鴨	松崎	
	巣鴨	赤井	
	巣鴨	上原弄鬼翁	
	染井	六代目伊兵	植木屋
	染井	小右エ門	植木屋
	染井	五三郎	植木屋
	染井	源右衛門	植木屋
	染井	重兵衛	植木屋
	染井	茂右衛門	植木屋
	染井	紋三郎	植木屋
	染井	八左エ門	植木屋
	染井	三治	
	巣鴨五軒町	市左衛門	植木屋
	巣鴨　火の番丁	弥七	
	巣鴨	巳之助	植木屋
	巣鴨	孫八	
	巣鴨原	平八	
	巣鴨	松五郎	植木屋
	巣鴨	弥三郎	植木屋。画家文潤は弥三郎の男
	雑司ケ谷清土	市郎兵衛	植木屋
千代田	六番町	窪田延寿斎	朝比奈の門人

千代田	番街	宮重	
	麹町の名園	成瀬	
	番町	窪喜	
	二番町	窪田	
	番町	鈴木仲右衛門	久世家の臣。略称：すゞ仲
	（番町）	鈴木勇馬	略称：すゞ勇。仲右衛門の子
	番町	長崎（夫妻）	
	麹街のほとり	内藤	
	番町御廐谷	窪田里鶴	
	麹街	赤門亭	
	番町御廐谷	黒野	
渋谷	渋谷金王祠別当	栄伝	宝暦の頃、僧
	千駄谷	長谷川	初鹿野門
	千駄谷	高坂宗碩	医者。子は植木屋
	千駄谷	深沢	永島先生の門
	広尾	隠岐芝交	
	千駄ケ谷	権蔵	

渋谷	代々木	藤吉	植木屋
墨田	本所法恩寺橋辺	山田屋	商家
	本所寺嶋	平作	植木屋
	本所	善右衛門	
	本所	辰二郎	松の隠居
世田谷	北沢	車屋平蔵	農家
	瀬田村	行善寺	別号：似蚓亭
	上北沢	左内	里正
台東	下谷竹門	木地左恵毛武	
	北里、浅草寺辺の別荘	文楼	
板橋	板橋	勝五郎	略称：板かつ
文京→新宿	目白台→四ッ谷	霍田蘭児	
港→新宿	芝→大窪	高橋翁不言斎	隠士
文京→港	巣鴨猫また橋→麻布	喜兵衛	
文京→渋谷	小石川阿波屋町→千駄谷	ばんない	
その他	国分方	伊藤勝蔵	
	国分方	畠山	里正
	元駿州江尻	政吉	

表7では、四谷付近（現、新宿区）が最多を数える。巣鴨（豊島区）と駒込（文京区）の大部分が植木屋であるほかは、商人・医者・僧侶・農家・里正（名主）など様々であるが、文事を解す上層階級に属すのが特徴である。別荘に住む者や、住居を移転している者は、隠居後に園芸の趣味を嗜んだと推定される。本書には、安永や元文・享保年間生存の同時代の人物以外も掲載されるが、植木屋の名前は天保・弘化期の菊細工番付にも見られる人物と一致し、文政期から活躍していたとわかる。これら知識人である愛好家と実務担当の植木屋によって、園芸は高尚な趣味として発達を遂げたのである。この斑入り植物の中で、図譜が多く残されているのが、次に紹介する小万年青である。

(2)《小万年青名寄》

肥前平戸藩主・松浦静山《まつらせいざん》の随筆『甲子夜話《かっしやわ》』続篇九十一[41]には、関根雲停《うんてい》が筆を執り、水野忠暁が撰し、赭鞭会《しゃべんかい》の佐橋兵三郎らが出品した小万年青会に触れた記事がある。かつて千両金《たちばな》、牽牛花《あさがお》と流行したが、今はその面影もなく近頃は小万年青が流行っているようだといい、続けて偶然貼り紙を見たことから、天保三年九月十五日と十六日に、御蔵前八幡（現、蔵前神社）の別当大護院（現在は廃寺）において小万年青の品評会があることを知ったという。

> 予は世外の身ゆゑ、知ずして有りしが、この壬辰（天保三年）九月十五日か、御倉前八幡の辺を過ぎ行しに、鳥居に貼紙して、今明日小万年（ママ）の聚会と題す。因て人にそのことを聞くに、いよ〳〵十五日六日此事ありと。其体、彼の別当の坐鋪に折廻はして五間と四間余の三層棚を構へ、凡九十余種の小万年を陳ね置き人をして見せしむ。其観、尤麗美とす。又悉くその形状を図写せし小本を版行す。人購じ来て予に示す。

ここで松浦静山が「麗美」と評した小万年青を一堂に集めた品評会は、寺院の座敷に陳列されたものであった。

この小万年青の各品は、「小本」として板行、また販売もされ、静山はこれを書き写している。静山が書写した九十種に及ぶ小万年青の原本の刷り物は現存し、一枚十五品ずつ描かれた多色刷りで、次の六種が国立国会図書館に所蔵されている（括弧内数字は請求記号、丸付き数字は冊番号を示す）。

A　天保三年三月『小不老艸名寄七五三』　〔855-22〕
B　年不明《小万年青名寄》（『小おもと名寄』）　〔855-21①〕
C　年不明　同右　（『小おもと名寄』）　〔855-21②〕
D　年不明　同右　（『こおもとなよせ』）　〔855-21⑤〕
E　年不明　同右　（『こおもとなよせ』）　〔855-21③〕
F　（天保三年）同右　（『子不老草名寄』）　〔855-21④〕

国立国会図書館では、袋に天保三年三月と年紀があるA『小不老艸名寄七五三』を別にし、BからFまでが合綴されている。松浦静山がこれらを見たときは六枚を一度に写したと思われるが、『甲子夜話』では小万年青とその出品者の居住地、出品者名は写すが、奥付や内題を記さず撰者や画家についての情報が得られない。しかし原本であるA～Fの刷り物によると、水野忠暁が撰び、関根雲停が図を担当したなど担い手の名前が判明する。

撰者の水野忠暁は、四谷大番町（現、新宿区大京町）に住んだ幕臣で、「水のげん《源》ちやうきやう《忠暁》」と署名することが多い。斑入り植物を集めた『草木錦葉集』の著者であり、『奇品かがみ』の執筆にも情報を提供した。[42] 関根雲停は、『錦葉集』『奇品かがみ』にも画家として参加し、天保期の本草研究会「赭鞭会」専属の画家として、多くの図をのこしている。雲停の居住地も四谷（後述）で、地の利もあってか、この二名の組み合わせによる図譜は多い。

BからFの五種は刊行の年紀は記されないが、F『子不老草名寄』の末尾には次のように小万年青を出品した年代の記述がある。

「御国自慢」を一昨寅（天保元年）の冬と、のへたる後、品に虫付葉くさり有り。昨年（天保二年）若芽出たれと古葉なし。大橋所持の品も古葉なく、形状現しさる故、あらましに調べ「七五三」の内へ加へたるが、当時若葉出すと見改たるに、「喜見城」に格別おとらさる品也。前に彫刻したるゆへ、此ところにことわる。

水の　しるす

「御国自慢」「喜見城」は、ともに小万年青の品種名で、図の掲載は年紀があるA『小不老艸名寄七五三』である。(43) このことと「前に彫刻したる」の文言から、A『小不老艸名寄七五三』の板行年月、天保三年三月の時点から徐々に刷り始め、同年九月の会開催までに六枚を完成させたものと考えられる。この最初に板行されたと考えられるA『小不老艸名寄七五三』に付随する袋には、撰者水野による序文が刷られてあり、以下に引用する。

子不老艸品類あまたあれど、これ迠名目なし。たゞ〳〵二三種、名あるといへと其品定らす。此度それ〳〵に名を付、七五三品をゑらみ、春の芽出しより夏秋の葉色日向日影、又は肥瘦にて、形ち違ふこと異なるといへと、其品々のくせ、生来の面目を見改、根元葉筋の形状、紋脈の麁密見分けやすき様に委く写生し、出所持主のあざな、植替時節、持方、虫をしりぞくる伝等、詳に書しるし、錦葉集二巻目、おもとの部へ追加へ、書林ともより官府へ伺の上今近刻もの也。

辰（天保三年）　東都城西

三月　水のげんちうきやう誌

右の文章には《小万年青名寄》に植え替えの時節や害虫予防など栽培方法を加筆して、『草木錦葉集』に追加する企図を載せている。残念ながら追加は成らなかったが、水野が撰んだ一連の小万年青の図譜はこの六種で終わらず、後述するように天保年間を通して別に三種、合計九種の図譜を板行した。

以下では、朝顔で試みたように地域的特徴の変遷を把握するため、出品者の地域名の分析を小万年青でも行う。表8がこれで、地域別に名前を挙げ、当代の園芸愛好家として有名であった証拠として『奇品かがみ』に名が載る人物には「◎」を施した。なお住所不明の者（のべ二十八名）は除いた。地域は、大坂天満（太兵衛）などの例外はあるが、四谷大番町・新屋敷（以上、現、新宿区）や赤坂・青山（港区）に居住する武家が多く、次いで巣鴨（豊島区）・千駄木（文京区）など園芸が盛んな地域（巣鴨植木屋が二名含まれる）が多い点など、ほぼ表7に掲げた『奇品かがみ』の傾向に近い。目立つ特徴は小万年青の旧所有者が記される点で、「大くぼ孫太」「水の（水野忠暁を指す）」の二名以外は、池田・大坂（「植庄」とあるので植木屋とわかる）・京に在住する人物から譲られたとわかる。

表8　《小万年青名寄》（A～F）人名と地域

現在地	出典	名称	地名表記	※	旧所有者
新宿	A	弥七	おし原	◎	
	A	大橋	（大久保）	◎	
	A	水の	（四谷大番町）	◎	池田在多田彦四郎
	C	水の	（四谷大番町）	◎	
	A	佐橋	（四谷表大番町）	◎	
	A	水の伊助	番衆町	◎	
	A	水の留蔵	大番町	◎	
	A	滝川	四ツや		大坂なんばが池植庄
	B	上田	（四谷大番町）	◎	
	B	与十郎	四ツ谷大ばん町		
	B	音吉	高田		大くぼ孫太
新宿	E	吉兵衛	新やしき		
	B	以賀波駄	（四谷）		
	C	金三	大くぼ新田		
	C	虎右衛門	大くぼ	◎	
	C	水の金兵衛	大ばん町		
	D	傳蔵	新やしき		
	D	吉蔵	大番町	◎	
	D	豊次郎	大くぼ		
	F	八右衛門	四ツ谷新宿入口		
	F	浅ゐ	（四谷新邸か）	◎	
	F	正春	四ツや新町		
	D	佐兵衛	権田原		

新宿	C	金太郎	権田原		
港	C	花園吉	赤坂		
	D	平蔵	青山		
	D	金助	赤坂		
	E	松窓	芝山		
	E	鈴勝	赤坂	◎	
	F	ひしや	麻布桜田		
千代田	A	官次	幸橋		京三条井平
	A	成せ	（麹町）	◎	水の（水野忠暁）
	B	平川	かうし町		
	E	鈴仲	（番町）	◎	
	F	田中	（駿河台か）		
	F	鈴勇	（番町）	◎	
文京	B	白山	小野七		
	B	筧	（小石川無量寺傍）	◎	
	C	赤井	すがも御駕町	◎	
	E	べつ甲半	千だ木		
	F	善蔵音	千駄木		
	F	松次郎	白山御殿		
台東	B	丸長	しん吉ハら		

台東	D	釜屋彦七	浅草		
	E	吉田	下谷		
	E	鈴金	下谷		
	F	米金	浅草花川戸		
豊島区	D	弥三郎	すがも		
	E	長太郎	すがも		
	F	松崎	すがも	◎	
	F	矢場次	すがも		
渋谷	B	安五郎	千駄ケ谷		
	C	宗碩	千だかや	◎	
	D	仙之助	千だがや		
江東	B	寿朴	深川新地		
	D	勘兵衛	永代		
	E	福山	永代		
文京↓	A	鶴田	（目白台↓四ッ谷）	◎	
新宿	E	鶴田	（目白台↓四ッ谷）	◎	
荒川	D	吉兵衛	三河島角		
世田谷	D	平五郎	池じり		
江戸外	A	太兵衛	大坂天満		

※『奇品かがみ』に名が載る人物に◎を施す

なお、本図譜の末尾には「東都こおもとれんぢう」（B）、「東都子不老艸連中」（C）、「東都小不老草連中」（D）などの記載があり、江戸の小万年青に「連中」、つまり園芸の連が、同好の士が集ってグループを形成する活動が行われていたことも判明する。(44)

（3）『小不老草名寄手鑑』

このようなA～Fの、蔵前の品評会開催のわずか一カ月後、天保三年初冬（十月）には、『小不老草名寄手鑑』(45)が板行された。ここでも「東都小不老草連中」という園芸連が中心になり、前掲《小万年青名寄》同様、関根雲停写生、水野忠暁撰である。形態も同一で、十五品を図譜化したものである。開催地は不明であるが、日をおかずに図譜刊行をなした理由は、前回が好評につき、引き続き図譜化したと推測でき、前回と同じく蔵前で開催されたとの予測は可能であろう。

本図譜では、優秀な小万年青に「天・地・人・左・一・中」の位をつけたのが新しい形式である。出品者は表9に掲げたが、港区・新宿区の出品者が多い点が目に留まる特徴である。この両区出品

表9　『小不老草名寄手鑑』人名と地域

現在地	名　　称	地名表記	奇　品 かがみ	旧所有者
港	力　蔵	芝高なわ		
	白桜亭	長者が丸		
	小田切	桜　田		
	伊藤勝	一本松	◎	
	松ざき七平	同所(一本松)		
	南松川	芝高なわ		山　高
	品　川	赤　坂		
新　宿	波多野	権田原		山　高
	小　林	権田原		山　高
	山　本	権田原		福　沢
	水　の	(四谷大番町)	◎	
台　東	金　子	(下　谷)		
	善蔵富	浅草馬道		
文京→ 新宿	鶴　田	(目白台→ 四ッ谷)	◎	白桜亭
不　明	すくる(寿久留)			大くぼ 新田膳五郎

者は、力蔵を除いて「小林」などの姓名のみか、または「白桜亭」などの号が挙げられているので、植木屋ではなく武家の可能性が高い。

(4)『小不老草名寄次第不同』

次に紹介する図譜『小不老草名寄次第不同』(46)は、おそらく原本は刷り物であろうが、現存史料は写本でしか伝わっていない。年代不明であるが、小万年青図譜の嚆矢と目されるA『小不老艸名寄七五三』において「子不老艸品類あまたあれどこれ迄名目なし」と記されるので、本図譜は立て続けに板行された前七種の名寄より後れて出板されたと考えられる。形式は十五品を図譜化したもので、これまでの図譜と異なる点はない。ただし本図譜末尾には、

諸国小不老草名寄連
東都四谷
水のげんちうきやう集
同所大関戸
関根雲停　写生
江川増吉　刀
芝　万吉　摺

とあり、これまでは、「東都」小不老草連中だったのが「諸国」にまで地域を広げている。表10に出品者名と地域を掲げたが、江戸外の京からの出品者「津の国や伊八」が目を惹く。江戸以外からの出品者は初めての例ではないが（A『小不老艸名寄七五三』で大坂天満からの出品がある）、江戸外からの出品者が増加したという単純な理由で、

「東都」から「諸国」の連と改めたと考えたい。しかし、実際には一例のみで、諸国の連が存在したかは疑わしい。また小万年青の旧所有者に「植木屋政吉」、出品者に本所寺嶋の「植木や」など、表8・9ではまったく登場しなかった本所の居住者、特に植木屋が増えた。このことは前の京よりの出品者同様、蔵前の品評会開催を機に、小万年青愛好家の地域が拡大したことを物語る。なお、本史料の記載により、関根雲停の居住地が、四谷大関戸（「大木戸」か。現、新宿区四谷四丁目付近）という点が判明する。

　ここでふりかえって、表8・9・10を見比べると、先に板行された表8では、のべ九十名のうち六名（うち一名は住所不明のため表には載せず）に元の持主の名が挙げられているのに対し、表9と10では、三分の一に当たる五品（表10では地域不明五名のうちに二品含まれる）と、その割合が年月を経るにしたがって高くなっている。史料には「万年青を譲る」と記されているが(47)、名のある万年青の所有者が変わるということは、それだけ需要が高くなったことであり、愛好家の増加を示すものである。また譲渡が日常的になることは、繁殖技術に長じた植木屋の登場と無関係ではなく、高額を投じて入手に奔走する輩の増加が容易に想像できる。

表10　『小不老草名寄次第不同』人名と地域

現在地	地名表記	出品者	旧所有者	備考	奇品かがみ
墨田	本所	幸	植木屋政吉		
	本所寺嶋	植木や□		平作か	◎
	本所	梅好		松隠居	◎
新宿	大ばん町	花一			
	さめか橋	小幡			
台東	下谷	高阿斎			
	大おん寺前	卯之助	水野忠暁		
江戸川	小松	音羽や			
文京区	小石川鷹匠町	土屋			
江戸外	京四条番場	津の国や伊八	松隠居梅好		
不明5					

（5）『実生小不老草奇品寄』

次に紹介する『実生小不老草奇品寄』(48)も、年代が不明な図譜である。これも水野忠暁撰、関根雲停画であることから、天保三年からそう遠くない時期に作成されたと考えられる。本図譜の特徴は、「実生」の小万年青だけを採り上げている点と、「連中」ではなく「補」として酒依・鷹室・霍田・滝川・伊賀波多の五名の名が記される点である。五名のうち、滝川・霍田・伊賀波多は、ほかの図譜により四谷在住の者と知られる。撰者水野と画家関根も四谷在住であり、「連中」が京や大坂に拡大している中で水野に最も近しく、「連中」を結成する前段階から交流を持っていた四谷を中心とした地縁グループによる図譜ではないだろうか。本図譜に出品する者は、通常の小万年青ではなく、実生に限定される点である程度の技量の高さが求められたであろう。このことは、表11に掲げたとおり、出品者の名前に、複数の他の図譜と重なる人物が認められ、技量の上で水野が信を置く人物のみが出品できたと解釈できる。

表11　『実生小不老草奇品寄』人名と地域

現在地	地名表記	出品者	備考	他の図譜
新　宿	（鮫河橋）	小　幡	小石川出	
	（四　谷）	滝　川	補	表8・12
	（四　谷）	伊賀波多	補	表8・12
台　東	（下　谷）	金　子		表9・12
	（下　谷）	吉　田		表9・12
港	（桜　田）	小田切		表9
世田谷	世田ヶ谷	専　了		
文京→新宿	（目白台→四ッ谷）	霍　田	補	表8・9
不明		梅花園		
		酒　依	補	表8・12
		山　田	小石川出	
		鷹　室	補	
		三　田		
		浅　羽		
		山　口		

（6）『小不老草名寄廿四品』

本節の最後に、やはり年代が不明な図譜、『小不老草名寄廿四品』(49)二帖を紹介する。本図譜は、各帖に十二品ず

つ合計二十四品を掲載した小万年青の板本である。後ろ表紙には墨書で、

平戸藩

嵐山春生

此折本ハ天保之頃小万年青ニ而《（ママ）》

とあり天保年間の図譜で平戸藩士旧蔵と知られるが、開催地や撰者などの情報は明らかにされていない。本図譜は、これまで一枚刷り十五品ずつであった形態が、一帖十二品ずつに変化するなど他の図譜との違いが顕著である。このことは、天保五年九月二十四日にこれまでの図譜の撰者であった水野忠暁が没しているので、撰者の違いが形式の違いとして表れたと考えられよう。画家も関根雲停ではなく「雋峰」と名乗る人物である（経歴等不明）。水野はこれまで必ず雲停に依頼していたのに、本図譜に限って別の絵師を用いるとは考えられず、やはり本図譜は水野の撰ではなく別の撰者の手にかかると考えられる。したがって制作年代も天保五年九月以降の可能性が高い。図譜出品者のうち本所在住の「嵐山」は、前掲の墨書によって旧蔵者とわかる「嵐山春生」と比定できる。おそらく嵐山春生は、平戸藩医・嵐山甫庵の後裔であろう。嵐山春生は、『杏雨書屋蔵書目録』[50]によれば、嘉永七年に梶取屋次右衛門著『鯨志《げいし》』や、蘭学者・馬場佐十郎著『蘭学梯航《ていこう》』の書写を行い（書写年不明）、自ら「甫安」の号で、『蘭和草名彙』という著作（写本、成立年不明）を成している。これらの写本の存在により、本草学・蘭学に詳しい人物と知られる。天保三年九月、初めて平戸藩主・松浦静山が小万年青の集会を知り、同藩藩士がこれを機に小万年青にのめり込んでいったと考えられ、興味深い。

本図譜の年代は、前の四種の図譜同様、天保三年以降に開催されたことは容易に想像できる。表12（84頁）に掲げたとおり、天保三年成立の表8・9と重複する人物も見られ、そう間をおかずに開催されたものと思われる。

表8～11まで小万年青の図譜より地域別に検討してきたが、本図譜はこれまでと異なり、出品者の住所に下

谷・浅草および本所という下町地域が、突然多くなった点が特徴である。小万年青に関しては、連の史料がほとんどないためここからは推測でしかないが、表11に現れたような四谷を中心とするグループと、この影響を受けた表12に多く見られる下谷・浅草・本所など下町地域を中心とするグループの区別があり、本図譜は、後になって流行した下町グループを中心とした集まりを記録したものではないだろうか。表12において顕著なように、本名寄においては、浅草「種平」や「米金」という出品者名から、それぞれ種子屋と米屋という職業が想起され、小万年青に投機する商人の存在が示唆される。

以上(2)のA~Fおよび(3)~(6)の十種類をもって出品者と地域を掲げる図譜形式の名寄の板行は途絶える。しかし、(6)『小不老草名寄廿四品』で新たな地域、新たな層の担い手が登場したことで、小万年青の流行は衰え

表12 『小不老草名寄廿四品』人名と地域

現在地	地名表記	出品者	他の図譜
台東	下谷	高阿斎	表10
	下谷	よし田	表8
	下谷	金子	表9
	坂本	大清	
	下谷	高徳	
	下谷	蘭月亭	
	浅草	林	
	浅草	ひら井	
	浅草	津田	
	浅草	種平	
	浅草	米金	表8
	浅草	㊤小	
墨田	本所吉岡丁	不明	
	本所	幸	表10
	本所表丁	梅山	
	本所	嵐山	
	本所	飯野	
千代田	駿河台	田中	表8
新宿	四谷	伊賀婆多	表8
	四谷	滝川	表8
荒川	三河しま	角吉	表8
豊島	巣鴨	赤井	表7・8
文京	白山御殿跡	津田	
不明			

ることはなかった。これを物語るのに、天保末から嘉永期に出された鉢植売買の禁令が挙げられる。幕府は、天保十二年十月[51]、十三年七月に高価な鉢植物の売買を禁止し、三両以上の品は決して売買するべからずとした[52]。これは守られなかったようで、弘化二年（一八四五）十二月六日に、

鉢植物之義、前々相触候義有之処、近来植木屋共幷素人共之内、高直之鉢植物売買之為、集会致候義有之趣相聞、如何之事ニ候、以来高直之品売買可為無用事[53]、

と単独で禁令が出される。この禁令では、今まで対象が石灯籠や瀬戸物など複数の贅沢品だったのが、初めて鉢物のみに限定している。また、高価な取引の禁止とともに、植木屋や素人が相交じり集会をする行為自体を許さなかった。さらに、嘉永五年十一月十五日には、

近年世上無益之鉢植物を翫び、就中、小万年青之義格別高価之品売買致し、其上武家、寺院之輩植木屋共に立交、諸所にて集会致し、専損益を競ひ、身分不相応之及所業候族も有之候趣、如何之事に候。尤、武家、寺院等慰迄に鉢植草花之類培養致候は、不苦事に候得共、利益を争ひ売買に拘り候は、卑劣之至、不埒之事に候[54]。

と、具体的に小万年青の名を出し、武家、寺院、植木屋が集会し高価な小万年青の取引をし、慰みに植物を栽培することは構わないが、利を追い求め売買するのを禁じた。ここでは幕府は、倹約推進を謳うと同時に身分の上下なく集会することに危惧を抱いていたことを露顕させる。

幕末から明治期に活躍した漢詩人・大沼枕山《ちんざん》は、この万年青売買禁止令に興を覚え、「万年青」と題する漢詩を作った。

（前略）昨日官家俄下令。罪其尤者価太軽。冨家失望売諸市。花戸色沮厭品評。昨日貴重今日賤。（後略）[55]

これによると、昨日まで貴重だった万年青が、禁令が出た今日になって無価値のものになってしまい、富家は二

東三文で植木市に売り払い、「花戸」すなわち植木屋は品評会を開くのを嫌がったとある。禁令が出た嘉永五年の時点で、小万年青の売買を植木屋が扱い、利を獲得する目的のために品評会を開いていたことが明らかになる史料である。漢詩の作者・大沼枕山は、嘉永二年自らの主催する漢詩の結社「下谷吟社《したやぎんしゃ》」を下谷三枚橋（現、台東区上野六丁目付近）に開いて以降、下谷に居を構えた人物である。(56)ゆえに漢詩に託された植木屋や富家の様子は、自らの居住する下谷で見聞したものと推測できる。このように小万年青は、禁令の存在で判明するとおり嘉永・安政年間でも栽培熱が衰えることはなかった。

以上、水野忠暁を中心とした、小万年青の品評会における地域的な変遷を見てきた。奇品といわれる珍奇な鉢植植物は、文政年間に『草木奇品かがみ』で一五四名の愛好家を数え、その後天保三年からは小万年青の品評会と図譜の制作が始まった。この流行の中心は、当初は水野忠暁という園芸愛好家の力に拠るところが多かった。図譜が発行されなくなった原因の一つに、中心人物である水野忠暁の死が考えられる。しかし、品評会開催と図譜の板行によって「連中」という同好グループが結成され、これが拡大した結果、四谷を中心とするグループや下谷・浅草・本所を中心とするグループに細分化され、地域的に偏りがある図譜も出板されるようになった。後者のグループはおそらく四谷に比べて後進地域であるが、そのメンバーは武家中心の四谷地域と異なり、商人や商人化した植木屋が多かったと考えられる。

第四節　嘉永・安政期の朝顔の流行

本節では、小万年青の例、特に『小不老草名寄廿四品』で判明するとおり、それまでの四谷・青山など古くからの愛好家がいた山の手地域と肩を並べ始めた、下谷・浅草・本所という下町地域に注目したい。当該地域は、天保末年から嘉永・安政期には、小万年青だけでなく朝顔の出品者をも数多く輩出するようになった。また、小万年青における水野忠暁に匹敵するキーパーソンとして、下谷の一地区、入谷村の植木屋の一人がリードしていく過程を前節のように、番付・図譜の分析によって詳細を検討する。

(1)　弘化四年『朝顔花合』

文政末年から天保年間における空白期の後、江戸で朝顔の花合が再開されるのは弘化四年七月六日のことである。場所は文政元年にも会場として使われたことのある浅草黒船町榧寺境内であり、このことは国立歴史民俗博物館蔵『朝顔花合』(57)によって判明する。本番付は、「催主下谷植木屋中」とあり、開催主に個人名を出さず、下谷地域の植木屋の「連」的な集団が発起人になっている。この点は、愛好家主体の文化・文政期から、植木屋主導の嘉永・安政期への転換期の特徴を如実に物語るものである。また、「左之方」とあることによって、本番付には「右之方」と記されたもう一枚の番付の存在が示唆されている。この「右之方」に相当するのが、埼玉県立文書館に所蔵されていた埼玉の旧家・小室家文書の中の『朝顔花合』(58)である。年月日と会場が一致し、何より「右之方」という記載があった。この二枚で一組の番付には、のべ七十(各枚三十五)の花名、五十名の出品者を載せる。本番付には居住地はまったく記されていないが、後の花合により「植栄」以下十名の入谷の植木屋、三筋町の「植太」、根岸の「植竹」、飯田町の「杏葉館」、行徳の「東寧庵」と「園遊」、大坂の「吉田」が居住地と名前が判明した者である。居住地不明四名の植木屋のうち、「植孫」「植庄」の二名は文化・文政年間の極初期の番付にも名が見られた人物である。本番付において初めて登場する杏葉館は、旗本・鍋島直孝のことである(59)。以上の人物を含めてその地域の一覧を表13に掲げた。現在の台東区に位置する植木屋が十二名もいるのは、開催主が下谷の植木屋であるため多くの人々が出品したものと考えられる。本会の撰者は、左右双方ともに「朝花」とあるので、岩瀬文庫蔵『朝顔図譜』のいう「下谷朝花連」が母体となって実現したものかもしれない。いずれにして

表13　弘化４年『朝顔花合』出品者と地域

現在地	名　前	地名表記	現在町名
台　東	植　栄	（入　谷）	入　谷
	植　辰	（入　谷）	入　谷
	植　又	（入　谷）	入　谷
	植　惣	（入　谷）	入　谷
	植　留	（入　谷）	入　谷
	植　要	（入　谷）	入　谷
	植　長	（入　谷）	入　谷
	植　勘	（入　谷）	入　谷
	植　亀	（入　谷）	入　谷
	植　三	（入　谷）	入　谷
	植　太	（三筋町）	三　筋
	植　竹	（根　岸）	根　岸
千代田	杏葉館	（飯田町）	飯田橋
江戸外	東寧庵	（行　徳）	行　徳
	園　遊	（行　徳）	行　徳
	吉　田	（大　坂）	大　坂
不　明	植　庄	不　明	
	植　孫		
	植　富		
	植　半		
	芝廼屋	不　明	
	松　友		
	正　賢		
	方　谷		
	美葉館		

現在地	名　前	地名表記	現在町名
不　明	二　葉	不　明	
	小　園		
	日新斎		
	宝　楽		
	柳　枝		
	齢　河		
	耕　雪		
	南窓園		
	桜掌亭		
	金　田		
	后　素		
	雲　花		
	芳華園		
	友　賀		
	法善寺		
	二翠亭		
	草集亭		
	龍松亭		
	穐香園		
	耕雲亭		
	傍　花		
	如　耕		
	一松庵		
	耕　月		
	修竹舎		

も、史料上では文政八年以来途絶えていた花合を再開するも、主催者は、所在地をすべて番付に明記するという方法は採用しなかった。このことは、植木屋へ足を運ばせて朝顔を販売するという宣伝目的に番付を用いる考えがまだ念頭になかった表れといえよう。なお、朝顔花合における役割を示す語として、文化・文政期には「会主」の語しかなかったが、本番付から、開催主として「催主」、花の撰者として「花撰」の語を用いており、花合開催にあたって組織化が進んだことがここにも示されている。

（2）嘉永元年『朝顔花合』

表14は、嘉永元年七月十九日、牛込太宗寺（新宿区新宿に現存）を会場にした『朝顔花合』(60)の出品者一覧である。五十八花、二十二名の出品を数えた。杏葉館・東寧庵が地域の判明する人物であるが、そのほかは表13と同じく、地域名を載せないため不明であり、二十名を数えた。このうち、半分の十一名は、表13における出品者と重複する。しかし表14では「植」を冠する人物がまったくおらず、すなわち表13から植木屋を排除したのが本品評会であった。表13と表14における構成員の顕著な違いは、これ以降の番付・図譜にも見られる。すなわち、番付に大きく分けて二つの区別、すなわち植木屋と愛好家がともに名を連ねるものと、植木屋を排除するものがあるという点である。本番付は後者に属し、前掲（1）弘化四年『朝顔花合』の番付は前者に属す。

（3）嘉永二年『朝花園追善朝顔華合』

次に、原資料ではないが、嘉永二年に行われた朝顔花合の番付の復刻を紹介する。『日本園芸会雑誌』(61)六号所載のもので、浅草黒船町榧寺境内で嘉永二年六月二十六日に行われたものである。三十六花、二十一名の出品者があった。会主は秋花園、世話人は植木屋留治郎と三五郎の両名である。本番付は、『朝花園追善朝顔華合』とあり、

表14　嘉永元年『朝顔花合』出品者と地域

地　域	名　前	地名表記	現在町名
江　戸	杏葉館	（飯田町）	千代田区飯田橋
江戸外	不　明	木　部	兵庫県木部か
	東寧庵	（行　徳）	行　徳
不　明	方　谷	不　明	
	雪香園		
	耕　雅		
	耕雲亭		
	耕　雨		
	草集亭		
	后　素		
	雲　花		
	如　耕		
	美葉館		
	耕　皐		
	千　玉		
	耕　水		
	耕　雪		
	朝　霞		
	相生亭		
	南　窓		
	小　園		
	二翠亭		
	陶　後		

朝花園を追悼する名目で開催された。朝花（または朝花園）は、再開後の『朝顔花合』（弘化四年）でも花撰を務め、文化十四年『槿花合』、文政元年『丁丑朝顔譜』『朝顔花合位附』、文政七年『朝顔図譜』、同八年『朝顔花合』等、文化・文政期を中心に出品した人物である。「朝花」の出品の度合いは、出品者の中では上位十八名のうちに入り（表29、112頁）、朝花を除く上位十七名がすべて第二次流行期、嘉永・安政期に出品していることを思えば、追善花合を催されるに最もふさわしい人物といえる。弘化四年には出品をせず花撰の役目を果たす点も、現在のところこの弘化四年が再開してから最も古い番付であるので、[62] 朝顔花合再開に朝花が何らかの業績があったことが想像される。

表15の本番付の出品者一覧を見てわかるとおり、本会には、杏葉館・東寧庵など後々花合の常連となる人名が

表15　嘉永２年『朝花園追善朝顔華合』出品者と地域

現在地	名　前	地名表記	現在町名
台　東	植　亀	（入　谷）	入　谷
千代田	杏葉館	（飯田町）	飯田橋
江戸外	東寧庵	（行　徳）	行　徳
	風　瓢	（行　徳）	行　徳
	円　遊	（行　徳）	行　徳
不　明	植　正	不　明	
	日新斎	不　明	
	雪香園		
	小　園		
	草花園		
	草集亭		
	耕雲亭		
	美葉館		
	松　友		
	二　葉		
	蓮咲堂		
	貞　棨		
	朝　歓		
	雲花園		
	南窓園		
	入　勝		

認められ、また地域不明な者十六名のうち、十名が表13や表14の出品者として重複している。植木屋は入谷の植亀と地域不明の植正の二名を数えた。表14・15にはいずれも地域名がわずかに判明するだけという共通点が認められ、これは、文化・文政期の番付と傾向が一致する。

（4）嘉永四年『朝顔花合』

表16は、朝花追善の翌々年の嘉永四年七月十日、亀戸天神社（江東区亀戸に現存）内で開催された『朝顔花合』[63]の出品者一覧である。六十一花、二十一名からの出品があった。花撰に蓬深亭、会主が「連中」、番付左下に世話人として植木屋亀次郎とともに成田屋留次郎の名が記される（口絵1参照）。両名とも世話人としてのみで、朝顔の出品は果たしていない。

後述するように、この成田屋留次郎こそ嘉永・安政期の朝顔流行期における、キーパーソンである。（3）嘉永二年『朝花園追善朝顔華合』における、世話人「植木屋留治郎」がおそらく成田屋を指すと考えられるが、地域名を付していないのでここでの断定は避け、本番付が、史料上で確実な「成田屋」の初出とする。なお、本会のもう一人の世話人「植木屋亀次郎」は、表13・15の「植亀」が、成田屋と同じ入谷(64)である点から同一人物の可能性は高い。このように二十一名の出品者のうち、植亀・植太・江東梅（江東園）・万花園・植文・醜花園の六名の地域名が判明する。この六名の出品者のうちには三名の植木屋がおり、世話人に二名の植木屋の名を見出せる点から、嘉永・安政期における朝顔品評会への植木屋の本格的な進出が、本番付から始まったとしたい。

表16　嘉永４年『朝顔花合』出品者と地域

<table>
<tr><th>現在地</th><th>名　前</th><th>地名表記</th><th>現在町名</th></tr>
<tr><td rowspan="2">台　東</td><td>植　亀</td><td>（入　谷）</td><td>入　谷</td></tr>
<tr><td>植　太</td><td>（三筋町）</td><td>三　筋</td></tr>
<tr><td rowspan="2">墨　田</td><td>江東梅
（江東園）</td><td>（小村井）</td><td>本　所</td></tr>
<tr><td>万花園</td><td>（本所菊川町）</td><td>菊　川</td></tr>
<tr><td rowspan="2">江　東</td><td>植　文</td><td>（本所四つ目）</td><td>毛　利</td></tr>
<tr><td>醜花園</td><td>（亀　戸）</td><td>亀　戸</td></tr>
<tr><td rowspan="15">不　明</td><td>植　半</td><td colspan="2" rowspan="3">不　明</td></tr>
<tr><td>植　松</td></tr>
<tr><td>植　音</td></tr>
<tr><td>北梅戸</td><td colspan="2" rowspan="12">不　明</td></tr>
<tr><td>（北梅亭）</td></tr>
<tr><td>二　葉</td></tr>
<tr><td>朝露園</td></tr>
<tr><td>東草園</td></tr>
<tr><td>草花園</td></tr>
<tr><td>秋花園</td></tr>
<tr><td>大橋園</td></tr>
<tr><td>露ノ屋</td></tr>
<tr><td>括嚢庵</td></tr>
<tr><td>牛ノ巣</td></tr>
<tr><td>松ノ屋</td></tr>
<tr><td>蓬　屋</td></tr>
</table>

（5）嘉永五年万花園『朝顔花合』

嘉永五年六月十四日、万花園で開催された品評会の番付『朝顔花合』は、行司を開催場所の提供者である万花園、花撰を杏葉館が務める。花撰以外の役割、世話人・会主の明記はない。四十七花、二十五名の出品者を数え、二段組横長の珍しい形式である（口絵2参照）。

本番付の特徴は、表17のとおり「植○」という、植木屋の名が見られないことである。蓬深亭・万花園・東雪亭・醜花園・江東梅・杏葉館・東寧庵の七名の居住地が後の番付により知られるのみで、地域情報は皆無である。本会の中心は万花園と考えられ、本所菊川町に住んだ人物である。成田屋が登場した翌年の番付であり、次に掲げる同月二十八日の番付における成田屋の役割の重要度から鑑みると、本番付は、明らかに植木屋を排除した番付といえよう。以上の点は、（2）嘉永元年『朝顔花合』で見られた特徴と同じである。

表17　嘉永5年万花園『朝顔花合』出品者と地域

現在地	名　前	地　名	現在町名
台　東	蓬深亭	（入　谷）	入　谷
墨　田	万花園	（本所菊川町）	菊　川
	東雪亭	（本　所）	本　所
江　東	醜花園	（亀　戸）	亀　戸
	江東梅	（小村井）	本　所
千代田	杏葉館	（飯田町）	飯田橋
江戸外	東寧庵	（行　徳）	行　徳
不　明	雪香園	不　明	
	千艸園		
	北梅戸		
	葉柳園		
	山雪園		
	東草園		
	小園斎		
	野　牛		
	草集亭		
	夕湖園		
	傍　花		
	不白軒		
	括囊庵		
	彝露園		
	静　峩		
	蓮咲堂		
	朝露園		
	草花園		

（6）嘉永五年欣浄寺『朝顔花合』

（5）と同じ年の嘉永五年六月二十八日、江戸浅草新寺町（現、元浅草）欣浄寺《ごんじょうじ》（現在は大田区西蒲田に移転）において開催された『朝顔花合』(65)は、成田屋留治（次）郎が「花撰」「惣評」「催主」、つまり花の撰出、評価を行い主催者を兼ねている。七十の花名、四十二名の出品者を載せる。表18のとおり、本番付もやはり出品者の所在地をまったく明らかにしていないので、後に催された花合により入谷（現、台東区）の蓬深亭、本所の四名すなわち江東梅・万花園・東雪亭（以上三名、墨田区）・植文（江東区毛利）、亀戸（江東区）の醜花園、飯田町（千代田区）の杏葉館、江戸外では行徳東寧庵を知るのみで、ほか三十四名は不明のままである。植文は、本所の植木屋・成家文蔵と考えられる。しかし何よりも本番付で注目したいのは、成田屋留次郎の役割である。今までの番付では、植木屋は、世話人や催主として登場しているが、花の撰者としての植木屋は成田屋が嚆矢である。しかも、一人の

表18　嘉永５年欣浄寺『朝顔花合』出品者と地域

現在地	名　前	地名表記	現在町名
台東	蓬深亭	（入　谷）	入　谷
墨田	江東梅	（小村井）	本　所
	万花園	（本所菊川町）	菊　川
	東雪亭	（本　所）	本　所
江東	植　文	（本所四つ目）	毛　利
	醜花園	（亀　戸）	亀　戸
千代田	杏葉館	（飯田町）	飯田橋
江戸外	東寧庵	（行　徳）	行　徳
不明	植　新	不　明	
	植　音		
	植　半		
	松渓堂	（泉松山桊）	不　明
	小園斎	不　明	
	小園亭		
	不白軒		
	雪香園		
	蓮笑堂		
	南窓園		
	雪花園		
	東草園		
	草花園		
	松濤亭		
	蕣花園		
	艸集園		
	山雪園		
	大橋楼		
	千草園		
	柿廼屋		
	如　耕		
	松寿斎		
	花狂亭		
	芝廼屋		
	穐花園		
	松琴庵		
	小泉亭		
	括囊庵		
	日新斎		
	静　[illegible]		
	牛　巣		
	朝露園		
	北梅戸		
	二　葉		

人物が、催主、撰者、評者を兼ねるという複数の役目を果たすのも初めてのことであった。

これまで見てきたように、流行のピーク時、文化・文政期では与住秋水、あるいは朝花（園）、天保の小万年青では水野忠暁、というように、必ず一人もしくは数名のキーパーソンが登場してきた。これらの例と同様に、嘉永・安政期の変化朝顔に関しては、この成田屋留次郎抜きには考えられない。明治三十五年刊行の朝顔の栽培書『牽牛花通解』[66]では、朝顔流行の歴史における成田屋を次のように評している。

江戸入谷に成田屋留治（次）郎なるものあり。斯道に最も熱心にして図書の出版・花合会の催し等、総て同人によりて為されたるもの多く、名声一時に喧伝し、人皆争ふて同人より種子を購入す。

と、成田屋留次郎の持つ種子が珍重され、花合や図書（図譜のこと）の出板が相次いだという。花合を開催するには、朝顔の品種数を維持しなければならない。この点を解決するため、成田屋がどのように種子・苗を集積したかは、明治期の雑誌『日本園芸会雑誌』[67]に次のように語られている。長いものだが、江戸における朝顔ブームの火つけ役である人物の、唯一の経歴を知るために必要なので煩をいとわず掲げる。

○成田屋のこと

東京下谷区坂本村字入谷
家号　成田屋
山崎留次郎
明治廿二年七十九才

本人は元来浅草辺造庭家の次男にして、曾て牽牛花の栽培を嗜み、弘化四年に始て入谷に別戸を開き、以て牽牛花を培ふ。是此地にて之を養ふの始祖とす。然るに当時世間培ふ者多きに至るも、皆普通の種にして、大坂辺の如き奇品なし。一日同好者来り、之を嘆き、各々集金するが故に仝地に至り、良種を購め来らんことを謀るに本人之を諾し、其翌年金若干を有志者より集め、大坂に至ると雖も、何れに良種あるやを知らず。彼是奔走して、或る培養家を探り得たれば、即ち各良種の購求を談ぜしに、其際僅かに一種の実子二粒づゝ、七八十種を分ち、金五拾円《ママ》にて買取来りて之を集金者へ頒ち、共に培養せしに皆普通在来品にして、一同失望せり。依て本人面目なき故、再び該地に至り、普く培養者を探り求め、或る家に至り、視るに頗る佳品の多きを認めたれば、其一家の種を悉皆買入れんことを計りしに、其価金六拾両といふ。追々談判の末、三拾両に決約し、良否の差別なく一園の種子悉く之を持帰り、又之を集金者に分与せり。是地名人名を博し、賞翫者の増殖せる濫觴にして、其種子より十の六七分は悉く各種の奇品を生ぜしなり。其より已来、年々季節を見計ひ、大坂に至り、彼の異種と我の品とを交換し、随て奇品を出すに熱心せしこと八ケ年に至れり。就て今に至り、年々各地方より或は尋来り、或は郵書を以種子の買入れをなすもの絶へずと云ふ。(中略)

其後、安政年間に、種々の奇品を出し成田屋にて発生せし、牡丹咲の者当時鉢数三万内外を養ふと云ふありて、仝業者中頗る奇品と賞せられたり。其頃物特にて、頻りに之を買採らんことを懇請したれば、即ち之を諾せしに金拾四両を投じたり。此れ開業以来今日迄見ざる所の高価なり。(後略)

この史料からわかることは以下の点である。まず前歴であるが、成田屋は当初から朝顔を専門にしていたのではなく、もとは「浅草辺造庭家の次男」であった点である。「造庭家」というのは、栽培を旨としたのではなく庭作りを専らとする造園業者と考えられる。栽培業者の意は、文中に別に「培養家」という言葉で表現されている。そして、朝顔栽培開始は、弘化四年に入谷に移った頃と判明する。しかしながら、大坂に比べて奇品が少ないことを歎き、同業者同士で醵金を募り、翌弘化五年(=嘉永元年)に大坂へ種子を買いつけに赴く。最初の買いつけは失敗に終わるが、再度(年代は記されていないが、翌嘉永二年のことと考えられる)大坂に向かいようやく奇品を得、その後入谷と大坂で種子を交換することで、常時奇品を備える植木屋として繁昌したという。おそらく嘉永三年以降のことであろう。前述したとおり成田屋は、嘉永二年開催の際の世話人・植木屋留治郎と同一人物の可能性があり、同四年に亀戸天神社で行われた番付に世話人として登場するのが初出であるが、これらの初出の年代は、『日本園芸会雑誌』に朝顔サクセスストーリーとして披露された経歴と相違しない。また切絵図『下谷三ノ輪浅草三谷辺之絵図』（嘉永三年冬板）[68]の入谷地域に「植木留次郎」とすでに記載があるので、嘉永年間から急速に名が知られるようになったとわかる。安政年間には、一鉢十四両という高額取引をなし、巨利を生む商業人として成功を収めた。このように園芸文化の流行は、利を生むことからそのブームを助長していったといってよい。すでに大坂の人、峰岸龍父の著作『牽牛品類図考』『牽牛品』（ともに刊本）や、嘉永四年に摂津尼崎藩士によって描かれた『蕣花画譜』[69]の存在のように、変化朝顔は関西の方が先んじていたが、江戸の流行は以上の『日本園芸会雑誌』の記事によって、成田屋によって大坂から輸入され、担い手の中心人物が植木屋であったため商業主義へと変質していった経緯が明らかになった。

(7)『三都一朝』『両地秋』『都鄙秋興』

成田屋を最も有名にしたのは、嘉永七年七月に『三都一朝』（三冊）[70]、安政二年（一八五五）七月に『両地秋』（一冊）[71]、同四年（序文は七月）に『都鄙秋興』（三冊）[72]という、変化朝顔を描いた一連の彩色図譜の刊行である。『三都一朝』は田崎草雲が、『都鄙秋興』は野村文紹が図した（『両地秋』の画家は不明）。一介の植木屋が出板したとは思えないほど、美麗な図譜で鑑賞価値は高い。この冊子体番付ともいえる形式は、明治時代に三度目の朝顔流行が訪れた時にも採用されている。

成田屋が制作した三種の図譜には、次の特徴がある。すなわち、文化・文政期の『朝顔叢』『丁丑朝顔譜』では、書肆名が奥付に並んでいたが、これら三種の図譜は見返しに「成田屋留治郎蔵板」（図5）とあることより、成田屋個人による板行と知られる。また『朝顔叢』『丁丑朝顔譜』は、出品者の名前を少なからず隠す傾向にあったが、本図譜では、すべて名前を載せ、加えて出品者の所在地を載せている。さらに、与住秋水は友人濃淡斎に依頼し、四時庵形影と朝笑堂は自らが絵筆を執り図譜に仕立てたが、成田屋は野村文紹・田崎草雲という有名絵師に描かせている。このことは、小万年青図譜において水野忠暁が関根雲停を起用した点を想起させる。専門絵師に描かせることによって、朝顔のみならず図譜の鑑賞さえも可能にした。この点で後世まで高く評価されることになった。

以上に挙げた特徴のうち、筆者が成田屋を最も高く評価したいのは、出品者名のすべてと部分的ではあるが地名を載せた点にある。この掲載事項がなければ、変化朝顔の担い手の地域的特徴は不分明のままであった。第二次流行期も、再開当初、成田屋が登場する以前は、表13・14・15のとおり名前は載るが住所が不明な者の数が圧倒的に多い。まして、文化・文政期には名前さえも載せていなかったのである。そこで、成田屋が提示してくれた図譜の情報をもとに、以下に地域別に分けた人員数を比較することで地域的な特徴を示したい。

『三都一朝』には八十八花・四十一名の出品がある。『三都一朝』は三都とはいっても京の出品者は一名、大坂は三名であり、行徳三名、宇都宮一名、所在地が不明な者十九名を除くと、十四名が江戸である。この三都という発想は、諸国に朝顔愛好の風潮を拡張したい希望的観測の表れであり、小万年青の連の名称が「東都」から「諸国」

図5　『三都一朝』見返し

へと変じたが、実際は諸国にまで及んでいなかったことと符合する。(73)

『両地秋』の「両地」とは大坂と江戸を指し、出品が少なかった京都を書名から退けたが、二十八花・二十二名のうち、大坂は三名から二名に減り、行徳二名、不明六名、江戸十二名となった。

『都鄙秋興』には一一二花・三十九名の出品があり、三種の図譜のうちで最も出品数が多い。大坂一名、上総高岡一名、行徳七名、宇都宮六名、鬼越一名、川越一名、不明四名、江戸十八名を数え、江戸外の割合を増やした。このことから「都」と「鄙」の図譜という意味の書名を付したと思われる。なお本書は、出品者の冒頭、喜鳥園の箇所に「催主」とあり、このことから主催者は三十軒堀の喜鳥園と知られる。

江戸在住の成田屋が板元になった以上三種の図譜は、江戸の栽培家を圧倒的に多く載せるが、一方において江戸市中で流行していた朝顔栽培が、「鄙」である川越・行徳・宇都宮地域に伝播したことを示している。

江戸だけに限ってその割合を見ると、『三都一朝』では、本所地域は五名（江東梅・東雪亭・万花園・萩薫舎・植木屋文蔵）を数え、下谷地域も成田屋・いぶしや丸新・蓬深亭・芬芳舎・百卉園の五名を数える。本所・下谷以外からの出品者は、深川亀戸（現、江東区亀戸）の醜花園、赤城（現、新宿区赤城元町）の松濤舎、若宮（現、新宿区若宮町）の猿廼舎、モチノキ坂（現、千代田区飯田橋）の杏葉館のみである。

『両地秋』では、下谷地域が、成田屋・蓬深亭・通丈園・百卉園の四名、本所は五名（如松軒・江東梅・東雪亭・萩薫舎・鉄牛園）、これ以外は醜花園・杏葉館・猿廼舎のみである。

『都鄙秋興』は、下谷では、朝皃屋辰五郎・朝皃屋熊次郎・成田屋・蓬深亭（以上入谷）・百卉園（三ノ輪）の五名、本所は五名（東雪亭・錦花園・万花園・植木屋文蔵・京園亭）、本所・下谷以外は松濤舎・猿廼舎・杏葉館・醜花園のほか催主の三拾間堀（現、中央区銀座）の喜鳥園、江戸川端（現、文京区水道）の松泉堂、駒込千駄木の植木屋六三郎、巣鴨の植木屋長太郎が加わった。長太郎や六三郎は、菊細工番付にも登場する植木屋で、朝顔の流行が下谷・本所以外の植木屋に伝播していったことを物語る(74)。

成田屋企画の三種の図譜は、後掲表29(112頁)に示した朝顔図譜・番付の全出品者のうち、登場回数が多い順に挙げた十八名の上位出品者の中に、嘉永二年時点で死亡していた朝花を除く十七名すべてが三種のいずれかに必ず出品している。このことにより、本図譜は、嘉永・安政期における朝顔品評会の担い手の中心人物を網羅した書物と位置づけられる。三種の図譜を比較するため、これまでと同じく表19・20・21(101・102頁)にそれぞれの図譜の出品者と地域を分類して掲げた。

表19・20・21でわかることは、居住地不明の者が大幅に減少し、江戸外、特に行徳・宇都宮の割合が大きくなった点である。そして江戸の出品者に限定すると、常に下谷と本所だけで三分の二以上を占めることが発見できる。すでに(1)弘化四年『朝顔花合』で、入谷の植木屋が高い割合を示したが、この会は下谷朝花連の中心人物かと疑いのある朝花が撰者となり、下谷植木屋中が主催者であるため、入谷が多いのは地域限定の上での数字であって、江戸および近郊から多く集めた図譜に名前が掲載される本図譜とは性質がまったく違う。また三種の中でも最後に刊行された『都鄙秋興』が、最も多く地名と出品者名を明らかにし、かつその地域に興味深い傾向がある点を、表21を見て再発見した。それは、行徳・宇都宮など江戸外の地域は、100パーセント(十七名すべて)明らかにしており、入谷も100パーセント(四名すべて)、本所は三名中二名の居住地を明かしており、初めて登場する植木屋長太郎や六三郎の居住地は明記されていなかった。このことから、本図譜では、「鄙」に重きを置くことはもちろん、「鄙」に対比させるべき「都」の地域が、入谷・本所である点がわかった。このように、三種の図譜、特に『都鄙秋興』の完成に至って、はじめて本所・下谷在住の者が実質的に朝顔品評会の活動における主導権を得たと考えられる。

表19　嘉永７年『三都一朝』出品者と地域

現在地	名　前	地名表記	現在町名
台　東	成田屋留次郎	入　谷	入　谷
	朝皃師いふしや丸新	入　谷	入　谷
	蓬深亭	（入　谷）	入　谷
	芬芳舍	（下　谷）	下　谷
	百卉園	ミノワ	三ノ輪
墨　田	江東梅	ヲムラヰ	文　化
	東雪亭	（本　所）	本　所
	万花園	（本所菊川町）	菊　川
	萩薫舍	向　島	向　島
新　宿	猿廼舍	（若　宮）	若宮町
	松濤舍	（赤　城）	赤城元町
江　東	植木屋文蔵	本所四ツ目	毛　利
	醜花園	（亀　戸）	亀　戸
千代田	杏葉館	（飯田町）	飯田橋
江戸外	孤月庵	京　都	京　都
	花桜園	大　坂	大　阪
	穐叢園	大　坂	大　阪
	住　仁	大阪《(ママ)》高津	大　阪
	万草園	下毛宇都宮	宇都宮
	春補庵	行徳押切	行　徳
	東　園	行徳鬼越	行　徳
	東寧庵	行　徳	行　徳
不　明	松渓堂	（泉松山桙）	不　明
	草集亭	不　明	
	待霜園		
	二　葉		
	碧花顚日新斎		
	青窓園観水		
	掬芳舍		
	東草園		
	蓮笑堂		
	小園斎		
	芝廼屋		
	松琴堂		
	草花園		
	北梅戸		
	野牛園		
	大橋楼		
	傍　花		
	洗心亭		
	朝露園		

表20　安政２年『両地秋』出品者と地域

現在地	名　前	地　名 表　記	現在 町名
台　東	成田屋 留次郎	入　谷	入　谷
	蓬深亭	（入　谷）	入　谷
	通丈園	シタヤ	下　谷
	百卉園	ミノワ	三ノ輪
墨　田	如松軒	向シマ	向　島
	江東梅	ヲムラヰ	文　化
	東雪亭	（本　所）	本　所
	萩薫舍	（向　島）	向　島
	鉄牛園	角田川ス サキ	向　島
江　東	醜花園	（亀　戸）	亀　戸
千代田	杏葉館	（飯田町）	飯田橋
新　宿	猿廼舍	（若　宮）	若宮町
江戸外	春補庵	行徳押切	行　徳
	東寧庵	行トク	行　徳
	穐叢園	大　坂	大　坂
	花桜園	大　坂	大　坂
不　明	北梅戸	不　明	
	野牛園		
	葉柳園		
	朝露園		
	井石園		
	大橋楼		

表21　安政４年『都鄙秋興』出品者と地域

現在地	名　　前	地名表記	現在町名
台　東	朝皃屋辰五郎	入　谷	入　谷
	朝皃屋熊次郎	入　谷	入　谷
	成田屋留次郎	入　谷	入　谷
	蓬深亭	入　谷	入　谷
	百卉園	（三ノ輪）	三ノ輪
墨　田	東雪亭	（本　所）	本　所
	錦花園	本　所	本　所
	万花園	本所菊川町	菊　川
江　東	植木屋文蔵	本所四ツ目	毛　利
	京園亭（東暁園）	（本所猿江）	猿　江
	醜花園	亀井戸	亀　戸
新　宿	松濤舎	赤　城	赤城元町
	猿廼舎	若　宮	若宮町
文　京	植木屋六三郎	（駒込千駄木）	千駄木
	松泉堂	（江戸川端）	水　道
豊　島	植木屋長太郎	（巣　鴨）	巣　鴨
中　央	喜鳥園	三拾間堀	銀　座
千代田	杏葉館	（飯田町）	飯田橋
江戸外	穐叢園	大　坂	大　坂
	賤艸庵一花	北総高岡	高　岡
	東寧庵	行　徳	行　徳
	小川亭	行　徳	行　徳
	円　遊	行　徳	行　徳
	風　瓢	行　徳	行　徳
	放懐舎	行　徳	行　徳
	春補庵	行徳押切	行　徳
	雪里軒	行　徳	行　徳
	横豊亭	下毛宇都宮	宇都宮
	万草園	下毛宇都宮	宇都宮
	鶴寿楼	下毛宇都宮	宇都宮
	松月庵	宇都宮	宇都宮
	三国堂	下毛宇都宮	宇都宮
	吉文亭	下野宇都宮	宇都宮
	東　園	鬼　越	鬼　越
	旭　笈	川越センバ	川　越
不　明	松渓堂	泉松山棽	不　明
	清菱園	不　明	
	芝　園		
	暁花園		

（8）『朝顔三十六花撰』

成田屋制作の三種の図譜は、以降の図譜の手本となった。そのうちの一つ『朝顔三十六花撰』[75]は、『三都一朝』『都鄙秋興』の二書に出品する万花園が、嘉永甲寅＝安政元年（跋文八月）、「三十六歌仙」に掛けて命名した図譜である。撰者の万花園は、下谷車坂で生まれ、横山茶来と号し、息子の代、明治三十年代に入谷に居住した[76]。全三十六花の出品者は、重複を除くと十五名になり、江戸が五名、行徳一名、不明九名である。江戸五名の内訳は、本所二名（万花園と東雪亭）、亀戸の醜花園、飯田町の杏葉館、入谷の蓬深亭である。表22がこれらの出品者の一覧であるが、植木屋の名がまったく見られない点に気がつく。本図譜は、三十六歌仙になぞらえるなど風流を重んじた傾向が強く、跋文末尾に「絵草紙めくものに作りて同し心の人々にもわかちあたへ」と図譜刊行の目的を同好の士に配ると述べ、私的な配り物の体裁をなす。なるべく多くの出品者を載せようとしたとみられる成田屋の図譜とは傾向が異なり、本図譜に植木屋が参加しないのはこの点にあると考えられる。これは(5)嘉永五年万花園『朝顔花合』において植木屋を排除した番付と共通する特徴であり、撰者が同一人物（万花園）である点に起因している。

しかし本図譜においても成田屋の図譜を踏襲して専門絵師を雇っており、出板形態も本屋を通したものではない配り物とみなされよう。図譜の画家・服部雪斎《せっさい》は、天保期に活動した本草研究会「赭鞭会《しゃべんかい》」の中心的存在であった富山藩主・前田利保にも図を依頼されることが多く、明治期に文部省掛図など緻密な動植物図譜を描いた本草・博物画家として、安定した実力を有す著名な人物である。関根雲停と並び称される場合が多く、本図譜の撰者・万花園が、雲停の描いた小万年青図譜のような美麗な図譜の制作を念頭に置いて依頼したと考えられる。

(9)『朝かゝみ』

文久元年（一八六一）出板『朝かゝみ』(77)は、

表22　安政元年『朝顔三十六花撰』出品者と地域

現在地	名　前	地名表記	現在町名
台　東	蓬深亭	（入　谷）	入　谷
墨　田	万花園	（本所菊川町）	菊　川
	東雪亭	（本　所）	本　所
千代田	杏葉館	（飯田町）	飯田橋
江　東	醜花園	（亀　戸）	亀　戸
江戸外	東寧庵	（行　徳）	行　徳
不　明	松渓堂	（泉松山梺）	不　明
	草集亭	不　明	
	野牛園		
	千艸園		
	一竿斎		
	草花園		
	葉柳園		
	掬後園		
	北梅戸		

現在のところ、近世における朝顔図譜刊行の最後を飾る図譜である。二十四花・九名の出品があり、表23のとおり入谷および植木屋の名はなく本所が四名、杏葉館、不明四名である。本史料は、画家・編者が本所在住の出品者である東雪亭であるゆえに、本所地域を中心とした図譜になったと考えられる。東雪亭と東暁園が本所在住で、同じく「東」の文字が冒頭に付される「東流園」「東香園」「東柳亭」も、本所の愛好家の可能性がある。本図譜も前に挙げた『朝顔三十六花撰』同様に序文があり（藤原信喜筆）[78]、そこには、図譜制作の理由が次のように記されている。

（前略）東雪亭のあるし《主》は、年ころ此すさひに思ひをこらして、とし〳〵《年々》出す所の新花とも、いとも多かるを、世の人にもみせまほしと、みつから《自》うつし《写》とゝめ、猶また同志の家々に咲出たるをも、纔に加へて此あき《秋》桜木にのせられたり。（後略）

「みつからうつしとゝめ」と、朝顔の図は東雪亭自らが描いたとし、「世の人にもみせまほし」と、極めて私的な理由から、本図譜を制作したと述べる。この序文は、「花丸の連」の説明がある、文化・文政期の『朝顔図譜』を想起させる内容である。本図譜は、本所という地縁で結び付いた「連」の性格が色濃く出ているものといえよう。

表23　文久元年『朝かゝみ』出品者と地域

現在地	名　前	地名表記	現在町名
墨　田	東雪亭	（本　所）	本　所
	朝詠堂	（本　所）	本　所
江　東	醜花園	（亀　戸）	亀　戸
	東暁園（京園亭）	（本所猿江）	猿　江
千代田	杏葉館	（飯田町）	飯田橋
不　明	耽秋園	不　明	
	東流園		
	東香園		
	東柳亭		

（10）安政四年『牽牛花花合』

これまで成田屋の影響を見るため幕末までの図譜の検討を先行してきたが、再び安政年間にさかのぼり、番付の分析に戻りたい。

表24に掲げた安政四年七月五日、『牽牛花花合』(79)は、四十九花・二十一名の出品が認められた。会場を提供した巣鴨の植木屋長太郎が主催者となり、世話人として成田屋留次郎と「入谷惣連中」の名が挙がり、成田屋が別格扱いを受けている。ほかに行司を洗心亭、大坂の穐叢園の客花を万花園が代わりに出品し、これまでの「撰者」や「花撰」という名称でなく、「撰者荘花」あるいは「花撰三評」として杏葉館・東寧庵・松渓堂が、撰者と出品を兼ねている。このように本番付は、初めて登場する役割の名称と、植木屋が果たした役割が大きくなった点が特徴である。しかしながら、入谷在住者や植木屋が殊更に多いわけではなく、植木屋は成田屋と「艸長」と名乗る長太郎のみである。長太郎は、菊・福寿草など草花を得意とした有名植木屋の一人であるが、朝顔に関しては

表24　安政4年『牽牛花花合』出品者と地域

現在地	名　前	地名表記	現　在 町　名
台　東	成留(成田屋留次郎)	(入　谷)	入　谷
	蓬深亭	(入　谷)	入　谷
墨　田	万花園	(本所菊川町)	菊　川
	東雪亭	(本　所)	本　所
豊　島	艸　長	(巣　鴨)	巣　鴨
江　東	醜花園	(亀　戸)	亀　戸
中　央	喜鳥園	三拾間堀	銀　座
千代田	杏葉館	(飯田町)	飯田橋
新　宿	猿廼舎	(若　宮)	若宮町
文　京	松泉堂	(江戸川端)	水　道
江戸外	小川亭	(行　徳)	行　徳
	東寧庵	(行　徳)	行　徳
不　明	松渓堂	(泉松山婪)	不　明
	暁花園	不　明	
	洗心亭		
	キ　字		
	芝　園		
	野牛園		
	雷盆舎		
	日新斎		
	しうか		

まだ新顔であり、巣鴨という都市中心部から少々離れた地域だったため、他の番付にも登場する常連しか出品がなかったかという推測が立てられる。また、杏葉館・東寧庵・松渓堂という撰者が植木屋でないことも、植木屋の出品が少ない理由の一つと考えたが、後述するように入谷の植木屋が圧倒的な番付でも、撰者は植木屋でなかった例があるのでこの理由は退けられる。

(11)《安政六年榧寺朝顔花合》

表25に掲げた、安政六年七月十八日、浅草黒船街（黒船町）榧寺で行われた「惣朝皃屋中」主催の花合(80)では、

表25　《安政6年榧寺朝顔花合》出品者と地域

現在地	名前	地名表記	現在町名
台東	植要	入谷	入谷
	丸新	丶(入谷)	入谷
	植源	丶(入谷)	入谷
	植三	丶(入谷)	入谷
	植太三郎	丶(入谷)	入谷
	植勝	丶(入谷)	入谷
	植又	丶(入谷)	入谷
	植勘治	丶(入谷)	入谷
	植熊	入谷	入谷
	植辰	丶(入谷)	入谷
	植亀	入谷	入谷
	植久米	丶(入谷)	入谷
	植勘右	丶(入谷)	入谷
	植惣吉	丶(入谷)	入谷
	植忠	丶(入谷)	入谷
	成田屋	入谷	入谷
	蓬深亭	(入谷)	入谷
	植太郎吉	三筋町	台東
	百卉園	(三ノ輪)	三ノ輪
墨田	植吉	小梅	本所
	東雪亭	(本所)	本所
	朝詠堂	(本所)	本所
	錦花園	(本所)	本所
	万花園	(本所菊川町)	菊川
江東	植文	本所四ツ目	毛利
	京園亭(東暁園)	(本所猿江)	猿江
	醜花園	(亀戸)	亀戸
文京	不尽庵	小石川	小石川
	桃暦館	小石川	小石川
大田	東汀	鎌田	蒲田
	雪梨軒	鎌田	蒲田
豊島	艸長	巣鴨	巣鴨
新宿	猿廼舎	(若宮)	若宮町
千代田	杏葉館	(飯田町)	飯田橋
江戸外	東寧庵	(行徳)	行徳
	放懐舎	(行徳)	行徳
	小川亭	(行徳)	行徳
不明	松渓堂	(泉松山桗)	不明
	楽善	不明	
	傍花		
	松盛堂		
	台下園		
	三筋亭		
	柏亭		
	耽秋園		
	暁花園		

七十一花・四十六名の出品がある。地域の内訳は、入谷が十七名、三筋町の植太郎吉、三ノ輪の百卉園を含めると台東区が十九名に及び、墨田五名、江東三名を合わせた本所地域を凌駕していることがわかる。この会は、催主が「惣朝皃屋中」、花撰が『三都一朝』で識語を寄せる松渓堂（居住地は不明）、行司が入谷の蓬深亭で、会場が伝統的な浅草蔵前榧寺と、下町における地域性が色濃く出ている。圧倒的に入谷の植木屋が多いのも特徴である。なお、本番付には「朝顔花合」などの外題がない。

(12) 万延元年『朝顔花合』

表26に掲げた万延元年（一八六〇）七月四日、本所押上大雲寺（現、墨田区業平三丁目にあったが、大正十四年、江戸川区西瑞江に移転）開催の『朝顔花合』[81]は、三十七花・十四名の出品を数えるが、ここには植木屋の名がまったく見られない。催主は、東暁園・朝詠堂・耽秋園・東雪亭の四名の連名で、花撰は、松渓堂・醜花園という植木屋以外の者が務める。地域性は、表26を見て判明するとおり、本所で開催された本所在住者中心の会であり、(9)『朝かゝみ』（表23、104頁）に先立つ一年前の開催であるが、本所という地縁の結び付きが強い点、さらに植木屋を排除する点に、本番付との共通点が見られる。

表26　万延元年『朝顔花合』出品者と地域

現在地	名　前	地名表記	現在町名
墨　田	朝詠堂	（本　所）	本　所
	東雪亭	（本　所）	本　所
	東暁園	（本　所）	本　所
	万花園	（本所菊川町）	菊　川
江　東	醜花園	（亀　戸）	亀　戸
千代田	杏葉館	（飯田町）	飯田橋
江戸外	雪里軒	行　徳	行　徳
	放懐舎	（行　徳）	行　徳
不　明	松渓堂	（泉松山桊）	不　明
	耽秋園	不　明	
	松盛堂		
	余花楼		
	東雲亭		
	東流園		

(13) 文久三年『朝顔花合』

表27に掲げた文久三年六月二十七日、下谷坂本三丁目英信寺（台東区下谷に現存）における「朝皃屋惣連中」主催の『朝顔花合』[82]は、(11)《安政六年榧寺朝顔花合》同様に入谷が中心の番付である。九十一花・五十六名の出品があり、番付形式のものでは花・出品者とも総数が最多を数える（花数は『都鄙秋興』が最多）。入谷二十一名のほか三筋町・根岸が各一名の計二十三名が台東区内、江東区四名、墨田区・新宿区がそれぞれ二名、そのほか一名ずつの地域が五箇所、不明が二十名で、圧倒的な割合で入谷中心の下谷地域が多く、しかもすべて植木屋が出品を果たす、植木屋主導の会と考えられる。そのためであろう、巣鴨の植木屋・内山長太郎が、「艸長」の名で出品している。撰者は、東寧庵・醜花園・東暁園と、植木屋以外が務めている。このことから、出品を決定するのに撰者は関係なく、催主もしくは会場となった地域性の要素の方が強いと考えられる。

(14)『蕣花合』

表28に掲げた、駒込千駄木坂右平次宅で開催された『蕣花合』[83]は、史料破損のため年月不明の番付である。しかし本所猿江の「京園亭」という出品者名から、この番付は、京園亭が東暁園と改名する万延元年以前のものと知られる。[84]また、出品者の初出を表に付記してみたところ、最も新しい年代は万延元年であり、ほぼ同じ年代に開催された会と考えられる。七十三花・三十九名の出品があり、会主は「惣植木屋中」、花撰は松渓堂、行司は杏葉館・醜花園・百卉園で、勧進元が蓬深亭、差添として百卉園と、会主・会場提供者以外は、植木屋でない者の名がそれぞれ挙がる。本会の会場を提供した、千駄木坂（団子坂）の右平次は、植木屋として著名な人物で、特に菊細工・菊人形を最も多く出品した。会場が都市中央部でなく、団子坂という江戸近郊である点も含めて、本番付は、巣鴨の植木屋宅で開催された(10)安政四年『牽牛花花合』と同じ条件下に置かれている。しかし出品者は、

表27　文久３年『朝顔花合』出品者と地域

現在地	名　前	地名表記	現　在 町　名
台　東	植　栄	仝(入谷)	下　谷
	植　嘉	仝(入谷)	下　谷
	植　勝	(入　谷)	下　谷
	植　亀	入　谷	下　谷
	植勘右	仝(入谷)	下　谷
	植勘二	仝(入谷)	下　谷
	植　熊	仝(入谷)	下　谷
	植　佐	仝(入谷)	下　谷
	植　重	仝(入谷)	下　谷
	植　条	仝(入谷)	下　谷
	植　三	仝(入谷)	下　谷
	植惣吉	仝(入谷)	下　谷
	丸　新	入　谷	下　谷
	植太三	仝(入谷)	下　谷
	植　辰	仝(入谷)	下　谷
	植　竹	根ギシ	根　岸
	植　長	仝(入谷)	下　谷
	植　徳	仝(入谷)	下　谷
	植　又	仝(入谷)	下　谷
	植　宗	仝(入谷)	下　谷
	植　養	仝(入谷)	下　谷
	成田屋	仝(入谷)	下　谷
	植太郎吉	ス(三筋町)	三　筋
江　東	植喜太	仝(四ツ目)	毛　利
	植　文	四ツ目	毛　利
	原　三	仝(四ツ目)	毛　利
	醜花園	(亀　戸)	亀　戸

現在地	名　前	地名表記	現　在 町　名
墨　田	植　吉	小ムメ	本　所
	芙蓉亭	(本　所)	本　所
新　宿	猿廼屋	(若　宮)	若宮町
	松濤舎	(赤　城)	赤城元町
豊　島	艸　長	スガモ	巣　鴨
江戸川	植　徳	小マツ原	小松原
中　央	喜鳥園	(三拾間堀)	銀　座
大　田	東　汀	(鎌　田)	蒲　田
江戸外	東寧庵	(行　徳)	行　徳
不　明	藤秀亭	舟(不明)	不　明
	植太市	不　明	
	小　園	不　明	
	傍　花		
	醜粧園		
	集草亭		
	醜素園		
	松花園		
	雪柳舎		
	時々園		
	柏　亭		
	平　井		
	政記亭		
	亦醜園		
	三筋亭		
	蓮　亭		
	喜水庵		
	亀甲舎		
	小梅亭		

表28を見て判然するとおり、入谷の植木屋十五名を含む十六名が下谷地域と、本所地域の墨田・江東区を大幅に上回っている。このように本番付は、出品者の傾向ではむしろ(11)《安政六年椢寺朝顔花合》・(13)文久三年『朝顔花合』に似通っている。同条件下であるのに違いが生じた原因は今のところ不明であるが、強いて挙げれば成田屋が登場しない点[85]と、成田屋に匹敵する右平次の商才の存在である。右平次に関しては第三部第二章・第三章で後述するが、嘉永五年に「紫泉亭」という風呂を兼ね備えた、一種のアミューズメントパーク「梅屋敷（花屋敷）」を開園した人物である。

表28　年月不明『蕣花合』出品者と地域

現在地	名　前	地名表記	現在町名	初　出
台　東	植　要	（入　谷）	下　谷	弘化4
	丸　新	（入　谷）	下　谷	嘉永7
	植　勝	（入　谷）	下　谷	安政6
	植　又	（入　谷）	下　谷	弘化4
	植　勘	（入　谷）	下　谷	弘化4
	植　熊	（入　谷）	下　谷	安政6
	植　辰	（入　谷）	下　谷	弘化4
	植　亀	（入　谷）	下　谷	弘化4
	植久米	（入　谷）	下　谷	安政6
	植勘右	（入　谷）	下　谷	安政6
	植惣吉	（入　谷）	下　谷	安政6
	植　文	（入　谷）	下　谷	嘉永5
	植　留	（入　谷）	下　谷	弘化4
	植太郎	（根　岸）	根　岸	本番付
	植太郎吉	（三筋町）	三　筋	安政6
	百卉園	（三ノ輪）	三ノ輪	嘉永7
墨　田	芙蓉亭	（本　所）	本　所	万延元
	東雪亭	（本　所）	本　所	嘉永5
	錦花園	（本　所）	本　所	安政4
江　東	植　三	（四ツ目）	毛　利	弘化4
	京園亭	（本所猿江）	猿　江	安政4
新　宿	猿廼舎	（若　宮）	若宮町	嘉永7
	松濤舎	（赤　城）	赤城元町	嘉永7
豊　島	艸　長	（巣　鴨）	巣　鴨	安政4
中　央	喜鳥園	（三拾間堀）	銀　座	安政4
文　京	松泉堂	（江戸川端）	水　道	安政4
千代田	杏葉館	（飯田町）	飯田橋	弘化4
江戸外	東寧庵	（行　徳）	行　徳	弘化4
不　明	植惣助	不　明		本番付
	植太一			本番付
	清菱園	不　明		安政4
	不二□			本番付
	野牛園			嘉永7
	暁花園			安政4
	傍　花			弘化4
	草花園			嘉永5
	松雅堂			本番付
	松詠堂			本番付
	松楽堂			本番付

以上のとおり番付の分析を行った結果、図譜において成田屋の三種と『朝顔三十六花撰』『朝かゝみ』が、目的の上で違っていたように、番付においても担い手に二つの傾向がある点が判明した。それは、本所の東雪亭、万花園を中心とするグループと、入谷の成田屋を中心とするグループであった。前者のグループでは、出品者に植木屋が登場することは少なく、後者では入谷の植木屋が過半数を占めるという特徴が見られた。また、幕末に至って、下谷・本所の下町地域とは別の地域、菊や他の園芸植物で著名な、団子坂や巣鴨という山の手地域の植木屋が朝顔に積極的に関与してくる兆候が見られた。

表29は、出品者が判明している朝顔番付・図譜に載る人物のうち、上位十八名を載せたものである。顕著な特徴は、朝花が文化・文政期に集中して活躍した点と、すでに述べたように朝花以外はすべて成田屋の編んだ図譜に掲載があるなど嘉永・安政期において活躍した点である。本節では、嘉永・安政期の第二次朝顔流行期の最初を弘化四年としたが、表29を一見しても、弘化四年から世代が交替したと判明する。細かく見ると、嘉永二年にそれまでの立役者であった朝花を追善した『朝花園追善朝顔華合』が行われているので、この年が実質的な世代交替の年といえよう。奇しくも弘化四年は成田屋が浅草から入谷に移住した年で、嘉永二年は成田屋が大坂において良質の変異種を手に入れ栽培に成功したと推測した年である。彼の刊行した『三都一朝』[86]の識語では、嘉永二年が再開の年だと次のように述べる。

（前略）今より八とせ斗り過し秋より、再立かへり花のあけつらひする事とはなりぬ。しかるに今年家々の新花の能きをゑらひて、桜木にゑれる真写の校合を頼れ、かつ其はし巻の末に書てよと、乞はるゝにいなみかたくていさゝかしるすになん。見ん人拙きはゆるし給へとしかいふ

安政丁巳（安政四年）秋日　松渓堂主識

「今より八とせ斗り過し秋」に「再立かへり花のあけつらひする事とはなりぬ」とあり、今（安政四年）の八年以

表29　江戸朝顔出品者上位18名

年代	史料名	杏葉館	東寧庵	醜花園	東雪亭	万花園	蓬深亭	松渓堂	猿廼舎	草花園	植木屋文蔵	成田屋留次郎	傍花	野牛園(野牛)	北梅戸	江東梅	百卉園	京園亭(東暁園)	朝花	史料毎の登場回数	出典・所蔵
		飯田町	行徳	亀戸	本所	本所菊川町	入谷	泉松山桙	若宮	不明	本所四つ目	入谷	不明	不明	不明	小村井	三ノ輪	本所猿江	下谷か		
		千代田	江戸外	江東	墨田	墨田	台東	不明	新宿		江東	台東				墨田	台東	江東	台東		
文化14	槿花合																		○	1	①
文化15	丁丑朝顔譜																		○	1	②
文政元	朝顔花合位附																		○	1	③
文政7	朝顔図譜																		○	1	④
文政8	朝顔花合																		○	1	③
弘化4	浅草黒舩街榧寺境内花競	○	○										○							3	①⑤
嘉永元	朝顔花合	○	○																	2	③
嘉永2	朝花園追善朝顔華合	○	○							○										3	⑥
嘉永4	朝顔花合			○		○				○	○				○	○				6	⑦
嘉永5	朝顔花合	○	○	○	○	○	○			○			○	○	○	○				11	⑦
嘉永5	江戸浅草新寺町欣浄寺開筵	○	○	○	○	○	○	○		○	○				○	○				11	⑧
嘉永7	三都一朝	○	○	○	○	○	○	○	○	○	○	○	○	○	○	○	○			16	②
安政元	朝顔三十六花撰	○	○	○	○	○	○	○		○				○	○					10	②
安政2	両地秋	○	○	○	○		○		○			○		○	○	○	○			11	②
安政4	牽牛花花合	○	○	○	○	○	○	○	○			○		○						10	③
安政4	都鄙秋興	○	○	○	○	○	○	○	○		○	○					○	○		12	②
安政6	《榧寺朝顔花合番付》	○	○	○	○	○	○	○	○		○	○	○				○	○		13	②
万延元	朝顔花合	○		○	○	○		○										○		6	③
文久元	朝かゝみ	○		○	○													○		4	②
文久3	朝顔花合		○	○					○		○	○	○							6	⑨
年不明	蕣花合	○	○		○				○	○	○		○	○			○	○		10	③
登場回数		14	13	12	11	9	8	7	7	7	7	6	6	6	6	5	5	5	5		

出典・所蔵：①国立歴史民俗博物館、②国立国会図書館、③雑花園文庫、④岩瀬文庫、⑤埼玉県文書館、⑥日本園芸会雑誌、⑦架蔵、⑧入谷鬼子母神、⑨原色朝顔つくり方と鑑賞

前はまさしく嘉永二年に相当するのである。

表29に再び戻ると、植木屋としては初めて成田屋が花撰を務めた嘉永五年の番付から、第二次流行期を背負う面々の大半が出揃ったこともわかる。このように、成田屋は第二次流行期のキーパーソンであることも如実に示されている。また地域は、不確定な者を除くと入谷・下谷・三ノ輪の下谷地域が四名、本所・小村井・亀戸の本所・深川地域が六名、これ以外が各一名と下谷・本所（一部深川地域含）という二大生産地帯が優勢であることも全体の傾向と同じである。ここに載せた十八名のうち杏葉館・東寧庵・醜花園・東雪亭・万花園・蓬深亭・松渓堂・成田屋・百卉園・京園亭・朝花の十一名は、朝顔花合において、会場提供・花撰・世話人・催主・行司など何かしらの役目についたことのある人物であった。

これまで紹介した番付・図譜と、このほか渡辺好孝『江戸の変わり咲き朝顔』[87]や『東京朝顔研究会会報』第十九回[88]などから判明したものを加えて、朝顔花合の史料一覧を表30に掲げた。二十二種の番付（表のA）と七種の図譜（同B）があり、数量的には図譜よりも番付の方が多かった。

繰り返すようであるが、図譜・番付の内容は、花名と出品者名しか表記されない再開初期に比べて、嘉永・安政期は、出品者の居住地の情報を追加するようになった。この情報によって、出品者の居住地が明かされ、それは花合開催の会場として選ばれる場合が多い、下谷・本所の割合が高くなった。その内容は大きく二分され、本所在住者が主催者の場合は植木屋の出品を排除する傾向にあり、植木屋が主催する場合は、これと正反対に植木屋が高い割合を示していた。とりわけ入谷地域を含む下谷地域の寺院境内の場合にこれが顕著であった。

(15) サボテンの品評会

最後に、朝顔ではないが、朝顔と重複する植木屋がほかの植物をも扱った、「奇品好み」を象徴する番付を紹介したい。それは、慶応三年五月九日、十日に入谷長松寺で行われた覇王樹（サボテン）品評会の番付『覇王樹入谷於長松寺』[89]で、全三十七品・三十七名出品のうち、十八名が朝顔出品者と重複する。表31に一覧を載せた。地域は、台東区十九名のうち入谷が十三名と、墨田区や江東区の本所・深川地域を合わせた八名より多く、入谷の植木屋が本所を上回っている。このうち丸新・植物は、明治になっても活躍した植木屋である。ほかに根岸四名、下谷一名、浅草奥山の植木屋六三郎と、下町地域が優勢である。また安行の植木屋四名の存在は、植木屋が移転したことを示す。安行村四名のうち、植熊は(11)《安政六年榧寺朝顔花合》と(13)文久三年『朝顔花合』に入谷の居住とあり、植源も(11)《安政六年榧寺朝顔花合》によると入谷在住である。このようにサボテンは、地域においても朝顔と一致し、朝顔と重複する植木屋は、変異種の供給元として定着した、入谷を中心とする下谷の植木屋

催主	行司	表
市兵衛ほか12名		3
		2
植木屋益五郎		4
浅草綾太郎		
本郷吉兵衛		
		5
浅草三筋町植木屋太郎吉		6
下谷朝顔屋		
植木屋安兵衛		
下谷植木屋中	方　谷	13
草集亭・如耕・相生亭・朝霞・耕雲亭		14
秋花園		15
		16
括囊庵・草花園	朝露園	
		17
松濤舎・万花園(補助)		
成田屋留次郎		18
		19
		20
		18
成田屋留次郎		
喜鳥園		19
植木屋長太郎	洗心亭	22
惣朝皃屋中	蓬深亭	23
成田屋ほか植木屋12名	蓬深亭	
東暁園・朝詠堂・耽秋園・東雪亭		24
		21
朝皃屋惣連中		25
惣植木屋中	杏葉館・醜花園・百卉園	26

表30　朝顔花合史料一覧

外　　題	種別	年	会　　場	花　　撰	世　話　人
槿花合	A	文化14	茅場町薬師		
丁丑朝顔譜	B	文化15	梅園院など		
朝顔花合位附	A	文政元	椢　寺		
蕣花合	A	文政2	両国三喜亭	歌文斎	
朝顔花合	A	文政4	上野広小路松坂屋源七	盛久園歌文	下谷植木屋中
朝顔図譜	B	文政7			
朝顔花合	A	文政8	御蔵前八幡宮	秋水茶寮	惣植木屋中
朝顔花合	A	天保4	神田和泉橋しがらき亭	古　道	
朝顔花合	A	天保8	天王町植木屋良助	古　道	
朝顔花合	A	弘化4	椢　寺	朝　花	
朝顔花合	A	嘉永元	太宗寺	耕雲亭・草集亭・方谷	
朝花園追善華合	A	嘉永2	椢　寺		植木屋留治郎・同三五郎
朝顔花合	A	嘉永4	亀戸天神社		植木屋亀次郎・成田屋留次郎
朝顔花合	A	嘉永4	小村井江東梅園	連　中	亀次郎・留次郎
朝顔花合	A	嘉永5	万花園	杏葉館	
朝顔花合	A	嘉永5	龍門寺	杏葉館	
外題なし	A	嘉永5	欣浄寺	成田屋留次郎	
三都一朝	B	嘉永7			
朝顔三十六花撰	B	安政元			
両地秋	B	安政2			
外題なし	A	安政3	蓬深亭		
都鄙秋興	B	安政4			
牽牛花花合	A	安政4	植木屋長太郎宅	杏葉館・東寧庵・松渓堂	成田屋留次郎・入谷惣連中
外題なし	A	安政6	椢　寺	松渓堂	
蕣花合	A	万延元	長松寺		東寧庵・醜花園・東雪亭・蓬深亭
朝顔花合	A	万延元	大雲寺	松渓堂・醜花園	
朝かゝみ	B	文久元			
朝顔花合	A	文久3	英信寺	東寧庵・醜花園・東暁園	
蕣花合	A	不　明	団子坂右平次宅	松渓堂	勧進元蓬深亭・差添百卉園

（網掛けは現物未見のため分析していないもの）※種別のAは番付、Bは図譜を指す

が多い。このことは、成田屋がサボテン栽培に転じた点と関わりがあると考えられる。成田屋は、明治九年刊行『東花植木師高名鏡』(90)において、その専門分野に「さぼてん　坂本入谷　成田屋留次郎」と朝顔ではなく、サボテンを挙げる。朝顔品評会の指導者的存在であった成田屋がサボテンに転じたので、右に倣えと、入谷の植木屋が始めたのではないだろうか。

表31　慶応３年『覇王樹入谷於長松寺』出品者と地域

現在地	名　前	地名表記	現在町名	朝顔
台　東	植巳之	入　谷	入　谷	
	植　嘉	同(入谷)	入　谷	○
	丸　新	同(入谷)	入　谷	○
	植　惣	同(入谷)	入　谷	○
	植　又	同(入谷)	入　谷	○
	植　長	入　谷	入　谷	○
	植　米	同(入谷)	入　谷	
	植　重	同(入谷)	入　谷	○
	植　栄	同(入谷)	入　谷	○
	植太三	同(入谷)	入　谷	○
	植　亀	同(入谷)	入　谷	○
	成田屋	同(入谷)	入　谷	○
	万松園	入　谷	入　谷	
	植　竹	根　岸	根　岸	○
	植　市	根　岸	根　岸	
	植太郎	同(根岸)	根　岸	○
	西　川	根　岸	根　岸	
	芬芳舎	下　谷	下　谷	○
	植　六	浅艸奥山	浅　草	○
墨　田	植　藤	松倉町	東駒形・本所	
	弄花園	本　所	本　所	
	醜索園	同(本所)	本　所	
	朝詠堂	同(本所)	本　所	○
	石　見	同(本所)	本　所	
	芙蓉亭	本　所	本　所	○
江　東	植　三	四ツ目	毛　利	○
	種　文	同(四ツ目)	毛　利	
	植　喜	五ツ目	大　島	
	植　小	亀　戸	亀　戸	
	東暁園(京園亭)	同(本所猿江)	猿　江	○
	高　金	扇　橋	扇　橋	
荒　川	植　忠	新　堀	日暮里	
新　宿	集芳園	牛　込	牛　込	
江戸外	植　熊	安行村	川口市	
	植　源	同(安行村)	川口市	
	植　善	同(安行村)	川口市	
	植　友	同(安行村)	川口市	

以上のように、江戸時代後期の園芸植物愛玩の傾向は、変化朝顔から小万年青へ、再びさらに変異度が強い変化朝顔へ、幕末に至ってもなお新しい「奇品」サボテンへとよりいっそう「奇品」を志向し、その中心に成田屋留次郎という人物が存在していたため、入谷という地域が新しい園芸植物の供給元として浮かび上がることになった。

まとめと補論――下町地域における植木屋――

これまで、文化・文政期の変化朝顔、天保期の小万年青、嘉永・安政期の変化朝顔を、その担い手の地域的変遷を目的に検討してきた。下町地域は、園芸植物の品評会が開始された当初、浅草の大円寺や梅園院、不忍池生池院、蔵前大護院など、現在の台東区に位置する、繁華街に隣接した寺院を会場としていたが、下町に居住する植木屋の活動は、何ら具体的なものは見られなかった。むしろ、文化・文政期における変化朝顔の流行は、浅草蔵前に住む、本草学者・与住秋水ら学者・文人によって形成されていった。天保期における小万年青も基本的には、文化・文政期の朝顔流行と同様に、園芸愛好家である四谷在住の幕臣・水野忠暁を中心に図譜が刊行され、流行の中心人物となった。このような図譜の制作は、園芸愛好家の人口を増加させ、「奇品」熱をうながし園芸植物の交換・譲渡が行われるようになった。この譲渡が、園芸植物の価値を高める結果となり、売買の対象となる商品として認められ、嘉永・安政期における植木屋の積極的参加を導き出したわけである。

高価な園芸植物は、文化・文政期以前にも存在していたが（橘・椿など）、本章で採り上げた朝顔と小万年青は、都市と隣接する点、容器の生産地である点、土壌が栽培に適していた点から、下町地域が最もふさわしい供給元であった。

これらの条件下で活躍が著しい植木屋として成田屋留次郎の事績を挙げてきたが、最後に、明治期に成田屋と同様の活動を行った、万年青《おもと》専門の植木屋である篠常五郎《しのつねごろう》という人物を採り上げ、成田屋と比較しながら、下町地域における植木屋の特徴を解明したい。

篠常五郎は、明治十八年『万年青図譜』(91)の奥付によると、金杉村根岸九十三番地（現、台東区根岸三丁目）に住む植木屋である。本書は、篠常五郎が著したもので発行元もここである。本草学者・栗本丹洲《たんしゅう》の孫で、当時『郵便報知新聞』の主筆であった栗本鋤雲《じょうん》が序す。内容は、万年青の由来を示す図譜であるが、その文中には、根岸や駒込に居住する、近世から活躍していた江戸近郊の万年青愛好家の名前が見える。下町地域である根岸は特に詳しく書かれ、根岸の名所「御行の松」に因んだ万年青「根岸松」について次のように述べる。

　安政四年の頃、予が家に於て変成せし一種希代の名種にして、根岸の里に年を経し御行松の由縁より、根ぎしの松とは名づけしなり。

安政四年「予が家に於て」と記すとおり、篠家は幕末にはすでに根岸に住んでいたとわかる。ただし、文中「予」とあるのは常五郎ではなく、彼の父恒成を指す(92)。『万年青図譜』の別の記事によれば、篠家は、祖先が魚屋を営んでいたため「肴舎（屋）」と号し、初代肴舎吉五郎が、文化二年に同じ名前の万年青を生育し頗る好評を得たという。初代が文化初頭に活躍するので、おそらく創業は、万年青流行当初、明和・安永年間と推定できる(93)。

本書には、愛好家移住の記事が散見する。明治七年に浅草蔵前から根岸に移住した前田源太郎(94)や、はじめ小石川大塚に住んで後根岸に移った平尾氏(95)など、万年青愛好家が明治年間に肴舎がいる根岸に移住した事実が記される。また、安政三年「松廼霜」という品種を入手した人物に「之を当今根岸に住む天野鉄五郎」とわざわざ「当今」―本史料が記された明治年間―と説明するからには、これ以前は異なる居住地であったと推測できる。根岸以外への移住では、小石川の杉氏が団子坂に移住した(96)という記事も見られた。

この移住の理由として、筆者は次のように考える。植木屋が商売のために新開地を求めて移住し、それに付随して園芸愛好家もともに同じ地に引っ越したという推測である。園芸植物愛好家は、表7（70〜73頁）に掲げた『奇品かがみ』から知られるとおり、小石川・四谷などに居住する武家方が多かった。彼らが自らの隠居所として選んだのが園芸の盛んな地である団子坂であり、新しい園芸地域として注目された根岸であったというわけである。

このことは、前節まで検討してきた園芸植物の流行を通観して、新興園芸地帯としての下町地域の特徴が前提にあって、はじめて導き出された推論である。そして、弘化四年に移住した後に入谷の朝顔栽培家として名を挙げた成田屋留次郎同様に、植木屋篠常五郎も転居の可能性が高い。彼の祖先、肴舎は、前述のとおり安政四年当時は、すでに根岸に居を構えていたが、それ以前には駒込動坂に住んでいた。それは、『万年青図譜』[97]に、嘉永年間に新品種「東錦」の名を命名したのが、

…是れ則ち此東錦にして、此名を付たるは、駒込動坂なる篠吉五郎氏か発意に出つ。

と動坂（現、文京区千駄木）に住む二世肴舎吉五郎だったという記述からうかがわれ[98]、『万年青図譜』中にはこのほかにも小石川・駒込など現在の文京区域の記述が多い点から[99]、嘉永年間から安政四年までに根岸に移住、それ以前は駒込付近に居住したと考えられる。さらに表7には載せなかったが、図6に掲げた『奇品かがみ』に駒込白山前の利兵衛が出品した「黄実はうわ《鳳凰》うたちばな《橘》」の植木鉢に「このいえ《家》にひばのきひん《奇品》あ

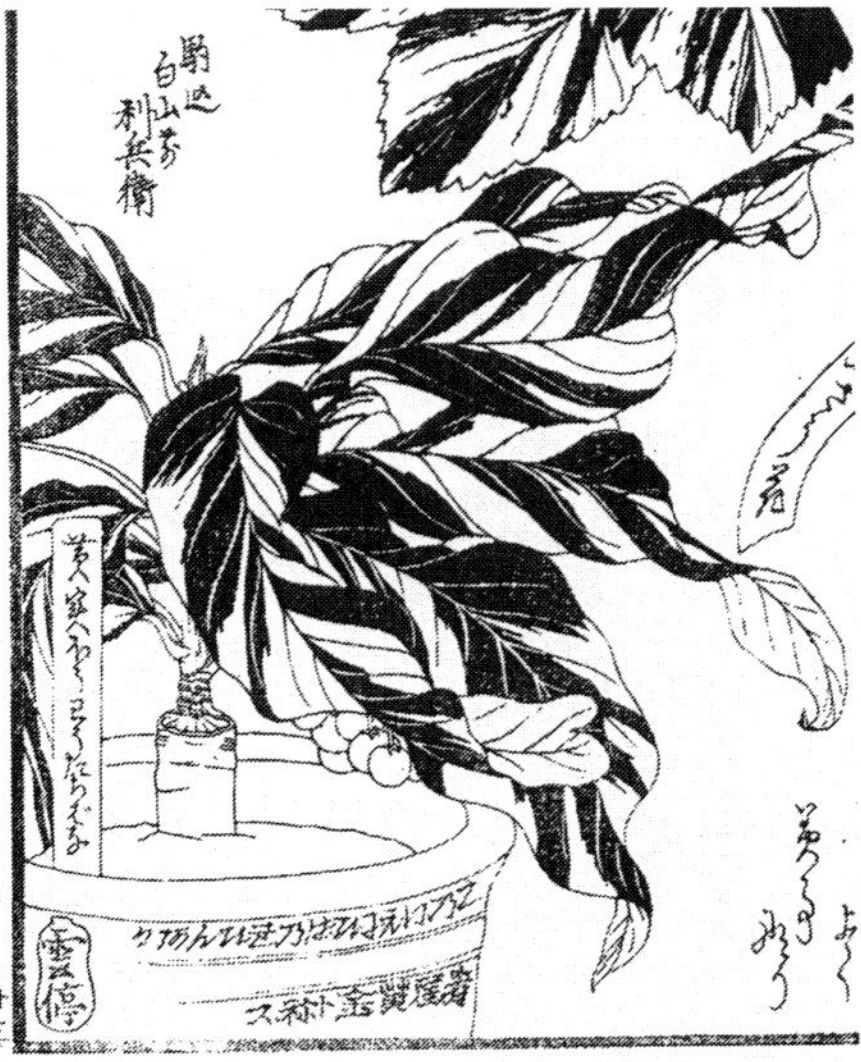

図6　「肴屋黄金」（『草木奇品かがみ』「人之巻」）

り」「肴屋黄金と称す」と判じ物のように記された文字を発見した。白山（現、文京区）に住む植木屋利兵衛[100]と懇意にしていた点、『奇品かがみ』のこの記事の前後は、巣鴨・駒込の植木屋が集中している点から、肴舎の祖先が駒込に居住した可能性は高い。また篠氏の菩提寺が、台東区根岸でなく文京区小石川の宗慶寺である点も、小石川・駒込との結び付きを示唆する事柄である。

篠家が移住したと考えられるこの年代は、成田屋が、浅草から入谷に移住した弘化四年にほぼ一致する。また、『万年青図譜』の記事の年代に安政年間が多いことから、根岸や団子坂へ移住した万年青愛好家も、同時期、安政年間に移住したと考えてよかろう。

篠常五郎と成田屋留次郎の共通点は、品評会開催と図譜刊行という点でも確認できる。篠常五郎は、明治十八年に著書『万年青培養秘録[101]』を刊行し、ここに自らの居宅において毎年催した「万年青共進会」の図を載せる（図7）。この共進会は、植木棚が並べられた庭にステッキを手にした旦那衆らしき人物が描かれ、かつて変化朝顔で「花合」と称し、成田屋が手掛けた品評会に出掛け高価な朝顔を入手した層を彷彿とさせる。

以上紹介した、篠氏や成田屋など下町地域に居住し明治維新を迎えてもなお有名であった植木屋は、植木屋全体で見ると数の上では少数派であったことを示すのが、明治九年刊『東花植木師高名鏡[102]』（図8）である。ここには全部で一二〇名の植木屋の名前を載せ、地域としては横浜が六名、麻布・目黒（港・目黒区）など城南地域が十六名、四谷・堀之内・市谷（新宿・杉並・千代田区）など城西地域が二十一名、深川・日暮里・神田・根岸・浅草・築地・本所など城東下町地域が三十八名（江東・荒川・千代田・台東・中央・墨田区）、巣鴨・染井・伝中・団子坂・田端（豊島・文京・北区）など城北地域が三十九名という割合を示す。これによると植木屋の居住地は、菊細工で著名な巣鴨・染井・団子坂付近と、朝顔で著名な本所・下谷・浅草付近の二地域に集中することがわかる。しかし、仔細に見ると、下谷・浅草地域で幕末期に登場した植木屋は、浅草の森田六三郎、入谷の成田屋[103]の二名、本

図７　万年青共進会（『万年青培養秘録』）

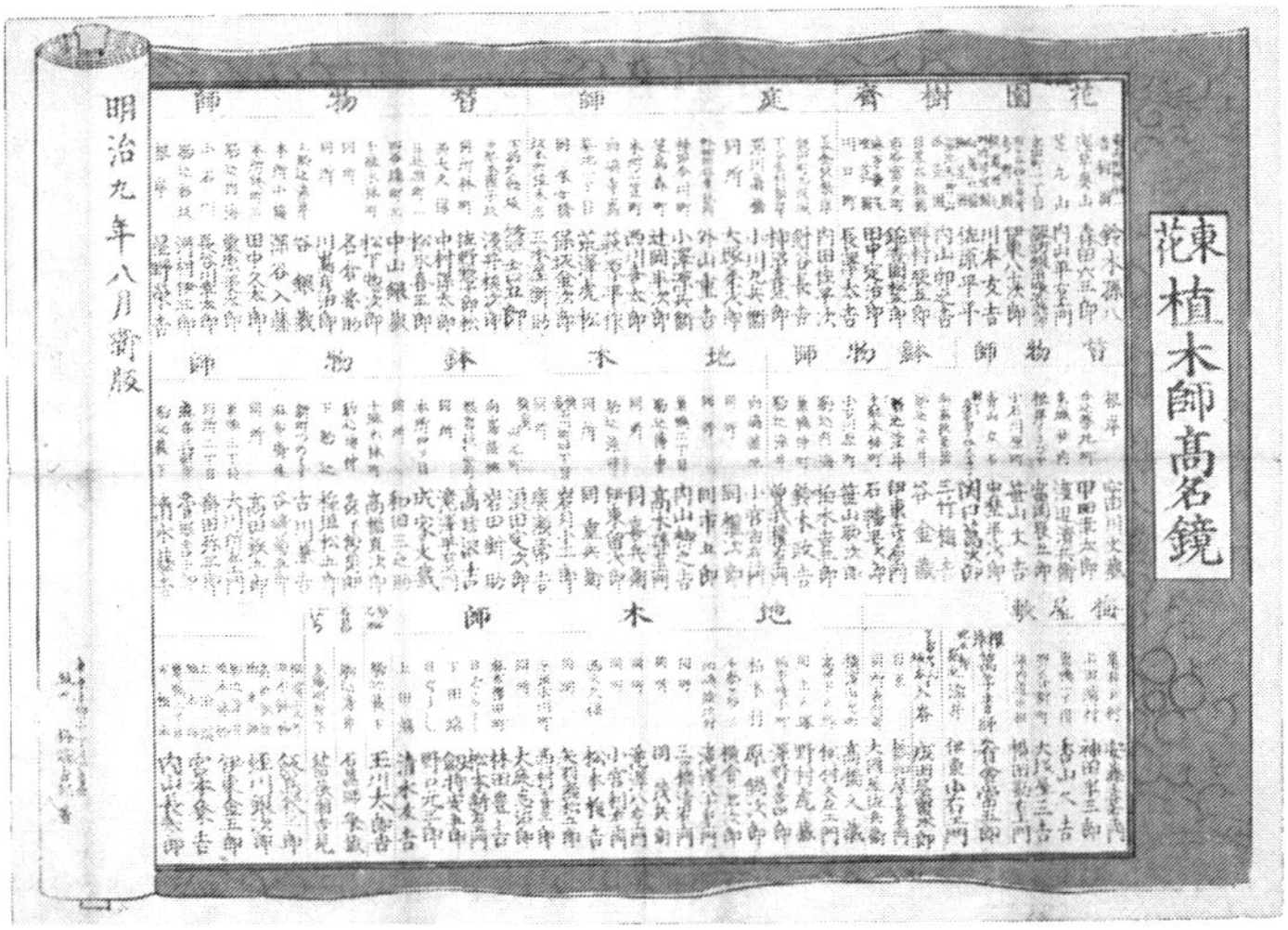

東花植木師高名鏡

明治九年八月新版

花園樹育庭師

替物師

鉢物師

地木鉢物師

地木師

図８　『東花植木師高名鏡』

所では成家文蔵、佐原平平（平兵衛、向島百花園主）、萩原平作の三名のみであった。対して染井地域では谷金蔵、伊東《（ママ）》彦右衛門、曾我権右衛門、高木喜兵衛、伊東《（ママ）》留次郎、伊東《（ママ）》重兵衛、伊東《（ママ）》小右衛門、伊東《（ママ）》金五郎、大川所左衛門の九名、巣鴨地域では内山卯之吉、内山長太郎、斎田弥三郎の三名、伝中では鈴木政吉、高木孫右衛門、柏木吉三郎の三名、団子坂地域では浅井梅次郎、稲垣松五郎、玉川太郎吉の三名であった。本研究では、これら十八名の地域、染井・巣鴨・伝中・団子坂を、下谷・本所の下町地域に対して山の手地域として採り上げ、菊細工の担い手として第三部で紹介する。

本節で採り上げた篠常五郎の住んだ根岸と、成田屋の住んだ入谷という地はごく近い距離に位置し、根岸は近世後期から「根岸の里」「初音の里」と称され、隠居所としては著名であるが、実際はいずれも農家が多い田園地帯である。明治九年より十二年にかけての当該地域における地価の調査記録『北豊嶋郡坂本村引帳』[104]には「山崎留治郎」、すなわち成田屋の名が見られる。本史料の旧蔵者は、後ろ表紙に墨書で「鈴木又八」と記され、これは朝顔園では「入又」と号す人物である。又八は地価以外にも一部分であるが坂本村の田畑の反別も記し、又八所有の田畑が多く記入されている。ここからいえるのは、坂本村（入谷）の植木屋は、朝顔を栽培していてもこれに専業できるのは一握りの層であって、日常は農業を本業としていた点である。

第四節で分析したように、変化朝顔は幕末に至って本所愛好家を中心とするグループと、入谷植木屋グループが競うように品評会を開いていた。しかし慶応年間や明治初年の図譜・番付がないことから、幕末から明治初期に一度流行が途切れたと推測される。このしばしの中断の後、明治十年代から三度目の流行を見ることになる。時代は下るが、明治三十三年、団子坂で盛況の菊人形にあやかり入谷で興行された『俳優似顔菊細工生人形』[105]（図9）の引札によれば、入谷の朝顔園は「横山（万花園）」、「丸新（百草園）」「入長（長花園）」「入十（開花園）」「入久」「入又」「植惣」「植松」「植竹」「新亀」「松本」の十一箇所があった。『江戸の変わり咲き朝顔』[106]によるとこ

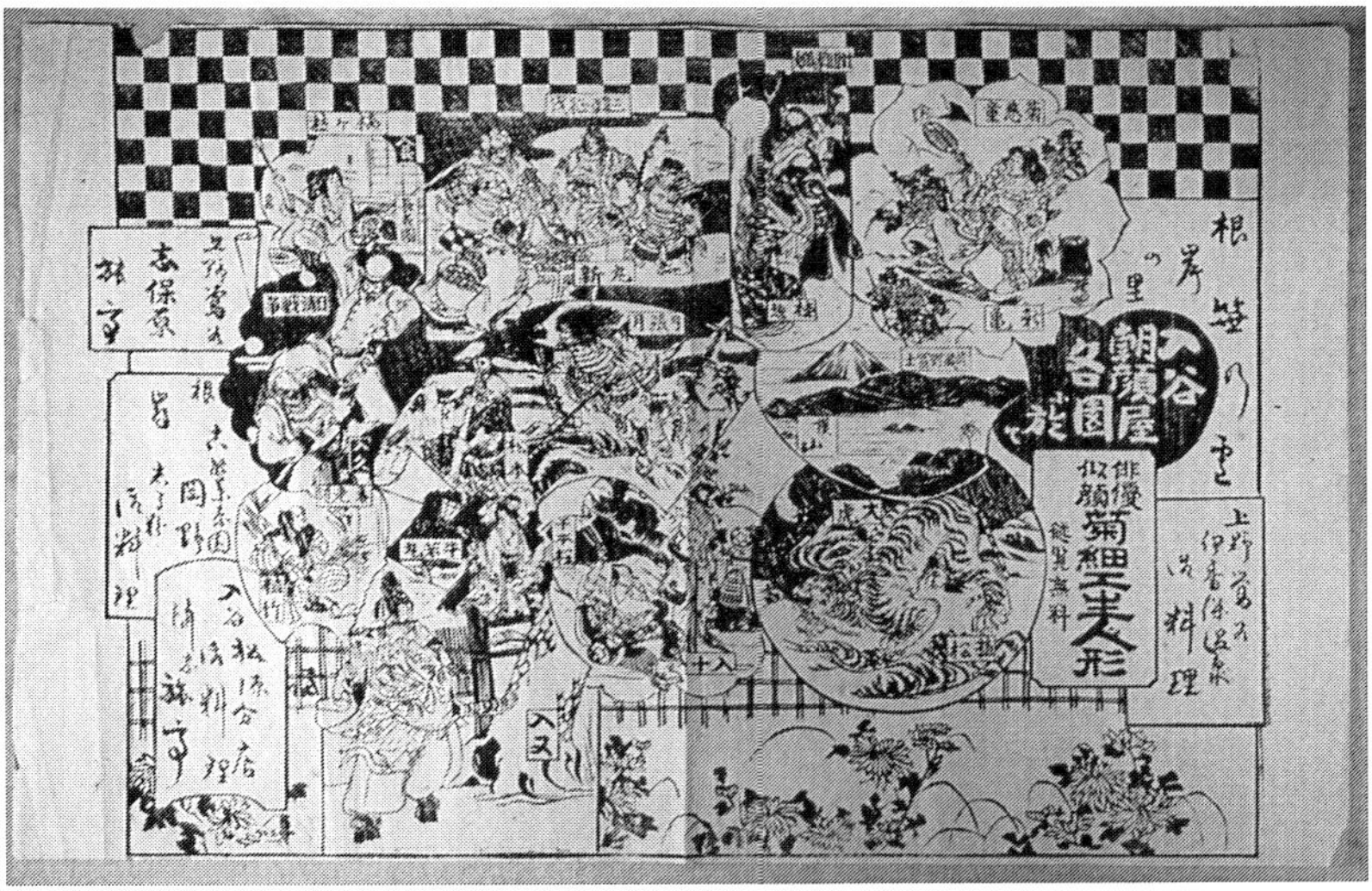

図９　『俳優似顔菊細工生人形』

れ以外に「栞斎（朝夕園）」「角長」「高野」「植金」「草木園」があり、成田屋経営の朝顔園を含めると全部で十七軒を数えるほどになっていた。このように入谷の植木屋は朝顔の流行を明治維新後も継承していった。一方で、愛好家の存在は本所という一地域から、東京・大阪・京都という大都市を舞台に移し、明治十年代から二十年代にかけて、時を同じくして朝顔同好会が数多く結成された(107)。

『東花植木師高名鏡』に掲載される浅草の森田六三郎も団子坂から進出してきた植木屋であり(108)、浅草花屋敷を開園し朝顔番付にも登場するなど、成田屋や篠常五郎同様に、下町地域に活躍の場を移してきた。浅草花屋敷も団子坂菊人形も入谷朝顔も、全盛期は明治三十年代である。これらの下町地域が、園芸の里として確立する第三次園芸流行期の礎を築いたのが、すべて当該地域に注目して進出した植木屋であった。

本章では、園芸文化の担い手として、第一次流行期は文人・学者が、第二次流行期は愛好家・植木屋が主体であったと検証してきたが、第三次（明治年間）における流行の準備段階を第二次の担い手である植木屋が用意していた事実がここにおいて明らかになった。十九世紀における園芸植物流行は、近世後期に文人・学者に代って台頭した、下町地域に移住した一握りの植木屋によって推進され、明治初期には下町地域に園芸の里という名所を生み出すまでの活躍をなしたのである。

（1）第三部第一章第一節を参照。
（2）『江戸名所花暦』（八坂書房、一九九四年）の今井金吾の解説による。
（3）架蔵。
（4）明治期に『本草図譜』復刻出版を企画した際の住所表記である。第二部第二章第四節を参照。
（5）国立国会図書館蔵［特7-621］。全十三丁。
（6）感応寺は、現在台東区谷中にある天王寺のこと。善明院は感応寺の塔中であったが、明治維新後に消滅。
（7）国立遺伝学研究所の種子が、現在九州大学大学院理学研究院に移管され、実物の変化朝顔を、同機関のほか国立歴史民俗博物館内くらしの植物苑などで鑑賞できるようになった。
（8）寛政十年八月二十五日付で次の町触が出ている。

近来品珍敷鉢植之ものニ至迄、高直可売買致候趣相聞候、都而不用之品不相応ニ高価なるを翫候義は有之間敷事ニ候、高価商売致間敷段、商売向之もの其外江も可被申渡

八月

右之通被仰出候間、植木屋ともは不及申、家持借屋店借裏々迄、不洩様入念為申聞、若右之触於相背ハ吟味之上急度可申付候、此旨町中不残可相触候、已上

八月廿五日　町年寄役所

（近世史料研究会『江戸町触集成』十巻、塙書房、一九九八年）

（9）江戸東京博物館展示図録『掘り出された都市　江戸・長崎・アムステルダム』一九九六年。
（10）豊島区遺跡調査会『巣鴨町Ⅳ』（二〇〇三年）では、調査地点が植木屋の居住地であったことから、瓦質植木鉢の出土、

植栽痕、植木屋の移転、植木窖の可能性など興味深い調査報告がある（伊藤末子・梶原勝「藤和シティホームズ巣鴨地区と『斎田弥三郎』」）。

(11)「茅場町別当知泉院。当所ことに参詣多し。縁日毎に夕方より商人多く、又盆栽《ハチウエ》の草木庭木等を售ふ事夥し。故に、坂本町の辺を植木店といふ。都て近来盆種の草木世に行れて、縁日毎に商ふ内にも、当所を首とす」（『東都歳事記1』平凡社、一九七〇年）。

(12)『江戸東京の諸職　上・下―東京都諸職関係民俗文化財調査報告―』（東京都教育庁生涯学習部文化課、一九九四年）所収、「今戸焼」の項（筆者報告文）を参照。

(13)『東京府志料5』東京都、一九六一年。

(14)架蔵。天保八年刊。引用は、巻之上二十九丁裏。

(15)文政元年刊。一八九九年再版のものもある。

(16)架蔵。

(17)註(2)所収『江戸名所花暦』。

(18)大坂における流行の様子は第三章を参照。

(19)四時庵形影著・琴鱗画。全二冊。国立公文書館内閣文庫蔵［197-0046］。

(20)ところが、後の時代、安政四年に刊行（序文は七月）された『都鄙秋興』下巻の序文には、

（前略）文化十二のとし文月中の九日、始て浅艸なる五頭《ママ》天王の別当大円精舎にて花合有りける後は殊さら盛んになれり。

と、一年早く同じ大円寺で催されたという記述がある。しかし、文化十二年と記すのは本書のみで、『朝顔叢』をはじめ他の史料は、すべて十三年となっているので、「十三年」の誤記と考えられる。

なお、『都鄙秋興』は、国立国会図書館蔵［183-366］本を用いた。序文の年紀は、「安政丁巳穐日」（安政四年）で、序したのは本書にも出品している「松渓堂」。泉松山埜（現在地不明）に住んでいた。

(21)大田南畝は、これだけでなく、朝顔やそのほかの園芸植物の記述を多くのこす。第二章を参照。

(22)通常「支院」と表記すべきであるが、寛永寺に限って「子院」と表記するのでこれに従う。

(23) 秋水茶寮著・濃淡斎画。刊本一冊。国立国会図書館蔵［特1―2562］。なお、本書は後編の計画もあったが実現しなかった。
(24) 岡不崩「『あさかほ』流行史(上)」(『本草』二三号、一九三四年)。
(25) 国立国会図書館蔵［特1―2793］。引用は、一丁裏から二丁裏。
(26) 第二章第四節を参照。
(27) 出品者のうち「閑泉」は、本草研究会「赭鞭会」に参加した本草学者・田丸寒泉の可能性もある。田丸は、小石川の住人である。
(28) 国立歴史民俗博物館蔵。
(29) 雑花園文庫蔵。
(30) 慶応三年『覇王樹入谷於長松寺』(雑花園文庫蔵)で入谷の「植巳之」とある。
(31) 文政七年成立、写本二冊［150―10］。
(32) 雑花園文庫蔵。後述。
(33) 「連」については、第二章を参照。
(34) 雑花園文庫蔵。
(35) 天保四年六月二十五日、神田和泉橋　しがらき亭
花撰　古道
会主　下谷朝顔屋
天・左・右・三幅対・六歌仙・左脇・右脇、客花
出品者　植安、植市、植清、植六、植栄、植太、植銀
(渡辺好孝『江戸の変わり咲き朝顔』平凡社、一九九七年、三八頁)
(36) 天保八年七月二十一日、浅草御蔵前天王町　植木屋良助宅
花撰　古道
会主　植木屋安兵衛

出品者　植安、植清、植吉、植栄　（『江戸の変わり咲き朝顔』三八頁）

会主植木屋安兵衛は、出品者の植安と考えられる。

(37) 註(31)に同。

(38) 日比野蘇川著。天保三年六月成立、写本一冊。東京国立博物館蔵［と3757］。

(39) 『東都歳事記2』平凡社、一九七〇年。

(40) 国立国会図書館蔵『草木奇品かがみ』［特1-951］。以下、本書の引用は同館所蔵本による。

(41) 『甲子夜話続篇8』平凡社、一九八一年。

(42) 『奇品かがみ』「天之巻」八丁表の凡例に次のように記す。

諸家略伝小伝は、種樹奇品に志深き人々、この道に立さはることのみいさゝかのするものにして、古人は水野翁の反古を乞得たるを其まゝ上木したれば（後略）

(43) 国立国会図書館蔵［855-22］の末尾識語に次のようにいう。

小不老艸都て品の多少、又はあたへ《値》の高下にかゝはらす、見沢やすきを宗として取集たるゆへ《故》、位の甲乙あらはに述がたく、心を以て心に伝へて図にて余はさつ《察》すべし。

天保三辰のとし　四ツや　水のゑらむ

(44) 連については第二章を参照。

(45) 国立国会図書館蔵［特1-3258］。

(46) 東洋文庫蔵［XV3・Bb41］。

(47) 「松隠居梅好ゆつり」「梅好譲り」（出典は註(46)に同）。

(48) 武田科学振興財団杏雨書屋所蔵［杏6911］。十五品記載、成立年不詳。

(49) 武田科学振興財団杏雨書屋所蔵［杏2146］。折本。

(50) 武田科学振興財団、一九八二年。

(51) 「一、高直之鉢植之もの、売買停止せしめ候事」とある（『幕末御触書集成』四巻「倹約之部」岩波書店、一九九三年）。

(52) 「高直の鉢植物、売買令停止候段、去年十月相触候通堅相守、金三両以上之品決而売買致間敷事」（同右）。

(53) 同右。
(54) 同右。同年同月十七日にもほとんど同じ内容の禁令が出されている。
(55) 『枕山詩鈔』第二編巻之上。国立国会図書館蔵［鶚2573］。
(56) 大沼枕山については、拙稿「大沼枕山墓」（台東区教育委員会『台東区の文化財保護』第二集、一九九八年に所収）を参照。
(57) 国立歴史民俗博物館蔵。
(58) 右之方［小室4784］。小室家には、国立歴史民俗博物館蔵と同一の左之方［小室4785］も所蔵されていた。
(59) 杏葉館については、岩淵令治「近世後期の園芸文化―嘉永・安政期の変化朝顔の作り手について―」（国立歴史民俗博物館『伝統の朝顔Ⅲ―作り手の世界―』〈二〇〇〇年〉所収）が詳しい。
(60) 雑花園文庫蔵。
(61) 明治二十二年刊。
(62) 別に天保四年（註(35)）と同八年（註(36)）の番付が存在するが、弘化四年以降は中断することなく開催されたようなので、本番付を再開時とする。
(63) 架蔵。
(64) 以下の番付に「入谷」の「植亀」があった。安政六年七月十八日開催《安政六年椢寺朝顔花合》、文久三年六月二十七日開催『朝顔花合』（渡辺好孝編著『原色朝顔つくり方と鑑賞』〈農業図書、一九七七年〉に図版掲載）、慶応三年五月九日十日開催『覇王樹入谷於長松寺』、この三種である。
(65) 入谷鬼子母神（眞源寺）所蔵。
(66) 戸波虎次郎（八十八夜園主人）著。西尾市教育委員会岩瀬文庫蔵［27-72］を用いた。
(67) 明治二十二年『日本園芸会雑誌』六号。この二年後の明治二十四年、成田屋は八十一歳で没した（註(76)による）。
(68) 明治大学図書館芦田文庫蔵［36-246-8］。
(69) 武田科学振興財団杏雨書屋蔵［研3269］。写本二冊。中原理兵衛・佐藤栄樹画。
(70) 七月刊。国立国会図書館蔵［183-368］。なお本書を含めて、成田屋蔵版の朝顔図譜三種（註(20)・註(71)）には、明治になって刷られた後刷りも多く、中には、丁を取り違えて綴じたものも少なからず見かけられる。しかし、今回使用した国会図書館本はおそらく当初の形態をのこしたものと考えられる。

(71)七月刊。国立国会図書館蔵［183-369］。
(72)註(20)に同。
(73)本章第三節を参照。
(74)菊細工出品の巣鴨・駒込の植木屋については第三部第三章を参照。
(75)国立国会図書館蔵［67-203］。一冊、刊本。
(76)渡辺好孝『江戸の変わり咲き朝顔』（平凡社、一九九七年）による。
(77)国立国会図書館蔵［特1-2915］。
(78)なお、跋文は所在地不明の出品者、耽秋園が記した。
(79)雑花園文庫蔵。
(80)国立国会図書館蔵『植物銘鑑』［特7-652］第三帖（裏側）十七丁裏から十八丁表に貼付。伊藤圭介の蒐集した番付の一つ。
(81)雑花園文庫蔵。
(82)渡辺好孝編著『原色朝顔つくり方と鑑賞』（農業図書、一九七七年）二四六頁掲載写真より分析。
(83)雑花園文庫蔵。
(84)万延元年の番付における会主四名の列挙のうち、「京園亭改東暁園」とある。
(85)出品者に入谷「植留」という人物がいるが、成田屋の名が有名な段階でこれを名乗らないはずがなく、ここでは別人と考えた。
(86)註(70)に同。
(87)註(76)に同。
(88)一九二七年。
(89)雑花園文庫蔵。

(90) 文京ふるさと歴史館蔵。板元は東京本郷壱丁目四番地梅若吉邦。本史料は「明治九年八月新版」とあり、また、一段目中ほど「下駒込動坂　篠吉五郎」、三段目六行目から八行目の「根岸万年青師　肴舍常五郎」「さぼてん　坂本入谷成田屋留次郎」など目立って刷りが濃い部分がある。このことにより本名鑑は版木を削った再刷と考えられ、これ以前の刷りでは成田屋は、専門分野に「朝顔」と記されていた可能性もある。図8（121頁）参照。

(91) 国立国会図書館蔵［特1-767］。

(92) 芦田潔「明治時代のオモト史」（『植物と文化』一四号、一九七五年）。

(93) 註(92)に同。

(94) 一、三島龍　此れは、明治七年の秋、前田源太郎氏蔵前より根岸に移り住みし頃、尾州の商人某出府の途中三島駅にて購ひしとて持来る品なり。同氏請ひ得て之を三島龍と名つく。

(95) 一、御剣　此れは、当時根岸に住む平尾氏、初め小石川大塚にありし頃より、年来許多の万年青を培養せし中、彼の長島性にて名高き剣先に結ひし実を蒔き数本生したる中に、勝れし奇品を得て、慶応の初年に至り之を御剣と名付らる。

(96) 一、松の友　安政三年の頃、江戸小石川杉氏の宅にて生せしものにして、松の友と云へる名も同氏か命せられし所なり。氏は今、駒込団子坂に住し、改姓して大屋といへり。

(97) 註(91)に同。

(98) ただし、篠吉五郎の係累と考えられる、篠常五郎が明治九年時に、いまだ団子坂に住んでいるため（註(90)）、分家あるいは、根岸を別宅として扱った可能性がのこる。

(99) 「小石川小原町に住居する笹山文吉氏号豊後屋」「小石川杉氏」「平尾氏初め小石川大塚にありし頃」「小石川白山御殿なる新家氏」「駒込団子坂に住し改姓して大屋といへり」「駒込上富士前町なる大矢彦蔵」。

(100) 利兵衛は、文化十一年『造物菊の道記』などに鶏声ヶ窪（現、文京区白山）の住民として出品がある。

(101) 架蔵。

(102) 註(90)に同。

(103) 根岸の「わさびや」と屋号がある富岡辰五郎は、『都鄙秋興』の「入谷　朝皃屋辰五郎」の可能性がある。

(104)　台東区立中央図書館蔵。
(105)　架蔵。
(106)　註(76)に同。
(107)　本書では、明治期の朝顔同好会については省略した。代表的な史料を挙げて簡潔に述べたものとして「第三次ブーム（明治・大正時代）の作り手たち」（註(59)『伝統の朝顔Ⅲ』所収、岩淵令治執筆）や、全国の朝顔同好会の一覧（註(76)『江戸の変わり咲き朝顔』八六頁）を参照されたい。
(108)　森田六三郎の事績は第三部第三章を参照。

第二章　「連」から植木屋へ——園芸文化における文人の役割——

はじめに

江戸における朝顔の花合《はなあわせ》は、文化十三年（一八一六）七月九日、「浅草牛頭天王の別当、大円精舎にこの花ずまひ（花相撲）をぞ催したる」（同十四年刊『朝顔叢』(1)序文）を嚆矢とする。蔵書家・小山田与清《おやまだともきよ》は、その随筆『擁書《ようしょ》漫筆《まんぴつ》』(2)に、この花合と同年に不忍池生池院（現、台東区）で行われた花合について日時・場所だけの簡単な記録をのこし、朝顔流行の情報をいち早くキャッチしている。情報源は交流のあった大田南畝《なんぽ》であろう。南畝は、文化十四年刊『朝顔叢』、文政元年（一八一八）刊『丁丑朝顔譜』のそれぞれに序を寄せており、朝顔普及に一役買った人物である。本章では、南畝とその周辺の人物の視点から、文化・文政期以降の文人と朝顔のつながり、特に朝顔における「連」や「花合」の形式が、狂歌界から起こったと考え、文化年間前半までさかのぼって江戸における第一次朝顔流行期を生み出した狂歌と園芸文化の関わりを検討する。

第一節　朝顔の寄合書

文化年間における狂歌界の新しい動きを示すものに、入谷鬼子母神蔵(3)「朝顔・蜻蛉図」（以下A図と略、図10、134頁右）(4)がある。これは、十二名の人物が一幅に書画をなす寄合書《よりあいがき》である。画は、朝顔図に「哥麿筆」、蜻蛉図に

「尚左堂俊満書画」、秋草図に「朗卿」との落款がある。書は、曲亭馬琴《きょくていばきん》・大田南畝・鹿都部真顔《しかつべのまがお》・酒月米人《さかづきのこめんど》・石川雅望《まさもち》・三陀羅法師《さんだらぼうし》・浅草市人《あさくさのいちんど》・山東京伝《さんとうきょうでん》・麦藁笛成《むぎわらのふえなり》、さらに画家窪俊満《しゅんまん》も揮毫する。

またA図と同系統の作品に、奈良県立美術館蔵「朝顔図」がある（以下B図と略、図11、134頁左）。A図同様、俊満が蜻蛉図、朗卿が秋草図、歌麿が朝顔図を描き、書を寄せる人物は麦藁笛成が烏亭焉馬に入れ替わるのみでほかは同一である。ただし、狂歌・俳諧には異同がある。内容は、A・B図、合計十七首中、朝顔が五首、秋風三首、七夕二首、萩、蜻蛉、女郎花、秋の七草、雁、雁・鶉・鴫、夕立が各一首ずつと、すべて秋の情景を詠む。なお、狂歌は十四首、俳諧は京伝と馬琴の三句である（翻刻は図12・13、136・137頁参照）。両図ともに描かれた朝顔は、変異種ではなく、近世後期において奇品を追い求めた園芸文化とは直接関連性がないように見える。しかし、ここで結論を先に述べれば、この寄合書という形態が、朝顔花合のルーツだと考える。このため、以下に寄合書の制作された時期、制作の企画者の名を明らかにし、どのような企図をもっていたのかを検証する。

まず、描かれた年代を考える。B図に狂歌を寄せる鹿都部真顔は、「四方真かほ」と署名する。彼が「四方真顔」と名乗る時期は、四方赤良こと大田南畝に「四方」の名を譲られた寛政六年（一七九四）以降である[5]。A図には「真顔」としか記されていないが、図柄・書体ともに両図は酷似しているので、同時期に描かれたと考えられる。さらに石川雅望がA・B図ともに「六樹園」と署名している事実によって、文化五年以降の制作と推定される[6]。下限は、賛を寄せるうちの一人、三陀羅法師の没年が文化十一年であるから制作はそれまでに行われたということになる。この結果、朝顔を描いた画家歌麿は初代ではなく、二代歌麿と判明する（初代歌麿は文化三年没）。

さらに年代を狭める事由に、雅望の「此こゝろ」が、文化六年七月十五日に、雅望門人の玉光舎占正《ぎょっこうしゃうらまさ》が主催した狂歌会で初めて詠まれた点が挙げられ[7]、B図揮毫はこれ以降である。また、焉馬の「いそかすは」は、文化七年の大田南畝主催の会上で、焉馬が雅望に向かい、

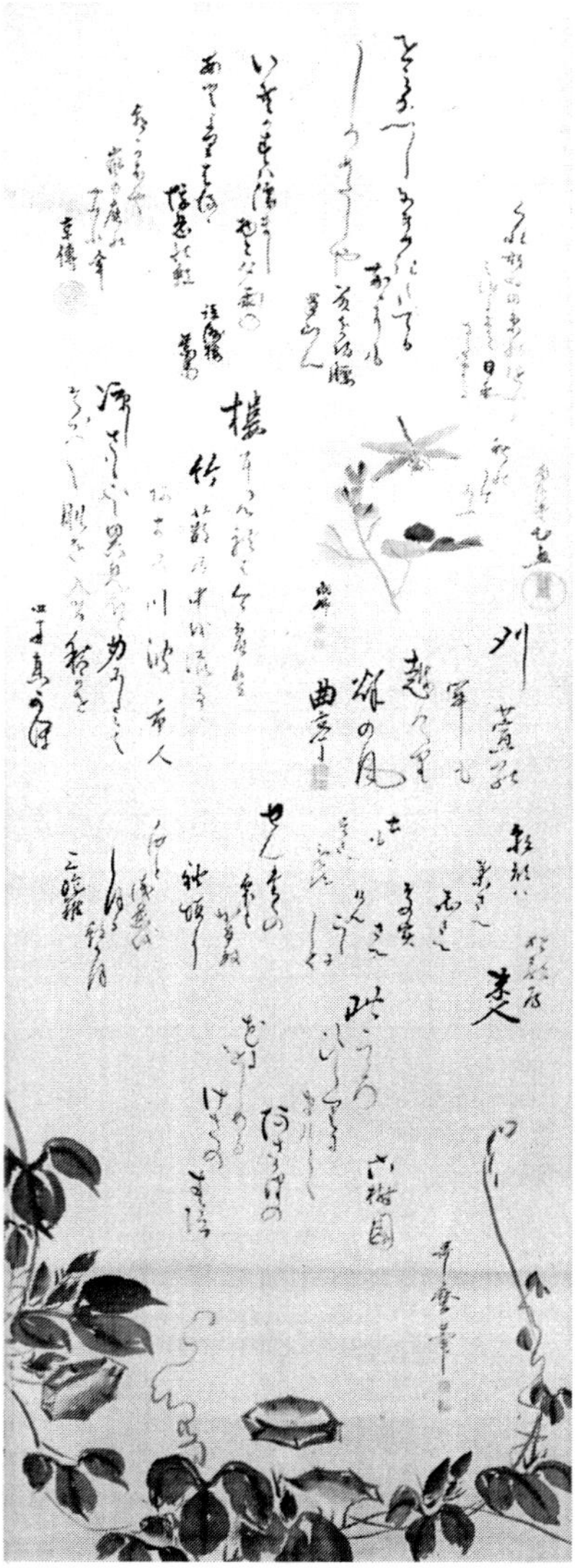

図11　「朝顔図」（Ｂ図）
奈良県立美術館蔵

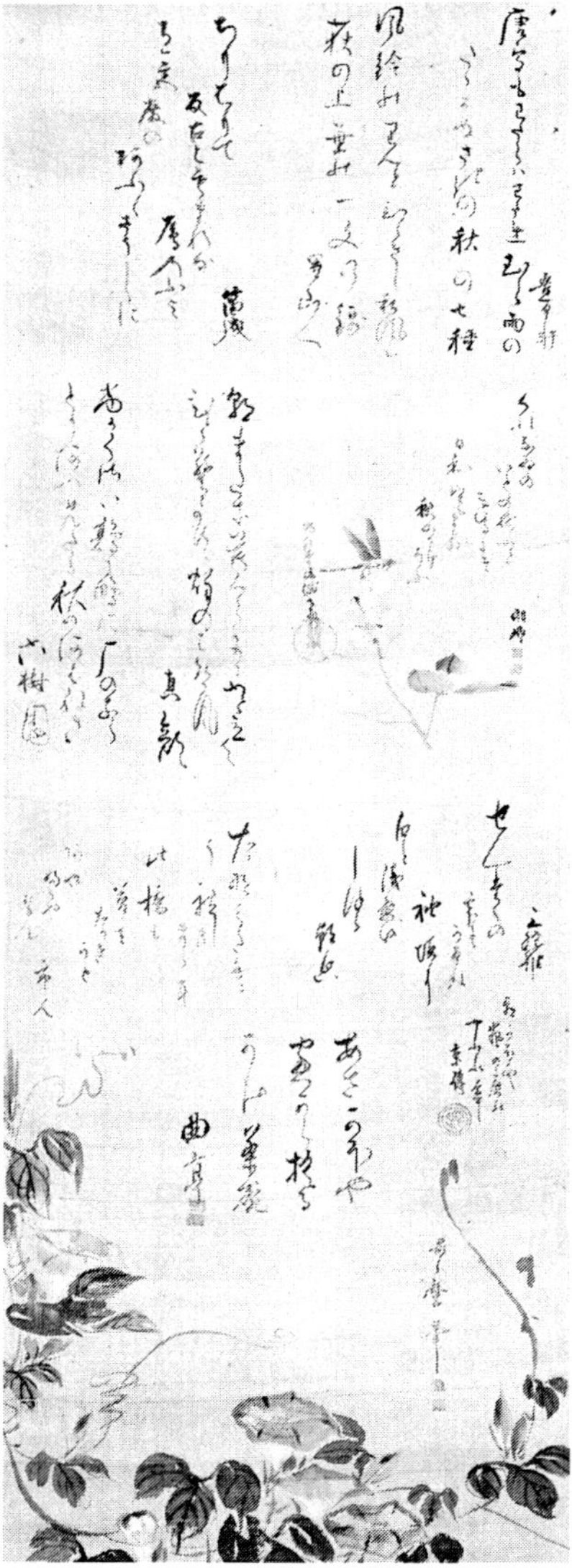

図10　「朝顔・蜻蛉図」（Ａ図）
入谷鬼子母神蔵

かつてそれがよみける、「いそがずばぬれざらましを夕立のあとよりはるる堪忍の二字」といふ歌を碑にゑりて、たてんと思ふよし語り、ゆふだちを夕立と書くべきか、また白雨とかくべきにやと問ひけるに、六樹園（石川雅望）は何とも答へず[8]

というわれがある歌である。B図では右の会で問題となった「夕立」「白雨」の語のどちらも採用せず、「夕雨」となっている。それにもかかわらず、文化七年三月に実際に建立された碑文は「夕立」であり[9]、二年後の文化九年九月刊の『万代狂歌集』[10]の入集歌も「夕立」であるところを見ると、最終的には「夕立」を採用したことが判明する[11]。すなわち、B図の描かれた年代は、この事件の直後、まだ「夕立」に代わる語を模索していた時期、『万代狂歌集』の編纂が行われていた文化七、八年直前のことと考えられる。

　制作年代は、「四方真顔」「六樹園」の名乗りと図柄が酷似する点からほぼ同時期と考えられ、両図ともに制作は、文化七～八年秋と限定できよう。ところが、A・B両図の画中狂歌には、文化七・八年の時期に制作されていないものが複数存在する。それぞれの狂歌が入集している書物を以下に列挙する。南畝の「をみなへし」が、天明三年（一七八三）序『めでた百首夷歌』[12]および成立年未詳『をみなへし』[13]に、同じく「風鈴の」が翌天明四年序『巴人集』[14]・同五年刊『徳和歌後万載集』[15]・文化九年刊『蜀山百首』[16]の三種の狂歌集に、焉馬の「いそかすは」が文化九年刊『万代狂歌集』[17]に、雅望の「此こゝろ」が、天明五年刊『狂言鶯蛙集』および文政十年序の『狂歌続万代集』に、「ふかくさは」が文化六年刊『四十八評狂歌合』および『万代狂歌集』にそれぞれ入集している。このように、十七首のうち、南畝だけが天明年間作の古い歌であるのに対し、雅望の「此こゝろ」が文化六年、焉馬の「いそがすは」が文化七・八年であるゆえに、南畝は、その著名度によって名を担がれただけであって、A・B寄合書の主体は、文化六～八年に作歌した雅望・焉馬の両名の可能性が高い。

　さらに、このほか知り得た同種の寄合書に、熊本県立美術館蔵「四季画賛図（C）[18]」、元麻布美術工芸館寄託「合

唐鳥もわたらはわたれむら雨の
たゝかぬさきの秋の七種
吾友軒

風鈴のりんとひゝきし秋風は
萩の上葉の一文の銭
蜀山人

笛成
ちりはりて
反古ともまれる
鴈のふみ
月宮
殿の
あふくさうしに

くれなゐの
いとの遊ふと
みゆるにそ
日和定まる
秋のかけ
ろふ
朗卿（印）（印）
（蜻蛉図）
尚左堂俊満書畫（印）
（秋草図）

朝またき薄くらかりにふと立て
ひと驚かす秋のはつ風
真顔

ふかくさは鶉に鳴に雁の聲
とりあつめたる秋のあはれさ
六樹園

三陀羅
せんたくの
雫も
かけぬ
袖垣に
白と
浅黄を
しほる
朝皃

たなはたは
うれしき
まゝに
此橋も
夢て
なき
かと
あや
ふみや
せん　市人

朝かほや
嵐の庭の
やふれ傘
京傳（印）

あさかほや
窓から捨る
かけ茶碗
曲亭（印）（印）

哥麿筆（印）（印）
（朝顔図）

図12　A「朝顔・蜻蛉図」の画賛（入谷鬼子母神蔵）

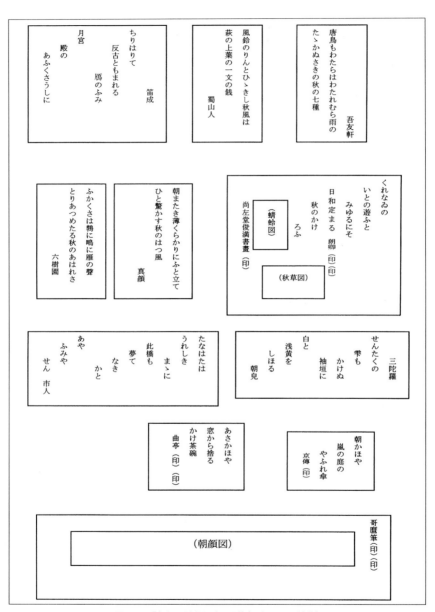

をみなへしなまめきたてる
前よりも
うしろめたしや　藤はかま腰
蜀山人

いそかすは濡まし
物と夕雨の
あとよりはるゝ
堪忍の虹　談洲楼
焉馬

朝かほや
嵐の庭の
やふれ傘
京傳（印）

くれなゐの糸の遊ふと
みゆるにそ日和
さたまる
秋の
かけ
ろふ
尚左堂書畫（印）
（蜻蛉図）
（秋草図）
朗卿（印）（印）

楼に見れは今宵は
竹藪の中を流るゝ
あまの川波　市人

涼しさもやゝ異見ほと身にしみて
そはへし肌を入る秋かせ
四方真かほ

刈萱の
関も
越けり
秋の風
曲亭（印）

せんたくの
雫も
かけぬ
袖垣に
白と
浅黄を
しほる
朝かほ
三陀羅

狂歌房
米人
朝顔は
葉さへ
花さへ
虫　その実
も　さへ
すさ　けん
めす　ごし
に
して

六樹園
此こゝろ
ひしりに
まけらし
あさかほの
花に
をしめる
けさの
寸陰

哥麿筆（印）（印）
（朝顔図）

図13　B「朝顔図」の画賛（奈良県立美術館蔵）

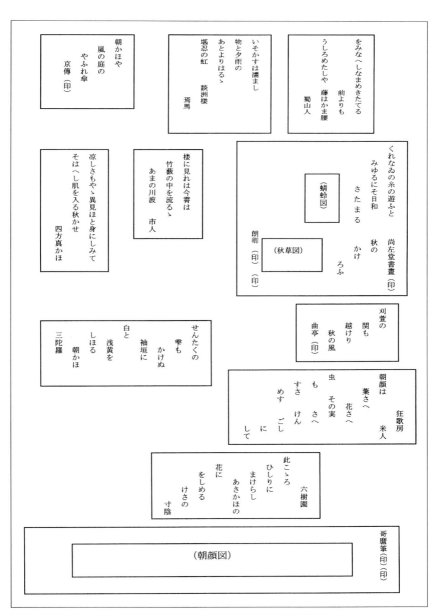

作書画（D）⑲」、メトロポリタン美術館蔵「紅葉図（E）⑳」、「二見が浦（F）㉑」がある。A～F図における狂歌師の生没年とその署名一覧を表32（139頁）に掲げた。各作者の経歴については省略するが、朗卿の名を持つ絵師は、文化十二年刊『江戸当時諸家人名録』初編㉒に、

画　　深川仲丁

香雪　名朗卿　江戸人　　田中米蔵

と記載がある田中香雪のみであったので特にここに記す。しかし、経歴等はまったく不明な人物である㉓。

表32を一見してわかるのは、絵師でありながら狂歌を詠むのは俊満一人であり、F図が作者五名と最も少なく、他作品に登場しない芍薬亭長根の存在など、少々傾向が異なる点である。これは、最も早いかどちらかの理由であろう。年齢的に芍薬亭が南畝より十八歳年下と、ほぼ一世代後に当たるので、最も新しい年代と考えられる。このように形式が少々異なるF図が最も遅く制作されたとしても、作者の没年から推して窪俊満没の文政三年より下ることはない。表32に掲げた十五名のうち最も早く没したのは大屋裏住《おおやのうらずみ》であるので、この没年によりC・E図は、下限が文化七年となる。以上のとおり、A～Fの制作年代を推定した結果、寄合書が文化七、八年から文政初年のごく短い時期に流行した形態である事実が浮かび上がった。そしてこの時期は、冒頭で紹介した江戸の朝顔花合の最初（文化十三年）の年代に相当しているのである。

ここで、本図のような寄合書を編んだ企画者について改めて考えたい。A～Fの寄合書すべてにかかわるのは、窪俊満、大田南畝、鹿都部真顔、石川雅望の四名に限られる。この四名のいずれか、あるいは複数の人間が中心になって寄合書の形態を開始した可能性は極めて高い。したがって、前にA・B両図の主体とみなした雅望・焉馬のうち、焉馬の可能性が消える。寄合書がどのような形で行われたのかを具体的に示す史料はない。しかし、美術史では田中達也が、文化年間に始まった事象として次のように位置づけている。

表32 寄合書の作者

作　者	A 朝顔･蜻蛉図	B 朝顔図	C 四季画賛図	D 合作書画	E 紅葉図	F 二見が浦
窪俊満 1757-1820	尚左堂俊満	尚左堂俊満	尚左堂	俊　満	俊　満	尚左堂
大田南畝 1749-1823	蜀山人	蜀山人	蜀山人	蜀山人	蜀山人	蜀山人
鹿都部真顔 1753-1829	真　顔	四方真かほ	真　顔	四方歌垣真顔	真　顔	狂歌堂
石川雅望 1753-1830	六樹園	六樹園	六樹園	六樹園	六樹園	六樹園
酒月米人 ?-?	吾友軒	狂歌房米人	狂歌房米人	米　人	米　人	
浅草市人 1755-1820	市　人	市　人	市　人	浅草庵	浅草庵	
歌麿(二代) ?-?	哥麿筆 (朝顔図)	哥麿筆 (朝顔図)	哥麿筆 (紅葉図)	哥麿筆 (福寿草図)	哥麿筆 (紅葉図)	
曲亭馬琴 1767-1848	曲　亭 (俳　諧)	曲　亭 (俳　諧)	曲亭馬琴 (狂　文)	馬　琴 (俳　諧)	馬　琴 (狂　歌)	
山東京伝 1761-1816	京　伝 (俳　諧)	京　伝 (俳　諧)	京　伝 (俳　諧)	京　伝 (俳　諧)	京　伝 (俳　諧)	
三陀羅法師 1731-1814	三陀羅	三陀羅	三陀羅	三陀羅	三陀羅	
田中香雪?	朗　卿 (秋草図)	朗　卿 (秋草図)	朗　卿 (梅花図)	朗　卿 (菊　図)	朗　卿 (梅花図)	
麦藁笛成 ?-1827	笛　成		笛　成	笛　成		
烏亭焉馬 1743-1822		談洲楼焉馬		談洲楼焉馬	談洲楼焉馬	
芍薬亭長根 1767-1845						長　根
大屋裏住 1734-1810			先大屋裏住		先大屋裏すみ/荻の屋	
制作年下限	文化8	文化8	文化7	文化11	文化7	文政3

南畝を核とする文化圏のようなものが形成された。この文化圏を一幅の書画に反映させて楽しむ風潮が起こり、いわゆる合作物・寄り合い書きの盛行する現象が起きたのである。それは狂歌会などの席上で行われたほか、持ち回りの形でも行われたであろう。中でも盛んであったのが、俊満の粗画に蜀山人ほか数名の狂歌賛を加えたもので、今日に残る数量も極めて多い(24)。

以上のような、南畝中心の文化圏という見解がある。確かにA～Fは、田中が最も量産されたとする、俊満の略画に南畝ほか数名の狂歌賛を加えた合作物にほかならない。A～Fは、馬琴が俳諧・狂文を、京伝が俳諧を墨し、俊満と朗卿が図を描くが、そのほかは圧倒的に狂歌が占めていることから判然とするとおり、主題は狂歌であり、企画者が狂歌師であるとの田中の予測には、筆者も賛成である。ただし、A・B図を検討して判明したように、南畝の狂歌が天明年間に作歌した古いものであり、焉馬・雅望が新しい狂歌を墨しているので、田中が主張する、南畝中心という考え方に対して、筆者は南畝よりもむしろ彼の門下の狂歌師によるものと置き換えた方が妥当だと考える。

南畝中心という田中の意見とは別に、戦前の雑誌『浮世絵志(25)』で、西山清太郎は、寄合書の制作背景について、次のような推測を立てている。

恐らく『狂歌画像作者部類』にある扇面亭—俗称平野屋伝四郎—などの連中が、各家を持ち廻って揮毫を乞ひ、之を鬻《ひさい》で業としてゐたが為でもあらふか。

西山が例に挙げた「扇面亭」は、狂歌師であるとともに書画会・人名録を取りまとめ、その際に手数料を取ることで利益を得ていた人物である。彼が狂歌師であったことが判明する『狂歌画像作者部類(26)』は、石川雅望が編纂した画入り人名録の一種で、扇面亭の記事は、

俗称平野屋伝四郎東都横山甼肴店ノ人。諸名家画賛ノ扇面ヲ鬻テ業トス。

とあるように、扇面亭（平野屋伝四郎）は、日本橋横山町（現、中央区日本橋横山町）に住んだ扇屋で、有名人の書画の賛がある扇を商っていた。諸家に揮毫を請うていたので当然文人と知り合う機会が多く、本書に掲載される事実によっても、雅望と交流があったことがわかる。このような扇面亭の業務内容は、『江戸名物狂詩選』(27)における次の記事の方がより明確に述べられている。

　扇面亭書画扇店　両国横山町肴店

文晁武清米庵筆ノ五山詩仏緑陰詩ノ年年仕ノ込新ニ書画ク扇面売初発会時

文晁以下三名は、画家および書家、五山以下三名は漢詩人である。これらの有名文人が扇に揮毫した作品を仕入れ、新年の書画会・詩会の初め（発会）の時期に合わせて扇を売り出すのである。この活動がさらに発展した形が、寺門静軒の『江戸繁昌記』(28)に簡潔に紹介されている。

　扇面亭某父子、風流相ひ承け、並びに会議に閑《なら》ひ、その格式に達す。故を以つて集会を謀る者、皆、先ず就いて質す。（中略）著す所の江戸諸名家人名録二巻、田舎に行はる。

ここには扇面亭の役割が二点明示されている。一つは「故を以つて集会を謀る者」、つまり書画会や狂歌会などの集会の企画者が、まずその「格式」についてお伺いを立てる点であり、いま一つは、文化十二年刊『江戸当時諸家人名録』初編・文政元年刊『江戸当時諸家人名録』二編の人名録を編纂し、これが「田舎に行」われ、つまり地方においてベストセラーとなった点である。そこで以下にこの二点について史料を交えて考察を加える。

第一点目に挙げた書画会における扇面亭の役割は、これを周知する引札に明記してある。幕末の書家、関雪江が集めた国立公文書館内閣文庫蔵『雪江先生貼雑』(29)には「扇面亭」の記載がある引札が、四点貼り込まれている。なお雪江は、書家・関思亮の実子である。思亮は、下谷長者町の薬種商・山崎美成《よししげ》を中心とした好古の会「耽奇会」の主要メンバーであり、曲亭馬琴主催「兎園会」の一員でもあった人物で、雪江自身も書画会引札の原稿を起こすなど、近世後期における書画会の内実に詳しい人物である。[30]

関雪江が、安政元年（一八五四）に貼り込んだ巻一、十四丁裏には、朝顔品評会が多く行われた、浅草榧寺（台東区蔵前に現存）における、同年十月二十八日開催「新書画展観会」引札がある。[31] 本引札の欄外には、

書画届所　馬喰町肴店扇面亭

と記され、扇面亭は「書画届所」という書画会の出陳物を集積する場の機能を持っていた点が判明する（図14）。

同じく安政四年二月二十八日、巻七、五丁裏には、下谷泰宗寺（下谷稲荷町、現在の台東区東上野の地にあったが、明治四十一年、現所在地の豊島区駒込に移転）における書画会の引札（図15[32]）があり、ここには、

来《ル》二月廿八日、不論晴雨開莚仕候。諸君子御賁臨奉希候。書画幅者補助又者扇面亭之内江御届可被下候。会後早々返璧可致候幅目者追而上梓之上呈上可仕候。

と、「書画幅」は会の補助かまたは扇面亭へ届けるべき旨が記される。これにより書画の届け先は扇面亭だけではないとわかるが、その扱いは明らかに一線を画している。つまり、本会だけの補助の面々（鷲津毅堂や大沼枕山などの漢詩人）が、末尾に並列して名が載せられるのに

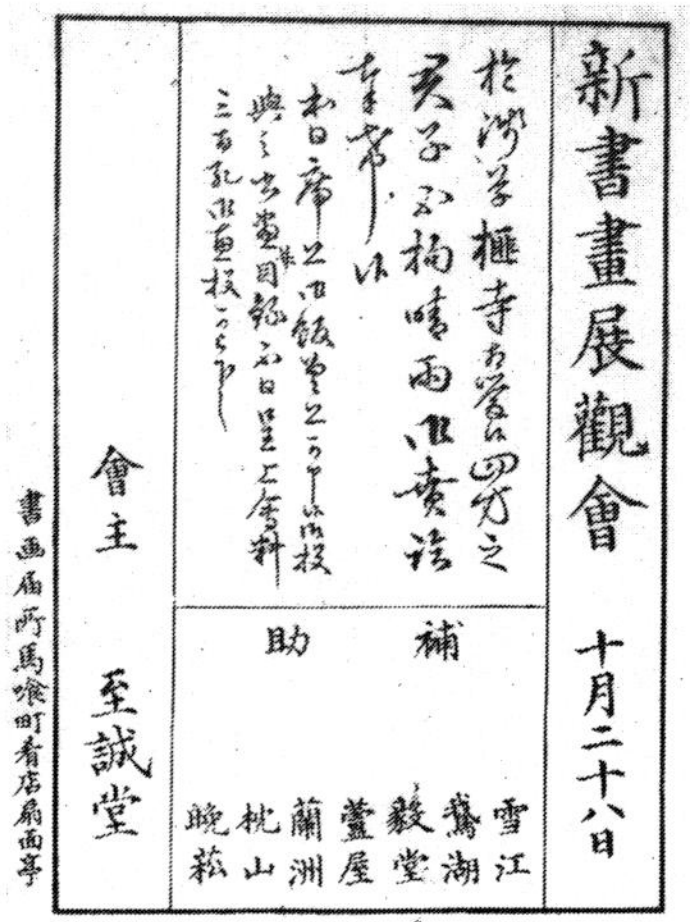

図14　安政元年10月28日開催
「新書画展観会」（『雪江先生貼雑』巻１）

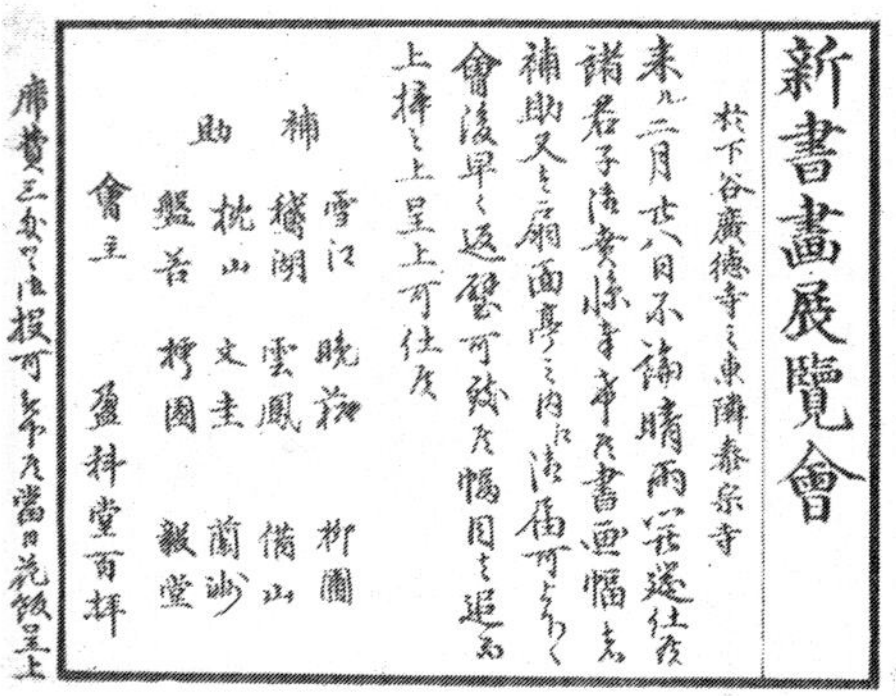

図15　安政４年２月28日開催
「新書画展覧会」（『雪江先生貼雑』巻７）

対し、扇面亭はただ一人本文中に記されるという違いである。

ただし安政四年三月十二日、柳橋（現、台東区）万八楼開催の巻七、六丁裏から七丁表に貼られた引札（図16）[33]のように、補助として参加する二十五名の内の一人に名を連ねるだけの場合もあった（左側四段目二行目に「扇面亭」）。

より具体的な「書画届所」の実務内容は、同じく嘉永四年（一八五一）、巻十、多田薬師（現、墨田区東駒形一丁目）において毎年二回行われる書画会の引札（図17）[34]に書き留められている。すなわち、

懸物一幅に付、費用として半切くらひの処は銀三匁、其余は右に順御添可被下候。他国の御方は格別、江戸諸名家方は此会前二十二日迠に御姓名書付幅に御一帋被成御届出可被下候。但しまくり・ワクバリの縁は堅く御断申上候。会日呈麁飯候。届所　横山町魚店　扇面亭謹白

と掛幅一点につき、半切の大きさでは銀三匁の手数料を取り、江戸の出品者は署名の明記を義務づけ、また表装を施していないマクリや額装は禁止し、掛幅形式に統一することを断る。

以上四件の引札を例に見て判明したとおり、扇面亭は、書画会では「書画届所」として江戸に集う文人と

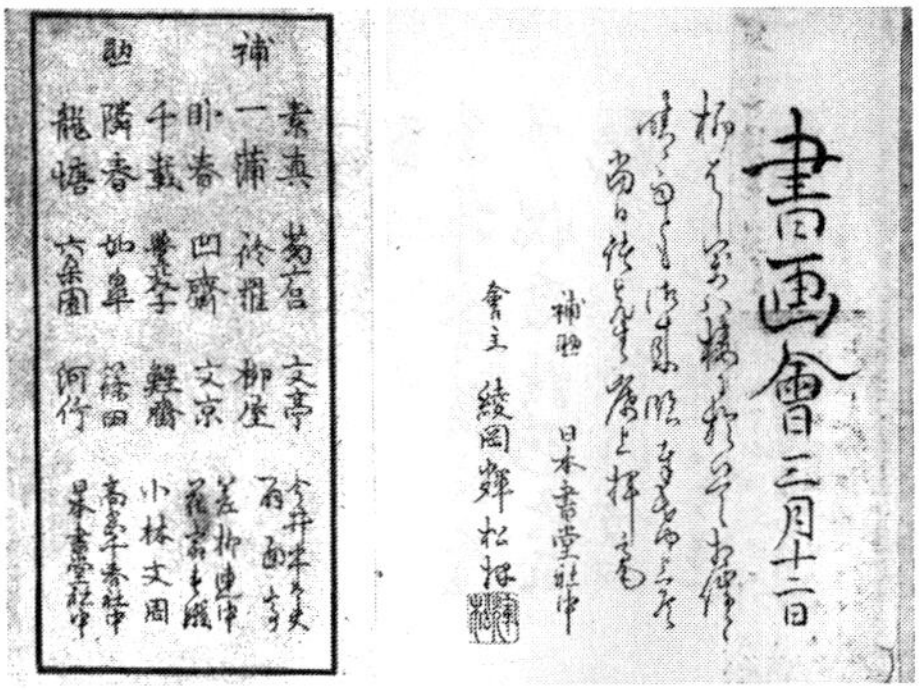

図16　安政４年３月12日開催「書画会」
（『雪江先生貼雑』巻７）

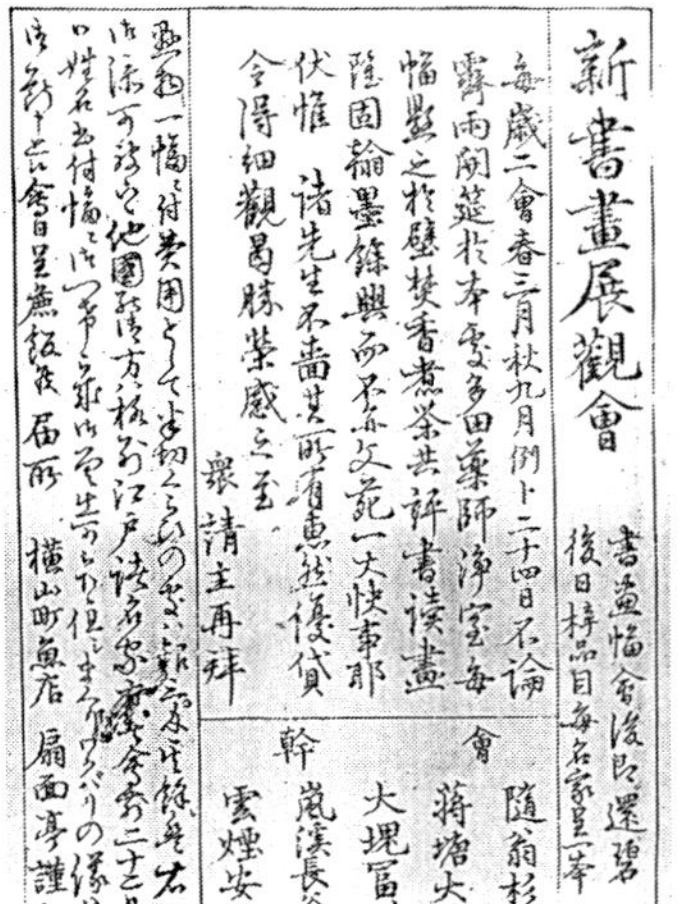

図17　嘉永４年開催「新書画展観会」
（『雪江先生貼雑』巻10）

直接対面する機会を得、その結果「顔役」として文人に対して優位に立った。これを物語る一例として、佐渡出身の柴田収蔵が、書画会実現のために奔走した際面会を請うた人物に、著名な文人に交じって扇面亭が含まれる点が挙げられる。(35)

扇面亭が書画会にかかわるようになったきっかけは、次の喜多村信節『嬉遊笑覧』の記事に触れられている。

馬喰町の扇面亭など、もと狂歌会主の催主占正が輩をたのみ扇を売に出しが、書画にも出はじめ、其会になれて此会催す者は必扇面亭・五山を頼みて催さねばならぬようになりたり。(36)

とある。「五山」とは漢詩人・菊池五山を指し、狂歌会の主催者「占正」は、石川雅望の門人・玉光舎占正のことである。このように占正の依頼による配り物とするための狂歌入り扇子を製作した行為が、後の書画会活動におけ る足がかりになった。占正は、文化八年序『狂歌道の栞』(37)に「六樹園取次所」という役割が掲載され、師の石川雅望の名の下に集まる狂歌を取り次ぐ業務を務めた。注目したいのは、この「取次所」という名称を、扇面亭もまた使用している事実である。国立国会図書館蔵『広告研究資料』巻三(38)に、

扇面亭　扇屋傳四郎（二十九丁裏）

印章
文通取次所　江戸両国横山町三丁目魚店

とあるのがこれである。本引札は、弘化丁未（弘化四年・一八四七）正月八日に制作された絵図が主体のもので、書画会が頻繁に開催された、向島・両国辺の料亭の案内図を兼ねている（第三部第二章補論、図56、400頁）。

以上のように、書画「取次所」あるいは「届所」の扇面亭と、狂歌「取次所」占正は、同じ役割を果たしていたと考えられる。この共通点から判断する限り、前述した扇面亭が書画会の顔役になるきっかけにおいても、狂歌師が働きかけた依頼から始まったという『嬉遊笑覧』の記事や西山の推測は妥当であると考えられる。(39)

次に、第二番目に挙げた人名録における扇面亭の果たした役割について検討する。扇面亭は、二種の人名録の

編者を務めたほか、文政元年刊『江戸当時諸家人名録』二編・安政七年刊『安政文雅人名録』・文久三年（一八六三）刊『文久文雅人名録』・明治十二年（一八七九）刊『明治文雅人名録』、以上四種の人名録の販売書肆でもあった。寺門静軒がいう「人名録が田舎で行われ」た背景には、地方文人が江戸に赴く際、手がかりとなる住所・名前の基本情報が人名録に記載される事実がある。不特定多数の学者が興味を持つのは、まず書画会がどこで開かれるかあるいは先生の住居はどこかであり、後になって自ら会を開いたり書画を出品したり人名録に掲載する段になって、取次所である扇面亭の協力を必ず仰ぐことになる。この意味で書画会と人名録は密接に関連している。

むしろ江戸においては、書画会の担い手が、人名録にも手を染めたといった方がよかろう。江戸において初めて板行された人名録の年代は、文化十二年（『江戸当時諸家人名録』初編）であるが、本書の編集・販売を務めた扇面亭は、すでに書画会における活動を開始していた。扇面亭の参画した書画会引札の早い例では、文化五年八月二十四日、葛飾北斎が、亀沢町（現、墨田区両国）に新宅を構えた際、柳橋河内屋半二郎楼で書画会を催したものが挙げられる[40]。江戸における人名録出板開始の七年前のことである。このときの引札によると、諸名家画賛掛物六十点、北斎筆による画は、絹地のものが五点、画賛が入った扇面が七十点、会主は北斎、補助に「扇面亭折主」とある。本会の出陳物は扇面が多く、この発注と扇を「折る」という手間のため、扇面亭が本会に関わりを強く持ったこともわかる。

以上、扇面亭の役割について書画会・人名録の二点から述べてきたが、本節で重要な事実は、扇面亭の書画会進出のきっかけが、狂歌に端を発している点である。また彼の本来の職業・扇商が、狂歌や絵師が好んで描いた素材（扇）を扱う商売である点も書画会進出のきっかけになったことも判明した。このことを踏まえて、表32（139頁）に挙げたA～Fの寄合書が、占正などの狂歌師の企画によって、狂歌入り扇子と同じ趣旨、配り物にするために扇面亭に依頼した可能性について考えたい。

A～Fのうち異彩を放っているのは、A・B二点の朝顔図の存在である。詠み込まれた狂歌の一部は過去に発表された作品であり、肉筆でありながら、俊満・三陀羅法師・京伝の三者は同一作品を墨している。同じ狂歌、同じ図様の存在によって、寛政年間（一七八九～一八〇一）以降[41]、都市で流行した、即興の妙を尊ぶ書画会における席画とは、趣を異にした形態とわかる。では、二つの朝顔図が狂歌を宣伝する配り物であると仮定すると、板本や刷り物に準じるという意味で、同じ歌や図柄であっても一向に差し支えない。A～Fは掛幅装であるが、当初は、持ち運びに便利な扇面の形態を持ったであろうことも予想できる。以上によりA～F図は、印刷された刷り物ではない形態の、狂歌師が宣伝のための配り物として制作したものであると結論づけられる。

これまでのところをまとめると、A～Fは、江戸において文化七～文政三年に制作された、配り物を用途とした寄合書である。この企画の主体は、大田南畝門下の狂歌師であり、それは鹿都部真顔か石川雅望の二名に限定できる。しかし、書画会の立役者・扇面亭との密着度から鑑みると、雅望の可能性がより高い。

当時の狂歌界は、南畝の引退後、真顔が勢力を伸ばしていた。これに対抗したのが、寛政三年以来江戸払いになっていたが、「六樹園」の名で狂歌界に復帰した石川雅望であった。浅岡修一によると[42]、真顔の活動は、「四方側」の勢力を信濃中心に地方へ拡大することに精力を傾けていた。一方で雅望は、自らの「五側」の勢力拡大のため頻繁に狂歌集を発行する。文化五年『職人尽狂歌合』、同十二年『飲食狂歌合』など中世の歌合に倣った狂歌合を採り入れた形式を多く刊行した。狂歌合は作者を左右に分かち歌の優劣を決め、判者の判詞を添える形式を持つ。これは一種の狂歌人名録ともなっており、扇面亭が載る『狂歌画像作者部類』も、雅望の編になる狂歌師の画像付き人名録である。雅望はこの種の画像入り狂歌集をいくつか編んでおり[43]、この形態を狂歌における人名録ととらえれば、宣伝・普及のため、扇面亭と同様の活動を行っているのである。

以上のことから寄合書は、当時の狂歌の二大勢力、真顔率いる「四方側」と雅望率いる「五側」との勢力拡大に向けてのどちらかの布石の一つである可能性が高い。しかし、地方へと拡大した真顔の特徴がまったくうかがわれず、一方で複数の狂歌を一所に集めて公開するという点で、石川雅望の特色が色濃く出ている。また、扇面亭との共通事項から、朝顔の寄合書は雅望主体の活動と考えられる。雅望が、文化五年に狂歌界に復帰したばかりという年代の一致もこの考えを補強する材料となろう。

第二節　朝顔と「連」

本節では、前節における狂歌界の活動を前提に、朝顔をめぐる園芸文化が、狂歌のそれと酷似している点を実証する。

まず、はじめに「連」という言葉の使用例である。天明初年の江戸における狂歌連は、四方赤良（大田南畝）の「山手連（四方側）」、唐衣橘洲《からごろもきっしゅう》の「四谷連（酔竹側）」、朱楽菅江《あけらかんこう》率いる「菅江連」、落栗庵と称す元木網《もとのもくあみ》の「落栗連」、日本橋金吹町の長屋に住んだ大屋裏住の「本町連」、本芝二丁目の浜辺黒人《はまべのくろひと》の「芝浜連」、市川団十郎（花道つらね）の「堺丁連」、吉原の加保茶元成《かぼちゃのもとなり》の「吉原連」があった。このうち、「菅江連」、「落栗連」は、主宰者の名を冠したものであるが、その他は地名から採用した命名法である。

この狂歌連と同様に、園芸界にも連があった。『草木奇品かがみ』(44)には、「永島連」「安住寺連」「小日向連」「下夕町連」「本所連」という五つの連の名称が見られ、狂歌連同様に「永島連」「安住寺連」が主宰者名、「小日向連」以下が地名を冠した命名方法である。また、天保三年（一八三二）の『小不老草名寄手鑑《こおもとなよせてかがみ》』(45)に、「東都《とうと》小不老草《こおもと》連《れん》中《ちゅう》」とあるように、「連」は「連中」の略で、一つの嗜好・目的のために集ったグループである。なお、狂歌・園芸以外では、歌舞伎の贔屓連の存在が認められる。

この「連」が、朝顔にも存在していたことを教えてくれるのが、西尾市教育委員会岩瀬文庫蔵『朝顔図譜』(46)である。本書は、文政七年における朝顔品評会の図譜である。本所林町（現、墨田区立川）に住む朝笑堂が序文と凡例を記す。すでに第一章で出品者一覧を載せたが、本章では「連」の成立を解き明かす重要な史料であるため、少々長いが序および凡例の全文を以下に引用する。

朝顔の花はいにしへよりありし事は、秋水か水鏡（『朝皃水鏡前編』）につはらにいへれは、書つゝるに及はす。近世、都鄙此花を愛する事盛んにして、新姿寄《（ママ）》品勝りたると劣たると華競して遊へる事久し。花異なる品もあれは一苗一種たりとも其価、尊ふかし。されは求得之事難し。ほとんと李唐趙宋の侯、牡丹を愛る等し候。やつかれもとより此花を愛る事事《（ママ）》あり。春ごとに種をふせてあしたに土かひ、夕べに水そゝき養ひたつるに、花のくさ〳〵あまたになりて、員ふるにいとまなし。されは水鏡・朝皃譜（『丁丑朝顔譜』）にもれたる花葉あるは、其年の弥花とめ《（愛）》つるたく《（類）》ひ、画工によりて写生を乞んと思ひ侍れと、朝な〳〵その人を招もこなたよりもて行んも聚類の多けれは望みを果さす。年〳〵心を脳《（ママ）》すのみなりしを、ことし諸人の咲頃の種を蒔んに、席を画て物に類するありも、うくるともむなしく、捨るに忍ひす、やつかれ画法彩色に至りても、ふ《（筆）》んて《（立）》をたつる事を知らす。諺に言、目しいの蛇に怖さる其蛇ののたくれる説をしとふて、華のかたち・葉の形ちはさらなり、いろ《（彩）》とりまてもそのくさ〳〵にたか《（違）》はさらんやうにとのみ心をやりて摸写し、あやしき冊とはなしぬ。又こまやかに書つゝる事もあなれとくさ〳〵しけれは、それは凡例にゆつ《（譲）》りて爰にとらしい《（ママ）》。只此後も朝皃の蔓のいつち迠もかしこく盛り久しき花合のとし〳〵に賑はへるを願ふ。其連といふは花合の始めより今に至る迠怠りなく年々弥らかなる花をと《（音）》のしな《（品）》丹誠をこらす輩を撰集めて華丸の一連と定む。いかな《（ママ）》れ候、此銘有かといふに、朝皃の花は丸を根本といふなれは斯号けて朝かほ作れる人の根本とやいわんと。

本所林甼の寓居において、朝笑堂のあるし《（主）》しかいふ。

文政七つのとし　きさらき

凡例

此冊の画の事は序にことわりたれは、今更述へくもあらす。されと其花毎日銘をふりたるは、花合のつと〳〵勝劣の位附を桜木にゑりて、一連の輩に配る。それを切裁て花の上へ冠らし、むかい画けり。花に偏りなきを世の人にしらしむる為なり。そか中に位附のうせて見へさるは、草は草をもて記し置る、是とても疑ひ給ふへからす。

一、花丸の連の事は是も序文にあらはすものからそれはいわす《（ママ）》。只いつちの花合にも丸る印は此一連にして、貴賤高下打交り侍れとあなかちにへ《（隔）》たてもなく、ねも《（寧）》ころに苗種存取たし《（出）》つゝ、朝皃の花の盛り過にし頃も、相ともに訪らひ音信るそ頼もし。又丸き印のなきは助の連にして苗種の取りたした《（出）》にせぬもおかし。されは花丸の連は朝かほ《（顔）》作る事においてをや執心とやいわん、豪傑とや言ん。

一、此三《（ママ）》巻に画く処二百余種なり。是を前篇として此末後篇の珎花、前篇に増れる様、わきて花丸の一連は丹誠抽て、後篇の一助となし給へかし。

一、此艸帋は蔵書にして、人に見すへき書にもあらす。さわい《（ママ）》へ、望み乞ふ人もあれは、あなかちに惜みもせし、か《（貸）》しまいらすへし。速に返し給ふへし。

朝笑堂著

本史料の概略は以下のとおりである。すなわち著者・朝笑堂（経歴等不明）は、毎年変化朝顔を育てて『朝皃水鏡前編』や『丁丑朝顔譜』に載っていない花や葉を絵師に写生してもらおうと思っていたが、毎朝絵師を庭に招いたり自分から出掛けたりするのも、種類の多さからくる煩雑さのために結局実現していなかった。そのような折から「席を画く物に類する」つまり、請負で朝顔を描くと提言する者が現れたが、これが契機となり、朝笑堂自ら筆を執って描き冊子にした。描くに当たっては「花合の際の位附を桜木に撰る」という方法で、まず番付を板行し、同じ連のメンバーに配る方法を採用した。次に、その番付を切り取ってそれぞれの花の上へかぶせて、花に対峙して描いた。この理由は、図譜化するに当たって偏りがないことを世間に知らしめるためであった。番付の紙片を紛失してしまったため花銘を欠く図もあるが、花そのものを写生することを心掛けたので個体そのものの判別には問題ないと述べる(47)。

本史料で画期的なのは、朝顔の「連」の存在について記載がある点で、しかも「連」の活動が具体的に記される点ではほかに例を見ない精細さである。著者・朝笑堂の属する、朝顔連「花丸の連」は、花合創始時（江戸で開始された文化十三年当時）より文政七年の図譜刊行当時まで続いている変化朝顔の連である。当時、どのような花合でも丸印の付くものは、この花丸の連であることを示し、「貴賤高下打交り侍れどあながちにへだてもなく」と、諸階層が入り混じり身分に隔てなく丁寧に「苗種存取だし」、つまり花の時季以外でも苗・種を交換する活動を行っていた。丸印のない者は「助」の連に所属しており、「苗種の取りだし」をしない。この記述から「苗種の取りだし」の能力、変化朝顔を苗や種子から判別でき取り出せる能力を保持していれば花丸の連に属し、この能力に劣っているかあるいは新規に始めたばかりの者は、丸印のない補助的な「助」の連に属したと解釈できる。

本史料によると、連は花合で行う位づけを刷り物にして同好の士に配ることで、結び付きが強まった点がうかがわれる。花丸の連は、本図譜中で「花〇」と印を付す者を指す。他の連で固有名詞が登場するのは、「下谷朝花連」「南水連」のみであり、僅かな割合でしかない。このほか連の名称が載らず、補助的で苗・種の交換をしないと見なされる者も十八名おり、この中には明治期の変化朝顔研究会「穠久会《じょうきゅうかい》」の創始者の一人となる竹本要斎の父が「其日庵」として載る。序章でも述べたが（8頁）、竹本要斎はその息子隼太・孫皐一とともに、盆栽植木鉢「竹本焼」を創始し、販売路線に乗せたという人物である。要斎は、大谷木一らとともに「穠久会」を創始したが、会誌の創刊（明治三十三年）には間に合わず、その前年明治三十二年に死亡してしまった。その要斎の朝顔愛好の嗜好は、父から受け継がれたものであったことが、本史料において初めて明らかになった。

表33は、本図譜に登場する「花丸の連」とそれ以外の朝顔連のメンバーの一覧（重複を除く）である。花丸の連の出品がのべ五十一種と、全七十六種の七割近くを占め、出品者は重複を除くと十九名を数え、全四十二名のうちの四割を超えることがわかる。このように江戸における「花丸の連」は、当時の変化朝顔の連の中では大きな勢力を誇り、栽培家個人の優劣よりは、連として優位に立つか立たないかを問題としていたようである。

第一章で言及したとおり、朝顔栽培の担い手は時代とともに変遷した。すなわち当初は愛好家が多く、時代を追うごとに植木屋の名前が増加する傾向である。(48) その根拠としたのが、植木屋の名前を示す「植亀」「植吉」という「植」を冠す記載が幕末に増加した点であった。一方で愛好家は、一部が本草学者・医者・旗本・僧侶など、富裕層・知識人であることは判明しているが、番付・図譜だけではあまりに情報が少なく実態がつかみにくかった。ところが、岩瀬文庫蔵『朝顔図譜』により、朝顔栽培を行った園芸愛好家が江戸で流行した当初から「連」と呼ばれるグループで活動し、個人より集団「連」の優位性を尊重していた事実が判明する。このことから個人情報の少ない理由の一つに、「連」に属する個人の秘匿性が機能していたことがわかる。

さて再びここで狂歌連との類似性を指摘したい。まず名称の付け方として、「花丸の連」「南水連」は抽象的な命名法であるが、「下谷朝花連」という地名を冠したものは、「本町連」「芝浜連」などという天明狂歌連に範を得ていることがわかる。また文政二年六月二十日『蕣花合』(49) では、後見として「中橋連」「芝連」「麻布連」「青山連」「赤坂連」が名を連ね、いずれも地名由来の連である。著者・朝笑堂が属する「花丸の連」も朝笑堂が本所の住人である点と、住所が明らかでかつ最も朝顔栽培家を多く輩出するのが本所である点から、本所という地域に根ざす連のように思われる。

『朝顔図譜』の記事、「貴賤高下打交り」という様々な身分の者が同好の士であったことは、身分が判明した中に医者や本草学者・旗本・植木屋など種々雑多な階層が混在する事実と一致する。天明狂歌においてもまた身分を問うことはせず、歌舞伎役者・長屋の大屋・本屋・藩士など多彩な層から優秀な狂歌師を輩出している。華道の教本などは「秘書」として他者の閲覧を固く禁じたようだが、朝顔連の場合はこういった垣根は低く、情報を自由に交換している。種子・苗だけでなく図譜の貸借を拒まない文面もこれを裏づける。また種子・苗の交換に

表33 『朝顔図譜』に見る朝顔連

地名	名前	数	連の名称	備考
本所	朝詠堂	6	花○	
本所	朝笑堂	7	花○	
不明	自保亭	5	花○	
不明	臥松	5	花○	
不明	籬秋園	3	花○	
不明	秋楽亭	4	花○	
不明	盛久舎	4	花○	
不明	朝楽園	3	花○	
不明	金釜堂	1	花○	
不明	千歳亭	2	花○	
不明	朝盛堂	1	花○	
不明	秋池亭	2	花○	
不明	天倶堂	2	花○	
不明	蕣窓	1	花○	
不明	松濤庵	1	花○	
不明	ヨモヤ	1	花○	
不明	四方亭	1	花○	
不明	不明	1	花○	
不明	不明	1	花○	
下谷	富春	1	下谷 朝花連	
不明	曙雪庵	1	南水連	
深川	六軒堀	1	印なし　助の連	
新堀(日暮里)		1	印なし　助の連	
高田豊川町	其日庵	1	印なし　助の連	要斎父
不明	晩色亭	1	印なし　助の連	
不明	養蕣亭	1	印なし　助の連	
不明	ウキン堂	1	印なし　助の連	
不明	山文	2	印なし　助の連	
不明	山芝	1	印なし　助の連	
不明	大亭堂	2	印なし　助の連	
不明	暁花	1	印なし　助の連	
不明	七宝舎	1	印なし　助の連	
不明	小園	1	印なし　助の連	
不明	呉竹	1	印なし　助の連	
不明	鬼蔦	1	印なし　助の連	
不明	暁嘉	1	印なし　助の連	
不明	時鳴	1	印なし　助の連	
全く不明　5名(各1花)				

当たっては、居住地域が近いという条件が利便性をもたらし、「連」の結合が地縁に根差す点は、このような理由から自然発生的に生じたと考えられる。この点については、狂歌の名称が地名に由来したとはいっても、花道のつらねの「堺丁連」は演劇人主体、南畝を盟主とする「山手連」は武家主体で集った連であり、朝顔のように身分に隔てがないとはいえない。しかし本来「連」とは目的を同じにするグループの集まりであり、建前では身分の上下関係はあってはならないものであった。発生したばかりの朝顔連は、この原則が忠実に守られていたのである。

「連」という活動の根源になる集団に加えて、二番目に提示しておきたい朝顔と狂歌の類似性は、狂歌師石川雅望が自らの勢力を伸ばすために試みた狂歌合の形態が、朝顔花合の形態と共通する点である。江戸で初めて行われた朝顔の花合がどのように行われたかは、『丁丑朝顔譜』[50]序文に語られる。第一章でも紹介したが、改めてここでその特徴を狂歌のそれと対比してみたい。

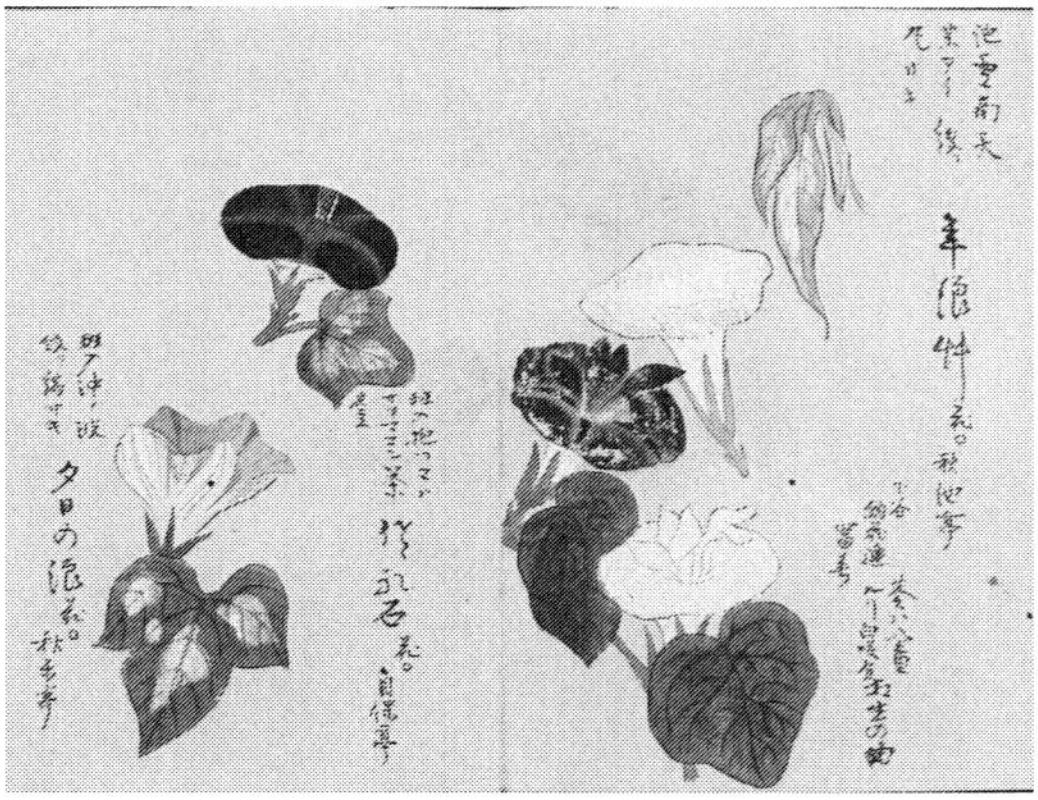

図18　「下谷朝花連」(『朝顔図譜』)

> 予始て去年の秋、浅草牛頭天王別当大円精舎にして朝顔合を催し、四方よりもて来し花に、左と右とを分ち、花の殊にうるはしきを、一の位に定め、是が等《しな》を七つに分ちぬ。しかせしより朝皃の花合てふものいでき。

江戸において文化十三年に始まった朝顔花合は、四方より持参した花を左と右に分け、特に優秀な花を一の位に定め、それを七つに分けた。一つの場所に複数の朝顔を持ち寄り、左右に分けて順位を定めるという方式である。これは室町期における「職人歌合」等において左右に分かち、勝ち負けを定めた伝統的な歌集の形式を踏襲し、かつ複数の狂歌を一冊の狂歌集という「場」に集めて、歌合に倣って左右に分かち順位を定めた狂歌合とまったく同一の方法である。歌の「撰者」同様に花の撰者「花撰」が明記されるのも、和歌・狂歌に倣っている。さらに、朝顔図譜の書名に『朝顔百首狂歌集』、『朝顔三十六花撰』（三十六歌仙のもじり）などの狂歌集によく似た名を付すのも、狂歌合の形式を借り、その影響を受けたためと考えられる。

第三番目の狂歌との類似性は、図譜化した点にある。『朝顔図譜』には、専門の絵師が申し出ているにも関わらず、著者・朝笑堂が描いたために、専門の絵師が描いた嘉永・安政期の朝顔図譜に比べると見劣りがする。この点は、同好の士、あるいは地縁だけで結び付いた集団であるから、アマチュア性が前面に出てきてしまっている。しかし仮に、朝笑堂が図を請け負って描くと申し出た人物に金銭を与え、完成した図譜を宣伝のための配り物にしたとすれば、第一節で詳述した寄合書のようになっていたであろうし、また扇面亭や雅望門人の玉光舎占正などが配り物とする狂歌入り扇子を売り出した企画と同種の活動に相当していたはずである。

「連」が、営利を目的としない素人の愛好家集団である一例に、歌舞伎の贔屓連中や狂歌連以外では、園芸に比べると少数派に位置する、鶯の声を競う啼合会における「連」が挙げられる。鶯出品者の所属には、「鶯連」「今井連」「初音連」と連の名が付されていた。台東区に現存する嘉永二年三月に建立された石碑「初音里鶯之記」裏の出品者にこれらの「連」の記載があった。「今井」は現在の港区赤坂付近の、「初音」は台東区根岸の里俗名であり、狂歌・朝顔同様に、地名を冠する連が成立していた(51)。

前に、華道は門外漢には教えを秘し、植木はその垣根は低いと記したが、垣根が低くなったきっかけは、「連」の登場ではなかろうか。安永八年（一七七九）に成立した飼い鳥の教本『蓄翎《ちくれい》秘訣《ひけつ》』(52)などは、

右和漢諸鳥飼掛之極秘は、大坂屋善蔵悉伝来也。依而他見ヲ望不。

と、秘伝であるので他者に見せることを望まずとあり、その飼い方のノウハウは写本でしか伝わらなかった。しかし弘化二年には、元金座役人柏原宗阿によって『隅田採艸春鳥談』という鶯の飼い方の指南書が出板された。このわずか四年後に鶯の「連」の名を見出せるのである。

文化十四年刊『朝顔叢』[53]巻末には、

五色朝かほ咲かせやうの伝あり。極秘中の秘なり

という㊙部分があり、この㊙部分は後編、続編で紹介すると結ぶ。残念ながらその後の出板は実現しなかったようだが、著者が秘伝を秘伝ではなく一般に公開しようと企図した点が実に興味深い。『朝顔叢』の著者・四時庵形影は、狂歌師・俳諧師であり、園芸の分野における専門家ではない。与住秋水のように朝顔を栽培する本草学者でもなくまた植木屋でもないが、園芸愛好家の一人である。朝顔との関連が求められるのは、狂歌師という職業であり、これによりおそらく連に所属した人物と予測できる。連の形成に大いに影響を与えたのは狂歌界の活動であり、花合開催、栽培書刊行という着眼点からもその影響が見られた。「連」の成立によって、種子・苗の交換といったメンバー同士の情報交換が、それまで秘伝だった形式を有名無実化させ、さらに広範に情報公開を果たす「出板」にも抵抗を少なくさせる効果をもたらしたのである。

また、朝顔図譜は雅望の刊行した画像入狂歌集『狂歌画像作者部類』に倣ったという見方もできる。画像入朝顔集である。安政期に至って『都鄙秋興』に鄙の部、地方出品者数が増えたのは、多くの印刷物によって朝顔の愛好家が増えたためである。その広がり方は、狂歌師が狂歌掲載の見返りとして添削料を受け取り、私撰狂歌集を制作した方法を踏襲し、出品する代価に朝顔図譜に名前を載せる、という方法を採用した可能性もある。

文化年間以降の雅望の狂歌集は「もはや文芸的価値の高いものとは思われず、もっぱら自派拡張の道具に過ぎなくなっている[54]」という風に文芸的評価は高くない。画像入り狂歌集で先行するものに、天明六年刊『吾妻曲《あづまぶり》狂《きよう》

歌文庫《かぶんこ》』があり、ここには大田南畝・鹿都部真顔・石川雅望・大屋裏住・元木網・朱楽菅江・平秩東作《へづつとうさく》・唐衣橘洲ら狂歌の専門家のほか、酒井抱一《ほういつ》・蔦屋重三郎・市川団十郎など他の分野で有名な人物の狂名を発見できる。『吾妻曲狂歌文庫』も石川雅望が編纂したものであるが、これに比較すると文化年間刊行の『狂歌画像作者部類』は、同じ石川雅望編にかかるものの、掲載された人物の知名度には雲泥の差があり狂歌の出来も劣っている。雅望は、よくいわれているように天明三年刊『万載狂歌集』の増補を画して『万代狂歌集』を編み、天明調の狂歌復古を理想としていた(55)。文化年間に刊行した画像入り狂歌集も、天明の『吾妻曲狂歌文庫』に倣ったものであったが、前述のとおり文芸史では評価が低い。しかし結果的に後に板行された狂歌集は、さほど有名でない狂歌師の掲載にこそ意義を見出せるものとなった。これこそが、ほぼ同時期に出板され始めた扇面亭による文化十二年刊『江戸当時諸家人名録』同様の役割を果たしたのである。それは売名欲を刺激し、あらゆる階層へ、また都市から地方へと学芸の普及を促したといってよい。これまでにない新しい形態の出版物は、その情報が地方へと流布することによって狂歌人口を増やし、有名無名を問わず多くの狂歌師が印刷物に名を連ねるようになった。『人名録』や『買物独案内』のような網羅的な出版物が出現しなければ、名も知られぬままに終わった人物も数多い。狂歌分野でそれを果たし、この狂歌をめぐる①連、②狂歌合、③図譜化の三点の試みが、変化朝顔の活動にも影響を与えることになった。この事実を以て、雅望の事績の評価は高い。

これまでのところを、表34に「文芸活動と朝顔花合の共通項」としてまとめた。第一節で述べた寄合書が、狂歌の自派拡張活動や書画会の形態を借りている特徴と、第二節で初めて明らかにした化政期の朝顔「連」の活動と、第一章で列挙した嘉永・安政期の朝顔図譜・番付の特徴を表化したものである。文芸と朝顔に大きく分け、文芸では狂歌・寄合書・書画会、朝顔では文化・文政期と嘉永・安政期を設定した。このそれぞれの場合において、構成員の組織や広がり、企画者や取次者の有無によって会や印刷物という普及活動に差が生じており、また

表34 文芸活動と朝顔花合の共通項

		文芸			朝顔	
		狂歌（文化・文政）	寄合書	書画会	文化・文政	嘉永・安政
構成員	組織	地名を冠する連	狂歌師中心	不特定多数の文人	地名を冠する連	植木屋
構成員	広がり	江戸文人→地方文人	不明	江戸文人→地方文人	愛好家→連	江戸→地方都市 愛好家→植木屋
企画者		石川雅望	石川雅望	不特定多数の文人	朝笑堂	成田屋など
公開の形態		狂歌合	一軸に会す	一同に会す	朝顔花合	朝顔花合
取次	方法	狂歌を集めて手数料をとる	狂歌を集めて手数料をとる？	書画を集めて手数料をとる	無	植木屋が朝顔を集め手数料をとる？
取次	取次者名	扇面亭・占正	扇面亭	扇面亭	無	成田屋？
印刷物	図譜（冊子体）	画像入狂歌集	無	無	朝顔図譜（画像入朝顔集）	朝顔図譜（画像入朝顔集）
印刷物	図譜以外の冊子	狂歌集	無	目録	園芸書	無
印刷物	図譜板行	有	無	無	無	有
印刷物	職業絵師	有	有	無	無	有
印刷物	一枚物	摺物	無	引札	番付	番付
印刷物	図譜（目録）制作開始年	文化５頃（雅望復帰）	文化７	寛政年間	文政７	嘉永７（三都一朝）

類似点を指摘できる。朝顔図譜に影響を与えた「画像入朝顔集」という発想は、狂歌を念頭に置かなければ到底出来得なかったものであった。嘉永・安政期の朝顔の場合のみ年代が離れているが、活動内容は番付・図譜の板行をはじめ、狂歌を中心とする文芸活動に範を得たことは一目瞭然である。ただ一つだけ異なるのは、担い手が「連」という愛好家から植木屋に代わった点で、構成員の組織は番付・図譜からの情報によると最多を数える個人名の植木屋に移行し、「連」の存在が消えてしまった。

このように朝顔の美麗な図譜類が、『狂歌画像作者部類』や扇面亭の人名録類と傾向を同じくするものであると考えていくと、当然掲載料を取ったことが疑われる。(56) 第二次朝顔ブームでは、服部雪斎・田崎草雲・野村文紹など当時名の知られた植物画に堪能な絵師を雇った。彼らに相応の謝金を支払うため、おそらく手数料を徴収したと推測される。書画会では入場料はもちろん、出品するのに「取次所」に手数料を支払い、当日揮毫された書画展観目録を入手するためさらに出費を重ねる。このシステムで最も潤った仕掛人「取次所」に相当するのは、朝顔の場合では成田屋留次郎に代表される植木屋である。朝顔の種を大坂まで買い付けに赴き朝顔そのものを高額で売買しただけでなく図譜を企画した。(57) さらに、この図譜制作あるいは会の出陳に当たって、その手数料を取ったと考えてもいいのではないだろうか。

園芸文化における金銭のやりとりの明白な事例は、明治時代の菊人形に至り観覧の際に木戸銭を徴収するようになったのが最初である（明治九年）。それまで植木屋は、木戸銭を取らずに無料で自庭を開放し、さらに菊細工・菊人形を制作し観覧に供していた。この見世物興行の真の目的は、鉢植の販売である。(58) 朝顔の場合、文化・文政期においては連が主体であったために金銭の収受は行われなかったが、品評会を機に愛好家が増加し、嘉永・安政期に至ってこれを印刷して配り物とするという主旨のもと、「取次所」に当たる植木屋が図譜板行を開始したのではないだろうか。この考えは、現代に置き換えてみると、会運営のために出品手数料を取らざるを得ないのは至極当然、広告料もスポンサーがいなければ費用は自分たちで調達しなければならない点はよく理解できる。ましてや当時はその手本たる書画会が頻繁に行われていたのだから、あながち見当外れではないと考えている。

第三節　園芸植物と狂歌

前節までは、朝顔のみを対象として狂歌との相似性を指摘してきたが、ほかの園芸植物のうち、撫子・斑入り植物・桜・菊・福寿草の五種類の植物を以下に紹介し、それぞれと狂歌の関連性を説いていく。

（1）撫　子

第一に採り上げるのは、朝顔愛好家と重複が見られた撫子である。東京都立中央図書館蔵『瞿麦草譜《くばくそうふ》』（図19）[59]は、軸装に仕立てられた彩色刷りで、朝顔図譜に数多く出品している旗本・鍋島直孝（杏葉館《きようようかん》）を含めた六名が二十点の撫子を出品、これに十六名の狂歌師が二十首の狂歌を付す。成立年代は不明だが、杏葉館が活躍した嘉永・安政年間とそう離れた年代ではないと考えられる。

出品者の一人「朧月庵《ろうげつあん》」は、狂歌も詠み撫子も出品するという一人二役を演じ、天保年間刊『繍像百人狂謌弄花集《しゆうぞうひやくにんきようかろうかしゆう》』[60]に「朧月庵二泉《ろうげつあんじせん》」とある人物であろう。彼はまた『瞿麦形状品《くばくけいじようひん》』という撫子栽培書の著者でもある。[61]

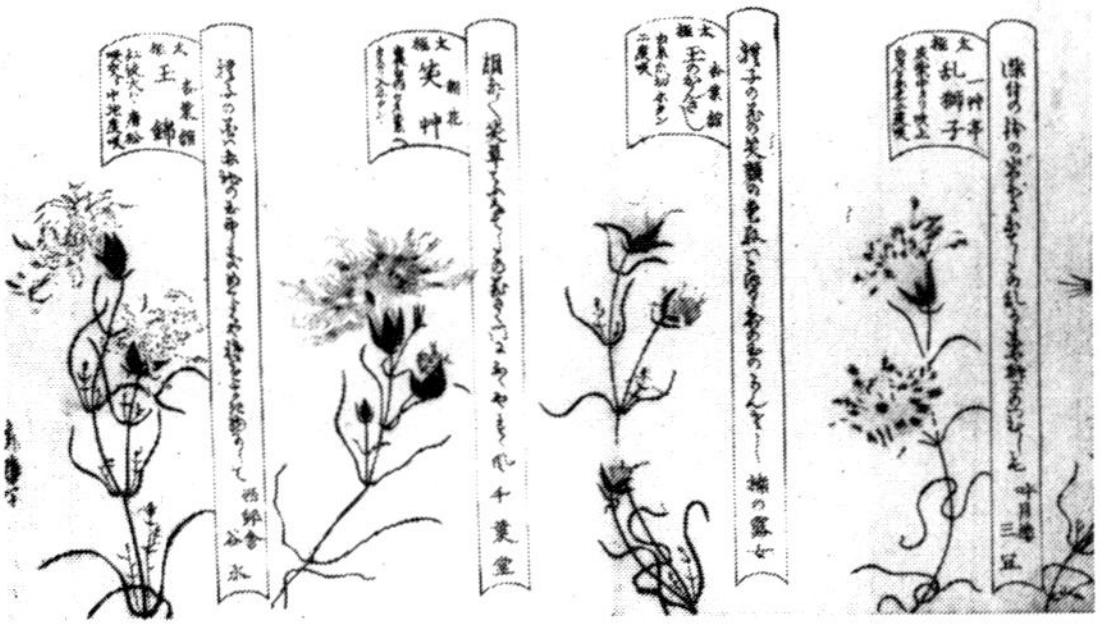

図19　『瞿麦草譜』

さらに『瞿麦草譜』に狂歌を寄せる「五車亭《ごしやてい》」は、大田南畝門下「五車亭亀山《きざん》」[62]であると考えられる。あるいは、本史料の絵師・北雅《ほくが》は、『狂歌列仙画像集《きょうかれっせんがぞうしゅう》続編』(刊年不明)[63]にも挿画を描く絵師「花菱斎北雅」のことである。この北雅挿画による『狂歌列仙画像集続編』の撰者は五車亭が務め、本書には『瞿麦草譜』に狂歌を寄せる呼月楼三宜[64]の名を発見した。そのほか、「竜鱗舎《りゅうりんしゃ》」と「竜鱗舎松蔭《しょういん》」、「柳川亭」と仙台の狂歌師「柳河亭陰住」の二名の共通の名前が認められた。

このように『瞿麦草譜』にかかわる十七名(絵師・北雅も含む)のうち、絵師一名と狂歌師四名が、『狂歌列仙画像集』と関わりがあった。この事実と、南畝の有力な弟子・五車亭亀山が関与している点の二つの理由から、『瞿麦草譜』は、五車亭を中心とした狂歌連による歌集の可能性が高い。

『瞿麦草譜』の内容は、例えば「乱獅子」という撫子に寄せる狂歌は、

染付の鉢の岩ほになてしこの
乱るゝ花や獅子のつむしも

とあるように、二十首すべてにおいて花名を歌に詠み込む趣向をとっている。このことは、狂歌師が実物を見て詠んだ事実を示唆し、園芸植物を媒体に狂歌師と園芸愛好家が共同で制作したことがわかる。

さて撫子にも、朝顔同様に園芸手引書が存在する。その一つ、写本『撫子培養手引草《なでしこばいようてびきぐさ》』[65]の序文によると、

天保九戊のとし后の四月某日とぞ覚へたり。杏葉館・瀑布亭其他瞿麦連中相集りて、花合せの会を小石川小日向某所に開莚し、鉢数三百余種に及び、其中よりすぐれたるものを撰び相撲番付に見立、同好の士に配布せり。(中略)

文久三癸亥年　下谷隠士　五雲道人誌

と、天保九年四月、杏葉館や瀑布亭《ばくふてい》らで構成される「瞿麦連中《くばくれんちゅう》」が集まって、小石川小日向(現、文京区小日向)

の某所で花合の会が行われた旨が記される。集まった鉢数は三百を数え、この中から優秀な品を選び相撲見立番付を発行し同好の士に配った。以上の活動は、狂歌合や朝顔の花合とまったく同一の形式をなぞっている。朝顔番付に最多の掲載回数を誇る愛好家・杏葉館が参加しているので、狂歌に倣うというよりは朝顔の手法をそのまま踏襲したと考えられる。[66]本書巻末には、

弘化以前の頃は如何なる花形流行せしかと云ふに（中略）依て参考として、其頃の花名咲口を左に揚げ置けり。

とあり、続けて弘化以前、天保年間に流行した五十五種の撫子の名前を載せる。このうち「唐州の夜雨」「てふの紫」を除く五十三種は、すべて撫子の番付『瞿麦変艸変化』[67]と重複していた。この番付には『撫子培養手引草』には欠けている出品者名が記載されており、花名を頼りに比較することで、撫子栽培の従事者の名を明らかにすることが可能となった。番付には、

天保九戊とし后の四月廿七日杏葉館、同五月七日瀑布亭両莚において、なでしこ花合興行の番付一紙にるし、星しるしをもつて両亭を見分給ふべし。

と二つの会場で催されとの記載がある。前に『撫子培養手引草』では、会場が「小石川小日向某所」とあったが、杏葉館の邸は飯田町（現、千代田区）なので、瀑布亭の居住地が小日向（現、文京区小日向）であるとの推測が可能である。「●瀑布亭▲杏葉館開莚の印」という会場の区別を示す凡例を付すが、この●と▲の凡例は、岩瀬文庫蔵『朝顔図譜』中の「花〇」印を想起させる。さらに出品者のうち「朝花」も「杏葉館」同様、朝顔の上位出品者の一人であり[68]、主催者が名乗る「小日向瞿麦惣連中」は、小日向という地名を冠した「連中（連）」である点など、狂歌・朝顔との共通点が著しい。なお『撫子培養手引草』と『瞿麦変艸変化』の記述により、撫子の流行期は天保年間と考えられ、これにより『瞿麦草譜』も同年代の成立と推定でき、弘化・嘉永・安政年代に流行した朝顔に先行して流行したと推定できる。

（2） 斑入り植物

第二に採り上げるのは、伝統的園芸植物の代表である斑入り植物である。『瞿麦草譜』で中心的役割を果たしたと推測した「五車亭」の名は、斑入り植物を集めた『草木奇品《そうもくきひん》かがみ』にも登場する。該当箇所は、同書に図を多く寄せる絵師・大岡雲峰が撰し、図した「常葉《ときは》七草」を題に、七名の狂歌師が詠み込んだ部分である。狂歌師は、五車亭亀山のほか四方歌垣真顔・遊栗園石樹・談洲楼焉馬・山東京山・蜀山人・伯楽舎大春ら七名である。狂題となった「常葉七草」についての説明は『奇品かがみ』(69) に次のように示される。

今図する所は、大岡雲峰先生種樹の為に、四の時のながめにあかぬものを七種えらびて、常葉七草と号して身正《しやう》写《うつし》色摺《いろすり》にして東都高名家御狂歌の讃をくはへ、同好に送られし事あり。其まゝこゝにあぐ。

このように、絵師・大岡雲峰の撰・筆に狂歌賛を加え色刷りにした「常葉七草」がすでにあり、かつて同好の士に配ったがこれが好評であったのであろう、『奇品かがみ』に再掲したと述べる。ここでいう「同好」の士は、狂歌師や絵師ではなく園芸愛好家である。『奇品かがみ』掲載図（図20）は、一丁の半分に狂歌、もう半丁に図という体裁であるが、当初「同好に送」った時点では、「身正写色摺」という実物に即した写実性が高い美麗な彩色の一枚刷りの形状であったと考えられる。

狂題は、キジムシロ・ユキノシタ・吉事草・藤なでしこ・すみれ草・岩桔梗・カタバミ草の七種である。左端、真顔が詠んだ狂歌は、

あひ寝するとこ葉の草の雉子筵
四季なから野にかれす見えさりし

とこのように、あらかじめ狂歌師は『瞿麦草譜』同様に、それぞれ自歌に「常葉七草」を詠み込むことを要求された。しかしながら「常葉七草」自体が伝統的に詠まれてきたなじみのある植物ではないために、実物を見る必

要に迫られたはずである。これはいつのことであろうか。狂歌師七名のうちに山東京伝ではなくその弟の京山が参加しているので、上限は京伝没年である文化十三年、下限は焉馬没の文政五年六月と考えられる。ただし図には「秋九月写」とあり、京伝が九月七日に急死したので同じ月に悠長に奇品を愛でてはいられないであろうから、文化十四年から文政四年としておく。

「常葉七草」は、第一節で検討したA〜Fの寄合書が変化した形態である。大きく変わった点は、寄合書が作者直筆であるのに対し、印刷された点である。「常葉七草」を図した大岡雲峰や、その弟子の関根雲停は、『草木錦葉集』や『草木奇品かがみ』の挿画を描き、自らも植木趣味を持っていた。雲峰は谷文晁の一派に属し、雲停は富山藩主・前田利保や、その本草グループ「赭鞭会」のために図を多く手掛けている。すでに第一章において、一連の《小万年青名寄》を板行した水野忠暁と雲停の居住地がともに四谷という近接地である点を指摘したが、この大岡雲峰も四谷大番町（現、新宿区大京町付近）に居住していた。また、『奇品かがみ』に遅れること三十年、

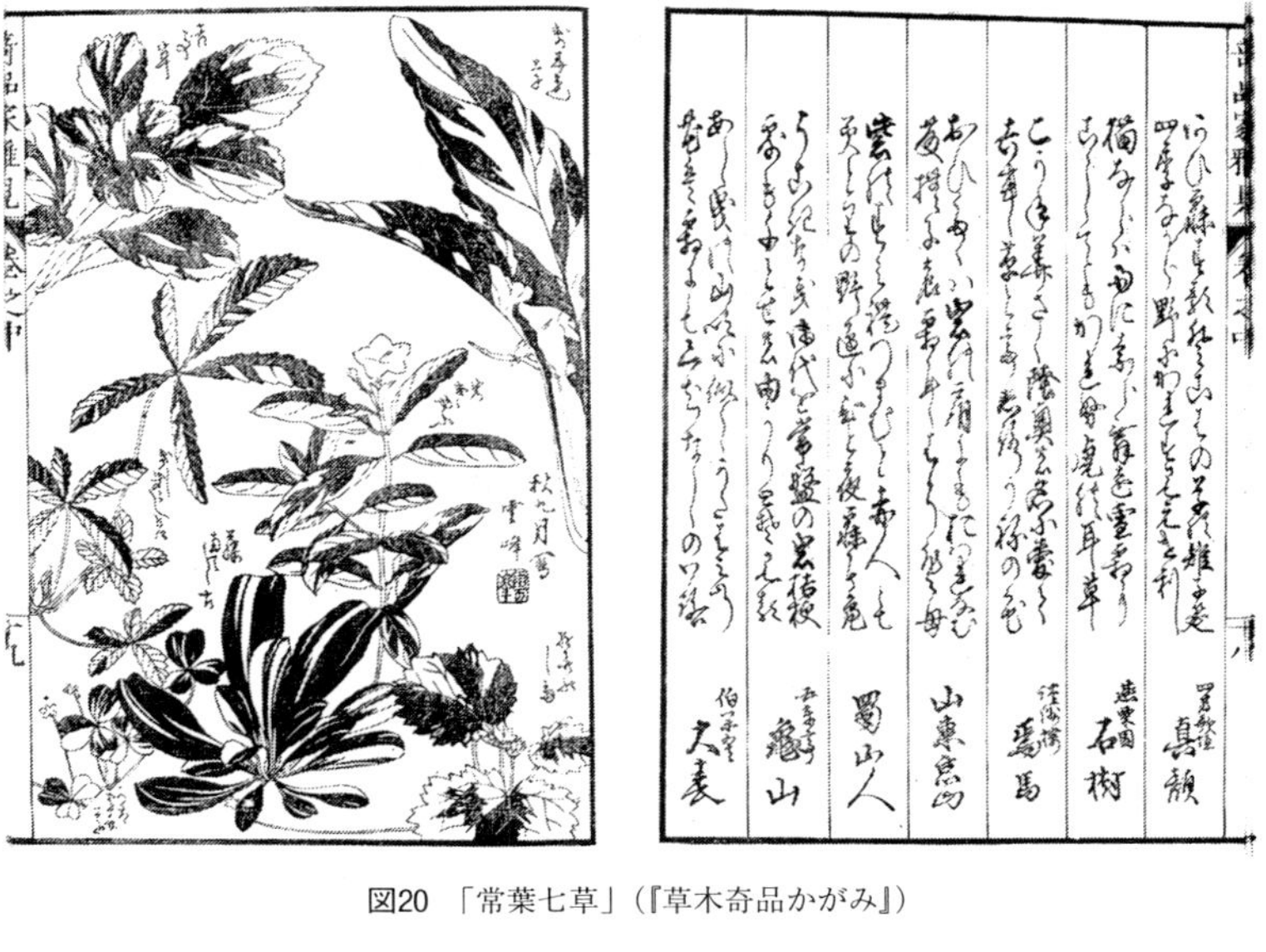

図20　「常葉七草」（『草木奇品かがみ』）

安政四年刊行の朝顔図譜『都鄙秋興』に、文晁の「末弟」[70]野村文紹が図しているのは、雲峰や雲停が媒介となって実現したものと考えられる。特に関根雲停の描く植物図は、美術品として鑑賞に堪え得るだけの輝きを放っている。もって生まれた才能に負うところが大きいが、前田利保や『錦葉集』編者・水野忠暁が彼を重宝したのは、正確な植物知識に裏づけされた描法に長けていたからである。彼ら専門絵師の手により、美麗な園芸図譜が幕末に盛んに板行され、このころになると宇都宮・行徳など地方都市からの朝顔出品者が増え、狂歌同様印刷物による地方への波及効果が見られるようになる。[71]

『瞿麦草譜』や斑入り植物を集めた『奇品かがみ』に、狂歌師が賛を寄せるのは、単に体裁を良くするためのお飾りではない。これらは、狂歌師が実際に植物を目にし、それを詠み込むことを余儀なくされて成立した、絵師と狂歌師と園芸愛好家の合作である。寄合書は、絵師・狂歌師の合作書画であるから、担い手に園芸愛好家が加わったものが、これらの園芸植物を図した刷り物であるといえる。

朝顔に関してもこのような合作による印刷物は、必ず存在するはずである。おそらく色刷りの一枚物であろう。梅や菊細工[72]でもその種のものは散見するからである。園芸関係の史料に一枚刷りが多いのは、雲峰が同好に送ったように、配り物として貴ばれたからである。

配り物としての印刷物には、寄合書A～Fに図・狂歌を揮毫する窪俊満が得意とした「摺物」が、まず思い浮かぶ。「摺物」とは、年頭挨拶や演劇案内のために制作された私家版の贅沢な印刷物（非売品）で、寛政年間に俊満が専門に制作するようになってから一般に行われるようになった。担い手としては狂歌師が重要な位置を占めるものが多い。狂歌師の依頼によって制作され、これを依頼した狂歌師本人が貼交画帖に仕立てたものも現存する。[73]雲峰は、このような「摺物」の形態に倣い、愛好家間の配り物として「常葉七草」を刷ったのであろう。狂歌を添えること、選ばれた画題が万人に理解できるものではなく極めてマニアックな内容であることも、ある特定の層に向けて制作した「摺物」との共通点である。

ここまで紹介した撫子および斑入り植物の史料は、書名に「瞿麦《なでしこ》」と付く史料であることと、有名園芸書の中のものであったために比較的たやすく発見できた。ただし、これまで園芸と狂歌をつなぐ視点がなかったため、細かい分析が試みられることはなかった。また狂歌師の名前は、天明年間に活躍した者は、経歴が明らかな場合も多いが、文化以降のそれは、雅望などが有名人でなければまったく不明の場合が多い。そこで以下では、全集が出版されている、大田南畝の執筆した史料から、園芸関連のものを抽出することとしたい。彼は、朝顔花合を見物し、『朝顔叢』『丁丑朝顔譜』に序を寄せ、『奇品かがみ』で「常葉七草」に狂歌賛を加えたように、当時の狂歌師の中で最重鎮であった人物であるゆえか、園芸植物に必ずといっていいほど関わりを持ってくる人物である。

（3）桜

第三に採り上げる植物は桜である。大田南畝は、寛政四年閏二月二十五日より『花見の日記』という桜見物の日記の執筆を始める。この『花見の日記』だけでなく、春になると桜を見にあちこちに出掛けていることは『大田南畝全集』[74]によって判明する。桜見物に同道した南畝と親しい友人・十千亭《じつせんてい》は、おそらく南畝の影響であろうと思われるが、桜の花暦『花信風』[75]を出板した。本書は、花暦の中では『四時遊観録』に次いで古いものである。[76]花暦は、このように文人が花内題に「寛政丙辰之花暦」とあり、寛政八年における、桜の花のみの花暦である。[76]花暦は、このように文人が花を愛でる嗜好の産物として出板が開始された。著者・十千亭は、『国書人名辞典』[77]によると、「本草家」とあるが、南畝の書きのこしたものを読む限り本草学者の気配はない。飯田町（現、千代田区）の町人で屋号を万屋といい、南畝主宰の和文の会に参加した。十千亭と南畝の花見は頻繁に行われ、南畝が詠んだ詩歌にその片鱗がうかがわれる。『南畝集』には、隅田川の桃[78]、臥竜梅（現、江東区亀戸）[79]、御殿山（現、品川区北品川）の桜[80]、金輪寺（現、北区王子）の桜[81]、西ヶ原（北区西ヶ原）の牡丹[82]を鑑賞した詩歌が入集する。また『一話一言』[83]では、「花見の記」と称して、文化五年三月十六日、「遍く諸園の花みんと思ひたちて」伝通院・柳町の浄光院・白山社の旗桜と筆桜・吉祥寺・富士神社（以上文京区）・西ヶ原牡丹屋敷・飛鳥山・王子権現（以上北区）の桜を見て、尾久・三河島（以上荒川区）を経て、感応寺・上野（以上台東区）の桜を見て歩き詩文を草した。このように彼らは、花好きというだけでなく、花を愛で、それを狂歌や漢詩に詠み文章化するというのが本来の職業だったことを忘れてはならない。

(4) 菊・菊細工

第四は、菊とこれに付随して見世物になった菊細工を採り上げる。すでに述べたように、南畝は桜の花見に熱心であったが、享和三年（一八〇三）頃から一年に一度以上、菊見に巣鴨（現、豊島区）へ通うようになる。なお、南畝は文化七年七月、小石川金剛寺坂の遷喬楼《せんきようろう》（現、文京区春日二丁目）から太田姫稲荷前の緇林楼《しりんろう》（現、千代田区神田淡路町二丁目）に居を移した。巣鴨に頻繁に行き来する目的は、享和三年秋に訪れた斎田氏の庭園の菊が、少なからずお気に入りだったためらしい。この斎田氏とは、巣鴨の植木屋、斎田弥三郎のことで「群芳園」とも号した。彼は、本草家としても著名な人物である[84]。南畝は、ここへ少なくとも文化六年に三回、同九年に一回、同十一年に一回、文政四年に一回は訪れており、文化七年十月一日の訪問には、次のとおり詳しい記述がある。

大府よりまかりて、すこしの暇あれば、巣鴨の菊見んとてゆきしに、花いまだ盛ならず。群芳園植木屋弥三郎のあるじにとふに、今年は十月十日立冬なり、いづれ立冬の節の頃ならでは、さかりならずといふ。西施白の花ははじめは黄ばみつよく、あまぎる雪の花は青くみゆアマギル雪、橘千蔭ノ名付ケシ菊ナリ白菊のはじめは、いづれもいろあるものなりとあるじのいふ。あるじ花暦考といふものをつくれりとて見す。いづれにも当時の郭橐駝なるべし。さて群芳園にて去年たのみ置し長島侯増山河州画出来たりとて贈れり。漁父の図に賛あり。[85]

南畝は、弥三郎に天候により菊の盛りや色味が変化することを教わり、彼を介して本草大名として著名な伊勢長島藩主・増山雪斎の画幅を贈られた。弥三郎の方も自分が制作した「花暦考」を見せるなど、ともに親しく交際している。「郭橐駝《かくたくだ》」というのは、植木屋を意味する漢語である。南畝が見せられた弥三郎制作の『花暦考』は、おそらく当時の巣鴨辺の植木屋の園で咲き誇った花の花暦の一種と考えられる。

これより四年後の文化十一年九月には、山東京伝および京山・式亭三馬・市川三升・立川焉馬・曲亭馬琴などが、弥三郎制作の富士山も含んだ、巣鴨辺の菊細工を題に狂歌を詠み『巣鴨名産菊の栞』という冊子体番付を板行した。[86]さらに弘化二年には、狂歌だけではなく「乙巳秋百句合」として俳諧グループが巣鴨・染井の菊細工を題に句を詠んでいる。[87]ここには「小春レン」「オキナレン」「トキハレン」など「連」に所属する俳諧師が多数登場する。この年（弘化二年）は最多の菊細工番付が発行され、[88]俳諧や狂歌を職業とする者にとって恰好の吟行の機会であり、このような文人も必然的に群れ集ったのである。

このように、当初は文人が花見として出掛けるのは桜だけであったのに菊が加わった。これを世間に伝える職種として、最初は狂歌師、後に俳諧師あるいは絵師が参加するようになった。しかし、幕末に板行される朝顔や菊細工番付には園芸植物と担い手しか刷られておらず、俳諧師や狂歌師の力を借りずとも充分宣伝効果が上がった点を暗示する。幕末の番付は、担い手に植木屋が加わった代わりに狂歌師を不要とするように変じたのである。これは、朝顔と文芸の比較の表34（157頁）同様の傾向、植木屋が狂歌師に取って代わる動きが、園芸全般にあった事実を物語る。

（5）福寿草

さて最後になるが、第五番目は、正月の花として愛好家が多い福寿草を採り上げる。南畝や増山雪斎と親交があった巣鴨の植木屋・弥三郎は、菊だけでなくこの花の栽培にも秀でていた。この記録者としてまたもや大田南畝が登場する。その随筆『奴凧《やつこだこ》』[89]には、

福寿草に、八王子より出る一種よろしきあり。巣鴨の植木屋や三郎にてみし事ありき弥三郎は斎田氏なり。近頃此種多くなりて所々にあり

と、かつて斎田弥三郎の庭で観賞した福寿草の知識を披露し、それが「近頃」多くなり始めた、福寿草の園芸品種のさきがけ的存在であったことを記録している。

福寿草の園芸書で筆者が閲覧したものには、年代不明の『五福艸』[90]、『福寿草紅葉絵本』[91]、『七福神草』[92]があり、年代が明らかなものとしては、弘化五年（＝嘉永元年）正月成立『福神草』[93]、安政五年春制作、栽花園姜民（巣鴨の植木屋・内山長太郎のこと）の識語を持つ軸装仕立の彩色図譜『七福見立福寿草』[94]がある。このうち『福神草』と『七福神草』は、跋文がほぼ同文であることから同じ頃に制作されたと考えられるが[95]、図の描き方という点で違いが見られる。それは、前者が花の部分だけを描くのに対し、後者は植木鉢をも描く。また、『七福見立福寿草』の識語も前段が異なるだけで、後段は前二者の跋文と同一であり[96]、こちらは七福神の図様を用いた植木鉢にそれぞれ七福神に見立てた別名を付された福寿草を描く。この植木鉢の描き方により、『福神草』『七福神草』『七福見立福寿草』の順で制作されたと考えられ、この三種の図譜は、弥三郎をはじめとする植木屋（内山長太郎・森田六三郎）という、同じメンバーによって制作された一連の図譜と位置づけられる。また年代および著者不明の『五福艸』と以上三種の図譜に共通して描かれる品種は、全五品のうち「酒依紅」一種だけであるが、『福寿草紅葉絵本』では全七品のうち「酒依紅」に加えて「榊原万福咲」「青梅出青茎咲」「長嶋八重咲」の四種が共通する[97]。『五福艸』もまた『福神草』同様に植木鉢を描かない描法であり、重複する品種が少ない点と、品種数が五つと少な

い点から最も古い成立と考えられる。

以上の五種のうち、植木屋が制作したと判明している図譜の中では最も早い段階、弘化五年に成立した『福神草』は、花銘を詠み込んだ句が添えてあり、文人趣味の傾向が強い。以下では、本図譜を例に植木屋の役割を見ていきたい。

『福神草』は、末尾に群芳園弥三郎・栽（原本は「裁」）花園長太郎・帆分亭六三郎の名前が列記され、「七福神」の名の由来が記される。帆分亭六三郎とは、千駄木団子坂（現、文京区千駄木）の植木屋、森田六三郎のことである。図譜の画家が何者かは不明であるが、『福神草』跋文冒頭に、

春乃始メ群芳園ニ遊ヒ主人ガ福寿草ヲ写スヲ見レバ…

で始まる文言によって、弥三郎に絵心があったことが知られる。『草木奇品かがみ』[98]には、弥三郎の息子の文潤は、画家を職業としたと記される。息子の職業には、父弥三郎の影響がある程度あったと予測できよう。

また『福神草』の興味深い点は、植木屋が俳諧の担い手として登場することである。八丁表には、

春風にこかね花さく福寿草　群芳

と、「群芳」こと斎田弥三郎の句が載る。これらの一連の福寿草図譜は、ほとんどが正月の時期に制作されており、年頭の配り物の可能性が高い。絵心があり、俳句も嗜んだ弥三郎は、南畝周辺から知恵を授けられ、寄合書風の刷り物を仕立てたことは想像に難くない。ここにおいて、絵師・俳諧師・園芸愛好家の役割をすべて植木屋一人がこなしてしまう事態を招いたのである。

以上、五つの植物、撫子・斑入り植物・桜・菊・福寿草と狂歌との関わりを示してきた。園芸文化を支えた人々は、はじめは連という愛好家グループであり、メンバーは園芸趣味と一言では片づられないほどのめりこみ、

花合を開催し番付を発行した。そこに居合わせた狂歌師は、植木を詠むだけであったのだが、これらの俳諧・狂歌が出板されることによって特定の園芸植物に対する宣伝効果が存分に発揮された。このようなシステムの中で重要な役割を果たす俳諧・狂歌の宣伝は、狂歌師や書画会の顔役である扇面亭が中心に行っていたが、福寿草の場合で顕著であったように、この役目さえも次第に植木屋が代行するようになった。このことは、狂歌師と親しく交際し始めた結果、はじめて成し得たのである。

大岡雲峰の「常葉七草」では、愛好家が愛玩する園芸植物図を仲間内に渡す配り物として企画され、この配り物に添えてもらうために狂歌師に狂歌の依頼を出していた。このようなことが頻繁に行われ、次第に狂歌連の宣伝であった印刷物が、朝顔という植物そのものの宣伝にすりかわったのである。これは、文化・文政期以降、江戸狂歌界が南畝・真顔・雅望らの柱を失い、衰退していったことも遠因であろう。とにかく宣伝の結果、朝顔愛好家は増加し、しかも増加した構成員は、より多くの奇品を求める愛好家のニーズに応えるだけの技術を有していた植木屋であった。愛好家の増加にしたがって、また栽培を専業とする植木屋が担い手に交替したことから、朝顔（含種子・苗）の販売が急速に進んだと考えられ、この頃から植木は儲かるものという認識が形成されたであろう。日常的に文人と交際していた植木屋は自らの手で宣伝を始め、商売上手になっていく。その宣伝手段は、狂歌に倣い、専門絵師を雇い刷り物や図譜を板行し、これに載せるための手数料を取るというものであった。

この植木屋の商業主義を育んだのは、皮肉なことに身分を問わない「連」の活動であった。狂歌師の連、旗本も参加する朝顔連である。園芸植物を文字（狂歌）で表現する狂歌師に出会い、この狂歌師と組んで文芸活動（天明期から出板された豪華な「狂歌絵本」や文化期の「寄合書」など）を行った絵師もまた身近な存在となった。これら文人たちの文才や画才に感化された植木屋が、巣鴨の植木屋弥三郎である。絵画・俳諧もこなし、花暦を印刷し、園芸植物の栽培も行うという植木屋が誕生したのである。この時点ではすでに番付の板行が盛んに行われ、植木屋が企画した菊細工に、俳諧・狂歌師が後追いでこれに参加するという、立場の逆転を見るのである。「連」の末席に位置していたであろう植木屋は、専門が園芸だけという状態であったのが、「連」における特質、「身分を問わず情報を交換すること」から、画才・文才、さらに商才を身に付け、その性格が変質したのである。

一方で、植木屋に園芸植物栽培の担い手としての地位を明け渡した「連」は衰退し、嘉永・安政期には完全に消滅したと考えられる。これは、時代が降るにつれて園芸を扱う印刷物は増え、植木屋名も多くなるのに、園芸「連」の名称が非常に稀になってくることから推測し得る。(99) しかし「連」の特徴、一堂に会して情報交換を行うことは、引き続きその性格を保ち、「花合」の会として実施されていた。このことにより、「連」と「会」の違いに関心を向けざるを得ない。

仮説ではあるが、「連」というのはアマチュア集団であり、譬えていうならば同好会とクラブの差があり、同じ趣味を持つ者なら誰でも参加できるのが「連」だったのではなかろうか。花合の組織が整備されるにしたがい、より良質な花を出品させるためには、同好会気分の「連」は不要になり、本職の植木屋による、販売を目的とする高等技術が必要とされたのである。園芸分野だけでなく文芸分野も本職による質の向上が目指され、岩瀬文庫蔵『朝顔図譜』のような仲間内だけで通用するものでなく、成田屋が出板し専門絵師に描かせた『三都一朝』のような美麗な図譜を求めるように変質したのである。「連」のアマチュア性が、出板文化の向上に伴い否定されたといってもよい。「連」を否定した後の組織は、それぞれの本職（植木屋・絵師・狂歌師）に分担され、花合の「会」はその時限りのイベントとして生き残ったとしたい。この点を踏まえて、次節では「会」の詳細を検討する。

第四節　会　の　場

本節では、朝顔や狂歌や書画を一堂に集めることになった「会」の特徴について考察を加える。序章で述べたとおり、十九世紀初頭には様々な分野で何人かが集まって一つのグループを結成して活動することが盛んになった。グループを指す言葉に、「耽奇会」や「兎園会」という好古の「会」、また尾張の本草学研究会「嘗百社」の「社」があり、狂歌の「山手連」「伯楽連」、植木愛好家の「小日向連」「下谷朝花連」の「連」がある。この中で「会」だけが、グループを指す以外にイベントをも意味し、江戸においては寛政四年に始まった書画会、宝暦七年（一七五七）より始まる薬品会であり、近代博覧会に連続するものとして複合的な要素を備え持つ。園芸文化の側面からとらえれば、どちらかといえば地縁的結合が強い「連」から、地域を超えた「会」へと移行したことで、それまで以上に担い手の人口増加に成功した。このような規模拡大の側面を重視し、以下ではイベントとしての「会」に限定してその特質を見ていく。

まず、「会」の行われた場所について述べる。「会」の実現に貢献したのが、番付・図譜などの印刷物による情報の共有であった。ここには会場となった場所が記されている。公共的な場所であるからか、蔵前榧寺・下谷欣浄寺・下谷英信寺など、浅草・下谷という下町地域の寺院が圧倒的に多い。江戸における最初の花合も、浅草大円寺であった。年代別では、文化・文政期は、大円寺・榧寺・与住秋水宅と浅草南部蔵前に多く、嘉永・安政期には、これに下谷の寺院が加わる。この中で、文化・文政期と嘉永・安政期に一貫して花合が開催された寺院は、台東区蔵前に現存する榧寺である。[100] この榧寺こそ文人に由縁が深い寺院といえるので、以下に採り上げる。

榧寺は、寄合書に揮毫した狂歌師・石川雅望および絵師・窪俊満の菩提寺である。[101] さらに石川雅望は、当寺に伝わる旧記を参考にして新たに縁起絵巻を作成し、同寺に奉納するという文芸活動の場として用いている。[102] そして『丁丑朝顔譜』を編んだ与住秋水は、「秋水茶寮」と号した江戸蔵前に居住する医者であるが、文政二年六月二十六日には、ここ榧寺において彼の主催による朝顔花合が開かれる。このとき、文人では園芸に関心の強い、大田南畝がまたもここ榧寺と与住宅を訪れ、詩歌に興じている。

水無月廿六日、浅草榧寺にて萩（ママ）水茶寮朝顔合ありし。日たけゝれば、
　老いらくのこゝろは何やかや寺も
　　もう昼過の朝皃の会
　　　昼過とはまだ欲目にして、日もはや七つさがりなるべし。[103]

また同じ日の花合の模様を「過飲秋水茶寮与住氏看牽牛花[104]」と題す漢詩に賦した。

　舟通秋水一茶寮　卯飲看花自早朝
　黒白江南千百種　重遊記得天王橋

ここにある「天王橋」は、蔵前の地名で浅草御蔵の北端、鳥越川へ注ぐ橋を指し、至近距離に榧寺が位置する。この漢詩だけでは、花合は秋水茶寮で行われ、少し離れた天王橋付近で舟遊したとも解釈できるが、前に掲げた狂歌と合わせて考えると、花合の当日の早朝にまず与住秋水宅を訪れ、そこで朝顔を眺めながら「過飲」つまり酒を呑み過ぎてしまい、急いで会場の榧寺に向かったが、「もう昼過の朝皃の会」であった。しかしそれでも懲りずに再び秋水宅近くの天王橋で「重遊」したのだと読み取れる。この二種の南畝の詩歌により、秋水茶寮の位置が榧寺に非常に近接していたことも判明する。

　右の例に掲げた榧寺以外でも、蔵前という地域は園芸文化に関する史料に登場することが多い。間違った情報であるが『江戸風俗総まくり』[105]に、朝顔花合開始は蔵前閻魔堂だという記述もある。文政八年七月二十一日には、秋水茶寮が撰者、榧寺のある黒船町の隣町浅草三筋町の植木屋太郎吉が会主、相撲興行で有名だった御蔵前八幡宮（現在の蔵前神社）を会場とした花合が行われた（『朝顔花合』[106]）。朝顔花合の始まりの寺も蔵前大円寺、また天保三年の小万年青会[107]も御蔵前八幡別当大護院、というように花合、園芸品評会は蔵前に集中している。

　蔵前の寺社が、特に園芸品評会に限って多用される確かな理由は今のところわからない。しかし、同じく会と

して隆盛した書画会に利用されたにしてもすべての寺院で行われたわけではなく、特定寺院の利用率が高いという偏りがある。朝顔花合が複数回開催された蔵前榧寺は、書画会引札を集めた『雪江先生貼雑』によれば、安政元年十月に二回、書画会開催の経歴を持つ寺院である。[108] このことにより、榧寺が「会」の場に選ばれる何かしらの理由があることは確かである。少なくとも第一次朝顔流行時は、文人、特に狂歌師の影響が見られ、名のある植木屋というのは顕在化していないから、文人たちのなじみがある寺院で行ったことは予測できる。この意味で榧寺は、石川雅望・窪俊満の菩提寺であり、与住秋水の住居に程近く、文人に熟知される条件を満たしていた。さらに、下町地域としての特徴のひとつひとつを、ここ蔵前が非常に多く有していたことを次に検討したい。

まず交通上の拠点という側面である。「蔵前」は広域名称であり、由来は、幕府米蔵の前、つまりはここに立ち並ぶ米の受け取りを代行する札差の営業所「蔵宿《くらやど》」を指す。幕府から扶持米を受給している御家人は必ずこの蔵宿に赴かざるを得ず、大田南畝などもその一人であった。この「蔵宿」の立地は、隅田川沿いに建てられ神田川にも程近いので荷の積み替えも容易という舟運の拠点であった。しかも浅草見附から奥州道中が始まる街道沿いという陸上交通の上でも基点であった。この恵まれた条件により、街道沿いには札差以外にも各種商店―菓子屋・蕎麦屋などの飲食店や小間物屋・人形店などの土産物屋―が立ち並んでいた。[109] 浅草寺や両国という盛り場に近い点も、当該地へ赴く前後の通過点となり得た強みがある。

次に現在でも面影があるが、川沿いという立地を利用して舟遊びに興じる人々が訪れ、花柳界の拠点となり、襲名披露の会場として川に面した柳橋の料亭が選ばれることが多くなるという伝統が育っていった点が挙げられる。料亭が多いという立地条件によって、必然的に書画会開催地に選ばれる度合いが高まった。

珍しい特徴としては、幕府の科学研究機関、天文台と医学館が存在した点がある。[110] 特に医学館では、毎年のように薬品会が行われ、薬種業者・本草学者・医師が訪れる地であり、天保年間には浅草大吉屋という料亭で、本草学者・福井春水が薬品会を開催している[111]。

そして寺社境内であるが、御蔵前八幡は勧進大相撲発祥の地であり、近代以降蔵前国技館が菊人形全盛を見、水戸藩上屋敷に後楽園野球場が出来たことによって観光地と化したことからうかがえるように、スポーツ施設に人々は群れ集い観光地化していくのである。また、交通上の拠点であることからと考えられるが、地方文人が寄宿地として蔵前の寺院を選んだ例もあった[112]。

これらの特徴の共通項は、すべて人を群集させる条件を有していたという点である。蔵宿に訪れる幕臣、地方へ出掛ける際に土産物屋を物色する武士、医学館薬品会見学に行く地方文人、相撲見物に赴く町人など、江戸という都市に居住するあらゆる階層を集客する要素を備えていた。付け加えていえば、蔵前は朝顔供給地、本所と下谷に挟まれたちょうど中間に位置する絶好の場所であったという地の利も無視できない理由である。

ところが、朝顔花合が開始される以前は、寺院でなく個人の庭を公開して見学会を開いていた。『江戸名所花暦』によると、最初は下谷御徒町辺の空き地で栽培され、文政初年には「朝皃屋敷」なるもので公開されたという[113]。また、『武江年表』文化十三年の条[114]によると、

下谷和泉橋通御徒町に、大番与力にて谷七左衛門と云ふ人あり、其の老母草花を好み、よく種作れり。是れに依りて七左衛門も其の法を伝ふ。茶事を好みければ、前栽など掃除して、人もとひ来て見るものも有りけり。（中略）文化五、六年の頃の事なりき。其の後大坂に在番したる時、多く牽牛子を彼の地へ送りたり。抑これ流行の始めなり。

とあり、下谷に住む下級武士・谷七左衛門とその母によって栽培されたのがはじまりで、谷氏の家へ訪れる者もいたという。その一人がまたしても大田南畝である。彼は、文政元年に、

谷氏に朝顔の花みしに、さつまといへるたねの花ことにうるはしければ、

朝顔のとく咲いそぎはや人の
　さつまかたこそさかりなりけれ(115)

という狂歌を詠み、「谷氏の静幽斎に牽牛花を看る」と題す漢詩も詠じている。(116)

南畝に限らず近世後期の文人たちは、仲間内で集い、詩歌を詠じたり学問に興じたり書画骨董を眺めて飲食を楽しんだ。書画会は、寛政年間に京都で始まったといわれ、早い事例では皆川淇園《みながわきえん》が主唱して開催した寛政四年四月の京都東山新書画展観会が挙げられる。(117) 一方、江戸においても、書画会の始まりは『武江年表』寛政年間記事によると、(118)

酒楼に於いて書画会を催す事此の頃始まる（近頃印行の「名家書画談」に、書画会は寛政の頃鎌倉の僧雲熙といふものより始まりしよしいへり）。

ここでは「酒楼」で書画会が開催された。そして、京都東山で書画会が開催された同じ年の正月十七日、江戸では谷文晁・文晁の妻幹々・妹舜英・門下の鈴木芙蓉ら文晁一門四名と、鏑木梅渓・春木南湖・宋紫山の合計七名が、柳橋の万屋に書画会を催したという。後に、このときの絵画を大田南畝が集めて一巻となし（現存せず）、

近世所謂書画会者従此始也、文化庚午孟夏、遠桜山人

と付言する。「文化庚午孟夏」は、文化七年四月のことで実際の会から十六年後に編纂されたものである。ここでも南畝がキーパーソンとして登場してくる。会開催直後に目録が作られたか否かは不明であるが、南畝の手によって絵画が集められて絵巻物となされた。この絵巻物という形態は、第一節で検討した寄合書を想起せずにはいられない。

以上のように寛政四年から始まったとされる、江戸における「書画会」の初期の利用は、「酒楼」や「万屋」という料亭であった。また、近世後期の文人が集って定期的に会合を開いた「耽奇会」(119)で使用した場所も料亭で

あった。これに対して、朝顔の場合に料亭が用いられないのはなぜだろうか。これは、単純な理由で、水遣りなどの関係から朝顔陳列に屋内がふさわしくないためと考えられる。そこで屋外で最初に選ばれたのは、文政初年に展覧会場となった「朝皃屋敷」であった。「屋敷」というからには、例えば谷氏、あるいは旗本・杏葉館などの武家の庭を愛好家に公開したものと考えられる。ただし、武家の庭は公開するには繁華街に隣接しない点、何より岩瀬文庫蔵『朝顔図譜』序文にいうとおり、貴賤が打ち交じる不特定多数の人間が出入りする状況を、主催者側が受け入れ難い性格を持っていたから、次点として公共性を伝統的に保ち、かつ書画会会場としてすでに不特定多数の人間を受け入れていた、寺社境内が選ばれたのである。

しかしながら、寺社境内以外にも会場として提供された場所があった。植木屋の庭である。第一章に掲げた朝顔の例では、団子坂の楠田右平次、巣鴨の内山長太郎など植木屋の庭で開催されていた。以下では、武家屋敷から寺社境内へ変わり、さらに植木屋の庭が加わるという場の変遷を考える上で、同じ経緯をたどった、花暦に掲載された名所の変遷を例に挙げ比較したい。

花暦は、文政十年『江戸名所花暦』以降も、連綿として出板され続けた[120]。その形態は、横帳、折本、一枚刷りと姿を変え、ハンディで持ち運びに便利な体裁に変わる。また、内容も一つの項目の記述が短くなる一方、掲載箇所の数は大幅に伸びた。花名所の選択について、安政五年の序がある『花鳥暦』[121]の凡例では、

一、花に鳥によろしき跡猶多しといへども、立居とほる事をゆるさせると、又何がしの殿の別業などは伺ふ事あたはざれはこれをしるさず。

と、武家方の屋敷には優れた花もあるが、「伺ふ事あたはざれは」と、一般には非公開であった事実を知らせる。花暦は、花名所ハンドブックであるのだから、見せてもらえない場所を記す必要はない。しかし、名所数は増やしたいという欲求を持つ編者は、武家屋敷に代わるものとして、植木屋の庭を多く記載するようになった。同じ

『花鳥暦』からその部分の凡例を引用すると、

一、朝顔菊などをはじめ栽種家の園中にあるものは只あらましを記すのみ。こは年々増減あればなり。

ここでいう「栽種家の園中」とは植木屋の庭のことである。「あらましを記すのみ」と、具体名を挙げないが、その理由として「年々増減」があるからであると述べる。概略にとどめた理由は、植木屋の庭がすでに花名所として認識されていることと、菊・朝顔の詳細は、同時代に流通している図譜や番付を参照することを前提にした文言である。なるべく多くの花名所を紹介しようとする編者の当然の選択であった。

そもそも、「花暦」の存在理由自体に、前に示した文化五年の南畝による「花見の記」、寛政八年の南畝の花見に同道した十千亭による『花信風』など、狂歌師など文人による文芸活動のための素材という側面がある。一例として掲げた『花鳥暦』は、名所の掲載数がのべ三五三箇所と多く、その名所とともに季節ごとの俳句が載せてある。このことから本書の読者は、俳諧師が主体であり、吟行のガイドとして新しい名所、植木屋の庭を追加したとわかる。また、暦と銘打っているのに俳諧を載せるというのは、実は俳諧が主で暦が従と考えられ、花名所紹介にあやかって俳諧の宣伝を狙ったものといえる。このように、俳諧の宣伝にも利用される、開放された「場」としての植木屋の庭は、それがたとえ巣鴨や団子坂という少々田舎でも、花名所として認識されることで著名度が上がり、閉鎖された武家屋敷に代わるには、恰好の場所であった。

花合の場の変遷を考える場合、このような花暦の変遷をあてはめると実にうまくいく。最初は、武家方の屋敷で行われ、親しい者が訪れるだけだったものが、書画会会場にも用いられる公共的な寺院へと変わる。さらに会開催を知らせる番付に、寺院名・地域名に加えて個人名の増加が見られ、特に新しく追加された場所が植木屋の庭であった点、案内の文章を最低限にし、名所数つまりは植木屋の数を増やした点は、朝顔の花合（番付）の担い手、特に植木屋の数が増えていったことと見事に対応するのである。

以上のように、「会」の場の変遷を採り上げても、俳諧・狂歌と園芸の関わりが見られ、コーディネーターとしての役割が、文人から植木屋に移行したことが明らかになった。

おわりに

本章では、第一節で文化期における寄合書という狂歌の新しい公開形態の活動を述べた。第二節では、「連」をはじめとする朝顔花合の形態が、狂歌界を含む文芸界の活動と酷似している点を発見した（表34、157頁）。このことから、さらに進めて第三節では園芸植物全体にまで範囲を広げ、狂歌師の活動を視野に入れて分析を試みた。この結果、朝顔や撫子に関しては、担い手の中に確実に狂歌師が存在する点を見出せた。名前だけで経歴不明な朝顔の担い手を考える上で、この発見は意義あることと考える。朝顔品評会の図譜・番付で最多出品数を誇る（第一章、表29、112頁）鍋島杏葉館も俳諧趣味があり、自邸で植物を鑑賞させ投句箱さえ設けていた(122)。今後、植木屋か文人か不明な〇〇園や〇〇庵といった朝顔出品者も、俳諧・狂歌の世界から探せばそのうちの何人かは特定できよう(123)。さらに狂歌師・大田南畝の記した史料から、植木屋が俳諧・絵画・印刷物を手掛けたこともわかり、植木屋の商業主義に狂歌師など文人の活動が影響を与え、さらにそのコーディネーター的役割を次第に奪っていったことを明らかにした。第四節では、文人と園芸の密な関係を形成した園芸品評会においても、寺社境内から植木屋の庭へ移行したという、場の変遷を採り上げた。

本章で示した園芸と文人の関わりは、一言でいうと近世後期日本の学芸活動において、担い手があらゆる階層にわたるという特色を顕著に示すものである。朝顔や江戸の園芸を近世史の中でどう位置づけるか考えるためには、他の近世文化の動向にも目を向けざるを得ない。本章で共通項として注視したのは、この「会」するということ、すなわち品評会・花合であり、寄合書や合作において異分野の専門家が集うというのがまさしく近世後期の文化の共通する特徴とした。ところが、近世後期以降、明治年間まで活躍し続けた、十九世紀園芸文化の後半期を担った植木屋は、それぞれの分野の特質を吸収し、「会」の場も自らの庭へいざない、扇面亭が扇面を売るだけでは飽き足らず書画会手数料で儲けたように、園芸植物をめぐる文化すべてにたずさわり、これによって利益の独占化を図っていったと考えられる(124)。

(1) 国立公文書館内閣文庫蔵〔197-0046〕。
(2) 『日本随筆大成』第一期12(吉川弘文館、一九九三年)所収。
(3) 台東区下谷一丁目、眞源寺。
(4) 台東区有形文化財。「絹本着色朝顔・蜻蛉図」(『台東区の文化財保護』第三集〈台東区教育委員会、二〇〇一年〉所収)参照。
(5) 「狂歌堂に判者をゆづること葉」(『四方の留粕』、『大田南畝全集』一巻〈岩波書店、一九八五年〉所収)。
(6) 粕谷宏紀『石川雅望の研究』角川書店、一九八五年。本章において出典の注記がない狂歌集はすべてこれによった。
(7) 註(6)による。
(8) 『秋香歌がたり』(註(6)による)。
(9) 牛島神社(現、墨田区向島)に現存。墨田区登録文化財。また、『式亭雑記』に「いそかすはぬれましものとの跡よりはるる堪忍のにし」と刻む石碑図がある(註(6)による)。
(10) 『万代狂歌集(上)』(古典文庫第三〇五冊、一九七二年)、『万代狂歌集(下)』(古典文庫第三〇六冊、一九七二年)。
(11) 註(10)解説(粕谷宏紀執筆)。
(12) 註(6)に同。
(13) 註(6)に同。
(14) 『大田南畝全集』二巻(岩波書店、一九八六年)所収。
(15) 『大田南畝全集』一巻(岩波書店、一九八五年)所収。

(16) 同右。
(17) 註(10)に同。
(18) 『歌麿芸術の再発見』浮世絵太田記念美術館、一九九五年。
(19) 『浮世絵芸術』一〇八号（一九九三年）所載。現在所在不明。
(20) 『メトロポリタン美術館所蔵品目録』（古文化財科学研究会、一九九一年）には、モノクロ図版のみが掲載。白椿、紅葉、梅がそれぞれ描かれる。本図の存在は、河合正朝氏のご教示による。
(21) 『浮世絵芸術』一〇七号（一九九三年）所載。
(22) 『近世人名録集成　二巻　地域別編Ⅱ』勉誠社、一九七五年。
(23) 『国書総目録』によると、鹿都部真顔序、抱一・丹頂・辰斎、そして朗郷《ママ》が描いた『狂画史』一冊がある。所蔵は相見香雨の旧蔵であるが、今は行方がわからない。
(24) 田中達也「窪俊満の研究(二)」（『浮世絵芸術』一〇八号、一九九三年）。
(25) 西山清太郎「六樹園と浮世絵(下)」（『浮世絵志』一六号、一九三〇年）。
(26) 東京国立博物館蔵［和395］。
(27) 架蔵。刊行年不明であるが、幕末期の成立と考えられる。
(28) 『江戸繁昌記1』平凡社、一九七四年。
(29) 請求記号［198-373］。なお、『内閣文庫影印叢刊　雪江先生貼雑(上)(下)』（国立公文書館内閣文庫、一九九七～八年）は、一部省略されているが、図版を多用して紹介している。
(30) 安政三年に貼り込まれた『雪江先生貼雑』十二巻には、花屋敷佐吉経営による百華亭の引札の実物と、その下書きとおぼしき墨書がある。このことにより、本引札の文章は関雪江が執筆したものと考えられる。

［下書き］（八丁表）

墨田川清くもなかれ世わたりは四季の草木をうゑならへて諸君のお出を待乳山（「小松原」を訂正）左手にみつゝ白髭の宮居をすつと通りすき右手に少しく奥まりたるかやか軒端の下構これやつかれか百花亭にて時もさつきのあやめ草に源氏五十四帖の名をおほせ偽むらさきのゆかりをもとりましへたる花の園そがうへ当時世に名たゝる諸先生

の群毫にてそれか木札にしるされたれはひとしほ花の色はへてげにみるめさへあやめくさ根なかき堤をふみわけて
一日もはやく君達のとひ給はんをこひねかふになん

［完成品］（四丁裏）

百華亭

五月十日より花菖蒲咲初申候

墨田川清くもなかれ世わたりは。四季の草木をうへならへて。諸君の御入を待乳山。左手に見つゝ白髭の。宮居をずつと通りすき。右手に少しくおくまりたる。かやか軒端の下構。これやつかれか百花亭にて。時もさつきのあやめ草に。源氏五十四帖の名をおほせ。偽むらさきのゆかりをも。とりましへたる花の園。そかうへ当時世に名たかき。諸先生の美筆にて。それか木札にしるされたれは。ひとしほ花の色はへて。けに見る目さへあやめ草。根なかき堤をふみわけて。一日もはやく君達の。とひ給はんをこひねかふになん。

墨田川木母寺手前　花屋鋪佐吉

（巻一、安政元年・十四丁裏）

(31)　新書画展観会　十月二十八日

於　　浅草榧寺相営候。四方之君子不拘晴雨御賁臨奉希候。

本日席上御飯呈上可申候。御投興之書画幷目録不日呈上会料三百孔御恵投可被下候。

補助　雪江

鵞湖

穀堂

蘆屋

蘭洲

枕山

晩菘

会主　至誠堂

書画届所馬喰町肴店扇面亭

（32）　新書画展覧会　於下谷広徳寺之東隣泰宗寺

来ル二月廿八日、不論晴雨開莚仕候。諸君子御賁臨奉希候書画幅者補助又者扇面亭之内江御届可被下候。会後早々返璧可致候幅目者追而上梓之上呈上可仕候。

補助　雪江　晩菘　柳圃

鵞湖　雲鳳　借山

枕山　文圭　蘭洲

盤善　樗園　毅堂

会主　盈科堂百拝

席費三匁ツ、御投可被下候当日花飯呈上。

（巻七、安政四年・五丁裏）

（33）　書画会三月十二日

柳はし万八楼に於いて相催候。晴雨とも御来臨奉希上候。

当日諸先生席上揮毫

補助　日本書堂社中

会主　綾岡輝松拝［方印「輝／松」］

補助　素真　菊麻呂　文亭　今井半太夫

一蒲　修羅　柳屋　扇面亭

臥春　凹齋　文京　差柳連中 花宿春娥

千載　豊芥子　鯷齋　小林文周

隣春　如皐　篠田　高島千春社中

龍塘　六朶園　河竹　日本書堂社中

（巻七、安政四年・六丁裏～七丁表）

（34）　新書画展観会　書画幅会後即還碧 後日梓品目毎名家呈一本

毎歳二会春三月、秋九月例卜二十四日、不論霽雨開筵於本処多田薬師浄宝。毎幅題之於壁焚香煮茶共評書読画隆古翰墨余興而不亦文苑一大快事耶。伏惟　諸先生不啬其所有恵然優貸令得細観曷勝栄感之至。

衆請主再拝

会幹　随翁杉山海
蔣塘大竹培
大塊富川温
嵐渓長
谷川筌
雲煙安西虎

懸物一幅に付、費用として半切くらひの処は銀三匁、其余は右に順御添可被下候。他国の御方は格別、江戸諸名家方は此会前二十二日迄に御姓名書付幅に御一呑被成御届出可被下候。但シまくり・ワクバリの縁は堅く御断申上候。会日呈麁飯候。届所　横山町魚店　扇面亭謹白

（巻十、嘉永四年・四丁裏）

(35) 拙稿「文化を支えた人々」（『台東区史　通史編Ⅱ』台東区、二〇〇二年所収）を参照。
(36) 『日本随筆大成』別巻八『嬉遊笑覧』吉川弘文館、一九九六年。
(37) 九州大学蔵。
(38) 請求記号［別―3514］。
(39) 人名録における扇面亭の役割は、平野満「近世学藝の世界―『人物志』出板の背景―」（『明治大学人文科学研究所紀要』四九冊、二〇〇一年）に詳しい。
(40) 酒井雁高「北斎編年資料集成」（『北斎』〈秋田市立千秋美術館、一九九一年〉所収）。
(41) 『増訂武江年表2』平凡社、一九七三年。
(42) 浅岡修一「化政期の地方狂歌界―真顔と信濃の結びつきを中心にして」（『近世文芸』三六号、一九八二年）。
(43) 文化六年刊『狂歌百人一首』、文政二年刊『狂歌五十人一首』など。
(44) 国立国会図書館蔵『草木奇品かがみ』［特1―951］。
(45) 国立国会図書館蔵［特1―3258］。
(46) 無題簽。写本二冊［150―10］。書写時の誤りと思われる箇所があるが、そのまま翻刻した。

(47) 国立国会図書館蔵『朝顔花競』［特7-2］は、番付を切り取って花の種類ごとに並べた貼交帖である。花名の覚えにもなるが、本例のように朝顔写生のときに切り取っていたものを紛失しないよう貼り付けたものとも考えられる。
(48) 第一章第四節を参照。
(49) 渡辺好孝『江戸の変わり咲き朝顔』（平凡社、一九九七年）所載記事による。
(50) 国立国会図書館蔵［特1-2562］。
(51) 第三部第二章補論を参照。
(52) 国立公文書館内閣文庫蔵［183-0493］。
(53) 註(1)に同。
(54) 註(10)、古典文庫解説。
(55) 『日本古典文学全集46　黄表紙　川柳　狂歌』（小学館、一九七一年）解説など。
(56) 「人名録」の掲載料については、註(39)に挙げた平野満の言及がある。また、『買物独案内』においても掲載料を取ったとする竹内誠の指摘がある（竹内誠「庶民文化のなかの江戸」〈『日本の近世14』中央公論社、一九九三年〉）。
(57) 第一章第四節を参照。
(58) 第三部第二章を参照。
(59) 東京都立中央図書館加賀文庫蔵［加4097］。
(60) 石川了「繍像百人　狂詞弄花集（翻刻）（上・下）」（『大妻女子大学紀要―文系―』二八・二九号、一九九六・九七年）。
(61) 写本。磯野直秀「日本博物学史覚え書9」（『慶應義塾大学日吉紀要　自然科学』二八号、二〇〇〇年）による。
(62) 牛込徒士町（現、新宿区南町）の住人、弘化元年二月十九日没、七十一歳（『狂歌人名辞書』文行堂、一九二八年、による）。南畝は文化十四年、五車亭の母、七十歳の宴の模様を詩に賦し、文政五年に、五車亭亀山より盆梅を贈られている（『大田南畝全集』二十巻〈岩波書店、一九九〇年〉所収「年譜」による）。
(63) 『ソウル大学校所蔵近世芸文集』二巻（勉誠社、一九九八年）所収。
(64) 呉竹三冝。呼月楼は別号。牛込榎町（現、新宿区榎町）の住人。五車亭亀山の門人（以上『狂歌人名辞書』）。
(65) 国立国会図書館蔵［102-137］。写本一冊。同館には同名書『撫子培養手引草』、同名写本一冊［特1-426］もある。

(66) 第一章112頁の表29を参照。
(67) 雑花園文庫蔵。
(68) 註(66)に同。
(69) 註(44)に同。「地の巻」十八丁裏〜十九丁表。
(70) 『写山楼之記』(『新燕石十種』第三、国書刊行会、一九一三年)による。
(71) 岩淵令治は「利根川文化圏」たる下総などの地方都市における朝顔の作り手に注目した(「近世後期の園芸文化―嘉永・安政期の変化朝顔の作り手について―」、国立歴史民俗博物館『伝統の朝顔Ⅲ―作り手の世界―』二〇〇〇年に所収)。ここで注目したいのは、朝顔の栽培を契機に国学者が和歌を詠む大会を催した点にある。ただしここでは、印刷物による波及効果には触れられず、人的つながりによって波及したとしている。
(72) 菊細工に関する印刷物については第三部第三章補論を参照。
(73) 藤澤衛彦コレクション『春興帖』(『藤澤衛彦コレクション図録―摺物を中心として―』太田記念美術館、一九九八年)。
(74) 岩波書店、一九八五〜二〇〇〇年、一〜二十巻、別巻。
(75) 国立国会図書館蔵[182-37]。
(76) 『花信風』は諸板があり、寛政五年板行の翌六年用の花暦が最も古い。寛政七年用のものも現存し(磯野直秀『日本博物誌年表』平凡社、二〇〇二年)、今回使用したのは、寛政八年用のもの。
(77) 二巻、岩波書店、一九九五年。
(78) 巻八(『大田南畝全集』四巻、岩波書店、一九八七年)。
(79) 同右。
(80) 同右。
(81) 同右。
(82) 同右。
(83) 『一話一言』(『大田南畝全集』十四巻、岩波書店、一九八八年)。
(84) 第三部第三章第三節を参照。

(85)『一話一言』（『大田南畝全集』十四巻）。
(86) 国立国会図書館蔵『商牌雑集』第二十七冊［別3721］に所収。また雑花園文庫にも同じ物が現存。板坂則子『近世文学論輯研究叢書』一三三（和泉書院、一九九三年）に翻刻ならびに影印が紹介される。文京ふるさと歴史館展示図録『菊人形今昔―団子坂に花開いた秋の風物詩―』（二〇〇二年）に一部図版掲載。なお、『豊芥子日記』巻之下「第六　造菊看群集」（国書刊行会『近世風俗見聞集』第三、一九一三年）には、狂歌部分のみ紹介されている。
(87)『藤岡屋日記』（『近世庶民生活史料』二巻、三一書房、一九九八年）。
(88) 第三部第三章補論を参照。
(89)『奴凧』（『大田南畝全集』十巻、岩波書店、一九八六年）。引用史料の直後にも「弥三郎物語に、巣鴨の古文書に、小石川のことを礫川とかけり。詩人の礫水といへるも是によるなるべし」と弥三郎の博識ぶりが紹介されている。
(90) 東洋文庫蔵［XV3・Bb39］。『雪蓮図』一冊、全十五丁。三丁より六丁までが『五福艸』である。明治十九年の写本。
(91) 東京都立中央図書館加賀文庫蔵［加1985］写本二冊。福寿草は第一冊目の二十丁から三十三丁までに写される。
(92) 国立国会図書館蔵［特1-565］。
(93) 註(90)『雪蓮図』。八丁から十一丁までが『福神草』。合冊されている『五福艸』と同じく明治時代の写本。
(94) 写本一巻。東京都立中央図書館加賀文庫蔵［加4103］。
(95) 跋文は以下のとおり。

春乃始メ群芳園ニ遊ヒ主人ガ福寿草ヲ写スヲ見レバ、榊原ノ万福開ノ福々シサ、大黒天ノ御姿ト見奉ルモカシコシナ。絞リノ石竹開ノ鰭振リ立シハ夷三郎殿ノ愛玉フ魚ニ似、段開ノ盛久シキハ取モ直サズ寿老人魚子開ノ重厚ハ、明珍鍛ノ小札ニ似テ毘沙門天ノ御鎧ト見エ、青梅出ノ青茎ノ腹フクレメキシハ、布袋和尚白花ノ貴ナルハ弁才天ノ素顔カヤ。又長島ノ長々シキ八重開ハ三ツ揃ヒシ福禄寿ト指ヲ折ハ、七福速成ノ数々目出度此草ハ是七福神草ト歓笑ノ余リニ名付ハベリヌ。

弘化五申歳正月吉日　群芳園弥三郎
裁（ママ）花園長太郎
帆分亭六三郎

（以上『福神草』）

春のはしめ群芳園《ぐんほうえん》に遊ひ、主人が福寿艸を写すをみれは、榊原の万福咲の福々しさ、大黒天の御姿と見奉るもかしこしな。絞りの石竹開《さき》の鰭《ひれ》ふり立しは、夷《ゑひす》三郎殿の愛給《めで》ふ魚に似、段咲の盛久しきは取も直さす寿老人魚子開《なゝこさき》の重厚は、明弥鍛《みうちんきたひ》の小札《こざね》に似て毘沙門天の御鎧と見え、青梅出《あふめ》の青茎《あをしく》の腹ふくれめきしは、布袋和尚白花の貴《あて》なるは弁財天の素顔かや。又長嶋の長々しき八重咲は三ツ揃ひし福禄寿と指を折は、七福速成《そくぜう》の数々目出度此草は是七福神草と歓笑の余りに名付はへりぬ。

群芳園弥三郎

栽花園長太郎

帆分亭六三郎

（以上『七福神草』）

(96) 長太郎による識語は次のとおり。

時に文化年中をはしめとして已来福寿艸流行き出るに、追々奇品花をひらく事ありてかそへかたし。然に是を模写して年中の詠とせしことを希、或人に是を画せ、時に春のはしめなれはとて福寿艸を七ツの福神に譬へ、榊原の万福咲の福々しさ、大黒天の御姿と見奉るかしこしな、絞りの石竹開のひれふり立しは夷三郎殿の愛給ふ魚に似て段咲の三色にひらくを、福禄寿魚子咲の重あつきは明弥鍛の小札に似て、毘沙門天の御鎧と見え、青梅出の青軸ははらふくれめきしは、布袋和尚白華の貴なるは、弁才天の素顔かや。長嶋の盛り久しく永々しきは、寿老人と指を折は、七福速成の数に目出度七福神草と、歓笑の余りに名付はへりぬ。

安政五年午初春

栽花園

姜民述

(97) ただ「段咲」とのみ記されるような品種名が曖昧なものは、数えていない。

(98) 註(44)に同。

(99) 第一章第三節で小万年青の構成員として挙げた「東都小不老草連中」が「諸国小不老草名寄連」と変わったのは、「連」の構成員が減り、東都だけでは叶わず、諸国まで含めた結果ではなかろうか。

(100) 雑花園文庫蔵『朝顔花合位附』（文政元年七月五日）、国立歴史民俗博物館蔵『朝顔花合』（弘化四年七月六日）、国会図書館蔵《安政六年榧寺朝顔花合》（安政六年七月十八日）など。
(101) 雅望の墓は都旧跡。
(102) 現存、台東区有形文化財。『台東区の文化財保護』第一集（台東区教育委員会、一九九二年）を参照。
(103) 『紅梅集』（『大田南畝全集』二巻、一九八六年）。
(104) 『南畝集』（『大田南畝全集』五巻、一九八七年）。
(105) 『江戸叢書』巻之八、名著刊行会、一九六四年。
(106) 雑花園文庫蔵。
(107) 第一章を参照。
(108) 『雪江先生貼雑』に掲載。一つは、註(31)安政元年十月二十八日「新書画展観会」で、もう一つは、同年同月八日の日付のある、次の書画会引札の稿本である（巻一・十五丁表）。
展観書画目
嘉永甲寅冬十月念八開筵於江戸（「都」を訂正）浅草榧寺是日棇随来投遅速而次之但他邦人及会幹者加圏以別之
(109) 詳細は、拙稿「御蔵前という地域」（『蔵前に札差あり―江戸の金貸からたどる文化史―』〈台東区教育委員会、一九九九年〉所収）を参照。
(110) 天文台は、現在の住所でいうと浅草橋三丁目、医学館は浅草橋四丁目にあった。
(111) 第二部第一章を参照。
(112) 『文久文雅人名録』（『近世人名録集成』二巻、勉誠社、一九七六年）に福祥院（現、蔵前三丁目にあったが廃絶）に寄宿した埼玉の僧侶「環道」の名が載る。
(113) 『江戸名所花暦』八坂書房、一九九四年。第一部第一章第一節を参照。
(114) 註(41)に同。
(115) 註(103)『紅梅集』に同。
(116) 註(104)『南畝集』に同。
(117) この会は寛政十年まで連続して行われた。

(118) 註(41)に同。

(119) 池之端（現、台東区）の「淡々亭」が会場であった。

(120) 花暦に関する詳細は第三部第一章を参照。

(121) 国立国会図書館蔵『花鳥暦』〔182-372〕。

(122) 『伝統の朝顔Ⅲ―作り手の世界―』（国立歴史民俗博物館、二〇〇〇年）を参照。

(123) 鹿島美千代「霽月堂丈竹について―俳諧と菊作り―」（『連歌俳諧研究』一〇四号、二〇〇三年）は、俳諧師が菊合を開催した事例を紹介する。

(124) 詳しくは第三部第三章を参照。

第三章　近世後期における変化朝顔流行の形態

――江戸と大坂の比較および名古屋を事例として――

はじめに

江戸地域では、変化朝顔を愛好する風潮が文化・文政期の頃に流行し、一時下火になった後、嘉永・安政期にはさらに複雑な変化をする朝顔の流行をみた。本植物は、他の園芸植物に比較すると突出して史料の数も多いためか、園芸文化全般においても江戸を中心に語られる場合が多い。しかしながら、他の地方都市においても同様に文人・学者・植木屋という担い手の層によって支えられていたかどうかを顧みられることは少なかった。これを検証するのが本章の目的である。(1) この命題をもって、番付や図譜を刊行した変化朝顔の流行事象を、江戸と大坂と名古屋という、大都市における担い手の比較という観点から見ていきたい。

第一節　文化・文政期における大坂と江戸の流行の違い

最初に、江戸における流行の極初期の様子を、史料によって確認していきたい。江戸の変化朝顔流行の開始年代を、

下谷御徒町辺　朝皃は往古より珍賞するといへども、異花奇葉の出来たりしは、文化丙寅（文化三年）の災後に下谷辺空地の多くありけるに、植木屋朝皃を作りて種々異様の花を咲せたり。おひ〳〵ひろまり、文政は

じめの頃は、下谷、浅草、深川辺所所にても専らつくり、朝兒屋敷など号《なづけ》て見物群集せし也。

と、文化三年（一八〇六）のこととするのが、文政十年（一八二七）刊『江戸名所花暦』(2)である。本史料は、第一章でも紹介したものであるが、あえて再び採り上げたのは、変化朝顔栽培のきっかけを、火災後の空き地の増加とし、これと担い手としての植木屋を結び付けて語っている点に、疑問を生じたからである。文化三年の火災とは、三月四日の江戸大火を指すと考えられ、神田佐久間町（現、千代田区）にあった医学館や敷地内の小野蘭山宅も焼失した。当時医学館医師として、京より招聘された小野蘭山の日記(3)に記録された延焼の範囲によれば、次のとおりたしかに御徒町付近は残らず灰燼に帰している。

（前略）夫ヨリ和泉橋向サクマ町へ飛火。藤堂和泉侯、同大学侯、生駒侯、加藤遠江侯、藤堂侯御両家中屋敷、此辺旗本数多、御徒士（後筆）（後筆）町通不残。（後略）

この記録からも判明するとおり、御徒町付近は、神田佐久間町の医学館から徒歩で十分も離れていない地域で、伊勢津藩藤堂家・久居藩藤堂家・出羽矢島藩生駒家・伊予大洲藩加藤家の屋敷に挟まれた武家地である。「徒町」の名が示す通り、御徒組の集合住宅が立ち並ぶ地域であった。しかし、この下谷御徒町一帯が、焼き尽くされ空き地になることと、植木屋が朝顔を栽培することの相関性がまだよくわからない。そこで、別の史料『武江年表』(4)により少し後の当地の栽培状況を記載した箇所を次に紹介する。

今年（文化十二年）より肇まり、朝貌の異品を玩ぶ事行はる。文政の始め頃、都下の貴賤、園に栽へ盆に移して筵会を（中略）下谷和泉橋通御徒町に、大番与力にて谷七左衛門と云ふ人あり、其の老母草花を好み、よく種作れり。是れに依りて七左衛門も其の法を伝ふ。茶事を好みければ、前栽など掃除して、人もと（訪）ひ来て見るものも有りけり。（中略）夫より朝貌の奇品を作り、（中略）文化五、六年の頃の事なりき。其の後大坂に在番したる時、多く牽牛子を彼の地へ送りたり。抑、これ流行の始めなり。

本史料では、文化十二年に始まり文政初年に「筵会」、つまり品評会を開くようになったと流行について記した後、そもそもの流行のきっかけは、文化五、六年の頃、下谷御徒町に住む大番与力の谷七左衛門が始めたもので、彼が大坂に在番した際に多くの種子をもたらしたので大坂でも流行したという。これにより文化三年の火災の後、御徒町に住んでいた谷七左衛門が朝顔栽培の創始者ということになる。食い違いがあるが、前掲『江戸名所花暦』では、植木屋が開始したといい、本史料では一人の武士によるものとする。そうすると、例えば桜、梅、桃、松など組屋敷の庭に植えて日々愛でていた樹木を火災のためすべて焼失した武士のうち、扶持米が少なく贅沢もできない下級武士は、樹木を新たに植木屋に注文して移植することができないし、火災の多い江戸ではまた焼失してしまうかもしれない不安があった。しかし、植物を愛でたい気持ちはあった。この欲求を満たしてくれたのが、植木屋が言葉巧みに売りつけて提供した変化朝顔ではなかっただろうか。[5]すでに第一章でも述べたとおり、変化朝顔は手間がかかり、素人にとっては、栽培が容易な植物ではない。咲かすことは可能であっても、経常的に種子を保存するにはある一定の根気と能力が必要である。これを有した人物の一人が谷七左衛門その人であり、彼は江戸だけでなく大坂へも輸出するほどの能力を持ったのである。

ここに掲げた二点の史料、『江戸名所花暦』と『武江年表』は、ともに江戸における第一次朝顔流行期の極初期、文化末年より後の時代の編纂にかかる。本研究ではこれまで流行と同時代の史料、文化十四年刊『朝顔叢』や文政元年刊『丁丑朝顔譜』に基づき、江戸における最初の変化朝顔の流行期を、品評会が開始された文化十三年からとしてきた。すでにこの年には大坂の図譜が出板されていたため、江戸は後進地域という理解であった。しかし、『武江年表』がいうところの、江戸で本格的に栽培を始めた人物、谷七左衛門が大坂に流行をもたらし、江戸へは逆輸入という形で伝えられたという点にはこれまであまり注目される機会がなかった。『武江年表』に登場する谷氏は、第二章で園芸文化の担い手として紹介した大田南畝と交友があり、[6]また、南畝自身も銅座役人として一年間大坂に赴任（寛政十三年＝享和元年・一八〇一）した経歴から、享和二年五月六日、上坂する曲亭馬琴のために紹介状を大坂の知人宛てに送り[7]、同三年二月二十三日、大坂の木本屋七郎兵衛より楓二本の贈呈を受けるなど[8]、大坂との交流が深い人物である。以下では、江戸と大坂という遠隔地の交流に、南畝や谷氏のような武家の果たした役割を重視して考えることとしたい。

江戸の側から大坂について触れた直接的な史料は以上に挙げただけであるが、一方で大坂における史料では、『摂陽奇観』[9]に次のようにある。

一、牽牛花流行

文化七八年の頃より、雅俗となく牽牛花を翫ふ事盛んに成行。寛永の大菊、元禄の百椿、近くは寛政の橘に百倍ス。各々異様雑色数十種ありといへども、黒あさがほ・黄花は稀なるよしいへり。

ここには、江戸からもたらされたとは一言も記していないが、文化七、八年頃に数十種の朝顔が流行したとある。この年代は、『武江年表』で示された谷氏在番の文化五、六年の直後に当たり、流行時期がぴたりと合う。そして流行の推進力となった朝顔図譜の刊行は、大坂の方が江戸より二年早く、文化十二年に『花壇朝顔通』『朝鮮珍花彙集』『牽牛品類図考』の三種の図譜が相次いで刊行された[10]。『花壇朝顔通』は、壺天堂主人著、森春渓画で、花の名と和歌・俳諧が付されるのが特徴である。『朝鮮珍花…』『牽牛品類…』はともに著者・峰岸正吉（号、龍父）、絵師・丹羽桃渓《とうけい》のコンビで刊行された。桃渓は狂歌絵本を多く手掛けた狂歌師でもあり、『河内名所図会』『紙漉重宝記』の画家としても著名である。著者・峰岸は、その後文政二年にも『牽牛品』初編、二編を編み、また書家としても著名な人物であった。これらの大坂の図譜は、美麗な彩色図という江戸との共通点が見られる。しかし俳諧・狂歌は複数の人物を載せるものの、朝顔出品者は、壺天堂主人なり峰岸正吉なり著者一人の所有品を提供するだけである。

これに対し、江戸における最初の図譜『朝顔叢』の段階では大坂と同じ形式（彩色図・単独の出品者）を踏襲するが、翌年刊行の『丁丑朝顔譜』では、モチノキ（現、千代田区飯田橋）の「牽牛亭」や鳥越（現、台東区鳥越）の「月下庵」など図譜における朝顔出品者が複数になった点（第一章、表2、60頁）が大坂と決定的に異なる。出品者の中には、一部「モチノ木」「本郷」（現、文京区本郷）など地名のみを記し、出品者名を秘匿する傾向があるため人数の総計は不明である。しかし、少なくとも六十七品の出品が確認され、この結果競争心があおられたことは想像に難くない。また、地名だけを表記する出品者は、鶯の場合では名をふせた者が武家であったと推測できるので、⑪現在の台東・千代田・文京など江戸の中央部の地名だけの出品者を多く擁す朝顔も鶯同様に、武家が名を秘して栽培していたものと思われる。したがって武家と考えられる『丁丑朝顔譜』における地名のみの出品者は、のべ二十四名、十四地域を数え、全体の三分の一を占める。

このような江戸の武家層に対抗して、大坂はどのような層が朝顔栽培を担ったのだろうか。これは、次に掲げる大坂における二種の初期の番付によって明らかである。一つは「子五月十五日改」と刷られる『朝顔大天狗』⑫、もう一つは「文化子年」とある『朝顔名家集』⑬である。この二種の番付には重複する人物が多く、最低でも八十名を数えた。⑭このことにより、二種の番付は、同一年代制作とみなされ、それは文化十三年と考えられる。この十二年後の子の年は、文政十一年となってしまい、これでは流行の最盛期の年代にふさわしくないことは、次の『摂陽奇観』⑮の記事でもわかる。

三都はいふに不及各国に流行せしかど、文政二三年の頃より漸衰へ、初て愛する人もわづかになれり。

大坂では、文政初年にはすでに下火になっていたとあり、江戸においても文政末年の史料はないことからも、この二種の子年の番付は文化十三年のものと定められる。

本番付は、文化・文政期の江戸の番付と異なり、花名の情報がなく、その代わりに住所の記載がある。一枚の番付に載る人名は、『朝顔大天狗』がのべ二七三名、『朝顔名家集』がのべ一三八名と、江戸における人数（『丁丑朝顔譜』六十七名、文化十四年『槿花合』七十名、文政元年『朝顔花合位附』七十六名）に比較して、二倍三倍の多さである。しかも、江戸では必ず一人の出品者が、複数の花を出品しているのに対して、大坂では人名の重複が見られない。各自一品ずつ出品したと考えられるのである。

このように、数字上では明らかに大坂の方が江戸より朝顔栽培の人口が多かった。そしてこの栽培に従事していた人物の身分は、圧倒的に町人が多いのである。それは、番付に記載された「紙利」「小川屋」「大黒屋」「千艸屋」などの屋号、あるいは「蒲鉾屋」「左官」「菓子屋」「硯屋」などまさに生業そのものを指す言葉から判明する。中には「鴻善（鴻池善右衛門）」や内平野町の「米平（米屋平右衛門）」など豪商と判明する人物もいる。[16]このような出品者の表記においても、秘匿する傾向にあった江戸と異なり、すべて居住地を明らかにしている。

武家人口が多い江戸で、朝顔の担い手に武士が多いのは当然の結果であるが、流行の担い手に武家層が多いことが、その流行の広がりにおいて後々大きな役割を果たすことになる。流行の初期の段階で、大坂における商人と江戸における武家という担い手の身分の違いは、その後の流行の熱狂度においても格差を広げた因子と考えられ、次に第二次流行期である、嘉永期における番付を例に挙げて検討していく。

第二節　嘉永期における大坂の図譜・番付

江戸の朝顔流行は、第一次流行期に当たる文化・文政期においては、同好の士を中心としたアマチュアグループ「連」の活動が主であった。[17]江戸における園芸連の形成に大きな影響を及ぼしたのは狂歌師であり、それまで秘伝だったものが、連の成立によって情報交流が行われるネットワークが発生し、連をめぐる交友関係が植木屋を成長させ、金をかけて嘉永七年（一八五四）に『三都一朝』という江戸・大坂・京都の朝顔を掲載する美麗な彩色図譜をも出板できるようになった。ところが、「三都」とうたう本書では、大坂・京の出品者はごく少数で、そのほとんどは江戸在住者で占められ、朝顔流行の中心は江戸に移行したかに見える。また、嘉永以降の江戸開催の朝顔番付では、それまでに比べて植木屋の進出が顕著であり、朝顔の担い手が連から植木屋の手に渡ったことは第一章で述べたとおりである。これまでの朝顔の研究が江戸にのみ集中するのは、この担い手の一人、植木屋・成田屋留次郎[18]が手掛けた『三都一朝』『両地秋』（ともに安政二年・一八五五刊）、『都鄙秋興』（同四年秋刊）の三部作や、それと同じ形式の『朝顔三十六花撰』（安政元年刊）『朝か丶み』（文久元年・一八六一刊）など美麗な図譜に注目した一面的な見方であったといえよう。華々しい図譜・番付の出板を特徴とする江戸の流行に対して、大坂では図を伴う書物がほとんど出板されなかったため、嘉永・安政期の流行に関して何も語られず、文化・文政期の流行においても、図譜に言及するのみで、番付を視野に入れない場合が多い。

そこで、まず番付・図譜の数量把握を行う。大坂の番付は、江戸の番付に比較すると紹介されることが少ないが、国立国会図書館蔵『朝顔花競』[19]（図21）の検討により、大坂の史料に加算することができた。『朝顔花競』は、複数の朝顔番付を切り取り、「牡丹」「獅子」など当時の花の分類ごとに貼付して冊子に仕立てたもので、番付の色・文字の書体から次の十四種類が貼り込まれてあると推定した。

①弘化三年（一八四六）（水色字に水色枠、刷りが悪い）
②未年（青字に青枠）
③嘉永元年六月（黒字に黒枠）
④嘉永元年（濃水色字に濃水色枠）
⑤嘉永元年（淡水色字に淡水色枠）
⑥嘉永元年（緑字に緑または朱枠）

⑦嘉永二年六月二日（紺字に薄墨枠）
⑧嘉永二年六月十六日（緑字に黒枠）
⑨嘉永二年六月二十六日（水色字に薄墨枠）
⑩嘉永二年（水色字に紫枠）
⑪嘉永二年（薄墨字に朱枠）
⑫嘉永三年六月十日または十六日（紺太字に黒枠）
⑬嘉永三年六月十日または十六日（紺太字に黒枠）
⑭嘉永三年六月二十六日（紺細字に黒枠）

以上のように、弘化三年から嘉永三年までに板行されたものであることから、②の「未年」は弘化四年と考えた。

一丁裏には、貼り込まれた番付一覧を記した、植物学者・伊藤篤太郎による覚書がある。しかし、分析を試みた結果、この覚書に記載される数（十三点）よりも多い十四点の番付（⑫と⑬が判別不能なので実際は十三種類）が含まれ、覚書には「未年」分の記載が洩れていた。この数の不一致によって判明するとおり、本番付を実際に切り刻み貼り込んだのは、覚書の筆者・伊藤篤太郎ではない。また本史料が出品

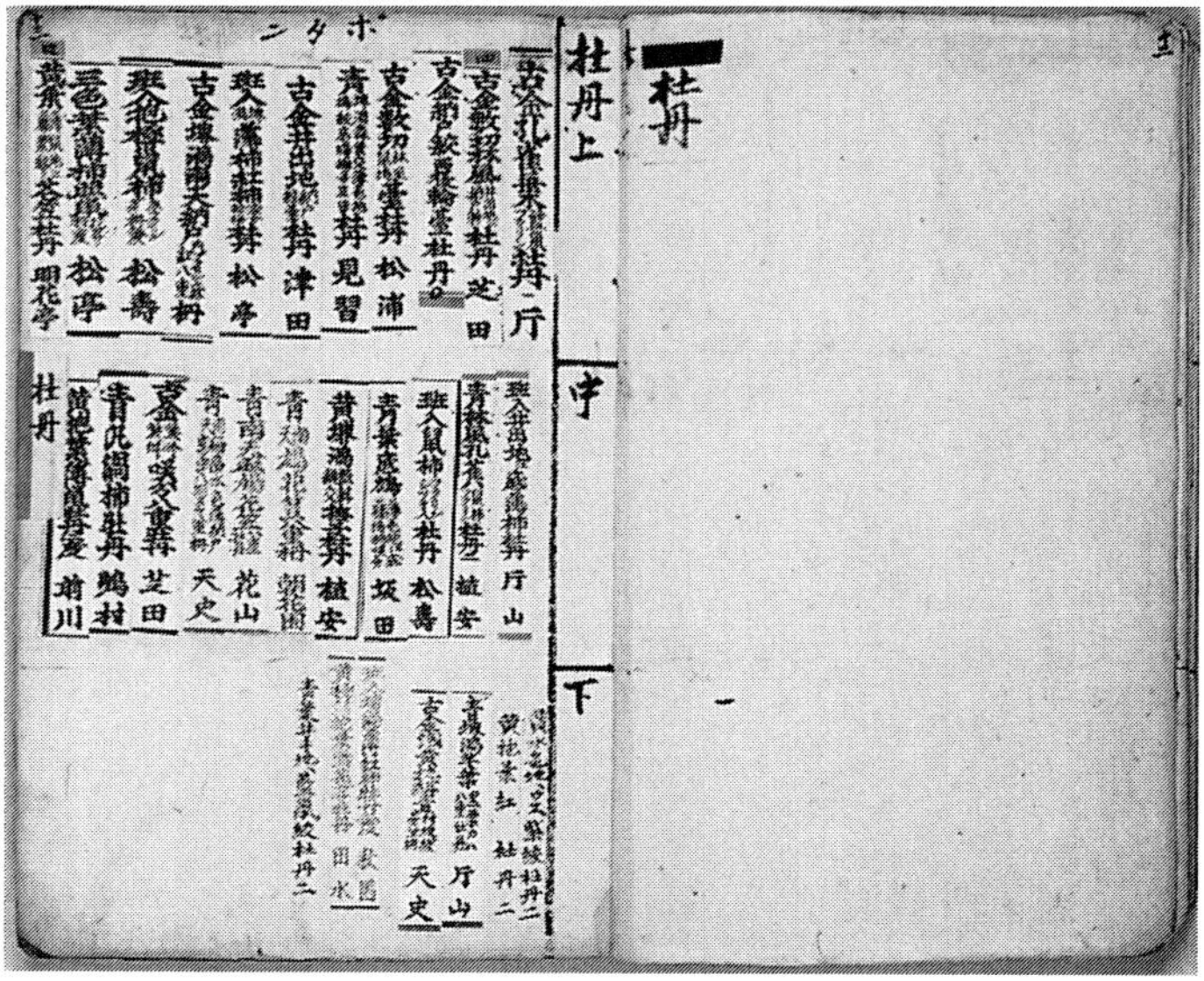

図21　『朝顔花競』

者名によりすべて大坂開催の番付と判明するので、篤太郎の祖父で本書旧蔵者・伊藤圭介とも考えにくい。圭介が貼り込んだのなら覚書にその旨を記すと思われるが、篤太郎は貼主を不明とする。[20]ただし、伊藤圭介は、自ら植物の種子を自邸の庭に播き、栽培を行うのを常としていた。この点は、文化・文政期の朝顔の担い手の一人、蔵前の本草学者・与住《よずみ》秋水《しゅうすい》と共通する。また、圭介自身が育てたものではないが、日新園（経歴不明）という人物の朝顔の種子や苗の品種名を列挙した史料も所蔵していた。[21]圭介は、『植物図説雑纂』[22]や『錦窠《きんか》植物図説』[23]等でもわかるとおり、自分が作成した文章だけでなく他人の著作物をも切り貼りして、本来の形態を損ねてしまったため、情報が分断される場合が得てして多い。圭介旧蔵の植物の番付ばかり集めたものに、国立国会図書館蔵『植物銘鑑』[24]が存在し、ここに貼り込まれた朝顔の番付はただ一点のみであるが、ほかにも菊人形番付や植物の番付が、『朝顔花競』のように分断されず、番付全体がそのまま貼付される。この形態の差異から考えても、『朝顔花競』の貼主として圭介は除外できよう。

　このように分断された『朝顔花競』の十四点を新たに加えて表35（200〜202頁）に、「複数の出品者が載る江戸・大坂の朝顔史料」として、現時点で筆者が分析を果たしたものすべてを掲げた。これを見ると、開催回数（厳密にいえば図譜は必ずしも一回の開催と数えられないが、ここでは便宜的に一回と数えた）は、江戸二十一、大坂二十と、両者にそれほど差がないことがわかる。また、今まで文化・文政期に第一次ブーム、嘉永・安政期に第二次ブームが訪れたといわれてきたが、大坂まで視野に入れるともう少しさかのぼり、弘化年間（一八四四〜四八）から第二次流行が始まったという判断ができる。しかも、江戸・大坂を通じて二十年間のブランクを破ったのは、大坂における弘化二年六月二十六日の会[25]であった点も見逃せない事実である（図22、203頁）。

　一方、図譜においても口火を切ったのは大坂であった。複数の出品者を載せないので、表35には掲げなかったが、大坂で嘉永六年六月に刊行された、穐叢園による『朝顔花併』は、江戸・大坂を問わず、文化・文政期以降

表35　複数の出品者が載る江戸・大坂の朝顔史料（年代順、網掛けは大坂）

種別	年月日	史料名	開催地	出品者 総数 のべ	出品者 植木屋 のべ	出品者 植木屋 実数	出品者 植木屋 名称	催主・世話人など
A	文化13	朝顔名家集		138	0	0		
A	文化13／5／15	朝顔大天狗	不明	274	1	2	植シマ、植彦	勧進元伏辰、差添人油吉、頭取：薩善・峯岸・井筒屋・千艸宗・宮薗・住五良・吹六・茨吉・松トク・植彦、世話人：加蔦太・松岸・大黒屋・道場・西教寺・升仁・山城屋・山下・鞍馬屋・徹山・索琴・焉角・若山・中嶋屋・岡氏・土佐市・九市・鴨利・横川・東嶽
A	文化14／6／23	槿花合	茅場町薬師	71	1	1	植孫	会主市兵衛・金兵衛・甚兵衛・吉兵衛・庄八・平吉・長七・吉五郎・彦兵衛・清吉・八上・孫七
A	文化14秋	浪花牽牛花珍蔵家品目		88	0	0		
B	文化15／4	丁丑朝顔譜		67	11	5	植市・植吉・植金・植庄・植孫	
A	文政元／7／5	朝顔花合位附	浅草御蔵前黒船町榧寺	76	5	4	植市・植金・植甚・植長	植木屋益五郎
B	文政7／3	朝顔図譜		77	0	0		
A	文政8／7／21	朝顔花合	御蔵前八幡宮社	54	2	2	植太・植伝	会主植木屋太郎吉、撰者秋水茶寮、世話人惣植木屋中
			小計	845	20	11（重複を避けた人数）		
				20年の空白				
A	弘化2／6／26	（朝顔花合）	大坂難波新地於登加久宅	75	0	0		
A	弘化3	朝顔花競		21	0	0		
A	弘化4／6／26	朝顔花合	大坂難波新地於登加久宅	85	0	0		
A	弘化4／7／6	朝顔花合	浅草黒船街榧寺	70	18	16	植惣・植太・植留・植要・植長・植勘・植亀・植三・植半・植栄・植庄・植孫・植辰・植竹・植富・植又	催主下谷植木屋中、左之方撰者朝花
A	未年（弘化4）	朝顔花競		70	0	0		

A	嘉永元/6	朝顔花競		61	4	1	植安	
A	嘉永元/7/19	朝顔花合	牛込太宗寺	58	0	0		東撰者耕雲亭、西撰者草集亭・方谷、催主草集亭・如耕・相生亭・朝霞・耕雲亭
A	嘉永元	朝顔花競		41	0	0		
A	嘉永元	朝顔花競		69	0	0		
A	嘉永元	朝顔花競		104	1	1	植安	
A	嘉永2/6/2	朝顔花競		85	3	1	植安	
A	嘉永2/6/16	朝顔花競		56	0	0		
A	嘉永2/6/26	朝顔花競		54	2	1	植安	
A	嘉永2/6/26	朝花園追善華合	浅草黒船街榧寺	36	3	2	植亀・植正	催主秋花園、世話人植木屋留治郎・同三五郎
A	嘉永2	朝顔花競		68	0	0		
A	嘉永2	朝顔花競		90	0	0		
A	嘉永3/6/10 カ16	朝顔花競		128	1	1	植安	
A	嘉永3/6/10 カ16	朝顔花競						
A	嘉永3/6/26	朝顔花競		59	1	1	植安	
A	嘉永4/7/10	朝顔花合	亀戸天神社内	61	10	6	植音・植松・植太・植半・植文・植亀	花撰蓬深亭、会主連中、世話人植木屋亀次郎・成田屋留次郎
A	嘉永5/6/10	蕣花競	大坂浪波新地於鉢山亭	26	0	0		撰穐叢園、催主春秋圃
A	嘉永5/6/14	朝顔花合	万花園(本所菊川町)	48	0	0		花撰杏葉館
A	嘉永5/6/28	(朝顔花合)	浅草新寺町欣浄寺	70	5	4	植音・植新・植半・植文	花撰物評催主成田屋留次郎
B	嘉永7/7	三都一朝		86	2	1	植木屋文蔵	
B	安政元	朝顔三十六花撰		36	0	0		
B	安政2秋	両地秋		28	0	0		
A	安政4/7/5	牽牛花花合	植木屋長太郎宅	46	0	0		催主植木屋長太郎、世話人　入谷成田屋留次郎・入谷惣連中、花撰三評杏葉館・東寧庵・松渓堂
B	安政4秋	都鄙秋興		122	7	3	長太郎・文蔵・六三郎	

A	安政6／7／18	（朝顔花合）	浅草黒船街榧寺	71	17	17	植勝・植亀・植勘右・植勘治・植吉・植熊・植久米・植源・植三・植惣吉・植太三郎・植辰・植太郎吉・植忠・植文（2人）・植要	催主惣朝皃屋中
A	万延元／7／4	朝顔花合	於本所押上大雲寺開莚	37	0	0		会主京園亭改東暁園・朝詠堂・耽秋園・東雪亭、撰者松渓堂・醜花園、彫工横川堂竹次郎
B	文久元	朝かゝみ		24	0	0		
A	文久3／6／27	朝顔花合	下谷坂本三丁目英信寺	91	32	28	植栄・植嘉・植勘右・植勘二・植喜太・植亀・植吉・植熊・植佐・植三・植宗・植重・植勝・植条・植惣吉・植太三・植太市・植太郎吉・植辰・植竹・植長・植徳・植文・植又・植養・成田屋・艸長・丸新	花撰東寧庵・醜花園・東暁園、催主朝皃屋惣連中
A	□月22日	蕣花合	駒込千駄木団子坂於右平次宅開莚	73	18	17	植勝・植亀・植勘・植勘右・植熊・植久米・植三・植惣吉・植惣助・植太一・植辰・植太郎・植太郎吉・植留・植文・植又・植要	会主惣植木屋中、花撰松渓堂、行司杏葉館・醜花園・百卉園、勧進元蓬深亭、差添百卉園
			小計	2049	124	52（重複を避けた人数）		
			合計	2894	144	58（同右）		

初めて出板された朝顔図譜である。『朝顔花併』は、わずか十二丁の薄いものであるが、園芸研究家・岡不崩《ふほう》は、これを今の広告銘鑑であるとした(26)。文化・文政期の図譜とは少々趣を異にして、狂歌はなく、栽培法も載せない。目的は、各丁の柱書に「穐叢園造花」と刷ってあるとおり、穐叢園の花を宣伝することにあったと思われる。このような、個人所有の花だけを載せてある図譜であるにもかかわらず、江戸における第二次ブームの中心人物、成田屋留次郎は、本書を少なくとも二冊所有していた。国立国会図書館白井文庫本と大東急記念会所蔵本の二本(27)で、いずれにも巻末見返しに図23に掲げた印影の黒印が捺されていた。成田屋がこの『朝顔花併』を二冊も有し

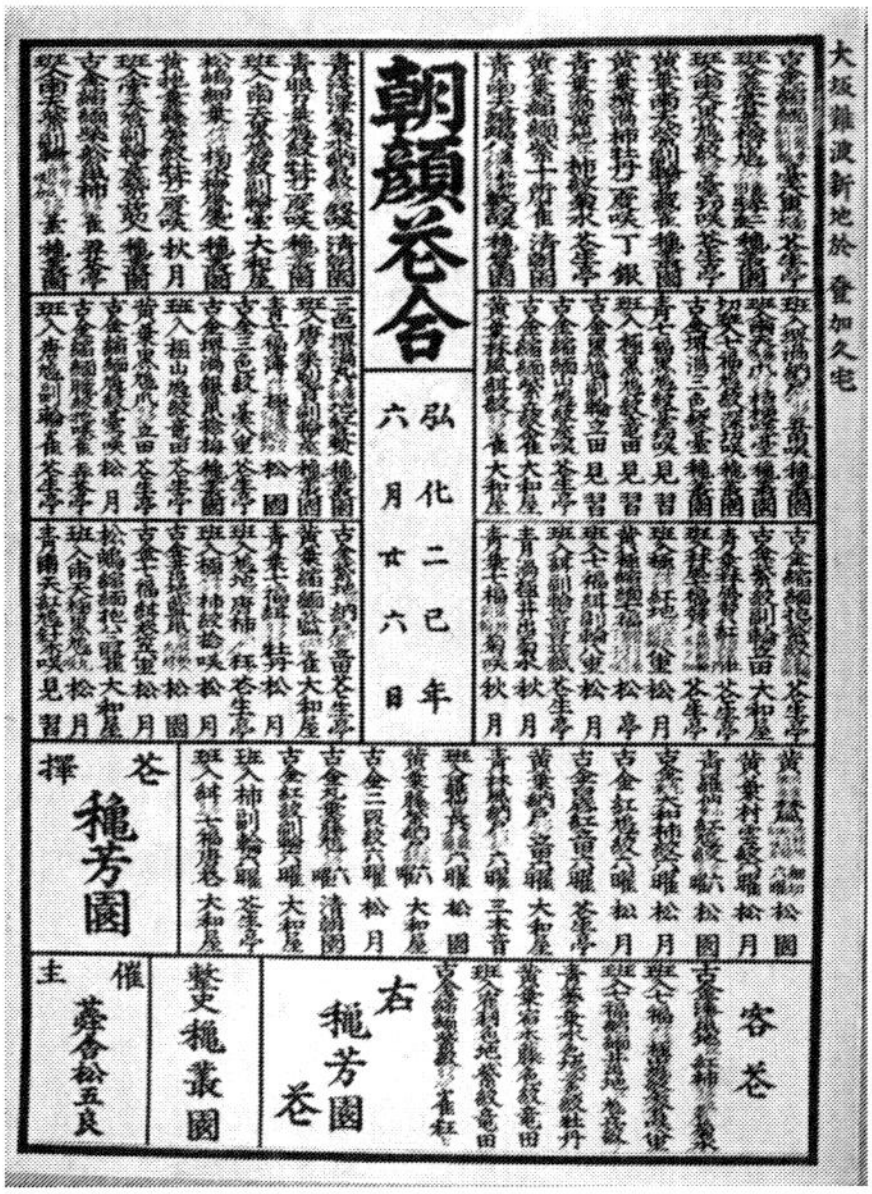

図22　弘化２年『朝顔花合』

ていたという事実は、自らの宣伝道具として『三都一朝』以下の図譜を企画するために参考とした一つの証拠となる。彼は『朝顔花併』から図譜としての形式を借り、さらにほかの朝顔出品者を募るという風に発展させたのである。また、成田屋は自らを「坂本町入谷　朝顔師[28]」と名乗るが、穐叢園は本書の見返しにおいて「摂府蕣家」と称している。どちらも朝顔の専門家の自称であり、この点も成田屋が真似た可能性が高い。

表36に、大坂における弘化・嘉永・安政期の朝顔のデータから、第一章（表29、112頁）で江戸の番付・図譜で試みたのと同様に、上位出品者を掲げた。これを見ると、穐叢園のみ成田屋の企画した三種の図譜『三都一朝』『両地秋』『都鄙秋興』に出品していることがわかる。また、穐叢園は、江戸の番付に「客花」として載せられる場合があった。安政四年七月五日開催の番付『牽牛花合[29]』、同六年七月十八日開催《安政六年榧寺朝顔花合》の番付[30]、万延元年（一八六〇）七月四日開催の『朝顔花合[31]』では、すべて「客花」として「大坂穐叢園代花」を、本所菊川町（現、墨田区菊川）の万花園が出品している。客品として江戸の花合に出品する場合には、必ず、本所菊川町の万花園を介していたのである。穐叢園の代わりに出品の労をとった万花園も、江戸においては、成田屋と競うように花合を開いた人物で、安政元年に『朝顔三十六花撰』を編集した。このよう

図23　成田屋蔵書印

表36　弘化以降大坂朝顔出品者上位14名

史料名	年　代	松亭	三木清	見習	穐叢園	坂田	前川	金石	芝田	弄花亭	津田	翁	松寿	東湖	花山	人数	所蔵・出典
朝顔花合	弘化２	○		○	○					○						4	①
朝顔花競	弘化３	○		○						○						3	②
朝顔花合	弘化４／６／26	○	○	○	○	○	○			○	○	○				9	③
朝顔花競	未年(弘化４)	○	○	○		○	○			○	○	○				8	②
朝顔花競	嘉永元／６	○	○			○	○	○			○	○	○			8	②
朝顔花競	嘉永元		○		○	○				○	○		○	○		7	②
朝顔花競	嘉永元	○	○	○	○	○	○	○	○	○	○	○	○			12	②
朝顔花競	嘉永元	○	○	○	○	○	○	○	○	○	○	○	○	○	○	14	②
朝顔花競	嘉永２／６／２	○	○	○			○		○					○	○	7	②
朝顔花競	嘉永２／６／16	○	○	○		○		○	○				○	○	○	9	②
朝顔花競	嘉永２／６／26		○		○	○	○	○	○					○		7	②
朝顔花競	嘉永２	○	○	○	○	○		○	○			○		○	○	10	②
朝顔花競	嘉永２	○	○	○			○	○	○		○				○	8	②
朝顔花競	嘉永３／６／10カ16	○	○	○	○	○	○	○	○			○	○	○	○	12	②
朝顔花競	嘉永３／６／26	○	○	○		○		○	○				○		○	8	②
蕣花競	嘉永５				○		○									2	④
三都一朝	嘉永７				○											1	②
両地秋	安政２				○											1	②
都鄙秋興	安政４				○											1	②
	回数	13	13	12	12	11	10	9	9	7	7	7	7	7	7		

※所蔵・出典：①架蔵、②国立国会図書館、③『江戸の変わり咲き朝顔』、④東京国立博物館

に穐叢園は、第二次流行期の担い手の双璧、成田屋および万花園と結び付きが強い人物であった。

以上述べてきたように、大坂でも江戸と同じように第二次朝顔ブームが訪れたのであるが、流行の形態に江戸との違いが見られた。それは、いわば逆転といってもよい現象で、大坂は、文化十三年における番付では「周防町　木内屋」「八まん筋　布屋」など、地名と出品者の職業や屋号が記され、百名を超える数の出品者の身分・居住地が明らかであったが、弘化・嘉永・安政期の番付には出品者の園号は記されるにもかかわらず、居住地や身分の情報が消え、不分明になってしまった。一例として表37に、嘉永五年六月一日開

表37　嘉永５年『彝花競』の出品者

	出品者の名称	出品花数
1	花桜園	5
2	花常亭	4
3	清花亭	4
4	南　兵	3
5	前　川	2
6	松　園	2
7	張良安ぶみ	1
8	穐蒼園	1
9	南　々	1
10	陸脩静	1
11	花好園	1
12	穐叢園客花	20

催の番付『彝花競』(32)から出品者の情報を掲げた。この会の花撰は穐叢園、開催主は春秋圃で、前に江戸との結び付きが強いとした、穐叢園が客品として一人で二十種の花を出品している。表37でわかることは、穐叢園も含めてたった十二名の出品者数であり、栽培家が、文化十三年と比較してぐっと減少した事実を如実に示すものである。

これに反比例するように江戸では、文化・文政期には地名だけで身分を隠し人物の特定ができなかったが、弘化・嘉永・安政期には、全体的に居住地を多く載せる傾向に変化し、園号だけでは身分が不明であるが、その出品者の名称に「植」を冠することで、職業は植木屋と判明する者の総数が増えていった。「植」を冠する人物は、四十一種類の図譜・番付のうち、重複を避けた人数は五十八名（のべ人数では一四四名）であり、その数は文化・文政期（のべ二十名、実数十一名）より弘化・嘉永・安政期（のべ一二四名、実数五十二名）の方が圧倒的に多い（表35参照）。

ところが、大坂に限って見ると「植」を冠する人名は、文化十三年『朝顔大天狗』における「植シマ」「植彦」および嘉永年間の「植安」の三名しかいない。第二章において江戸における「植〇」の増加は、文人の趣味的な同好会「連」から利益を追求する植木屋へと移行したと考えたが、この植木屋の存在が大坂では希薄である。

また開催場所を見ると、江戸では椢寺をはじめとして寺院・神社が多く、植木屋宅がこれに次ぐ。大坂では、難波新地「登加久」、同じく浪波新地「鉢山亭」の二軒しか判明しないが、「登加久」は天保十一年七月板の『浪花市中はんじやう家玉づくし』(33)に登場する有名料理屋である。鉢山亭も名から推して、おそらく料亭と考えられる。『近来年代記』(34)によるとこれらの料理屋は、草木品評会が行われる場であると、次のように述べている。

植樹草木之会　此節諸方之をあつめ、松の尾・とかく・木津仁などのせき（席）ニおいて会行多く有て、いろ〱の名木をあつめしなり。

このように、大坂では会場に料亭しか提供されず、寺社境内や植木屋の利用が見られないのである。

以上、大坂は全体の出品者数の減少、とりわけ植木屋の少なさ、出品者の地域名を載せない点、会場は料亭しか判明しない点など嘉永期の情報は乏しくなる。表35に掲げたとおり大坂と江戸の比較ができるのは嘉永年間まででで、さらにこれ以降幕末に至るまで花合は行われなくなったのか史料がまったくなくなる。直前の嘉永期の情報が少ないことから、徐々に衰退し、幕末には完全に朝顔花合の主導権を江戸に明け渡したと思われる。

前節では、文化・文政期における担い手に武士が多いか町人が多いかの違いを指摘した。本節で言及した嘉永期では、生業を持つ町人の中から、江戸における成田屋の如きキーパーソンが大坂では登場しなかったのが決定的な要因として、花合の回数の差に影響を及ぼしたと考えられる。次節では、文化・文政期に立ち戻って、武士の果たした役割を再考してみたい。

第三節　尾張藩士水谷豊文の朝顔史料

国立国会図書館には、尾張の本草学者・水谷豊文《ほうぶん》（助六）自筆の朝顔に関する史料が三種所蔵される。水谷豊文は、尾張藩士で、本草学を京都の小野蘭山《らんざん》に学び、文政九年、宮（現、名古屋市熱田区）において、江戸参府途中の、ドイツ人医師・シーボルトに会って植物鑑定の依頼をし、その学識の高さでシーボルトを感心せしめた。尾張の本草結社「嘗百社《しょうひゃくしゃ》」の中心的人物で、天保四年（一八三三）三月二十日、五十五歳で没したが、没後二年目に当たる天保六年には三回忌追善のため大々的な本草会が開かれた。この水谷豊文自筆の朝顔関係資料に以

一、の三種がある。

①『豊文朝顔雑記』写本一冊[35]

②『豊文朝顔叢書』[36]

（1）『牽牛花集』写本一冊　（2）『朝顔図鑑』写本一冊

（3）『朝顔叢（抄）』写本一冊　（4）『朝顔雑記』写本二冊

（5）『牽牛花目録』写本一冊　（6）『朝顔名花集』写本一舗

③『豊文朝顔図譜』写本一冊[37]

まず紹介する②の（6）『朝顔名花集』は、文化期における大坂の番付である。番付中央下部に載せられた序文には、次のように記される。

夫牽牛花黒白二丑より今数千品となれり。変化妙用は天造自然たりといへとも、人力を尽すときは新出の奇品際限なし。既に当年変生のもの三百余品。其内凡百品を撰み、当時流行の趣に応し略次を設く。然とも人々の好によつて愛する花異なれは、進退は各々の意に任すへしと云々。「群芳／園（白文方印）」

表紙外題は「花の名よせ」とあり、後ろ表紙には次のように朝顔番付の規則を定めた文章を添付する。

浪華に朝顔を盆玩となすこと盛にして既に流行の□を尽す。然とも好子年々に培養やむことなく家々の名品ますく〳〵長す。是に於て当時の弥種を一紙に集め、初心の便とす。蓋此撰新花を尊とすれと艶なるものは古花といへとも是を加ゆる。大抵園こと（毎）に始三四位□終一位を重品とす。上品末にあり、中品首にある の類は□の□古多□□を弔ひて花の甲乙に位の上下を□□んことを□□。

文化丁丑秋　坂陽市隠群芳園主人□（朱印）

（□はカスレのため判読不能箇所）

文化丁丑（文化十四年）の群芳園主人撰による「坂陽」すなわち大坂の番付で、一一二種の花名があるが出品者名の記載はない。本史料により文化十四年、大坂ですでに三〇〇種もの朝顔が作られ、番付が作成されたことを知り得る。ただしこの番付は、「園ことに」「弥種を一紙に集め」との文言から、寺院境内で花合の品評会を催した折の番付ではないことがわかる。第一部第二章において、花合の位づけは「狂歌合」から着想を得たとしたが、大坂においてはこのような発想がなく、優品を列挙するだけであった。文化・文政期における大坂の番付の出品者数が百名を超えていたのも、実は品評会番付ではなかったからである。当時の朝顔愛好家を列挙しただけのものであった。また、本史料で花名を載せ人名を載せないのは、番付と図譜が別々に機能していたからである。

右に掲げた大坂の史料が、尾張の本草学者によって保管されていたことも、また興味深い事実である。前節で採り上げた、大坂の朝顔の番付を貼り込んだ『朝顔花競』を所蔵していた伊藤圭介と、本節で紹介する水谷豊文は、ともに尾張藩士であり、本草研究会「嘗百社」のメンバーである。

次に、①『豊文朝顔雑記』には、何通かの手紙が貼り交ぜてあるが、そのうち、年不明八月十六日の玄冥より豊文宛の書簡を紹介する。

残花会七月三日拙方に而致し候。三度迠出来申上候。初会斗板いたしゆへ送候。七月廿八日之御千字八月十六日相届、辱拝請候。益々御安全之旨目出度奉賀候。然は朝皃種十一品御恵被下千万之辱候。尤御申こし被下候様此方にも持合之品も相見へ申候得は、名は同様予も花替之義御座候間、来春う（植）へ可申と相楽居申候。又此方ゟも送り可申候へ共其御地も追々新花出来候よし承は、当度堺会付送り申候間、思召品も御座候はゝ可被仰下候。今日状持参仁、今夕夜船に而其御地江下候よし待居候ゆへ、早々御請迠に可申入候。此仁直様帰り候間、思召品御申こし可罷下候。早々申残候。

不備

八月十六日　　玄冥（花押）

助六様　御下

差出人玄冥は堺の住人で、名から推して医者か僧侶と目される。本状は、堺で開催した品評会の印刷物（おそらく一枚刷りの番付）を送るという連絡を兼ねた、朝顔の種子受領に対する豊文宛ての礼状である。玄冥の方からも種を差し上げるべきであるが、「其御地」つまり名古屋でも新花が出来ているようであるし、当方堺でまた品評会があるので、その際にでも欲しい種子を申し付けくださいと結ぶ。また、本状に続けて貼られた五月二十八日付書状にも同じ玄冥より、種子の交換のため人を遣わす旨の書状が出されているので、続いて引用する。

其御地案内仁に四五日滞留致候よし一筆御報被下度候。先年御送被下候橘もかれ申候。此方に而は誠其後者御物達御座候へ共御安康御入候。可罷成与出来不申候。珍重御事候。其御地いか丶御座候や。当地相応朝皃はやり申候、別而当年は京大はやり申候よし追々新花は余分出来申候。其御地珍敷品も御座候は丶御送り被下度候。此方ゟ送り可申候。其御地へ下候仁今夕来り申候に付早々調申候。跡ゟ又々可申置候

不備

五月廿八日　　玄冥（花押）

助六様

ここでは、京における流行の報告もされる。「当年」や、またその前の八月十六日付書状も年代は不明であるが、本状のすぐ後に貼られた鈴木大八郎より豊文に宛てた書状の月日が、「閏四月五日」となっており、四月に閏月があり、かつ豊文生存年の中では文政二年が最も可能性が高いので、同じ年かその前後数年の間であろう。以上の書簡二通により、本草学者・水谷豊文もまた、朝顔栽培に従事していたとわかる。

①『豊文朝顔雑記』には、また別の箇所に「小川屋朝皃直段申遣」とあり、朝顔の値段が記されている。小川

屋は、名古屋の九十軒町（現、名古屋市東山区）の小川屋治助であろう。[38] 高いもので十五匁、ほかは一匁五分、二匁、二朱、三匁とある。成田屋が大坂から購入した種子の合計価格が三十両という数字があるので、[39] これに比べれば格段の安さである。また丑十月には「大坂ゟ来朝皃直段附」とあるが、こちらは例えば「紺白25歩」「銀龍　1mo」「同さつまるり　2朱」と、なぜかアラビア数字を用いて値段を記す。moは匁の略号であろう。末尾に「大坂植木や　平兵衛」とあるので、これは顧客・豊文への注文表（の写し）である。輸送の手間や十月という季節を考慮に入れると、種子の通信販売であろう。本史料で注目すべきは、初めて表35（200〜202頁）に挙げた「植シマ」「植彦」「植安」以外の大坂の植木屋、平兵衛の登場である。さらに本史料は、大坂の植木屋が関西地域だけでなく名古屋にも進出していたことを示すものとして貴重な情報である。ほかに「木部牡丹や　もらい」という覚書もあり、牡丹で有名な大坂郊外の木部（現、池田市）の植木屋と考えられる。

①『豊文朝顔雑記』同様に、種子のやりとりを記したものが、②（4）『朝顔雑記』乾坤二冊である。ここでは、種子を送ってきた人物の名前が列挙される。その中には、名古屋以外の住人も含まれ、都市間の流通状況がわかる興味深い史料である。以下に、豊文と交流があった数名の人物を紹介する。

まず、種子七種十三品を送ってきた、谷斧五郎という人物は、

江戸御籏（ママ）本衆　谷斧五郎ゟ　丑冬

と旗本と紹介されるが、人物の履歴は不明である。しかし前述の『武江年表』で、文化五、六年より朝顔栽培を始め、かつ大田南畝と交流した谷七左衛門と何らかの関わりが疑える人物である。「丑冬」は文化十四年冬であろう。

また江戸だけでなく、次のとおり、大坂からも種子が送られている。

難波峰岸佑蔵ゟ　寅三月廿一日　ナンバノ惣七持来

ここで鮭汲の惣七という人物に託して六種の種子をもたらす「峰岸佶蔵」は、峰岸一言の血縁であろう。「寅」は文化十五年と考えられる。

ほかに大坂の人間と判明するのは、同年正月に、七種・十一品をもたらした、

河内屋幸助ゟ寅正月

とある「河内屋幸助」である。彼は、文化十三年『朝顔名家集』、また『摂陽奇観』所収文化十四年秋の番付に登場する、嶌之内の「河幸」と比定できる。『朝顔大天狗』では「川幸」とあるが、これも同一人物であろう。この相撲見立番付『朝顔大天狗』では、大関に次ぐ位置「関脇」にあり、当時有数の栽培家とわかる。

このように本史料には、江戸・大坂ともに朝顔培養家として重鎮ともいうべき人物と豊文との関わりが示されている。とりわけ、本史料で興味を惹いたのは、次の記述、江戸の本草学者・岩崎灌園と同一人物の可能性を示す箇所である。そこには、

岩崎　松嶋 江戸紫

とあるのみで年代・種子数の記載はない。しかし割書の「松嶋」は、朝顔の品種名であることが、文政七年三月に岩崎灌園の自序がある『武江産物志』(40)「遊観類」における「牽牛花」の記事から判明する。当該箇所には、

牽牛花　下谷 本所
花形の変りは、孔雀・乱獅子・梅咲・桔梗咲・ちゞみ・茶台・采咲・八重・孔雀・薄黄・牡丹咲・龍胆咲・吹切咲・糸咲・風折・剱咲・いぎりす・眉間尺・巻絹・薩摩紺・絞り類、葉形の変りは、孔雀・龍の眉・龍田川・葵葉・黄葉・松島・柳葉・唐糸・鳳凰葉・柿葉・宇津川・いさは類・南天葉・七福神・芙蓉は・金剛獅子・銀龍・鼠葉・円葉・紅葉ば・通玄仙・破レ柳・薯葉・山鳥・石花・木立

と、花形の変異を二十一種、葉形の変異（石化・木立など葉以外の形態も含む）を「松島（嶋）」も含む二十六種、合

計四十七品種を載せる。この記事を書いた岩崎灌園は、水谷豊文と同じ師、小野蘭山に学んだ人物で、江戸後期を代表する本草学者であり、かつ園芸に詳しい一面も、その著『草木育種《そうもくそだてぐさ》』より明らかである。前に挙げた『武江産物志』では、他の植物（例えば菊・花菖蒲など）に関しては地名や植物名の記述に限っているのに対し、朝顔にのみこれほど細かく園芸品種名を載せるという特別扱いをしている。これも園芸への傾倒ぶりを示す事柄である。灌園と豊文が園芸植物をめぐって交流があったことは、すでに遠藤正治によって明らかにされているが[41]、朝顔流行史において、岩崎灌園の名が登場する研究はいまだかつてなく、本史料は断片ではあるが、見逃せない記事として重要である。このことによって、江戸において「花丸の連」が結成された文政七年当時に、「連」に属さない、独自のネットワークを持つ、別の担い手として本草学者の存在を意識しなければならないだろう。

最後に紹介するのは、③『豊文朝顔図譜』で、これは十五名の名が載る朝顔図譜である。十五名のうち「小川ヤ」「仙助」「野呂瀬」は、尾張藩医・野村立栄（二世）による『牽牛花・芍薬培養法』[42]の巻末に記された「文化十一甲戌年朝皃数寄　至文政三辰年巳年ハ廃」とある、名古屋における朝顔好事家十一名のうちの「小川屋治助」「花屋仙助」「野呂瀬五右衛門」である。これも名古屋における朝顔流行を語る史料として貴重である。

名古屋における朝顔流行は、尾張の地誌『名陽見聞図会』[43]天保四年の項に、

△此夏、朝顔大流行ニて諸所ニ会あり。

と同年夏のこととする。しかしながらこれより十九年前に『牽牛花・芍薬培養法』では、名古屋における朝顔の「数寄者」を載せ、同じ頃には水谷豊文自身も培養している。名古屋でも江戸と同じように、はじめ趣味の者（数寄）たちによる流行があり、「文政三辰年巳年」（文政三、四年）に一度廃れて、江戸より十年以上も早いが、天保期に第二次ブームを迎えるという現象が生じたのである。

これまで浅草蔵前在住の与住秋水以外は、積極的に変化朝顔を培養した本草学者を発見できなかったが[44]、以上

の検討から、尾張を代表する本草学者が実際に変化朝顔を培養し、種の交換をしていたことが判明した。自ら朝顔を育てていた水谷豊文は、大坂と江戸と双方にネットワークを持ち、本草学者として交際のある江戸の岩崎灌園にその姿勢は受け継がれ、同じ尾張出身の本草学者・伊藤圭介もこの伝統を継承していったのである。(45)

おわりに

本章は、変化朝顔における流行の形態について、江戸と大坂の担い手の比較という観点から、これらの流行事象を担った層が植木屋ではないかという推測のもと、朝顔図譜・番付の検討を行った。流行の初期、文化・文政期では、担い手に江戸では武士が多く、大坂では生業を持つ町人が多かった。しかし、嘉永・安政期の大坂の番付には、このような屋号や職業を示す出品者名は減少し、大坂では江戸に比べて植木屋の存在は非常に希薄になり、江戸ほど流行の実態の解明が進まなかった。しかし、成田屋に影響を与えた『朝顔花併』をはじめとする図譜の存在など、嘉永・安政期における江戸の流行は、大坂から学んだことを再確認できた。

また、大坂に加えて、名古屋についても史料を紹介したが、江戸も大坂も名古屋も、そのすべての地において、文化の末に流行しはじめ、いったん廃れた後にもう一度ブームが再来したことが明らかになった。そして、名古屋の本草学者・水谷豊文の史料を分析することによって、種子の値段表を作って、名古屋にまで販路を拡大している大坂の植木屋の姿を確認でき、大坂の植木屋の活動が一概に微弱とは言い切れないことも判明した。このように、園芸愛好家だけでなく、尾張の本草学者が、熱心に朝顔培養を行っていた事実から、朝顔流行の担い手としての武士、特に本草学者の情報網が、地方へ伝播するように作用していたとの結論を得た。

第三部で後述するが、朝顔同様、近世後期に江戸で流行した菊細工の場合では、大坂の担い手は皆無に等しく、また番付に登場する出品者も圧倒的に植木屋が多い。この点と本節の朝顔図譜・番付で見てきた特徴を併せ考えると、江戸地域における植木屋は、本業の植木栽培・販売を行うだけでなく、変化朝顔・菊細工の番付に登場することで宣伝効果をあげようとしていたのではないかと考えられる。史料登場回数は、江戸の植木屋の方が数の上で絶対的に上回っている。この理由として、もともとは造園を行う植木屋集住地帯である、染井・伝中・団子坂の立地条件に代表されるとおり、武家屋敷地の割合が大坂より高い点が挙げられる。江戸においては大量の植木屋が存在すること自体が、競争を激化させ宣伝を必要としたのではないだろうか。

最後に紹介した名古屋の変化朝顔の充実は、担い手が尾張藩士だったことに注目すべきである。初期流行の時点で、蒲鉾屋・硯屋という町人が多い大坂に対し、江戸では名を秘した武士が栽培に従事している。自らの屋敷の庭を手入れする植木屋と親密になる機会[46]、ならびに江戸から地方へ、あるいは地方から江戸へ在番のため赴く機会が与えられたのは武士であり、彼らが情報伝達の役割を担って、変化朝顔の普及に一役買ったのである。

（1）飛田範夫「大坂の植木屋と花屋」（『ランドスケープ研究』六三巻五号、二〇〇〇年）は大坂の植木屋・花屋を地域別に言及した興味深いものであるが、園芸植物の図譜・刷り物から大坂の植木屋を考察したものはないと思われる。

（2）『江戸名所花暦』八坂書房、一九九四年。

（3）国立国会図書館蔵『小野蘭山公勤日記』第三冊三丁表（W221-N32）、文化三年三月四日条。

（4）『増訂武江年表2』平凡社、一九六八年。

（5）この樹木を植えるのを避ける傾向は、変化朝顔だけでなく、鉢植植物全般にも当てはめることができよう。

（6）「谷氏に朝顔の花みしに」（『紅梅集』。『大田南畝全集』二巻〈岩波書店、一九八六年〉所収）や、「谷氏の静幽斎に牽牛花を看る」（『南畝集』同、五巻〈一九八七年〉所収）との記事がある。

（7）『大田南畝全集』十九巻（岩波書店、一九八九年）所収五月六日付書簡「常元寺・馬田昌調・佐伯重甫・田宮由蔵（仲宣）宛」。

（8）同右、八巻（同、一九八六年）所収『細推物理』、二十巻（同、一九九〇年）所収「享和三年、年月不明和歌二種」

（『擁書楼日記』文化十二年十月六日条）。

（9）『摂陽奇観』其五「巻之四十五」（浪速叢書刊行会『浪速叢書』第五、一九二七年）所収。

（10）『朝鮮珍花蕣集』は三月に出板されたが、出板許可願に違反があったとして異議が唱えられ、七月、ほぼ同じ内容の『牽牛品類図考』が刊行された。磯野直秀「日本博物学史覚え書11」（『慶應義塾大学日吉紀要　自然科学』三〇号、二〇〇一年）を参照。

（11）第三部第二章補論を参照。

（12）大阪府立中之島図書館蔵『保古帖』［甲雑58］第六冊二十三丁裏から二十四丁表に貼り込まれる。本書を貼り交ぜた旧蔵者は、蔵書印「鹿田文庫」より大阪の古書肆・鹿田静七（店舗名は鹿田松雲堂）と判明する。鹿田は、明治二十九年から開始された「集古会」会員で、本会は、近世後期から行われた、蒐集・公開する好古の会の性質をよく継承した会である。鹿田自身はコレクターとして集古会に出品したほか、大阪集古会を開催、大阪史談会の設立に尽力、希覯本出版など大阪における学芸活動の中心人物であった。なお本番付は、大阪のタウン誌『あるっく』四二号（二〇〇四年）に図版掲載。

（13）渡辺好孝『江戸の変わり咲き朝顔』（平凡社、一九九六年）三五頁に図版掲載。

（14）名前が同じでも、住所表記が異なる者は除いた。

（15）註(9)に同。

（16）以上二名については、註(12)に挙げた『あるっく』の記事による。筆者は、大坂の地域史に明るくないので、江戸で試みた地域別の差異は挙げられなかった。今後の検討課題の一つである。

（17）「連」に関しては、第二章を参照。

（18）第一章第四節参照。

（19）『朝顔花競』［特7-2］。

（20）覚書は次のとおり（／は改行）。

伊藤篤太郎按ニ此朝顔花競ハ何人ノ片抜キ貼付セシモノナルカヲ知ラズト雖ドモ／左記ノ番附ヨリ集メシモノナルベシ。／(一)嘉永元申年六月／(二)嘉永元戌申年／(三)嘉永元申載／(四)嘉永元戊申年／(五)嘉永貳酉載／(六)嘉永貳酉載六

月上二／(七)嘉永貮酉六月十六日／(八)嘉永貮歳酉六月廿六日／(九)嘉永貮酉星／(十)嘉永三歳戌六月二十六日／(十一)嘉永第三戌歳六月十日／(十二)嘉永第三戌六月十六日／(十三)弘化三丙午歳／以上ノ年月出版ノ番付／伊藤篤太郎記

(21) 名古屋市東山植物園蔵『辛亥（嘉永四年）牽牛納種控』、『辛酉（文久元年）牽牛納種控』、『丁卯（慶応三年）牽牛花分苗譜』、『戊辰（慶応四年）牽牛花分苗簿』。

(22) 国立国会図書館蔵［本別6－9］全一二冊。磯野直秀「伊藤圭介編著『植物図説雑纂』について」（『参考書誌研究』五九号、二〇〇三年）に内容紹介がある。

(23) 名古屋大学附属図書館蔵、全一四四冊。同大ホームページで全冊の画像が見られる。

(24)［特7－652］。表裏に貼り込まれた折本、全三帖。万年青二十四点、長生草十二点、菊八点、菊人形十三点、花菖蒲六点などの割合に比べて朝顔が一点のみというのは少なすぎる。本番付は、明治時代のものが中心であるが、一部幕末も含まれる。

(25) 架蔵。

(26)『東京朝顔研究会会報』第十八回（一九二六年）。慶應義塾大学名誉教授磯野直秀氏のご教示による。

(27)［特1－2579］。

(28)『三都一朝』『両地秋』『都鄙秋興』では、見返しに「朝皃師　成田屋留次郎」とある。

(29) 雑花園文庫蔵。

(30) 国立国会図書館蔵『植物銘鑑』第三帖（裏側）の十七丁裏～十八丁表に貼りこまれる。註(24)に同。

(31) 雑花園文庫蔵。

(32) 東京国立博物館蔵『菊番附道順独案内外九種』の内の一枚［と531雑］。

(33)『江戸時代図誌3　大阪』筑摩書房、一九七六年。「天保十一子之七月改正新板」とある。

(34)『近来年代記』下、大阪市史料調査会、一九八〇年。

(35)［特7－677］。

(36)［特7－614］。

(37) ［特7-678］。
(38) 国立国会図書館蔵『牽牛花・芍薬培養法』［特1-445］。小川屋は『朝顔名家集』によると大坂久宝寺にもあったが、ここでは名古屋を指す。
(39) 第一章第四節参照。
(40) 国立国会図書館蔵『武江産物志』［特1-2956］。
(41) 遠藤正治は、『本草学と洋学―小野蘭山学統の研究―』（思文閣出版、二〇〇三年）において、豊文が灌園に宛てた書簡を紹介し、園芸品種を多く含む植物のやりとりが実際になされていたことを明らかにした。
(42) 国立国会図書館蔵［特1-445］。
(43) 『名陽見聞図会』美術文化史研究会、一九八七年。
(44) 富山藩主・前田利保は、二十歳前に朝顔を二百余種栽培した。第二部第一章で紹介。
(45) 尾張藩士三村森軒は、享保八年（一七二三）に『朝顔明鑑抄』（『伊藤圭介と尾張本草学』〈名古屋市博物館、二〇〇一年〉に図版掲載）を記している。尾張は本草学において他地域を一歩リードしていた観があり、朝顔培養など園芸文化の点でも同じことがいえそうだが今後の課題として改めて考えたい。
(46) 尾張藩医伊藤圭介は、自分の周辺に常に有能な植木屋を抱えていた。吉川芳秋「植木屋曽吉」（『医学・洋学・本草学者の研究―吉川芳秋著作集―』〈八坂書房、一九九三年〉所収）ならびに第二部第二章を参照。

第二部　園芸と本草学

第一章　本草学者・岩崎灌園の園芸における業績

はじめに

都市における園芸文化を考える上で、第二の視座として据えたいのが、本草学の影響である。序章でも述べたとおり、本研究が扱う本草の範囲は、近世後期から隆盛した「物産学」に近い分野である。しかし最終的には、広義の「本草」に含まれるものであるから、本章と次章では、第二部として「本草」あるいは「本草学」の言葉を用いて、この学問が園芸に果たした役割を相対的に考察する。

本章では、本草学者・岩崎灌園を中心に据える。彼は、本草学者の中では著名であるが、園芸という視点から彼の業績を検討することで、岩崎灌園自身の独自性が際立つと考えた。彼の業績として最も有名なのは、日本最初の本格的植物図鑑『本草図譜』全九十二冊を手掛けた事実である。しかし『本草図譜』各冊に注目した検討はまだ充分とはいえず、彼のほかの著書に対しても定まった評価は未だ少ない。本章では、都市に居住する本草学者が園芸分野に対してどのように関わりを持ったかについて、特に岩崎灌園の業績を中心に採り上げ検討する。

第一節　江戸の本草学者の居住地

まず、近世後期において本草学者というのがどれほど存在したのかという前提から始めよう。なお、本章で紹介する史料中には「本草家」と記されることが多いが、学問としての側面を強調するため、本研究では「本草学者」の語に統一したことをここで断っておく。史料は、近世後期から刊行され始めた各種人名録を用いた。捜索したのは、文化十二年（一八一五）『江戸当時諸家人名録』初編、文政元年（一八一八）『江戸当時諸家人名録』二編（①）、天保七年（一八三六）『江戸現在広益諸家人名録』初編（②）、天保十三年『江戸現在広益諸家人名録』二編（③）、嘉永二、三年（一八四九・五〇）『現存雷名江戸文人寿命附』（④）、嘉永三年『江戸文人藝園一覧』、安政七年（一八六〇）『安政文雅人名録』（⑤）、文久元年（一八六一）『江戸現在広益諸家人名録』三編（⑥）、文久三年『文久文雅人名録』（⑦）の九種である。[1] このうち『江戸当時諸家人名録』初編、『江戸文人藝園一覧』および参考のため検討した明治十二年（一八七九）『明治文雅人名録』[2]の三種の人名録には、専門分野に「本草」を掲げる人名はなかった。表38に掲げたのが、人名録に登場する本草学者のすべてであり、全部で十三名を数えた。しかし、厳密にいうと武蔵石寿と坂本浩然は、画家として掲載されているのであり、純粋の本草学者はわずか十一名ということになる。

次に、この十一名について概観を述べる。表38のうち、小野蘭山のみが人名録刊行当時、すでに物故者であった。彼は他の人物より一つ前の世代に当たり、寛政十一年（一七九九）、幕府医学館責任者・多紀元簡《たきもとやす》の推挙により、京から江戸へ幕府医官として招聘され、医学館で本草を講ずる傍ら諸国採薬に赴き薬園の整備を図った。蘭山没後、文政元年刊行の人名録に載せられた住居は、医学館構内に相当する「向柳原」（現、台東区浅草橋四丁目）である。蘭山の門人は、文化五年にはすでに千人を越えたといわれ（墓碑による）、江戸の本草学を語る上で重要な人物である。本章では、蘭山後継にあたる近世後期江戸における本草学者が、園芸をどのようにとらえたかを問題とする。この蘭山最晩年の門人が、本章で主軸に据える岩崎灌園である。

小野蕙畝《けいほ》は、蘭山の孫である。蕙畝門人には、次章で紹介する植木屋・柏木桼次郎、吉三郎兄弟がいた。彼は、

表38　人名録に見る本草学者

氏　名	生没年	肩書き	掲載史料	制作年	地　名	現在地
小野蘭山	1729-1810	本草家	①	1818	向柳原	台　東
佐藤中陵	1762-1848	物産家	①	1818	駒　込	文　京
		物　産	②	1836	本郷片町	
小野蕙畝	1774-1852	物　産	②	1836	下谷練屏(塀)小路	千代田
岩崎灌園	1786-1842	物　産	②	1836	根津権現後	台　東
松本順亭	1785-1840	物　産	②	1836	下谷泉橋通	台　東
岡村尚謙	?-1837	本　草	②	1836	下谷御成小路	台　東
福井春水	?-?	本　草	②	1836	下谷三味線堀	台　東
		本　草	④	1849-50	下谷三味線堀	
曽玄恭	?-?	物　産	②	1836	幸橋内	中　央
曽昌遵	?-?	本艸学	③	1842	幸橋内	中　央
曽昌宇	?-?	本艸学	③	1842	同居(幸橋内)	中　央
阿部櫟齋	1805-1870	本　草	②	1836	本石町一丁目	中　央
		本　草	④	1849-50	石町三丁目横町	
		本　草	⑤	1860	本石町一丁目	
		本　草	⑥	1861	本石町一丁目	
		本　草	⑦	1863	本石町一丁目	
坂本浩然	1800-1853	画物産	②	1836	青山六道辻	港
武蔵石寿	1766-1860	本艸画	③	1842	小石川隆慶橋	文　京
		貝	④	1849-50	小石川鈍々橋	

医学館の薬園維持など蘭山本草学の跡を継承した人物である。住居が「下谷練塀小路」なのは、天保五年の火災で神田松永町の室田真次郎の拝領屋敷内（現、千代田区神田練塀町）に借地したからである。[3]

岡村尚謙《なおかね》・阿部櫟斎《れきさい》は、ともに灌園門人で、岡村は、竹笹類について名の由来とともに和歌・詩文を配した『桂園竹譜《けいえんちくふ》』を著した。これは、灌園門人・殿村常久《とのむらつねひさ》による天保元年刊『千草の根さし』が、『枕草子』中の草木考証である点とよく似ている。

灌園門人の中では、『本草会出席簿』に最も多く見られる（四十四回）阿部将翁照任《しょうおうてるとう》の曾孫・櫟斎喜任《きとう》の業績が飛びぬけている。文政元年に灌園に入門し、師の著作『草木育種《そうもくそだてぐさ》』前編に引き続き後編を出板、また続編の稿本ものこっている（後述）。住居は本石町（現、日本橋本石町）で、五種の人名録に載る。ただし、表38には掲げなかった、天保三年刊『書画薈粋《わいすい》初編』[4]では、住所が「下谷和泉橋通り」で、天保五年夏成立『当世名家評判記』[5]では「石丁」（本石町に同じ）とあるので、この間に下谷和泉橋（現、台東区から千代田区）から、日本橋（石町）に移ったことがわかる。『書画薈粋』の著者・畑銀鶏《ぎんけい》とも親しく、彼の著『街廼噂《まちのうわさ》』[6]で登場人物に「竹馬の友」と言わしめている。櫟斎はまた、漢学者・東條琴台《きんだい》の門人でもあり、絵師・椿椿山《つばきちんざん》に自分の会日を知らせる引札の図を描いてもらうなど[7]、他分野との交流が顕著に認められる。[8]

佐藤中陵《ちゅうりょう》は種樹家の出といわれ、植木屋が多い駒込（現、文京区）に居住するが、父は稲生《いのう》若水《じゃくすい》に学び、水戸藩に仕えた士分であるので[9]、水戸藩上屋敷が小石川御門外、中屋敷が駒込追分という、武家地が多い現在の文京区域に居住したと考えられる。

松本順亭《じゅんてい》は、天谿、紫陽亭とも号し、『俳諧多識編』を文政十年に刊行、医師・鈴木良知《りょうち》の門人で、薬効を考究する本草と俳諧に秀でていた。

表38において注意を喚起したい点は、本草学者の絶対数が少ないなかでそれぞれが互いに交際していた点であ

る。曽玄恭と曽昌遵は、曽占春《そうせんしゅん》の息子で、曽昌言は昌遵の息子、つまり占春の孫に当たる。人名録は、小野家でもそうだったように家族の記載が多いのも特徴であるが、天保五年に没した占春の名がないのは、天保七年以降の人名録の編集方針が当時存命の者を載せるというふうに変化したからであり、掲載はないが父・祖父である占春も本草学者として著名な人物であったことに変わりはない。なお灌園門人・阿部櫟斎は、占春の門でも学んでいる。

灌園の私塾、谷中（現、台東区谷中）にあった「又玄堂《ゆうげんどう》」における勉強会の出席簿『本草会出席簿』(10)は、文政十一年と同十二年の分が現存するが、門人の阿部櫟斎（四十四回）や岡村尚謙（十回）をはじめ、「福井采女」の名前で、福井春水《しゅんすい》が十六回登場する。江戸における薬品会が、田村藍水《らんすい》が平賀源内の助言により湯島で行って以来、これ以降のほとんどが幕府医学館という官主催のものになったのに対し、春水は天保三年と同九年六月と七月にと、少なくとも三度にわたって、民間で薬品会を主催したという興味深い人物であるので、次に具体的に史料を掲げて紹介したい。

福井春水は、名を潤、采女とも号した。住居は「下谷三味線堀」（現、台東区台東）である。畑銀鶏編『現存雷名江戸文人寿命附』(11)には、

専門をみがきあげたる本草家。若手のうちの江戸で一人。

とあり、その能力は高く評価されていた。また『江戸繁昌記』の著者・寺門静軒《てらかどせいけん》との関係が深く、同じく銀鶏の著『街廼噂』(12)初編巻之二には、静軒のことを尋ねるくだりに、

「あれはもし何方の人だね」
「『掌中名物筌《しょうちゅうめいぶつせん》』（天保三年刊）を書やした春水子の兄で御座りやす」
「へ、本草家の福井の」

と静軒と春水が兄弟だという。兄弟子の意にもとれようが、二人の血縁・同門を示す史料はほかには発見できなかった。天保四年刊『桃洞名物筌正誤《とうどうめいぶつせんせいご》』(13)は和歌山の小原桃洞《おはらとうどう》の記した本草に関する事柄を、春水がさらに考察を加えたもので、下谷長者町（現、台東区上野）の薬種商・山崎美成《よししげ》が序文を寄せる。美成はここで、初めて本書を見て二十歳を過ぎたばかりの春水の才能に愕然としたと褒め讃える。

春水の著作は、『国書総目録』(14)によると二十種あるが、このうち十五種は書名と巻数が判明するのみで現存せず、当時名が知れわたりその才能も評価されていた人物でありながら、経歴は不明な点が多い。

さて筆者が春水の業績のうち最も重要と考える薬品会の第一回は、天保三年に行われた。『江戸繁昌記』二編「薬品会」によると、オランウータン、タイマイなど七千余種の品を集めたものであった。その会主は、本書の著者・寺門静軒にとっては、「吾が友、春水福井氏」(15)であった。

次いで第二回目に当たる天保九年の薬品会は、山崎美成著『金杉日記』(16)にその記録がある。

（前略）六月二日より薬品会を催さんに、おのれにもよろづおなじくはかり給へかしとありしかば、この比いさゝかの文障《ママ》だになき折からなれど、先きの年の薬品会にも専ら事にあづかれば、こたびも去がたくてうけ《ママ》引ぬ。

美成のところへ春水が相談に訪れ、美成は「先きの年」にも薬品会幹事を務めたので今回も承知することになった。六月二日からの会は「浅草御門外」（現、台東区浅草橋付近）の料亭「大吉屋」(17)で行われ、イッカク、オランウータンなどが出品され盛況を極めた。この会の出品物の一部は、色刷りの一枚刷り物に描かれる（図24）。

図は、表題に「天保九年六月二日より浅草御門外大吉屋にて虫干薬品会　内春水福井先生鑑定」とあり、春水の鑑定品のみを図化したものとわかる。ここには、寛政年間（一七八九〜一八〇一）に舶来し、その後に死んだ「山客（オランウータン）」の皮を剝いだものなど特に珍しい十品を載せ、左隅にはすべての品が次のとおり記してある。

日々薬品五千種ずつ引替虫干品数
介（貝）類八千種　石類五千種　草類二千種　木類二千種
虫類五千種　鳥類二千種　獣類二千種
此外追々出板す。みな衆人の見るところ聊か偽を伝へず。

全部で二万六千もの出品があったとは驚嘆すべき数値である。図は柳川重信《やながわしげのぶ》（二代、生没年未詳）が描き、原徳斎《はらとくさい》の題詞がある。絵師・柳川重信は、漢学者・志賀理斎《しがりさい》の三男で、儒者・原徳斎も理斎の実子であるが、後『先哲叢談《せんてつそうだん》』の著者・原念斎《ねんさい》の養子になった。

『金杉日記』(18)は続けて、この六月の会の日数が足りなかったので七月一日から、原徳斎の発案により、絵師・酒《さか》巻立兆《まきりっちょう》宅で再び薬品会を開催したと次のようにいう。

（前略）この薬品会の日数少くてほゐ（本意）ならねば、今一度何方にまれ催さんと思ふものから、原徳斎の心づきて、池はたなる酒巻立兆が池亭はいかにかあらんといふに、福井春水もうべなひて、七月朔日より再び

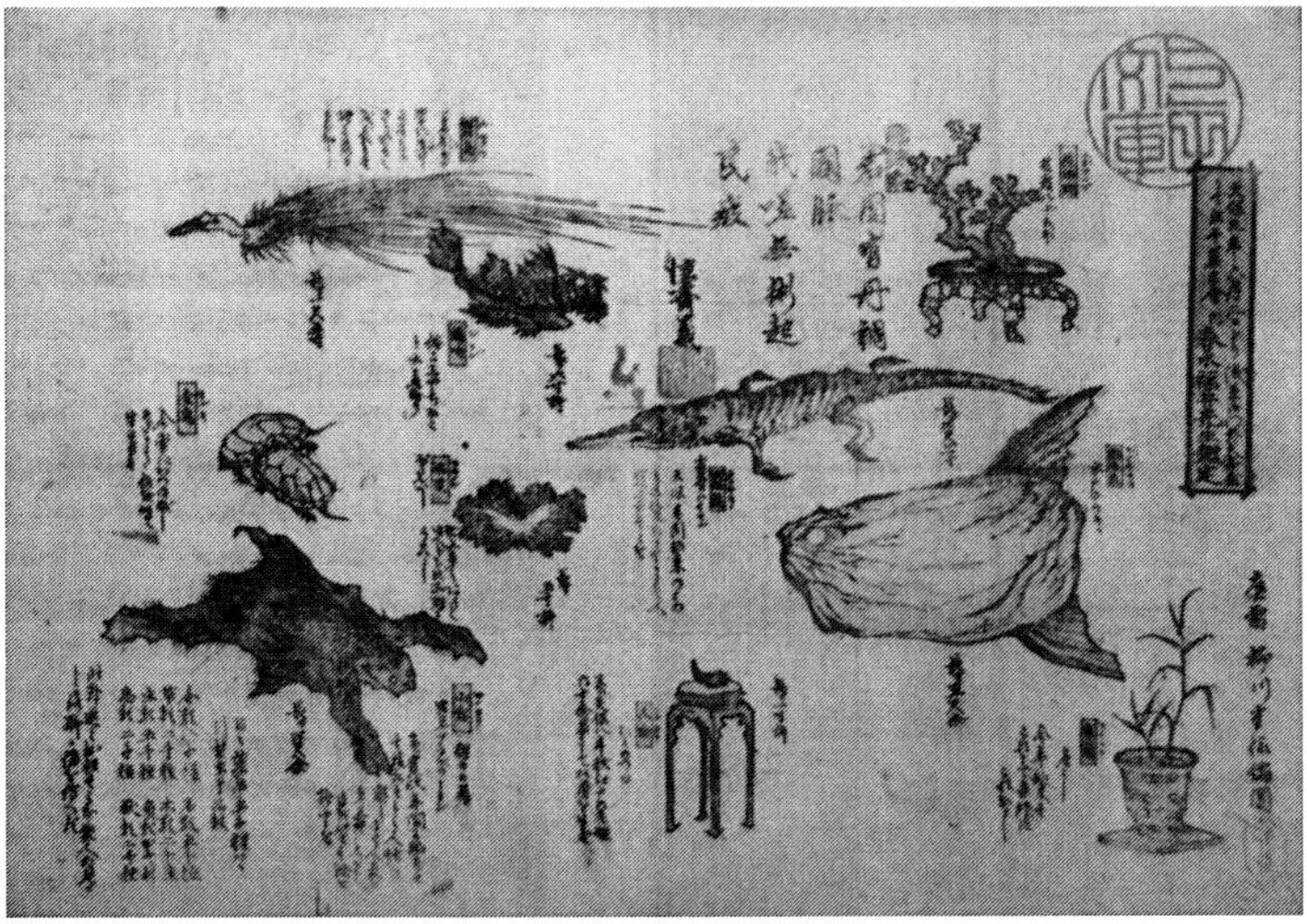

図24　薬品会刷物

催しぬ。同じ四日より故ありて、近き隣の玉屋といへるに席をうつしたり。さればおのれと福井春水、原徳斎は、薬品会のことむねとつかさどるものなれば、かはるがはる日ごとにかの席のあるからに、折しも蓮花の盛にてあかず日を経ぬ。

ここに登場する酒巻立兆は、池之端通仲町裏（現、台東区池之端）に住んだ絵師で、居所を「池亭」と号した。この史料には、「おのれと福井春水、原徳斎は、薬品会のことむねとつかさどるものなれば」とあり、春水・徳斎、それに『金杉日記』著者・山崎美成は、薬品会の幹事として機能していたことがわかる。

会場は、前回は浅草橋「大吉屋」、今回は当初池之端の立兆宅であったが、後「玉屋」に場所を移した。どちらも繁華街に位置する料亭である。これは、そこに大勢の集客を望んだ末の選択である。いずれの場合も、料亭に会するというのは、書画会に倣った慣例と考えられる。このことから、本草学の特徴、公開する行為の一種である薬品会は、利を求める行為、すなわち入場者数・出品者数を増加させることで会費・出品手数料を得ることに結びつくことがわかる。第一部第三章で述べたとおり、大坂の料亭では朝顔品評会とともに草木品評会も行われていた事実を想起しないではいられない。出品者に費用を負担させるこのシステムは、朝顔品評会にも共通すると考えられる。「会」というものは、学問も趣味も利益の追求もすべて許される空間であったと、その役割について認識を深めた事例である。

このときの薬品会の引札は、『先哲叢談』続編の編集を担当した、東條琴台による貼交帖『焦後鶏肋冊《しょうごけいろくさつ》』(19)第二集にある。

薬品会　福井春水鑑定

於不忍新堤酒巻池亭相催

中候御蔵品御携御出席可被下候

尤蒸蒸亀真呈上曰候

河野道澄

原　徳斎

七月朔日より　会幹

山嵜北峰（山崎美成）

酒巻立兆

本史料により、会幹事として本草学者（福井春水）・薬種商（山崎美成）・儒者（河野道澄・原徳斎）・絵師（酒巻立兆）という異種分野の専門家が協力して薬品会を開催したと改めて理解できる。またこうして列挙すると福井春水薬品会の関係者居住地は、互いに近接しほとんどが現在の台東区に位置する点をも指摘できる。すなわち、谷中（現、台東区谷中）在住の原徳斎、谷中天王寺（同。もと感応寺）近くに居住の二代柳川重信、下谷池之端（同池之端）の酒巻立兆、下谷長者町（同上野）の山崎美成、主催者の福井春水が下谷三味線堀（同台東）である。本草学者、あるいはそれに交わる文人が、繁華街に近い下町地域に居住する事実は、薬品会の商業的な側面を考える上で重要な点と考えられる。

以上、近世後期当時の本草学者を知るために、人名録に名前が登場した人物の略歴を述べてきた。この中で、現在の台東区を中心とした下町地域という特性が浮かび上がってきたので、人名録全体の傾向と比較するため、表39（230頁）に地域別の人数とパーセンテージを、表40（231頁）に分野別の人数を掲げた。なお、表39・40では、本草学者を載せていなかった『明治文雅人名録』も加えてある。

表39でわかることは、現在の台東・中央・千代田という、都市中央域に人名が集中していることである。これは、江戸で人名録が板行された文化十二年から維新後最初に板行された明治十二年までの六十四年間、ほとんど

表39　人名録地域別分布(単位：人　網掛は上位3地域)

地域＼史料名		①江戸当時諸家人名録初編　文化12	②江戸当時諸家人名録二編　文政元	③江戸現在広益諸家人名録初編　天保7	④江戸現在広益諸家人名録二編　天保13	⑤江戸文人寿命附　嘉永2・3	⑥江戸文人藝園一覧　嘉永3	⑦安政文雅人名録　安政7	⑧江戸現在広益諸家人名録三編　文久元	⑨文久文雅人名録　文久3	⑩明治文雅人名録　明治12
台　東	人数	43	19	143	137	67	45	243	167	285	151
	%	22.1	13.8	30.2	22.8	31.0	22.5	27.1	25.2	24.2	18.5
中　央	人数	52	34	92	94	61	52	198	151	262	124
	%	26.7	24.7	19.4	15.6	28.2	26	22.1	22.8	22.2	15.2
千代田	人数	41	29	78	120	27	29	116	101	172	140
	%	21.0	21.0	16.4	20.0	12.5	16.5	13.0	15.2	14.7	17.1
港	人数	27	21	49	75	8	3	89	61	127	73
	%	13.8	15.2	10.4	12.5	3.7	1.5	9.9	9.2	10.8	8.9
文　京	人数	14	21	49	75	8	3	89	61	127	73
	%	7.2	13.0	9.1	8.3	7.0	10.0	9.7	9.2	8.5	5.5
新　宿	人数	5	6	22	40	5	8	45	33	60	50
	%	2.6	4.4	4.7	6.7	2.3	4	5.5	5.5	5.1	6.1
墨　田	人数	3	8	22	41	19	13	51	41	69	40
	%	1.5	5.8	4.7	6.8	8.8	6.5	5.7	6.2	5.9	4.9
江　東	人数	4		15	17	10	6	32	20	47	22
	%	2.1		3.2	2.8	4.6	3.0	3.6	3.0	4.0	2.7
その他の区	人数	1	1	2	8		1	24	16	30	11
	%	0.5	0.7	0.4	1.3		0.5	2.7	2.4	2.5	1.3
他　国	人数	3	1	4	3	4	22	1	3	7	127
	%	1.5	0.7	0.8	0.5	1.9	11.0	0.1	0.5	0.6	15.6
空　欄・居所不定	人数	2	1	3	16		1	10	9	18	34
	%	1.0	0.7	0.6	2.7		0.5	1.1	1.4	1.5	4.2
合計人数		195	141	479	626	209	183	898	663	1204	845

表40　人名録分野別分布（単位：人　網掛は上位３分野）

史料名		①	②	③	④	⑤	⑥	⑦	⑧	⑨	⑩	合計
単独	画	55	30	146	168	76	66	326	266	409	162	1704
	書	25	16	54	103	47	38	204	166	238	147	1038
	儒			76	61	21	30	70	70	79		407
	俳				8	15	22	63		92	41	241
	詩	10		33	21	16	16	29	26	27	2	180
	和　歌		2	9	20	9	10	19	10	25	37	141
	学　者	57	53									110
	篆　刻	6		19	8	6	6	18		20	15	98
	雑学・雑家		6	13	33	3	10	5	4	14		88
	国　文	5	11	12	10					2		40
	文				18	2					9	29
	鑑　定			4	2		2	8	2	9		27
	蘭　学			10	7							17
	本　草		1	3	2	2		1	1	1		11
	物　産		1	5								6
	本草画			1	1							2
	貝					1						1
	聞　人	3										3
	戯　作			1		3						4
	博　覧	2				5						7
	その他	4	5	5	23	10		13	14	22	2	98
	空　欄	2		1				1	3	1	12	20
	小　計	169	125	392	485	216	200	757	562	939	427	4272
2種	詩・画			6	13			12	14	18	86	149
	書・画	2		5	8			22	20	40	28	125
	学・医		6	15	16					4		41
	詩・文				4			6	2	5	22	39
	書・歌				4			4	4	9	5	26
	儒・書			5				6	6	6		23
	儒・医							8	7	7		22
	書・俳							5		13	2	20
	俳・画							4		6	2	12
	詩・画							2	2	4	4	12
	儒・文			3	7							10
	書・篆刻			2							5	7
	書・医							2		3		5
	儒・国学				2					2		4
	その他	16	6	36	40			44	29	82	25	278
３　種		5	1	9	21			24	12	33	181	286
４　種		3			1				4	5	27	40
５種以上										1	3	4
小　計		26	13	81	116	0	0	139	100	238	390	1103
総　計		195	138	473	601	216	200	896	662	1177	817	5375

変わらない傾向である。この傾向と表38（223頁）に挙げた本草学者の地域的傾向は、非常に似かよっている。表38において本草学者の多い順に挙げると、台東五名、中央四名、文京二名、千代田一名、港一名である。文京・港も台東・中央・千代田に続いて人名が多い地帯である。都市中央域に居住者が多いという特徴は、第一部第一章で文化・文政年間の流行初期における朝顔花合の出品者が台東・千代田・文京・中央・墨田に集中していた点とも共通する（表2・3、60・61頁）。朝顔では、武家が朝顔栽培を担ったためとしたが、表38に挙げた本草学者のほとんどの身分は士分であり、本草学をはじめとする学芸を担ったのは武士であったことが、数値の上から確認できる。

続いて表40に掲げた分野別では、おおむね画・書・儒（学）の順に多く、本草学者（物産学者）は一種の人名録に付き多い場合で五名、まったく載せられない人名録も三種あった。単独分野の中では十四番目に位置し、当時流行の学問とは言い難い数値である。ただし人名録には、例えば赭鞭会《しゃべんかい》のメンバーに武蔵石寿の名があるのみで、その他の者、富山藩主・前田利保や旗本・佐橋兵三郎等の名前が記されない。これは、メンバーが藩主や旗本という、人名録そのものに名を載せない身分階層に当たるためである。この点を差し引いても、表40に見られるその数の少なさから導き出される点は、近世後期の江戸では、本草学者が本草を業とすることは至難の技であったという推論である。逆に考えれば記載がある十一名は、当分野において第一人者として巷間に認識されていたといえよう。

このような人名録と同じ傾向が、国立国会図書館蔵『本草家番附』[20]に見られる。本史料は、当時存命の本草学者を載せる相撲見立番付である。平野満によってすでに紹介されているので[21]個々の名称の記載は避けるが、番付には全部で九十八名の名が連ねてあった。この九十八名のうち、住所の記載がない十三名と江戸外、多摩在住者を除いた八十一名が、江戸に居住していた人物である。多い順に並べると、台東十六名、千代田十六名、中央十三名、文京十二名、新宿八名、港七名、江東・豊島・墨田各三名である。台東・千代田・中央、これに準じて文京が多いという、表2（60頁）・3（61頁）・38（223頁）・40（231頁）と似た結果をもたらした。

第一部第一章において、変化朝顔の出品者は本所・下谷に多く、小万年青の出品者も次第に下谷・浅草・本所に多くなったと述べた。変化朝顔は、下谷御徒町で栽培され浅草大円寺で品評会が開始され、小万年青品評会も浅草蔵前で行われた。園芸植物の出品者およびその「場」が江戸の中心に位置する繁華街に多かった点と、薬品会を行い会日を設けて本草を講ずる本草学者が江戸の中心に居住する点には、同じ意義がある。そもそも植木屋が台頭する以前は、担い手が同じ層であった。変化朝顔の培養家で本草学者の与住秋水は蔵前在住であり、園芸愛好家の幕臣である狂歌師・大田南畝は、神田在住であった。園芸植物の品評会と薬品会を開く意味は、多くの観客に見てもらいたいという、同じ目的で繁華街において行われていると考えられる。そしてこれらの会場という「場」において、武士と植木屋の交流が始まるのである。次節では、江戸をフィールドにした岩崎灌園を例に、武士と植木屋の交流の様子を見ていく。

第二節　岩崎灌園のフィールド

岩崎灌園（図25）は、名を常正、通称源蔵といい、灌園はその号である。灌園の「灌」には「そそぐ」という意があり、花園に水を注ぐという意味の号からして、園芸に相当の思い入れがあった点がうかがえる。文化六年十月、小野蘭山に入門、門人期間は蘭山が没するまでのわずか三箇月であったが、蘭山亡き後の江戸本草学界の中心人物である。

図25　岩崎灌園（明治17年『本草図譜』）

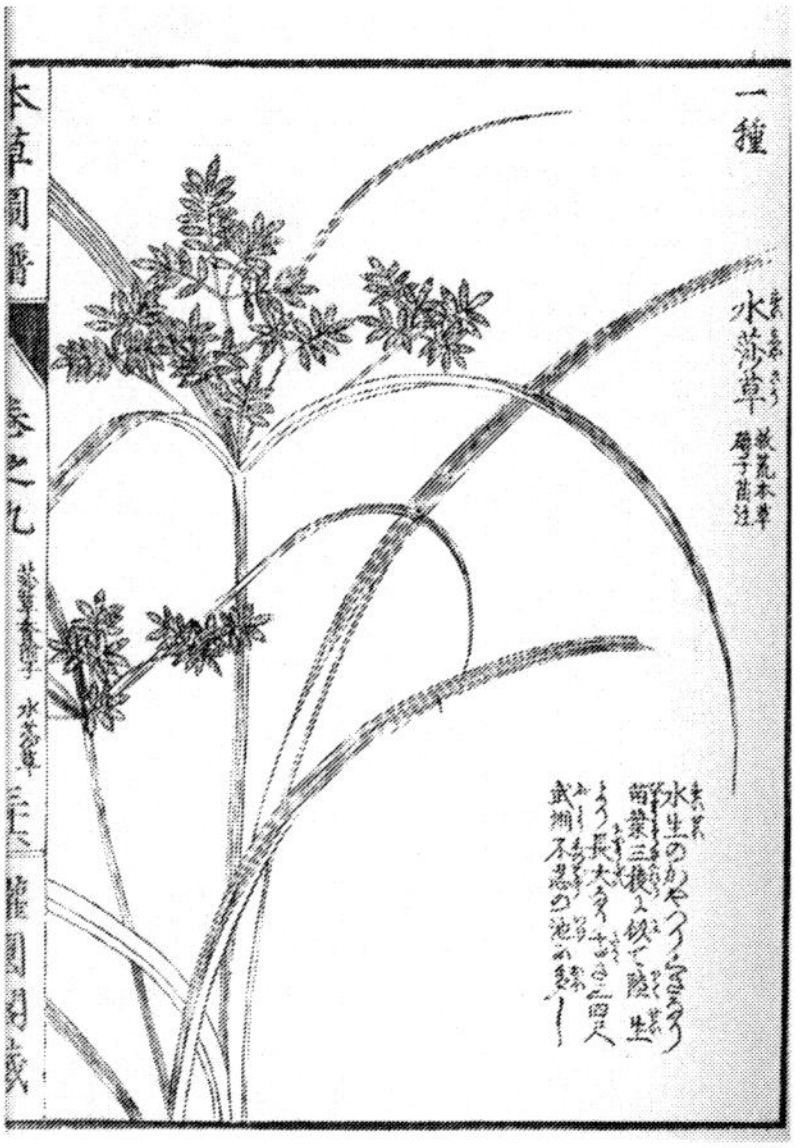

図26　カンエンガヤツリ（『本草図譜』巻９）

天明六年（一七八六）下谷三枚橋辺の徒士屋敷（現、台東区上野六丁目）で生まれ、文化十一年『古今要覧稿』の編集および図画作製手伝を命ぜられ、植物部門を担当して才能を発揮した。この編集には、灌園の門人の岡村尚謙も協力した。

近・現代を代表する世界的な植物学者・牧野富太郎は、『本草図譜』[22]巻九に載る、

一種　水莎草　水生のかやつりくさなり。苗葉三稜《さんれう》に似て陸生より長大なり。高さ三四尺武州不忍の池に多し。

とある記事（図26）を見てこのカヤツリグサの和名を「カンエンガヤツリ」、学名を「*Cyperus Iwasakii Makino*」と名付けた。自宅は「根津権現後」、今の台東区谷中四丁目、かつて藍染川が流れていた文京区との境目である。文化十四年、ここを居に定め「又玄堂」と称した。嘉永六年刊の切絵図『小石川谷中本郷絵図』に「岩崎庄蔵」とある息子正蔵の住居に同じである（図27、235頁）。灌園は、谷中の自宅にも薬園を持っていたが、文政三年幕府に願い出て小石川富坂町明地（現、文京区春日四丁目、東京ドーム付近）に土地を借用して薬園を拝借した。[23]

以上のように灌園の活動域は、現在の東京都台東区と文京区地域であった。谷中から富坂薬園まで通って、薬草栽培に従事したのである。そのルートは、不忍池から湯島切り通し坂を上っていくコースと、団子坂を上って本郷通りから行くコースと二つが考えられる。前者のルートを通った場合に、前述のカヤツリグサの発見があった。一方で後者のルートは、団子坂の植木屋集住地帯を抜けることになる。

当時団子坂では、菊人形の母体となった菊細工はまだ始まっていないが、『江戸名所図会』巻五「根津権現旧地」を見る限り（図46、356頁）、植木屋の庭内において、鉢植の見物に付随して茶亭で休憩させて金銭を得るシステムがすでに完成していたようである。(24) 灌園がこの団子坂の植木屋に取材したことが判明するのが、『武江産物志』（以下『武江』と略）である。『武江』は、江戸近郊の自然誌を記した書物で、自ら採薬（本草学者がフィールドに出て薬草などを採取すること）調査に赴き薬園を設けた著者の本領が発揮され、実地見聞に基づく情報が多い。ただし「遊観類」「名木類」の部は、花暦類とほとんど変わらない内容であった。

本書は、同じ板木による後刷本が存在し、「遊観類」十丁裏「燕子花《かきつばた》」の項において、初刷本(25)にない「駒込千駄木坂植木屋種類多し」を後刷本(26)において追加、十一丁表「菊」の項では、初刷本の「巣鴨植木屋立春より四五日」を削除して、後刷本は「駒込千駄木坂植木屋」と変更、紅葉の項の末尾の余白を利用して後刷本に「百哥仙駒込千駄木坂植木屋」を追加した。ほかに埋木による異同は、

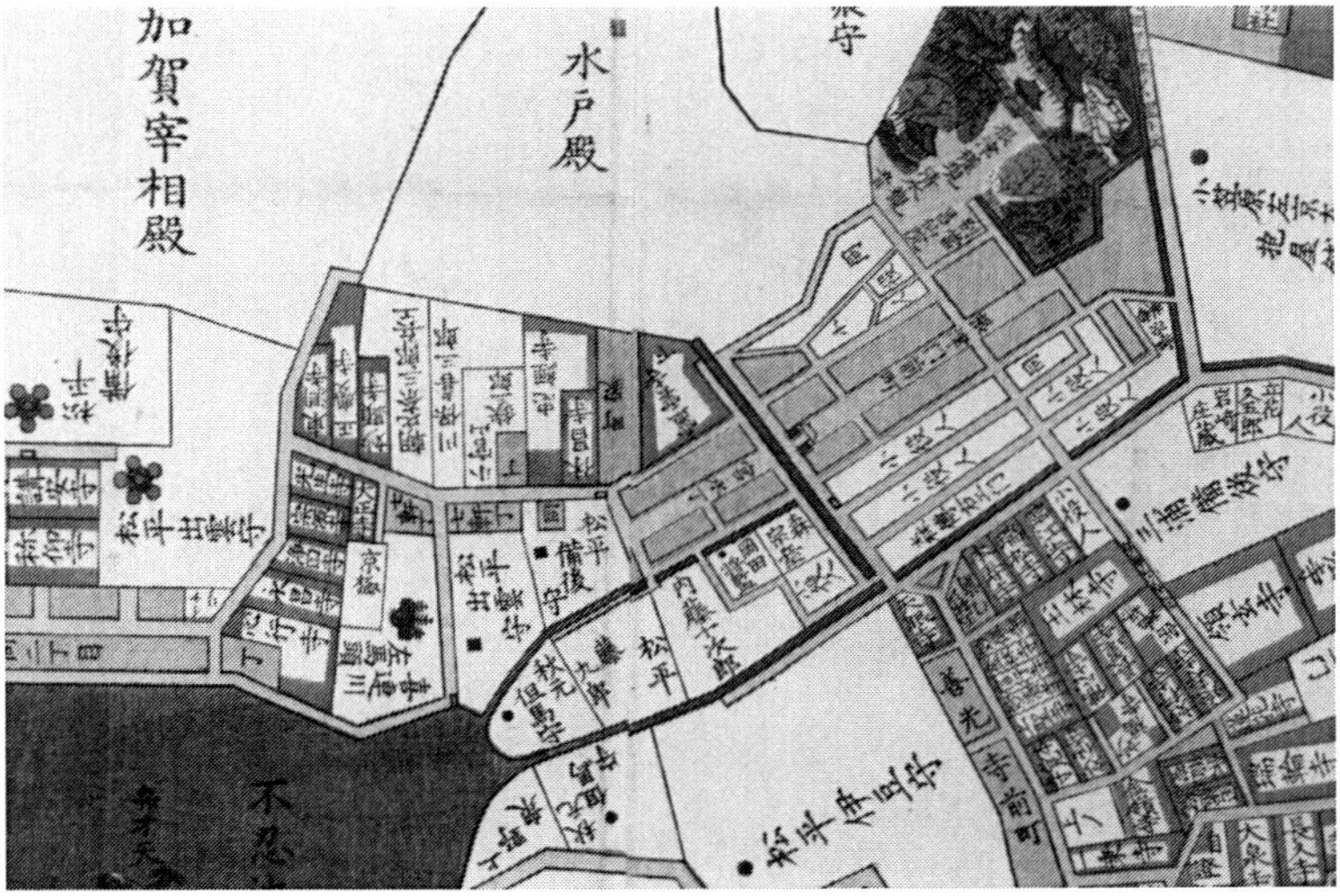

図27　『小石川谷中本郷絵図』部分（画面右端の中ほどに「岩崎庄蔵」とある）

「鶩《あひる》」と「牛車《うし》」に地名が付与される程度であり、異同が認められた全五例のうちの三例が、すべて駒込千駄木坂（団子坂）の植木屋の記事であった。本書は序文の記された文政七年をもって成立年とするが、本書刊行後に団子坂辺を見聞し新たに追加を試みるほど、植木屋の印象が強烈だったに違いない。この改訂がいつ行われたものかは不明であるが、少なくとも天保十三年の灌園没年より以前であることは確かである。団子坂はあまりに菊人形が有名なため、巣鴨の菊細工人気にあやかって菊栽培が始まったイメージがつきまとっているが、菊細工そのものにしても染井と同時に参加しており[27]、菊栽培もすでに文政年間に始まっていた可能性が、『武江』よって高められた。

灌園の著した稿本に、『採薬時記』[28]がある。採薬の際の覚書を書き留めたもので、おそらくこれをもとに『武江』を成稿させたと思われる。道灌山（現、荒川区西日暮里四丁目）や鼠山（現、豊島区目白五丁目）という採薬のメッカに行った際の記録のほか、本郷富士前（現、文京区）・染井（現、豊島区）・巣鴨（同上）の植木屋から取材をしている。「本郷富士前植木屋藤助方」では、牡丹の記録を残し、「染井辺植木屋姓名附」として庄八・小右衛門・源右衛門・十兵衛・五兵衛・八右衛門・次郎兵衛・七郎右衛門・五三郎の名を挙げている。また、

植木屋弥三郎　通りを隔て隣り也。植木屋市左衛門中者薬種多く持居るなり。

と、「薬種」つまり薬草を多く所有するので、本草学研究の上で需要があるとわかる。また文化十一年には具体的に植物名を掲げ、四郎左衛門がフタマタダケを、弥三郎が菊の園芸種「西旋白」を栽培していたと次のように記す。

同（フタマタダケ）　巣鴨ニ根一本ニ而先キ八本ニ分ルモアリ。四郎左衛門園中ニ産す。

西旋白菊譜巣鴨弥三郎方ニ咲クヲ見ルニ、形チ雪の貢ニ似て弁の円クか丶へる色純白上品ニ見ユルナリ。

このように巣鴨の植木屋に関しては、具体的な記述が見受けられた。この植木屋十三名のうち、庄八・小右衛

門・源右衛門・十兵衛・五兵衛・七郎右衛門・五三郎・弥三郎・市左衛門・四郎左衛門の十名は、天保十五年と翌弘化二年（一八四五）、爆発的に菊細工が流行した年に出品を果たした。特に弥三郎は本草知識に富んだ人物で、[29]文化十年、蘭学者・宇田川榕庵、彼の養父・玄真、それに灌園とともに十八世紀ドイツの薬種商J・W・ウェインマンの手になる園芸植物図譜『花譜』の検討を行った。この結果『本草図譜』には、ウェインマンの図の写しが多数載せられている。巻十、鬱金香（チューリップ）（図28）では、榕庵の説が載せられているが、当時まだ日本にはチューリップはもたらされていなかった。[30]西洋へのあこがれもあるであろうが、西洋園芸品種への関心が、植木屋だけでなく当代随一の科学者と本草学者にも高かったことが知られる。

身分の異なる者が集い本草研究者を育てた活動としては、灌園に引き続き江戸で行われた「赭鞭会」が挙げられる。ここでも、巣鴨の植木屋・内山長太郎や絵師・関根雲停ら身分の低い層が重用され、大名・旗本と町民が入り混じったサークル活動として存続した。その中心人

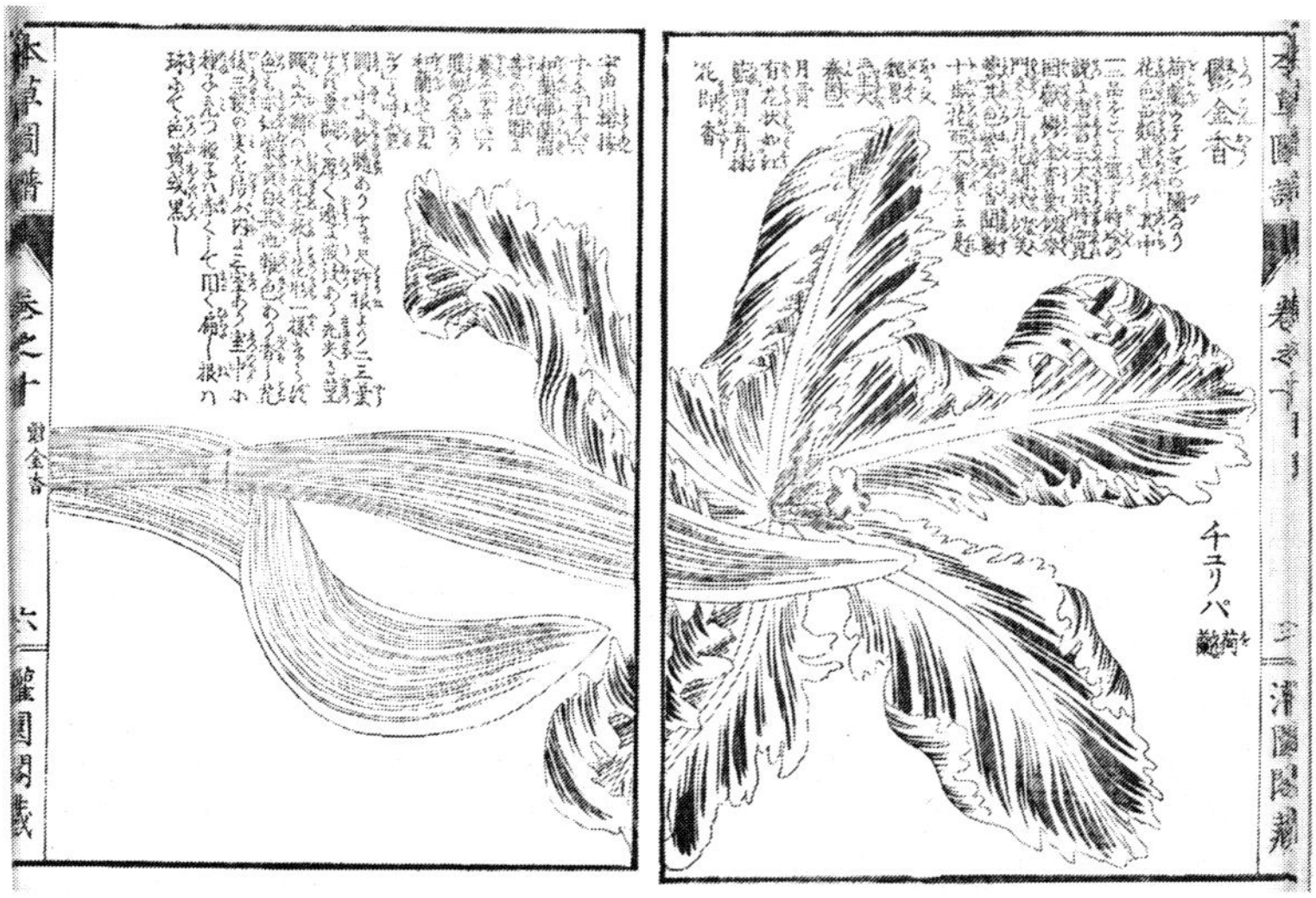

図28　鬱金香（チューリップ）（『本草図譜』巻10）

物、富山藩主・前田利保は、「門に入らされとも師の如し」と述べ、灌園と非常に密に交流していたことを次のとおり明らかにしている。

（前略）幼より草木の癖有て、花草を座右に置て愛玩せり。年二十に満さる時、蕣花（朝顔）を内園に植て、花色を弄翫する事二百余種、後に薬花の盆種を庭中に集め、其名を知ん事を要す。其頃、貝原大和本艸を閲して、頗る名ある事を智ると雖、一々的当する事なけれは、終に岩崎常正、此学に志厚く博覧也と聞て、人を以て園裏の草木花葉を之に問ふ。門に入らされとも師の如し。常正一々に札して、和漢の名を記して、是を尋問する事両三年。此頃本草の学に進んて、蘭山啓蒙等の書、之を集め、時に花戸及ひ江戸近傍の草木を取集め、月々諸所に採薬し、大都近き草木の名を覚知せり。其後、弥常正の口伝を受て此学を耳し、恒に座右に諸本を積て其名の当否を正明にせんとす。(31)

これによると、利保もはじめは朝顔愛玩から本草の道に入ったとわかる。利保は「花戸（植木屋）」に取材し採薬に赴き、江戸と富山双方に薬園を持つなど、灌園と共通項が多い。はじめは、草の名を覚えて自園に植えることを楽しみとしていたが、灌園から口伝を受けたことで「諸本を積て其名の当否を正明にせん」というように、古今の文献を漁り名前の正否を究めることに興味を抱くようになったと述べる。この姿勢こそ、ただの愛玩から目的を持った学問と化した証拠である。

利保は、江戸の薬園を「万香園」と呼び、赭鞭会はここを含めた各々の会員宅（江戸内）で開催された。富山藩邸は、不忍池北（現、文京区本郷七丁目、東京大学医学部附属病院付近）にあり、本節冒頭に述べた灌園が池之端を通るルートの途上にある。牧野富太郎が灌園を顕彰した不忍池のカヤツリグサは、池之端万香園でも植えられていた。(32)岩崎灌園は、繁華街に隣接しながらも、少し足を伸ばせば武家屋敷の広大な庭とそこへ出入りする植木屋の集住地帯に限りなく近い場所を採薬フィールドとして、恵まれた地理的条件を活用したのである。

前述した灌園の著書『武江産物志』は、唯一江戸の産物を示したものとして貴重であるが、現代の感覚では「産物」の範疇に入らない、園芸植物をも多く載せる。このためであろうか、明治期に活躍した根岸（現、台東区根岸）の植木屋・篠常五郎は、『武江』を所蔵していた(33)。灌園は、変化朝顔にも紙幅を多く割き、他の植物に関しては地名や植物名の記述に限っているのに対し、朝顔にのみ園芸品種名を載せるという特別扱いをしている(34)。この本草学者の園芸趣味が、趣味どころではなく、本職に切迫するまでになったという点を特に強調したい。植木屋顔負けの本草学者が存在したのである。これを、学問と園芸の境目がない近世後期の特徴であると考え、次節では本草学者が著した園芸書の内容を具体的に検討する。

第三節　画期的な園芸書『草木育種』

灌園の著書に、『草木育種』（文政元年刊。以下『育種』と略）という園芸ハンドブックがある。近世の温室「唐むろ」や接木を図解し、江戸園芸の実態を知る上で好都合な史料である。当時園芸は、朝顔・桜草・撫子・菊・万年青など一品種に熱をあげるサークル「連」が活動して、これを文人が採り上げて図譜として刊行し始めた。園芸文化の始まりである。このような中で『育種』刊行がうながされたのであろう。これ以前の園芸書では、貝原益軒『花譜』や染井植木屋・伊藤伊兵衛の『花壇地錦抄』が挙げられるが、『育種』はこれらに比べて格段にわかりやすく具体的に記している。ほかに朝顔や桜草など植物ごとの栽培書も存在するが、『育種』は園芸植物全体にわたるハンドブックとしても珍しく、これを印刷物として板行した事実そのものが、園芸界にとって快挙といえる。

『育種』が園芸書の歴史の中で占める位置を探るために、表41・42に、筆者が現在のところ調査し得た園芸書を掲げた。表41は一種類の植物を扱った書物で、表42は全般にわたるものである。

表41では、No.1～5までが写本として伝わり、No.6『朝皃水鏡前編』で初めて刊本として板行されるが、これ以降もなお写本の形態が優勢であった。No.3『菊作り方其外秘伝』、No.12『養菊去虫口訣』、No.13『万年青培養秘録』というように秘伝・口訣・秘録という語が書名に使用されており、このことから、そもそも園芸の技術は、秘伝や口伝という形で伝えられることが多かったとわかる。ここでは、初めて刊本の形態として登場した『朝皃水鏡前編』の著者が、本草学者である点も注目される。

表42では、C・Dの『草木養秘伝書』、J『草木養活秘録』、P『草木培養伝書』の書名に「秘伝」「秘録」「伝書」が使われ、園芸全般また生花でも同様の傾向であることが判明する。しかし園芸全般では、元禄年間の二種の書物、A『花壇地錦抄』、B『花譜』が刊行され、その後約百年を経て刊本としての園芸書の再来が、『育種』なのである。『育種』以降は、J『草木養活秘録』、K『草木錦葉集』、L『金生樹譜別録』、N『草木育種後編』など、『育種』と同じように図を多用した、わかりやすい書物が板本として刊行された。このように後に続く書物の中興的存在になったという意味で、『育種』の刊行は画期的であった。

園芸植物全体にわたるハンドブックの発行が元禄以降約百年間中絶した原因には、表41に見られる園芸植物流行により、愛好家が増え園芸技術を「連」という集団が独占し、仲間以外に秘匿したからと想像できる。この伝統に反して公開という挙に出た岩崎灌園という人物は、前節に述べたように本草研究に熱心な大名や駒込・巣鴨の植木屋などと身分の別なく交際し、板行自体を勧める理解ある人物が近くにいたため『育種』を出板できたと考えられる。その人物とは、具体的には『古今要覧稿』で灌園を起用した、屋代弘賢が考えられる。

屋代弘賢は、『育種』[35]に序文を次のように寄せている。

（前略）それよりのち《(後)》、世々のかしこき《(賢)》人たちのう《(農)》のすち《(筋)》をとき《(説)》ひろ《(弘)》められしか、昔しにあせてむなき《(棟木)》をさゝゆるはかりもとるめり。すへ《(術)》みくに《(御国)》にもいとおほか《(多)》れと、つちかひ《(培)》やしなふ《(養)》わさ《(技)》のあか《(明)》ぬところともある

表41　近世後期の園芸書(植物別)

No.	書　名	種	著　者	情報提供者	むろ記述	年　代	数	出典
1	松・竹・梅説他(本草書残欠19)	写	柏木家		なし	不　明	1綴	①
2	桜・海棠説他(本草書残欠12)	写	柏木家		なし	不　明	1綴	①
3	菊作り方其外秘伝	写	不明		なし	不　明	1冊	②
4	菊作方仕法	写	草葉庄蔵	政兵衛、旭昴舁館	なし	嘉永4写(原本享和元)	1冊	②
5	牽牛花・芍薬培養法	写	野村立栄		なし	文化7年頃	1冊	②
6	朝皃水鏡前編	刊	与住秋水		なし	文政元	1冊	③
7	大菊育艸	写	播州嶋上郡鵜殿村油屋治郎左衛門		なし	文政2	1冊	④
8	菊花檀養種	刊	菅井菊叟(英泉カ)		なし	弘化3	1冊	②
9	透百合培養法	写	花菱逸人		なし	弘化4	1冊	②
10	透百合培養法	写	花菱逸人		なし	弘化4	1冊	②
11	透百合花形手控	写	不明		なし	不　明	1冊	②
12	養菊去虫口訣	写	山本榕室		なし	万延元	1冊	⑤
13	万年青培養秘録	刊	篠常五郎		むろ／室	明治18	1冊	③
14	菊牡丹梅培養手引草	刊	今井兼角		なし	明治23	1冊	③

表42　近世後期の園芸書(全般)

No.	摘要	書　名	種	著　者	情報提供者	むろ記述	年　代	数	出典
A	園芸	花壇地錦抄	刊	伊藤伊兵衛三之丞		な　し	元禄8	5冊	⑥
B	園芸	花譜	刊	貝原益軒		な　し	元禄11	1冊	⑦
C	園芸	草木養秘伝書	写	不　明	吉田氏、半三郎、八兵衛	な　し	安永2頃	1冊	⑧
D	園芸	草木養秘伝書	写	不　明	吉田氏、半三郎、八兵衛	な　し	安永2頃	1冊	⑧
F	園芸	植木仕養集	写	不　明		な　し	天明以前カ	1冊	②
G	園芸	草木植養集	写	不　明		な　し	天明以前カ	1冊	⑨
H	園芸	草花之覚(本草書残欠5)	写	柏木家		な　し	安永9	1綴	①
I	園芸	草木育種	刊	岩崎灌園		唐むろ	文化15	2冊	③
J	生花	草木養活秘録	刊	梅の屋あるし		室咲之事	文政2	1冊	②
K	園芸	草木錦葉集	刊	水野忠暁		唐室／冬室	文政12	1冊	③
L	園芸	金生樹譜別録	刊	長生舎主人(栗原信充)		唐窖／岡窖	文政13	3冊	②
M	園芸	ちとせの友	写	林蘭軒		唐むろ	天保7	1冊	②
N	園芸	草木育種後編	刊	阿部櫟斎	植木屋勇蔵	窖	天保8序	1冊	③
O	園芸	草木育種続編	写	阿部櫟斎		土字／煖窖／唐むろ	天保9序	2冊	①
P	園芸	草木培養伝書	写	浅岡團右衛門	植木屋紋右衛門、植木屋喜八	な　し	天保弘化頃	1冊	⑩
Q	園芸	草木名寄	写	摂東平野夢花園主人	池田近辺東山村大崎万右衛門	室／唐室	嘉永7写	10冊	⑪
R	園芸	草木名寄	写	摂東平野夢花園主人	池田近辺東山村大崎万右衛門	室／唐室	嘉永7写	10冊	⑨
S	生花	草木養之巻	写			室咲物	明治初年カ	1冊	③

※出典凡例　①東京国立博物館、②国立国会図書館、③架蔵、④名古屋市東山植物園、⑤西尾市教育委員会岩瀬文庫、⑥東洋文庫『花壇地錦抄・草花絵前集』、⑦生活の古典双書(八坂書房)、⑧国立公文書館内閣文庫、⑨京都府立植物園、⑩東北大学附属図書館、⑪京都大学附属図書館

を、いはさき《岩崎》の常正くちおしき《口惜》ことにおもひ《思》、あまねくさくり《探》ひろく《秘録》もとめ《求》て、から《唐》にやまと《大和》にかうかへ《考》あはせつゝ、としころ《年頃》かき《書》あつめ《集》しを、『くわんそうひろく』となつけ《名付》てひ《秘》めをき《置》ぬ。それをこのころふみ《書》のいちくら《肆》のなにかし《某》らか願ひにより、さくら《桜》木にえり《撰》かちのかみ《紙》にすり《刷》もの《物》すとて、われ《我》にひとこと《一言》をそへ《添》よと、常正かこふ《請》にまかせて（中略）このつねまさ《常正》はわか《我》つくれ《作》るふみ《書》をたすくる《助》いさほ《功》あれは、いなむ《否》にをよ《及》はさるなり。（後略）

ここではまず『育種』執筆由来を、常正（灌園の名）の気持ちを代弁して述べている。先人たちが「農の筋」を説いて広まったが、これは色あせて時代遅れになり、辛うじて棟木を支えるばかりであり口惜しい思いをしていたという。続けて、灌園が中国・日本の書物を探り、「秘録」を集め勘考したものを書き溜めておいた「くわんそうひろく」こそが、『育種』原本であると明らかにする。「くわんそうひろく」とは「灌叢秘録」と書き、この文言は『育種』巻上の十六・十七丁、巻下の六丁の柱題に「灌叢秘録」と刷られていた（図29）。板行するのにこのような書名では難しすぎるということで訂正したのであろうか。『育種』は、当時のベストセラーであったらしく後刷りを数点発見しているが、調査したもののすべてにこの柱題「灌叢秘録」はのこっていた。「秘録」という文字をいったん板木に彫ってしまった事実が一目でわかる、非常に興味深い発見である。板本でありながら「秘録」つまり秘伝であると謳っているのである。この秘伝を公開するという姿勢が、灌園の園芸に対する自負を露わにしている。

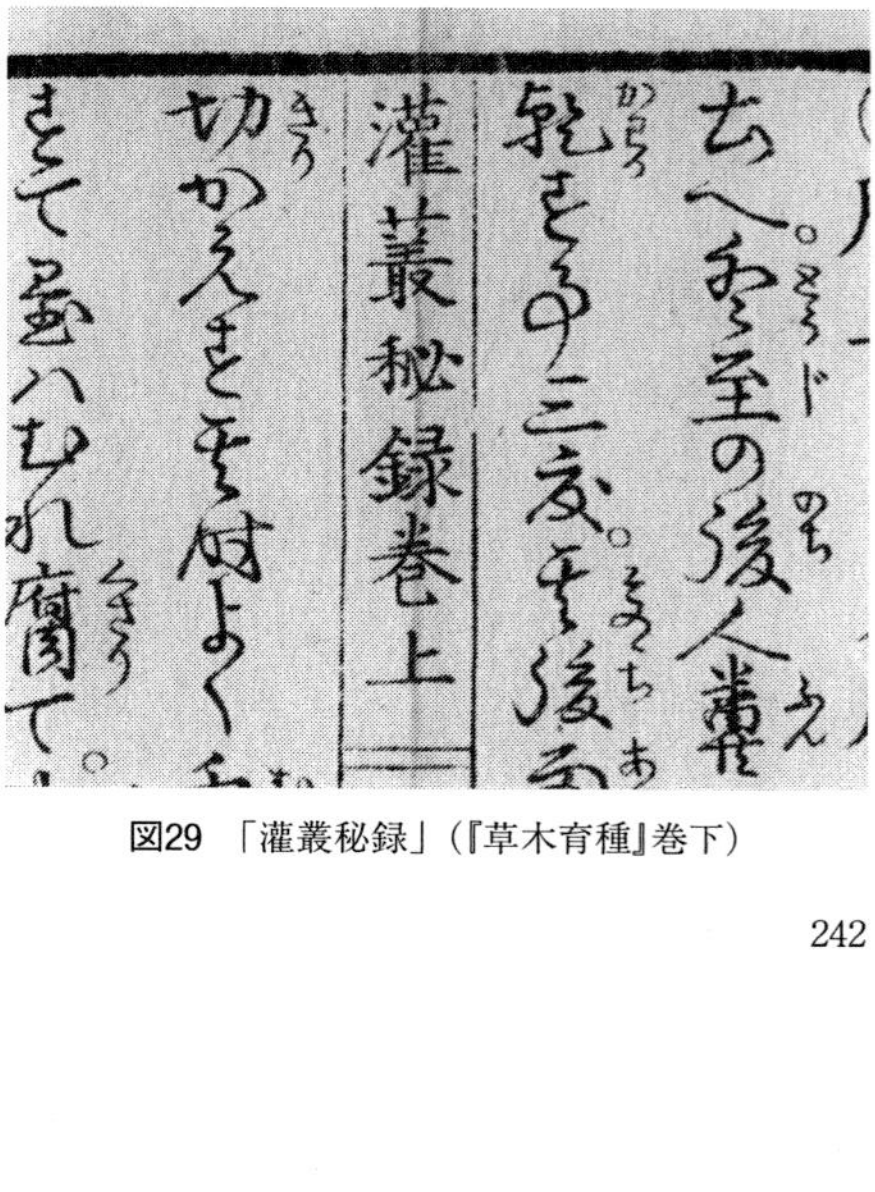

図29 「灌叢秘録」（『草木育種』巻下）

『育種』序文後半では、この『灌叢秘録』出板の経緯と、屋代が序を執筆した理由が述べられる。ここでは、書肆の側から出板を願い出たとあるが、未だ『本草図譜』出板も叶っていない、一介の下級武士である灌園にどのような本屋が注目するというのだろう。仲介の労を取った人物がいなければ、不可能である。その仲介者として最もふさわしい人物が、序文に「我か作れる書を助くる功」とあるように『古今要覧稿』における灌園執筆分の出来に満足した、屋代弘賢その人であったと考えられる。

　このように、秘録を公開するという積極的な働きかけによって成立した本書は、曖昧な記述が少なく、具体的な記事が多い。次に、このような『育種』の特徴を細かく検討する。

　第一に、地域の特質が如実に示されている点である。巻上には、「武蔵野の土」の特徴が挙げられている。

○武蔵野の土。地錦抄云。巣鴨村辺より。板橋。染井筋。野土《のつち》むさし野に似り。但し黒めなるを上とす。赤めなるは土の性おとれり。又原地《はらち》の竹藪をほりて。さら〳〵としたる黒き土なり。○按に。黒ぼく土。目黒辺。千駄木辺にもあり。黒ぼくの赤めなるなり。

これによると、『花壇地錦抄』では巣鴨・板橋・染井辺の土を黒ぼく土の産地としているが、「按に」以下は、目黒・千駄木も産地として挙げ灌園自身の実見に基づく意見を書き加えてある。ここでも、駒込千駄木の情報に詳しい様が認められる。

　第二に、高度な園芸技術と卓越した表現力に注目したい。ここでは、巻上に図（図30）とともに記される、近世の和風温室の一種「唐むろ」を例に採り上げる。細目名「塘窖《むろあなくら》ぬりだれの事幷図」に引き続き、唐むろの設置理由・製法・使用法が書かれる。灌園の文章の特質を理解するため、少々長いが以下に引用する。

　本邦の北国寒地などへ、天竺安南等の暖国の草木を植には。冬の手当専要なり。冬は皆、唐むろに入置べし。其唐むろの建様は、北塞て南あきたる地は猶よし。南に陰なく、朝日より夕日までよくあたる所へ建べし。

形は図の如、蔵を建と同じ。土は厚きほどよし。南の方皆障子なり。九月頃にも寒風来は、扶桑花・山丹花・使君子の類は早く塘の内へ入、障子をかけ置。立冬の頃、十月中旬より、嶺南・琉球等の暖国より来る草木は皆入べし。其内日陰を好む物は奥へ入、前には龍舌草《あだん》・覇王樹《さぼてん》の類を置。冬も塘の内は土乾ゆへ、水を折々かけべし。天晴て暖き日には、障子をはづし日をあてゝよし。然ども南風吹時は、障子を取べからず。寒中の南風は甚悪し。寒中又曇りたる日などは、障子を取べからず。夕七ツ時頃より酒むしろを三重四重も覆べし。若昼中にても俄にくもれば、直にむしろをかけべし。八ツ時過には、障子を明る事悪し。又塘の内へ鼠入て草木を喰事あり。其時は針がねへ小鈴を付て置ば、鼠入る事なしと云り。塘の家根は茅にても杉皮にても葺べし。春の彼岸頃より丈夫なるものを先へ出し、追々出すべし。唐物類は清明の頃には、皆出してよし。(後略)

このように、近世後期に温室として用いられた唐むろについての解説としては、最もわかりやすくかつ具体的に記し

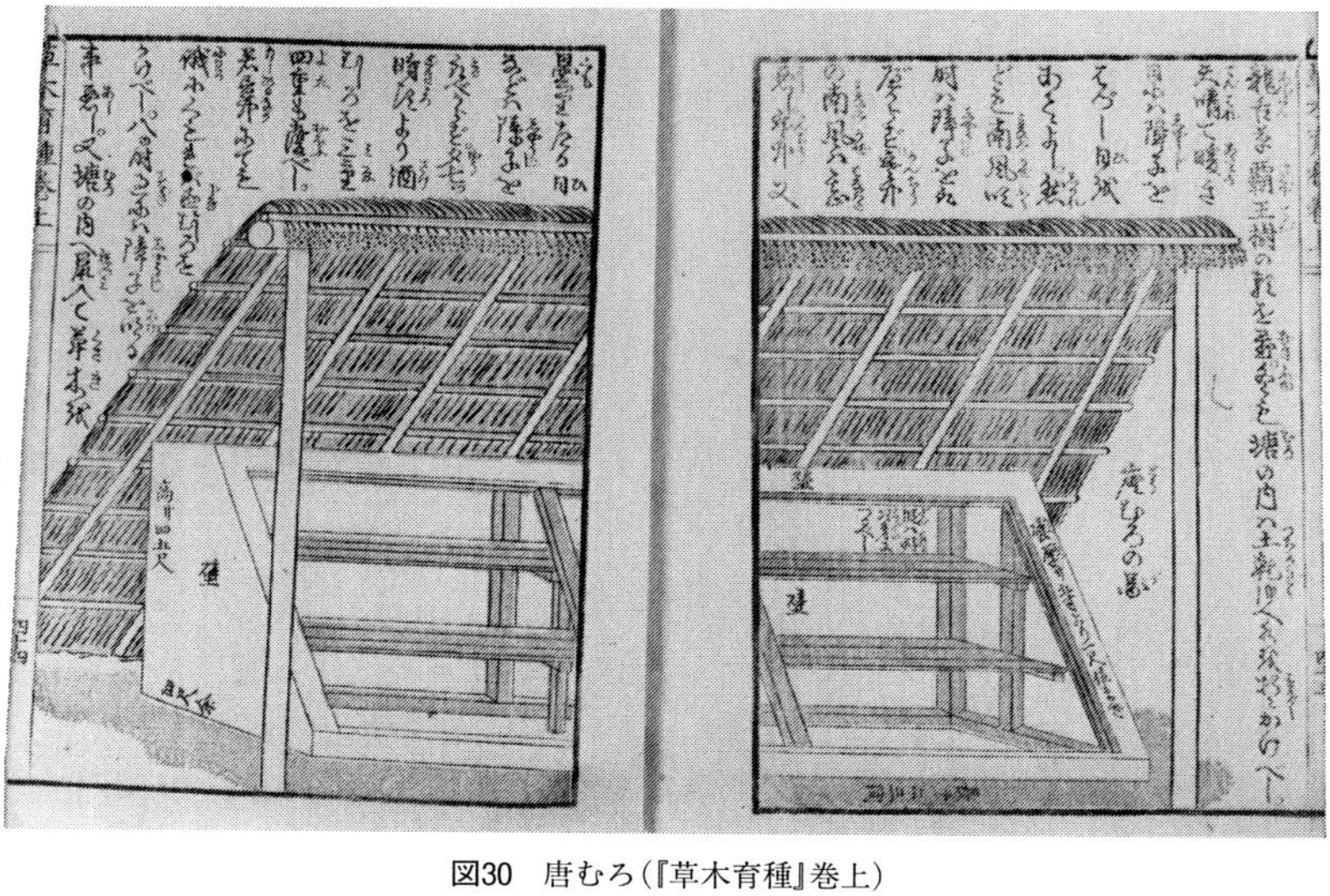

図30　唐むろ(『草木育種』巻上)

た記事である。はじめに設置理由を述べ、次に「建様」を図示して紹介し、最後の使用法に関しては何通りかの場合を想定して筆が及び、使用経験の裏付けがなければ到底書けない文章である。

唐むろは「暖窖（室）」と記すべきを、暖かい国からの舶来植物が多いために「唐」の文字を当てるようになったのであろう。[36] ただし、「暖窖」の文字は、塗家形式の窖に適用し、〈おかむろ〉の読みを付したのでその区別もあった。[37] 文久二年当時、物産所に勤務していた田中芳男は、アメリカから輸入した種子・苗を、「冬《とう》室」で培養したと『田中芳男経歴談』で述べ「冬」の字を当てている。[38] この暖かい地方の植物の冬越しに便利な唐むろ以前は、どのような方法を用いていたかについては、次に引用する元禄八年（一六九五）刊行の園芸書『花壇地錦抄』[39]（表42のA）によって明らかである。

さて十月初め方より土蔵へ入れるに、土によきほどしめりをうちて冬より春迄水かけず。紙袋又は箱に気の出る穴をほりてかけたるもよし。暖かなる日は蔵より出し、障子をへだてて日にあつべし、すべて冬は仔細なく持たるる物なり。正月の末二月になり、余寒去りて暖気になり、南風吹く時べたべたとくさり、青葉ながら根本よりぬける物なり。南風吹かばゆだんなく蔵より出し涼しき所へ置くべし。とかく二三月の時分大節なり。心を付くべし。

その時の寒暑によりて日向に出し、かげへまわす事第一の見合なり。この大事は伝にいわれず、数年持得て自らしるなるべし。或人予に問う、答えて以心伝心と破顔で笑う事一声して去る。

ここでは寒を防ぐために土蔵を用い、あるいは、暖かい日には障子越しに日光を当てることを説き、日向と日陰の按配は、「以心伝心」という、経験的な園芸法であり、唐むろ製作以前の元禄当時では、これだけ手間をかけて養生していたことがわかる。

では、唐むろの発明はいつのことであろうか。これは、灌園門人、阿部櫟斎による『草木育種続編』[40]の稿本に記載があった。櫟斎が『草木育種後編』を出板したことは周知のとおりであるが、さらにその続編の出板を企図したことはあまり知られていない。ここには、「土宇《ヲカムロ》・煖窖の始りを記す」として、十五世紀の朝鮮の用例を示した後、わが国においては、

今多く暖国の産物を養ふに唐むろといふあり。唐山にいふ煖窖なるへし。近来天明の頃江戸四ッ谷の人朝比奈氏某の工夫にて始は床の下に作り後今の製となる。其頃ゟむろの中を深くほり寒を畏るゝものは其下底《そこ》に置たり。棚の上には格別に寒にいたまざる品を置たり。一年《あるとし》、扶桑を養ふ時誤りて上の棚に置き、春来に至り此一盆《はち》枯れすして余は皆枯れたり。これより上の棚は暖にして下は寒気あるを覚《さと》り、後にはむろの中もたかきなとにし、今の製法となれり。

と、天明年間（一七八一～八九）に四谷の朝比奈氏が考案したものだと説く。朝比奈とは、『草木奇品かがみ』(41)「天之巻」に奇品愛好家を紹介する段で、第二番目に登場する人物「朝比奈」に相当する。ここでは、

朝比奈は、東都四谷新邸の人なり。永島先生の門に入て好人の聞あり。奇品を愛すること衆に殊なり。寒夜に不寝して草木の寒を想像、窖を造て船来の種を養ふ。今の唐窖是なり。但唐窖其頃は床下に造と云。今の法に始て異なり。後世改て今の法とすと云。草木の性に随て寒暑陰陽の護持を別ち及百両金の葉を洗てこむしを除且当歳に花芽を着ることを考伝。万種培養斯人最抜群なりと云。

と紹介される。このように朝比奈は「享保の頃の人」で、『奇品かがみ』冒頭に愛好家として登場する永島氏の門下であるので、天明年間に唐むろを制作したとしても時期的にまったくおかしくはない。

しかし唐むろは、開発した愛好家周辺には知識が行き亘っていたかもしれないが、広く一般的に知られた兆候はまったくなく、史料上の初出は天明以降の園芸書で初めて刊本として登場する『育種』なのである。『育種』以前の園芸書には、表41（241頁）に挙げた植物ごとの記述では唐むろを使う熱帯性植物は現れない。また園芸全般

を扱う書物では、表41を一見してわかるとおり、『育種』以前は『花譜』と『地錦抄』以外はすべて写本であり筆写年代も不明なものが多い。例えば、年代不明の写本F『植木仕養集』[42]の蘇鉄の項には、

扨冬ハ俵ヲ被セテ寒気ヲ除。亦ハ土蔵ニ入タルモ宜。冬葉ヲ切テ置バ翌年ノ葉早ク出ル。亦寒国ニテハ冬堀起シ俵ニ包蔵ニ入或ハ二階等ニ置春余寒去テ地ニ植ルトゾ不詳。

というように、土蔵の階上に入れ置くべしとあるのみで、元禄の『地錦抄』と技術としてはまったく変わりがない。本書には、ほかにも土蔵や穴蔵について触れている箇所があるが、唐むろの記述がないので、『草木育種続編』を信用するのならば天明以前に記されたものと考えられる。なお、京都府立植物園大森文庫にG『草木植養集』[43]という書物があるが、これはF『植木仕養集』と内容は一緒である。

そして、『育種』刊行を契機にして、これ以降「唐むろ」の言葉やその使用例が多くなる。言葉の使用法では、天保七年刊のM『ちとせの友』[44]における、

冬は唐むろ吉。但行灯むろに入て囲ふへし。水は過さる程に時々見合そ〻くへし。

という使用例のように、「唐むろ」のみならずこれを発展させた「行灯むろ」まで記し、言葉そのものが定着したとわかる。また単に「室」とのみ記した省略語が、生花の秘伝書に多く現れるようになる。文政二年刊のJ『草木養活秘録』[45]には、「室にて花咲す事」という細目があり、おそらく明治初期刊行と考えられるS『草木養之巻』[46]では、冬場の花は寒所へ置くと水分が凍って茎が折れやすいと述べた後、「室咲物ト水仙等ハ別シテ悪シ」と暖かい窓の下などへ置くことを勧めている。この二つの華道書から、単に「室」という言葉が、穴蔵や土蔵ではなく唐むろを指す言葉として一般化した様子がよくわかる。またそればかりでなく、唐むろ普及によって園芸植物の量産化が行われ、生花の材料として流通することになった事実も推定可能な史料である。

以上のように、天明年間に四谷の朝比奈氏が考案したとはいえ、それまでの園芸書においてほとんど触れられ

ていない唐むろを図入りで紹介し、制作方法まで事細かに記した情報を板本によって刊行したという一点だけでも、『育種』が画期的な園芸書であったと断定できる。『育種』以降の園芸書では、文政十二年十月刊のK『草木錦葉集』[47]が、「唐室作方附花の咲時節違ふ事」として唐むろの奥行、障子に勾配を取る点、壁土は徐々に塗る点など細々と記してあるが、図を描かず、内容としては『育種』の方がはるかに簡潔で的を射たものとなっている。[48]以後、文章で唐むろを紹介する書物は増加するが、[49]唐むろを図入りで紹介する書物は、L『金生樹譜別録』（文政十三年刊）[50]まで刊行されなかった。

これまで園芸書を中心に考察を加えてきたが、園芸書よりむしろ本草書の方が唐むろの記述が多い可能性がある。文政四年七月、松平芝陽《しよう》が著した『芝陽漫録《しようまんろく》』[51]には、唐むろで蓮の種子を培養した記述が載せられ、[52]天保六年の凡例を付す赭鞭会の記録『珍卉図説《ちんきずせつ》』[53]には「暖窖《タウムロ》ニ収メテ愛護」や「苗ヲ暖窖中ニ収メテ保護」など、舶来暖国産植物の養生に積極的に用いられたようである。未だ検討が充分でないが、今後課題として調査したい事項である。

最後に、唐むろ以外にも意義ある園芸技術の公開例として、接木のことを挙げておかなければならない。『育種』巻上に載せられる「圧接《よびつぎ》の図」（図31）は、明治三十六年刊行の前田次郎著『草木栽培書』[54]に、図がそのまま転用されていた（図32・33）。

灌園の高度な園芸技術を披露した人物に、K『草木錦葉集』の著者・水野忠暁《ただとし》がいる。この『錦葉集』[55]前編巻之二に、以下のような一文を載せる。

（前略）草木の真物を勘訂（鑑定）するもの、物産家の人々は格別なり。其業にあらずして、かゝる精緻の妙に至れる事、此岩崎に及ぶもの、当時東都にはよもあるまじと覚ゆ。（十八丁裏～十九丁表）

これを書いた水野忠暁自身も、園芸巧者として有名な人物である。この人物による「東都にはよもあるまじ」との絶賛は、灌園の園芸技術が非常に長けていたことを示す史料として重要である。そしてこのときに誉めた具体的な対象は、接木の技術であった。

『育種』に示された接木技術を編み出したのが灌園本人かどうかは不明であるが、種子で培養せずとも接木で優良な園芸植物を量産できることを可能にしたこのクローン技術も、前に述べた「唐むろ」同様に、飛躍的に生産増加を望める園芸技術であった。唐むろの形態は、近代になってガラス室と呼ばれる温室が作られてもなお

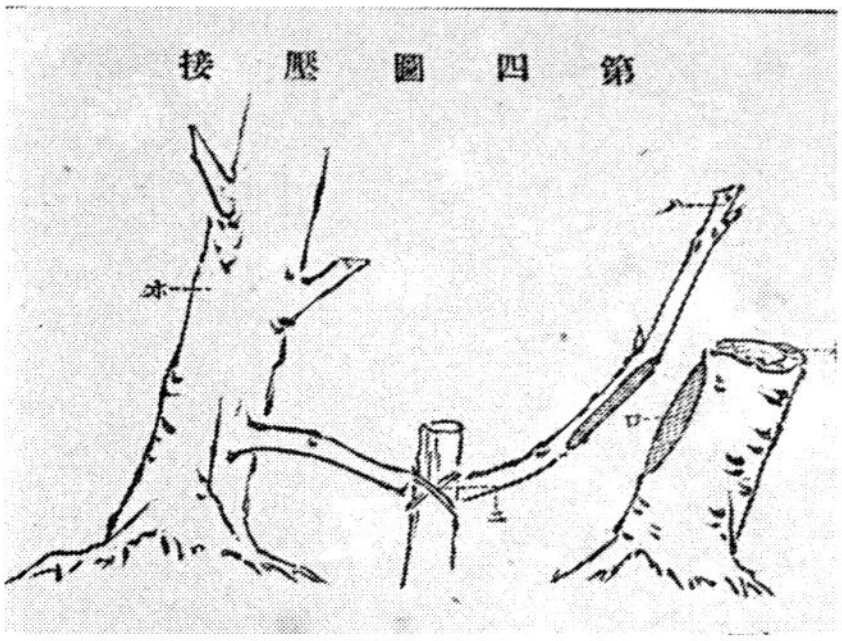

図32　「第四図圧接」（『草木栽培書』）

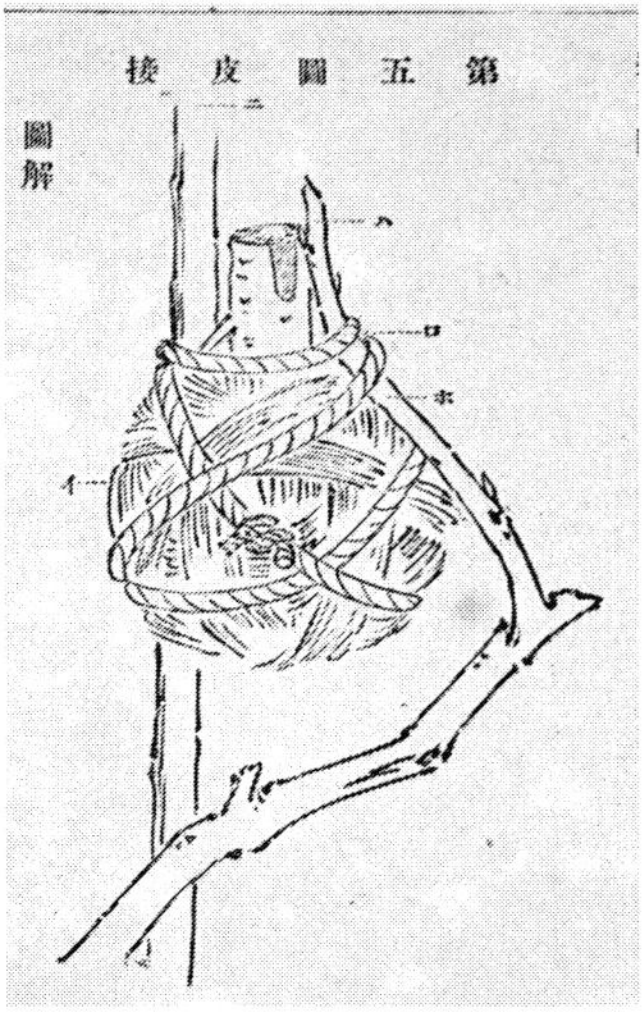

図33　「第五図皮接」（『草木栽培書』）

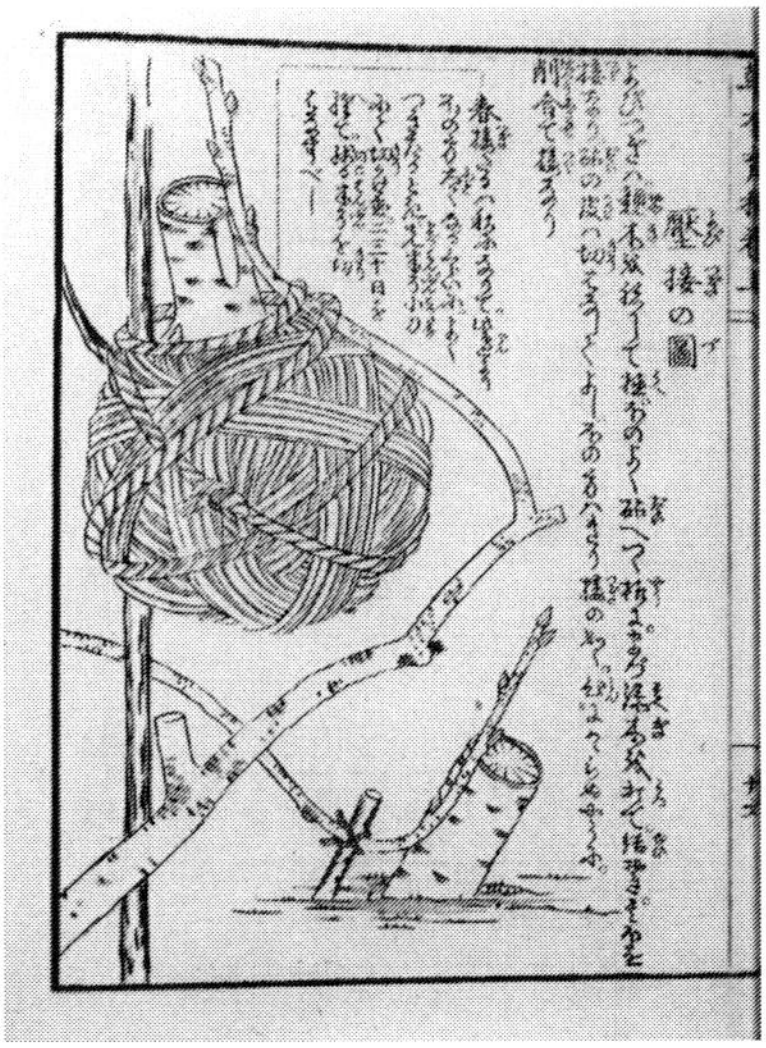

図31　「圧接の図」（『草木育種』巻上）

野菜の苗床として存続し、戦後のビニールハウス普及まで実用されていた設備であった。また接木の方法は、現在ではミズゴケやビニール紐を用いるものの、基本的に『育種』に載せられた方法と変化はない(56)。繰り返すようであるが、これらの技術を最初に図で指し示した、灌園の業績は非常に大であるといえよう。

第四節　後世における岩崎灌園の評価

灌園は、天保十三年一月二十九日、五十七歳で没し、菩提寺永見寺（現、台東区寿二丁目）に葬られた。墓は関東大震災で倒壊し、昭和三年七月に立て替えられたが、以前の状態は『見ぬ世の友』(57)に図示される（図34）。

没後の評価の前に、まず灌園と同時代に生きて影響を与えられた人物について触れておきたい。

その一人は、故実家として名の挙がることの多い栗原信充《のぶみつ》である。信充は屋代弘賢の門人で、弘賢が編んだ『古今要覧稿』に携わった。『古今要覧稿』は、文政四年より天保十三年まで、若年寄・堀田正敦《まさあつ》の命で編纂された、古今事物を考証した百科事典的な書物である。この『古今要覧稿』編集とほぼ同時期に行われた、毎月十五日に集う研究会「三五会」の記録が、国立公文書館所蔵の『弘賢随筆』(58)である。『弘賢随筆』の記事は、それぞれ記事を書いた人物の自筆と考えられ、後に冊として綴じられたものである。本書は、屋代弘賢の書斎号「不忍文庫」の朱文方印が各所に捺してあるので、旧蔵者は屋代弘賢自身と考えられる(59)。年代は、第三冊目に「癸未正月十六日」の記事があるので文政六年と判明し、その直前から始まったと考えられる。『弘賢随筆』参会のメン

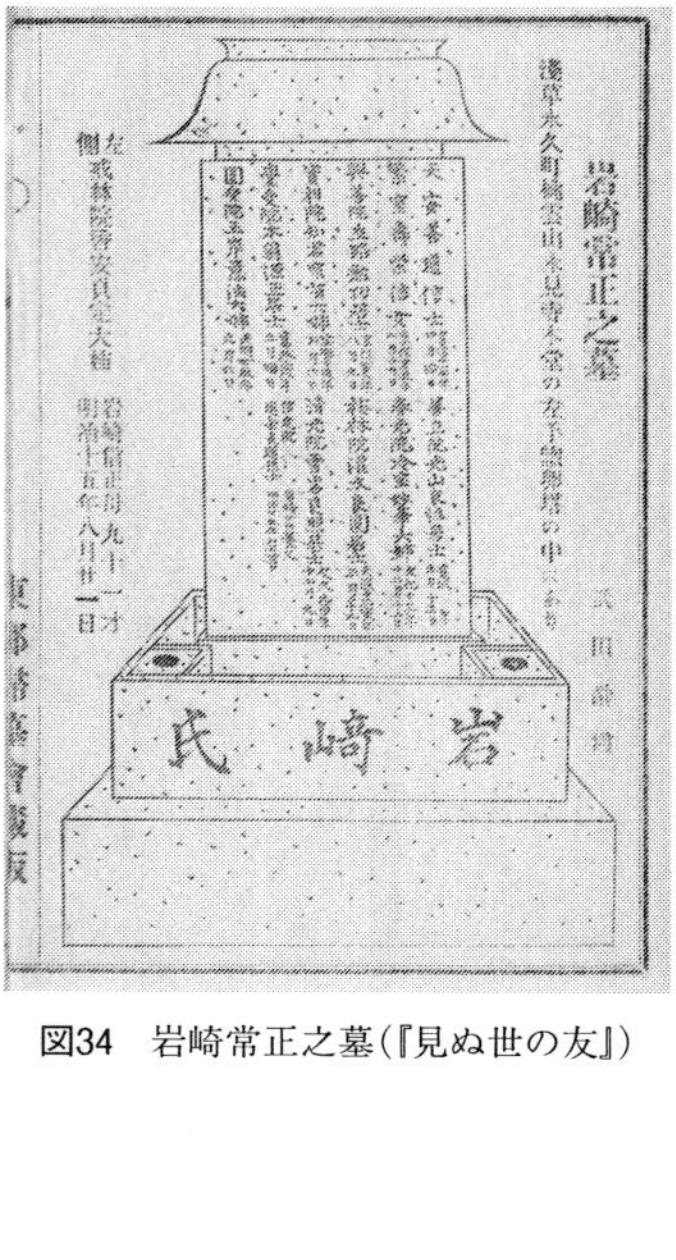

図34　岩崎常正之墓（『見ぬ世の友』）

バーとしては、屋代弘賢、曲亭馬琴、檜山坦斎《ひやまたんさい》、石井盛時、池野好謙、志村知孝、三輪正賢、大河戸儀成、山本清任、本山正義、榊原長行、橋本常彦、松井英信、栗原信充、岩崎灌園が常連であった。このうち屋代・池野・石井・志村の四名および灌園と信充が、『古今要覧稿』執筆陣と重複する。

このように『古今要覧稿』でも『弘賢随筆』でも、面と向かう機会が多かった灌園と信充であるが、『弘賢随筆』記事によって両者の研究対象が似かよっていたことがわかる。本書第十九冊目（年不明四月十五日条）に灌園の「船繋松」に関する考究がその一例である。ここでは、江戸の船繋松に三箇所あるとして、日暮里堀田の屋敷内、小石川御薬園内、高田穴八幡宮境内を紹介し、この三本がすべて崖地に植わっていることにより、

みな入江にて古は通船ありし事と見ゆ。

と船繋松は、かつてその付近まで海があった証拠としている。この文章は、前後の記事から文政十一年から十三年に記されたものと考えられる。この見解に対して信充は、文政十三年に出板した『金生樹譜別録』という園芸書で同じ船繋松を採り上げる。本書の作者は「長生舎主人」とあるが、印記「柳庵」によって信充のことと知られる。前島康彦『樹芸百五十年』[60]によると、団子坂植木屋・森田六三郎は、栗原信充の愛弟子であったという。この関係からか六三郎は、『金生樹譜別録』[61]に序文を記すほか、中巻において六三郎自身の庭にある問題の「太田道灌斎船繋松」が紹介されている（図35）。

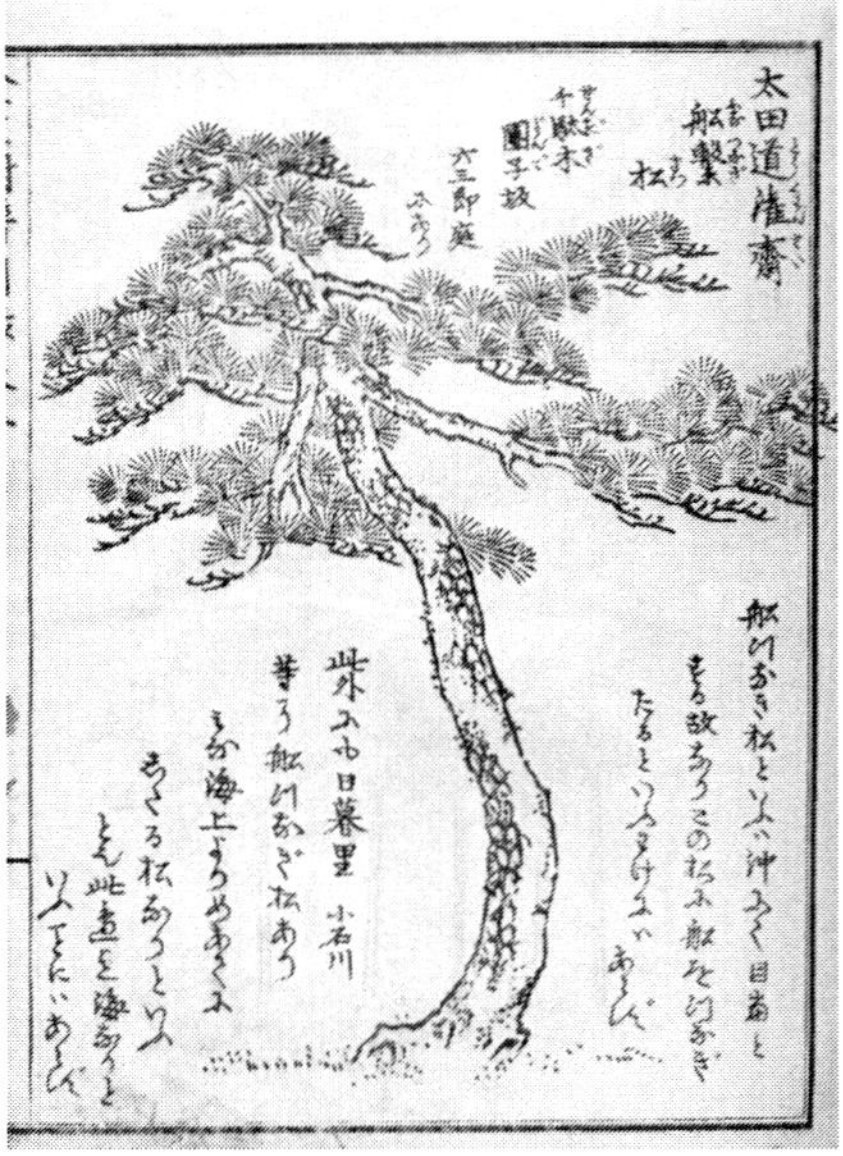

図35『金生樹譜別録』中巻

そこには次の付記があった。

船つな（繋）き松といふは、沖にて目当とする故なり。この松に船をつなぎたるといふわけにはあらず。此外にも日暮里・小石川等に船つなぎ松あり。みな海上よりめあてにしたる松なりといふと也。此辺沾海なりといふことにはあらず。

この記事は、明らかに灌園の説に対して信充が反論を唱えている。栗原信充もまた、『金生樹譜』のほか『松葉蘭譜』など園芸書を執筆、植木屋や屋代弘賢と交わった人物として灌園と共通項が多いが、早い時期、文政年間から灌園を意識し、互いに影響を与えていたと考えられる(62)。

『金生樹譜』以外でも、灌園以降には、文政十年に植木屋金太によって『草木奇品かがみ』が、同十二年に幕臣水野忠暁によって『草木錦葉集』という園芸書が続々と出板された。このように時間軸の上で、灌園がはじまりというものが、『本草図譜』『武江産物志』も含めて、非常に多いことが改めて見直される。前節で唐むろの普及が切花の増産をもたらしたであろうと記したが、灌園唯一の切花の図譜、文政七年刊『茶席挿花集』は、この種の図譜としては初めての試みであり茶花に約三六〇品が使用されたことがわかる貴重な史料である(63)。

灌園は、信充をはじめとする文人と交流を持つ一方、前述の通り植木屋とも交流を深めていった。このように身分を隔てず交流して研究を進める姿勢は、次世代、尾張藩医で本草学者である伊藤圭介に継承されていく。またこの伊藤圭介や、岐阜大垣の医者で近世における最高の植物図譜といわれる『草木図説』の著者・飯沼慾斎は、日本の植物図譜の編纂を試みた点に灌園との共通点がある。

植物図譜制作において灌園を意識したのが、旗本・馬場大助（屋敷は増上寺の西。現、港区芝公園）である。大助は、緒鞭会の一員であるが、「文政年中、蘭人（ママ）「シイボルト東都へ来ル。岩崎常正ト予旅舘へ行テ対話セシニ」（『群英類聚図譜』）とあるとおり、ともにシーボルトと談じ西洋の影響を受け、灌園と近しく交わっていた。図譜制作に関しては、嘉永五年序『群英類聚図譜《ぐんえいるいじゅうずふ》続編』(64)凡例に、『本草図譜』に対する次の意見を述べる。

岩嵜常正ガ本草図譜ハ、精細ヲ尽ト雖モ、其図伝写シテ、甚真ヲ失フモノ多シ。故ニ予ガ目撃スル処ノ品類ハ、皆真写ヲ改カヘテ、資生改出ノ朱印ヲ押ス。故ニ図譜ニ載ル者ハ皆省テ、其余品ヲ顕ス。

と『本草図譜』には欠けている「真写」が必要と説き、『本草図譜』を改めて写し直したものを「資生改出」(「資生」は馬場大助の号)という朱印を捺したとある。ただし、杏雨書屋所蔵の実際の本文中には、朱印を捺したものはなかった。いずれ捺すつもりでこの凡例を記したものと考えられる。同書の自序には、

木部本草綱目須随岩崎図譜任其不足補助綱目不載種又西洋之奇品真僞説加群英類聚下顕

と、日本だけでなく「西洋之奇品」も図譜に加えたという。これは、あくまでも日本産の植物図譜にこだわった、明治期の植物学者、伊藤圭介や牧野富太郎とは、別にする姿勢である。馬場大助は、『群英類聚図譜』とは別に、異国産のものだけを集めた図譜『蛮産衆英図説《ばんさんしゅうえいずせつ》』(65)も著している。

また伊藤圭介は、明治六年から十年までに『日本産物志前編』山城・武蔵・近江・美濃・信濃を出板するが、武蔵部に関しては、灌園の『武江産物志』からの引用が多くを占めていた(66)。『武江』の「野菜幷果類」が『日本産物志』では「穀菜果実民用部類」へ、同じく「薬草類」が「薬品及雑草木類」へと名を改め、片仮名にするなど少々の異同があるのみである。しかし『武江』からすべてを採用したのではなく、『武江』における「遊観」「名木」類は無視されてしまっている。灌園が訂正板を起こしてまでこだわった部分を、明治の学者・伊藤圭介は切り捨ててしまった。除外された部分は、江戸の花名所、あるいは園芸の要素である。これは、明治期に植物学としては不要とされたのであって、花名所がなくなってしまったというわけではない。しかし、明治期の雑誌『日本園芸会雑誌』では、「府下植木市一覧」を連載していたが、明治三十三年「毎月之ヲ掲グルノ要ナキ様御思考ノ向モ有之趣」(67)により、アンケートを実施した結果、やはり不要として途中から掲載を廃止した(68)。このような切り

捨てを繰り返すことによって、園芸や植物学が次第に近世の本草と分断されていったのである。

灌園の大著『本草図譜』は、文政十一年に完成、天保元年から刊行を始め、彼の死後弘化元年に全巻が完結した。『本草図譜記』(69)は、天保十二年までの『本草図譜』の山草・芳草・湿（湿）草・毒草・蔓草・水草・石草・苔・雑草・穀・菽豆・造醸・菜部（五十六巻まで）の納本先を記した書である。ここには、将軍家・湯島聖堂・医学館のほか、三十三名に及ぶ大名への納本が確認できる。ただし全冊を納本したとは限らず、山草・芳草のみで以後納本の記載がない大名も少なくない。天保十二年の時点で、山草より五十六巻まで納本を受け入れたのは、将軍家・医学館・土井利位（古河藩主）・堀田正睦（佐倉藩主）・堀親宝（飯田藩主）・増山正寧（伊勢長島藩主）・黒田斉清（福岡藩主）など十五名であった。

『本草図譜』は、その完成後も需要が高く大正五年（一九一六）から同十年にかけて復刻され、昭和五十五年にも再度復刻出版された。その需要の高さを知るのに、明治九年、勧業寮より博物局へ提出された次の文書がある。

本年二月三日付ヲ以借用中焼失之「本草図譜」四冊、所蔵人江返償之分謄写之上、冊子相添、代価受取書御廻し被下度及御依頼候処、御承知之旨御答有之。右者最早御出来にも可相成候歟。本寮入用之分謄写之儀、図書局へ掛合之都合も有之候間、一応及御問合候也。

九年四月廿六日

勧業寮

第三課

博物局

博物掛

御中(70)

明治九年二月三日付で勧業寮が『本草図譜』をどこかから借用のところ、四冊が焼失してしまう事故があった。焼失した四冊は、博物局が局の蔵書から謄写して所蔵者へ返すことになったが、勧業寮がその謄写した冊子とともに代金（謄写料金か）領収書を自分のところに廻してほしいと依頼した件の問い合わせである。これは、勧業寮でも所蔵者への返却分だけでなく、必要な箇所を謄写したいことを図書局へ掛け合う都合があったからという。

このように需要が高かったことを受けてか、明治十六年に『本草図譜』復刻出版の動きがあった。小野蘭山曾孫・職愨《もとよし》が校閲し、灌園門人・鶴田清次が補正、藤雅三・荒井延次郎が描き金沢六郎が印刷した。このときの「本草図譜約言」が、幕末・明治期の本草学者・官吏である田中芳男が蒐集した貼込帖『捃拾帖』(71)の別冊版ともいうべき『多識帖』(72)にある。そこに記された宛先は、

東京下谷区下谷仲徒町四丁目
八番地九皐堂別舎
鶴田清次殿

とあり、「九皐堂」という号を持つ、灌園門人・鶴田清次が、明治期における『本草図譜』復刻版の発行所であったことが判明する。明治十七年七月の刊記があることから、おそらくこれが、灌園唯一の肖像画（図25、233頁）が掲載されている銅版刷りの『本草図譜』であろう。本書は、第一冊目しかその存在が知られていなかったが、近年同じ刊記を持つもので内容が異なる、第二冊目が発見された(73)。

これとは別に同じ『捃拾帖』第二十巻に「写本本草図譜予約規則」がある。藤城重義が校正、発行元は牛込「養喜園出版部」である。『捃拾帖』はほぼ年代順に貼り込んであるので、明治十六年前後のものと考えられるが、これが実際に出版されたかは定かではない。ただし、近年これの稿本と思しきものが、古書店目録に掲載された(74)。

岩崎灌園の業績については、本草学研究者で植物病理学者・白井光太郎が熱心に研究を重ねている。白井は、

大正五年から十年まで、自らの蔵書と旧富山藩主・前田家蔵書を底本に、『本草図譜』全冊の復刻を果たした。おそらくこれが全冊復刻の最初ではないかと考えられる（図36）。

次に引用するのは、明治三十六年、博文館より発行された『本草図譜』[75]に挟まれていた白井宛の書簡で、大正版『本草図譜』の制作裏話を知る手がかりとなる新資料である。

粛啓

本草に就ては一方ならぬ御配慮を蒙り、千万奉拝謝候。御恩借の底本に拠り、更に改刻を命し謄写も悉皆新たに致候に付て、画工及刷工の申候には、綴本にてはいかにも充分影写し難ければ、之をほぐして単葉のものとしてはあしかるべくやとの事に相談相受候。就ては刷工も座右に置て一と色彩の工合を調査するに、一枚づゝのものとしてほしゝ、との希望に有之。甚だ勝手間ヶ敷事に候へ共、汚点等の注意は勿論、用済之程は原修冊の通り製本致し御返璧可申上、夫等の責任は一切私に於て負可よし候間、何卒右之段御評可相成度猶ほ不存印刷工に「原稿挿み」留持伺はせ候。同人よりもよく御聴取之上御仁免之程偏に奉希上候。

図36　大正８年刊『本草図譜』巻64

不宣

岩本米太郎

十月廿四日

白井先生

侍史

差出人・岩本米太郎は、大正版の発行元「本草図譜刊行会」の代表である。本書簡によると『本草図譜』は一度手直しされたことがわかる。その方法は、現在なら写真で済むところであるが、白井光太郎所蔵のものを底本にして、冊子状のものの綴じ糸を一度ほぐし、「単葉」、一枚物の状態にして「影写」した。これは、「色彩の工合を調査」するためであった。最初の巻が刊行されたのは大正五年十一月で、ほぼ一月に一冊の割合で刊行されていった。大正版『本草図譜』[76]の巻末（大正十年九月）、武田酔霞による「本草図譜完成の後に」には、発行者である湯島切通坂町（現、文京区湯島）の岩本が、

…身躰の自由を欲くに至りしも屈せず。蔵書を沽却し店員を解雇し徒費を節し…

と健康を害してまで刊行を成し遂げた業績に対して、賛辞を捧げている。

おわりに

以上のように、岩崎灌園の著書やその研究方法は、弟子やその周辺に受け継がれていった。本草の専門家でありながら園芸に通暁していた事実から導き出されるのは、彼の中では本草と園芸をことさらに分けて考える必要性を感じていなかったことではないだろうか。ただし、当時でも園芸と本草を別物に考えるべきだという一線は保たれていた。次に挙げた漢詩人・大谷木醇堂《じゅんどう》の『純堂叢稿』[77]によると、藪下（現、文京区千駄木）の勇蔵は、

松ト南天燭ハ藪下ノ勇蔵コレヲ巧ニシテ独得ノ妙ヲ為シ既ニ勇蔵松・勇蔵南天ノ品アリ値上リ松コノ勇蔵ニ権輿シテ韻士俗輩コレヲ賞賛スレトモ、赭鞭家ハコレヲ愛セス、視テ以テ人作ノ支離ト為ス。

と園芸品種として名高い南天・松を創出したにもかかわらず、赭鞭家つまり本草学者は「人作の支離」と蔑視しており、人工品と自然物の別に厳しい態度があった。藪下の勇蔵は、文政十年『草木奇品かがみ』に細葉南天、同十二年『草木錦葉集』に椿の斑入りを載せる。斑入り葉を持つ植物は奇品と呼ばれて珍重され、売買の対象となる。植物を学問の対象とする本草学者にとっては、苦々しい風潮であっただろうと思われる。しかし灌園門人・阿部櫟斎による『草木育種後編』(78)では、この勇蔵から園芸技術を学んでいる。そこには、

又木を斑葉にするに奇法あり。よく考へ見るべし。藪下の勇蔵といふもの羅漢松を貼《たい》としてこれに斑葉の品翁まきと呼ものを接置たり。貼《だい》よりも芽を生じたれど又景色にもとすて置たれば貼芽《たいめ》に実を結びたり。是を蒔たるに斑入二本青葉二本出たり。是に依り考るに、貼《だい》の勢を吸上る斗りにてもなく貼《だい》へも穂の気を吸下るものと見ゆ。この例によりて外の品も接て試みたきものなり。

と、藪下の勇蔵が羅漢松（イヌマキ）に斑入りの植物を接木し、接木された台木が実を結び、その実を蒔いたところ、斑入り二本、常葉二本が出たことを紹介する。ウィルス性か花粉交配の結果と思われるが、これを斑入り葉にする方法として採り上げるのは妥当ではない。理論より経験が優先されたこの時代の限界が見えはするが、経験的に理解しがたい現象を目の当たりにし、そこから自らの推論を組み立て、その他の植物にも接いでみようとする精神は現在でも評価できよう。

当時、園芸という語はなく「種樹」と呼び、「種樹家」は「うえきや」と読ませた。しかし同じく植木屋を指す語「花戸」と、園芸に巧みな人種「種樹家」とを分ける場合もあった(79)。植木屋そのものも造園を旨とする者、草花を主とする者など多くの種類があり、明治九年の植木屋の番付『東花植木師高名鏡』(80)には、「花園樹斉」「庭

師」「替物師」などに細別され、このほか薔薇やサボテンなどの植物別でもそれぞれを得意とする植木屋がいたように、近世後期はその分化が急速に進んだ時代である。この過渡期に生き、園芸や華道にまで範囲を広げ、近世後期の本草そのものの質に影響を与えその後の指標になった人物として、岩崎灌園を高く評価したい。

なお本草会・薬品会は、明治期にはこれが母体となって博覧会・博物館・動物園・植物園へと姿を変えていく。田中芳男は、尾張の本草結社「嘗百社」のメンバーであり、ここで本草学を学び、幕末に蕃書調所の一施設「物産所」に勤めるため江戸に移った。彼は、慶応三年（一八六七）パリ万博のため渡欧した際、ジャルダン・デ・プラントを見学し、ここに見られるような植物園と動物園が付随する総合研究施設としての博物館を理想とするようになり、明治政府のもと東京国立博物館・国立科学博物館・東京都恩賜上野動物園の三施設の前身を作ったのである。この業績は、近世における本草学を習得していなければおそらく果たせなかったであろう。彼が推進した博覧会・共進会は、本草会・薬品会そのものである。彼の貼り交ぜた『捃拾帖』は、薬品会のほか博覧会・共進会・種痘の広告、菓子や缶詰の包紙などが含まれ、本草学・博物学の一級史料となっているが、第一巻の序文により、本人もこのことを意識して集めたと知られる(81)。

樹木が多く池水豊かな上野の地こそ博物館設立にふさわしいと考えたのは、本草学者・田中芳男だけではない。かつて岩崎灌園や前田利保は、その居住地に薬園を設け、彼らが居宅を構えた地は一九九二年まで上野動物園付属施設の水族館があった土地に程近かった。近世後期において、すでに本草学の研究場所として著名な地であったからこそ、明治初期の官僚であり本草学の系統を継承した、田中芳男によって選ばれたのだといっては過言であろうか。いずれにしても本草学者のフィールドとして選ばれた、台東・文京地域が、植木屋集住地帯と様々な「会」が催された繁華街に近いという特徴は、ここに明記して注意をうながしたい。

(1) すべて『近世人名録集成　二巻　地域別編Ⅱ』(勉誠社、一九七六年)所収。
(2) 国立公文書館内閣文庫所蔵[159-0206]。
(3) 遠藤正治『本草学と洋学—小野蘭山学統の研究—』(思文閣出版、二〇〇三年)一三九頁。
(4) 架蔵。
(5) 中野三敏編『江戸名物評判記集成』岩波書店、一九八七年。
(6) 『浪速叢書』第十四(浪速叢書刊行会、一九二七年)。
(7) 東京大学附属図書館蔵『捃拾帖』[A00-6010]。
(8) 平野満「幕末の本草学者阿部喜任(櫟斎)年譜」(『参考書誌研究』五六号、二〇〇二年)が櫟斎の評伝として最も詳しい。また、ロバート・キャンベル「書画　廓と博物学者—阿部櫟斎の文苑採花」(『国文学　解釈と教材の研究』三八巻九号、一九九三年)は、阿部櫟斎の文学分野における、執筆活動をテーマにしたものである。
(9) 『水戸市史』中巻(二)(水戸市役所、一九六九年)。
(10) 国立国会図書館蔵[特1-2613]。
(11) 出典は註(1)に同。
(12) 出典は註(6)に同。
(13) 西尾市教育委員会岩瀬文庫蔵。
(14) 岩波書店、一九六三〜七六年。
(15) 『江戸繁昌記1』平凡社、一九七四年。
(16) 『続燕石十種　第二』国書刊行会、一九〇九年。
(17) 神戸市立博物館蔵[池長孟コレクション　1129]。
(18) 註(16)に同。
(19) 国立国会図書館蔵[234-28]。
(20) 国立国会図書館蔵[特1-3092]。
(21) 平野満「本草学史史料—『本草家番附』と岩崎灌園伝記史料—」(『駿台史学』八二号、一九九一年)。

(22) 文京ふるさと歴史館蔵。
(23) この薬園拝借の背景には、堀田正敦の尽力があった。国立国会図書館蔵『小石川富坂町明地絵図』〔特1―3069〕には、
右源蔵儀小石川餌差町火除明地之内百五拾坪是迠拝借罷在候処、右廻り明地之内預之通、此度百壹坪余増拝借地被仰付候段、堀田摂津守殿御附札を以被仰渡候右之趣源蔵江可被相達候。以上。
岩崎源蔵
未七月八日
とあり、未の年（文政六年）に「堀田摂津守殿御附札を以」て、薬園拝借地の拡大が実現した。
(24) 第三部第二章を参照。
(25) 国立国会図書館蔵『武江産物志』〔特1―2956イ〕。
(26) 国立国会図書館蔵『武江産物志』〔特1―2956〕。
(27) 第三部第三章補論を参照。
(28) 国立国会図書館蔵〔特1―2976〕。
(29) 第三部第三章第三節を参照。
(30) 田中芳男の回顧によると、チューリップは文久三年（一八六三）にフランスから球根が入ってきたという（田中義信『田中芳男十話・田中芳男経歴談』田中芳男を知る会、二〇〇〇年）。
(31) 富山県立図書館蔵『龍澤公御随筆』のうち「本草」
(32) 国立国会図書館蔵『万香園裡花壇綱目』〔特1―3439〕巻一。
(33) 荒川ふるさと文化館蔵。裏見返しに「篠氏家蔵」と蔵書印が捺されている。初刷本。
(34) 第一部第三章を参照。
(35) 架蔵。以下同。
(36) 灌園は『本草図譜』において、トウロカイという植物をアダンとする。盧會は、中国本草書や小野蘭山『本草綱目啓蒙』では木とされ、茎のないアロエをトウロカイ（唐盧會）と称し区別したらしい（遠藤正治「蘭方の薬用植物と本草」〈武田科学振興財団『杏雨』八号、二〇〇五年〉）。これにより中国から伝播した植物ではないと知りながら、ヨーロッパ

より舶来の植物に「唐」を冠したことがわかる。

(37) 刊本『金生樹譜別録』(国立国会図書館蔵〔特1-1549〕)。なお、植木窖における唐むろと暖(岡)むろの区別は、拙稿「近世後期における植木窖利用の諸相」(『生活文化史』四九号、二〇〇六年)を参照。

(38) 「その年の九月にアメリカから種物が来ました。種物が来ても始末が付かぬから物産所に渡された。これを見るとその品物は、蔬菜・穀菽の種子が六十余種伝わってきたのである。そこでまず目録を編成して、それからそれを播くことになったから、早く地面を拵えようということで、鎌入れをして空き地を掘り返して、そこへどうかこうか種子を下ろすことを始めました。ところが、中には少し暖めてやらねばならぬものもあるから、温室を拵えねばならぬ。それでその時分の温室は全く日本風の冬室というものであって、それでどうかこうか栽培しました」(出典は註(30)に同)とある。本書の記事は田中義信氏のご教示による。

(39) 『花壇地錦抄・草花絵前集』平凡社、一九七六年。

(40) 『草木育種続編』東京国立博物館蔵〔和1006〕。

(41) 文政十年刊『草木奇品かがみ』(国立国会図書館蔵〔特1-951〕)。

(42) 国立国会図書館蔵〔190-323〕。

(43) 写本、一冊。

(44) 国立国会図書館蔵〔特7-454〕。

(45) 国立国会図書館蔵〔840-70〕。

(46) 架蔵。

(47) 水野忠暁著。架蔵。

(48) 「唐室の奥行深きはよからず。三尺にて吉。高さは尺を限る。前の障子かうばへを取伏て坂に建るは格別寒気を嫌ふ品を入て吉。壁は一度に土多く付ず度々厚く付たる程吉。
寒気を嫌ふ品ほど室の奥の方は悪し。口もとの棚へ置て吉。土間も悪し。夏蔭に置品にても水晞ざれば口元に置痛事なし。立花程極蔭へ置品なしといへど夏も唐室へ入る也。是にて悟べし。

唐室の障子をかうばへなくすぐに建れば品多く入なれば渡り品といへど格別寒気に痛ざる品又は蘭抔の類は障子を坂

に建るに及ず。奥行も三尺五六寸にて吉。唐室へ入たる品渡り物に限らず風土違へば本来の性を失ひ花の咲時節違ふ事あり。蘭類抔は別して也。」

とあり、その後に「唐室へ入る品の心得」として、植物名を列挙している。

(49) №16も№17も実は、『草木錦葉集』の写本であるが、部分的に『錦葉集』に記述がない植物の記事があり、嘉永七年の筆写時に追加したのかと疑われるが、充分な検討を進めて改めて稿を起こしたい。

(50) 註(37)に同。

(51) 明治大学図書館蔵［092・5／64／／H］

(52) 「冬月ニ至リテ暖カナル唐窖《ムロ》ナトニ入置トキハ、来春ノ発芽ハ春種ノ九十月ノ大サニモナルヘシ。培養イヨ〳〵厚クセハ、其年花実モ可生道理也」（平野満「『芝陽漫録』とその著者松平芝陽」〈『図書の譜―明治大学図書館紀要―』二号、一九九八年〉より引用）。

(53) 国立国会図書館蔵［特7－185］。

(54) 文京ふるさと歴史館蔵（裳華房発行）。

(55) 註(47)に同。

(56) これらの園芸の実務については、名古屋園芸の小笠原亮氏のご教示によった。

(57) 一二号、明治三十四年（一九〇一）、東京掃墓会発行。明治大学図書館蔵［281・02／1／／H］。

(58) 国立公文書館内閣文庫蔵［特095－0004］。全六十冊。写本。

(59) 第三十四冊目、岩崎灌園による記事「道学」は、ほとんど同一の文章が、国立国会図書館に所蔵されていた［特1－3379］。このことから、メンバー同士で写したものが複数存在すると考えられる。

(60) 富士植木、一九八六年。

(61) 註(37)に同。

(62) 『弘賢随筆』では、第三冊目に信充が採り上げた内容「さゆり」の名義を、後に灌園が、第二十五冊目で再び採り上げ、その植物の図も掲げる事例もあった。

(63) 横内茂「『茶席挿花集』―その茶花に使用された植物」（茶の湯文化学会、一九九九年）。『茶席挿花集』の著者は、「柿園」と署名があるが、経歴等は一切不明である。
(64) 武田科学振興財団杏雨書屋蔵［杏3139］。
(65) 天保十五年跋。個人蔵。
(66) 上野益三『岩崎常正著武江産物志武江畧図解説』（井上書店、一九六七年）、佐藤達策「伊藤圭介著『日本産物誌』の構成と内容について」（日本大学松戸歯学部『一般教育紀要』二六号、二〇〇〇年）、野村圭佑『江戸の自然誌「武江産物志」を読む』（どうぶつ社、二〇〇二年）。
(67) 『日本園芸会雑誌』九五号、明治三十三年四月二十六日発行。
(68) ○府下植木市一覧ノ廃止
右ハ毎月掲載シ来リタルモ今回会員ヘ諮問ノ上掲載セサルヲ可トスルモノ多数ナルヲ以テ自今掲載ヲ廃ス
（『日本園芸会雑誌』九六号、明治三十三年五月二十六日発行）
(69) 国立国会図書館蔵［特1-2972］。
(70) 東京大学附属図書館蔵『物産雑説』［A00-5764］。
(71) 東京大学附属図書館蔵［A00-6010］。ここにも『本草図譜』締約証の雛型が貼られている。
(72) 東京大学附属図書館蔵［BA13］。二十一巻、二十七丁表。
(73) 従来知られている第一冊目は、国立国会図書館蔵本［138-102］などがある。裏見返し刊記によると、「明治十七年七月出版御届」とある。内容は、『本草図譜』序文を再掲し、巻之五「甘草」から「をけら」までを載せ、対して二冊目と目されるもの（個人蔵）は、巻之六「狗脊」から「水前草」までを銅版で載せる。第一冊目の頁付が「四六」で終わり、第二冊目の頁付が「四七」から開始するのでこれが第二冊目であることは間違いがない。
(74) 彩色本で、すべてではない。画家は、江戸琳派四世、雨華庵道一である。
(75) 国立国会図書館蔵［特1-931］四冊（博文館発行）。
(76) 架蔵。
(77) 国立国会図書館蔵［214-29］。
(78) 架蔵。

（79）註（64）馬場大助『群英類聚図譜』にその区別が認められた。
（80）文京ふるさと歴史館蔵。図８（121頁）参照。
（81）序章第二節参照。

〔付記〕本章は、トヨタ財団による研究助成プログラム（二〇〇三年度、研究助成A）の助成を得て成稿したものである。

第二章　植木屋柏木吉三郎の本草学における業績

はじめに

前章では、本草学者・岩崎灌園の園芸における業績を見てきた。都市に居住する本草学者が、都市近郊をフィールドに自然誌（『武江産物志』）を著し、この過程で、情報源の一つに植木屋が存在した事実を示してきた。本章では、視点を逆にして、この岩崎灌園とも関わりが深い、植木屋・柏木吉三郎の本草学における業績を明らかにして、園芸における本草学の意義を考えていきたい。

東京国立博物館（以下東博と略）には、幕末から明治期にかけて活躍した植木屋・柏木吉三郎の筆写した植物図譜および植物字彙類の稿本が多数所蔵されている。図は、白描、墨画、彩色を施したものなど様々あり、傍らの注記によって年代やその植物の履歴が推測できる場合もあるが、注記がまったくない場合も少なくない。岩崎灌園著『本草図譜』中におけるウェインマン『花譜』所載のチューリップ図(1)や、大槻玄沢《おおつきげんたく》著『蘭畹摘芳《らんえんてきほう》』からのオランウータンの図(2)などといった、明らかにほかの書物から写したものも含まれている。「明治五申二月初テ見ル。吉三良七十四才画(3)」といった注記があれば、吉三郎自身が現物を見て描いたとわかるが、説明もなく植物図のみの場合は、写しかオリジナルかの判断が困難である。また、植物字彙の類であっても「岩崎云」「蘭山云」とは、岩崎灌園や小野蘭山に直接聞いたのか、あるいは彼らの著書の中の言葉を引用しているかを断定できない場合もほとんどである。以上のように、史料として活用するのに問題点があることを鑑みても、一介の植木屋がこれほどの著作・画稿・写本をのこした（のこっている）というのはほかに例をみないと思われ、これらを紹介することで今後の園芸文化史および本草学史研究に新たな方向性を示せると考えた(4)。

植木屋の本業以外の活動を明らかにするのは、その分野の新たな担い手を発掘することである。本章では、植木屋が本草学に果たした役割の解明を念頭に、柏木吉三郎の大量の稿本・写本を採り上げ、また周辺の人物、岩崎灌園・大谷木醇堂・伊藤圭介の史料も交えて、柏木吉三郎が生きた近世後期から明治前期の裾野の広い本草学の特徴について検討する。

第一節　柏木家の家系

柏木吉三郎の家系は、次に掲げる名古屋大学附属図書館伊藤文庫（以下名大と略）所蔵『草木名鑑』(5)巻一の序文で判明する。

> 先祖柏木久太郎は、勢州亀山に世々住居せしが、元録（ママ）の頃の祖、武州葛飾郡木下川村に移住せり。其後元文の頃、養祖父久太郎冨益葛飾なる業平橋に居を卜してより、種樹を業となしぬるが、養父冨長は太田大洲先生の門に入て本草を学び、草木和漢の名目を正して草稿を編み残しぬ。柏木喜康及予も其志を嗣き小野蕙畝先生の門に入て学びぬるが、いぬる文政十三年庚寅に増補大概なりて、草木名鑑と題し、七巻となしぬ。喜康は実父喜壽の二男にて予が実兄なり。喜康亡びてより予また足らざるを補ひぬるが、冨長亡びてより、今歳十七回の法会に当りぬれば追福の志ありて此書を改書せしむ。なほ児郎冨國に与へ永く子孫に其志を継しめんと欲する而已。
>
> 嘉永七年甲寅四月　　柏木冨潤述

これによると、伊勢亀山（現、三重県亀山市）出身の柏木家は、元禄年間（一六八八～一七〇四）に武蔵国葛飾郡木下川村（現、葛飾区）に移住、元文年間（一七三六～四一）に柏木冨潤の養祖父・久太郎冨益が、業平橋（現、墨田区）に居住し植木業を始めた。冨潤の養父・冨長は、本草学者・太田大洲《だいしゅう》（澄元《ちょうげん》）の門下で本草を学び、草木和漢の名目を正した草稿をのこした（これが『草木名鑑』の最初の草稿。現在所在は不明）。また実父・喜壽の二男で冨潤の兄である喜康、その弟冨潤もその志を継ぎ、小野蘭山の孫蕙畝の門で学び、文政十三年（一八三〇）夏、既稿を増補し『草木名鑑』七巻を成した（東博蔵『草木名鑑』を指す）。その後、兄喜康が没してからも冨潤は増補し続け、養父・冨長十七回忌を迎えた今、嘉永七年（一八五四）初夏、追福の意を込めて改定した（名大所蔵『草木名鑑』を指す）と当の冨潤が述べる。この冨潤が、本稿で採り上げる柏木吉三郎その人である。冨潤の名が吉三郎である点は、名大所蔵『草木名鑑』巻一に、

文政十三年庚寅夏増補　柏[6]　喜康
嘉永七年甲寅初夏　追補　柏　冨潤　（三丁裏）

とあり、また東博蔵『草木名鑑』巻二に、

粂次郎
柏　著
吉三郎
義黨　（一丁裏）

とある。序文の述べるとおり増補したのが冨潤であるのだから、吉三郎義黨が冨潤を指すことは明らかである。(7)さらに右の史料『草木名鑑』によると、兄喜康の通称が粂次郎、吉三郎の跡を継ぐ者が「児郎冨國」であることもわかる。(8)冨潤＝義黨＝吉三郎とその兄喜康＝粂次郎は、両名ともに小野蕙畝に入門し、柏木久太郎を祖とする柏木家に養子縁組した。冨潤の養父・冨長が太田澄元門下、粂次郎・吉三郎兄弟は小野蕙畝門下と、柏木家では代々本草を学ぶことを奨励していた。

柏木家は、名大本『草木名鑑』の序によると、吉三郎の祖父と先祖（年代的に曾祖父か）が同じ名、久太郎を名乗っていたと知られる。東博蔵『本草書残欠』(9)第五冊「草花之覚」十九丁裏に、

　業ひはし　三植木やくめしらう出物有　□

　本所中之郷　□
　なりひら
　業平橋植木屋久太郎
　植木屋　□　ウヱキヤ
　久太良
（□は文字が重ねてあるため判読不能箇所）

と署名があるので本書著者は久太郎で、ここには吉三郎の兄「くめしらう」（粂次郎）の名も登場することから、曾祖父ではなく祖父・久太郎冨益のことと考えられる。また、久太郎には別に、年代不明『花草《新板草花づくし》』(10)の蔵書があった。こちらには裏見返しに「本所業平久　植木屋」の黒文円印と「柏木氏」の墨書が認められる。以上のように、祖父（もしくは曾祖父）久太郎の著作およびこの人物の蔵書が各一点ずつ確認でき、ここから草花に関心が深かったことを推測できる。(11)

吉三郎の兄・粂次郎は、名大蔵『草木名鑑』では小野蕙畝門とあったが、岩崎灌園にも入門している。国立国会図書館（以下国会と略）蔵『本草会出席簿』[12]にその名が見える。『本草会出席簿』は、毎月八の付く日に岩崎灌園が開いた本草会に誰が出席したかの記録で、文政十一年正月から翌十二年十二月までの二年分である。のべ一〇〇名が載り、考証学者・狩谷棭斎や檜山垣斎、探険家・間宮林蔵の名前も見えるが、最も多く参加した阿部櫟斎はじめ本草学者が多い。灌園が自ら植木を愛好し草木鑑定をよくしたことは前章に述べたとおりであるが、学者・武士以外でも教えを拒むことはなく伊勢松阪の木綿商・殿村万蔵（常久）のために、天保元年（一八三〇）刊『千草の根さし』の挿絵を描いている。このように灌園の塾は広く開かれ、灌園自身が草木培養に勤しんでいたので、門人に植木屋が列することも特に不思議ではない。[13]

植木屋粂次郎は『本草会出席簿』によると、

太田澄元門弟
　入門
植木や粂次郎
なりひら橋

という文政十一年九月十八日の入門を皮切りに、同月二十四日・二十八日、十月八日・十八日、十一月二十八日、十二月八日に「粂次郎」、翌年二月八日・十八日に「柏木粂次郎」として計九回の出席が確認できる。九月二十八日に「救ノ一借」、十一月二十八日に「救ノ三借」、十二月八日に「救ノ四借」と注記があり、灌園蔵書を借用していた。「救」とは『救荒本草通解』の略称である。同様の用例で他の項に「穿」や「外」の借用の記事があり、それぞれ『本草穿要』、『綱救外編』の略称であろう。これらは、すべて刊行されていない灌園の著書である。

以上のように、兄粂次郎は、灌園の門に入った途端に『救荒本草通解』を借用するという、本草に関して予めそれなりの知識を蓄えていた人物であった。灌園の雑記帳には、植木屋の符牒が書き抜いてあるが、これらは、柏木粂次郎より知り得た情報かもしれない[14]。

ところで、高知県立牧野植物園（以下高知と略）蔵『亜墨利加草類図』[15]六丁裏に「浜万年青　浅見吉三郎自画」、同書七丁表に「文政十亥年四月下旬浅見内吉三郎書」とあり、東博蔵『本草書残欠』第十冊二十二丁裏「黄梅之図…文政九酉《ママ》年　浅見吉三郎絵候也」、同じく二十三丁紙背に、

武州豊島郡巣鴨本村

文政六未年八月朔日是を書ス

浅見内吉三郎

と明らかに吉三郎の自筆の写本上で「浅見」という別姓を名乗っている。これの指す意味として、「浅見」は柏木家に養子縁組する以前の実家の姓名と考えたらどうか。図37に柏木家と浅見家の関係を系図化して掲げたが、吉三郎が浅見を名乗る年代は文政六・九・十年であり、柏木を名乗るのは同十三年『草木名鑑』からである。一方粂次郎が柏木を名乗るのは文政十二年以降であり、十三年『草木名鑑』では双方ともに「柏」という柏木姓の略称を用いる。文政六年に弟は巣鴨本村、五年後の十一年に兄は業平橋を居住地としている点、養父・冨長と同じく粂次郎が師と仰いだ太田澄元は寛政七年（一七九五）没である点、これらの事実により粂次郎と柏木家は、粂次郎が業平橋在住の年、つまり柏木家に養子に入っている年、文政十一年より三十三年以上も前から交際があったとわかる。その上同じ家から二人の養子を迎えているので、彼らの実家、浅見家と柏木家の繋がりは非常に密であったと判明する。また吉三郎は、稿本の傍らに記す年齢注記から換算した結果寛政十一年生まれとわかるから、兄粂次郎とはかなり歳が離れていた。文政十一年の吉三郎は三十歳、兄粂次郎は四十代半ば以下ではない。柏木家の跡を継ぐ者として粂次郎の年齢には不安があったであろう。養子縁組に当たり二人同時に迎えた可能性も高

く、また浅見家の住居が植木屋の多い巣鴨に位置することにより、浅見家も同じく植木屋である可能性も捨て難い。もしそうであるならば柏木家と浅見家は単なる知己というより縁戚関係の可能性さえ疑われる。結果的に、兄粂次郎は文政十三年夏以降史料上より姿を消し、その後嘉永七年『草木名鑑』により死亡が確認され、吉三郎は八十五歳以上生きたのだから、二人目を養子に迎えた柏木家の判断は正しかったことが証明された。

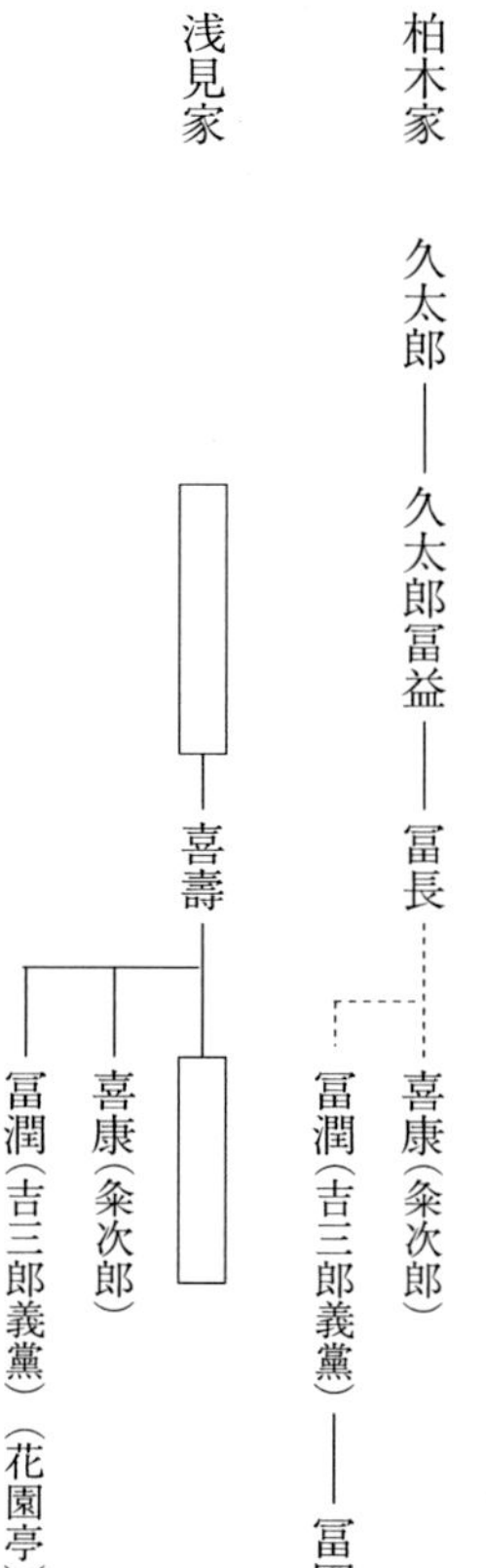

図37　柏木吉三郎家系図

なお、浅見吉三郎と署名のある『本草書残欠』第十冊二丁表に、

花園亭
　橘三拝

とあり、「橘三」は音で「吉三」に通じ、花園亭という園号を持っていたことも新たに判明した。

第二節　『救荒本草通解』

岩崎灌園の著書『救荒本草通解』全八巻（文化十三年・一八一六序）には、兄の事績を追う立場の弟吉三郎も深い関心があったようで、東博および国会に、吉三郎筆の写本が所蔵されている。『救荒本草通解』は、以下のように十六種類の写本が存在するが、この中に灌園自筆と断定し得るものはなかった。

①東博［和922］五冊（第一冊と第二冊以降で筆が異なる）
②東博［和38］五冊（救荒野譜通解・救荒野譜補遺通解を付す）
③国会［特7—91］一冊（巻三のみ）
④国会［特7—11］五冊（曲直瀬養安院・小森頼信旧蔵。頼信による朱筆多し）
⑤国会［特1—1538］二冊（「安藤文庫」「栗田萬次郎所蔵」印）
⑥国会［104—374］四冊
⑦宮内庁書陵部［275—30］五冊（「鈴木氏印」あり。救荒野譜通解・救荒野譜補遺通解を付す）
⑧武田科学振興財団杏雨書屋（以下杏雨と略）［杏—1346］一冊（「中氏」印。救荒野譜通解の目録のみ付す）
⑨杏雨［杏—4956］二冊（宍戸昌旧蔵。上巻と下巻は異筆）
⑩杏雨［杏—4954］五冊（柱に「惺々堂蔵」と刷る用箋。「仙台　佐々城朴庵校」と記す。救荒野譜通解を付す）
⑪杏雨［杏—1682］十冊（黒川真頼旧蔵、救荒野譜通解を付す）
⑫杏雨［杏—4955］九冊（昭和十年東博［和38］の写し、救荒野譜通解・救荒野譜補遺通解を付す）
⑬杏雨［杏—1064］二冊（巻四〜八。文政三年写。救荒野譜通解を付す）
⑭杏雨［杏—4957］八冊（国会本〈原本未確定〉の昭和八年の写し。柱に「静山草堂」と刷る用箋を用いる）
⑮神宮文庫［199］九冊
⑯無窮会神習文庫［9281井］九冊（「桂川儒之海野予蔵」印。救荒野譜通解・救荒野譜補遺通解を付す）

諸本のうち、③国会本は見返しにペン書で「伊藤篤太郎按ニ此壱巻岩崎漼園《（ママ）》ノ自筆原稿歟」との伊藤篤太郎の覚書がある。しかし本書は随所に貼紙があり稿本である点は間違いないが、灌園の筆ではなく、実は吉三郎の筆になる稿本である。根拠は、本書の文字が吉三郎の筆に酷似している点と、随所に「吉三曰」という彼の所見が加筆されるからである（図38）。「山芹菜」を例に挙げよう。加筆がない⑤国会本では、

和名ムマノミツバ　ウラシロ松岡　イツ、バ西湖ヤマミツハ
サニキユラサニケル和蘭
山野共ニアリ。春宿根ヨリ生ス。葉ハ牛扁ニ似テ黄緑色光沢アリ。又ミツハゼリニ似テ、五尖叉アリ。高サ一尺余、互生ス。三四枝ヲ分チ梢ニ小白花アリ。後小毬実ヲ結フ。葉耳ニ似テ小毛刺多シ。根数條アリ。葉微芹ノ香アリ。葉味淡シ。良安クサホタンヲ充ツ。恐ラクハ同物。
（一一四丁表～裏）

とある。一方、加筆がある方の③国会本では、

㋤山芹菜　ナベナ和名　ドイヘルスベート和蘭
山野ニ子ヨリ生ス。冬ヲ経テ春ニ至リ、葉ハ敗醤ニ似テ中葉大ニ左右ノ四葉ハ小シ。節ニ二葉対生シ、毛茸多シ。花ノ茎長ク、先ニ毬ヲナス。山蘿蔔ノ毬ノ如ク小キ淡紅花ヲ開ク。毬大ナレハ楓毬ノ如シ。苗高サ四五尺ニ及ブ。花実アレハ苗根ミナ枯ル。
吉三曰、又山芹菜ハ。ヨツバグサ。ヤマミツバ。ヲ充ルハ是如何成哉。岩崎ノ説モ一様ナラズ。ナベナヲ水棘針苗トス。○ドイベケルフル紫蘇ナリ。○ドルレケルフル白花鬼針草也。○ドイベルス□（虫損）トナベナ也。
（六丁裏～七丁表）

とまったく文章が異なる。これは何もどちら

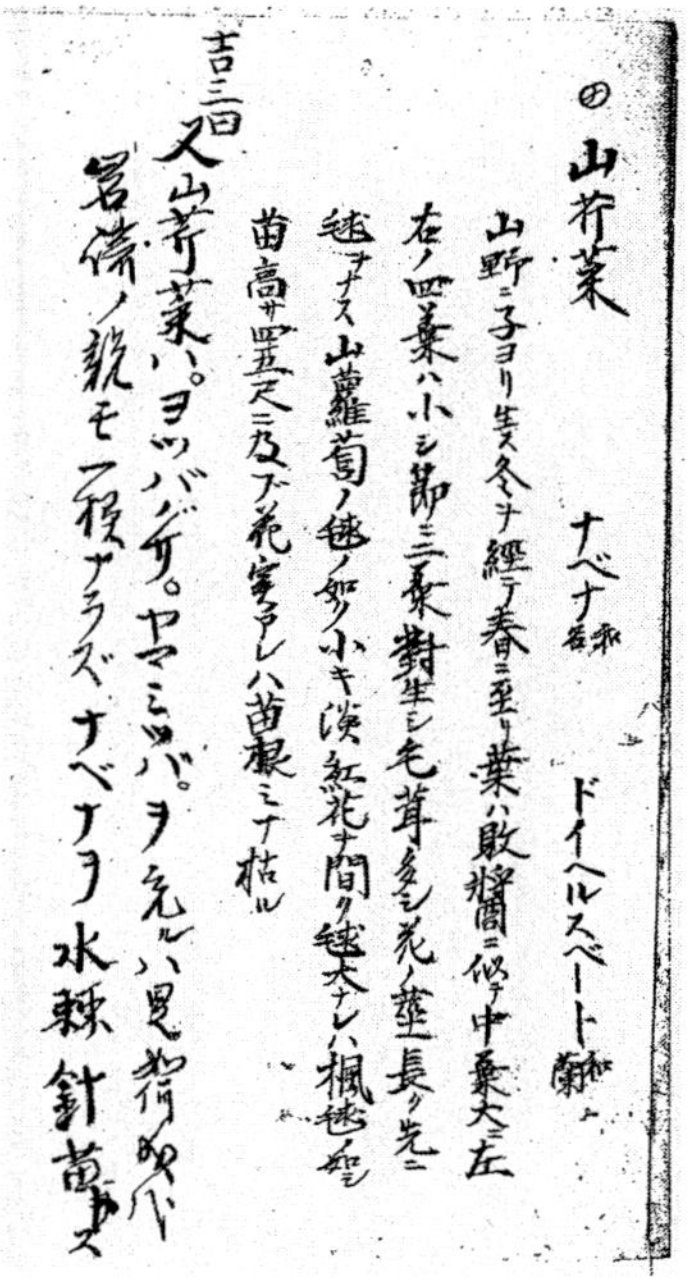
㋤山芹菜　ナベナ和名　ドイヘルスベート和蘭
山野ニ子ヨリ生ス冬ヲ經テ春ニ至リ葉ハ敗醤ニ似テ中葉大ニ左
右ノ四葉ハ小シ節ニ二葉對生シ毛茸多シ花ノ莖長ク先ニ
毬ヲナス山蘿蔔ノ毬ノ如ク小キ淡紅花ヲ開ク毬大ナレハ楓毬ノ如シ
苗高サ四五尺ニ及ブ花實アレハ苗根ミナ枯ル
吉三曰
又山芹菜ハ。ヨツバグサ。ヤマミツバ。ヲ充ルハ是如何成哉
岩崎ノ説モ一様ナラズ ナベナヲ水棘針苗トス

図38　『救荒本草通解』

かが正統な写本だというわけではなく、③⑤に限らず『救荒本草通解』には二つの写本系統があることを示すものである。しかしながら、③における「吉三曰…」以下は、吉三郎のオリジナルとして貴重な情報である。貼紙という体裁も③の特徴である。十一丁裏貼紙は、⑤国会本と異なる内容であり、次のとおりである。

㋯野蜀葵　ミツバセリ和名ハアンフース蛮名稲若貝原ミナミツバゼリヲ充ツ。今世上食用ス。一茎三葉形前胡ノ嫩苗ノ如ク、花ハ小ニシテ、白色傘状ヲナサス。実ハ蛇床子ニ似タリ。一種ムラサキミツバアリ。茎葉トモニ紅紫色也。〇此下秋名菊也トス。今改テミツハトス。

（十二丁裏～十三丁表）

ただし貼紙下、もともと書かれていた文章は⑤国会本と同文であった。このように加筆・訂正を施した吉三郎は、二種類の記述があることを承知の上で貼紙の方を採用しているのである。(16) そのほか十九丁裏「山小菜」の項に「吉三曰、又白花ノ者有葉尖光沢アリ。茎青し。又一種紅花ノ者花葉皆常様ナリ。此品ヲ岩崎ハ見ザラン哉。コ、ニ漏す」、二十丁裏「樓斗菜」の項に「〇吉三曰、和《ヤマト》本草ニアリ」との貼紙がある。以上により「吉三曰」は、柏木吉三郎の意見を付け加えた部分であり、本書は灌園著『救荒本草通解』巻三を、吉三郎が二種類の写本を見ながら写し、さらに意見を加えて増補したものと考えられる。

①東博本は、巻三を欠く写本である。一冊目の三丁裏に「仝志門人喜多村哲手写」と灌園門人・喜多村哲の名前と、一丁表に「喜多村氏蔵書之印」の朱文方印が捺される。左下枠外に「学問所」と刷られた用箋を用い、

寄合御医師

安斎子

喜多邨祖三

による「湖山春暁」と題す漢詩が記される。以上により、第一冊目は灌園門人喜多村哲（祖三）による写本（巻一・二）である。喜多村哲とは、幕府医官喜多村安正三男、喜多村哲三のことと思われ、後に栗本家へ養子に入る栗

本鋤雲《じょうん》のことである。

第二冊目は、一丁表に、

救荒本草通解　巻之四　天保十三寅年吉三写

とあり、吉三郎の手による巻四の写本。第三冊目は巻五写本で、穁芽樹の項に「吉三曰」とあるから吉三郎の筆によるもの。第四冊目は巻六・七をやはり吉三郎が写し、「蕤核樹」「山菉豆」「木瓜」の項に彼の意見が述べられる。第五冊目は、巻八写本で裏表紙に「吉三義黨書」と墨書による署名があることからこれも吉三郎の手になる。以上により①東博本は、第一冊目は栗本鋤雲による巻一の写し、二冊目から五冊目が吉三郎筆による巻四〜八の写本と判明する。現在同じ請求記号であるが元は別記号で、第一冊目が「二四〇五号」、第二冊目以降が「二四〇四号」であった（表紙貼紙による）。また①東博本が巻三を欠き、③国会本が巻三部分であるのは偶然と思われず、その記述の癖、例えば項目冒頭に丸で囲んだ片仮名を付す点（風鈴菜の場合は㋫）や貼紙の多用など共通点が多く、同じ頃すなわち天保十三年前後に写されたものが、国会と東博に分散して所蔵された可能性も考えられる。

以上の検討によって吉三郎が『救荒本草通解』に関心を寄せていた事実が判明し、第一章で紹介した富山藩主・前田利保のように「門に入らされとも師の如し」(17)といった関係に近い形で、岩崎灌園に私淑していたと考えられる。

第三節　赭鞭会会員との関係

江戸において天保期に始まった本草研究会、赭鞭会《しゃべんかい》は、富山藩主・前田利保、福岡藩主・黒田斉清・旗本佐橋兵三郎・馬場大助・設楽《しだら》妍芳《けんぽう》、飯室楽圃《いいむろらくほ》（庄左衛門）らで構成される本草研究会である。(18) 柏木吉三郎は、このうちの何人かと交流があった。

一人目は、黒田斉清で、西尾市教育委員会岩瀬文庫（以下、岩瀬と略）蔵『忘革竊記《ぼうはいせつき》』第二十冊（表紙外題は「忘革竊記　二十五」）[19]に、

楽善公問

此樹、花戸吉三郎及花戸卯之吉、余ニ問。余ワンノキノ類ナラント思ヘトモ、武蔵ニ於テハ、アカワン・クロワンノミヲ庭上ニ植ユルノミ。若狭、越前ニ於テハ甚ワンノキ多シ。故ニ山本、江馬両先生ノ説ヲ請。

ミヤマホウフ　椿鑑定

同上　山ーー（ママ）

とあり、花戸（植木屋）柏木吉三郎と内山卯之吉が楽善公（黒田斉清）に、ある植物の鑑定を依頼し、斉清はワンノキとしたが自信がなく、京の山本亡羊《ぼうよう》、美濃の江馬春齢《しゅんれい》の考えを尋ねる、という記事である。この記事は前後により嘉永元年のことであろう。果たしてこのときのワンノキを指すのか未詳であるが、高知蔵『草木雑品録』に、

ワンジュノキ　俗称ナリ。彎樹《ハカマカツラ》ニ葉形似タル故ノ名ナリ。洋名吉三郎知らず。

という記述と植物図がある。

二人目は、飯室楽圃で、彼の著した美麗な彩色図譜『蓮図譜』を吉三郎が精写している。国会蔵『蓮図譜』[20]の扉には、

嘉永六壬丑年六月吉日

「飯室庄左衛門著（朱筆）」

蓮図譜

柏木富潤蔵

とあり、伊藤篤太郎の手になる朱筆以外は、癖のある吉三郎筆である。本書一丁表には、

　高田住飯室之主、蓮花奇品於数年
　集致、正写被置候。遠嘉永六丑年
　三月十八日写之。
　　　　　　　　　　柏木富潤

とあるから（図39）、すでにある飯室楽圃の著書『蓮図譜』を写したに過ぎない。しかし楽圃と交流があった点と、写本とはいえ彩色を施した美しいもので、吉三郎の絵画技術の水準を教えてくれる史料である。「遠嘉永六丑年」に写すとあるが、『蓮図譜』中の記事の年代は嘉永二年から同五年までなので、図譜完成後間もなく写されている。この『蓮図譜』同様の写本が、一九九九年、古書店に出品された(21)。現物を見たが複製本の如く酷似し、癖のある吉三郎筆で記され丁寧に彩色も施してある。『蓮図譜』写本はこの二種しか確認できず、なぜ同一人が二度にわたって写したのかは謎である。本書には、植木屋の清五郎と卯之吉、本草画家・関根雲停の名が見えるほか他の人名は記されず、植物鑑定を主目的とする赭鞭会とはまた異質の、飯室楽圃の園芸趣味の交友関係が見出せる。楽圃のみならず赭鞭会メンバーには園芸趣味があり、前述の岩崎灌園同様、園芸趣味を通じて植木屋と本草学者の距離が接近したことは想像に難くない(22)。

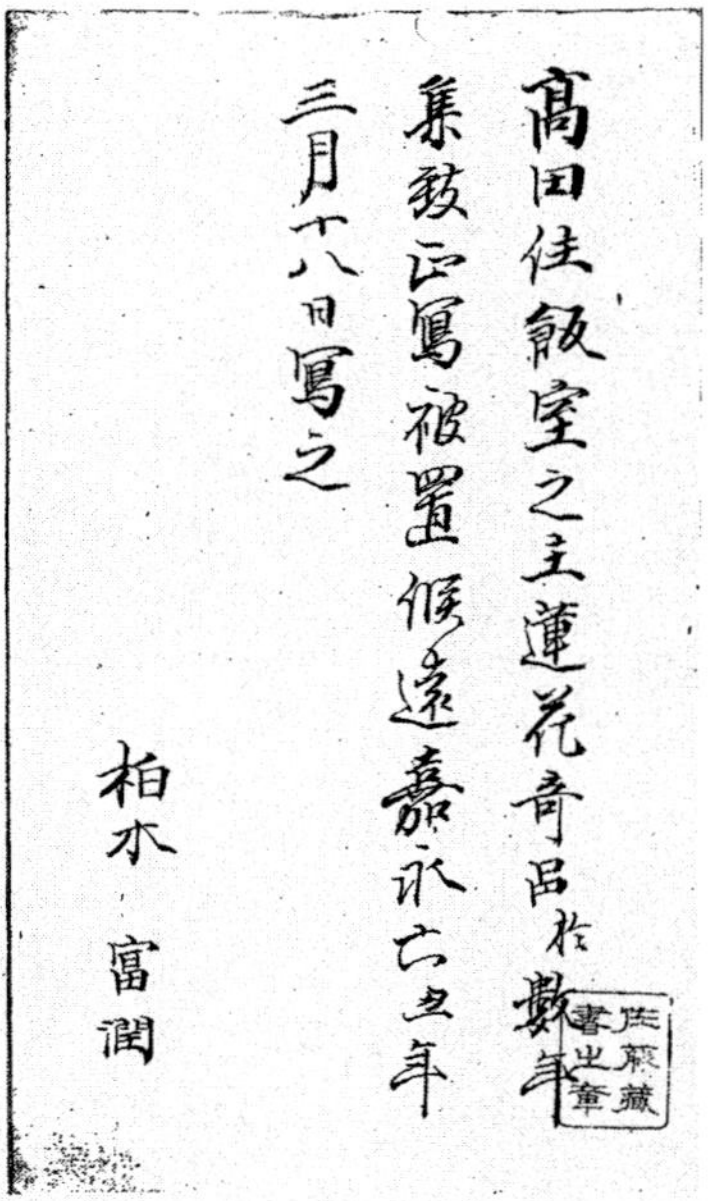
図39 『蓮図譜』

三人目は、富山藩主・前田利保である。名大蔵『草木名鑑』の「土木香」の項に、

△出雲公、此者ヲ薬譜ノ天通緑ニ充ツ。天通緑ハ即木香也ト蘭山云フ。
（巻一、一〇一丁表下段）

とある出雲公とは富山藩主・前田利保のことである。なお、ここで「蘭山云」の文言があるが、直接小野蘭山から聞いた話ではなく、蘭山の書物に書かれていた事項を示したに過ぎない。それは前田利保でも同じことがいえるが、次に挙げる「オニシダ」の項では、実際に面識があったことが示唆される。

△出雲公質問ト云。然トモ質問本草ニ海蝦青一名猴姜即骨砕補ト云。亦図ニテ考レハ、オニシダニ能似タリ。カノ条ニ詳也。　（巻二、四十三丁表下段）

とあり、その「カノ条」である巻二、七十八丁裏下段には、

△俗ニオニシダトス。出雲侯モオニシダトス。質問本草ニハ骨補（ママ）トス。両説也。

と、利保は、最初『質問本草』に載る「骨砕補」としたが、後に吉三郎の意見を聞いて考えを変え、吉三郎のいうオニシダという植物にした。意見を転換したきっかけは、実物ではなく図を見て考えており、同じ図を見ているのだから、当然面識があったと考えられる。同じく「石寄生」でも、

出雲様ノ一枚摺ニハ、イソマツトス。図ニテ考フレハ、石寄生能的ス。　（巻六、八十二丁裏上段）

と図を前にして考察している。残念ながらこの図入りの一枚刷りは所在不明である。

最後に、面識があったかどうかは不明ではあるが、緒鞭会の一人、設楽妍芳の描く『蒲桃《ほとう》図説』に、吉三郎は並々ならぬ関心を示していた。吉三郎旧蔵『蒲桃図説』は、東博に所蔵され[23]、本書の奥書には、

弘化ヨリ嘉永改
于時嘉永二酉八月中
城北番丁御薬園住吉三得之者也。

とあり、嘉永二年八月に「番丁御薬園」すなわち医学館薬園内に居住していた吉三郎が、蒲桃図を手に入れたことがわかる。この喜びが「得之」という奥書を記させたのではないだろうか。これとは別に、吉三郎稿本が綴じ

られる東博蔵『本草書残欠』第二十五冊の七丁表にも蒲桃図があり、吉三郎はこの銅版画を二部所有していた[24]。さらに同書第十八冊、四丁表にも蒲桃の粗い白描スケッチが描かれ、「蒲桃の図。花弁五ツ中へ抱ル」との注記がある。

以上検討してきたとおり、吉三郎は赭鞭会会員のうち黒田斉清・飯室楽圃・前田利保の三名と面識があり、また設楽妍芳の著作物を所蔵しており、本草学者と交流を深めていたのである。

第四節　吉三郎の著作

近世後期の本草学者は、書物の上だけでなく実物の植物に触れ、その植物の同定を行うために様々な書物を編纂し、またそのための稿本や覚書をのこしている。赭鞭会など複数の人間間における共通理解のためには、先人の書物を繰り、もちろんそれまでの教科書的存在『本草綱目』についても確かな知識と批判能力が要求された。吉三郎自身は、赭鞭会のメンバーとして活動してはいないが、複数のメンバーとの交流があり、栽培だけでなく、植物の性質、特徴を記すという行為に意義を見出すようになり、次第に本草学者的な思考回路を育んでいったと考えられる。本草学者が彼を必要とするのは、植木屋として植木の栽培技術や販売だけではなく、その本草学的視点を備えた植物知識にあったことは吉三郎の著書を見ればわかる。しかし、個々の著作すべてに触れることは避け、著書および写本類の一覧を表43に掲げた。本節では、このうち著作として完成度の高い、次の四種の書物、①『本草綱目雑説記』、②『草木名鑑』、③『本草書残欠』、④『亜墨利加草類図』を紹介する。

①『本草綱目雑説記』[25]は、近世初頭にわが国にもたらされた、明の李時珍の『本草綱目』に対する注釈書である。『本草綱目』は、本草書のバイブルとして流布したが、日本の植生と中国の植生が異なるために当然齟齬が生じ、『本草綱目』だけでは日本の本草学は不充分であることを自覚し、様々な『本草綱目』注釈書が記されるように

表43　柏木吉三郎の稿本・写本

(1)稿本

史　料　名	所　蔵	数	書写年代
草木名鑑	東　博	7冊	文政13増補
草木名鑑(巻3欠)	名　大	6冊	嘉永7
[倭種洋名鑑、乾・坤]	東　博	2冊	慶応2
[漢名手引草紙]	東　博	1冊	嘉永6／8
[木花雑品録]	東　博	1冊	
[草木画下書]	東　博	1冊	嘉永2／8・安政3・未10／2・未11／18
[薬草木写真下画]	東　博	1冊	
[百合異花芭蕉画]	東　博	1冊	
[花物真写図記]	東　博	1冊	嘉永元・文久元
本草綱目諸説1[本草綱目雑説記]	東　博	1冊	
採薬録	東　博	1冊	天保13～明治3
本草書残欠7[蕃鬱金図他]	東　博	1冊	
本草書残欠10[本草記聞巻11]	東　博	1冊	文政6・9・10・天保10・元治元・文久2
本草書残欠11[ハンカイソウ説他]	東　博	1冊	
本草書残欠14[龍田百合図他]	東　博	1冊	慶応2／5
本草書残欠18[五葉薔薇説・サフラン図他]蒲桃	東　博	1冊	慶応4／閏4
本草書残欠20[桜花・木実図]	東　博	1冊	
本草書残欠22[蘭図他]	東　博	1冊	明治4・6
本草書残欠23[天人花・裏白樫図他]	東　博	1冊	
本草書残欠24・[草木諸図・雑説]	東　博	1冊	文久2
本草書残欠25[草木諸図・雑説]蒲桃銅版画	東　博	1冊	
本草書残欠26[草木墨書絵類]	東　博	1冊	
本草書残欠27[草木名彙]	東　博	1冊	
草木雑品録	高　知	6冊	明治7～16
亜墨利加草類図	高　知	1冊	文政10／4・元治元
ムラサキカタバミ(ひめおきさ)	高　知	1枚	
蝦夷菊葉花	高　知	1枚	
サフランモドキ	高　知	1枚	文久元年以降
タマスダレ	高　知	1枚	
新渡洋種紅黄艸	高　知	1枚	明治6／6
洋種フウテウソウ	高　知	1枚	
ひやしんちゅす	高　知	1枚	

のびやけし	高　知	1枚	
矮生まつば牡丹	高　知	1枚	
コンロンソウ	高　知	1枚	
ムスカリモンストロート	高　知	1枚	
金魚草一種	高　知	1枚	
ウベン花	高　知	1枚	

（2）写本

救荒本草通解（2～5）（岩崎灌園著）	東　博	4冊	天保13
本草書残欠1［本草標彙］（大谷木醇堂著）	東　博	1冊	
本草書残欠2［本草綱目巻37］（李時珍著）	東　博	1冊	
本草書残欠3［本草綱目巻21］（李時珍著）	東　博	1冊	
本草書残欠4［本草綱目木部］（李時珍著）	東　博	1冊	
本草書残欠6［泰西本草綱目名疏］（伊藤圭介著）	東　博	1冊	慶応3
本草書残欠8［本草図譜］（岩崎灌園著）	東　博	1冊	
本草書残欠9［本草図譜］（岩崎灌園著）	東　博	1冊	
本草書残欠13［大和本草他］（貝原益軒著）	東　博	1冊	慶応4・明治5
本草書残欠15［本草綱目啓蒙巻14］（小野蘭山著）	東　博	1冊	
本草書残欠16［名物筌正誤・弁名物筌正誤］（栗本丹洲・福井春水著）	東　博	1冊	
本草書残欠17［泉州岸和田薬品会出品記］	東　博	1冊	明治2
本草書残欠21［申年採薬記・本草標彙］（大谷木醇堂著）	東　博	1冊	明治5／4／25
［大倭本草書抜］（貝原益軒著）	東　博	1冊	天保10
救荒本草通解（岩崎灌園著）	国　会	1冊	
蓮図譜（飯室楽圃著）	国　会	1冊	嘉永6
蓮図譜（飯室楽圃著）	古書店	1冊	嘉永6

（3）旧蔵本

蒲桃図説（設楽妍芳著）	東　博	1冊	嘉永2／8

（4）柏木家旧蔵本（刊本）

花草（新板草花づくし）	東　博	1冊	
花譜	高　知	3冊	

（5）その他

本草書残欠5［草花之覚］（柏木久太郎著）	東　博	1冊	安永9
本草書残欠12［桜・海堂説他］	東　博	1冊	
本草書残欠19［松・竹・梅説他］（柏木光著カ）	東　博	1冊	
草花雑品録（柏木吉三郎著）	不　明	1冊	

なった。柏木吉三郎もその例にもれず『本草綱目雑説記』を著したが、これは直接には、京都の本草学者・小野蘭山の説に対し異説を唱えた著作である。例えば、狗脊の項では、

　花圃吉曰、家戸《(ママ)》狗脊ト云者ハ、リウヒンタイヲ云ナリ。葉形コンニャクニ似タリ。一種金毛狗脊ト称ス者アリ。武州滝ノ川谷津《ヤツ》村川端ニ自生アリ。

と、花圃＝花屋である吉＝吉三郎が、自ら足を運び、その目で確認した知識として自説の根拠を披露する。また、赤箭天麻の項では、

　吉三曰、天麻ハ江戸近在所々ニアリ。赤天麻・青天麻ノ二種アリ。蘭山先生、赤青ノ二品有ヲ不知ヤ。尤京師ニハ青《アヲ》天麻ト称ル者無ヤ。又一種漢名御風草ヤマトウガラシ〇ツチアケビト云者　是天麻類。花ハ不見。実ノ大サ小指ノ如ニシテ、前後細ク其色朱ノ如ク赤シ。実中ニ仁ノ如キ者アリ。後天麻同様ニ枯ル。根ハ天麻ト異ナリ塊ナシ。是《コレ》ヲ蘭山不知ヤ説ナシ。我等甲州辺ニテ是ヲ採取セリ。

と、蘭山は知らなかったのか記していないが、自分たちが甲州の辺りで採取したという天麻の類を紹介する。『本草綱目雑説記』はこのように蘭山の説に対しての反駁で構成された、蘭山著『本草綱目啓蒙』の注釈書である。言及される植物は七十五種類で、堂々と大家の批判をしていること自体が、学者としての自負を感じさせる。

　吉三郎の著作の中で、質・量ともに代表作といってもいいのは、度々引用している、②『草木名鑑』である。彼の目指したものは、おそらくこの『草木名鑑』に代表される、植物の字典を作成することであったと考えられる。『本草綱目』ではもはや日本の植物を表現できないことは充分に認識されていたが、一つの植物に対して、和名・漢名だけでも何種類もある植物名のすべてを挙げることを試みた書物である。このような作業は、植物の同定をするために必要であり、小野蘭山の『本草綱目啓蒙』も多くの方言を出来得る限り記し、根本は植物同定のためという同じ理由から制作されていた。個々の植物を見極め記録するという技術は、この時代の本草学者であれば

当然志すべき道であった。第一章で述べたとおり、富山藩主・前田利保も、朝顔栽培の愛玩趣味から、次第に古今の文献を渉猟し草木の名を覚え当否を明らかにするように変わっていった。

『草木名鑑』は名大・東博に所蔵されるが、どちらも稿本のため貼紙・訂正が著しく完成品ではない（名大本は巻三を欠く）。しかも本書は前述したとおり、吉三郎養父・冨長の草稿に兄粂次郎と吉三郎が増補して文政十三年にいったん成稿したものを、さらに吉三郎が増補して嘉永七年に成立をみたものである。純粋に吉三郎一人の著書として扱えない。しかしながら、吉三郎が増補した嘉永七年の年紀がある名大本は、項目の末尾に右上がりの癖字、つまり吉三郎自筆が多く、増補分が明らかである。以上の理由から、名大本『草木名鑑』の内容を次に見ていく。

増補分の特徴は、「和蘭」「蛮名」という西洋の情報の加筆が挙げられる。養父・冨長や兄粂次郎の時代に比べ舶来植物が増加した証拠でもあろうが、吉三郎分増補には舶来植物に関しての記載が多い。例えばホクシャ渡来年を、

○ホクシヤ　阿蘭陀ノ産。江戸花戸ニテヒヨウタン花ト号。安政六未年渡来ス。花極紅ニシテヒヨウタンノ如シ。葉身木トモ光沢有。本ノ方木立。新芽柔ニシテカシカンボクノ如シ。（巻一、七十七丁表上段）

と、安政六年（一八五九）とする。ここでいう「江戸花戸ニテヒヨウタン花ト号」と、花戸（植木屋）の通称を載せるのも本書の特徴である。他の本草字彙でも花戸名を載せることはあったが、本書では、その割合が非常に高い。次に挙げるように具体的な植木屋の名前もいくつか確認でき、その史料価値は高い。

△一種木景天カウリンクハ花戸。嘉永年中渡来。キニアラスシテ木立ノ如クシテ、ヘニキノ字名ツク。花油点艸《ホト、ギス》ノ花ノ如シ。巣鴨紋太郎ニテ初メ開ク（巻一、九十丁表〜裏）

安政五午年、薩州ヨリ渡来スル者。臭物ノ母丁香ナリト云フ。花戸長太郎ヨリ取入ル。

（巻二、十六丁裏～十七丁表上段）

今ここに掲げたのも一例であるが、花戸で初めて咲いたという情報も少なくない。船来植物は当然先学がないのだが、これらの史料により、本草学者に先んじて最初に手元において観察したのが植木屋であったことも判明する。しかも『草木名鑑』は、花戸名だけでなく羅甸《ラテン》名やまた「吉三曰」という注釈を付け加えてあり、植物栽培に実際にたずさわるだけではなく、大量の文献の知識がなければ到底記せ得ない情報が入っている。次に掲げるのは、植物知識を羅列した例である。

○ケシネイドンドルハアルト　石葦漳州府志。冨潤按スルニ、草蘆薈ノ一名石葦ハ草蘆薈ノ種類カ。イハレンケニ似テ葉紫紅色ニシテ花ハ葉ノ間ヨリ出。草蘆會ノ花ノ如シ。紅花ヲ開ク。安政六未年舶来ス。

（巻五、三十三丁裏下段）

この植物が一体何を指すのか、素人にはまったく不明である。漢名であっても、片仮名で書かれたラテン名であっても、それを探す書物が現在の私たちの手元にはないからである。吉三郎は、それを持っていたはずであるし、知識として蓄えている部分も多かったはずである。また、机上の知識だけではなく、

△田安舘花圃ノ名也　（巻一、八十六丁裏下段）

△田安御屋形ニテハ千里茇（ママ）、又シホカセキクト云者ニ充ツ。　（巻七、五十一丁裏～五十二丁表下段）

このように、当然のことながら植木屋であるがために、武家方の庭（田安家の庭）にある草木を把握しており、ある意味では本草学者より植物に接する頻度が高く、知識を構築する機会に恵まれていた。

以上のように『草木名鑑』は、幕末に新しく渡来した植物の情報を知る上で、また植木屋がどこで植物知識を得たかを教えてくれる非常に重要な史料である。船来植物渡来年の情報は、本書だけを鵜呑みにはできないが、比較史料が別にある場合には有効利用できるものである。なお、名大本『草木名鑑』には、各所に伊藤圭介筆の

覚書が貼付してあり、旧蔵者である圭介が目を通していたとわかる。

　吉三郎のほかの著書では、その大部分を占める③『本草書残欠』が『草木名鑑』と並ぶ、もう一つの大きな柱である。本書は全二十七冊、後に仮綴じしたもので書名はその折に付されたものであろう。吉三郎の稿本・写本以外も混入されるが、興味深いのは覚書程度に描かれたスケッチである。『草木名鑑』は、図がまったくないので植物の形態がわからない。しかし図があればある程度の見当は付く。『本草書残欠』第十八冊五丁表には、明らかにシクラメンの形状をした植物が描かれる（図40）。吉三郎はこれに対して考証を加えておらず覚えに描いたものであるが、特徴を寸時に写し取る技術には優れた才があった。この才能は、本草学者にとって重要なフィールドワーク、屋外の採薬の際に本領を発揮する。吉三郎も何回も行っていることは、今まで掲げてきた書物の端々にうかがわれる。明治五年（一八七二）には、七十四歳の高齢で田端与楽寺（現、北区）より道灌山（現、荒川区）に採薬して、計二三七品を採取している[26]。

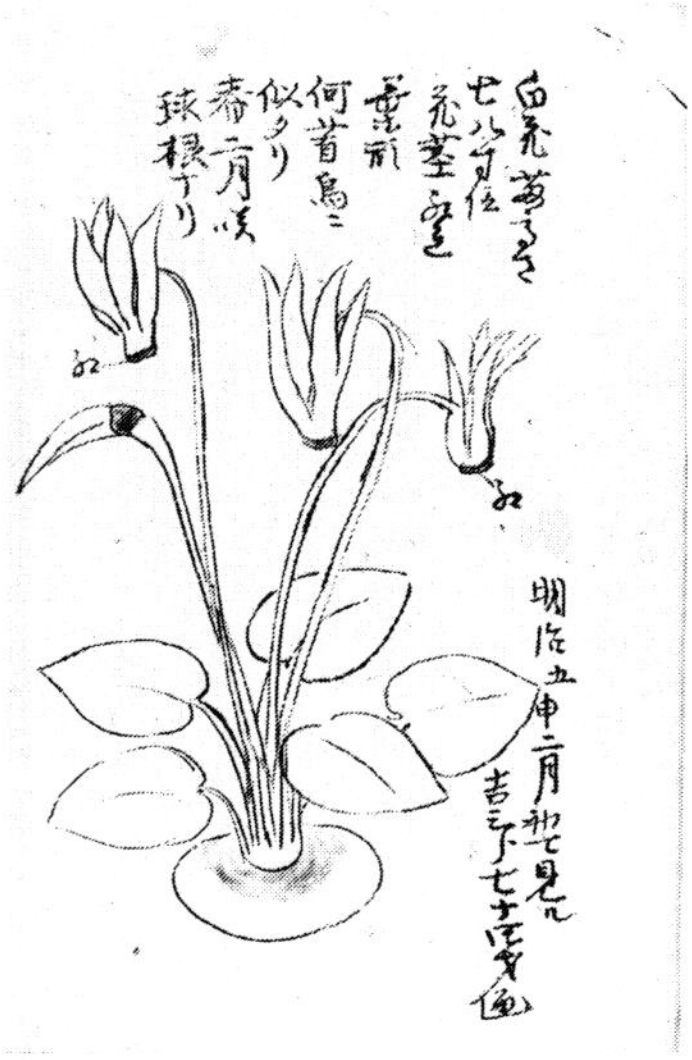
図40　シクラメン(『本草書残欠』)

　『本草書残欠』同様、図の稿本としては、高知に所蔵される④『亜墨利加草類図』や『草木雑品録』、また一枚物の十三点がある。これらのほとんどが彩色図であり、舶来当初の植物の形状と呼称が判明する好史料である。『草木名鑑』でもその傾向は見られたが、「花戸名」という植木屋間で通用する名を付けるのは、舶来園芸植物に集中する。⑤『亜墨利加草類図』二十四丁表には、「ポルチュラッカスプレンデンス」、つまり現在のポーチュラカが描かれ（図41）、そこには、次の二つの花戸名が記してあった。

松葉牡丹ト吉三郎名附
又長太郎岩牡丹ト名附
文久元酉年初テ亜墨利加ヨリ来る珍草なり。
（後略）

とアメリカより舶来した植物に、吉三郎と（内山）長太郎で異なる和名を付け、現在は吉三郎命名の「マツバボタン」が定着している。この南アメリカ原産の園芸植物は、牧野富太郎によると日本へは弘化年間に渡来したというが、何をもとに年代を決めたのかは不明である。[27]

牧野富太郎は、吉三郎の写生図に価値を見出したらしく、高知蔵「サフランモドキ」「ムラサキカタバミ（ひめおきさ）」「タマスダレ」の三点は、台紙に貼り付け「アミ版縮小」と牧野のメモを付し、印刷物の原稿に使った形跡がある。「タマスダレ」は、『原色牧野植物大図鑑』[28]の富太郎図と比べても遜色なく、牧野が吉三郎図を参考に描いたとさえ考えられる。

ほかにも吉三郎が名づけたというものに、チド

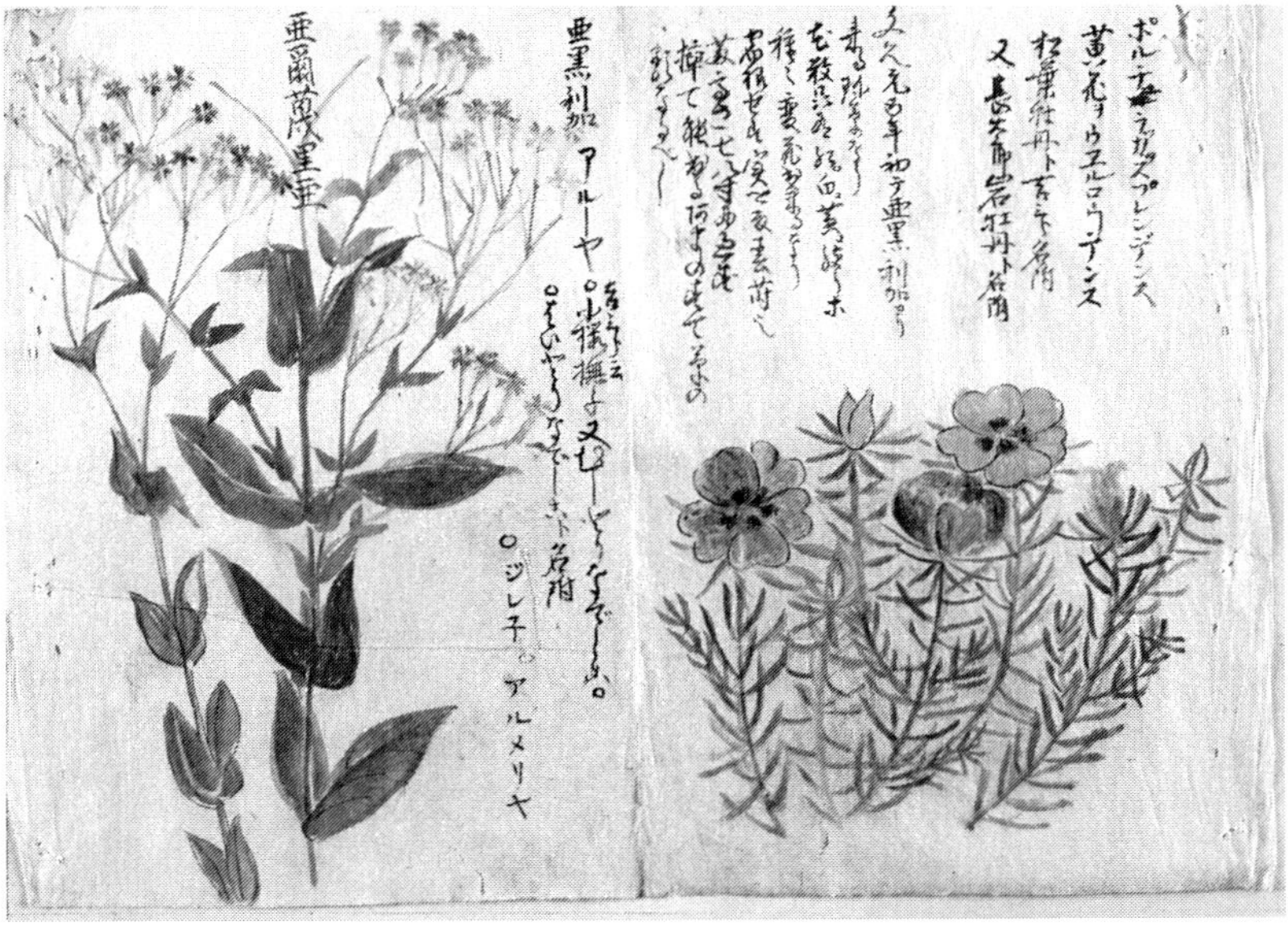

図41　マツバボタン（『亜墨利加草類図』）

リソウを「柳燕花[29]」、ユリオプシスデージーを「黄蝶花[30]」、ヒメジョオンを「柳葉姫菊[31]」、丹参の一種を「玄丹草[32]」等々があり、また吉三郎以外の植木屋も独自に「花戸名」として命名している。

第五節　門人大谷木醇堂

東博蔵『本草書残欠』の第一冊および第二十一冊三丁表~四丁裏の「本草標彙」は、漢詩人・大谷木醇堂の著作である。この人物は、自称柏木吉三郎の門人である[33]。著書はほかに、

①東京大学附属総合図書館（以下東大と略）蔵『大谷木醇堂筆乗』一冊［A90—618］
②同『醇堂漫抄』四冊［A90—594］　③同『燈前一睡夢』一冊［A90—590］
④同『醇堂叢書』二冊［A90—595］　⑤同『純堂手抄』四冊［A90—598］
⑥国会蔵『醇堂漫筆』八冊［860—39］　⑦同『純堂叢稿』三〇冊［214—29］

と、大量にあるが、奇聞を集めたものか、古きよき時代を回想する随筆がほとんどである。しかし、園芸に関する記事も散見し、⑥『醇堂漫筆』第一冊、四十五丁裏に、

草木花卉培（「陪」を訂正）養栽植方は巣鴨・染井・千駄木・駒込・伝中・高田・青山・大久保辺等之花戸に多く交り、自然得る所也。

と植木屋に交わるうちに、自然と園芸技術を会得したといい、四十六丁表では、

○本草物産ノ学は岩崎源蔵ニ就学し、尓来小野蕙畝（蘭山ノ孫也）に質し、即今伊東《（ママ）》圭介ノ門ニ学ふ。

と、岩崎源蔵（灌園）・小野蕙畝・伊藤圭介の門下だと記す。ところが、灌園に就学した事実はなく、⑦の『純堂叢稿』第二十九冊では、

小野蘭山・岩崎灌園等ノ大家ト時ヲ隔テ、面スルヲ得ズ。尾ノ福井春水・水谷豊文及ヒ濃ノ飯沼慾斎ニモ面

晤シテ討論セサリシヲ憾メリ。

（二十六丁表）

と自分が天保末年に生まれたことにより、蘭山や灌園に会うことが出来ず、また福井春水・水谷豊文・飯沼慾斎に面会して討論もかなわなかったともいう。では誰に本草学（赭鞭の伎）を教わったかというと、⑤の第四冊で、

予嘉永の初めより、飯室薬《(ママ)》圃氏に就て赭鞭の伎を講習し、次で武蔵石寿翁に鱗介、田丸氏に金石、行方氏に禽獣虫魚を記名するを得たりしが…

（五十七丁裏）

と四名の名を挙げるが、飯室楽圃の号を薬圃と誤っている。すでに伊藤圭介の姓を「伊東」と誤記しており、しかもこの二人の誤記は、一度きりではなく終始一貫して間違えたままである。信用がおけず、人物名だけを羅列する書き方にも、事実かどうだか疑わしくなってくる。玉林晴朗が彼を評して曰く「余りに自己の識見を誇ってゐるが如き、ちと精神に異常なきやと案ぜられる位である[34]」という意見には全面的に賛成である。このように問題が多い人物であるが、吉三郎の現在知られている唯一の門人なので、吉三郎に関する記述を見ていきたい。

⑥『醇堂漫筆』第三冊、五丁裏〜六丁表には、

赭鞭学の師は、飯室薬圃（庄左衛門と称す。市谷薬王寺前に住せり）、薬圃没して柏木翁（吉三郎と称ス。駒込目赤不動前住の花戸《ウヘキヤ》也）、吉三郎八十有八にして明治十五年に没せり。これより伊東錦窠（圭介と称す）に質す（伊東氏本年九十有三）。

とあるが、吉三郎八十八歳は明治十九年に当たり、死亡したとする明治十五年の翌年の写生が高知蔵『草木雑品録』巻二のヤマシロノキク図であるので、ここでの没年および年齢記載はまったくのでたらめである[35]。さらに、

薬圃没後、又柏木氏に就て其異同を質し、初めてや丶《(ママ)》得る所あるに至れり。然れ共、黄精・萎蕤・附子・天雄・側子等に至つてはいまた確と記し得さるあり（当時柏木氏花戸の泰斗《ト》と称し、伊東圭介又この柏木翁に疑問を闢《ヒラク》け《(ママ)》り。駒込不動前に住し、清貧もつて花卉の愛翫に耽る。此翁特に本綱の物品のみならす歴代の事

跡に最も精しき人也。予連日これを訪ひ、弁論を恣ませり。明治紀元の初八十八齢にて、簀を替たり。内山長太郎長大息して悠々たる蒼天此翁を奪ひ去る。爾来本草綱目をして盲目と為らしむると。又尋で高城氏（高木春山カ）、磯村氏、鶴田氏（鶴田清次）、小野氏（小野職愨）、真名瀬《（ママ）》氏（曲直瀬養安院）等の物産家斃れ、伊東錦窩《（ママ）》氏（伊藤圭介）独存せり。然れ共侯九十を踰へて耋し、駑来魯縞を穿たず。

（⑥第四冊、五十七丁表～裏）

「簀を替える」というのは死亡のことである。吉三郎が亡くなったとき、大きなため息を吐いて歎いたとされる内山長太郎は、明治十六年一月九日、吉三郎より先に死亡しているのである。(36)問題のある箇所のみ拾ったようだが、次に掲げるような、興味深い記事もあった。

予ハ花戸ニテ鉄中ノ錚々ト称セラレシ、柏木吉三郎ヲ師トシ学ヘリ。コノ吉三郎ハ、番町御薬園ノ御用ヲ兼ネテ同所ニ住シ、当時本艸家ノ泰斗ナルヲ以テ門人頗ル多ク、其子弟ヲ教ユル丁寧《（ママ）》信切ナルヲ以テ、其子弟ナラサル者モ多クコレニ依頼質正シテ指導ヲ仰ケリ。伊東圭介・森養竹ノ如キモ、コノ人ニハ遠ク三舎ヲ避ケテ、遥カニ前歩ヲ譲レリ。又其頃花戸中ニテ名ヲ獲シ長太郎・勘太郎・市左衛門・源之丞・六三郎如キモコノ吉三郎ニ向ツテハ頭ヲ擡スル能ハス。

（⑦第二十九冊、二十六丁裏）

ほかの植木屋や本草学者が一目置く存在、「花戸ニテ鉄中ノ錚々」「本艸家ノ泰斗」たる柏木吉三郎であるので、「番町御薬園ノ御用ヲ兼ネ」るという役目をおおせつかったとある。また次の記事は、吉三郎の生の声を聞かしてくれる。

先年柏木氏の話に、皇国従来所産《サン》のの《（ママ）》花卉、加賀のさくら川草を初め、五十余品今絶品して形ち無しと。これ長太郎・卯之吉等舶載輸入の新奇にのみ利にのみ注目して、従前物品に着意せさるゆへ也。なるほととて花戸を尋訪するに、蓮華・升麻・鬼耳・桔梗なと見当らす。又これを問ふに知らすと答ふ。実にあはれむへき盲目。花戸の時と移りぬ。神奈川開港以来本年に至つて纔かに三十七年搭載し来る処の草木、実に汗牛充棟也。

（⑥第四冊、二十九丁裏）

と、吉三郎が明治維新後の植木屋を評して、知識が浅くなったといっている。その責任の一端は、舶来の新奇なもの、利益を生むものばかり扱った内山長太郎、卯之吉らにあるとする。筆者は、吉三郎はこの時代には珍しく、利益を求める植木屋ではなかったと考えているので、この発言は重要である。

　物産会の記録もあった。小日向茗荷谷（現、文京区）に住む行方六郎《なめかたろくろう》（水谿）に関する記事において、

六郎の悴六吉と云ふものに、染井の花戸柏木吉三郎か宅にて面会し、六吉元来緒鞭を嗜みて予と其癖を同しふするをちなみ、同氏の宅にて物品展覧の事ありて臨みしに、座に就て茶を点し持来る女を見るにかの蛙なり。

（⑦第二十三冊、一三六丁表）

と息子六吉と蛙のような娘に会った場所が、染井の植木屋・柏木吉三郎宅だと述べる。吉三郎が染井に住んでいた記録はほかにはなく、浅見姓のときに染井の隣村、巣鴨本村に居住した史料があるだけである。薬園内または駒込に居住した際には、すでに柏木姓を名乗っていると考えられる。「物品展覧」つまり物産会が開催されたときは、伊藤圭介とのつながりが強くなった、駒込に住んでいた時代、幕末から明治期のことと考えられ、染井在住というのは、醇堂の記憶違いであろう。

　吉三郎は、植物知識を蓄えるために書物を調べ、実物を目にし、写生技術を身につけていた。それでもわからない植物が出てきたらどうするか。他人に意見を求めればいい。このような意味で薬品会や本草会は、重要な情報交換の場であった。吉三郎は、天保十年、江戸の医学館主宰の薬品会にも出席している(37)。

　以上、大谷木醇堂の随筆より吉三郎関係の記事を紹介した。信用がおけないという欠点があるにしろ、著名人でない吉三郎に触れた数少ない史料である。なお、第一章で紹介した、神戸市立博物館蔵「天保九年六月二日よ

り浅草御門外大吉屋にて虫干薬品会　内春水福井先生鑑定」という表題のある一枚刷り物（図24、227頁）の紙背裏打文書は、大谷木醇堂の父勝之助の由緒書であった。本史料旧蔵者は、この勝之助かあるいは本草癖がある醇堂であったかもしれない。[38]

第六節　伊藤圭介との関係

岩瀬文庫蔵『錦窠先生遺書』[39]の第三冊目は、尾張医学館教授・伊藤圭介が、文久二年（一八六二）蕃書調所に出役となった当時の覚書である。ここには、以下のとおり柏木吉三郎の名が発見できる。[40]

　　植木や
　　　吉三郎
右者調所物産御用ニ付下役歟
又御出入与歟可被仰付旨嶋（嶋主馬助）一同
　　　古賀（古賀勤一郎）江
申達　吉三郎は医学館ニ而月々
　　　弐分も
　頂戴致し居月々十日も出勤
　可致歟之噂被申聞候
　三月廿二日
（三丁表）

これによると、文久二年三月二十二日、医学館に出仕（一箇月の給与が二分）している「植木や　吉三郎」を、「下役」か「御出入」のどちらかの扱いで蕃書調所で雇いたい旨の申請である。その際、吉三郎は医学館にも出仕しているので、月に十日程しか出勤できない噂があるという。医学館の勤めとは、医学館附属施設、番町薬園（現、千代田区九段南一丁目）をいう。薬園内居住の事実は、前述した東博蔵『蒲桃図説』奥書や、国会蔵『純堂叢稿』記事でも裏づけられている。しかし同年六月には、同じ『錦窠先生遺書』に、

目赤不動前
　　植木屋
　　　吉三郎
右者本草委敷培養方
巧者ニ御座候而今般御用被
仰付可然奉存候　此段申上候
　六月　　物産方　　　　　　　　（二十一丁表）

と目赤不動前に居を移している。目赤不動は、現在の文京区本駒込一丁目の天台宗南谷寺である。明治九年刊『東花植木師高名鏡』[41]には、「鉢物師」として「駒込内海」の「柏木吉三郎」の名を載せる。「内海」は「うつみ」と読み、近吾堂板『白山駒込辺之絵図』、尾張屋板『東都駒込辺絵図』ともに「ウツミヤシキ」とある里俗名。当時の町名は駒込浅嘉町（現、文京区本駒込三丁目）[42]。図42の『安政年代駒込富士神社周辺之図』[43]には、まさに目赤不動真向かいに、「植木や　字名番町吉っつあん　此人ハ植物ノ物知りなり」との書き込みがある。

以上のように、嘉永二年八月時点で番町薬園に住んでいた（『蒲桃図説』奥書による）吉三郎は、文久二年三月、目赤不動前の植木屋として伊藤圭介の推薦を受け、同六月には「本草委敷培養方巧者」であるという理由で、蕃書調所の物産方から願が出された。あるいは物産方に勤めるので医学館勤務を止め、転居したのかもしれない。圭介は、物産方蕃書調所出役として江戸に赴任した当初（名古屋出立は文久元年十月）は、市谷尾張藩邸内に居住し

た。ここは番町の薬園に程近く、吉三郎と知己になるのにそう時間は必要なかった。圭介は、吉三郎の出仕が決定する前月の五月十三日には、同じ物産方の同僚とともに吉三郎のもとへ赴いており、次のように文久二年の日記(44)に記す。

一嶋（嶋主馬助）同伴花戸吉三郎へ行ク。
盆種弐朱求ム酒肴出ス。
駒込片丁?（ママ）

吉三郎宅で鉢植を購入し、酒宴でもてなされている様子が記録されている。このときの住所はすでに駒込である。

明治を迎えても、圭介の日記『錦《きん》窠《か》翁《おう》日記』(45)（以下『日記』と略）によると、二人は頻繁に行き来していた。明治六年前半だけで、「（贈）鰹節弐朱、植木ヤ吉三郎へ外ニ一分也、同人作之書製本可致遣ス」、「吉三郎へフタモノ可返」、「私刻当二月中十枚成ル、試刻致度モノ也、吉三郎へ器返し、残物カリルコト」、「町入用為持遣事、吉三郎?（ママ）」、「吉三郎へかり本返ス紅葉冊ノコシ」、「山岡名ソノコト頼ニ来ル、本草会ノコト吉三郎宅カ、集会ノ話有之、出来候か相考答遣置」、「魚図等柏木物産書　沙バ叙　クマノギク、ハマオグルマ」、「柏木へ寄、留守」、「吉三郎求」(46)と九箇所に登場する。明治期の圭介の住居は本郷（真砂町十四番地、本妙寺坂上(47)）、現、文京区本郷五丁目）なので、植木購入に立ち寄った点は想像できる。しかし日記の記載は、書物の製本や借用、魚図など吉三郎蔵書の存在も示され、吉三郎宅における本草会（薬品会）も考えていたという事実もあり、通常の植木屋としての認識からはみ出している。これは、あたかも本草学者同士のやりとりのようである。前章で植木屋顔負けの本草学者・岩崎灌園を紹介したが、逆の場合もあり得たのである。本草学とは、薬学や植物学だけでなく自然界すべて

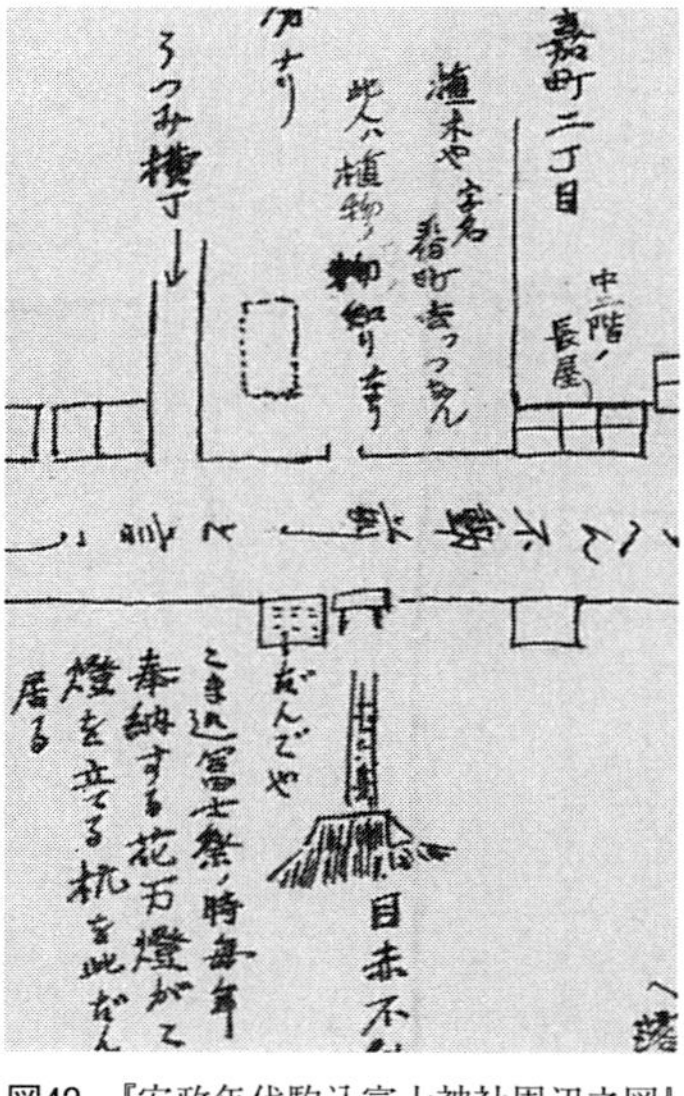
図42『安政年代駒込富士神社周辺之図』部分

の動・植・鉱物を対象とする学問であり、本草が盛んな江戸や名古屋などの都市では、幕府や藩直営の医学館で薬品会を開催し、本草啓蒙に役立てていた。吉三郎著作でも明らかなとおり、本草学者はこのような実物の熟知と書物の博識を同時に求められており、吉三郎はこの二点を兼ね備えていた。

今回、筆者が東山植物園蔵『日記』の閲覧を果たしたのは、明治六年から十二年と十五年・十六年までで、吉三郎の生存年代を網羅していないのであるが、この年代の中で吉三郎の記事を次に紹介する。

単に吉三郎のところへ行ったというだけの記事は、明治六年十月十七日、八年十一月十七日、十二年十一月六日にあった。九年三月二十五日の、

〇吉三郎尋。卯ノ吉返名彙草持参。

とは、吉三郎宅へ卯之吉に返却する『名彙草』という書を持って訪ねたということであろうか。

書物の貸借では、七年十二月二十四日、

一、今朝吉三郎へ毛利家書物之義、相尋申候処、返事ニ毛利へ申候処、外ゟ未た返り不申、其内取寄見セ可申旨、冬ハ余日も無之候間、来春ゆる〳〵見セ可申旨也。

と、毛利家所蔵の書物を閲覧する約束であったが、未だ果たされず、その催促を圭介が吉三郎にやらせている。その結果を知らせる手紙そのものも日記に挿入されていた。

御答

御手紙拝見仕候処、毛利様本草写生事、度々御申越故毛利様へも申上候処、此節種々之取込御手数外ゟ未た御越不申候故其内取寄候而、懸御目ニ可申候趣、併当年ハ余日無之候間、何れ春ニ相成緩々御覧ニ入可申候と被申候間、左様思召被下候様申上候以上。

十二月廿四日

伊先生様御答　吉三郎

と、日記とほぼ同じ内容である。九年三月二十六日は、

今朝吟味いたし花遣し候間、早々考中上返たし御受取被下申候也。右ハ吉三郎へ紅葉本返却。

と紅葉に関する書物を返している。これは、六年二月十五日にも返さなかったと記載がある書物であろう（「吉三郎へかり本返ス紅葉冊ノコシ」）。

八年八月六日の記事は、

一、高田穴八幡ノウラ手、蒜モヤ角第八大区第四小区下戸塚村蜂屋半次郎悴仙之助来訪。飯室庄左衛門ノ写本少々何カアリ云。借用約束。過日吉三郎帰途初対面之人也。

蜂屋半次郎の息子と、吉三郎が初対面だと圭介が日記に記す理由は、飯室楽圃（庄左衛門）と吉三郎が近しい事実を（圭介が）知っているから、その人物の写本所有者とも既知の間柄ではないか、という予測の元に記されていると考えたい。この記事によって、吉三郎と飯室楽圃の関係の深さが裏づけられる(48)。

最後に、伊藤圭介との関係で芽生えた、幕府機関（医学館・物産所）とのつながりは、明治政府においても引き継がれたことを記したい。

東博蔵『植物集説』(49)六十一綴は、各丁に手彩色図また白描図が描かれる美しい図集である。年代は明治前半に限られており、これだけの図を集められる旧蔵者は、小石川植物園や博物局などの明治政府関係機関であろうと思われる。伊藤圭介が明治七年に『日本植物図説』初編のみを刊行し、後巻の刊行が果たせなかったことは知られているが、同様に本史料も刊行を企画したまま頓挫した図譜の元原稿の可能性が高い。図の対象となった植物の提供者には、田中芳男・伊藤圭介・町田久成・田中房種・宍戸昌・小野職愨などの本草・博物関係官僚のほか、本草・博物学者で絵もよくした賀来飛霞・関根雲停・加藤竹斎・中島仰山・服部雪斎など、あるいはサバチエや

クラマなどの外国人、西郷氏邸や高輪山尾議官邸の庭に生育したもの、小松宮から贈られたものさえある。この中で植木屋は、津田仙、内山長太郎、田畑（田端。現、北区）の清水藤吉、撰種園（東京谷中清水町の葡萄園主小沢善平のこと）、内山卯之吉、宇右衛門、湯島天神坂下園丁松五郎、日光花戸長蔵、それに柏木吉三郎の名前があった。

本書は、もとは一葉ずつ保管されていたのを後に仮綴じしたもので、綴じ目に当たる「のど」の部分に覚書が重複して記されている。第二十九綴五十一丁表の彩色図の横には、

　ウンセンツ、ジ　明治十一年五月十一日写。

花戸吉三郎園中ニアリ（同じ丁ののどにも同様の記述）

とあり、もう一件は、第二十八綴の三十七丁表で、彩色図とともに、

　リヤウブ　花戸吉三郎園生

　　十二年七月八日

とあるが、同じ丁の裏には

　リヤウブ　花戸吉三郎園中　十二年七月十四日

とあって日付が異なっている。

医学館や蕃書調所で勤務していた吉三郎はもちろんであるが、彼以外にも、『植物集説』をまとめた明治政府の機関に協力した植木屋の存在が知られた。逆にいえば博物局などの政府機関が、植木屋を情報提供者として認識していたことが改めて知られる史料である。

第七節　温知会

本草学者同士の交流の機会という意味で、薬品会は非常に重要である。明治期になってそれは、内国勧業博覧

会や共進会に転化したといわれているが、近世の薬品会の性格を色濃くのこす、本草会的な集まりもまだ続いていた。次に述べる温知会もその一つである。以下に掲げるのは、温知会の規約(50)である。

温知会申告

一、例月第二の日曜日を以て晴雨を問はず、浅草公園地の森田六三郎か家に会する。時限は午前十時に始り午後四時に撤す。

一、此会は、固より旧時有りて今或は絶へたる花木を探討して遺失せしめす。或は今後深山幽谷より探り及ひ好事の家に生る珍花奇葩の類を集めて、他日の考に備へん事を謀るに出ると雖も、新舶齎来の洋漢花木薬艸旁ら動鉱二物に及ふも更に碍なし。

一、会者は折枝乾葉何品なり共衆覧に供し、及ひ自家の其物名を知らんと要するの類を随意に出品するを欲す。

一、其各自の出品は机上に列し各員鑑定し投票を以て名を指す。

一、出品目録は毎会刊行し、奇品は図を付し、後会に頒呈す。

一、午飯及ひ茶費一員金十銭を要す。

但出品無之莅席の員は二十銭を要す。

一、此申告を履み恵来の員は敬て之を迎ふ。

但帯酔は之を謝す。

一、六三郎の家に碍る事ある歟、或は衆員の都合に寄りては、巣鴨内山長太郎歟、内山卯之吉歟、又は両国横網の鈴木孫八の家に於てする事ある可し。其時は予め報知新聞を以て之を告く。

一、此申告に便ならすと為る事あれは、議して之を改む可し。

明治十一年十月　　温知社幹事

本史料は、田中芳男の貼交帖『捃拾帖《くんしゅうじょう》』巻十六に貼付されていた。温知会規約を示しながら、同時に広告を兼ねた刷り物である。これによると、浅草公園森田六三郎宅を会場に、毎月第二日曜日、午前十時より午後四時まで、「旧時有りて今或は絶へたる花木を探討して遺失」しないため、また「今後深山幽谷より採り及ひ好事の家に生る珍花奇葩の類を集めて他日の考に備へん」がため、西洋・中国の草木や動鉱物に至るまで探究する会だという。本会の目的や方法は、まったくもって近世以来の薬品会の姿勢と何ら変わることがない。

ここでまず注目したいのは、会場に選定されたのが、森田六三郎宅で、場合によっては内山長太郎や内山卯之吉や鈴木孫八の家でも開催すると断る点である。これらはすべて植木屋である。伊藤圭介の『日記』によると、明治七年十月十七日に「今日浅草植木会へ来」「浅草会瑞品ナシ」、同年十二月十六日「午後浅草奥山盆種会見物、サシタルモノナシ」と、浅草においておそらく森田六三郎あたりが主催した、温知会に先行する植木展示会がすでに開かれていたとわかり、この会に倣って温知会会場も植木屋宅に決めたのであろう。

会主幹は、郵便報知新聞主筆・栗本鋤雲で、明治十一年十月十九日の『郵便報知新聞』（以下『新聞』と略）に、

○敝社の鋤雲ハ、壮年の時至て花木を好み、常に植木鉢の三千も並へ置て楽みましたが、亜米利加船渡来後礑と絶念し、尽く朋友共に分ち与へ、以来廿六年間全く廃し居たるか、近来少々取出し度とて明廿日をトして、浅草公園地森田六三郎方に新旧同好の人を集め、以来は毎月一度ツヽ、本草質問会を始むる積りてあります。

と載せる。これ以降毎月第二日曜日の温知会の様子は『新聞』に掲載され、ほとんど毎回出席した圭介も『日記』において会の記述に紙数を費やしている。また田中芳男編『物産雑説』[51]には「温知会見聞録」として第六回および第十回の模様が記録される。圭介は初回からの参加を鋤雲に勧められ、彼は「温知会」という語より「栗本鋤雲会」「栗本会」の語を多用し、鋤雲の主導になる会だったことを物語る。表44（301〜305頁）に会一覧を掲げた。なおこの温知会とは、漢方医の存続を図って設立された浅田宗伯らの「温知社」[52]とは別物である。

表44によると吉三郎の参加が確実なのは、第一・六・七・八・九・十・十一回の計七回であるが、全参加者名を載せてあるわけではないから、記述がなくても他の回に出席した可能性は高い。

明治十二年六月九日の『新聞』には、

又セイロンベンケイハ田代安定氏の説に燈籠花（英華字典）洋名Bryophyllum Calycinum, salisb是天草科に属する類草灌木にして馬路古「ボルネヲ」の近傍に在る小島及び印度諸地に産す。又た琉球にもありと云。抑も此Bryophyllumなる羅甸名の起元を尋ればBryoハ萌発Phyllumハ葉の義にして即ち之を合併せしものなり。蓋し其葉に多分の萌発生を有するが故ならん。西洋諸書を検閲するに、只だ観賞品に供するのみにて効用を掲げず。

とあり、第七回には吉三郎の得意な舶来植物である、セイロンベンケイソウを出品したことがわかる。

ところで、植木屋であるにもかかわらず温知会の会場に吉三郎宅が供されていないのはなぜだろうか。『日記』によれば、明治六年二月に「本草会ノコト吉三郎宅カ」と相談され、『純堂叢稿』によると「同氏の宅にて物品展覧の事あり」と開催実施例もあるのに、温知会については、最初から会場候補になっていない。明治十一年といえば、吉三郎の年齢は八十歳である。高齢という理由が第一に挙げられよう。

しかし、会場を最初から植木屋宅に決定していたことは、後々問題を生じることになった。温知会は、第十二回まで一年間は存続したが、十三回目に当たる十二年十月は、内山卯之吉と鈴木孫八が横浜の植木屋と共催で下谷の松源楼という料亭において、また森田六三郎は浅草において、東京・横浜の植木屋中を集め、十七日より十日間の植木即売会を行った(53)。これ以降『新聞』に温知会の記事は登場しない(54)。この事実により、明治十二年十月における、会場提供者である植木屋の不参加が、実質的に温知会の中止を決定づけたとわかる。利益を追求する植木屋にとって、研究会である温知会はそれほど重要ではない。宣伝のために会場を提供していたからである。

表44　温知会記事（本文中で引用したものは省略）

回・日・会場	典拠
1回　11・10・20　森田六三郎	栗本鋤雲被来廿日浅草奥山集会可参申来（日記10・16）
	敝社の鋤雲ハ…（新聞10・19）
	今日栗本鋤雲会ニ而浅草六三郎江集会ス（日記10・20）
	一昨廿日、浅草公園地にて催せし本草会に出席ありし人々ハ旧津老侯、大給譲、水本成美、山本復一、高畠眉山、武田昌次、竹本要斎、伊藤圭介、津田仙、栗田萬次郎、森立之、大淵祐玄、小森頼信、織田信徳、間直瀬愛、藤本伊明、荒木保孝、吉田信和、鈴木雲村、内山長太郎、奈須吉備丸、内山卯之助、柏木吉三郎、曽我権右衛門、岡誠五郎、内山富五郎、森田六三郎、栗本鋤雲の廿八人て、出品ハ凡そ百種程の中大分珍敷物も有りました。猶後会来月第二日曜日よりハ出品目録を刊行し、奇品ハ略図を添へ同嗜の人にお頒ち申す規則に極めました（新聞10・22）
2回　11・11・10　森田六三郎	第二ノ土曜一時？（ママ）午前浅草六三郎宅栗本（日記11・4）
	明日栗本持参前清役名（日記11・9）
	栗本会　一、栗本会浅草六三郎へ行午前十銭午後ならハ七銭斗也（日記11・10）
	一昨十日、浅草公園地の本草温知会ハ、会者三十四人（姓名ハ出品目録にあり）にて、出品ハ百余種ありしが、其中尤奇と云ふ可きハ、山崎董泉翁の話さるゝに、予曾て大坂に在りし日、某氏所蔵明の李東陽か画ける黒白二鷺の図を見たれハ、席上略写して帰りしが、世間真に此物ありや、又ハ全く寓意に出て、所謂画空言なりや敢て問ふと、其辞（ことは）未た終らさるに、会員織田氏対州産黒鷺全剝（まるむき）の者を携へ来りて示されたるハ、答を労せすして東陽の欺からさるを証するに足れり。黒鷺其形全く白鷺に殊ならす唯冠毛なきのみにて、全身煤黒嘴脚も亦黒かりき（新聞11・12）
3回　11・12・8　森田六三郎	栗本二ツメノ日曜日カ（日記12・4）
	栗本日　八日浅草（日記12・5）
	今日浅草植木屋六三郎園亭ニ而栗本会へ行。十銭出ス分五銭。（日記12・8）
	栗本会ノウンモ遣ス（日記12・8）
4回　12・1・12　森田六三郎	去る十二日ハ、浅草奥山森田六三郎か家の本草温集会（ママ）にて雪をも厭ハす十余名出席ありしが、鋤雲ハ疝を動し出る能ハす。家に籠り居て小林端七君か曾て支那より携へ還られし吊蘭の出典を検出せり。…（新聞1・16）

5回　12・2・9カ 森田六三郎	浅草栗本会持参 前日礫ニ而採セウヘボク持参（日記2・6）
6回　12・3・9 森田六三郎	来る九日（即ち第二日曜日）、浅草公園地森田六三郎方にて本草温習（ママ）会を致します（新聞3・5）
	九日浅草（日記3・8）
	一、霍乱種病半段 一、栗本会へ右不快不出也（日記3・9）
	明治十二年三月九日東京浅草温知会見聞録 釣鐘花是ハ園主森田六三郎ノ出品ナリ…メナシウナギ一名赤ウナギ森立之氏ノ出品ナリ…トウツルモドキノ花乾腊セシモノ緒方・（ママ）・・氏ノ出品ナリ…栗本鋤雲翁曰…明治十二年三月十一日　田代安定記（物産雑説）
	一昨九日浅草公園地森田六三郎方にて鋤雲か第五次（ママ）の本草温知会に出席の人々ハ松平確堂、東胤城、森立之、奈須吉備丸、田代安定、柏木吉三郎、内山長翁、内山卯之吉、賀来飛霞、山岡襟島、畠山如心斎、篠田仙果、大淵祐玄、岡崎周碩の諸君にて出品も沢山有し。其中珍奇と称するハ、森田氏出品の釣鐘花（ちょうしょうくわ）ドウダンツ、ジの類にて…又森氏出品の目無鰻（めなしうなぎ）山岡氏出品の省藤（とつる）の花共に説明もあれは略図を添へて近日の紙上に掲けん。又後会第六次（ママ）は来月第二の日曜日（四月十三日）、巣鴨の内山長太郎か家て開きます（新聞3・11）
	一昨十日掲けし第五温（ママ）知会山岡襟江（ママ）氏の出品 賀来飛霞略図〈図略〉
	トウツルモトキ…田代安定記（新聞3・13）
	メナシウナギ　一名赤ウナギ　森立之記〈図略〉…（新聞3・17）
	明後十三日栗本会巣鴨長太郎（日記4・11）
7回　12・4・13 内山長太郎	十三日長太郎 一、キャラボク図 一、賀来図 一、佐伯へビラ四十九枚遣ス（日記4・12）
	今日栗本会巣鴨町新聞不所有可配 一、今日冒雨赴二栗本氏温知会于巣鴨花戸長太郎家一。来会者、森養竹・大淵祐?元（ママ）・花戸六三郎・吉三郎其他十人許也。列品約十種、奇品不少。小笠原島産亦多。圭介出品蚪売佛ニハザクラ単弁ノ原品。朝ゟ至り宸刻迄。

来五月温知会ハ浅草六三郎也。（日記4・13）

一昨、十三日第六《ママ》次本草温知会にて巣鴨内山長太郎方へ参られし人々ハ吉三郎、卯之吉、富次郎、伊東圭介、森立之、大淵祐意、長幾三郎《ママ》、奈須吉備丸、森田六三郎の諸君及び栗本鋤雲にて其出品ハ小笠原島の産物多く野椰子、指甲蘭、双葉指甲蘭、特生石寄生ハ長翁にて金毛狗脊ハ卯之吉蒟醤の類草ナリ。筋の大なる者富次郎斗大の林投実（ヱイラン）、青葉南瓜ハ森氏イチビ木材、杜松材、桑材、瑪瑙、玉造石、赭色石、茶石砂ハ幾三郎にて以上皆南島の産に係り、又伊東氏の出所蜂殻佛ハ近日其図と同氏の説とを掲出致し升。第七《ママ》会ハ五月十一日にて此度ハ浅草奥山の森田六三郎か家なり（新聞4・15）

蚌殻佛説　伊藤圭介稿

…〈図略〉記者云是れ去る十三日、温知会に先生か出されたる品に添ひたる説にて…（新聞5・12）

去月十三日浅草公園森田六三郎か家にて開きたる第六《ママ》温知会の出品中、奈須氏の肥皀莢花、柏木氏の錫狼辨慶花あり。図して以て左に掲く。肥皀莢ハ天保年間清舶齎来せし新鮮の莢を得て、岩崎灌園か下種する所にして、後奈須氏の有に帰し、又同時奈須氏か下種せし樹ハ我か借紅園に有り。共に刺針組大に鹿角状を為す遥に尋常に異なれり。今春接過する所の者、果して能く活せハ、之を植物園博物館等に寄納して永存を謀んとす。又セイロンベンケイハ…〈図略〉（新聞6・9）

8回　12・5・11　森田六三郎

浅草六三郎方
温知会栗本ニ噣申置候。…（日記4・21）

浅草六三郎宅?《ママ》五月十一日栗本会／西救可善
六月ハ孫八ノ由
田中会同道
十一日　深川　浅草?《ママ》　孫八カ　温知会（日記5・5）

栗本ノチラシ并□士会第八号遣ス（日記5・7）

梅仙来洋書猩々木図アル本四冊ツヾキカ獅子弄蛇図本〆洋書二冊也。
日曜明日浅艸栗本会携品奇図第一（日記5・10）

六三郎　園号群芳カ可承置事。
一、午前ゟ浅艸六三郎花園ニ而栗本温知会江出席。出席氏栗本・圭介・花戸吉三郎・卯之吉・大淵・森立之、〆七人。会図ノ写生為取但大盤一分弐朱斗リヨリ三拾四文栗本へ出来被寄セ候旨其上受取代可払事。其外小野・田代・旧藤堂侯其他数客集会森ゟ本草会目彔かり。（日記5・11）

一昨十一日第五《ママ》温知会の出席ハ森立之、奈須吉備丸、柏木吉三郎、内山長翁、内山卯之吉、伊藤圭介、藤堂老公、長野祐

吉、田代安定、間直瀬愛、佐々木源次、淵邊遊萍、横山善、大淵祐玄、小野職愨、栗本鋤雲の諸氏で出品も珍敷物か大分見へました。其中柏木伊藤両内山森大淵鋤雲の七老人か立並ひて、北庭筑波さんに一紙の写真を取らせましたか其齢を総括して算へますと四百九十七年てありました（新聞5・13）

一、栗本鋤雲へ過日御配慮ヲ煩シ申候。於浅艸公園尚歯写生ノ価ノ件、何程本望ニ而知度貴堂か方日参致候。序之節御教示奉伏乞候也。六月廿三。（日記6・23）

第二ノ日曜温知会
五月十一日　六月八日（日記5月末日）

来る八日（第二日曜日）の本草温知会ハ、東両国横網の植木屋香樹園孫八方にて開きます（新聞6・4）

明後日八日日曜也。温知会出席（日記6・5）

八日日曜温知会（日記6・6）

9回　12・6・9　鈴木孫八

明八日温知会
持参赤根カヅラ花（日記6・7）

栗本アカネカヅラ?（ママ）（日記6・8）

一、温知会向両国植木や孫八へ行。香樹園ト云。張斯植ノ号モアリ。盆栽多シ。就中蘭種類モ多シ。十弐出（日記6・8）

去る八日東両国香樹園孫八方にて開きたる第七（ママ）温知会に出席の人々ハ、伊東（ママ）圭介、森立之、奈須吉備丸、柏木吉三郎、内山長翁、内山卯之吉、小野職愨、東胤城、長野祐吉、小森頼信、栗本鋤雲にて、此次七月十三日第八会ハ巣鴨内山長翁宅にて開きます（新聞6・14）

廿三日歟十一日カ来七月ノ温知会ハ長太郎宅（日記6・10）

一、今十二日、張斯桂来訪□□暫時明十三日、巣鴨花戸長太郎宅栗本温知会同遊ヲ約。午後此方へ餞別開（日記7・12）

巣鴨夕方雨用意　袴（日記7・13）

10回　12・7・13　内山長太郎

温知会見聞録
明治十二年七月十三日巣鴨内山長太郎宅ニテ
一革薢ノ雄花穂　長一尺余　柏木吉三郎出ス。同氏ノ庭ニ植ル所ニシテキクバトコロ也。
内卯…森日…
一阿部ノ小笠原島ゟ持来リシシロツブ
一大村ゴセウ　…但シ卯之吉宅ニアルハ雄本ナリ

	一吉三郎方　アコギ即ナ、ミモチ　ナ、メノキ　シロモチ（物産雑説） 明治十二年夏日鋤雲栗本雅居開博物温知会於内山長翁栽花園…前前日同田□□先生同遊於巣鴨之内山長翁後梅園。午後、宅門払後伏乞頼。先生題額案筆候（日記7・15） 一昨十三日巣鴨内山長太郎方にて開たる第八《ママ》温知会ニ出席の人ハ森立之、柏木吉三郎、奈須吉備丸、田中芳男、伊東圭介《ママ》、篠田仙果、張斯桂、山本復一、小野職慤、内山卯之吉、藤本允明、杉山文炳、賀来飛霞、長野祐吉、小森頼信、内山長翁、栗本鋤雲の十七君で次会ハ来る八月十日巣鴨の内山卯之吉か新築にて開きます（新聞7・16） 茜草（洋名マツテル）去月十三日、巣鴨の内山長太郎か家に開きたる第七《ママ》温知会に列したる品の中に、西洋の茜草あり。田中芳男君の説に此草ハ独逸国の産にして、絳を染る用に最も良好なる本邦及ひ漢産の及ふ所にあらす。土爾其国にて上下一般に用ふる絳帽の如きも皆染るに此物を用ゆと。此草の始て我か邦に伝ハりしハ、明治二年の事にして実に老友高畠眉山の招致せしに因れりと〈図略〉（新聞8・27）
11回　12・8・10 内山卯之吉	一、今日十一時出門栗本温知会ニ而巣鴨内山卯之吉斉々行。会主栗本氏ハ指□不出。吉三郎其外数客来会ス。 一、当会ニ去年犬飼へ訴此上参之人為謙見廻尋来之由（日記8・10）
12回　12・9・14カ 森田六三郎	一、六三郎栗本会小引為難事（日記9・6）

※「日記」は『錦窠翁日記』、「新聞」は『郵便報知新聞』の略

このような森田六三郎や鈴木孫八などの利益優先の植木屋とは対照的に、研究に重きを置いていた吉三郎は、はじめから会場を提供する必要性を感じていなかったと考えられる。

温知会存続の危機は、次に掲げた『日記』十二年四月二十一日条において、温知会の出品目録に載せるものがなかなか集まらないことで、鋤雲と圭介が意見を闘わしている記事にすでにその兆候が見えている。

温知会栗本ニ噧中置候。来月ハ十一日之由。浅草六三郎方。右ハ珍物寄り彙、丈成ル相加も可惜也、難渋ニ早可作也（栗本云、若き人ニ托候積り。吾も不参也。圭云。何も両人か宅作り植か掛人数ニ而も温挙不申候。但図ハ多ク入レ申候方よろし。画工ハ雑図ハ画キ追々多板行可相成様為写旨申候。御用帳可遣也。キレイ成

草よろし。其目的ニ而精図ニ可改事。

この文章の様子では、圭介は意欲があるようだが、毎月一回ずつ目録を刊行するというのは至難の技であり、出品者が減少していた。この現状を憂いた鋤雲は、若い人に托して自分は引退する意向をあらわにしている。圭介は、温知会第十二回の直前に息子謙《ゆずる》を失い、気落ちしてはいたであろうが、温知会消滅の直接の原因は、展示販売を第一の目的としない研究会から植木屋が手を引いたことにほかならない。研究会と展示即売会という、目的の上での違いが、この会の存続の是非を決定したのである。

明治十五年十一月十三日には、植木屋五名と本草学者四名が参加する尚歯会が開かれた。

○尚歯会。来藤野□（虫損）（藤野寄命カ）花園丁借席。栗本・大淵（祐玄カ）・曲瀬（曲直瀬養安院カ）・圭ノ（虫損）四人。□□（虫損）五人。花戸、長太・宇ノ吉・吉三郎・六三郎〆四人。○百歳も上様又参。席上揮毫。一、八円申入十円。[55]

と席上揮毫も行われ、百歳の時の再会の約束を交わした。温知会が消滅しても、植木屋と学者で構成された、メンバー同士の個人的な付き合いは続いたようである。

おわりに

以上、植木屋柏木吉三郎の稿本・写本を通して、本草学者としての側面を見てきた。彼が、栽培や造園だけを旨とする、通常の植木屋であればこれほどの著作はのこさないであろうし、また伊藤圭介をはじめとする本草学者がその著作を手元に置くこともせず忘れ去られたであろう。幕末以降の植木屋は、高額の鉢物を売買し、それを喧伝する印刷物の発行を手掛けるなど商業主義に走る傾向にあったが、一方で吉三郎の如く植物研究に自分の時間を費やす学究肌の人物がいたことも、近世後期から明治前期、十九世紀において学問と技芸が近づいた時代の産物である。吉三郎は、当時流行した朝顔や菊細工などの一枚刷り物・冊子に一度も名を見出せないが、吉三郎とともに温知会に参加した植木屋、浅草花屋敷の森田六三郎、巣鴨の内山長太郎・卯之吉は流行の園芸書に名を連ねた(56)。特に森田六三郎は、広告をうまく利用した代表格といってよく、多かれ少なかれ植木屋の多くはこの種の二面性を持っていた。

吉三郎が、明治の世になって「花戸の泰斗」と呼ばれた最大の要因は、やはり伊藤圭介という第一級の本草学者の知己を得たときから始まったと、筆者は考える。知り合ったのがいつのことかは不明だが、医学館教授に推薦した伊藤圭介は、すでに名古屋時代に優秀な植木屋、曽吉と交流があり(57)、植木屋という職種がいかに本草学に役立つか理解していた。江戸・東京におけるポスト曽吉として、吉三郎に白羽の矢を立てたのである。

そして本草学者と植木屋が出会う場所として薬品会があり、園芸品評会があったことも重要である。こうした場で身分・職種が異なる人物同士が出会うことによって、一方では見物料を取る花園からわが国最初の遊園地（浅草公園花やしき）という娯楽産業にまで発展する礎を作った。その一方で、日本の植物学を代表する人物（牧野富太郎）によって画稿が保管され植物画の参考になるという、新しい文化・学問に役立ったのである。植木屋のこのような二面性は時代の特徴といえようが、これほどまでに史料が残存しているにもかかわらず、そこに商人の臭いがしない、吉三郎のようなケースはやはり稀有であろう。

（1）東京国立博物館蔵『本草書残欠』巻八。「和産ヲ吉三良未た不見。是ハウヱインマンニ有図。欝金香チユリパ（白描図）」。

（2）東京国立博物館蔵『本草書残欠』巻八。「出蘭碗摘方ニ阿郎烏当《オランウタン》写真図。明治六年正月中旬花圃吉三七十五歳写（白描、一部着色）」。

（3）東京国立博物館蔵『本草書残欠』第十三冊。このように図の傍らに年齢と筆写年代が記されることが多く、逆算すると吉三郎の生年は、寛政十一年（一七九九）となる（没年は明治十六年以降）。

(4) なお柏木吉三郎については、磯野直秀「博物書の宝庫―帝室本」（『ＭＵＳＥＵＭ』五二六号、一九九五年）、島田筑波「幕末の本草家」（『今昔』二巻七号、のち『島田筑波集』下〈青裳堂、一九八六年〉所収）で触れられている。

(5) 『草木名鑑』六冊。巻三欠、縦二六・三×横一九センチ［伊-W499・9ka-1～7］。

(6) 「柏」は「柏木」の略。

(7) 富潤の署名があったのは『草木名鑑』と『蓮図譜』のみ。義黨の署名は、東博蔵『花物真写図記』十二丁表に「吉三郎義黨」、同『救荒本草通解』第五冊目裏表紙「吉三郎義黨」、同『本草書残欠』第十六冊二丁表「先主喜康　吉三郎義黨［花押］」とあり、これ以外は吉三郎もしくは略称の吉三を専ら用いる。

(8) 東京国立博物館蔵『本草書残欠』第十九冊［松・竹・梅説他］の末尾覚書に、あまり上手くない筆で「義我　柏木光」とある。あるいはこれが児郎富國であろうか。

(9) 写本一冊［和199］。

(10) 東京国立博物館蔵。写本一冊［和2504］。

(11) なお、高知県立牧野植物園蔵『花譜』に「柏木蔵書（朱文方印）」があるが、植木屋柏木家の蔵書印かどうかは不明。

(12) 写本一冊［特1-2613］。

(13) 灌園と直接交際があったか不明だが、世田谷代田村名主斎田雲岱は、赭鞭会の佐橋を通じて「岩崎氏所輯録」の菌譜を写している（世田谷区立郷土資料館『江戸の博物図譜―世田谷の本草画家斎田雲岱の世界―』一九九六年）。

(14) 国立国会図書館蔵『岩崎灌園自筆雑記』［特1-2610］。

(15) 高知では二度同じものを見た。最初の閲覧時は仮綴じであったが、再度の閲覧時は一丁ずつばらしてあり、今後は一枚ずつ保管するということであった。本稿では、元の綴時の丁数で示すことにする。

(16) 『救荒本草通解』写本系統の細部の検討はなお時間を要する。いずれ機会を改めて諸写本の系統を確認してみたい。

(17) 富山県立図書館蔵『龍澤公御随筆』のうち「本草」。第一章第二節参照。

(18) 赭鞭会については、平野満「天保期の本草研究会『赭鞭会』」（『駿台史学』九八号、一九九六年）が詳しい。また『花と鳥のイリュージョン―江戸の学問と芸術―』（岐阜県博物館、一九九七年）は赭鞭会会員・馬場大助、『お殿様の博物図鑑―富山藩主前田利保と本草学―』（富山市郷土博物館、一九九八年）は、同会会員・前田利保の著書を中心とした展示図録である。

(19) 記事は、平野満「黒田斉清（楽善堂）と江馬春齢（第四代）・山本亡羊の交流―『駿遠信濃卉葉鑑』・『忘草竊記』を手掛かりに―」（『明治大学人文科学研究所紀要』第四五冊、一九九九年）からの引用。

(20) 全一冊、十八丁［特7-205］。以下同。

(21)『第十五回銀座古書の市　出品目録抄』（一九九九年）および『第十六回銀座古書の市　出品目録抄』（二〇〇〇年）。

(22) 赭鞭会メンバーの佐橋は、水野忠暁が編み関根雲停が描いた、天保三年《小万年青名寄》に出品する（第一部第一章参照）。また、美濃大垣の本草学者・江馬春齢は、随筆『藤渠漫筆』（江馬寿美子氏蔵。平野満「江馬活堂『東海紀行』（翻刻）」〈『洋学』一〇号、二〇〇一年〉）によると江戸に滞在していた折、

巣鴨花戸長太郎ノ家ニ至テ植木ヲ見ル。且ツ余カ舎赤坂溜池ニシテ此地ニ遠ク、数々来ルニ便ナラサルヲ言フ。長太郎曰、君ノ近隣馬場大助君アリ。物産ヲ好ミ草木ヲ多ク養ハル。往テ見ヨト。仍テ藤里久作馬場君ノ臣、園中ノ奉行。実ハ大助君ノ弟ヲ紹介トシテ草木ヲ拝見ス。花壇盆栽、処々ニ在リ。

と、植木屋（内山）長太郎紹介の赭鞭会メンバー馬場大助宅の庭に赴き、その花壇に感嘆している。

(23) 銅版画。枠内縦三一×横二三センチ［和969］。

(24)「蒲桃」と墨書され、銅版画の大きさは、枠内縦三〇・六×横二三・八センチ。

(25) 東京国立博物館蔵［和220］。一冊。

(26)『本草書残欠』第二十二冊「…明治四申《ママ》年採薬者。吉三七拾四歳写」、同二十一冊「…右者田端村与楽寺山中ゟ採薬初メ道灌山続キ白髭の滝ゟ土手通り如此採□（後欠）。申年四月廿五日採薬記…」。

(27) CD-ROM『原色牧野植物大図鑑』（北隆館、二〇〇〇年）。

(28) 註(27)に同。

(29)『亜墨利加草類図』。現在は別名飛燕草と呼ばれる。

(30)『亜墨利加草類図』。

(31) 東京国立博物館蔵『倭種洋名鑑』乾巻。

(32) 同右『倭種洋名鑑』坤巻。

(33) 東京大学附属図書館蔵『醇堂叢書』［A90-595］。「本草綱目奪朱辨疑　柏木吉三郎口授　門人　大谷木醇編纂」。本書の所在は、土井康弘氏のご教示による。
(34) 玉林晴朗「大谷木醇堂と醇堂叢稿」（『書物展望』九巻七号・八号、一九三九年）。
(35) 「明治十六年八月八十五翁写（花押）」。
(36) 『郵便報知新聞』同年一月十一日号「内山長翁伝」。また『錦窠翁日記』同十日条「供物出候　花戸長太郎物替之旨」、同十一日条「長太郎供シ候」、同十二日条「長太郎へ香奠半円遣ス。盛ナル葬式之由」。
(37) 『本草書残欠』第十冊「惟ハ医学館の名ナリ」「医学館ノ名、天保十亥年四月十九日会」。
(38) 本稿原論文発表後、野口武彦『幕末の毒舌家』（中央公論社、二〇〇五年）が刊行された。内容は、大谷木醇堂を主人公に旗本の悲哀を描くものだが、本草学や吉三郎との関係には触れていない。また、港区立港郷土資料館には、大谷家菩提寺、長延寺（現、港区三田）より寄贈の「大谷木家文書」（総数四十点）の所蔵がある（同館『港区指定文化財資料　屋鋪五方相対替一件』二〇〇五年）。
(39) ［154-67］。
(40) 本史料は、土井康弘「蕃書調所の物産研究と伊藤圭介との関係」（『法政大学大学院紀要』三六号、一九九六年）にも翻刻されている。後、『日本初の理学博士　伊藤圭介の研究』（皓星社、二〇〇五年）に所収。
(41) 文京ふるさと歴史館蔵。図8（121頁）参照。
(42) 現在、柏木と名の付く植木屋はこの付近に見当たらなかった。
(43) 文京ふるさと歴史館蔵。制作は昭和十年。内容は、祖父に取材したもので安政年間の町並を再現する。
(44) 国立国会図書館蔵『伊藤圭介日記』［特7-440］、全三冊のうち第二冊。
(45) 名古屋市東山植物園蔵。「錦窠」は、伊藤圭介の号。
(46) 以上の明治六年『日記』の引用は『伊藤圭介日記第五集、錦窠翁日記（明治六年一月〜六月）』（名古屋市東山植物園、一九九九年）によった。
(47) 『日記』明治七年四月十八日条。
(48) 蜂屋半次郎との関係も考えられるが、飯室の著作を二度筆写し、飯室の門人大谷木醇堂が、彼の死後吉三郎に就いたという関係がある以上、ここでは飯室楽圃と考えたい。

(49)［和2346］。本史料に吉三郎の記載があることは、田中義信氏よりご教示をいただいた。

(50)『捃拾帖』、東京大学附属図書館蔵［A00-6010］。田中義信『田中芳男十話・田中芳男経歴談』（田中芳男を知る会、二〇〇〇年）二三頁に温知会申告の図版が掲載される。

(51)東京大学附属図書館蔵［A00-5764］、帙三十六（甲36）。

(52)温知社については、深川晨堂『漢洋医学闘争史』（医聖社、一九八一年）が詳しい。

(53)『新聞』十月十五日条。

(54)『日記』十三、十四年の分は未見。明治十五年秋に「温知社会目録」（『日記』十一月七日条など）一冊が完成するが、これは漢方医・浅田宗伯らの温知社の方である。

(55)『日記』。

(56)第三部第三章第五節を参照。

(57)吉川芳秋「植木屋曽吉」（『医学・洋学・本草学者の研究―吉川芳秋著作集―』〈八坂書房、一九九三年〉所収）。

第三部　植木屋の隆盛

第一章　花暦出板と園芸文化——新名所としての植木屋の庭——

はじめに

文政十年（一八二七）に刊行された、岡山鳥《さんちょう》編・長谷川雪旦《せったん》画の『江戸名所花暦』は、江戸市中の花の名所案内記としてつとによく知られている。しかし、本書以外にも近世江戸の花暦が多数刊行されている事実は、今まで顧みられなかった。(2) 本章では、現在のところ筆者が知り得た『江戸名所花暦』以降近世に刊行された十一点の花暦を紹介し、衆知の『江戸名所花暦』と比較しながら、そこに記された情報を分析し、花名所の歴史的変遷を追うこととする。

(1)

第一節　各種花暦の体裁

使用する花暦の一覧は、表45に掲げた。以下に順を追って書誌を掲げる。

①『江戸名所花暦』は、最も良く知られたものであるので簡単な書誌を紹介するにとどめる。初板のみ「丙戌初冬」（文政九年）の竿斎道人による序文がある。「春之部」「夏之部」で各一冊、「秋之部」「冬之部」は二巻を一冊に合冊した三冊本である。文政十年初春（一月）の初板刊行の後、同年初秋、天保八年（一八三七）、明治二十六年（一八九三）と版を重ねた。(3)

表45　花暦一覧

	年　代	形　態		史料名	編　者	出典・所蔵	名所数
①	文政10 (1827)	刊	3冊	江戸名所花暦	岡山鳥	八坂書房本	159
②	天保4 (1833)	刊	1帖 折本	花みのしおり	仲田惟善	架蔵	294
③	天保2 以降	刊	1枚物	東都花暦名所案内	仲田惟善	八坂書房本	118
④	天保5	刊	1帖 折本	みやひのしをり	きゝすのや泉庵	国会[特1-144]	978
	天保6					加賀文庫283	996
⑤	弘化2 (1845)	刊	1枚物	江戸花暦	林奎文房潤暉	国会 [特1-3216]	94
⑥	嘉永2 (1849)	刊	1冊 (5丁)	嘉永二己酉花暦	春宵斎か	国会 [特1-1955]	203
⑦	嘉永6	刊	1冊 (6丁)	嘉永六年癸丑花暦	春宵斎	国会 [特1-1957]	220
⑧	安政2 (1855)	刊	1枚物	名松名木江戸花暦	萱垣琴彦	加賀文庫[289]	284
⑨	安政5	刊	1冊	花鳥暦	順水庵天由	国会[182-372]	358
⑩	元治2 (1865)	刊	1枚物	元治二乙丑花暦	月絃隣舎	三井文庫 [N300-19]	74
⑪	不明	刊	1枚物	東都四季遊覧之記	不明	三井文庫 [C211-106]	213
参考	明治11 (1878)	写	1冊	花見のしほり	伊藤圭介か	国会[特7-621]	288

※名所数はのべ件数

②『花みのしおり』は、すでに第一部第一章で紹介したので、内容については表1（46～49頁）を参照されたい。跋文により刊行は天保四年春、著者および板元は、東台麓の「忍川舎」の号を持つ仲田惟善とわかる。ただし、板元・仲田惟善を示す朱文方印（図3、44頁）は、東京都立中央図書館蔵本[4]には捺されていない。作者・仲田のほかの業績は、次の凡例に示される。

一、小金井の桜・真間の楓の類、すへて江戸より七八里四方の内にある所の寺社・名所・古跡の里数・順路等は小帖の内につくしかたけれは爰に略す。予か先に表す東都近郊図に合せ見るへし。（図43）

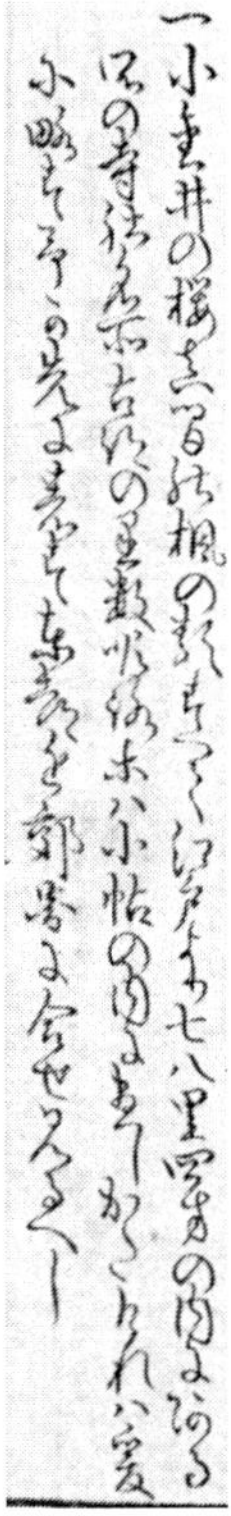

図43
『花みのしおり』
凡例（部分）

と、小金井や真間など江戸近郊の名所は数が多いので本花暦では略し、かつて自分が制作した『東都近郊図』で補ってほしい旨が記される。また、仲田の経歴は、伊藤武雄によって次のように紹介される[5]。

助十郎ト称ス、江戸ノ人、文政八年東都近郊図ヲ著刊、次テ文政十三年江戸並近郊地図ヲ著刊ス、東都近郊ノ地理研究ニ力ヲ致シタリ、天保十一年四月廿四日歿ス、日暮里南泉寺ニ葬ル、法号松寿院徹翁宗仁居士、妻二宮氏、吉兵衛ノ女ナリ。

これによると、文政十三年『江戸並近郊地図』など、江戸とその近郊を主題とした地図の刊行を得意とした人物であったようである。

架蔵本には、裏表紙に次の墨書がある（図44）。

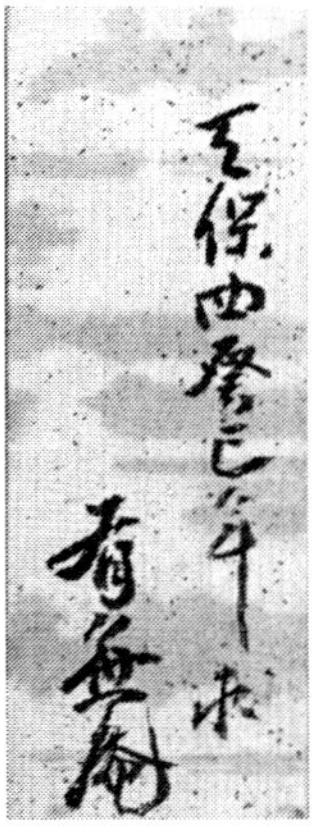

図44
『花みのしおり』
裏表紙墨書

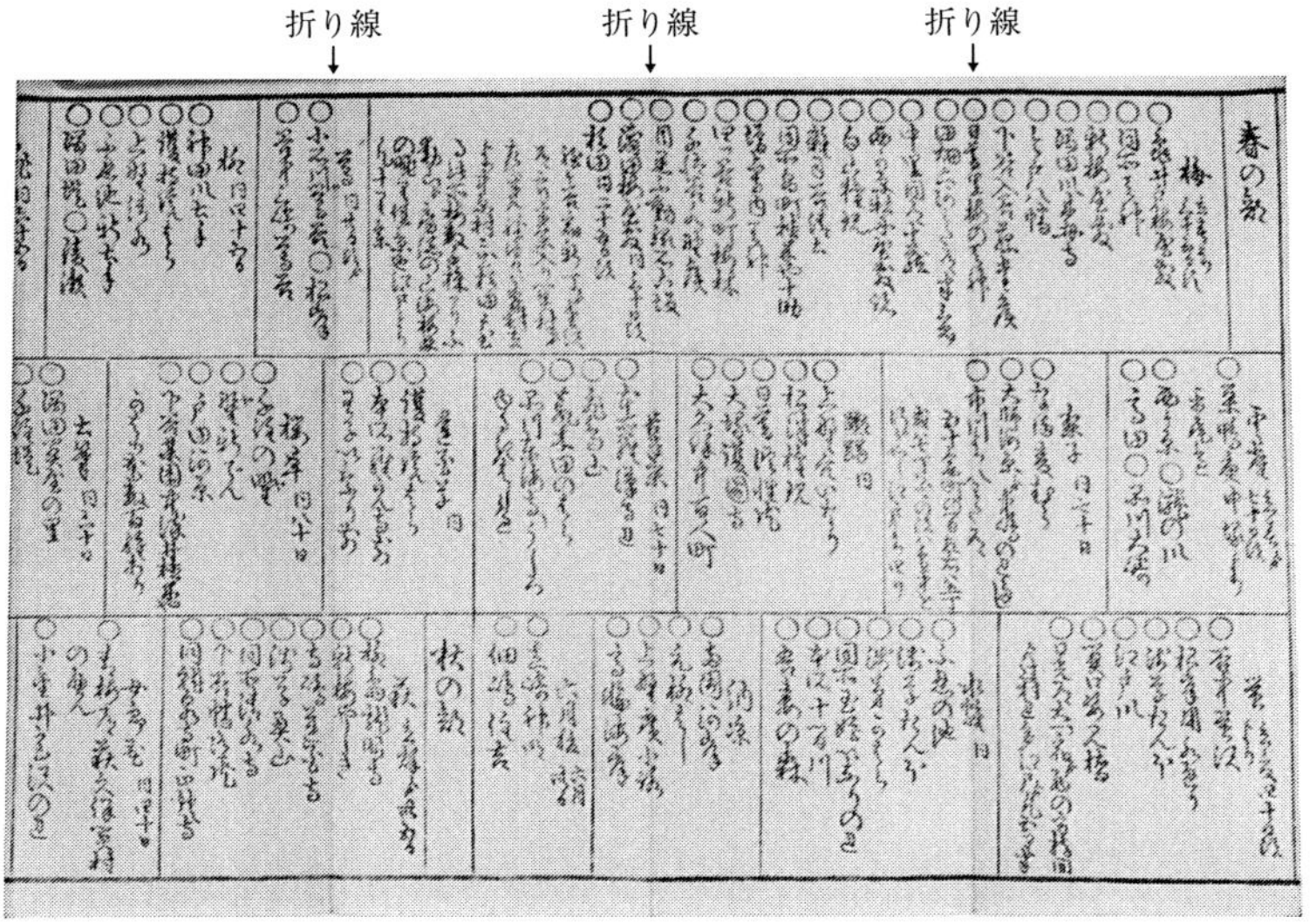

図45　『花みのしおり』部分（架蔵）

天保四癸巳年求
　有益庵

「有益」は「うえき」と読ませ、園芸愛好家の号と考えられる。本史料は、板元印が捺されていない異本の存在から、正式な印刷物でない可能性も考えられたが、旧蔵者たるこの「有益庵」なる人物が「求」と記したことにより、購入したと考えられ、『花みのしおり』が配り物でなく売り物であったことが判明する。

　また本花暦は、形態の上でも特徴がある。図45に掲げたのは、「春の部」から始まる本文の一部で、よく見ると三条の折り線が見える。この位置に注目してもらいたい。折り線は、文字情報の上に来てしまっている。このことから本史料は、丁をめくる形式の冊に準じた折本ではなく、基本的には一枚物として用い、使用しない際は折りたたむことのできる、地図などの畳み物に近い感覚で作られていることがわかる。

　内容は、基本的には①『江戸名所花暦』に準ずるが、名所の由来等の説明を省き、代わりに名所数が増えたのが特徴である。また、上野・谷中（現、台東区）などが多く、寛永寺、感応寺など寺院内の樹木の記述が目立つ。①『江戸名所花暦』同様、鶯や雪、月まで項目に入れた行楽案内ゆえに、寛永寺に代表される寺院や、不忍池等の風光明媚な名所を含むのは当然のことであろう。本花暦において『江戸名所花暦』と異なる最大の特徴は、「下谷某園中」「根岸芋坂熊蔵」という個人名の出現である。著者が下谷に居住していたのだから個人情報に詳しいのかもしれないが、「向島秋葉前吉村某」「上北沢村平蔵」など他の地域にも及んでおり、個人名を特定するまでの情報が求められたことがわかる。

③『東都花暦名所案内』は、江戸近郊図の余白部分下方に刷られた花暦である。近郊図の内容は、②『花みのしおり』作者・仲田惟善が制作した地図『東都近郊図』と同一であるので、花暦の作者も仲田惟善と定められる。ただし板元は、仲田惟善ではなく下谷御徒町の九皐堂である[6]。刊年は明記されないが、同じ作者の②の名所数が少ないことにより、②に先行して刊行されたと考えられる。これは、後述するように②以降の花暦が、名所数を増やす傾向にあるからである。花暦という史料は年ごとに変化する性格を持つので同一年刊行とは考えられず、また今井金吾によると名所成立年から天保二年以降成立とされる点と考え合わせると[7]、本花暦は天保二年か三年に刊行されたと考えられる[8]。

④『みやひ（雅）のしをり』にも異本がある。東京都立中央図書館蔵本[9]序文の署名によると「天保むとせひつしのはるきゝすのや泉庵」とあり、天保六年春刊行とわかる。ところが国立国会図書館蔵本[10]では序文の文面が異なり、末尾の署名は「きゝすのや　則房」とある。跋文も文面が異なり、国会本には「天保五年　午正月」と、都立本にない年代の情報を伝える。奥付も異なり、都立本は、

売弘所
日本橋通一丁メ

須原屋茂兵衛

浅草茅丁二丁メ

同（須原屋）伊八

神田かぢ丁二丁メ

北嶋順四郎（朱文方印）

という江戸の書肆三名の名を載せるが、国会本には末尾の北嶋順四郎一名のみの印刷で印章は捺されていない。また、国会本表紙には「□（貼紙）（天）保五年五月　則房主人恵之　安閑亭楽山」とあり、著者「則房主人」から旧蔵者「安閑亭楽山」への贈呈本とわかる。これらの違いにより、国会本は天保五年正月に刊行され、都立図書館本は一年後の同六年正月に刊行され、はじめは販売書肆一名であったが、好評につき三名に増えたとわかる。著者は「き丶すのや」「泉庵」と号し、本名「則房」ということまでは判明したが、人物の経歴等は不明である。

内容についても若干の異同があった。国会本では「亀戸天神社内」とあるのが、「亀戸天神社」に書き直されるなどの細かい訂正が四十二件、国会本での名所を別の地の名所に置き換える場合が二十三件、新たに項目として追加されているものが二十一件、項目が削除されたものが三件あった。

本花暦の特徴は、その名所数の多さにある。表45（316頁）で比較すると一目瞭然だが、①『江戸名所花暦』の倍近い名所数の②『花みのしおり』でも本花暦における件数、およそ一〇〇〇件には及ばない。④が突出して多いのである。[11] 本花暦は、①との共通点として挿絵の存在が、②との共通点として折本の形態が挙げられ、名所数を増やす点も②に準じており、先行する花暦の影響がよく現れている。

以上②から④までは、すべて天保年間制作の花暦であり、②と③は作者が同一、④は形式（折本）として②を踏襲している。花暦を前期と後期に分けるのなら、ここまでが前期のグループとしてまとめることができる。

後期グループでの最初の刊行が、⑤『江戸花暦』である。本花暦は、武州総社六所宮（現、大国魂神社、府中市に現存）の「林奎文房潤暉」が著し、弘化二年（一八四五）正月に刊行された。絵図と文章が枠線で区切られ、絵図は文中に「四谷内藤新宿より小金井迄いろはの合印にて路程をしるす」とあるように、中野・高円寺・府中など江戸西郊の道しるべである。文章は、梅から始まる江戸市中の花を載せた標準的な花暦である。ただし名所の素材である動植物が、季節順に梅・桃・山吹・桜・郭公・牡丹・躑躅・藤・燕子花・萩と並べられているにもかかわらず、秋の萩の項で終え菊や紅葉がない。このため続きがあることが予想され、もう一枚加えた二枚一組の可能性が高い。巻末には、「江戸日本橋元四日市　書林　和泉屋平兵衛板」とあり、書肆を通して出板されている。

⑥『嘉永二己酉花暦』は、編者不明であるが、柱に「三餘窓叢書」と刷る用箋を用いる。本暦で最も重要な情報は、巻末に「毎年改」との記載がある点である。この記述により、花暦が毎年改板されたことが明らかになり、毎年訂正を加えるほど花名所の変化がめまぐるしく、かつその情報を求める人口が多かったことがうかがわれる。本史料は、暦として毎年改めるためであろう、木活字を使用する。木活字の使用はこの⑥のみであった。

⑦『嘉永六年癸丑花暦』は、表紙に「四季の友」と刷られ、扉裏和歌に「閑窓庵草　春霄《ママ》斎」という署名があり、巻末に「春宵《ママ》斎蔵板」とあるので、「春宵（霄）斎」が著者の号である。また入梅・土用など、暦そのものの情報が巻末に記載される。朱刷りの用箋を用いたもので、おそらく明治期の写本と考えられる。

以上の⑥⑦は、本文丁数が少ない点（⑥が五丁、⑦が六丁）、どちらの花暦も時候に「二月小朔庚子（⑥）」「二月小朔丙子（⑦）」と月の大小と朔日の干支を記入する点、末尾に⑥では「花暦終」、⑦では「花暦畢」と似たような文言で結ぶ点など、用箋の大きさは異なるが[12]、内題も含めて非常に形式が似通っている。おそらく⑥の作者も、⑦の原本の作者「春宵斎」と同一人物の可能性が高い。

⑧『名松名木江戸花暦』は表紙題簽に、

安政二年乙卯新版
菅垣大人輯
名松名木江戸花暦　全
東都　原勤堂

とあることにより、安政二年（一八五五）刊、菅垣大人の編にかかり、原勤堂より出板されたとわかる。「新版」とあるので改訂版である。編者・菅垣大人は、識語の署名「菅垣琴彦識」により、本名を琴彦という。

本花暦は、三部構成に分けられる。まず上段に「江戸十八松名木の内一日巡覧次序」とあるように、一本松や船繋松など松だけを集めた記事、次いで王子装束榎・板橋縁切榎・浅草神社槐などの「名木類」の記事である。続いて上段後半では六阿弥陀や六地蔵を列挙し、「上野　芝増上寺　浅草観音　山門を開く日」として、寛永寺・増上寺・浅草寺という大寺院の開扉日の明記がある。上段だけを一括すると、名木類は花暦の範疇であるが、これに加えて寺院も同等に扱うことによって、江戸の総合遊観案内といってよい。一方下段は、「花信」と冒頭に記し、鶯から始まり雪で終わる通常の花暦の体裁である。本史料の編者は、寺院・名木・花暦を同等に扱っているため、表45（316頁）では、六阿弥陀など寺院名のみの記載も名所として件数に数えてあることをここで断っておく。

⑨『花鳥暦』は、凡例末尾に「天由識」、巻末に「順水庵天由編輯」とある。また「惺庵老人」が誌した序に年紀「安政五戊午清明」が記される。著者・天由の履歴は不明であるが、序を寄せる惺庵は、巻末に「惺庵西馬補訂」とあり、西馬の号を持つ俳人と判明した。続いて「守轍白亥校合」とある白亥は、西馬の弟子で上野国渋川出身の俳人である。西馬自身も上州高崎の左官職の息子である点から、編者・天由も上州の俳人と目されよう。

本花暦については、すでに第一部第二章で述べたとおり、俳諧が主の冊子である。情報としては他の花暦同様に簡潔な記事が続くにもかかわらず丁数が多くなったのは、名所数三五八に対して俳句数が約六七〇句を数え、俳句の数量が上回るためである。なお国会図書館本は、蔵書印「伊澤文庫（朱文長方印）」により、考証学者・伊沢蘭軒旧蔵と知られる。(13)

⑩『元治二乙丑花暦』は、巻末に「東都　月絃隣舎」とあるが何者かは不明。月ごとに「正月　大慈院谷《ふくろ》」「四月　寒松院中堂西」など上野寛永寺の各子院名と位置を大きく載せる。また「元治二乙丑年毎月晦日遷座　下谷肴店中嶌屋太七」とあることから、寛永寺に程近い下谷（現、台東区）に居住した出入りの肴屋が、寛永寺の宣伝を兼ねて制作した正月の配り物と考えられる。また本花暦は裏面にも文字が刷られ、そこには恵方や午の日が何日と何日かという、まさしく暦そのものの情報が記されている。

⑪『東都四季遊覧之記』は、編者・刊年ともに不明である。本花暦の形式は⑧『名松名木江戸花暦』と同じく、寺院を含める遊観案内を兼ねた三部構成である。まず月ごとの寺院の年中行事を記す「東都四季遊覧之記」、中ほどは梅で始まり雪で終わる花暦「風流東都名所一覧」、最後は「子日　大黒天　小石川伝つう院」などとある神仏の開扉日と、「六阿弥陀」「西方札所順道」が載る。花暦以外の寺院年中行事や寺院名の総計は一七一件にのぼり、全件数二一三件の八割にも及ぶ。このため花暦だけの件数では四十二件と最も数が少なく、この寺社を重視するスタイルや、幕末に新しく開園した梅屋敷（後述）の情報が載せられないなどの内容から推測して、早い時期に制作されたと考えられる。

参考とした『花見のしほり』は、②『花みのしおり』の明治十一年の写本である。原本を写した傍らに「今はなし」という一文が記される場合があり、原本制作時の天保四年から明治十一年までの、同一場所における花名所の衰退状況がわかる珍しい史料である。巻末には、明治十一年に、東京の花を見て歩いた表形式の記録「花見日記」が付される。著者名は記されないが、このとき同道した人物に田中・大河内・織田・土岐・正木の名が見られる。「田中」は伊藤圭介とともに幕末に江戸に赴任した官僚・田中芳男が、「大河内」は圭介の兄・大河内存真がそれぞれ想起され、著者は、本史料の旧蔵者・伊藤圭介の可能性がある。

表45（316頁）に掲げたように花暦の体裁には一枚刷りが多く（③⑤⑧⑩⑪）、冊子体は①⑥⑦⑨、②④は折本である。⑥⑦は薄い冊であり、⑨も縦八・五、横一八・三、厚一・二センチの横本で、いずれにしても①以外は、ハンディで持ち運びに便利な体裁である。一枚刷りが多いため、『国書総目録』をはじめ各機関の目録に史料名が記載されない点と、②④のように「暦」の文字が史料名に付されない点が、現在まで世に知られる機会が少なかった原因と考えられる。[14]これらの花暦の内容は、花鳥と時季と地域名を載せるのみで挿図もほとんどなく（挿図があるのは①④のみ）、必要最低限の情報の掲載にとどめている。しかし情報の総件数は、これと引き換えに増加する傾向にあり、全体の名所数では最初に出板された『江戸名所花暦』の一五八件を超えるものが半数を占める（②④⑥⑦⑧⑨）。次節では、このような件数の差異とも深く関わりのある内容比較を行い、その変遷を検討する。

第二節　花暦に載る個人名の変遷

本節では、花暦に掲載される名所の変遷を見ていく。比較対象は、個人名の有無と凡例に限り、寺社に関しては固有名詞を載せない場合はまずないので検討対象から外した。①〜⑪の総計のべ二八四五件中、寺社はのべ一三六五件にのぼる点を掲げるにとどめる。登場する地名の主なものは、巻末付録「十九世紀園芸文化関係地図」に掲げた。

表45の花暦一覧の中では、①『江戸名所花暦』が最も早く作成され、かつ内容も豊富なことから、本書を基準に個人名の有無を問題とし、どのような変遷を遂げたかを次に検討していく。なお、植木屋については、節を改め第三節で詳述するため以下の検討では省略した。

まず、①『江戸名所花暦』に個人名を載せる者、あるいは地名やほかの花暦の情報によって個人名が判別できた者を紹介する。身分は、武家十五名、茶屋・料理屋十名、富家二十名、以前より有名な名所三名であった。

このうち武家の一人目は、彼岸桜の項に載る、麻布広尾に上屋敷があった備中足守藩木下氏で、①⑧に記載があった。①では次のとおり詳しい記事がある。

麻布広尾にあり。幹の太さふた抱半、南北へ廿一間壱尺余、東西へ十九間余、たゝ小山に雪をおひたるかことし。花の頃は見物をゆるされしか、近頃止られたり。

末尾に「花の頃は見物をゆるされ」とあり、武家屋敷の敷地内であっても、花見を許可したことが示される。「近頃止られた」理由は、⑧『名松名木江戸花暦』に次のように記してあったことで判明する。

同所木下家文政七年類焼す、をしむべし。

すなわち、文政七年に火災のため焼失してしまったのであった。このように、現在はない花木でも、いわば「史跡」として「花暦」に載せることがあった点に留意したい。

武家二人目は、躑躅に登場する大久保百人町の飯島武兵衛で、①②に記載がある。比較のため次に列挙する。

四谷大久保武家地の園中すへてあり。就中組屋敷を北のかたへ出る門より二、三軒手まへ右のかた、飯島氏の園中に多し。殊に勝れたる映山紅つゝじの大樹あり。この花、八十八夜の頃盛なり（①）。

飯嶋某殊に多し（②）。

と、やはり①の方が一件の花名所に対して記載が長文にわたることがわかる。この人物に関しては、①以上に詳しい紹介が、次の十方庵敬順の『遊歴雑記』[15]に記されている。

（前略）只恨むらくは片鄙にして、武城の人も半噂にのみ伝え聞て、見ざる族多し。然るに立夏の頃より、諸侯大夫の室をはじめ乗物に駕し、士庶人にいたるまで、日々朝より引もちぎらず群集して、或は此組屋敷の園中に終日酔を尽し、又は詩哥連誹に日をかたぶくを恨める徒もありけり。

と、田舎にして見物に訪れぬ人もまだいるであろうとしながら、酒を出したり詩歌を作ったりと繁昌を見せており、後に記録者である十方庵は、当地が別の花暦に掲載されていないことを不満としている（後述）。

武家の三人目は、番町の松平氏の桜で、次に列挙するように、①②④に記載があり、②④は簡潔な説明である。なお、①では彼岸桜の項に入り、②④では糸桜の項に掲出されている。

花屋鋪同（立春より）五十日メ　番町麁谷杉田家のやしきをいひしなり。今、麁谷松平氏の屋しきをいふ。天明の頃は、佐野善左衛門殿の第宅なり。大樹にて桜やしきとも唱ふ。（①）

御麁谷某（②）

番町御馬屋谷松平家（④）

①の詳しい解説によって、同じ屋敷が、佐野家→杉田家→松平家と持主が変わっても、桜名所が存在し続けたとわかる。また、武家の一人目に掲げた麻布広尾の木下氏と同じく、花見の時季には開放していたことも示される。

武家の四人目は、小石川白山の桜井氏の藤で、この人物は、①にしか登場しない。

藤棚横町　小石川白山御殿跡大通り、桜井氏にあり。昔は一めんの藤棚のよし。故に里俗藤棚横町といふ。
今は古木より若葉は出れとも花なし。

とある。白山御殿跡とは、現在の小石川植物園（現、文京区）付近である。ここに登場する桜井氏は、『草木奇品かがみ』[16]（以下『奇品かがみ』と略）に愛好家として次のように紹介される。

桜井栄久、其子如雲、二代の好人なり。盆《はち》のまゝにて長大《おほい》に生育し、山野に有如くして愛せしと云。

同じ丁に、「桜井しろふいぶき」と「桜井まるはなぎ」の挿絵が添えてある。文政十年刊行の『奇品かがみ』は、当時「奇品」と呼ばれた変異種を集め、栽培に長じた栽培家の略歴と図譜が併記される書物である。栽培家の掲載順は、前半に武家を中心とする愛好家を載せ、後半に植木屋を多く載せる。表7（70〜73頁）にその名前を列挙したが、右の引用部分は「天之巻」に相当し、武家愛好家の一人として著名であったことが判明する。

武家の五人目は、駒込鰻縄手横町組屋敷の飯室氏で、④では梅と草桜の二つの項に登場する。①では梅の項に、

本郷通り追分の手前、組やしき外かこひの内にあり。或説に、こはうなき縄手にあるへからす、むかし苗木をそたてしところなれは、苗木縄手なるへきかといふ。また往来曲行してあれは、鱣縄手といふか。

と、地名の由来のみに言及されるだけで、固有名詞は記されない。しかし、④においても同じ梅の項目で登場しているので、①の組屋敷内の飯室氏の梅が著名であったと判断できる。

これまで掲げた五名の武家において、名所としての対象は、木下は桜、飯島は躑躅、松平は桜、桜井は藤、飯室は梅という屋敷内に生育する植物であった。このうち飯島と桜井は、それぞれ『遊歴雑記』『奇品かがみ』という、別の書物にも紹介されていた。このことは、この二名が、近世後期では樹木としてよりも鉢植として愛された草木を栽培している点、加えて双方ともに園芸品種の種類の多さを誇っていた植物であるのに対し、ほかの三名が桜や梅という伝統的な樹木である点が、記載に差がついた理由としたい。

以上のように、①『江戸名所花暦』にはわずか五名しか登場しないが、後に刊行された花暦に個人名を載せる武家の総数は十五名である。表46に、武家ではあるが個人名が不明な者およびこれまで紹介した者も含めて一覧を掲げた。

少し補足すると、藤堂家は②に「下谷入谷藤堂侯」、④に「下谷入谷藤堂侯御下屋敷」とあるが、入谷に藤堂家の屋敷はない。藤堂家下屋敷は染井に、上屋敷は浅草向柳原にあった。おそらく下谷の中屋敷の誤記であろう。千駄谷の水野とは、千駄ヶ谷（四谷）に住んだ園芸愛好家で、『草木錦葉集』や一連の小万年青の番付を編んだ、幕臣・水野忠暁を指すのは明らかである。

六番町の鈴木は、④に「六番町鈴木家」とあるだけであるが、『奇品かがみ』「地之巻」七丁表に、

表46　花暦に登場する武家の地域

現在地	地　名	固有名詞	植物名	出　典
新　宿	大久保中百人町	飯　島	躑　躅	①②
	大久保百人町	不　明	躑　躅	②③④⑤⑥⑦⑧⑨
	四ッ谷久能町	楠	躑　躅	②③
	大久保余丁町	佐久間	紅　葉	③
	牛込天神町	本　郷	草　桜	③
	牛込鱣坂	桑　山	草　桜	③
	牛込山伏町	宮　崎	八重桜	③
	牛込矢来下	山　下	躑　躅	③
文　京	藤棚横町	桜　井	藤	①
	小石川戸崎町御殿坂下	中　村	梅	③
	小石川御箪笥町	村　田	梅	③
	目白台御下屋形御門前	不　明	松	③
	小石川極楽水	不　明	棕　櫚	③
	駒込殿中	速　見	梅	③
	駒込縄手横町	飯　室	梅・草桜	①③
千代田	番町庇谷	佐野善左衛門→杉田→松平	彼岸桜・糸桜	①②③
	六番町	鈴　木	梅	③
	六番町	春　田	梅	③
	小川町	土　屋	八重桜	③
	裏二番町葡萄屋敷	不　明	葡　萄	③
港	麻　布	木　下	彼岸桜・犬桜	①⑧
	麻布竜土組屋鋪	不　明	梅	①
	麻布田嶋町組屋敷	不　明	梅	③
	青山長者丸某園	不　明	八重桜	③
	麻布市兵衛町紅葉屋敷	不　明	紅　葉	③
台　東	下谷入谷	藤　堂	梅	②③
	浅草田圃	加　藤	蓮	③
	不忍の流忍川の組屋敷	不　明	林　檎（姫林檎）	③
渋　谷	青山千駄ヶ谷	水　野	梅・草桜・桜・躑躅・八重桜	②③
江　東	深川佐賀町	不　明	梨子花	③

鈴木は名を仲右衛門といふ。番町久世家の臣なり。務のいとまく奇品を翫ぶ。図す南天は愛樹にして枝をかぞふるどにいくとも殖て遂にかぞへ尽されず。よつてうかれと銘す。

とある鈴木仲右衛門、通称「鈴仲」であれば、息子の勇馬（「鈴勇」）とともに『小不老艸名寄七五三』[17]に出品している人物である。

このように①の刊行以降は、武家屋敷内の樹林ではなく、武家の園芸愛好家が花名所として掲載される傾向が強くなった。表46を見ると、新宿・千代田・文京などの都市中心域が多く、表2（60頁）に挙げた『丁丑朝顔譜』や、表7（70〜73頁）に挙げた『奇品かがみ』など文化・文政期の朝顔や奇品の愛好家の地域と重なることがわかる。ただし、一名当たりの掲載史料数が少なく、①④に集中する点には、留意しなければならない。⑤以降の花暦に掲載がないということは、幕末期には花名所としての愛好家の庭は、需要がほとんどなくなってしまった証拠である。

武家に次いで掲載が多かったのは、茶屋・料理屋である。①に記載があったものでは、王子の「扇屋」（①④）、麻布の「梅茶屋」（①④）であるが、いずれも④に再度登場するのみで幕末には記事が見当たらない。武家同様需要が低くなっていったと考えられる。

①以降に新規に登場する者は、向島の武蔵屋権三（②④）、神奈川はねさわ屋（④）、向島の大七（④）、中延村の大黒屋（⑨）、川崎の稲之屋（⑨）、向島木母寺前百花亭佐吉（⑩）、本所清水橋向かい新久（④）、根岸芋坂下の茶屋・熊蔵（②③④⑨）である。このうち百花亭佐吉の花園の引札は、書家・関雪江の貼交帖に、雪江自身の稿本とともに貼付がある。[18]向島花屋敷同様、新名所たる庭園に同時代の文人が宣伝に手を貸した一例である。

以上十軒の茶屋のうち、最も多く登場する、根岸芋坂下（現、荒川区東日暮里）の熊蔵以外は、登場が単発であり、変遷を追えるほどの情報が得られなかった。唯一複数の花暦に登場する熊蔵は、①では名が挙げられていないが、次に掲げる地名の詳記によって位置が同定できる。

　芋坂　谷中感応寺うら通り本村のうち、根岸、坂本へ出る道に酒店あり。その軒近きにあり（①藤の項）。

このように、谷中（現、台東区谷中）から下る芋坂（現、荒川区東日暮里と台東区の境）にある酒屋近くとわかり、②③④に「根岸芋坂熊蔵」、⑨に「谷中芋坂下　藤茶屋」とあることから、茶屋を営む熊蔵とした。切絵図『根岸谷中日暮里豊島辺図』[19]では、熊蔵の店の位置、芋坂から降りて来る道筋の長善寺と妙陽寺の向かい側、寺院よりも広い敷地に「植木屋」が二軒並ぶ。台地上の寺院が多い谷中と、低地の農村地帯である三河島・根岸を結ぶこの芋坂は、遊観に赴く人々の往来が見込まれた地であり、茶屋があったとしてもおかしくない。さらに、実はここが植木屋であって、庭に茶屋や藤棚を設けていたという可能性があることを、ここで指摘しておきたい。

　次に、農家・名主・隠居を、「富家」としてひとまとめにして紹介する。これは、豪農が隠居する場合もあり、ただ農家としか記されない場合もあるので、細別がかなわなかったためである。

　以下に列挙すると、南新川の新平（①）、深大寺村の善兵衛（⑨）、駒込妙義坂の今井五郎兵衛[20]（④）、大井村の火野五蔵（④）、千駄ヶ谷の西ヶ谷太十郎（④）、上北沢村の榎本喜太郎（②③④）、同村榎本勝次郎[21]（④）、同所の車屋平蔵（②③⑨）、代々木村の木村仙蔵（②④⑨）、下北沢村の幸蔵（②③④）、同村柳屋次良吉（②④⑨）、中里村の十蔵（②④）、根岸梅屋敷の冨右衛門[22]（⑦⑨）、尾久の深山玄琳（①②④）、木綿屋（①）、向島秋葉社前吉村某（①②④）、寺島の松の隠居（④）、隅田村の梨の隠居（⑧）、世田谷上北沢村の鈴木左内（②③④⑤⑧⑪）の十九名である。ここでも武家・茶屋と傾向は同じく、単発の掲載か、天保期までの花暦刊行前期に集中して載せられている。以下に数例を挙げて、その特徴を検討する。

　最多掲載の鈴木左内は、上北沢村の名主で牡丹園が有名であった。『遊歴雑記』の著者・十方庵敬順や、『嘉陵紀行』著者・村尾嘉陵が訪れ、一の花壇より七の花壇まですべて牡丹でしつらえてあった様を克明に記録する。

十方庵は、尾久村の牡丹とは比較にならないほど見事と称賛するが、一方でその金儲け主義に腹を立てている。(23)
また左内は『奇品かがみ』にも登場する。左内のほか名主と判明したのは、「餌長」千駄ヶ谷の西ヶ谷太十郎であった。

上北沢の車屋平蔵は、三種の花暦の藤の項に載る。②では、

上北沢村平蔵　長さ五尺に至花も有と云。

という記述が、③では地名と名のみの「北沢平蔵」⑨では「平蔵」だけになってしまい、あからさまに文字数が減少している。平蔵は、『奇品かがみ』「地之巻」十四丁裏に、

車屋平蔵、北沢の農家なり。衰老に至て尚培養を事とす。家に奇品多し。

と紹介される人物で、ここでは藤ではなく、福寿草やありどおし、樫が図化されている。文政十年に「衰老」と言われているにもかかわらず、⑨の刊行年代、安政年間まで生存したと考えられる。

十方庵が鈴木左内と比較した、尾久村の牡丹園主・深山玄琳は、①に記載がある。

深山玄琳庭中　尾久の渡手前也。江戸豪家の隠士のよし。庭中に一株百りんの牡丹あり。高さ五尺余、めくり六尺四方、花はそこ紅にて大輪なり。そのほかほたん多し。

と、庭中の様子の記載で詳しく紙面を割いている。「豪家の隠士」とあり、隠居所として尾久を選んだ人物とわかる。この記事に比べ、②④では武家の例と同様に、

上尾久深山某大木あり

というそっけない記事に変わる。

この深山玄琳のごとく、富家の主人が隠棲地として選ぶ地域には、概して花名所が多い。これは、武家と同じように、愛好家の在所を花名所として認めたからである。寺島の松の隠居、隅田村の梨の隠居のように、地域と

しては、向島（現、墨田区）が多い。松の隠居も『奇品かがみ』に掲載があり、愛好家として名高かった(24)。

向島という地域は、①『江戸名所花暦』に、固有名詞を載せない理由が述べてあったので次に掲げる。

風流人の別業、あるひは隠士の庭中にあり。しかれとも此地に限れるにあらす。生垣の中に交り、または園中に一樹もあるのみにして、多樹なきゆゑに、確とところを定て出さす。堀のうち、青山のへん、又根岸あたりにもあり。

（寒梅・山茶花・枇杷・茶の花の項）

このように、向島、あるいは堀の内（現、杉並区）、青山（現、港区）、根岸（現、台東区）という地域は、別荘や隠棲地が多い地として著名であるが、「園中に一樹もあるのみにして、多樹なきゆゑに」とあるとおり、樹木の数を問題として固有名詞を載せないと断る。ここに掲げられている理由は、由緒ある寺院の一樹を載せる姿勢と裏腹に思える。真の理由は、別荘・隠居が多くありすぎて、そこまで載せられないということではないだろうか。ただし、掲出した理由のとおり、園中に多種を植える人物の記載は認められた。向島秋葉社前吉村某の庭で、ここは椿で有名であったらしく、①は、
秋葉権現の門前より東のかたへ十四、五間もさきなる家に、二百種の異なる花をあつめ植たり。

と固有名詞を載せない記事であるが、②に「百株余異花あり」のが吉村某だというので比定できた。④では、椿の項に「吉村某」とあるのみで詳記はない。この情報が減少傾向になる記述の変遷は、前に武家の項で述べた、駒込鰻縄手横町組屋敷の飯室や、茶屋の根岸芋坂の熊蔵など、全体の特徴に同じである。

富家として採り上げた十九名の地域は、向島や北沢など現在の墨田区と世田谷区が多い。当該地域は、次節で検討する、固有名詞が載らない、植木屋や農家が多い地帯である。また、次に引用する、①菊の項に登場する巣鴨の木綿屋某も、植木屋が多い地域、巣鴨（現、豊島区）の住人である。

巣鴨　植木屋所々にあり。文化のはしめの頃、菊にて作り物を工夫せしなり。植木やならても作りたるなり。

中にも木綿屋何某といへる豪家は、常に後園に菊を作りて見物をゆるせしなり。（後略）

この人物は、①にしか記載はない。生業は木綿屋であるが、周囲の植木屋に感化されて庭に菊を作ったという。②以降に記載されなくなった理由には、向島の別荘・隠居と同じ理由で、花暦に一々固有名詞を掲出しきれないほど、巣鴨に植木屋を中心とする菊作りの名所が数多くなってしまったからと考えられる。

以上のほか亀戸梅屋敷、向島百花園、蒲田和中散園が従来の名所として挙げられるが、これらの幕末期の変遷は、次章で解説するため本章では省略する。このほか珍しいところでは、深川元木場の市川団十郎の庭[25]（⑧）があり、また固有名詞が載るにもかかわらず不明な者が数名いたが、これも割愛する。

以上、武家、茶屋・料亭、富家の三つに分けて、個人名の記載の変遷を検討してきた。全体の傾向としては、個人名は少なく、天保年間までの花暦に記事が集中していた。①では個人名を載せない代わりに、地域特定ができる詳細な記事があり、これと個人名を載せる傾向にある②④と対照することで、その名を特定できた。また最後に検討した富家の例では、植木屋や農家の多い地域では、すでに①においても省略する傾向にあったと判明した。

第三節　植木屋の増加

本節では、前節における個人名の検討結果を踏まえ、人々が多く訪れる条件を持つのが植木屋であると仮定し、以下では、個人名の検討と、これに加えて掲載件数の増加を問題とする。

まず、①『江戸名所花暦』に個人名が記載される者は、「護国寺石階《だん》の左右　音羽町のさき」とあり、④に「雑司ヶ谷清土石橋際某園」とあるのを同一人物と考え、『奇品かがみ』に「雑司ヶ谷清土　市郎兵衛」とある人物と特定した。このように、厳密には①に植木屋の個人名は登場しなかった。武家・茶屋・富家においても固有名詞の登場例はすべて一桁であったので、当然といえば当然の結果である。

しかし、①以降に刊行された花暦には植木屋の個人名がいくつか現れ始める。小村井の江東園[26]、団子坂の紫泉亭（楠田右平次）[27]、四谷新町の源右衛門[28]、西ヶ原の半三郎[29]、染井の伊藤伊兵衛[30]、染井の五三郎、雑司ヶ谷畠町の十助[31]、代々木村の藤吉[32]、寺島村の萩原平作[33]、駒込日赤不動前の植熊[34]、西ヶ原の牡丹屋敷跡の植木屋仁兵衛[35]、本所のきくの屋[36]の十二名である。また「浅草奥山」は個人名が登場しないが、他の資料により植木屋六三郎と確定できる。以上を表47に掲げた。

染井（現、豊島区）の五三郎は、④『みやひのしをり』異本において、天保六年板にのみ新たに追加された情報である。五三郎は『奇品かがみ』や各種菊細工番付に登場する人物である。④では、「花や（屋）五三郎」とあり、「植木屋」と称していないが、植木屋である

表47　個人名が判明する植木屋

植物名	現在地	地名	名称	出典	備考
紅　葉	豊島区	染　井	五三郎	③	
牡　丹	渋谷区	代々木村	藤　吉	②③	
梅	豊島区	雑司ヶ谷畠町	十　助	②③⑥⑦⑨	
木　蓮	墨田区	寺嶋村	平　作	③	
紅　葉	豊島区	染　井	伊兵衛	③	
躑　躅	豊島区	染　井	伊兵衛	⑧	
梅	文京区	駒込日赤前	植　熊	③	
菊・梅	文京区	団子坂	紫泉亭	③⑦⑨	梅屋敷
梅・花菖蒲・朝顔	墨田区	小村井	江東園	⑦⑨	梅屋敷
菊	墨田区	本　所	菊の屋	⑧	
梅	北　区	西ヶ原（田端）	半三郎	②③⑤⑦⑨⑩	梅屋敷
梅	新宿区	四谷新町	源右衛門	②③⑤⑦⑨⑩	梅屋敷
梅・八重桜・花菖蒲・萩・七草・紅葉	台東区	浅草奥山	（六三郎）	⑦⑨	梅屋敷

ことは間違いない(37)。

また、浅草奥山六三郎・小村井江東園・団子坂紫泉亭・四谷新町源右衛門・西ヶ原（田端）半三郎の五名は、幕末期、ちょうど花暦刊行の後半期に梅林を新しく造成して、「梅屋敷」と唱えた(38)。表47を見ると、十助・半三郎・源右衛門が、突出して花暦掲載件数が五種以上と、多いことがわかる。これまで紹介した人物で、五種以上の花暦に載った人物は、上北沢の名主・鈴木左内だけであった。このことから推し測れるのは、多くの花暦に掲載されるためには、左内の牡丹や、半三郎・源右衛門の梅屋敷のように、ただ一種類の植物であっても、そこには遊観に人々が訪れる何かしらの条件が存在したことである。この条件が何であるかを、以下の作業で検討する。

①〜⑪の花暦全体の傾向としては、個人名を載せず、名所として地域名だけを記載するものの方が圧倒的に多い。それらは、「上野」「谷中」「王子」などとしか記されず、その詳細はまったくのところ不明である。しかし、植木屋の場合は、個人名を載せなくても、地域名を冠し、その下に職種名「植木屋」を記すものが発見できた。例えば、「巣鴨植木屋」「染井植木屋」などである。これらの地名を冠した植木屋は以下のとおり、十五箇所発見できた。それは、牛込神楽坂・高田・九段・土橋・千住・押上・染井・巣鴨・御駕籠町辺・寺嶋・請地村・本所・小梅通り・雑司ヶ谷・向島である。

このような具体的な職種名と地名の組み合わせのみの記載は、ほかの例では「農家」が挙げられる。職種名ではない「畑中」と記す記事を含めて捜索した結果、農家は六箇所（寺島村請地村畑中・小岩村・市の井［一之江］村・獅子［鹿］骨村・野田・市川）発見できた。このうち、「寺島村請地村畑中」は、植木屋が多いとされている場所であり、兼業農家である。農家が園芸を行ったことは、①の寒菊の項に、

本所柳しまにあり。此梵刹のうしろのかた農家にて、多く季候の草々を作れり。中にも冬にいたりて寒菊を作る頃は、諸草みな枯たる中に、黄金いろなる田園を見渡すことといとめつらし。此地にも限らす、請地、千

寿処々にて作れるなり。（後略）

とあるように、寒菊だけでなく「多く季候の草々」の生産地として、本所柳島（現、墨田区）や請地（同上）・千住（現、足立区）が著名であった。向島以外でも、次の庚申塚（現、豊島区）の例が挙げられる。

此辺植木屋、又は農家にても作れるなり。こは生業となすゆゑなり（①）。

このように生業として菊栽培を行っていた。同様に庚申塚では、「農家、あるひは植木屋におほし」という記述が、①の卯花の項にも見られた。

植木屋そのものの記事は、染井の植木屋において、桜草の「かはり花数百種あり（②）」とあり、紅楓の種類も「有数百種（⑥）」とあるように、品種の多さを掲出する記事が多い。品種数が多いという特徴は、これまで掲げてきた中で記事が多かった牡丹・梅・躑躅と共通する。これをもって、名所として多くの花暦に掲載される条件の第一としたい。掲載条件を満たすには、品種改良の技術を持つ、植木屋の役割が大であったのである。前節で園芸愛好家として、飯島と桜井の記載が多い理由に、草木の園芸植物を主体としたからと述べたが、同じ理由で、草木栽培流行の影響を受けて確実に増加した植木屋が、花の名所として浸透していったことを物語る。

この特徴を物語る例に、①の水仙の項では、押上（現、墨田区）の植木屋を紹介した後、続けて植木屋の興味深い活動を記す。

此地に限らす、染井、三崎、巣鴨、四ツ谷、目黒辺処々にてつくり、花少しも早く咲出るをよしとして、神仏の縁日にもち出て鬻く。

「花少しも早く咲出るをよし」と、なるべく早く水仙を咲かせ、「縁日にもち出て鬻く」というように、植木市に出掛けて商うという業務を紹介する。この記事からは、早く咲かすためには、第二部第一章で紹介したような「唐むろ」という温室など高度な園芸技術の存在がうかがわれ、植木市で利を売るために早咲きの努力をしたこ

表48　地域名が判明する植木屋とその地域の植物（斜線は地域名のみ）

植物名	地名	職種	出典	地域
菊	巣鴨	植木屋	①③⑨	巣鴨
			②④⑦⑧⑩⑪	
	巣鴨染井辺	植木屋	⑥	
桜草	巣鴨	植木屋	①③	
桜草	庚申塚	植木屋	①	
秋草	巣鴨庚申塚		③	
卯花	庚申塚	植木屋	①	
	巣鴨庚申塚辺		⑥⑦	
	巣鴨庚申塚より王子道		③⑨	
	巣鴨辺		④	
福寿草	巣鴨	植木屋	③	
万年青	巣鴨	植木屋	③	
松葉蘭	巣鴨	植木屋	③	
菊	御駕籠町辺	植木屋	⑧	
躑躅	染井	植木屋	①②③⑤⑥⑨	染井
			④⑦⑪	
牡丹	染井	植木屋	②③⑥	
			⑦	
菊	染井	植木屋	②③⑨	
桜草	染井	植木屋	②③⑧	
福寿草	染井	植木屋	③	
万年青	染井	植木屋	③	
緋桃	染井		④	
緋桃	染井より西ヶ原道		②③⑨	
梅	殿中より染井		③	
杜鵑花	染井	植木屋	⑥	
			⑦	
芍薬	染井	植木屋	⑥	
			⑦	
紅楓	染井	植木屋	⑥	
			⑦	
れんげそう	染井	植木屋	⑧	
菊	雑司ヶ谷	植木屋	①	雑司ヶ谷

植物名	地名	職種	出典	地域
瞿麦	寺島村請地村	植木屋	③	寺島・請地
		畑中	③	
合歓花	寺島村請地村		③	
菊	寺島村請地村	畑中	③⑨	
	寺島		⑦	
福寿草	寺島	植木屋	③	
蘇鉄	寺島	植木屋	③	
早梅	寺島		⑦	
石竹	請地村	植木屋	③	
夏菊・山茶花・寒菊			③	
菊			⑦	
石竹	本所	植木屋	③⑧	本所
水仙	押上	植木屋	①	押上
紫陽花	小梅通り	植木屋	③	小梅
万年青	向島	植木屋	③	向島
蘇鉄	土橋	植木屋	③	土橋
女郎花			⑩	
菊	牛込神楽坂	植木屋	③	神楽坂
万年青・松	高田	植木屋	③	高田
菊	谷中団子坂	植木屋	③⑨	団子坂
	駒込		⑦⑧	
七草	団子坂		⑨	
桜草	千住染井巣鴨	植木屋	⑥	千住
	千住の野		②③④	
菊	青山	植木屋	⑦	青山
	青山辺		②③⑥⑧⑩	
万年青	九段	植木屋	③	九段

とがわかる。縁日と同じく、①の菊の項では、雑司ヶ谷の植木屋が、

> 鬼子《（ママ）》母神の境内、貸食《りょうり》屋の奥庭、あるひは茶店、植木屋はいふもさらなり、みなよく菊を養ひ造りて、十月八日より会式なれは、その参詣の群集をまつなり。（後略）

と、会式という寺院行事に群がる人々を当てにして、菊を作ったとある。

このように、①『江戸名所花暦』に載る植木屋は、寺院を「場」とする商売をしていたのである。これが②以降になると、梅屋敷のように、田端や団子坂という場末地域が紹介されるようになる。同時に、地域名を冠する植木屋も増大する。また花暦では、地名だけを表記する場合も多かったが、寺島や染井など、植木屋集住地帯の地名も合わせて、表48に、植木屋とおぼしき地域とその植物を掲げた。表48にある植物は、菊が多く、鉢植として鑑賞される植物に限られている。特に、桜草や万年青、松葉蘭、福寿草など、愛好家が多く品種数が多い園芸植物が特徴である。これらの供給地は、巣鴨、染井、寺島・請地が多く、次いで団子坂の順であった。表48からは、花暦掲載条件の第一に挙げた、高度な園芸技術を持つ植木屋の「場」が、寺社境内から自分の庭に移行した点を読み取れる。その地域は、各種菊細工番付で確認できる、軒並み十軒以上が植木屋である地域、例えば巣鴨、染井などの植木屋集住地帯であった。このように植木屋は複数存在し、同じ地域に集中するという理由で、固有名詞の掲出がないと考えられる。この集住するということ自体が、一件ごとの記載内容を少なくしようとする、花暦編集方針と合致したため各種花暦に載ったと考え、これを第二の花暦掲載条件としたい。

第四節　花暦の凡例

本節では、①から⑪の花暦におけるそれぞれの凡例を通じて、編者が何を意図して出板したかを検討する。

これまで検討してきたとおり、①『江戸名所花暦』は、寺社の縁起まで記した大部なものであり、そこに含まれ

る情報の密度が最も濃いものである。この密度が濃くなる原因となる編集方針が、以下に掲げる凡例に顕著に現れている。全部で七箇条あるが、本凡例が、後の花暦の凡例との比較対象の基準となるのですべて掲げる。

○時候は立春、立夏、立秋、立冬より幾日と定むれとも、その年の寒暖によって遅速あるへし。（第一条）

○地名二、三ケ所へ出《いず》る事あり。そは山吹の処に木下川あり。又かきつはたの処に木下川あり。桜の部に御殿山ありて、また紅葉の部にも出るが如し。是四時開花の季候をもって部わけせしゆゑなり。その外、是にしたかふ。（第二条）

○桜馬場のさくら、佃しまの藤の類、いまなしといへとも、古きかゆゑに是をいた（出）す。いまあらたに桜を植込むところありといへとも、こゝろえて出《いだ》さゝるあり。余は是を推して知るへし。（第三条）

○寺記社伝によりて、いさゝか其処のおもむきをいへるは、遊客の尋ぬるにたよりやすからしめんかため、またはは同名の地名あるか故なり。（第四条）

○月雪の名所、鳥虫の聞ところは、花暦にあすからさる（預からざる）ことなから、他所にすくれしところなれは、たゝその地名を載するなり。（第五条）

○桜はさくらの頃、楓はもみちのころ、順路をおしはかりて遊覧するときは、一日数ケ処の花、紅葉を見るに便ならしむ。

江戸の地をはなるゝといへとも、遊客のあゆみをはこへるところは、このうちに挙るなり。（第六条）

○雪月花を詠するの地所、此編にもるゝ事おほかるへし。なほ続編、花暦注譚《ちゅうたん》といへるにくわしく出すへし。（第七条）

第一条は、開花時季について記したもので、時候により、開花にずれが生じることを断る。時候については、②『花みのしおり』もこれを踏襲し、

一、四季の内たとへば立春より幾日めと定むれども、年の寒暖によりて遅速あるべし。又季候の定かたきものはしるさゝる物有。

という断りを入れている。同様の記述内容は、④『みやひのしをり』にも見られる[39]。

第二条は、「地名二、三ケ所へ出る事あり」と、地名に重複があることとの了解を読者に求めている。これ以降、ほかの花暦においても、同じ地名は幾度も登場するが、『江戸名所花暦』のように特に凡例で断っているものはない。一枚刷りの形態を多く持ったため、同じ地名が頻出する点は一目瞭然のため、あえて凡例に断る必要性を感じなかったのであろう。

第三条は、現在はない花であっても、その由緒が古いゆえに掲載したとある。一方で、近年新たに植えられた桜があっても、不掲載のものがあるとも述べる。これは、花を見るための案内たる、花暦本来の目的とは離反する条件かのように思われるが、当時の需要では、花そのものを見るとともに、現在はなくなってしまった名所（などころ）を確認することにも喜びを見出していた証拠である。火災で焼失した木下家の桜がその例である。花暦の目的は、これを懐に掲載箇所に遊楽にいざなうことであり、当然、詩歌を詠み込むなどの文芸活動も遊楽の範疇に入っていたので、本条に挙げられている条件が必要であった。

第四条は、寺社の縁起等を載せた理由は、「遊客の尋ぬるにたよりやすから」んためと、花見に訪れる人々の手助けのため、あるいは「同名の地名あるか故なり」と述べる。後者の同一地名の件は、第二条の検討で述べたとおり、他の花暦の凡例では無視されている。前者の寺社縁起に関しても、これ以降記述自体が希薄になっていく。①に最も近い年に作成された②『花みのしおり』では、すでに、

一、神社寺院の境内何某の園中にある所の花木は、何神何院何某とのみしるす。

と謳い、寺社名のみ載せるだけで縁起そのものは第一の省略対象となっていたとわかる。①以降の花暦では理由

は明言されないが、同一地名や寺社縁起の排除は、煩雑を嫌い簡便な記述を心掛けた結果であろう。しかし寺社縁起のすべてを省略することに抵抗があったのか、次の⑨『花鳥暦』の凡例は、①と②の折衷案が掲げられている。

一、上野谷中のあたりには、何れの院々にも花樹多けれは、何寺々と可記らす。只一木にても人口に膾炙するものは記し、はた水火の災にかゝりて名のみ残せるも、又故よしあるは記す。

と、寺院が多いことで知られる、上野・谷中地域は、花も数多いので個別の名を一々挙げるに値しないが、人口に膾炙した有名な一木は、たとえ現在失われていても、また由緒があるものに限っては、記載したという。「上野車坂其外山内地中」「谷中駒込辺寺々に多し」というように、地域を限定して寺院名の記述さえ省略するが、名所にふさわしい由緒ある景物は、積極的に紹介したいという方針である。⑨の凡例によって、花暦にとって必要とされる情報は、精細さではなく、名所として知名度が高いものか否かという点が確かめられた。

第五条は、花以外の景物、月・雪・鳥・虫の名所も載せたが、ただし花暦本来の目的から外れるので、地名だけの記載にとどめたとある。このことは、次の⑧『名松名木江戸花暦』にも述べられている。[40]

△月雪はさだまる所なしといへとも月は大むね水によるべく雪は山によるべきものなり。されど隅田川および深川木場のごとき水辺にしてけしきことによろしければこゝにのす。

と、特に水辺の景物に言及する。

第六条は、掲載範囲を記したもので、江戸以外でも一日で遊覧できる範囲の景物に限ったと断る。これも同内容のものが⑧⑨に記されている。[41] 名所の範囲の限定を直接謳ってはいないが、②『花みのしおり』には、道筋から見た、案内の利便のための次の断りがある。

一、左右は江戸より行せる名としるべし。

この凡例は、「江戸より行せる」という点から、読者に江戸以外の住民を意識していたことがわかる重要な情報である。様々な方面から行楽に出掛けることを前提にした断り書きであり、花暦を持ち歩く人口が相対して増加の傾向にあるからこそ記された文言である。しかしながら、同じく②には、

一、小金井の桜・真間の楓の類すべて江戸より七八里四方の内にある所の寺社・名所・古跡の里数・順路等は小帖の内につくしがたければ爰に略す。

と小金井・市川真間など江戸より七、八里の地は除外とあり、狭い地域（江戸市中およびその周辺）に多くの名所を見出していった事実も指摘できる。

第七条は、本編に遺漏があるので続編を予定している『花暦註譚』に詳記するつもりと結ぶ。残念ながら『花暦註譚』の出板は確認できていない。前に紹介した②『花みのしおり』において『東都近郊図』参照を求めたのも同義の記載である。具体的書名まで記さないが、④⑨にも別の印刷物の照会をうながす断り書きがある。[42] ここには、花暦の情報は可能な限り最低限にしぼり、その他の情報、地図等は別の印刷物で充分という意思が見られる。

以上のように、採り上げた花暦の中では最も早くに制作され情報量も多い①『江戸名所花暦』は、開花時季・地名の重複・現存しない花木・寺社縁起・花以外の景物・名所収録範囲の限定・続編の参照の七点を凡例に掲げていた。この各条を、その後に踏襲された凡例と、否定されあるいは変更されたものを対象に検討してきた。この作業により、なるべく件数を多く載せ一件の記載を短くしようとする、編者の努力の跡が浮かび上がってきた。

①『江戸名所花暦』以降、記述内容が簡素化した一因に、なるべく多くの花名所を掲載するように努めた点が注目される。これは、『遊歴雑記』[43] における、十方庵敬順が「南総館が梓せし花暦」（史料所在不明）に対して行った批判が、この名所数の増加に関与していると考えられるので、少し長いが次に掲げた。

彼世上にもてはやす南総館が梓せし花暦に、茅野の天神の梅花を出しながら黒門内の両側のさくらを洩したるはしらざるにこそ笑ふべし。又御殿山を出しながら、五智堂帰命寺の数千株のさくらを洩し、及び北品川

> 天王山のさくら、蒲田村助左衛門が梅やしき、和中散忠左衛門が梅林を洩し、又躑躅霧島には武州一国の棟梁たる大久保のきりしまもしらず、別て同処飯島武兵衛が園中の数万株、高さ丈余、おの〱成木して燃るがごとき花を見ざるにこそ。大塚護国寺石坂の左右の躑躅のみを知て高田辺を洩したるは、行ざるやしらざるや。而して花暦などゝて出板せしは罪人といふべし。斯東武の広き隈々まで自身独行して穿尽さずんば、梓には起されまじ。愚老一両年以前武州都鄙年中行事三冊を編て、洩たる事はあらじと思ふに、在方の市日祭礼の丿乚《へつほつ》ありて、いまだ清書せずして筥に蔵し置り。増て真盛のみじかき花の事は、具に能尽さずんは出板はなるまじ。頓ては深川の洲崎元八幡両側のさくらも花暦に載べき事になん。

と、「南総館」が板行した花暦に洩れる花名所、「黒門内の両側（桜）」「五智堂帰命寺の数千株（桜）」「北品川天王山（桜）」「蒲田村助左衛門（梅）」「和中散忠左衛門（梅）」「大久保のきりしま（躑躅）」「同処飯島武兵衛が園中（躑躅）」「高田辺（躑躅）」を事細かにあげつらい、この記載漏れに対して「自身独行して穿尽さずんば梓には起されまじ」と、花暦を出板するのなら編者自身がつぶさに実地に調査しなければならず、それができないのなら出板する資格はないとまで述べる。この文章は文政六年稿であるので、直接には文政十年刊『江戸名所花暦』を名指しで非難しているのではない。これ以前の花暦が対象である。しかし『江戸名所花暦』においても、おそらく不掲載の場所からのクレームが多かったと予測し得る。このような意見が反映されて以後の花暦では、名所掲載件数が増えていった。①とそれ以外の差異が生じる最大の理由は、何が必要とされるかを、読者の反応を見ながら模索する努力の有無と考えられるのである。

次に、①の凡例に言及されない内容を紹介するが、今まで検討してきた以上に、件数を多くしようとする傾向が強くなっている。

以下の二つの凡例では、花暦として採り上げる地のうち、武家地に対しての言及がある。

諸侯かたの御下屋敷などにはさそなんすくれたるもおほからん。されと見る事をゆるしたまはねは、しるさす。④

一、花に鳥によろしき跡猶多しといへとも、立居とほる事をゆるさせると、又何かしの殿の別業なとは伺ふ事あたはされはこれをしるさす。⑨

大名の別荘、下屋敷などは景勝地として素晴らしいものもあるが、大抵の場合訪問不能であるので花暦に記載しないと断る。つまりは、訪問可能な地域だけを掲載したということである。訪問可能な地として、寺社境内地に対抗して数を増やしてきたのが、前節で検討した植木屋である。地域は記すが個人名を載せない名所として植木屋集住地域を多く載せた点に関しては、次の凡例によってその理由が判明する。

一、朝顔菊なとをはしめ栽種家の園中にあるものは、只あらましを記すのみ。こは年々増減あれはなり。⑨

「栽種家」は植木屋を指す語である。年によって植木屋の得意とする花に増減があり、花暦に載せても調査時と板行時では情報が異なってしまうため、「あらましを記すのみ」で個人名など詳細情報の記載を省略した。本凡例で例に挙げられる朝顔や菊は、双方とも植木屋で栽培され、相撲見立番付の「花合」や双六の形を借りた番付によって江戸市中に喧伝され人気を博し、素人を対象とした園芸書も出板され、一般的に知名度の高い代表的園芸植物である。朝顔は一年草であり、菊は花をもって鳥獣の形を作る「菊細工」を毎年趣向を変えて公開していたので、双方とも細かい情報は年ごとに変化するのが常であった。花暦編者は、朝顔や菊に興味がある者は、別の出版物、例えば番付を参照すると見越して詳細は不要と考え、このような断り書きを付したと思われる。

以上のとおり、花暦が名所を多く載せる傾向と、名所の変遷が武家から植木屋の庭に移行する傾向が合致して、植木屋の庭が花暦に最も多く載せられるようになった事実が、凡例によってからも確かめられた。

おわりに

植木屋が園芸書に登場する以前、文化・文政期の状況は、第一部第二章で論証したとおり、大田南畝を代表とする狂歌師や本草に詳しい医者などの文人・学者によって紹介されるだけで、園芸「連」による愛好家のためだけのものであり、図譜には、花数も少なく出品者の名前を載せていただけであった。しかし、第一部第一章で指摘したように、嘉永・安政期になると、花名・出品者名はもちろん、出品者の居住地が付け加えられ、その出品者は「○○園」「植○」などとあることより従来からの愛好家に加え、植木屋が確実に増えていったのが判明した。このことは、愛好家のグループ間の趣味の域を超えて、朝顔を見物したい不特定多数の庶民の需要に応えるため、植木屋の住居まで知らせる必要があったということにほかならない。これらの一連の出版物に記載された内容の変遷と、本章の主題である花暦の内容の変遷は、植木屋の増加という観点で見れば、まったく同一の経過をたどった。このことは、すでに第一部第二章（177～178頁）で論証したとおりである。

花暦は、基本的には案内の文章を最低限にし、名所数を増やすように移り変わった。細かくいえば、①『江戸名所花暦』において寺院名・地域名だったものが、②③④刊行時、天保年間には、個人名の増加がいったん見られた。しかし弘化以降幕末には、固有名詞より地名が増加し、特に新しい追加に、地名を冠する植木屋が多くなった。

植木屋を特に問題とした場合、名所数の増加は植木屋の特質に由来したものであった。それは、高度な園芸技術を持つことと、植木屋が集住する点であった。花暦における植木屋の記事は、植木屋集住地域に集中し、園芸植物の多様性を示す。この記事の増加は、すなわち植木屋の数の増加であり、朝顔の花合において植木屋の数が増えていったことにも対応する。それぞれの出版物―花暦と朝顔図譜・番付―における人数の増加は、植木屋の増加と置き換えて考えてもいい。

以上のような植木屋増加の背景には、第一部で述べた、朝顔・小万年青など鉢植の草花の流行があった。それまでは、椿、楓などの樹木中心で、庭がない庶民にとっては栽培が望めなかったものが、鉢植の草花となると気軽に長屋で楽しめるものである。これらの園芸植物は、当初は園芸愛好家の手に委ねられ、花暦にも登場しているが、植木屋は寺社境内における縁日を「場」として、園芸植物を売買することを始めた。また、鉢植愛好家の希望に合わせ鉢数を増やし、多種多彩な植物を用意し、中には専門性の高い植物知識を有する植木屋も現れた。柏木吉三郎、内山長太郎・卯之吉兄弟、斎田弥三郎、森田六三郎などである。森田六三郎は、もとは千駄木におり、菊細工を作っていた植木屋であったが、後に浅草の花屋敷の園主になり、仮名垣魯文、河竹黙阿弥ら有名人に引札を書いてもらい、向島百花園の佐原鞠塢に匹敵する新名所を確立するのに成功した人物である。この点については、次章以降で詳しく分析を試みる。

本章は、『江戸名所花暦』以降板行の花暦を題材に、その内容から近世後期江戸における花名所の変遷を見てきた。大きな変化は、従来の有名社寺の紹介から新名所として台頭してきた植木屋の庭園へ移行した点である。本章では花暦の記事に限定して、植木屋の庭の増加という結果を得たが、次章では植木屋の庭が名所として認識されるにしたがい、花暦以外の印刷物にも紹介されるようになった梅屋敷を採り上げ、名所を構築する具体的な手法を検討する。

（1）高木元「岡山鳥著編述書目年表稿―化政期出板界における〈雑家〉―」（『江戸読本の研究』〈ぺりかん社、一九九九年〉所収）に岡山鳥の記事がある。これによると本名を嶋岡権六、筆耕や戯作を手がけ節亭琴驢とも名乗った。生没年は未詳だが、天保三年刊の人名録『書画薈粋』初編に名が見えるためこの頃までは生存していたと考えられる。

（2）『江戸名所花暦』（八坂書房、一九九四年）巻末には③『東都花暦名所案内』の翻刻が載る。

（3）註（2）『江戸名所花暦』解説による。
（4）［加賀文庫281］。
（5）「地図家仲田惟善墓所記」（『掃苔』七巻六号、一九三八年）。
（6）第一部第一章第一節を参照。
（7）註（3）に同。
（8）本花暦は、東京都立中央図書館［加賀文庫280］、国立国会図書館［特1-3200］、三井文庫［C603-54］にも所蔵される。
（9）［加賀文庫283］。
（10）［特1-144］。
（11）本花暦は、三井文庫［C211-153］にも所蔵があり、細部の比較は行っていないが序跋の字句は都立本と同一で、天保六年刊行のものであった。
（12）⑥の用箋は半丁の罫が墨刷り十行、縦一七・八、横一二・五センチ、⑦は朱刷り九行、縦一五・七、横一〇・一センチ。⑥柱書「三餘窓叢書／花暦」と丁付は刷ってあるが、⑦柱書「花暦」と丁付は墨書。
（13）国立国会図書館蔵［182-372］。同館には、もう一種類本花暦の所蔵がある［特1-2837］。
（14）今回採り上げなかった花暦に、十千亭著、寛政五年刊『花信風』、岩崎灌園著、文政七年刊『武江産物志』があり、また斎藤月岑著、天保九年刊『東都歳事記』には花暦に匹敵する部分がある。
（15）『遊歴雑記初編1』平凡社、一九八九年。
（16）国立国会図書館蔵『草木奇品かがみ』［特1-951］。以下、『奇品かがみ』引用はすべて同館所蔵本による。
（17）第一部第一章第三節、表8（77～78頁）参照。
（18）国立公文書館内閣文庫蔵『雪江先生貼雑』巻十二。翻刻文は、第一部第二章、註（30）、181～182頁参照。
（19）安政三年、尾張屋板。明治大学図書館蔵。
（20）『遊歴雑記』にここを訪れた際の記述がある。
（21）上北沢村榎本屋敷の藤として有名だったらしい（『新修世田谷区史上巻』世田谷区、一九六二年）。
（22）根岸の梅屋敷については、次章を参照。

(23) 次章を参照。

(24) 同書「人之巻」「本所辰二郎出の芍薬はその斑つや、かに育つ奇品也。此家を世人松の隠居と言」。

(25) ⑧に「深川元木場俳優市川団十郎園中　深川の地牡丹によろし」とある。

(26) ⑦の梅と朝顔の項に「小村井梅園」、花菖蒲に「小村井梅荘」、⑨梅に「小村井江東園」とあり梅と朝顔が目玉であった。これゆえ朝顔番付に登場する「江東梅」が、江東園であると考えられる。次章を参照。

(27) ④に「谷中団子坂植木や」、⑦に「千駄木」と地名のみ載せるが、菊を扱うので紫泉亭と解した。紫泉亭は、『武江年表』（『増訂武江年表2』平凡社、一九六八年）に嘉永五年「二月十九日、千駄木七面坂下紫泉亭［植木屋卯平次といへる旧家なり］梅園をひらく」とある植木屋卯（右）平次。『奇品かがみ』「人之巻」および『草木錦葉集』（架蔵）巻之一の十五丁裏などに「三崎　宇平次」とあり、奇品を多く蔵す植木屋。「三崎」は団子坂と反対側、現、台東区谷中の三崎坂をいう。次章以降を参照。

(28) 明治九年刊『東花植木師高名鏡』（文京ふるさと歴史館蔵）では、「三吉」という名であるが、「四ツ谷新町」の梅屋敷が載る。②には「四ッ谷新町梅林」、⑤には「四ッ谷新町梅やしき」、⑦には「四谷新町梅園」、⑩には「四谷梅林」としかないが、いずれも源右衛門の梅園を指すと考えられる。

(29) ②に「田畑六あみだ道半三郎」、④に「西ヶ原牡丹屋敷隣半三郎」とあり、『東花植木師高名鏡』に梅屋敷として「上田端村　神田半三郎」が載る。すべて同一人物であろう。団子坂にも半三郎がいるが、これは有名植木屋・森田六三郎の息子であり、田端の半三郎とは別人である。花暦では⑤に「田畑新やしき」、⑦に「田畑梅林」、⑨に「田端村梅屋敷」、⑩⑫に「田畑」とのみ記されるが、すべて梅の項に載ることもあって半三郎の梅園と考えた。

(30) 元禄・享保年間に活躍した有名植木屋・伊藤伊兵衛の後裔。菊細工出品が認められる程度で、幕末期には特筆すべき記事は発見できなかった。

(31) ⑥⑦に「雑司谷畑町梅林」とあって、個人名を載せない者もおそらく十助のことと考えられる。

(32) 『奇品かがみ』「人之巻」に「代々木　藤吉」とある。

(33) 『奇品かがみ』「人之巻」に「平作かん竹　本所　寺嶋平作」とある。

(34) 弘化二年九月『染井植木屋菊細工案内』（国立国会図書館蔵『広告研究資料』巻二［別3514］）に「同（植木や）熊蔵」

とある人物。
(35) 「植木屋仁兵衛」の名は『北区史』（北区役所、一九五一年）による。
(36) 菊の隠居ともいった三代目植木屋甚平のこと。庭一面に菊を植え即席料理を出していた（豊島寛彰『隅田川とその両岸　下巻』芳州書院、一九六四年）。
(37) 花屋と植木屋の違いについては第三部第三章で触れる。
(38) 梅屋敷については次章を参照。
(39) 「盛の日をも記すへけれと、年の寒暖によれは定かぬれは月を以てわかつ」。
(40) 「また花ならざる鳥虫も節季に預かるは載せたるを見る人あやしみ給ふことなかれ」。
(41) ⑧「図中〇印のものは御府内ならずして、里数ことに遠からず、よく一日に至るべき近郷近里の神社寺院の行事をしるせるなり。いはゆる府中六所明神、下総国駒木村諏訪明神、川崎平間村弘法大師、堀の内村妙法寺のごときこれなり」、⑨「江戸より数里程といへとも古跡のなつかしきと今時の寿なるものは記す。青梅杉田等の類也」。
(42) ④「猶もれたるもおほからん。そはつきくに増補せんと今たひはもらしつ」、⑨「猶誤れると洩せるとはすみやかに告知して予か粗漏を補助し玉はん事を希ふ」。
(43) 註(15)に同。

第二章　梅屋敷から花屋敷へ――江戸・東京の植木屋の庭の名所化――

はじめに

近世後期において植木屋は、万年青・菊・変化朝顔など鉢植植物栽培により、図譜や番付に名前を載せるようになる。一方で、近世後期の行動文化を代表するものとして花名所めぐりが盛んになり、そのための案内目的の印刷物、花暦が、文政十年（一八二七）『江戸名所花暦』をはじめとして毎年のように出板されていった。

本章で問題とするのは、植木屋の庭がどのように名所化したかである。花暦に載る植木屋の記述については、すでに前章で紹介したこともあり、ここでは概略を述べるにとどめる。花暦における記事では多くの場合、「染井植木屋」「巣鴨植木屋」などと地名を冠するのみで個人名を載せず、菊なら巣鴨、朝顔なら本所というように、一つの植物に一定地域の植木屋が産地としてのみ名を載せていた。このことから、植木屋が集住する地域の存在をうかがい知ることができる。こうした地名と植木屋の組み合わせは、文政十年以降幕末に至るまで、その記事の数を増やしてきた。これはつまり、植木屋集住地域が名所化していったことにほかならない。このことは前章で論証したとおりである。

花暦から得られる情報は、季節と地名、植物名であるが、これでは植木屋の個人名はおろか、名所化の具体的な手段が明らかとはならない。そこで注目したのが、幕末の花暦において記載数を多くし、かつ個人名を載せた、梅屋敷の存在である。これは、幕末期に梅屋敷を経営する主人に、植木屋が多いという事実を発見したからである。梅屋敷は、新しい名所である植木屋の庭の中でもとりわけ新しい名所であったために、花暦に個人名が記載されたのである。しかも花暦だけにとどまらず、他の情報媒体にも個人名が記される場合が多いのも特徴である。

本章では、名所を作り上げる担い手としての植木屋の実像に迫るために、花暦において植木屋と並んで数を増やした、梅屋敷を採り上げる。特に、梅屋敷の代表ともいうべき、浅草奥山と千駄木団子坂の梅園が、次第に四季の草花を観覧させる「花屋敷」と変化した点に最も注目した。また、この二園に限らず、梅屋敷における人を招き入れるためのあらゆる方法を紹介したい。これらの手段が、植木屋の商法として生かされ、結果的に、植木屋の庭の名所化そのものも梅屋敷を手本に展開したと考え、以下に具体例を挙げて検証する。

第一節　梅屋敷を構成する要素

文政十年より元治二年（一八六五）までに刊行された十一種の花暦[1]の記事より、雪・枯野・虫など植物以外の要素を除いて種類別に数えたところ、桜が最も多く、次いで梅、松、紅葉であった。記事を採択するにあたって、樹木の方を優先させていたことがここからわかる。また、歌川広重（初代・二代）による『絵本江戸土産』[2]（以下『土産』と略す）は、嘉永三年（一八五〇）から慶応三年（一八六七）までの期間に描かれた名所図の一種である。植物を題材にした図が多くあり、これを表49に種類別に並べた。寺社境内に桜らしき木が描かれている程度の曖昧なものは除き、文中に「梅」「桜」を植えたという記載があるものなど、直接植物に関連が高いものを選んだ。数量では、桜・松・梅・紅葉の順に多く、花暦『花みのしおり』で見た結果とほぼ同じであった[3]。

ところで、最多を数えた桜は奥山花屋敷と上野摺鉢山の二例を除くすべてが、すでに『江戸名所図会』（以下『図会』と略す）に描かれており、新しい名所ではなかったことが明らかである[4]。松の場合も同様で、ばら〳〵松・

表49 『絵本江戸土産』に描かれた植物

編	図会	内容	桜	松	梅	紅葉	その他
初	○	隅田堤花盛	○				
初	○	木母寺料理屋御前栽 畑内川		○			
初	×	花屋敷秋の花園					萩
初	○	押上萩寺					萩
初	○	亀戸梅屋敷			○		
初	○	亀戸天神の社					藤
初	×	利根川ばら〳〵松		○			
初	○	小奈木川五本松		○			
二	×	富ケ岡の牡丹					牡丹
二	○	御殿山の花盛	○				
二	○	其二(御殿山の花盛)	○				
二	○	品川海晏寺の紅楓				○	
二	○	蒲田の梅園			○		
二	○	大森の土産			○		
三	○	六郷八幡社地頼朝公鞭竹					竹
三	○	千束池袈裟掛松		○			
三	○	八景坂鎧懸松		○			
三	○	麻布一本松		○			
三	○	青山新日暮里	○				
三	○	青山竜岩寺庭中		○			
四	○	小金の桜	○				
四	○	小金井堤両岸満花	○				
四	○	其二 小金橋花見	○				
四	○	王子滝の川				○	
四	○	飛鳥山花見	○				
四	○	其二(飛鳥山花見)	○				
四	○	道灌山					薬草
五	○	其二 山王山眺望	○				
五	○	其三 清水堂花見	○				
五	×	其四 山門摺鉢山花見	○				
五	○	谷中天王寺	○				
五	○	根津権現社地紅楓				○	
五	×	染井植木屋				○	
六	×	今戸梅林			○		
六	○	衣紋坂見帰柳					柳
六	○	新吉原仲の町植桜	○				
七	×	奥山花屋舗 百草の園					百草
七	○	浅草金龍山境内桜	○				
七	×	同所奥山花屋舗	○				
七	○	首尾の松 大川端 椎の木屋舗		○			
七	○	請地秋葉権現境内				○	
七	×	堀切の里 花菖蒲					花菖蒲
七	×	小村井梅園			○		
七	×	千駄木団子坂花屋敷			○		
八	×	寺嶋蓮華寺末広の松		○			
八	○	普門院境内御腰掛の松		○			
八	○	三囲稲荷	○				
八	○	木母寺梅若塚	○				
八	○	関屋の里	○				
八	○	溜池の端 天満宮			○		
八	○	総泉寺松原		○			
八	○	根岸御行の松		○			
九	○	妙見		○			
九	○	穴八幡				○	
九	○	渋谷金王桜	○				
九	×	青山梅之元			○		
九	○	青山竜岩寺庭中		○			
九	×	代々木村の代々木		○			
十	○	隅田川	○				
十	×	四谷新町に梅園あり			○		
十	○	品川鮫洲大森のあたり					海苔
合計(総計61)			21	15	9	6	10

寺島蓮華寺・代々木村の三例以外は『図会』に描かれ、また「利根川ばら〱松」は、『続江戸砂子』[5]に記事があるので、これも新しい名所ではない。紅葉も「染井植木屋」以外はすべて『図会』に描かれている。これに対して梅は、全九例中、今戸梅林・小村井梅園・千駄木団子坂花屋敷[6]・青山梅之元・四谷新町の五例が『図会』にな く、半数以上が新しい名所として追加されたことがわかる。

以上の点から、さらに桜で数えた浅草奥山花屋敷が開園当初は梅林であった点からも、梅園には旧来の名所にはない、新名所に必要な特別な条件が備わっているのではないかと考えた。そこで、次に新旧の梅屋敷を比較検討する。

（1）梅屋敷から花屋敷へ

表50は、花暦に載る梅屋敷（あるいは梅林）の記事に表れた植物の一覧である。梅に限らず、菊・花菖蒲・朝顔など多岐にわたる。これは梅林だけの梅屋敷が、種々の草花を愛でる花屋敷へと変化したことにほかならない。最も早い開園の亀戸梅屋敷は、臥龍梅をはじめとする梅樹しか載せなかったのに対し、次に開園し（文化二年・一八〇五開園）、現在も都立公園「向島百花園」として親しまれている向島梅屋敷が、他の梅屋敷に比較すると突出して花の種類が多くなっている点に注目したい。ここは佐原鞠塢によって開園されたもので、梅の名所として名高く、亀戸梅屋敷に対して「新梅屋敷」あるいは「墨田梅荘」と呼ばれた。加えて梅以外の草花、特に春秋の七草で有名になり、次第に「花屋敷」として自他ともに称されるようになった。この成功した花屋敷のやり方を真似て、新規の梅屋敷が同じように種々の花を植える経営戦略を展開することになる。その後、文政初年には、和中散の山本氏によって蒲田に梅園が開かれた。以上の三園が文化・文政年間に開園した梅屋敷である。

幕末に至って梅屋敷は新規開園のピークを迎え、次の七園が新たに開かれた。四谷（開園は天保四年・一八三三

表50　花暦に見る梅屋敷(梅林)の花の種類

梅屋敷(梅林)	園　　主	花の種類		記事の年代	掲　載 花暦数
亀井戸梅屋敷	伊勢屋喜右衛門	梅のみ	1	文政10〜元治２	9
向島新梅屋敷	佐原鞠塢	梅・牡丹・七草・花菖蒲・瞿麦・朝皃・山吹・杜若・萩・藤・芍薬・百合・葛・木槿・女郎花・蓮・秋海棠・紫苑・梅媾・鷺艸・夕顔・昼顔・鳥頭・藤袴・水仙・桔梗	26	文政10〜元治２	9
蒲田梅屋敷	山本久三郎	梅・杜若・山吹・萩	4	文政10〜元治２	10
四ッ谷梅園	源右衛門	梅のみ	1	天保４春〜元治２	6
雑司ヶ谷畑町梅林	十助	梅のみ	1	天保４春〜安政５	5
田端梅屋敷	半三郎	梅のみ	1	天保４春〜元治２	6
根岸梅屋敷	小泉富右衛門	梅のみ	1	嘉永６・安政５	2
団子坂花屋敷	楠田右平次	梅・菊・紅楓・七草	4	天保６〜安政５	3
浅草花屋敷	森田六三郎	梅・八重桜・花菖蒲・萩・紅葉・七草	6	嘉永６・安政５	2
小村井梅園	江東梅	梅・花菖蒲・朝顔	3	嘉永６・安政５	2

以前）・雑司ヶ谷（同上）・田端（同天保年間・一八三〇～一八四四）・根岸（同天保十四年）・団子坂（同嘉永五年）・浅草（同上）・小村井（同嘉永六年以前）の七園である。以上のうち、根岸梅園以外は、すべて植木屋が開園した事実も注目に値する。(7)

この合計十園の梅屋敷のうちで最も早く開園した亀戸梅屋敷は、『土産』初編（嘉永三年序）を見ると、梅樹が並んでいるだけの、「梅林」といっただけの風情である。対して、向島の梅屋敷は、「花屋敷秋の花園」と題され、

園中広くして春は梅花《ばいか》馥郁《ふくいく》たり。夏より秋の半に至りて、桔梗・かるかや・をみなへし、その他種々の艸の花なまめきたてる女郎花《をみなへし》の色をあらそふ遊観は、花やしきの名も空しからず。

といい、本来なら梅屋敷だったはずが、萩など秋の草花の図が見受けられる「花やしき」へと姿を変えていった。

また幕末期に開園した小村井梅園は、『土産』七編（安政四年序・一八五七）では、

近世開発の芳園にして人多く知らす。

とあり図も梅樹のみであるが、表50のとおり朝顔や花菖蒲の栽培にも着手していた。朝顔では「江東梅」という園号を名乗っており、嘉永四年七月十日亀戸天神社内開催の花合に(8)「江東梅」「江東園」として六点の朝顔を出品、翌年六月十四日万花園開催の花合に(9)一点、同月二十八日欣浄寺開催の花合に(10)四点、同七年七月刊の図譜『三都一朝』(11)上巻と下巻にそれぞれ一点ずつ出品、安政二年秋刊行の図譜『両地秋』(12)に一点を出品している。

このように、梅屋敷が花屋敷と改称するのは、梅だけにとらわれず、種々の花々を植えたことに起因する。この点を梅屋敷が集客のために取った手段の第一とし、以下に梅屋敷を構成する要素を列挙する。

（2）茶屋経営

図46は、『図会』(13)巻五「根津権現旧地」の部分図で、千駄木坂（団子坂。現、文京区）付近を描く。画面左上に「植

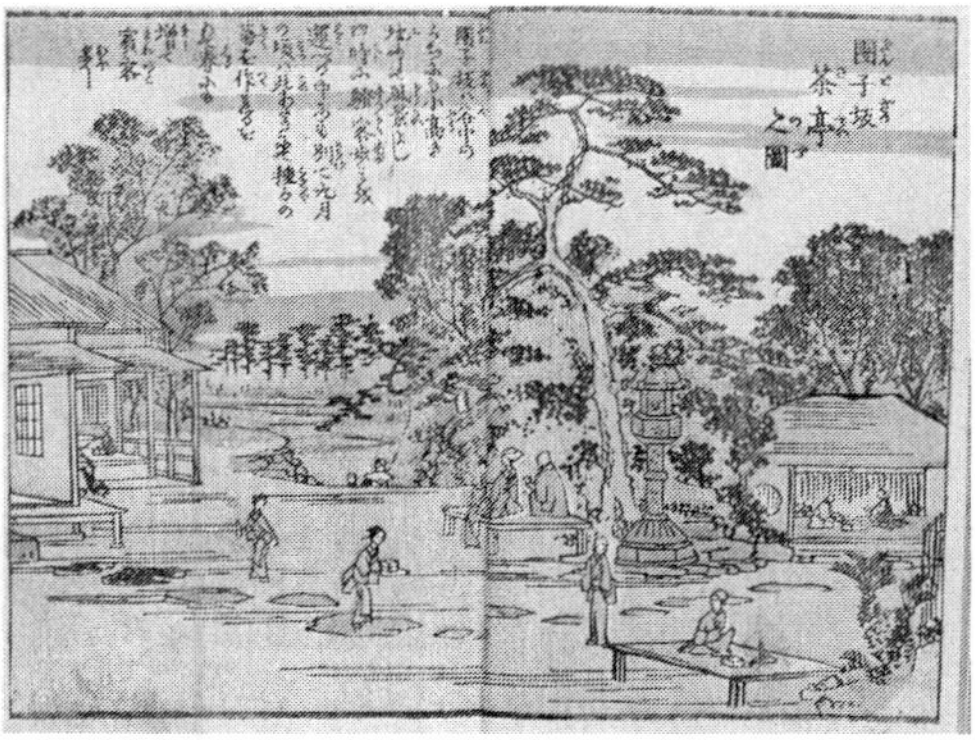

図47　「団子坂茶亭之図」（『絵本江戸土産』9 編）

図46　「根津権現旧地」（部分『江戸名所図会』）

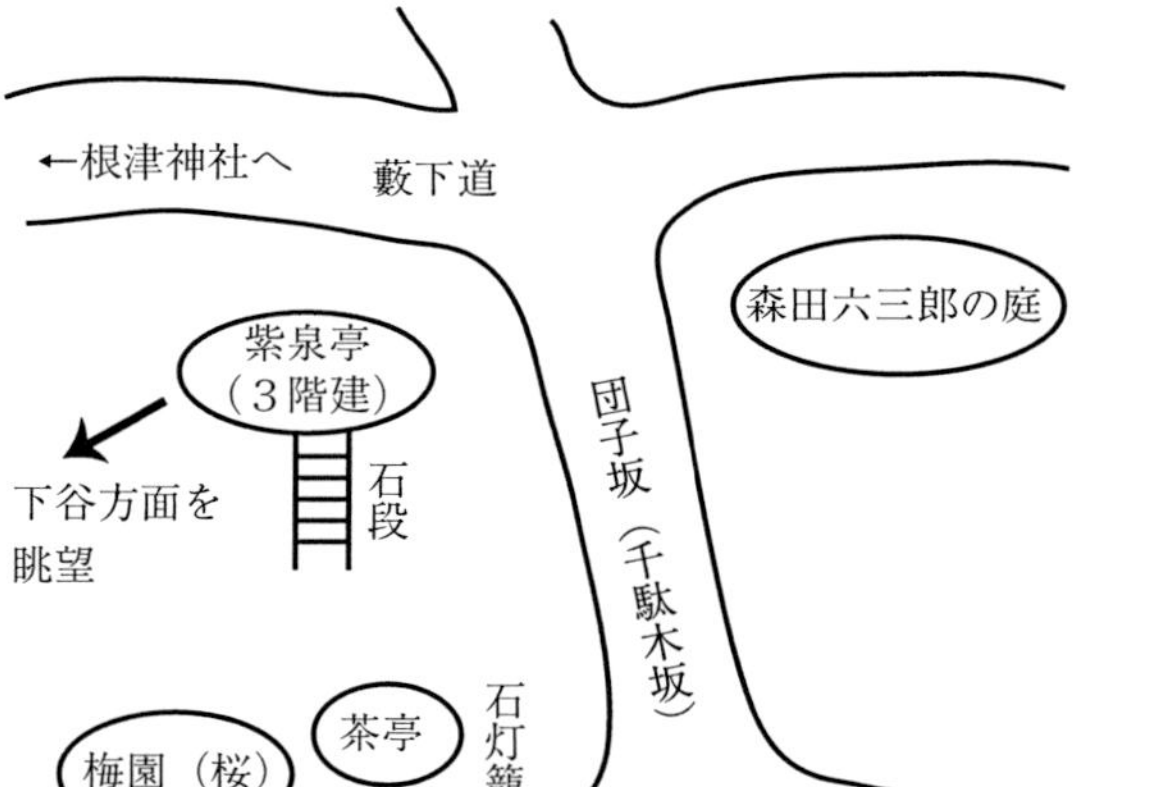

図48　団子坂花屋敷略図(安政年間当時)

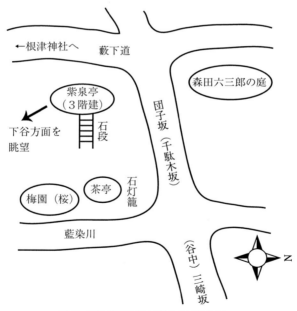

木屋」の題簽があり、広い庭とサボテンなど数種類の鉢植を飾る棚が左端に見える。その右側には泉水と松、それに石灯籠がある。人々は画面右端の入口から訪れ、案内を請うているかの様である。この庭は、切絵図や菊細工番付に描かれた位置によって、楠田右平次の庭と考えられる。楠田右平次は、文化年間に四代目を名乗っていた代々の植木屋であり、ここでは「見躰宜敷造建、鉢もの等立派に餝置」[14]と、高価な鉢植を並べて売ったという記事が図46によって裏づけられる。『図会』の景観年代は文化末年とされるので、[15]本図はまだ梅園の開園以前の風景であるが、この頃すでに鉢植を並べ、石灯籠を配す庭を開放していた。近所に「茶屋」の題簽があるので、植木屋の庭で茶屋経営が行われていたのかは定かではない。しかし、『図会』巻七「亀戸梅屋敷」において床几が置かれ一服一銭も見えるので、梅屋敷において茶を供すことは早くから行われていたと知られる。『土産』第九編「団子坂茶亭之図」（元治元年序・二代広重画）（図47）は、茶室二棟と飛石を配置した庭の風景で、図46をズームアップし、さらに床几を池周りに配置するなど整備された様子が描かれる。本図においては、特に右平次の庭と断らないが、『図会』との相似点や、文中説明文に「九月の頃は此あたりにて種々《くさぐ》の菊を作れるをもて春にも増て賓客《まれびと》多し」と菊が著名である点を殊更に挙げていることから推して、右平次の庭と考えたい。

（3）風　呂

団子坂梅園が開園したのは嘉永五年のことであるが、同時に「紫泉亭」という茶亭兼風呂を建設している。『土産』第七編（安政四年序）「紫泉亭より東南眺望」には、浴衣を着ている人物と同柄の浴衣を手にこれから入浴しようという人物が描かれている。「紫泉亭」では、入浴後に崖際の建物から上野方面の絶景を望むことができ、浴衣支給のサービスがあった。紫泉亭の位置は、

根津権現の後より千駄木へ通る崖道の内、団子坂へ近き所道幅七分通り谷へ崩堕、往来纔に四五尺計に成る。

同所花園紫泉亭宇平次の庭中、涯の茶亭は谷へ頽れ落、三階の家は却て崩る事なし。[16]

とあり、崖際の藪下道（現、文京区千駄木）に近い位置にあった三階建ての建物で、ここから下谷方面の繁華街を見下ろすことができた。現在この近くには、品川の海まで見られたという森鷗外の観潮楼跡に、文京区立鷗外記念本郷図書館が建っている。図48（356頁）に略図を示した。通りを挟んだ向かい側には、同じく植木屋の森田六三郎（浅草花屋敷園主。後述）の庭が広がっていた。

（4） 鶯と詩歌の会

根岸の梅屋敷に限ってであるが、鶯の声の優劣を競う啼合会が行われていた。天保十四年、根岸に小泉冨右衛門によって梅林が植樹され、ここを「新梅屋敷」と称した。もともと根岸は、鶯の名所として有名であったが、弘化二年（一八四五）、鶯の名所としての地名「初音の里」にふさわしくするため、当地で鶯啼合会が開かれるようになる。[17]

根岸梅屋敷は、鶯の名所として同時代に二つとないことから、鶯愛好家にとって名所であると同時に、これを支える書家・漢詩人など文人の存在が顕著である。梅屋敷の主、冨右衛門は、次に掲げる一文「詩歌連誹をもとむるのこと書」[18]（図49）を、書家・関根江山に依頼する。

（前略）花園にとひ来まさむ人々、唐にやまとにくさ〴〵の言のはのにほひをもそへたまはましかは、里の名におふ鳥の初音もむなしからし、とあるしの思ふかまゝにつとひ成まさむことを、おのれさへこひねかふるこそ。

ここでは、漢詩・和歌・連歌・俳諧の出品をうながしている。弘化四年にはこれに応えるが如く、次のとおり「人麿千年忌」の歌会が行われた。

二月十七日根岸新梅屋敷にて、人麿千年忌有。海野遊翁等出会。此梅屋敷ハ、百姓富五《ママ》郎と云者企作りて、上野御門主様入らせらる、こともあらんかとてせし事なりしが、御成はなかり[19]しとなり。

また、漢詩人・植村蘆洲《ろしゅう》の『蘆洲詩鈔』中巻に、[20]安政二年新春、江戸の梅の名所、墨水（隅田川）・亀井（亀戸）・四谷・根岸・田端の五箇所の梅園を訪ねた漢詩がある。このうち田端の梅園とは、天保年間に新たに開かれたものである。[21]また根岸へは、二年前の嘉永六年春にも師である大沼枕山やほかの詩友とともにここを訪れて詩を詠じたとある。枕山の詩をまとめた、安政二年刊『同人集』第三編[22]によると、服部孝は十一月十九日（年不明）に、「詩歌連誹をもとむるのこと書」を書いた関根江山は安政元年春に、植村蘆洲は安政三年正月にも再度根岸に赴き、それぞれの詩作を『同人集』に披露している。蘆洲が再度赴いた際に記した次の一文は、根岸梅屋敷の特徴をよく示している。

新春八日。携二小弟一遊二叡陰初音里梅荘一。遂飲二鶯春亭一。

このように根岸梅屋敷は、漢詩人がしばしば訪れて詩を詠む場所であり、名所の要素が強い地であったとわかる。ここには、「叡陰」という知名度が高い東叡山寛永寺近くという立地条件に加えて、梅と鶯という詩歌の対象であり、文人が集まるゆえに必然的に「鶯春亭」という茶亭が誕

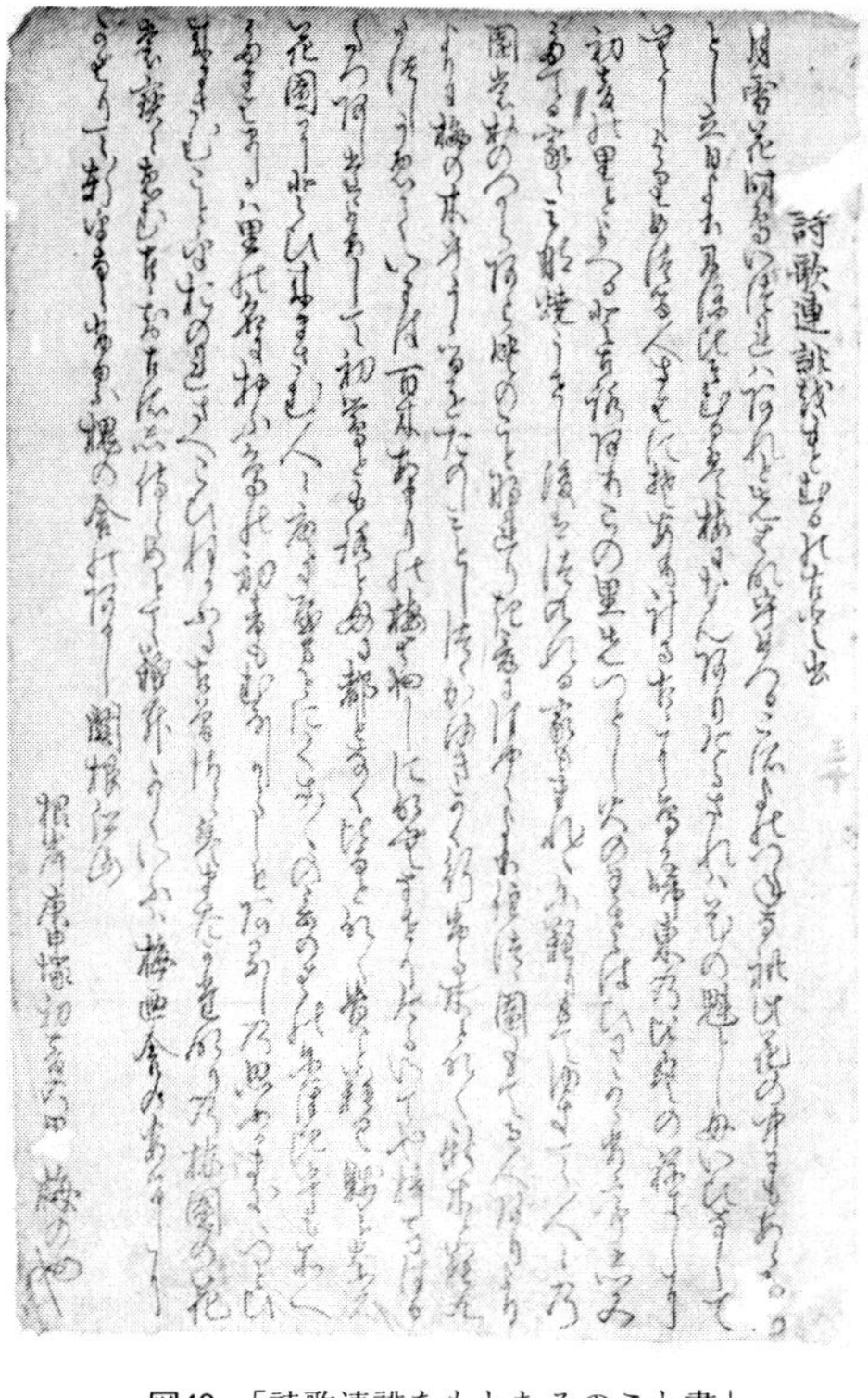

図49　「詩歌連誹をもとむるのこと書」

生した点が読み取れよう。鶯については、本章補論で詳述するが、鶯の飼い主は「文字口」あるいは「仮名口」と呼んで、いわゆる「ホーホケキョ」という、文字に見立てる啼き方を覚えさせた。梅林という詩歌向きの条件に加えて、鶯の啼き声は、文字を業にする者にとって特別の意味を持っていたのである。根岸梅屋敷は、明治年間も存続したが、梅を見にきてほしいために始まった鶯の啼合会が、東京で唯一行われるということもあって、梅の名所というよりは鶯の名所としての知名度の方が高くなっていった。

愛知県安城市の「日本伝統引き仮名口銘鶯保存会」は、全国で唯一、鶯の啼合会を開催している団体である。毎年四月第一日曜日に安城市東端町において、啼き合わせ会が行われ、「宿」と呼ばれる鶯を啼かせるための家をめぐって、評者が採点してまわり、最後に同町内にある西蓮寺の本堂で順位を定める。会長の深津鉞郎氏（図50）は、古い籠桶（こおけ。鶯を啼かせるための特別の籠）を所持し、碧南市など近隣地域でも鶯啼合会の普及に努めている。なお、安城では梅と鶯が結びついたものではなく、もともと名古屋で流行していた鶯の啼合会だけが伝播したものだという。野鳥保護にともなって、このような鶯をはじめとする鳥の啼合会は次第に開催が困難になってきているのが現状である。

図50 「日本伝統引き仮名口銘鶯保存会」会長深津鉞郎氏

(5) 食べ物

梅の特徴は、その実が食べられることにある。ここでは視点を変えて、食料としての梅に注目したい。『図会』巻之二「蒲田の梅」の項によると、

この地の民家は前庭後園共に悉く梅樹を栽ゑて、五月の頃その実を採りて、都下に鬻ぐ。されば二月の花盛には幽香を探り遊ぶ人少なからず。（三右衛門といへる農民の園中、殊に老樹にして花香尤も勝れたり。）

という記事より明らかなように、蒲田（現、大田区蒲田）では梅の実を商品として出荷していた。『図会』のこの記事は、斎藤縣麿《あがたまろ》が絵師・長谷川雪旦《せったん》を伴い取材したことがわかっている。取材時の記録『郊遊漫録』(23)では、文化十三年二月十六日に蒲田の梅見に赴き、

蒲田の里に行つきたるに三右衛門といへるもの、園中殊に梅多く真盛りなり。此地の梅は加賀種と称して勝れたる由三右衛門いへり。

とあり、欄外上に、

当年此地の梅は立春より三十五日目満開なり。三右衛門園中の梅実、凡十石程ありし也。五月の頃、須田町伊勢屋五郎兵衛といへる問屋へ送るとそ。

と『図会』より詳しい内容が記され、伊勢屋という問屋と契約した本格的な商売だったことがここで判明する。

また、『土産』第二編（嘉永三年夏序）では、「大森の土産《どさん》」と題し、梅の加工品についての説明がある。

梅の名産なるにより、これをとりて梅びしほ（醬）となし行路の人の求めに応ず。その余やたる漬等を名物とす。

「梅醬」とは梅の砂糖漬けで、梅の実を問屋に卸すだけでなく、産地である大森（現、品川区。大田区蒲田の隣地）で加工して販売したとわかる。なお蒲田梅屋敷の開園時期は、文政初年に和中散によって開かれたのをはじまりと

したが、『郊遊漫録』の記事により、梅屋敷としてではなくても、すでにこの辺一帯は梅林として名所化していたことがわかった。

次に掲げる史料も、梅の実の利用と目される例である。嘉永四年三月末日の雨の日、幕臣・戸川安清《やすずみ》らが(24)、根岸辺を徘徊した際、

（前略）傘をとりくく木陰花陰くぐりくくて梅のさかりをうちながめて、かたはらのやに、この梅叢の預りとおぼしき老婆の居けるに、鳥の名を得たる餅は侍らずやととへばなしと答ふ。こは雨によりて成べし(25)。

と、根岸の梅園の管理人らしき老婆に、「鳥の名を得たる餅」の有無を尋ねるくだりがある。この餅がどのような種類の餅なのか、鶯餅かあるいは梅の実を用いるなどして、「初音の曲」(26)などと高雅な名を付したものなのかは不明であるが、梅または鶯にちなんだ名物が売られ、当地が名所化しつつあったことを裏づける史料である。

鶯餅とは、天明年間（一七八一～八九）には、新吉原で客に出した上等な菓子であったが、

天明の侈風なるも、未だ菓子には移らず。饅頭羊羹を最上としたる鶯餅、一名を仕切場と唱へ、茶店にも用ひ、通人の称美したるものなるに、今は駄菓子や物となりて、「おつかァ四文くんねへ」のいやしき小児の物となりぬ。

と、弘化三年刊行の山東京山作『蜘蛛の糸巻』(27)に記事がある。この頃には茶店などでよく食べられており、駄菓子のように庶民的な菓子と認識されていた。

（6）海賊版の出板

梅屋敷または植木屋が、自ら蔵板者になって書物の出板を手掛けた例もあるが(28)、ここでは、改印を捺していない印刷物のうち、明らかに盗作を行っている例を紹介する。

『朝皃水鏡前編』は、文政元年、本草学者・与住秋水（号、秋水茶寮）によって記され、葉の形、花の形を事細かに描いた点が評価できる朝顔栽培マニュアルである。この労作を、向島梅屋敷は、図の部分のみ盗用して「角田川花屋鋪　朝皃花弁葉手鑑」という、別の題を付して自園の宣伝引札にしてしまった[29]。わざわざ「俗ニ梅ヤシキト云」と断り、「売買不許　浪華　秋太梓」とあるように大坂の人物が板行しているので、大坂で刷られたものと考えられる。

菊細工の番付にも海賊版が存在する。オリジナルは、文久元年（一八六一）九月に行われた菊細工番付で、東洋文庫蔵『観物画譜』第四帖に収載される『御遊覧造きく番附』（図51）である。これに対しての異板が二例発見できた。図52[30]は、オリジナル図51と比較して、第一列一段目「根津茶屋中」、第一列四段目「染井小右衛門」の図様が異なっている。これ以外の部分は同一図様なので、板木を削って刷り直した改訂版と知られる。しかし、もう一例として挙げた異板[31]（図53）は改訂版ではなく明らかに海賊版である。一見して図柄はオリジナル図51と同じであるが、よく見ると第一列一段目において女性が座っている点、第三列二段目の背景垣根が描かれていない点、第六列二段目の富士山が半分になってしまっている点など、同じ図柄でありながら、細部において筆がまったく異なると気付く。表題も「御遊覧造きく番附」が「文久元辛酉年九月下旬ヨリ　きくの道しるへ」に変わってしまっている。図51・52の印刷の状態が悪いことから、新しく板木を起こして印刷したとも考えられるが、オリジナルの板元名「遊楽堂」を記載せず、また「新板」とも謳わず、表題まで変えた点に、作為をもって海賊版を制作した様子がうかがわれる。左端欄外に「ふしうら《富士裏》源之丞」とあり、この植木屋[32]が盗作主と考えられる。ただし名を明らかにすることから、罪の意識はないという印象を受けた。

以上のように、盗作は二例発見できたが、二例とも、大流行した園芸植物、朝顔と菊である点が興味深い。流行した植物でなければ、印刷物の出板も行われず、当然盗作も行われないからである。

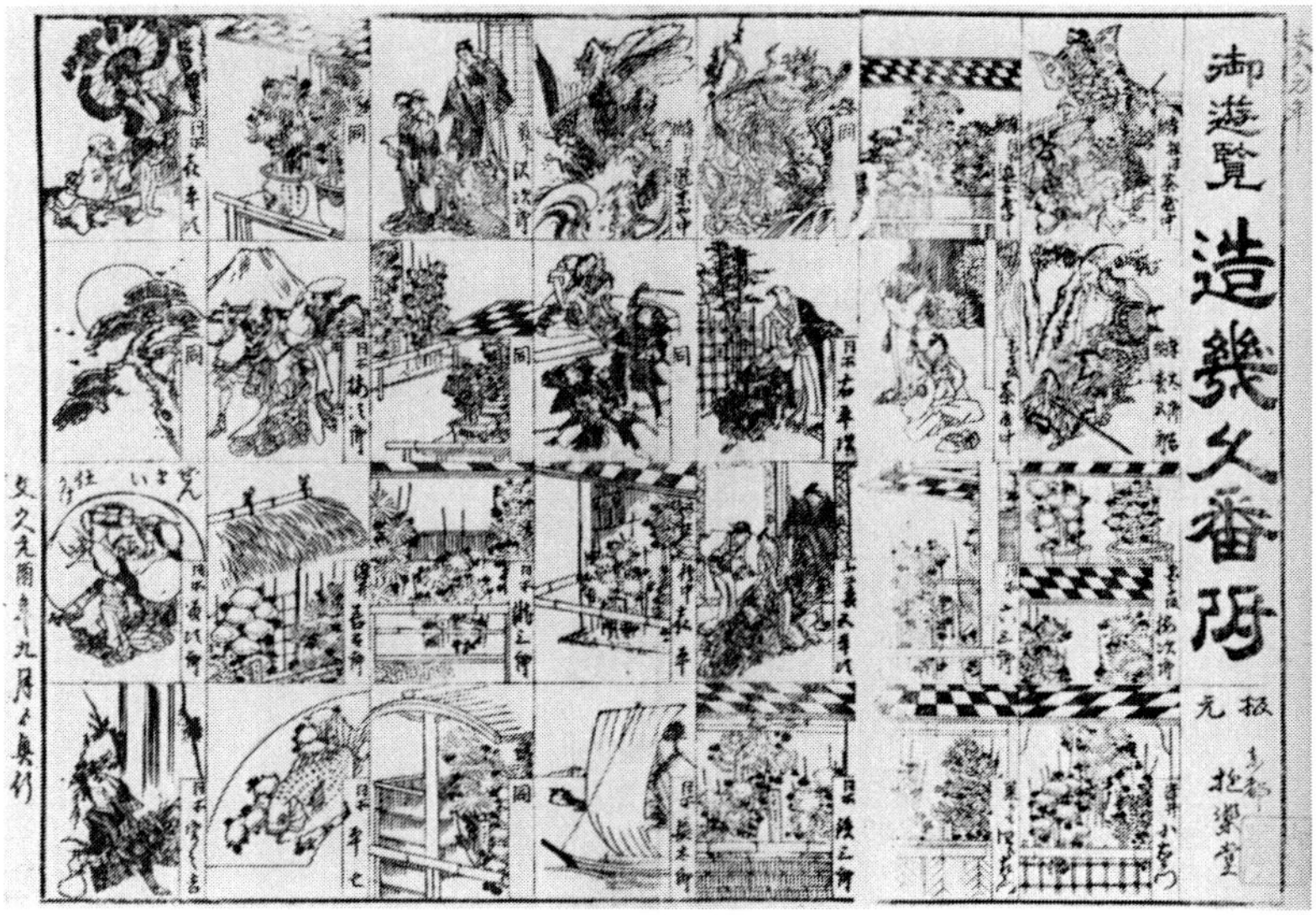

図51　『御遊覧造きく番附』（『観物画譜』第４帖）

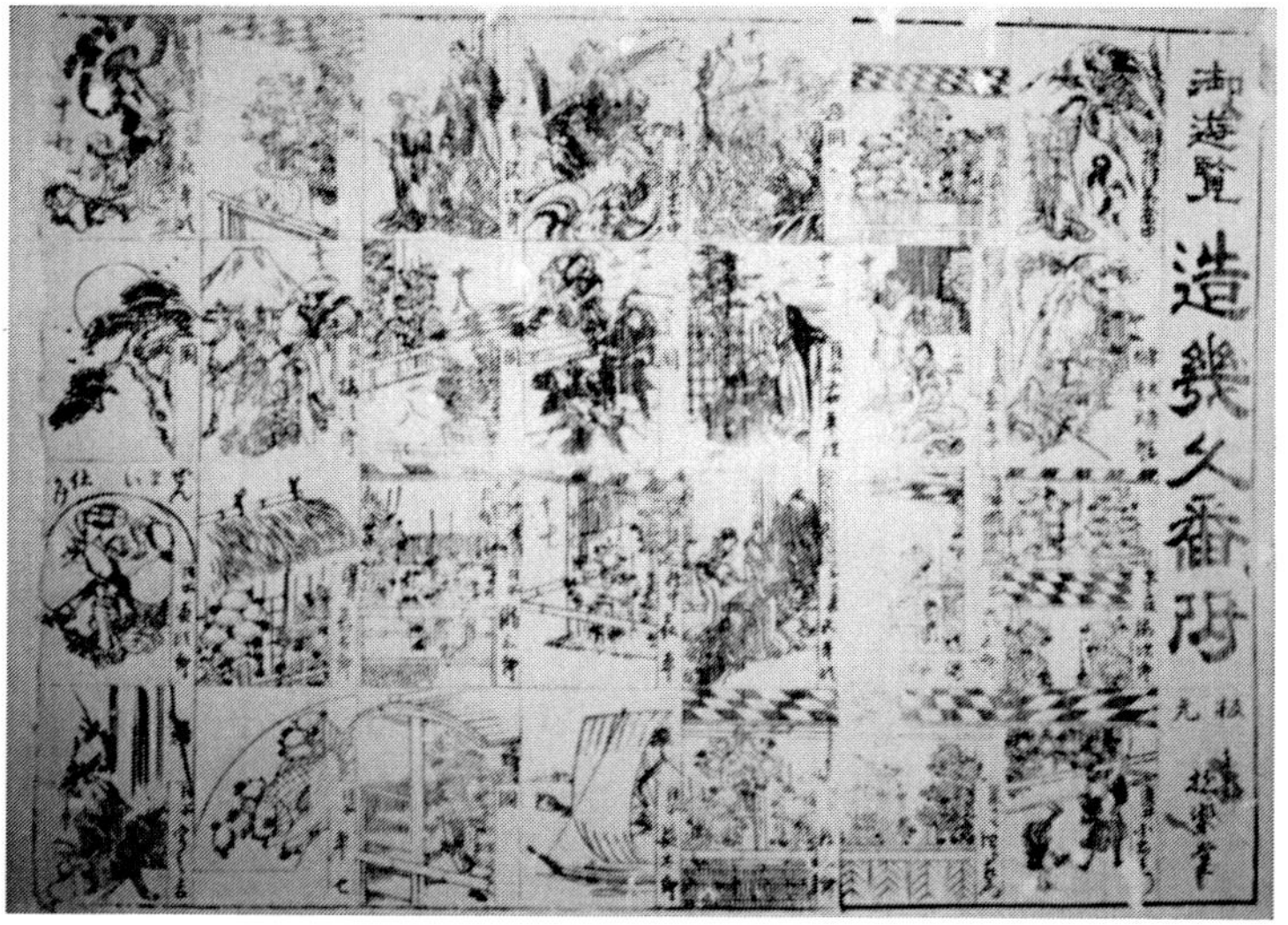

図52　『御遊覧造きく番附』

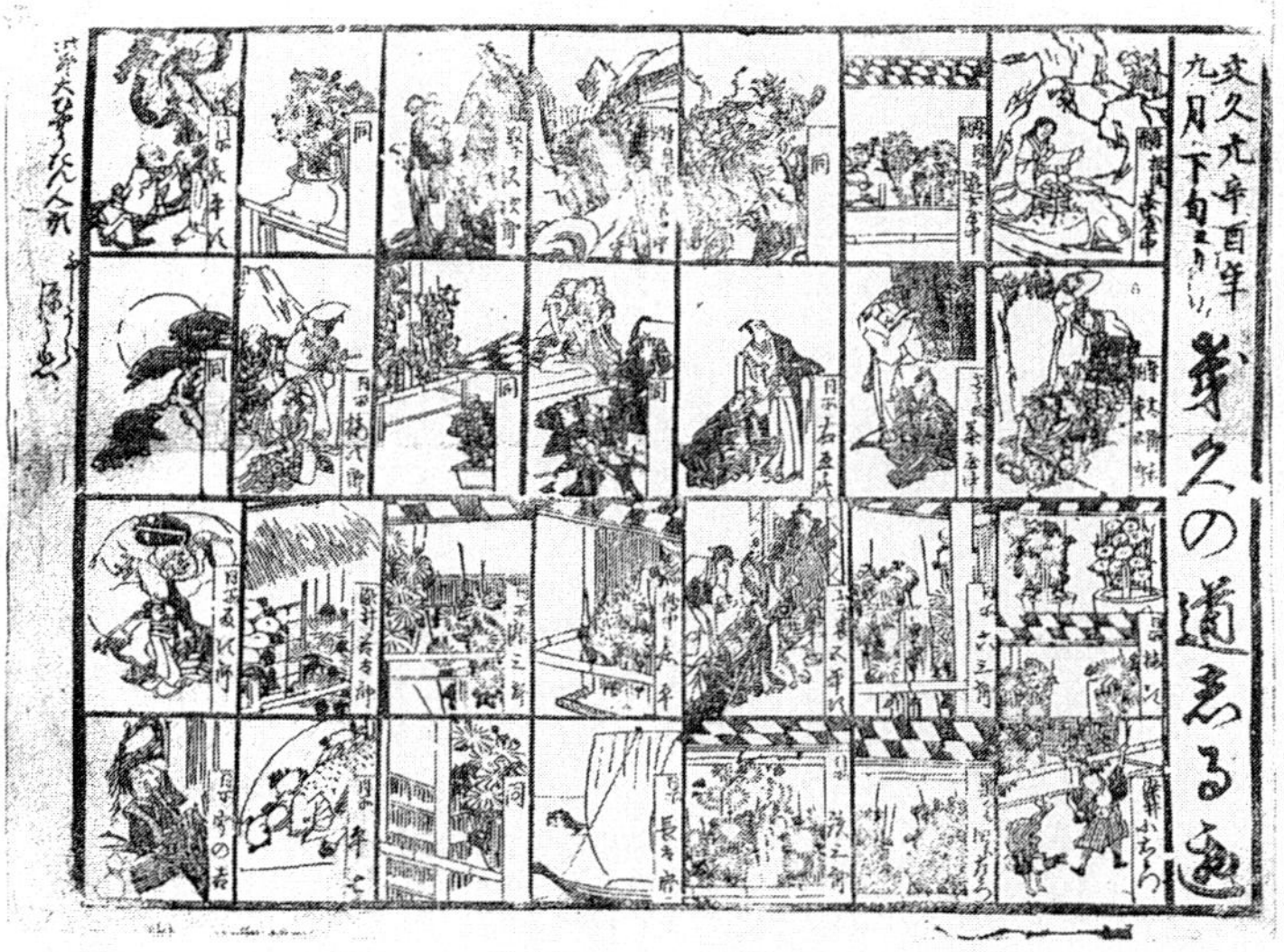

図53　『きくの道しるへ』

(7) 土産物

(5)に掲げた食べ物以外でも、土地の特産物を売り広めた例を次に紹介する。

以下は、文政十二年、世田谷上北沢村名主・鈴木左内宅の牡丹見物に訪れた十方庵敬順の『遊歴雑記』[33]の一節である。ここで著者・敬順は、牡丹を観に行ったにもかかわらず、風情なき商売っ気に腹を立て、これについて紙幅を費やしている。少し長いが引用すると、

(前略)斯て左内が住宅へ案内して、内庭に秘蔵し造り置る絶品の牡丹を見たしと聞糺せば、料理申付ての上ならでは主不興のよし、勿論食店ならば表向は支度を頼と申入て大体三人貳百疋位に挨拶するよし、振舞の品々は何にても望みに応ずるとの事、斯せざれば心よく見せぬ風聞なれば、風流にあらずと案内せで止ぬ。いかにも門内を指覗き見れば、幾群か座敷々々に衝立に席を仕切て食したゝむる人若干にして、勝手には魚洗ふ男庖丁する人混雑に見えたり。猶又西隣家なる水車屋の藤棚は、長さ廿壹間幅貳間、花の長さ四尺余あり。

是左内が舎弟の家なれば、見物の人々に支度振舞ふ手管の手段は、左内が宅の如く推売に似て、甚雅を失へり。本処新梅やしき麴塢がたづね来し人の足元を見て物売付、銭ほしがるよりは十倍増るべし。（後略）

まず左内の家では、料理を注文しなければ秘蔵の牡丹は見せないと申し渡される。そこで腹を立て、さらに隣の左内の舎弟の家を覗くと、座敷で食事をする見物客や台所の料理人の姿を認めるに及んで、怒りも倍増といった有様である。敬順は、自分は花を愛しはるばるこの北沢という片田舎まで足を運んだ風流人である。これに対し、花を愛でる同好の士であるはずの左内が商人そのものに変貌していた、この事実がここまで怒らせたのであろう。敬順が「甚雅を失へり」と評したこの商業主義こそが、幕末期の植木屋の大きな特徴である。左内は植木屋でこそないが、花暦において個人名の登場回数が梅屋敷に次いで多かった人物である。

左内の牡丹園の事件で、腹立ちついでに敬順が引き合いに出している向島の新花屋敷（「本処新梅やしき」）も、花暦の登場回数の多さを誇る筆頭格である。『遊歴雑記』では、人の足元を見て物を売りつけたとしか記してないが、これは、隅田川の土を用いて焼いたという陶器「角（隅・墨）田川焼」のことである。『江戸名所花暦』[34]には、「墨田川やきといへる陶器を製す」とあり、それを売りつける者と見物客が描かれている。また、この陶器の宣伝引札「独流東竃　角田川焼」も現存する。[35]この引札には、種々焼き物は多かれどすべて山の土を以て製作する。しかしこの「角田川焼」は、隅田川の川土を用いた、土地に由来した名産品だという口上が述べてある。文字だけの簡易な印刷物であるが、なかなか芸が細かく、次のように従来の名所を列挙する名所尽くしの体をなしている。

（前略）武蔵第一の名所角田川床しく思玉ふ人々への家産はた都に因のある鳥の名の咄のたねにも、題し給ひそかしと希ものは則角田川花やしきの、主し

このように、昔からの名所である隅田川や都鳥にあやかって、花屋敷の園主自らが文章を執筆している。「角田

川焼」は、蒲田の梅醤同様、その土地の特産物であることには変わりはない。しかし、強引なこじつけといってもいい、積極的な宣伝文句によって、商売の手法ではこちらの方が勝っている。

（8）立て札と柵

梅屋敷を構成する要素の最後として、近代に大きく影響を与えた「公開」という点を重要視したい。『土産』の第七編（安政四年序）に描かれる「奥山花屋舗百草の園」（図54）は、

（前略）百花百艸を植て四時の遊観し奉るを浅草の花屋敷と称ふ。

とあり、植物名を付す立て札が建てられ、植物を踏み荒らされないために柵を設けるなど、現代の植物園同様の図が描かれる。植えられた植物は、図で判断する限り撫子・女郎花と、秋の七草である。樹木ではなく、草花である点に近世後期の植木屋としての特徴が発揮されている。しかし、草花中心に鑑賞させるこの点は実は向島花屋敷の模倣である。梅屋敷が花屋敷に変わり見物客が多数訪れるにつれ、柵を設け花の種類を多くし、植物名を見物客に知らせる必要が生じた。この結果、図らずも植物園のさきがけ的存在となったのである。

日本で最古の植物園である、小石川植物園（東京大学大学院理学系研究科附属植物園）の前身は、幕府直営の小石川御薬園である。ここは、薬草園として植物を配置してはいたが、薬種業者・医者など限られた身分の者しか入園を許されず、庶民のレベルでは、

図54　「奥山花屋舗百草の園」
（『絵本江戸土産』7編）

花屋敷の方が、現在の植物園に近い認識であったと考えられる。

植木屋の庭は、前章で検討したとおり、見学を許さなくなった武家の庭に取って代わって台頭してきた名所であった。この公開性は、近代に受け継がれ、博覧会や博物館の活動につながっていく。浅草花屋敷は、これらの政府主導の公開機関でないのが最大の特徴である。これがために早くから商業主義的性格を帯び、その後も新しい娯楽を求め続けた。明治時代には、菊人形や生人形の興行、人工富士山の造作、象や豹など珍しい動物の観覧など、わが国最初の遊園地としてその名も高いが、本研究では植物園の嚆矢として、開園当初から一種のアミューズメントパークであった点を高く評価したい。

第二節　文人との相互作用

以上のとおり、梅屋敷の主たちは、様々な手段を講じて自園の名所化を図った。これらの梅屋敷を手本として、植木屋が人集めの手法に磨きをかけていった。と同時に、梅屋敷の主たちも、かつて植木屋がそうだったように、出版物として紹介してもらえる文人との関係を育てていった。文人と園芸は狂歌師をはじめとして密接に関連しているが[36]、植木屋が文人の力を借りて宣伝力を得たと同時に、文人もまた植木屋の力を重んじて、園芸を題材に文筆業に役立てたことを次に明らかにする。

(1)　絵画化

初代広重は、植木屋が開園した団子坂花屋敷とここの茶亭「紫泉亭」を画題として、『土産』では第七編（安政四年序）に二図を描き、二代広重が第九編（元治元年序）でも同所を描く。さらに初代は、錦絵「名所江戸百景」に「団子坂花屋敷」を描き、また『江都近郊名勝一覧』（安政五年再板）[37]でも「千駄木団子坂紫泉亭庭中眺望」を描いた。『江都近郊名勝一覧』は、書名に「近郊」と謳ってはいるが、実際には日本橋から始まり、近郊のみの名所を記したものではない。序文によると、これまでの地誌は、大部なもののため購入し難かった点を反省し、「小冊にして懐になし易く」と、懐中に入れられるコンパクトなものにし、大概を記したに過ぎないと述べる。広重筆には珍しく挿図が少ないもので、全八十三丁のうち、十六図（十二丁分）しかない。この少ない図の中に紫泉亭が画題として選ばれ、目録（目次）の次の丁に位置するという優遇を受けている。描かれた植物は、「名所江戸百景」では桜であったが、本書では梅である。ただし図のみで、本文中には拾われていない。本書の初板は弘化四年であるが、(38)こちらには紫泉亭図を含めた三丁分の図が含まれない。つまり、団子坂花屋敷の図は、安政五年再板時に追加されたものなのである。丁付には「口ノ四」とあり、口絵の第四丁目を意味するが、他の二丁分の追加図は本文中に増補されているので、団子坂花屋敷図のみ、はじめから口絵に位置するつもりで印刷されたとわかる（裏面は根津権現図）。初板時、弘化四年では、紫泉亭はまだ設営されていないので、図に描かれないのは当然の結果であるが、安政五年再板時にわざわざ板を起こして口絵に追加した点に、紫泉亭と広重の並々ならぬ関係がうかがわれる。名所として認められたという点よりも、図の掲載に対する報酬を、紫泉亭の主・楠田右平次が広重に支払った可能性が高いと考えられる。

（2）見世物

見世物になった植物としては、朝顔と菊が挙げられる。朝顔細工は、次のとおり幕末でも明治期でも不評であった。『武江年表』(39)によると安政五年七月には、

浅草寺奥山に朝顔の見世物出る（近辺朝起の人にあらざれば見る事あたはず。よつて見物すくなかりしもむべなり。）。

と、見世物のメッカ、浅草寺奥山で公開されたが、早起きでないと咲いているところを見られないので甚だ不人

気のうちに終ったと記す。一方、明治維新後は、朝顔栽培地兼販売地である入谷に場所を移して開催された。『武江年表』がいう理由で、朝顔と見世物の組み合わせは不評であったにもかかわらず、入谷の植木屋が強気なところを、明治二十五年（一八九二）七月五日付『読売新聞』で次のように記す。

○朝顔人形　朝顔もて知られたる入谷ハ年毎に繁昌を来し劇場をさへ設けんとするものあるに至りたれバ土地の者も何時しか演劇熱に冒され、団子坂の菊人形に倣ひて朝顔人形の仕組等催し、却て雅客の厭ふ所となりしが一向に頓着せず、今年ハ一層其の規模を大にし目下舞台様の小家を建設中なりと。

このように「却て雅客の厭ふ所」になっても、「菊人形」ならぬ「朝顔人形」をもって興行を続けたらしい。国立歴史民俗博物館『海を渡った華花』[40]には、「朝顔人形」の写真が掲載されている。これを見ると、衣服に見立てているのは朝顔の花ではなく、葉であった。花の持続期間が短いため、葉で代行したとも考えられる。しかし、朝顔の花を見物に来た客にとっては、騙された感が強いであろう。

朝顔をモチーフにした見世物は、あまりに評判が悪いために幸いに史料として記録されているが、流行したものではなく、菊人形のコピーをして失敗した例である。これに対して菊人形は大評判であったために開催回数が多く、史料の残存度では他を引き離している。もともと菊細工から出発していたのが菊人形へと姿を変えて存続し、長い期間にわたって人気を博した。近世江戸では、天保十五年と弘化二年をピークに流行し、植木屋名・菊細工の題材・地名を載せた番付が多く板行され、この流行が文人にも影響を及ぼすようになる。弘化三年、菅井菊叟によって出板された『菊花檀養種』[41]は、菊栽培ハンドブックであるが、本文末尾に本書を記した動機を次のとおり記す。

菊を作りて愛楽しむことは、古へより廃する事なけれども、近来は菊を以て種々の状《かた》ち物に造りて其細工を競ふこと流行して、年毎に諸所に多し。然れば草木栽培の業に預らぬ者も、秋の楽しみに花檀に菊を造り愛る者多き故に、僅に其荒増を誌して、好者《すきしゃ》の一助に備ふるものなり。

「菊を以て種々の状《かた》ち物に造り」とある菊細工の流行が、菊愛好家の人口を多くさせ、栽培書の必要性が生じ、本書執筆の運びとなったのである。序文を誌したのは、署名「一筆菴主人」や印記「一筆」により、池之端（現、台東区）に居住した浮世絵師・渓斎英泉とわかる。しかし、著者の菅井菊叟は、いかなる人物か不明である。ただし、序文に著者の菊叟について何も触れていない点、「布袋造り」という菊の仕立て方の記述に「菅井菊叟翁、年頃菊の栽培の事に精密しく」と、自らが記した部分に「翁」という一種の敬称を付す点などから、「菅井菊叟」とは架空の人物で、実は本書の著者もまた序文を記した渓斎英泉ではないかと考えられるのである。[42]その根拠としては、本書見返しには著者名として「管井菊叟」とあり、前の「布袋造り」のくだりでは「菅井菊叟」とあり、著者名にも混乱が見られる（「管」と「菅」）点も挙げられよう。また英泉は、本書の挿絵を担当し、錦絵「十二ケ月の内　九月　縁日の菊」[43]の左端に描かれた植木鉢と、本書の二十一丁裏、右端の植木鉢の文様がよく似ている。植木屋に依頼された画家でなく、菊作りに目覚めた文人として、積極的に園芸書を執筆し、自らが栽培した植木鉢を描いたのではないだろうか。本書は、図・文章ともに、素人の記したものとは考えられず、たとえ菅井菊叟が英泉でなくても、画家自身に相当の園芸知識があることに疑いはない。

(3)　名木を庭に植える

従来、名木は『江戸砂子』や『図会』などの地誌類に採り上げられていた。そのほとんどは、寺社の境内にあるか往還の目印として愛されたものであった。第一章で見て来たとおり、寺社への参詣と名木の観覧は、花暦において「遊観案内」として組み合わされる場合が多かった。この場合、寺院への信仰が「主」であるとすれば、名木の観覧は「従」に属する事柄であった。しかし、次第に花暦などの樹木の遊観案内が増えてくると、これのみを遊観する風潮が盛んになり、その一樹を求める人々が増えた。このような風潮の中、植木屋の庭にある名木を紹介する書物が現れた。『金生樹譜別録』中巻[44]に掲載の「太田道灌斎《とうくわんさい》船繋松《ふなつなぎまつ》」である。本記事については、すでに第二部第一章第四節で著者・栗原信充《くりはらのぶみつ》が、本草学者・岩崎灌園に対して反論を唱えた証拠として掲げた（252頁）ので詳しくは省略するが、「千駄木団子坂六三郎庭にあり」として、嘉永五年に浅草花屋敷を開いた植木屋・森田六三郎の庭にある松が図入りで紹介されている。

本例で採り上げた「船繋松」は、寺社参詣の途中にあるからという複合的な理由ではなく、直接、樹木愛好家に向けて呼び寄せることを目的に植えられたのではないかと考える。その理由は、植木屋の庭にある名木を紹介したのは、本例しか発見できなかったことがまず挙げられる[45]。さらに、本事例を紹介する人物、栗原信充は、この植木屋と非常に親しい間柄だった点もそこに作為が感じられた。史料でも触れているが、「船繋松」は、花暦によると日暮里青雲寺と小石川白山御殿跡にもあり、この二樹はある程度の知名度はあった[46]。しかし千駄木六三郎の庭内の「船繋松」は本史料以外ではどこにも発見できなかったのである。客寄せのために新たに植え、しかもその宣伝を知り合いの園芸好きな学者に依頼したのであろう。これも「紫泉亭」を広重が採り上げたのと同じく、文人・学者との交際を利用した、植木屋の戦略の一つである。

（4）鉢植の販売

前項で植木屋の庭を紹介した、有職故実家として著名な栗原信充は、号を長生舎主人といい、『松葉蘭譜』『金生樹譜別録』を著した、園芸に深く関わる文人の一人である。松葉蘭は、文政年間（一八一八～三〇）に流行し[47]、天保七年に信充が誌した『松葉蘭譜』[48]跋文によると、

一瓶の往来も容易ならす。いかに夥《いはんや》許多《あまた》の奇品をして一瞬の内に聚べけんや。是松葉蘭譜の作らさること

を得さる所心なり。

と、松葉蘭の愛好家が全国にあり、奇品という珍しい品種を一度に集めるのは物理的に不可能であったが、図譜の上では可能なので本書を著したという。この園芸ブームを利用した図譜の刊行は、時代を見越した手腕といってよく、嘉永・安政年間に、江戸の植木屋・成田屋留次郎が出板した朝顔図譜などは、天保年間発行のこうしたそれぞれの園芸植物図譜を手本としている。本書の著者・栗原信充と親密な関係にあった[49]、団子坂の森田六三郎は、信充に依頼されて『金生樹譜別録』（文政十三年刊）の序文[50]を誌す。これによると、

（前略）さすればわたくしの商買むきも自然と繁昌いたす道理。どふぞこのこゝろもちをお啀申た上で植木を御好なさる、御得意様御調法になりそふなものをと、かねくおもひ居ます処へ、この金生樹譜と申本が出来ました。さあこの序にかけと長生舎の主人から日々の御催促、もとより不文はみな御承知、何でもかゐておもひ設けし腹ふくろひろけ次第に儲こむつもりて、一筆かくの如しと恐々謹言すとは

千駄木団子坂

植木屋

六三郎にて候

「商買むきも自然と繁昌」「次第に儲こむつもり」と、商売っ気たっぷりである。そもそも書名にある「金生樹」とは「かねのなるき」とも読み、当時高額取引されていた植物を指し、図譜化する意義が、販売目的だったと知られる。

『金生樹譜別録』で文人から依頼を受けて序文を誌した森田六三郎は、明治六年四月には、逆に自分が依頼主となって、当時の流行作家たる河竹其水（黙阿弥）に宣伝文を書かせている。この種の文章を得意とした黙阿弥の美麗な文言[51]を次に掲げる。

新に大牡丹を植る報條

花屋舗の花を踏では。同じく惜む少年の春と。白楽天が調を賞す秀才なれば。絶て桜のなかりせばと。在中《ざおちう》（ママ）将《じやう》が体を慕ふ風《みやび》ありて倭唐土植込の。楊貴妃小町の桜の許。一瓢の酒に顔淵が気韵を湛。半盞の茶に喜撰の幽玄を味ふも。花もろともに文の林。繁るも茲に開きたる。花園の功にして。枯たる木にも花の咲く。大悲の御蔭年〳〵に。色を争ふ花の香を。競ひ給へる諸君へ。何がな饗しまいらせんと。こたび新に花檀を開き。彼開元の頃翫びし。牡丹の一際勝たる。大樹を撰て植たれば。唐の明皇楊大真と。共に詠めし古へを。目のあたりなる花の笑顔。廿日草の二十日頃より開き初れば皐月をかけ沓手の鳥の声しげく。繁〳〵御車寄たまはゞ。此家も花の富貴を得。盛久しき栄をば。八重も一重に冀ふになん

主人に代りて　　河竹其水記（印）

浅草寺奥山
花園六三郎

明治六年四月

牡丹を新規に植えたので、是非御覧あれとの内容である。たかだか、新しい花の種類を追加して植えただけであるのに、文筆家として著名な黙阿弥に文章を頼んでおり、宣伝に金をかけた贅沢な選択といっていいだろう。さらに六三郎は、そう年をおかずに別の宣伝引札をまたも黙阿弥に依頼している。次にその引札「百花細工報告」(52)の全文を引用する。

草木《さうもく》精心《こゝろ》なしといへど。四時《しいじ》の季《とき》を違へずして。正に花咲き菓《み》を結《むす》べば。精心《こゝろ》有る事疑ひなし。去れば年頃培養の。道に精心《せいしん》凝したる。主人《あるじ》が丹誠感じてや。彼三千歳《みちとせ》の寿《じゆ》を保つ。桃花の精の西王母。牡丹に王の名

を忍ぶ。殷の后の九尾の妲妃。照魔鏡より霊験の輝く魚籃の観世音。其縁日の十七文字。釣瓶とられし千代女の朝顔。又夕顔の花白く照そふ月の薄原に。保昌覘《ねら》ふ袴垂。笛に心耳も墨染や。珠数の玉なす白露の。清き蓮の中将姫。詞の花の争ひより。草紙洗ひの墨塗は。画巻を写す六歌仙。百花の芳魂錦繍の粧ひなして現出せし。容《すがた》は活るが如くにて。趣向に雅有俗ありて。令婦君《おじよちうさま》や愛《お》兒《こ》君方《さまがた》の御慰には。好《よい》時候。甍も霞む花の雲。金龍山の開扉の魁。一時に開きし百花の細工。園中種々の盆栽と。共に諸君の御高覧を。八重に一重に願ふになん。

主人に代りて　河竹其水記

浅草公園地花屋舗

植木屋六三郎

本引札は、年代不明のものであるが、六三郎の住所表記が、「浅草公園地花屋舗」となっていて、少なくとも明治六年の浅草公園開設以降とわかる。前に掲げた引札「新に大牡丹…」が、「浅草寺奥山」という住所なので、これよりは新しいと考えられる。内容は、浅草花屋敷の宣伝文であるが、美辞麗句を連ね、伝統的な故実を列挙し、文末に「金龍山の開扉」、つまり浅草寺開帳に付随して催された「百花細工」が出来たための宣伝文と判明する。つまりこの「百花の細工」は、西王母、中将姫、平井保昌などをモチーフにした菊細工や菊人形のように花をもって形づくった造り物の類と考えられる。

以上のような広告文を記すのは、もちろん人招きのためであるが、商売繁昌を望んでいた六三郎なので、文末に「園中種々の盆栽」ともあるように、訪れた客に鉢植を売りつけるのが、何よりの目的であった。

六三郎の花屋敷の様子を知るのには、明治期の錦絵「開明東京名勝　浅草奥山花屋敷　植六の庭中」(53)がよく特徴を捉えている。ここに描かれた庭は、団子坂花屋敷と比較すると庭らしい広々とした風情はなく、背景に小屋が建ち並び、女性の足元に植木鉢が並ぶ程度で、あたかも市場のごとき風景である。本図は、植物を栽培するのではなく、販売することに重きを置いた明治の植木屋の庭の実際を描いたものなのである。

販売という点では、六三郎に限らず、ほかの植木屋にもその傾向がうかがえる。明治七年には、巣鴨一丁目の群芳園（園主は香山久吉[54]）が、「新梅屋敷」を開園、ここの盆栽会の引札が現存する。[55]

於巣鴨一丁目新梅屋鋪群芳園
　明治七年（墨書）二十
盆栽会　三月　廿一日
　　　　　　　廿二
補助　東京　植木屋　不請席費売買随意
会主　玉川竹逸拝

「売買随意」とあるように、盆栽（鉢植）が売買された。また明治七年の『郵便報知新聞[56]』の記事によると、

本月廿日より廿二日迄三日の間巣鴨一丁目於新梅荘盆栽《やなきうゑもの》の大会を催す。其盆栽従前の人工品と異り、方今は天造を貴ふ故甚風韻有り。且草木も一小天地をなせる趣出品中尤も奇《めづらか》なる品は、和名をか玉と云木赤き実を結ぶ。甚だ美観なり。此木大樹にあらざれば実を結ばず。然るに此頃一小盆中に実を結びたる由。是亦未曾有の盆栽にて其他名花奇樹多く出るよし専ら街説有り。

とあるように、「オガタマ」の盆栽など奇品の類を集め販売した。ここでは、梅屋敷とは名ばかりで、何が出品されているのか、何を販売するのかの情報に関心が集まっていた点が如実に示されている。

このように明治期においては、植木販売に拍車がかかり、その結果、高額取引が相次いで行われた。次の『日本園芸会雑誌[57]』では、その騰貴の割合が記事として掲載されている。

植木の騰貴　近来庭園作りの流行と別荘の新設多きに連れ大株物の売脚《（ママ）》よく随て五六年以前に比すれば、平均四割強の高直を唱へ、躑躅、楓樹等の中脊物は五割以上、灌木類は二割内外の騰貴なりといふ。

右の例のとおり、植木（特に鉢植）の高騰が報道されるにつれ、明治十三年には次のような窃盗事件まで起こり、『郵便報知新聞』(58)で詳細に報道された。

昨年中浅草公園地の花戸《うえきや》森田六三郎か家にて、夜々窃盗《どろぼう》忍ひ入り許多《おゝく》の盆栽《はちうへ》又は染付鉢を奪はれたる事を掲けしか、当年は其類賊か殖へしと見へ、巣鴨染井辺の植木屋は、毎晩の様に盗まれ、寒夜に唐窖《むろ》の戸障子を明け放ち其儘に立去る故、盗まれざる品も寒気に傷みて枯槁《ここう》し、内山長太郎が家等にては、過る大雪の夜に此伝を喰ひ、又本所四ツ目の文蔵が窖にては、諸家よりの預り品を奪はれ、併《しか》も窖蓋の藁を撤して荷作り大業に船積して立去られたり。去れ共何れの家にも盗まれたる品の一つも見当たらざるは多分遠方旅先へ持出して売代《うりしろ》なすならんと。

森田六三郎・内山長太郎・成家文蔵ら近世以来の有名植木屋に、舶来品など貴重な植物は窖で養生することを知っている窃盗団が忍び込み、高額な鉢植植物や染付の植木鉢が盗まれる事件が相次いだのである。この事実をもってしても、植木屋がいかに儲かる商売であったかが判明しよう。

以上、文人と植木屋の関わりを探って、絵画化・見世物・名木の植樹・鉢植の販売の四点から、その具体例を挙げてきた。注目に値するのは、これらの四点の事例にすべて森田六三郎が関与することである。前節では、梅屋敷が名所化された要素を検討したが、ここでも(1)「梅屋敷から花屋敷へ」変わったとした、花の種類でも、向島花屋敷に次いで二番目に多く、(7)「立て札と柵」において、「公開」を積極的に行ったとした。幕末に開園した梅屋敷が、向島花屋敷に学んだと同様に、この六三郎が主導権を握り、植木屋の名所化が進んだといえよう。

おわりに

近世後期に出現した梅屋敷は、観光地として生き残るために、梅だけでなく種々の草花を植える、「百花」の園へと志向した。ここでは、茶店を経営し、風呂を設営、鶯の啼合会を催し、詩歌の会を開き、梅の実より作った食べ物を提供し、海賊版を出板し、土産物を売り、立札と柵を設置し、江戸の市民を集客するために様々な手段を講じた。これらの手段は、梅屋敷以外の植木屋の庭の名所化にも援用されていった。

梅屋敷において人寄せのための戦略を学んだ植木屋は、一方で文人と相互に影響しあっていった。文人との関わりは、絵画化・見世物化を果たし、名木として紹介され、園芸愛好家のために鉢植を販売するようになった。

（1）第三部第一章、表45（316頁）を参照。

（2）安政五年以降の広重没後、八編以降は二代広重が描いたとされる。以下、『絵本江戸土産』引用はすべて文京ふるさと歴史館蔵本によった。

（3）第一部第一章、表1（46〜49頁）を参照。

（4）『図会』の景観年代は、定説では文化末年とされている。朝倉無声「江戸名所図会編纂始末(下)」（『此花』一五号、此花社、一九一三年）、江戸東京博物館『江戸の絵師　雪旦・雪堤　その知られざる世界』一九九七年、齊藤智美「明治大学図書館所蔵『長谷川雪旦書簡』とその背景について」（明治大学図書館紀要編集委員会編『図書の譜　明治大学図書館紀要』明治大学図書館、二〇〇一年）。

（5）『江戸名所花暦』八坂書房、一九九四年。

（6）『土産』の「千駄木団子坂花屋舗」に描かれている樹木は、桜のように見えるが、左下、茶亭らしき建物前の木の枝ぶりから梅と推定した。

（7）田端・四谷の園主は、明治九年刊『東花植木師高名鏡』（文京ふるさと歴史館蔵）掲載により植木屋と判断した。図8

（121頁）参照。

（8）架蔵。嘉永四年『朝顔花合』。第一部第一章、表16（92頁）、口絵図版1を参照。

（9）架蔵。嘉永五年万花園『朝顔花合』。第一部第一章、表17（93頁）、口絵図版2を参照。

（10）入谷眞源寺所蔵。嘉永五年欣浄寺『朝顔花合』。第一部第一章、表18（94頁）を参照。

（11）国立国会図書館蔵［183-368］。第一部第一章、表19（101頁）を参照。

（12）国立国会図書館蔵［183-369］。第一部第一章、表20（101頁）を参照。

（13）文京ふるさと歴史館蔵。以下、本書の引用はすべて同館蔵本によった。

（14）「嘉永五年町奉行上申書」（『都市生活史料集成　三都篇Ⅱ』学習研究社、一九七八年）。

（15）註（4）に同。

（16）「安政乙卯武江地動之記」（『江戸叢書』複製版　巻の九　名著刊行会、一九六四年）。

（17）台東区根岸には嘉永二年建立の「初音里鶯之記」碑が現存する。本章補論を参照。

（18）国立国会図書館蔵『広告研究資料』［別3514］続編。

（19）『き丶のまに〳〵』（『未刊随筆百種』11、米山堂、一九二八年）。

（20）国立国会図書館蔵［鶚3843］。

（21）『増訂武江年表2』平凡社、一九七三年。

（22）国立国会図書館蔵［鶚2783］。

（23）「郊遊漫録」（『江戸地誌叢書』巻七、有峰書店、一九七四年）。

（24）戸川安清の経歴については、本章補論を参照。

（25）無窮会織田文庫蔵『根岸里観梅之記』［オ4197］。写本一冊。

（26）鶯の名前には、「初音の曲」のほか「初音里」「四方の春」「三笠山」などと高雅な名前が尊ばれた。本章補論を参照。

（27）『蜘蛛の糸巻』「菓子の変容」（『日本随筆大成』第二期七　吉川弘文館、一九九四年）。

（28）例えば成田屋留次郎蔵板による朝顔図譜『三都一朝』『都鄙秋興』『両地秋』など。

（29）雑花園文庫蔵。国立歴史民俗博物館『伝統の朝顔Ⅲ─作り手の世界─』（二〇〇〇年）に図版掲載。

（30）雑花園文庫蔵。
（31）『豊島区史　地図編上』東京都豊島区、一九七四年。
（32）文京ふるさと歴史館蔵『安政年代駒込富士神社周辺之図』に載る内海源之丞か。
（33）『遊歴雑記』「第五編巻の下　第三十四　上北沢村庄屋鈴木左内が牡丹」（『江戸叢書』複製版　巻の七　名著刊行会、一九六四年）。
（34）註（5）に同。
（35）東京大学附属図書館蔵『捃拾帖』第六巻に貼り込まれる。版木が摩滅しているせいでもあろうが、かなり刷りの悪いものである。全文は次のとおり。

独流東竈　角田川焼

此すみた川焼は角田川の辺の土をもて、都鳥或は種々のものを、製出して、世にひさきて角田川焼と云、我国陶器の始は天穂日命《アマノヒノミコト》十一世孫可恙乾飯命《マコムセンカコイヒノミコト》裔野見宿祢、賜フ半師姓ヲ是レ日本陶器製するの始也、且ツ神武紀齊瓶万葉集いはひほりすゑ、延喜式ひらう、又行基焼も故より今の世にいたる迄、名物名産、或は茶器国々に甚タ多キ、されと、皆山の土を以の産也、此すみた川焼は四方山遠く平地にして、凡五十里の長流水の麓也、それ山にまる礫を川床よりて製出するは又丁寿物に甚しきや、形の愚なるも作の全かしこくも風土の一にして惟物好のもろ人も笑玉ふことなかれ。武蔵第一の名所、角田川床しく思玉ふ人々への家産、はた都に因のある鳥の名の咄のたねにも、題し給ひそかしと希ものは則角田川花やしきの、主し

（36）第一部第二章を参照。
（37）文京ふるさと歴史館蔵。
（38）国立国会図書館蔵［199‐179］。
（39）註（21）に同。
（40）同展示図録、二〇〇四年。
（41）架蔵。
（42）磯野直秀『日本博物誌年表』（平凡社、二〇〇二年）にも同様の指摘がある。

(43) 雑花園文庫蔵。
(44) 架蔵。
(45) 天保六年『みやひのしをり』（都立中央図書館加賀文庫蔵［加283］）で「高田植木や」の松を採用しているが、名木といえるかどうかは不明。
(46) 『みやひのしをり』・安政二年『名松名木江戸花暦』（都立中央図書館加賀文庫蔵［加289］）に日暮里と小石川の記述、安政五年『花鳥暦』（国立国会図書館蔵［182-372］）に日暮里の記述があった。
(47) 註(21)に同。
(48) 東洋文庫蔵。
(49) 栗原信充の弟子が森田六三郎だという（前島康彦『樹芸百五十年』富士植木、一九八六年）。
(50) 巻一、国立国会図書館蔵［特1-1549］。
(51) 国立国会図書館蔵『広告研究資料』三編。
(52) 東京大学附属図書館蔵『摺拾帖』二十巻。
(53) 雑花園文庫蔵。
(54) 註(7)『東花植木師高名鏡』に「梅屋敷」として巣鴨一丁目の香山久吉の名が挙がる。「群芳園」は、斎田弥三郎が相当するが、同史料に、巣鴨二丁目に弥三郎の名があり、別人と判断した。
(55) 東京大学附属図書館蔵『摺拾帖』十四巻。
(56) 明治七年三月二十日。
(57) 『日本園芸会雑誌』八一号、一八九七年。
(58) 明治十三年三月十九日。

〔付記〕本章は、旅の文化研究所第九回公募研究プロジェクト（平成十四年度）の助成を得て成稿した「幕末から明治前期における江戸・東京の植木屋の庭の名所化」（旅の文化研究所『研究報告』一二号、二〇〇三年）を改稿したものである。

第二章補論　「初音里《はつねのさと》鶯《うぐいす》之記《のき》」碑——鶯啼合会《ていごうえ》の研究——

はじめに

園芸文化に類似するものに、愛玩動物の流行が挙げられる。モルモット・狆《ちん》・金魚・鶉《うずら》など、園芸植物同様に、様々な種類の動物が、近世後期において目まぐるしく流行・衰退を繰り返していった。現在の日本では野鳥であるため、飼育を禁止されている鶯もその一つである。

鶯は、視覚による鑑賞ではなく、声を愛玩するという聴覚に訴えるものである。啼き声をいかに美しく聴かせるかという、特殊な飼育技術を要する点も園芸の栽培技術と共通する。この飼育技術が高められ、幕末には「啼合会《ていごうえ》」（鶯会、啼き合わせ会・品定会《しなさだめえ》とも）という、手飼いの鶯を一同に持ち寄り、啼き声の優劣を競う会が行われた。この点こそ、まさに園芸植物・朝顔に見られた花合《はなあわせ》とまったく同一の形態である。本補論では、鶯を例に啼合会と養禽書を採り上げ、幕末における趣味の会の共通性を見出していきたい。

第一節　鶯啼合会の変遷

鶯啼合会で古くから知られているのは、室町時代から戦国時代に、京において物合わせの一種として流行した点で、『看聞御記《かんもんぎょき》』永享七年（一四三五）五月一日条の、次の一文が注目される。

早朝、鶯合。一方不レ鳴。無レ興也。

これによると、当時の鶯啼合会は、「一方不レ鳴」とあるように、闘鶏のごとく一羽対一羽で優劣を競ったとわかる。その後、長禄二年（一四五八）・文正元年（一四六六）には、鷹狩とともに幕府より禁令が出たが、『実隆公記』明応五年（一四九六）六月五日条に、

抑今朝細川安房守為二鶯合見物一可レ来之由再三命レ之。

とあるように、再び催されるようになった（1）。

近世中期になって鶯愛玩の風が、まず京より江戸に伝えられた様子を、『江戸名所花暦』（2）は次のように紹介する。

元禄のころ、御門主より京都の鶯のよきをゑらみて、おほく放させ給ふとなり。関東のうくひす（鶯）は訛ありといへとも、此処は上方の卵《たね》ゆゑにか、なまりなしといひ伝ふ。

右に言及されている地域、根岸（現、台東区根岸）は、元禄年間（一六八八〜一七〇四）、東叡山主である公弁《こうべん》法親王

が京より鶯を取り寄せて以来、鶯の名所として知られていた。その後、明和四年（一七六七）序『江戸塵拾《ちりひろい》』(3)には、「東叡山の麓根岸の里」の松川伊助が、当地の鶯の声を聞いて、初めて鶯笛を作ったとある。鶯笛とは、鶯に良い啼き声を覚えさせるための飼育道具である。このように、十八世紀後半からその愛玩の風に拍車がかかり、十九世紀に入ると、鶯を対象とした書物が板行されるようになる。その一つ、文化四年（一八〇七）刊『百千鳥《ももちどり》』(4)には、より具体的な複数の地域名と鶯の飼育法を明記する。

> 下谷《シタヤ》金杉《カナスギ》のうら、元三島《モトミシマ》とい丶て村有。此所を初音の里といふ。鶯の名所也。むかし東ゑい山御隠居所の御庭へ、都より能《ヨキ》鶯御取寄御放し被遊しとの事、毎年巣を組其子ぶんじて、三島の辺今によし。しかれ共、藪鳥なれば用ひがたし。此子を求て能親鳥に付ればなを〳〵よし。糀丁にも鶯谷と云所有。相州箱根の山中にも鶯谷と云所有。
> 　此辺の鳥いづれもよし。

「下谷金杉のうら、元三島」とは、現在のＪＲ鶯谷駅前の台東区根岸一・二丁目付近に該当する。右の文では、「藪鳥なれば用ひがたし」と、美しい啼き声を持たない藪鶯に触れ、箱根山中にまで鶯を仕入れに赴く声の美醜にこだわりのある飼い主の増加をほのめかす。つまり鶯愛玩の流行の兆しがわかる記事である。

以上のように、根岸は鶯の名所として早くから著名であったが、当地で啼合会が開始されるのは、後に述べるように弘化四年（一八四七）であり、これは江戸地域では、最終流行時期に当たる。

そもそも江戸の鶯啼合会の最初は、文化初年の高田馬場であった。明治期の雑誌『風俗画報』（以下『画報』と略）十九号の槑山人「うぐひす（続）」(5)には、

> 是より文化度のはしめ、高田馬場に於て鶯啼合会の催あり。其節の書物なりとて、耳に触たれは左にか丶けて参考に備ふ。
>
> 離一　　龍化園
> 　　　　左　陣太鼓
> 三幅対　中　残雪
> 　　　　右　猿松
>
> 此外客鳥二十一羽出しと記す。

と、「離一」や「三幅対」などと位付けした四羽と客鳥二十一羽の合計二十五羽の鶯が出品された、啼合会開催の記録がある。詳しい年月日は不明であるが、現在のところ、これが江戸最初の啼合会の事例である。

同じく槑山人の「うぐひす（続）」(6)には、その後の変遷が語られる。

> 此鶯啼合会に一種の弊害あり。是は旦那株《しろうと》の云さる所なればはぶく。鶯啼合会は、高田馬場さはりありて、向島にて催す事となりたれと、同所の者の理由にて、今は根

岸の里にて催す事と定まりたり。其他目白、鶉なと時の流行の節は、処々にて啼合を催すこと定りなく、其折々に催せり。

とあり、高田馬場（現、新宿区）に何かしらの問題が起こり、向島（現、墨田区）へと移り、さらに「同所（向島）の者の理由」により、根岸へ移っていったとわかる。また、目白・鶉はその時々に思い思いの場所で会が開催されたが、鶯だけは根岸と決まっていたと記す。

二番目の流行地、向島における早い事例は、『杉田玄白日記』(7)文化元年二月十二日の、

秋葉鶯会。

の一条が挙げられる。「秋葉」とは、本所秋葉神社（墨田区向島四丁目に現存）を指し、『江戸名所図会』(8)には、

境内林泉幽邃《ゆうすい》にして四時遊覧の地なり。門前酒肆《さかや》食店《れうりや》多く、各生洲《いけす》を構へて鯉魚《こひ》を蓄《か》ふ。

との紹介があるとおり、郊外の日帰り遊覧地として有名な場所であった。向島における啼合会の詳細は、後述する弘化二年刊『隅田《すみだ》採艸《さいそう》春鳥談《しゅんちょうだん》』（以下『春鳥談』と略す）の記事に譲るが、蘭学者・杉田玄白が日記に書きとどめた会は、『春鳥談』に記される会場と異なることから、会としての体裁が整えられる以前に「四時遊覧」のための一手段として単発的に行われたものと考えられる。

さて、近世における三番目の流行地・向島から、根岸に移った年代を弘化四年と明記した史料は、明治三十四年（一九〇一）刊『東京下谷根岸及近傍図』(9)の余白に記された、言語学者・大槻文彦による次の一文がかねてより知られていた。

○鶯会　昔ハ年々向島請地ニ開キシニ、弘化四年六月(マヽ)、根岸ノ梅屋敷ニ移シテヨリ今ニ絶エズ。毎年四月、四方ヨリ飼鳥ヲ持寄リテ「笹ノ雪」辺、軒並ニ人家ヲ借テ美麗ナル籠ニ入レオキ人々立チ寄リ々々聞キテ其声ヲ評シ、優劣ヲ判シ一等ナルヲ准ノ一ト称ス。

これによれば、弘化四年に根岸で始められた鶯啼合会は、「今ニ絶エズ」とある通り、明治三十年代にも根岸で盛んに行われ、東京では唯一の啼合会開催地であった。しかしこの文章は、実は信ずるに足る史料ではなく、その根拠として次の二点が挙げられる。

第一点は、開催月を「六月」としているが、鶯が啼くシーズンとして妙な記載である。これは、文中にある「根岸ノ梅屋敷」に建碑された「初音里鶯之記」碑の銘文中の「む月」を読み間違えたもので、正しくは「睦月」、旧暦一月のことである。

第二点は、「根岸ノ梅屋敷ニ移シテヨリ今ニ絶エズ」と、衰退することなく、明治期まで流行が存続したように記される点である。啼合会の会場となった、根岸梅屋敷は、前に掲げた表50（354頁）で判明するとおり、安政五年（一八五八）刊『花鳥暦』(10)までは花暦に記述があり、『元治二乙丑花暦』(11)刊行

時、元治二年（一八六五）には記述を消す。つまり、この間に廃園されたと考えられる。

根岸（現、荒川区東日暮里）に居住していた大槻文彦は、同じ史料『東京下谷根岸及近傍図』[12]に、梅屋敷の概略を次のとおり述べる。

○梅屋敷址　天保十四年、村民小泉冨右衛門梅園ヲ開キ、弘化二年二月、将軍世子家定公鷹野ノ時、御通抜ケトテ園中ヲ一覧セラレキ。安政、文久ノ際、園廃セラレヌ。嘉永元年ノ「初音の（ママ）里鶯之記」ノ碑、旧地ニ存セリ。

本史料における大槻の記述「安政、文久ノ際、園廃セラレヌ」は、前の引用箇所とは異なり花暦の年代にしたがわない。以上により、根岸梅屋敷は、安政六年から文久年間（一八六一〜六四）に廃されたとしてよい。

この根岸梅屋敷廃園の後は、茶亭「鶯春亭」が啼合会の会場に取って代わった。「鶯春亭」は、かつて台東区根岸三丁目二十五番付近にあり、音無川を挟んで斜向かいの豆腐料理店「笹乃雪」（台東区根岸二丁目に現存。当時は荒川区東日暮里五丁目に所在）とともに繁昌した有名料理店である[13]。安政三年には、漢詩人・植村蘆洲がここ鶯春亭を訪れており、明治期には鶯啼合会が催された[14]。

明治期の啼合会の模様は、次の『画報』[15]に詳しい。

（前略）昔鶯流行の節、国々へ及ほし、中にも武蔵・上野・下野・上総・下総・常陸等の国々、此道好事家尤も多し。其土地にて養育の道にくわしき者、東京より上品鳥をあかなひ、附口年々に増。其国に於ても鶯啼合会ありと云。これ東京根岸初音の里の鶯啼合と同種也。（中略）根岸にて啼合会の節は、出入の飼鳥屋より会日を定めし摺物を持来る。又国々へも通知ある事と見へ、諸国より出京する者、又此会にて自分好める口の鶯を聞て買求する者さま〳〵なり。旦那株《しろうと》の愛鳥の外は、あかなひうる事出来るなり。鶯は一ケ所にて四羽五羽啼せるはさわりある鳥なれは、飼鳥屋へ参りても、上品鳥四羽も五羽も飼置鳥屋なし。此啼合会にては、諸口の鶯、諸方の持主よりさし出し、根岸の里、農商の家へ分配すなれは、音節上品鳥又諸口の鶯聞かるゝ也。（後略）

この史料からは、鶯の流行が東京から関東一円に波及して啼合会が行われるようになり、質のよい鳥を求めて好事家が上京していたことと、上質の鶯の声を聴き、かつこれを入手する機会として、根岸啼合会が絶好の場を提供していたことがわかる。また細かい手順、会日を告知するのに刷り物を用いる点や、啼合会の当日に鶯が農・商家に分配される点などは、後述する幕末期における向島の開催手順に倣ったものと考えられる。

以上のように、鶯名所として早くから名を馳せ、明治期でも盛会を極めていたのが、根岸の地であった。しかし、当地における幕末流行期の史料は、『画報』などすべて明治期の記録に依拠していた。そもそも鶯の啼き合わせが、幕末に流行したという事実さえあまり知られておらず、実態は不明のままで関連研究も少ない(16)。これには、史料がなかったという理由が第一に挙げられ、担い手である飼鳥屋も『江戸買物独案内』(17)や『東京買物独案内』などに記載がなく、具体的な名前や活動内容が知られていない。そこで、次節では、明治期の記録の根本史料となった、「初音里鶯之記」碑そのものを分析することによって、同時代の史料が稀な、根岸梅屋敷の啼合会の実態を解明する。

第二節　正面「初音里鶯之記」の検討

まず、碑の伝来から紹介する。本碑は、現在も東京都台東区根岸に現存している。

碑の材質は安山岩で、大きさは高さ一三七・五センチ、幅一二七・四センチ、奥行は最大二五・九センチである。建碑年代は、正面に「嘉永元年三月十五日」、裏面に「嘉永二年三月吉日」の年紀があり、これにより嘉永二年（一八四九）三月の建立とわかる。『根岸里観梅之記』(18)によれば、建碑の二年後、嘉永四年三月末に、題字を記した戸川安清《やすずみ》、海棠園一陽《かいどうえんいちよう》、万里小路式部《までのこうじしきぶ》ら三名が根岸に赴き、碑の所在を確認している（後述）。

そのほか『武江年表』、『きゝのまにく〵』に記され(19)、前述したとおり、明治三十四年に大槻文彦が「旧地ニ存セリ」と現存を確認している。その後、昭和三十年発行『台東区史上巻』(20)には、

（前略）そこはもとの小泉氏梅屋敷の園内の一部に位（ママ）していたところであることを付記して置く。

と「小泉氏」の名を出す。小泉氏とは、本碑の所在する梅園の園主であり、碑の建立を依頼した小泉冨右衛門の後裔を指すのであろう。

現在、正面下方部には剝落があり、全文判読は不可能である。昭和初期の編纂と考えられる『根岸人物志』(21)に正面部分の写しがあるが、下方部分に読み誤りが見られることから、すでに現状に近い剝落があったと推測できる。昭和五十八年、根岸在住の故市川任三氏が拓本を採取のうえ翻刻しており、当時の剝落部分の確認がされた(22)。

一九九五年、台東区教育委員会では、東京国立博物館に明治年間に寄贈された市河家旧蔵資料の内、本碑正面部の拓本(23)を調査した。このとき、碑の現状調査も同時に行った。碑は盛土上に建ち、一九八三年調査時より正面部分の剝落が進み、裏面は、向かって左側が一部土中に埋もれていた。

本碑の形状は、明治二十三年『画報』(24)に、

根岸の里に鶯塚あり。

とある記述を初出として、里俗に「鶯塚」と呼ばれ、明治期から塚状であったことがうかがわれる。

これらの点、碑が建立者の敷地内にあったことや、盛土上

に建っていたことにより、本碑は、近年まで建立当初と同位置にあった可能性は高いと考えられる。

一九九八年、石碑所有者の改築に当たり、それまで北面していた碑を東向きに変え、土中に埋まっていた碑の周囲をコンクリートで固め、数メートル西に移した。

以上のように本碑は、近年まで建碑当初の位置にあったが、剝落と土中埋没のため一部が解読不能であった(25)。この全文の解読が、次に掲げる東京国立博物館所蔵の正面部分の拓本からの翻刻である(26)。

碑は正面に「初音里鶯之記」とあり、明治時代の記録を除けば、近世における当地の鶯愛好の歴史を具体的に物語る唯一の実物史料である。刻まれた内容は、正面に根岸開催の鶯啼合会の由来が、裏面に啼合会に出品された鶯名および出品者名を列挙した「鶯之名寄」が示される。これまで、本碑を鶯啼合会の史料として提示するには、甚だ不充分な観があったが、他の史料と比較することで、鶯名と地名を手掛かりに、鶯啼合会の地域的変遷、年代の決定、担い手の身分など、鶯を例に飼鳥文化の実態が明らかになるため、長文にわたるが以下に全文を引用する。

［静な］る世にはおのづから物の音もおだやかにしらべらるゝとはうべなり。花に啼鶯、水にすむ蛙の声も／御世にひかれて長閑にこそきゝなさるれ。抑鳥の声をもてはやす中に鶯斗めてたき［は］あらじかし。新／たまのとしたちかへる春のはしめ、ひもときそむる梅が枝にきて声あげたるさまよ、何にかはたとへむ。こを／めで初たるはいづれの御世にかありけむ。万葉集中に鶯をよめる歌これかれ見［えた］るぞ、はじめ／なるべき。菅原の大臣の黄鶯出谷无媒介唯可梅風為指東とつくらせ給へ［るは］紀［友］則が歌、［はなの］／香を風のたよりにたぐへてぞ鶯さそふしるべにはやるといへるによらせ給へ［るにこそ。かく鶯に］／しも梅をとり出るよしは、おのづから折ふしのたよりあればなるべし。さて梅は花の魁［なり］鶯をも／また鳥の魁といはまほし。こゝに武蔵国豊嶋郡金杉の村なる根崖といへるわたり［は］あ［づまの日枝の］／ふもとにて、そこに初音の里とよぶ所あり。故は元禄のころわけたしかを［しらし］／宮の都より鶯あまた取よせ給ひて、こゝにはなたせ給ひけむより、やが［てさとの名を］初音と／よぶことにはなれるになむ。かくて天保十あまり四とせのころ、この里人冨衛もと［いへるが］此初音／の名をむなしうなさじとて、こゝに梅あまたうつしうゑて梅林をなむつくれりける。こは鶯［の］やどりに／なさむとてなり。そは何によりてしかおもひよれるといふに、何がしのむすめの鶯の宿［はとゝはば］いかが／こたへむといへるふる言のあればぞかし。梅を植ば、かならず鶯のとひきなむ。とひこば初音の里［の名］もむ／なしからじとてしか思ひ

よれりといふ。こは誠によきおもひよりなんめり。おのれもとより梅［こ］のむくせありて、梅／の木千本あまりもてる中にかをる雪と名づけたる一木なむありける。こは花の色香もうるは［し］き庭木／なれば、やがてそれが園へうつし植させて、鶯の舎りになんせさせける。かくて弘化二とせのきさ［ら］ぎ中の一日／西のおほきにおはします公、御狩に出させ給へる、御道のたよりなれ［ば］此梅園をよぎらせ給へる事有／き。其折から此園に雲の上・魁・便の友と名付たる鶯、籠に入て楳の木のもとに置つるが、過させ給ふ折し／も、此魁の声高う打あげつるよし、いとめでたき事になむ。しかりしよりいよゝ《（ママ）》梅も笑のまゆひらけて、年／年賑はふ事にぞなれりける。さて弘化四とせむ月廿八日、いま大江戸に名ある鶯もたる人々此園に其鳥ども／もてきて、声のよしあしさだむる事はじまれり。そを初にて、年毎に鶯あまたつどはすることゝなれり。さて／此鳥のかしこきこと、親鳥の声をまねびてひな鳥の其親におとらじと、あげ・中・さげの調をたがへずなら／ひ行中に、おのづから其品ありて、あるは文字口あるはかな口など品々別れて親鳥にまさるべくかひ／ならすたくみのほど、まことにいにしへにたぐひなきためしならずや。此ことを後の世にもしらせまほしく、／かつはことし出来つる鶯の名をもこゝにしるして、ながく初音の里の名をとどめむとて、とみゑもの／こへるまゝに、いさゝかそのゆゑよし、かいしるすになむ。

嘉永元年三月十五日

東叡山津梁院主大僧都慈広識

関根江山菅原為宝書

従五位下播磨守戸川安清題額

（［　］内は剝落部分。／は改行）

碑の内容を簡単に要約すると以下のとおりである。

武蔵国豊島郡金杉村根岸（原文「根崖」）は、元禄の頃、京より鶯を取り寄せて放ったことにより「初音の里」と呼ばれていたが、年々鶯は減少していた。天保十四年（一八四三）、根岸の住人冨右衛門が「初音」の名にふさわしく、鶯が訪れる場所に復すため梅園を造成した。弘化二年二月、高貴な方（将軍家慶の世嗣家定）がこの梅園を通り抜ける丁度その時、傍らの鶯が啼くという事件があった。以来梅園は賑わい、弘化四年一月二十八日には、江戸中の鶯愛好家が梅園を訪れ、声の善し悪しを定める啼合会を始め、これより毎年恒例となった。種々の啼き声を覚えさせて、鶯を飼い慣らす技術も古くはなかったもので、このことを後世に伝えたく、また今年出来た鶯の名も刻んで、「初音の里」の名を長く残そうとする冨右衛門の依頼により、この梅園の由来を記すものである。

繰り返すようであるが、本碑は鶯啼合会の最終開催地、根岸における啼合会開催年代を知らしめる唯一の、しかも同時代の史料である。この史料と対比するため、次に『武江年表』(27)の記事を掲げる。

(弘化年間)根岸新田といふ所に梅屋敷をひらく(中略)庵主富右衛門といふ。此家にも鶯の会あり。抑此地を初音の里と号し鶯の名所とす。東叡山梁雲院(ママ)主某初音の里のゆゑよしを記して此所に碑を建らる。碑蔭に当時江戸に勝れたる鶯の名寄を鐫してあり。

ここで『武江年表』の誤りを二点発見できる。「梁雲院」は津梁院の誤りである。また弘化年間とあるが、碑文により一年さかのぼり、天保十四年に梅園が開かれたとわかる。碑文そのものの建立に関しては齟齬はなく、梅園の主の名、「富右衛門(『武江年表』)」と「冨衛も(碑文)」「とみゑも(碑文)」も一致している。

また、碑文中にある「此家にも鶯の会あり」との記載によって、冨右衛門自身も自ら鶯啼合会を開催しており、後に根岸で流行するきっかけを築いた点も碑文翻刻によって明らかになった新事実である。

梅屋敷の主、小泉冨右衛門については、以上の情報が呈示されるだけで、ほとんど経歴がわからない。次に、碑文のそのほかの制作者について、他の史料から経歴を紹介する。

碑文の書家、関根江山《こうざん》は、『音韻仮字格《おんいんかなじかく》』『水茎布利《みずぐきぶり》』を著し、仮名文字を得意とした。『当世名家評判記』(28)によると、

上々吉　関根江山 名為宝 字

頭取 近来一向に評判がござりませんが、潢南仏庵両先生の御仕込ゆへ法帖などはよく見られました。惜い事には書が克菴には及びません。されども一名家でござります。

とあり、関潢南《こうなん》と中村仏庵《ぶつあん》を師と仰いで書を学んだと知られる。文中、「克庵」に当たる人物は未詳。あるいは、関潢南の名が「克明」なので、取り違えた可能性もある。

関根江山の師匠の一人、関潢南は、書家としては名門である、関家の三代目に当たる(29)。関家は、明治期までに五代(養子も含めると七代)続いて土浦藩に仕えた鳳岡より雪江に至る書家の一族である。関根江山は、師・関潢南とその息子・関思亮《しりょう》の編んだ『行書類纂《ぎょうしょるいさん》』(30)において、五・九・十一・十二巻の四巻分の校閲を行っている。本書一巻より十一巻までは、各二名で校閲を行っており、最終巻の十二巻では四名が名を連ねる。江山のように四巻にわたり名を連ねる者は、ほかに二名おり、その二名も江山同様、最終巻である第十二巻に名を見い出せるが、江山はいずれの場合でもその最後尾に列されており、門人の中でも重きをなしていたと考えられる。

関根江山のもう一人の師として名が挙がる中村仏庵は、梵字に優れ、仏像や骨董の蒐収家としても有名で、下谷長者町(現、台東区上野)の薬種商・山崎美成を中心とした好古の会「耽奇会《たんき》」に参加している。この「耽奇会」では、関潢南

の息子思亮も、開催された全回に出席した主要メンバーであった。

　以上のような、関漢南・中村仏庵という、当時有名の文人に教えを請うただけあって、江山自身の著名度も高かった。それは、人名録の掲載頻度からうかがわれる。江山は、天保三年九月刊の『書画薈粋《わいすい》』初編、同六年刊『当世名家評判記』、同七年刊『江戸現在広益諸家人名録』、嘉永二年刊『現存雷名江戸文人寿命附』初編、安政七年刊『安政文雅人名録』、文久元年刊『江戸現在広益諸家人名録』三編、同三年刊『文久文雅人名録』、刊年不明『江戸現存名家一覧』と、八種の人名録・評判記に重複して名前が載る。当時、これだけの人名録に名が挙がるのは非常に珍しく、初出の天保三年時から最後に名前が確認できる文久三年時までは三十一年間にも及び、その間、第一線で活躍した証拠ともなろう。文久三年の次に刊行された人名録、明治十二年『明治文雅人名録』や、文人の逸話を集めた、同十九年刊『香亭雅談』に江山の名が見られないことから、明治維新前後に死没したと推測できる。人名録における江山の記載内容は、以下のとおりである。

下谷御掃除町
書家 名為宝 号江山 字親卿 関根江山
江戸ノ人。書ヲ好ンデ隷書・楷書・行書トモニ其自然ヲ得タリ。書名尤高シ。
（『書画薈粋』初編[31]）

書
下谷御掃除町
趙斎 名為宝 号揮月堂 字親卿 会日一六 関根江山
（『江戸現在広益諸家人名録』[32]）

関根江山
書の論は中々人におとるまじ。
書　わけて見るにかける仮名文字
大極上々吉　寿　九百歳
下谷御掃除町
（『現存雷名江戸文人寿命附』初編[33]）

書哥
号　下谷御徒町
江山 名為宝 国字屋 関根江山
在宿二七
（『安政文雅人名録』『江戸現在広益諸家人名録』三編『文久文雅人名録』[34]）

以上に掲げた前半の三点、天保三年・同七年・嘉永二年の人名録には、住居が「下谷御掃除町」（現、台東区東上野）とあるが(35)、後半の安政七年・文久元年・同三年には、「下谷御徒町」が住居になっているので、嘉永二〜安政七年の間に、転居したと考えられる。

人名録の記事には、「国字屋」といういかにも仮名文字を得意とした人物らしい雅号を紹介するが、一方で別の専門分野の存在を指摘できる。「書哥」と記されたのがこれで、彼は書のみならず和歌に堪能であった。この点を補強するのが、根岸に居を構えた幕府連歌師、坂家に入門した事実である。坂家の門人帳『阪家門人牒』(36)によれば、入門したのは天保九年十一月五日のことであった。江山は、連歌をも学んでいたのである。この坂家の門人帳には、神官・僧侶の名が多くあり、また榊神社・上野東照宮・鳥越神社の宮司、日輪寺の僧、柳川藩士・秋田藩士など、下谷・浅草という下町地域に居住していた人物が多い。江山は、国風文字をよくするという点で、国学的素養が少なからずあったと考えられ、坂家に入門した事実は、神官・僧侶と親しく交流する機会に恵まれていたことを示唆する。

江山の著書『仮名類纂《かなるいさん》』(37)には、見返しに「江山関根太可羅《たから》」、三十二丁裏の尾題にも「関根江山菅原太可羅輯」とあり、菅原太可羅という国学者風の名乗りを持っていたことがわかる。なお本書の内題では、本石碑と同じく「江山関根為宝」(38)と「為宝」の号を名乗り、凡例には「天保十二年九月　槐舎蔵板」(39)とあり、「槐舎」は、江山の書斎号であることから（後述）、著者・関根江山自らが板元を兼ねていたことが判明する。

この『仮名類纂』に序文を寄せるのが、正面「初音里鶯之記」の識者、「東叡山津梁院主大僧都慈広」である。東叡山津梁院は、上野寛永寺末寺院で台東区上野桜木一丁目に現存する。慈広は、津梁院第二十九世住持に当たる。当院は、戦前までは現在地よりさらに根岸に近い地、現在の寛永寺陸橋脇に位置しており、陸橋下は、鶯の啼く「初音の里」そのものであった。『仮名類纂』序文では、「東台錦洞館のあるし慈広しるす」とあり、「東台」が寛永寺山内を指すので、「錦洞館」は津梁院内の慈広の居住した庵号と推定できる。この人物は、毎日鶯の啼き声を鑑賞できる環境にあった点に注意をうながしたい。

『仮名類纂』では、慈広の序文のほか、寛永寺と江山の親密度を示唆する事実をもう一点発見できた。本書は、初板の天保十二年以外にも、ほかに弘化二年板と嘉永七年板が確認され、嘉永七年板(40)には、「下谷御成道英文蔵梓」と書肆名が刷られる。この書肆は、寛永寺御用達であることが、弘化二年板(41)における、次の巻末の広告文によってわかる。

　江戸下谷御成道
東叡山御用御書物所　青雲堂英文蔵製（印）

前述のように本書の初板は、関根江山自身が板元であったが、後に板行された二種類の板は、下谷御成道に店を構える寛永寺御用達の書肆が板元に変わった。この事実は、寛永寺、とりわけ慈広との緊密な関係を示すものである。慈広は本書の序文において、

いてや、かく治れる御代に生れ出て、何事も古まなひ(学)の道あきらけくなれる中に、ひとり此かな(仮名)のみ。かくて有むはとて、江山堂のあるし(主)、よりくに古人のかけるあと(跡)をたつね(尋)もとめてそのまゝすき(透)うつ(写)して、いろはのつひてもてあつめて、仮字類纂と名つけぬ。

と、江山と親しく交際していたからこそ、江山の国学的傾向「古まな（学）ひの道」について理解し、自身もその影響を受けていたことがわかる。「初音里」碑は、このように、仮名に、和歌に、造詣が深く、ともに親しく交わった人物によって建碑されていたのである。

最後にもう一人、本碑の担い手、題字を篆書した戸川安清《やすずみ》を紹介する。彼は、長崎奉行や勘定奉行を歴任した幕臣で、小川町雉子橋通（現、千代田区一ツ橋）に屋敷を拝領していた。この人物もまた、書歌を専門としていた人物である。特に書は、高林寺（現、文京区向丘）の黒沢竹所の墓碑の題字[42]や、祥山寺（現、新宿区若葉）の高島文鳳の墓碑の題字を手掛け[43]、能書家としてよく知られていた[44]。『画報』[45]には、

能書の聞え又歌道にも有名なり。殊に鶯を愛し数多飼り。

と、書・和歌に加えて鶯愛好家として有名であったことが記録される。『画報』には、彼が十一代将軍徳川家斉拝領の鳥籠を所有していたとの記事もある[46]。

建碑の翌々年である嘉永四年、戸川は初めてこの石碑を目にしている。訪れた際の紀行文『根岸里観梅之記』[47]に、このことが記されている。このときの根岸散策は、戸川が海棠園一陽の訪問を受け、連れ立って「妙教精舎」（当時寛永寺山内にあった妙教院）に向かい、その後根岸に到着し、まず根岸在住の万里小路式部の自宅を訪れて各々和歌を詠む。次には雨の中を万里小路式部をもともない、本碑がある初音の里（根岸）の梅園を訪れてまた歌を詠んでいる。ここで戸川は、

この里のゆへよしかける石ぶみを、ことばはみたれど、まことの石ぶみはけふはじめてみ侍るに、

この里にけふふみそめて石ぶみの花のことばの
真をぞみる　清

と、題字は書いたけれども、石碑となっているのを見たのは初めてということを歌で明らかにする。

なお、戸川に同道した万里小路式部とは、『江戸現在広益諸家人名録』二編（天保十三年板）[48]に、

根岸
画 雪川名猷倫　万里小路雪川
一号台北道人

と、寛永寺坊官で、根岸の住民である万里小路雪川のことである。『根岸里観梅之記』著者の海棠園一陽は、『江戸当時諸家人名録』二編（文政元年板）[49]に、

和歌海棠園　名真彦　字　白山
又号蒿斎　　　　　　　　狭々城花禅
初称三蔵　江戸人

とある、白山（現、文京区）に住んだ幕臣・佐々木一陽と思われる。一陽は、江戸城本丸修築に功を認められ寛永寺の修築にも関与したという。和歌をよくし、著書に『梅花百題和歌』一冊がある。

以上のように、建碑に携った江山・慈広・安清の三名とも書・歌に秀でた文人であり、篆書家・戸川安清と根岸吟行に同道した二人も歌に秀でていた。そして、寛永寺との関わりが深い人物であった点も注目される。以下では、後者に挙げた共通性、寛永寺との関係を、慈江と江山の居住地が碑の所在する根岸に近いという地域性と関連付けて検討したい。

すでに第三部第二章で採り上げたが、江山が記した「詩歌連誹をもとむるのこと書」[50]と題す広告文では、初めて江山と冨右衛門の関係が判明する。内容が本碑と深く関わるので次に要約を記す。

雪月花、時鳥など風流な事物は多いが、まず花を愛でるのが世の常であろう。花の中では、新しい年を迎え初めて咲く梅の花は格別で、花の魁と呼び、昔から愛でる人が多くいた。鳥が啼く東の比叡山の麓、根岸に「初音の里」と呼ぶ地があるが、先年火災に遭い、家々は皆焼失してしまった。それからは家屋敷も稀になり、屋敷の庭も荒れ野のようになってしまった。

この根岸に早くから住み、庭を持つ人がいて、梅の木を植えるのを楽しみとして過ごし、現在は百本余りの梅林になった。そこで、初鶯と共に、都鄙の別なく貴賤の別なく、梅園に訪れ来る人々が、漢詩や和歌を添えてくだされば、初音の里の名に負けないこととなるであろうというのが、梅園主（小泉冨右衛門）の願いであり、私も同じ思いである。梅園の花もそう思うであろう。このようにいう私は、「梅廼舎」の主に代わって、軒を並べる「槐の舎」の主、関根江山が記すものである。

根岸庚申塚　初音の里　梅のや

「初音里鶯之記」碑文中にも、「梅は花の魁」だというくだりがあり、本史料中の虫損の文字は、碑文中の同じ言い回し「新たまのとし…」により推測した。この「詩歌連誹…」の内容は、「初音里」碑で鶯を呼び寄せるために「冨右衛門」が作った根岸の梅園そのものの紹介文なのである。「詩歌連誹…」は、火災により根岸が荒廃したので植樹を進めて百本の梅林になったと記し、これを記念して「言のはのにほひもそへ」言葉で綴るもの、つまり具体的には、詩・歌・連歌・俳諧を作ってくださいと結ぶのである。

この引札が効をなしたのか、根岸の梅園では、鶯啼合会開始後の弘化四年二月十七日、ここを会場にして、和歌に長じた海野《うんの》遊翁《ゆうおう》が出席する「人麿千年忌」の歌会が行われた(51)。「詩歌連誹…」の年代は不明であるが、鶯のことに何も触れていないので、梅林築造後の天保十四年以降、弘化四年の啼合会開始以前ではないかと考えられる。本史料では、会の主催者である「根岸庚申塚初音の里」の「梅のや（舎）」＝梅園主の冨右衛門から、広告文の依頼を受けた江山は、梅の舎に軒を並べる「槐の舎のあるじ」と称していることから、根岸の住人であったことが初めて判明する。「詩歌連誹…」の成立が天保～弘化であるとすると、人名録における記載、天保三年～嘉永二年まで「下谷御掃除町」に住んだこととそぐわない。それならば、鶯について何も触れていないが、本碑が建立された嘉永二年以降、「下谷御徒町」の記載がある安政七年までの間に、根岸に住みこの広告文を執筆したと考えるのが妥当であろう。

本節では、碑正面の文章を手がかりに鶯啼合会の開始年代を明らかにし、碑制作の担い手についての考察を加えた。担い手同士は、歌という共通点で、撰者・慈広と書家・関根江山、篆書家・戸川安清の三名がつながり、鶯愛好という点では、安清と梅園主の冨右衛門（梅の舎）がつながり、地理的に近接するという点で、江山と慈江、そして冨右衛門がつながることを明らかにし得た。

第三節　裏面「鶯之名寄」の検討

碑正面に関する史料は散見されるが、裏面「鶯之名寄」（以下「名寄」と略）に触れた史料として唯一の『画報』(52)を次に掲げる。

根岸の里に鶯塚あり。名物さゝの雪豆腐の向ふ側、何某方邸内に今あり。由緒は文化文政天保あたりの名鳥、前のぶる「気儘」・「四方の春」とうを始め、碑に鳥の名切付ありといふ。これ根岸の里にて鶯啼合会始まりし頃、好事家及飼鳥屋とうにて建る所なるべし。今その人々あり。

ここでは鳥の名として、「気儘」「四方の春」を挙げるが、現存の碑陰にはここにある鶯の名は見当たらない。前にも述べたとおり、明治年間の啼合会は、碑文の建つ位置の川を隔てた向い側、「鶯春亭」という料亭で行われており、廃園された園内の碑はほとんど顧みられなかったことがうかがわれる記事である。

このように今まで忘れ去られていた碑陰には、実は、啼合会の直接の担い手を示すという、重要な情報が刻まれてある。そこで、本節では、以下に碑の裏面「名寄」の検討を行う。

裏面の年紀は「嘉永二年」とあり、正面の年紀、嘉永元年の一年後である。建立者は「根岸初音里梅園建之」とある後に続けて刻まれる、「初音連」たる「駒形　板垣知」「深川武嘉為」「根岸　玉香翁」「同（根岸）安吾楼」「同（根岸）半万野」の五名である。これらの人名は省略して記されており、どのような人物かも今のところ不明である。ただし、五名のうち根岸出身が三名おり、石工に根岸に程近い「車坂」（現、台東区上野）の人間がいることからも、冨右衛門の趣旨に賛同する、地元根岸の住民が中心になって建立したと考えられる。

図55は、碑裏「名寄」[53]を翻刻したものである。出品者のべ六十七件、赤坂今井連など同所から複数出品の例もあるが、便宜上鶯六十五羽に①〜65の数字を付した。出品者には、地名だけを刻む十八件、地名と出品者の屋号を刻む四十八件、屋号のみを刻む一件の記載がある。

地名のみの陰刻は、浅草を冠するものが十二件、それ以外の六件[54]、㊺62「星が岡」は日枝神社（千代田区永田町）を指す俗名、⑬桜田久保丁は港区西新橋、53弐番丁55表二番丁は千代田区二番町、㉝馬場先は同丸の内という、すべて武家屋敷地に相当し、武士が名を隠したと推測できる。

地名と屋号は、下町二十四件、山の手十三件、場末七件、江戸近郊四件と下町地域が多い[55]。赤坂の今井連は、

同（江戸）赤坂　鶯専門家　連々助[56]

と、今井（谷）が地名であり連々助の略称とも考えられるが、地名を冠す同好のグループの先例が、狂歌や園芸分野に見られるので、「今井連」とは一人ではなく複数と考える。⑱伊達松㊶伊達司を出す赤坂今井谷は、今井連の出す鳥がすべて「伊達」と付されるので、今井連の鳥と兄弟か、もしくは同じ連に属すと考えられる。

本碑は、名を隠す者が多数いるためほとんどが何者か不明であるが、以下に素性が判明した者を紹介する。

㉛神田種喜は、鳥屋の種屋喜兵衛のことである。彼は優秀な鳥屋であり、『画報』[57]に、

弘化年間、種屋喜兵衛、鶯を愛し、養育の道にぢくれん（熟練）し、文政天保時代世に知られし名鳥○泉か里○気儘○四方の春○春日山○三笠山等の血続の鳥を餌飼し、附児の辛苦を極め一派の口調の鳥を種屋口と云ふ。名鳥数多の内、世に知られし鳥左にかゝく。（但し鳥の年間は前号惣平口と同し年代順と知へし）○三声伝○若草○曙○敷島（俗に首曲りと云）○滄浪○若翠○二葉○寿○東雲○初調○朝日潟○武蔵鑑○歌袋○礫川○太平楽○腹鼓○静抔といへる類なり。（後略）

と、詳細に鶯名を載せた説明がある。本史料から、図55に掲げた㉛三声伝→⑧明ほの→㉜太平楽は、この順番で弘化年間に種屋が育てた鶯である。しかし、碑文では、出品者が神田の種屋と記載されず、「名寄」出品者は飼鳥屋だけでなく、種屋から購入した顧客が含まれているとわかる。

いま一人、素性が判明した別の鳥屋に、井口惣平という人物がいる。彼も『画報』[58]に次のとおり紹介される。

（前略）天保末年に至りては、好事家及飼鳥屋の手元に

鶯之名寄

① 准之一 初音の曲 浅艸 元鳥越
② 甲之一 時雨か岡 千住 いせ甚
③ 離一 伊達豊 赤坂 いま井連
④ 三室山 浅艸 元鳥越
⑤ 御世の春 熊谷 増田
⑤ 鶯連 神田 家根定 神田 家根清 水戸 鳥屋喜

⑦ 同 東山 中橋 綿や
⑧ 明ほの 町谷 植藤
⑨ 伊達拍子 赤坂 今井連
⑩ 三家の月 浅艸 元鳥越
⑪ 宝莱山 熊谷 亀沢

⑫ 同 松の友 橋丁 魚丁
⑬ 玉吐連 桜田 久保丁
⑭ 伊達笑 赤坂 今井連
⑮ 武蔵潟 浅艸 なす亀
⑯ かな手本 熊谷 わた喜

⑰ 同 桧扇 浅艸
⑱ 伊達松 赤坂 今井谷
⑲ 花の宴 赤坂 今井連
⑳ 浅茅の 浅艸 中善
㉑ 准之一 丸ま 浅艸 森下
㉒ 錦帯橋 小石川 桜雪

㉓ 同 蓬莱山 下谷 日吉
㉔ 翁 中橋 寛松斎
㉕ 二代目 三笠山 浅艸 元鳥越
㉖ 玉紫 京橋 小三
㉗ 京育 初音里 木村
㉘ 北庭楽 初音里 鶯生軒

㉙ 同 東鏡 浅艸 田圃
㉚ 御代の春 日本橋 神豊
㉛ 三声伝 神田 種喜
㉜ 太平楽 御殿山 増本楼
㉝ 富士霞 馬場先
㉞ 梶原 初音里 梅のや

㉟ 同 花の間 浅艸 田圃
㊱ いつも春 四谷 寸喜
㊲ 白拍子 神田 万兵
㊳ 楽天 兼房丁 近江や
㊴ 梅遊 三田月見崎 岩田
㊵ 美歌都貴 小田原丁 ましや

㊶ 同 伊達司 赤坂 今井谷
㊷ 八重霞 両国 小玉
㊸ 二代目 たよりの友 三川島 植宗
㊹ 香山 南品川 いせ条
㊺ 初音の玉 ほしか をか
㊻ 岩清水 本町 吉原栄蔵

㊼ 同 紫房 京橋 上新
㊽ 都乃春 昬風
㊾ 東の浦 呉服橋 勝田
㊿ 大和詞 浅艸 大日方
51 飛鳥野 小塚原 椎橋五
52 三笠山 浅艸 元鳥越

53 同 今の里 弐番丁
54 出し月 大門通 尾の宗
55 芙蓉峰 表二番丁
56 四季曲 本石丁 二水
57 満りの曲 千寿 柳悟
58 春日山 浅艸 田圃

59 同 もろかつら 浅艸 飛前谷
60 岩雫 大門通 尾の宗
61 井出の里 大門通 尾の宗

初音連
駒形 板垣知
深川 武嘉為
根岸 玉香翁
同 安吾楼
同 半万野

62 同 初音の響 星か岡
63 天の原 大門通 尾の宗
64 天楽 大門通 尾の宗

江戸飼鳥屋中定

石工
車坂 [長左衛門]
悴 [金次郎]

65 同 住の江 浅艸 大代地

嘉永二年三月吉日

根岸初音里梅園建之

[ ]は土中埋蔵分

図55　裏面「鶯之名寄」

於ても目覚しき程の鳥出来得べくもあらしと思考し、駿河国府中におもむき、（中略）一羽しひて懇望し持帰り、其頃幕府蒔絵師用達にて糀町甲斐坂に住す亀屋善兵衛なるもの丶愛鳥「気儘」といへる鶯此気儘と云鶯は前にのふる四方の春の兒鳥なりの附兒を懇望し、彼の駿河より持帰りの鳥と附合せ、三年の間辛苦空しからず、始めて三ツ音揃ひし、口替りの鳥出来たりと云。是惣平年頃の丹精の功によれるなり。「寝覚の里」と名付く故に、誰云となく此音節艶の口を「惣（ママ）平口」と云。是より後、順年に同人（井口惣平）養育の附兒名鳥数多世に出たり。其内十の一を以て左に記す。

但鳥の順序は年代によりてしるす。

○寝覚の里惣平口の元祖○初代岩雫○天の原○出し月○鏡か裏○月かも○歌の里○二代目三笠山○雲井の曲○浪静（後略）

この記事により、天保末年頃に鳥屋井口惣平が、(60)岩雫→(63)天の原→(54)出し月→㉕二代目三笠山の順で育てたと知られ、(60)(63)(54)は同じ「大門通尾の宗」が出品するから、碑文中の「尾の宗」＝井口惣平と推測される。また同じ「尾の宗」の出品(61)(64)も井口惣平が飼育したのであろう。

この「尾の宗」は、『旧幕府引継書』「諸問屋仮組名前帳[59]」の「飼鳥屋」の項に、

尾上屋宗兵衛　神田蠟燭町　庄三郎地借

とある「尾上屋宗兵衛」の略である。井口惣平の「惣平」と「宗兵衛」は表記が違うが、音通によって同一人物と考えられる。

なお、右に掲げた史料「諸問屋仮組名前帳」には、嘉永四年時点での四十四名の飼鳥屋の名前が載る。本所十一名、神田と小石川に各五名、麻布四名、市谷三名、浅草・赤坂・駒込に各二名、豊島・榑正・八丁堀・中之郷・三田・惣十郎町・牛込・山王町・木挽町・元数寄屋町に各一名を数える[60]。これらの飼鳥屋は、名前が明らかにされていても詳細は不明であるが、他の史料と突き合わせていくことで新たな展開が期待できる史料である。

以上のように、「名寄」に登場する出品者のうち、屋号を明らかにしないものは武士と浅草住人に限られ、地名と屋号を刻むものは、日本橋や神田など下町地域の住人が大多数で、この身分は鳥屋か鳥屋から購入した商人の可能性が大である。

次に掲げるのは、こうした鶯に狂奔した商人の事例である。

（前略）此鳥持主は下谷広小路に住る酒渡世四方と云ものの鶯を殊に愛し、此道には貯蓄をあまた遣ひ捨、そのころ奉書に美々しき摺物を世に多く出したりける。摺物に「鶯や百万石もなんのその」と。是は其頃金沢侯も鶯を飼せ給へとも折紙添すありしにや、おのれの鳥は、准の一の折紙を持ち江戸一の鳥なれは、鶯にては百万石も何のそのとの意なるへし（後略[61]）。

右の史料にある、下谷広小路の酒屋店主「四方」が飼う鳥は、

「准の二」の称号を得て刷り物にされたとわかる。この鳥の名を「四方春」という。この四方春の名鳥ぶりは次の史料に見られる。

（前略）文化の末文事（文政カ）のはしめつかた、節音艶の異なる鳥追々出来たり。中にも喜儘（気）・四方の春とうの鳥は、もじ（文字）口鶯の元祖といふへき名鳥なり。（中略）此頃高田馬場にて鶯啼合せの会はしめて催ふす。（中略）准ノ一といへるを、隅田川にて鶯啼合せの会の節四方の春と云、鶯に准ノ一といふ折紙をはしめて付しといふ。これ又江戸一に准する意なるべし（後略）(62)。

四方春は、准の一が付された最初の鶯であった。またその兄鳥「気儘」とともに、「もじ口鶯の元祖」という認識があった。これにもかかわらず、両鳥ともなぜか碑陰の「名寄」に刻まれない。また、弘化二年刊『隅田採艸春鳥談』(63)には、向島啼合会で准の一となりながら碑陰にない鶯「隅田里」の記事がある。このように根岸啼合会の実際を知るためには向島のそれと比較した方がよかろうと考え、次に向島の記録、『隅田採艸春鳥談』を検討する。

第四節　鶯啼合会の実際

鶯啼合会が実際どのように行われたかを見ていくためには、『春鳥談』からの一節「鶯声品定会の話」が最も詳しい史料である。すでに『古事類苑　動物部』(64)に引用されるが、非常に具体的であるので次に引用する。

最初は、鶯啼合会そのものの説明からである。

毎春三都に於て、鶯声の品を定むる会あり。江戸は正月下旬、二月中旬両度、牛嶌に集会して品定のすさびあり。毎歳季秋より翌年の早春に至るまで、禽舗《とりや》の徒奔走して、処々家々に養ふ所の鶯の声音を論談して相互に競て交易す。或は雛に好鳥の出来たる家には、然るべき風流の名をつけて其鳥主禽舗の巧者なるを集めて、酒飯等を設て美悪を評せしむ。是を名弘《なひろめ》といふ。大寄《おおよせ》の会に至ては、江戸禽舗仲間五十八軒の中一人催主を定め、正月中旬掲《ひき》榜《ふだ》を以ておよそ鶯を飼ふ家々には、尊卑を論ぜず、その定日《じょうじつ》を告ぐ。

まず鶯の啼合会は、三都で行われたことがわかり、江戸では一年に二回、牛島（現、墨田区向島）の茶亭で会が行われた。この会に出品できるような良質な鶯を手に入れるため、鳥屋は奔走した。会には、二種類があり、「名弘」の会は雛の初めての御披露目であり、「大寄」の会は江戸禽舗仲間五十八軒の内の一人が催主になり、貴賤を論ぜず、鶯を飼う家々に引札を以てその会日を知らせていた。

会の概要に続いて、次に会前日の準備段階が記される。

其日に至れば、催主補助及鶯の口調《こうちょう》を能聞分る者数人、前日より牛嶌洲寄村の梅本と呼ぶ茶亭に集会して、鳥の諸方より来るを待なり。列侯大夫方の鳥は、近侍の士携来て翌日の会終るまで鳥の側を離れず。農商の鳥は、知己の禽舗に託して出す。其鳥共を置所は、小梅・洲嵜両村の諸家の別業或は隠者及農人の大家を、前方より借置て一家に鶯一羽を置く。但し家の広きは二羽も置く也。しかせずして一所に数多置く時は、群鶯互ひに声を争ひて劣れる方は遂に声を発する事をえざるに至る。是を計て別処に置く事也。

ここにあるとおり、前日には「催主」つまり主催者と、「補助」の人間および鶯の声の聴き分けが出来る審査員数名が、牛島の「梅本」という茶亭に詰め、各所から持ち込まれる鶯を見分した。これは、鶯という鳥が非常に繊細な鳥であるのに対応した措置で、少しでも環境に慣らしておくためである。審査員まで前日に集合することから、不正防止の策でもあっただろう。武家と農・商とで、鶯の持ち込み方法に差がある点も記される。列侯の鶯は、家臣が自ら携えて鶯の傍を離れないという神経質ぶりを示し、農商のそれは、知り合いの鳥屋に托して啼合会に参加した。環境に慣らすために置かれた場所は、「諸家の別業」や「隠者及農民の大家」を、以前より借り受けて用いた。理由は、一軒に一羽（広い家は二羽）置かれたことでもわかるとおり、家の広い静かな場所でなければ、鶯同士に啼き声を聞かせてしまうと、互いに負けじと啼いてしまい、ついには声を発しなくなってしまうからである。隅田川左岸という、閑静な別荘地帯が選ばれたのも同じ理由からであろう。会合に用いられた「梅本」の位置は、図56に示したとおりである（現、墨田区向島三丁目七番付近）。図56は、弘化丁未（弘化四年）の書画会の引札であり、この近辺の料亭の案内図を兼ねている。本史料は、引札を多く貼り込む貼交『広告研究資料』[65]で発見した。同貼交帖には、別に鶯の「大寄」の会の引札の実物資料も貼り込まれており、非常に珍しくかつ『春鳥談』[66]の記述を裏付ける史料なので次に全文を掲げる。

口上

春寒之砌に御座候得共益御機嫌能被遊御座恐悦至極奉存候。然者来る廿四日、向島梅本亭におゐて、鶯会相催候間、晴雨とも不相替御賑々舗御光臨被成下様奉希候。以上

御鳥前日より御差出し可被下候。

亥正月

飼鳥屋

仲間中

本引札で明記される、「正月」という時期、「飼鳥屋仲間」という主催者、そして向島「梅本亭」という場所は、『春鳥談』の記事と一致する。引札の年代は、「亥」とあることから、弘化四年に根岸で鶯会が開かれる以前の亥年、天保十年のことと考えられる。

引き続き『春鳥談』の記述に戻り、当日の品評会の様子を

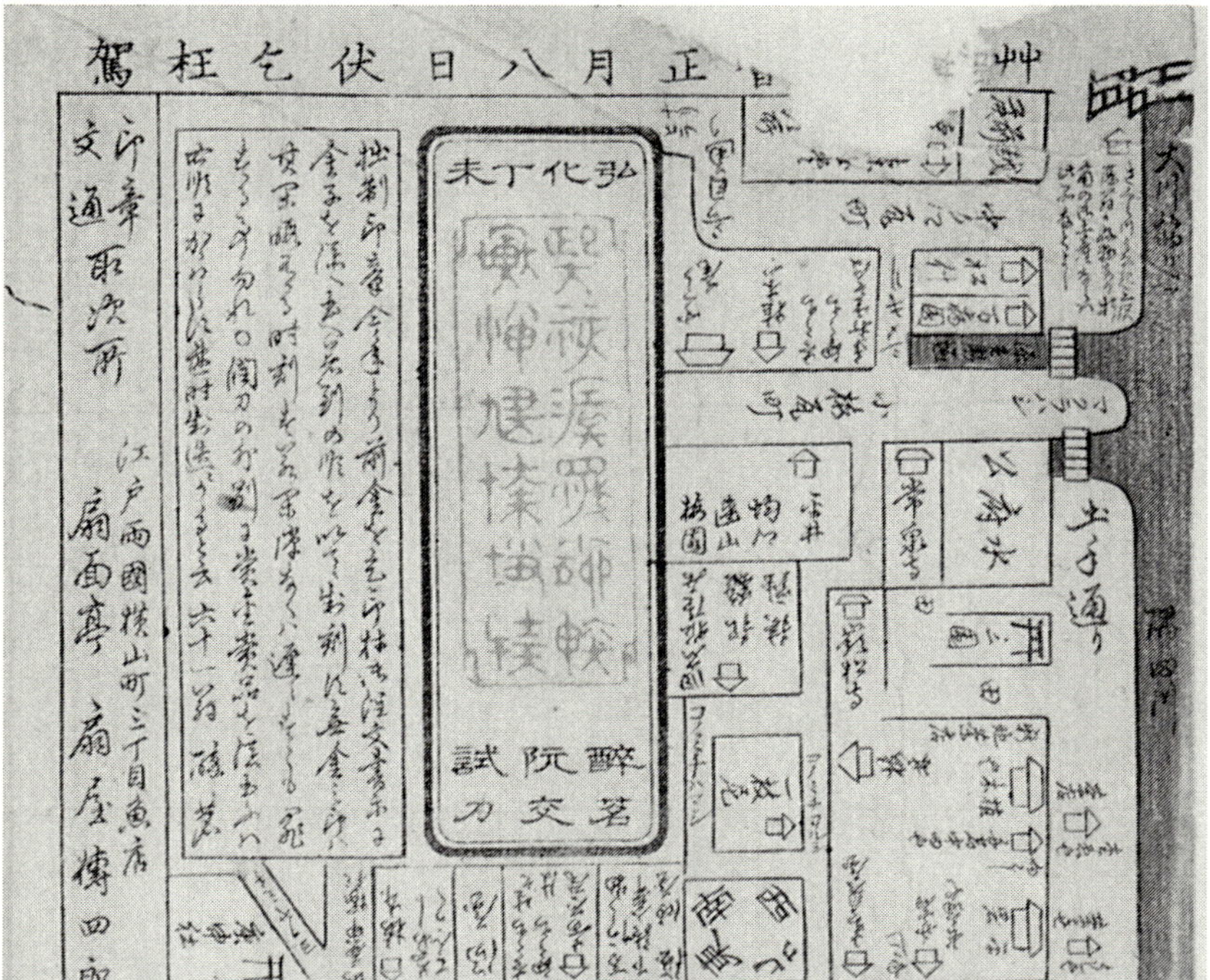

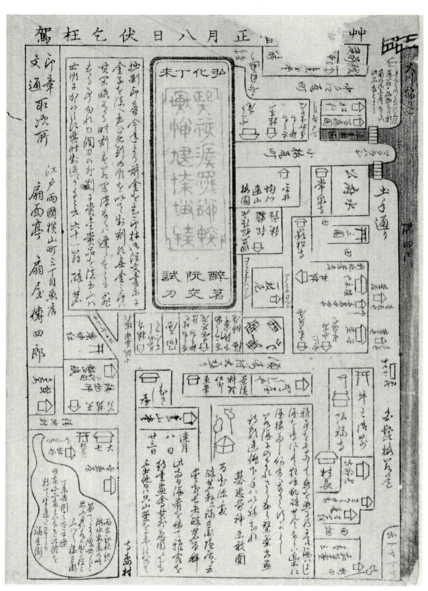

図56　「梅本」の位置（『広告研究資料』巻３）
（画面中央左端、「庚申社」の道を隔てた向かい側にある）

見ていく。

かくて当日は早天より禽舗の徒、各々手帳を携へ、鶯を置く処を屢々行巡り、再三其声音《せいいん》を聞て其甲乙を一々密に手帳に記し畢て後、会亭に立かへり、各々手帳を抜きあはせ、衆評一決の上其位を定むるに、声音上品三音《じょうひんみつね》結句《むすび》全備したるを賞して、江戸順一《じゅんのいち》と称す。但し江戸一とのみ呼ばざるは、おほけなきを憚るなり。其他は東之一、或は西之一、三幅対の左右中等数階有り。すなはち大幅の紙に其褒詞を大文字に、其鳥の名の傍に書て、会亭の壁上に張出し、なほまた右の通を大高檀紙に書て、飼鳥屋物仲間と篆字に刻せし方印を朱にて押し、巻て白木の台に載せ、これに扇子一対を添て其鳥の主に贈る事、敢て貴賤を論ぜず。是に於て鳥の主より謝義あり。鳥の名誉を祝する也。其貨の多少は褒詞の甲乙、鳥主の分限によりて定格ある事なし。その謝物はすなはち会席の諸雑費に充るのみにて、全く催主等が利を貪るにはあらざる也。大家の鳥の世に聞ゆるは此会あるがゆゑ也。

ここにあるように、当日は審査員が手帳を携行し、諸所に置かれた鶯の啼き声を判定、最後に梅本亭に集合し、各々の審査結果を照らし合わせて順位を定めた。最高位は「江戸順一」と呼ばれ、次いで「東之一」または「西之一」、「三幅対」の順である。差し障りがあるので「江戸一」とは称さないとも記す。細かな手順の記述の後、「鳥の世に聞ゆるは此会あるがゆゑ」と結ぶ。この会における格付けによって、飼主は自らが丹精して育てた鶯の判定を下され、一方鳥屋は出品して位を得た鳥は高価格での売買が可能となるので、双方ともに高位を願っていた。この高位を願うあまり、主催者側に賄賂を贈る事態を招いたことは想像に難くない。飼主による謝礼を殊更に、「会席の諸雑費に充るのみにて、全く催主等が利を貪るにはあら」ずと謳うのは、この行為が行われたことを如実に示す断り書きである。

さて以下からは、一世を風靡した名鶯の紹介と、これに由来する著者自身の飼育する愛鶯の記述に移る。

其会の盛なる比、鳥屋万蔵と云者、四方の某といへる酒肆へ售たる雛を、四方春《よものはる》と号けて会に出せしに順の一となりしかば、帚木塚といふ処の豪家、若干の黄金に易て請得しより其名いよ〱高く聞えぬ。其鳥につけたる雛四羽あり。万蔵これを請得て余にすゝむるが故に求め養ひし中に二羽の好鳥出来たり。其最も勝れたるを隅田里《すだのさと》と呼び次なるを隅田春《すだのはる》と呼びき。隅田里は出藍の逸物にして其明春会に出しけるに、すなはち順の一となりて、其名遠境までも聞えけり。（中略）次の隅田春は、師鳥の音色に彷彿たれば、四方春に象りて隅田春とは名けたり。（中略）されどまた得易からざる鳥なりければ、浅草三間町なる古手屋なにがしせちにこひもとめて止ず。故に師の四方春の価の半をもて遂にゆづりぬ。隅田里は余が東遊せし跡にて死《おち》たり。惜むべし〳〵。然れどもそれにつけたる雛二羽、能その美を伝へて今に存せり。唯うらむらくは、近年鶯会廃れたれば世に知らるゝによしなき事を。

「鳥屋万蔵」は秋元万蔵のことで（後述）、彼が酒屋に売った雛を「四方春」と名付けて出品、順（准）の一になり、大金で取引されたことで一層名を高めた。万蔵はまた四方春の雛四羽を求め、『春鳥談』著者柏原宗阿に売り、このうち「隅田里」は翌春一位となったが飼主の不在中に死亡(67)、もう一羽「隅田春」も優れた鳥で、四方春の半価で売れた。隅田里の雛は健在だが、会が廃れたため無名のままで残念と歎く。

ここで注目したいのは、「雛」の期間は『鳥韻《ちょういん》鼓吹抄《こすいしょう》』(68)によると「生れ年を雛とい」い、「生れたる明る年」の「雛親」も含めると、〇～一歳までの二年である。死んだ隅田里に附けた〇～一歳の雛を「近年」とするのが『春鳥談』板行時の弘化二年だから、死亡時期は弘化元～二年である。ならば隅田里を「其明年会に出し」た時期は弘化二年まで、四方春が准の一となったのは同元年までとなり、それは向島の「会の盛なる」天保年間から弘化元年までに当たる。

ここで『春鳥談』の記事と照合して、根岸の石碑「名寄」中の鶯の年代を整理しよう。天保末年、種屋が育てた鳥が四羽、弘化に井口惣平が育てた鳥が三羽もしくは五羽、碑正面により、弘化二年に新梅屋敷にいた「便の友」の二代目がいる。対して「名寄」にない鶯は、弘化元年までに准の一をとった四方春、四方春の附子《つけご》であり弘化二年までに准の一をとり、同元・二年に死んだ隅田里、四方春と同い年の兄鳥気儘、同二年に新梅屋敷にいた雲の上・魁・初代便の友（碑文正面による）である。碑正面には「ことし出来つる鶯の名をこゝにしる」すとあるが、三笠山と二代目三笠山の存在から一年限りではない。以上から「名寄」の鶯は、嘉永元年または二年の時点で生存している鶯を刻んだものと考える。こう考えないと年一～二回しか出ない准の一が十五羽もおり、八～十五年分の鶯が、弘化四～嘉永二年（啼合会開催期）の三年で刻まれたことになる。計算上は年五回開催となるが、これは年二回行うという『春鳥談』の記事と合致せず、根岸以外も含むとしたら、気儘・四方春や惣平口・種屋口の他の鳥を刻まないのはおかしい。

鶯の生存年については、次に掲げる明治期の史料にもある。

（前略）年々准の一の鳥、一羽ツヽ出来れは東京中には准の一何羽ともなく出来る訳なれとも、十年はたもたぬ鳥なれは、国々より大金を以てあかなふものあり。されど短命にて落るか又は順に老鳥となるゆゑに、東京には准の一の鳥二三羽に過る事はあるましとおもはる。(69)

と、鶯は十年は生きられず、その中でも優秀な准の一は稀少であったという。ところが、「名寄」が嘉永元～二年に生存中の鶯を刻んだとするならば、十五羽では三十年以上存命の鶯がいることになってしまう事態を招き、計算がおかしくなってくる。そこで、「名寄」における、准の一の年代を、次に他の史料によって確認したい。

准の一のうち、(58)春日山は、文政元年の『養鶯弁』[70]序に、

丸や何某なるもの、鶯養事を能くす。(中略)今世にもてはやす春日山てふ鳥さへ、かれが手にならはしてより、猶其名高く(後略)

と、丸屋(秋元万蔵、九段下の鳥屋)が、文政に育てた名鶯だとわかる。丸屋は、『春鳥談』序文によれば、

(前略)先人養フ所ノ鶯居多ナリ。其中、最モ絶妙ナル者、名ヅケテ春日山ト曰フ。当時相伝ヘテ天下第一ト称ス。春日山弟子有リ。其声師ニ亜グ。名ヅケテ三笠山ト曰フ。(後略)

と、春日山の弟子(52)三笠山をも育てた名人である。しかしながら『武江年表』[71]天保年間記事では、次のように、この「春日山」「三笠山」の二羽の鶯を「近頃」という。

(前略)近頃、春日山と号するものは絶妙にして天下第一と称し、三笠山と号るもの是れに亜《つ》げりとぞ。隅田舎某『春鳥談』一巻を著し、畜育の法、其余鶯の論委しく挙げたり。(後略)

『武江年表』のこの記事に対して、静嘉堂文庫蔵の写本『春鳥談』[72]は冒頭に朱書で、

按ニ隅田舎ハ金坐(金座)柏原□□(ママ)ノ号ナリ。佐藤次左衛門主ノ跋ニ故同僚トイヒ、マタ巻尾ニ、うし島みめくりいなりのうしろかしは原◎柏原氏ノ第宅ハ近日(ママ)佐藤氏の別業トナレリ。トアルニテ知ルベシ。◎又按ルニ鶴峯戊申ノ序ニ依ルニ此ノ書ノ脱稿ハ弘化ナリ。サレバ天保ノ記事ニ載ルハイカンナリ。

と序文によって弘化成稿と判明している書物『春鳥談』の記事を、『武江年表』において天保年間の項に載せるのは不適当と批判する。また割註によれば、柏原宗阿の別荘が「佐藤氏の別業」となったとあり、この「佐藤氏」は、文面から佐藤次左衛門(蕉廬《しょうろ》)のことと考えられる。『武江年表』は嘉永三年板行なので、この朱筆はそれ以降、柏原宗阿没年(明治四〜六年)より後、別荘が佐藤蕉廬所有となるまでの数年、明治初年に記載されたのであろう。

『武江年表』編者・斎藤月岑は、天保年間に(または嘉永三年までに天保年間のこととして)、この二鶯の評判を見聞した。鶯が三十年以上生存したというのは信じ難く、二鶯とも名鶯であるにもかかわらず称号がないことから、「名寄」の春日山・三笠山[73]は、文政の鶯とは別の、嘉永元・二年に生存中の鶯と考えざるを得ない。

第五節　飼鳥文化の担い手

前節までは、啼合会を中心に検討してきた。園芸文化における品評会に相当する部分である。本節では、この「会」の

解明に活用した史料『春鳥談』著者・柏原宗阿をはじめとする担い手を問題とするため、養禽書（飼鳥手引書）の検討を試みる。

表51は、現時点で著者が調査し得た、養禽書の一覧である。以下では、書き手の身分・出身地、写本か板本かの区別に主眼を置き、概要を示す。(74)

養禽書には写本が多く、年代が古いほどその傾向が強い。『諸禽（鳥飼）万益集』(75)『蓄翎秘訣《ちくれいひけつ》』(76)の板本はない。『諸禽万益集』は、岩瀬・都立本が三冊（No.1）、国会本が巻之一〜三と分冊してあるも一冊本（No.2）で、ともに各巻頭に「左馬之助述」「源止龍述」「止龍述」、奥書に「享保二年壬戌仲冬十五日　左馬之助拵之」、また「うつかり愚人述」ともある。左馬之助・源止龍・うつかり愚人は、同一人物で名前により武士であろう。

『蓄翎秘訣』は、六冊のうちの部分的な写本である、No.4『諸鳥定餌集』とNo.5『諸鳥口伝之書』があるが、書写年代はどちらが先行するか不明。唯一No.3『蓄翎秘訣』巻四の巻末に、年代を示す次の奥書がある。

右和漢諸鳥飼掛之極秘は大坂屋善蔵悉伝来也。依而他見ヲ望不許。尤此大冊数巻有而火難之愁有に依て今小巻となす者也。

安永八己亥年二月日

この奥書により、巻四のみ大坂屋善蔵の秘伝を、安永八年（一七七九）に改めて抄録、書写したとわかる。No.3でもそれぞれ巻末奥書に、巻一〜三は「右三巻は家法之書也。依て是を秘る」といい、巻五は「和漢諸鳥定餌口伝聞書」、巻六は「和漢諸鳥口伝聞書」と口伝から聞書きした旨が記されており、六冊ともすべて秘伝であった。大坂屋善蔵は、このような秘伝を熟知する点から、商いをする鳥屋ではなく、「御鳥御用」(77)と呼ばれた幕府や藩に仕官する飼鳥方と考えられる。

以上のように、養禽書は秘伝として隠され、板行されないために書写を重ねており、年代や著者が不明になる場合が多い。この点は園芸書と同様である。

さて十八世紀になると、養禽書にも板本が登場する。No.7『喚子鳥《よぶこどり》』(78)は、諸鳥の飼い方を種類別に列記したもので、この編纂方法は後続の手引書に踏襲されている。著者・蘇生堂主人（津村天長）はほかに『鶉書』『鶉目利問答書』をも記した。巻末の広告には、飼鳥の手引きのほか「画家の鳥名を知る便ともなる」用法を宣伝する。

安永二年刊『百千鳥《ももちどり》』（No.8）(79)を著した直参の旗本、大久保巨川《こせん》は、俳人で絵暦交換会を開催、浮世絵師・鈴木春信のパトロンとなるなど近年注目されている人物である。(80)内容は『喚子鳥』同様、諸鳥別に飼い方を記している。

No.9『鳥韵鼓吹抄』(81)の著者・藤村如皐は京の人であるが、初の鶯専門書として注目され、その内容も豊富である。鶯の命名法について、「大鳴戸」は強い声を讃えた名、「沖の網」

表51　養禽書一覧

（写本系統）

No.		史　料　名	冊	成立	著　者	所蔵	備　考
1	写	諸禽（鳥飼）万益集	3	享保2	左馬助／源止龍／うっかり愚人	①②	
2	写	諸禽（鳥飼）万益集	1	享保2		③	
3	写	蓄翎秘訣	6	安永8	大坂屋善蔵	①④	年代は巻4による
4	写	◎諸鳥定餌集	1			③	
5	写	◎諸鳥口伝之書	1			③	
6	写	百千鳥	4	文政8	蝙蝠斎	①	

（刊本系統）

7	刊	喚子鳥	1	宝永7	蘇生堂主人	②ほか	
8	刊	百千鳥	2	安永2	城西山人巨川（大久保忠舒）	③	明和9序、著者は旗本
9	刊	鳥韵鼓吹抄	1	安永4	藤村如皋	②ほか	洛陽人
10		△鶯大系図					
11		△鶯病鳥論					
12	刊	百千鳥	1	文化4	泉花堂三蝶	②ほか	寛政11序、江戸人カ
13	写	養鶯弁	1	文政元	秋元万蔵	①	江戸鳥屋
14	刊	宇久比須考	2	天保12	千葉直胤	④ほか	国学者、江戸人
15		△百千鳥考	1				
16	刊	隅田採艸春鳥談	1	弘化2	隅田舎	⑤ほか	江戸人
17	写	隅田採艸春鳥談	1			⑥	
18	写	◎宇倶比須総論	1			①	
19	写	◎宇倶比須総論	1			⑦（No.18の写）	
20		△舶来玩禽一覧					
21	刊	鶯育草	1	嘉永5	梅香舎柳列	②ほか	弘化序、洛西人
22	写	◎鶯養育方	1	安政4	（三輪久徳写）	⑧	
23	写	◎鶯三光音発由来	1	明治5		⑦	

凡例：△現在所在不明もしくは未定稿と思われるもの、◎上方の写本、①西尾市教育委員会岩瀬文庫、②東京都立中央図書館加賀文庫、③国立国会図書館、④国立公文書館内閣文庫、⑤東北大学附属図書館狩野文庫、⑥東京国立博物館、⑦久留米市民図書館、⑧京都府立総合資料館

「車輪」「琴の松」などは声を「引（弾）く」に掛けた名、「八重垣」「敷島」は和歌から名付け、「都鏡」など「何鏡と付るは、其親鳥の文句其儘」の鳥に付けたという[82]。本書刊行の七十年後に建碑された「名寄」には、声の強さや「ひく」に掛けた鶯名はない。また本書の巻末広告として載る『鶯大系図』は「其附親附け子等の系図を引て、毎年是を改め飼ふ人の名所を記し、文句・啼声の事迄委しく書記」したもので、後に『画報』で「古本鶯大系図を按するに[83]」という引用の存在により、現在所在不明であるが、広告だけで終わらずに板行されたものとわかる。

文化四年刊『百千鳥』（No.12[84]）の著者・泉花堂三蝶《せんかどうさんちょう》は、華道書や洒落本、遊戯・投扇興に関する書などを著した多才な人物である。住居は不明だが、第一節で紹介したとおり本文中において根岸の鶯に触れ、また、

浅草百中庵に春日野といふ鶯有。名ほどの鳥にもなかりしが、専聞く人多かりき。今はなし。予一とせ難波鏡といへる鶯を持たり。（後略）

と自ら鶯を飼い慣らし、浅草にも言及するので江戸在住の人物と思われる。

文政八年『百千鳥』（No.6[85]）は、写本のみが現存する。自序・自跋を著し、著者は門外漢を意味する「蝙蝠斎」を名乗るだけで、いかなる人物か不明である。凡例に「唯画法を外れて生のまゝにと心に思ふのみにて書写」したとあり、巻四に「鳥屋が持てる黄びたきを見しに」とあることから、蝙蝠斎は少なくとも画家や鳥屋ではないと判明する。おそらく身分を明らかにできない、愛好家による書物と考えられる。

国学者・千葉直胤《なおたね》著『宇久比須考《うぐいすこう》』（No.14[86]）は、鶯の考証中心で、飼鳥手引書の体裁をなしていない。巻末に続編『百千鳥考』の広告が載る。

板本でもその写本は多い。No.13『養鶯弁《ようおうべん》』は、その形式から板本と思われるが、原本は現存せず、西尾市教育委員会岩瀬文庫蔵『和漢紅毛鳥集《わかんこうもうちょうしゅう》』[87]中に写されていた。ほかに『春鳥談』『鶯育草《うぐいすそだてぐさ》』写本も複数あり、これらはすべて鶯だけの手引書であることに留意したい。

No.21『鶯育草』[88]は嘉永五年、京都の人、梅香舎柳列《ばいこうしゃりゅうれつ》が著した。本史料には、二種の写本がある。一本は、京都府立総合資料館蔵『養鶯育草』（No.22）で、安政四年に写され、原本にない朱筆がある。もう一本は、久留米市民図書館蔵『鶯三光音発由来』（No.23）で明治五年の写本である。

これまで度々引用してきたNo.16『春鳥談』は、本文冒頭に「隅田舎主人謾述《グウデンシヤシユジンマンジユツ》」とあるように、「隅田舎」という号を持つ柏原宗阿《かしわばらそうあ》の著作である。彼は『国書人名辞典』[89]によると、生年未詳、明治四年没。名を信好、通称吉右衛門、宗阿・隅田舎と号し、著書はほかに『舶来玩禽一覧（弘化四年）』、『宇倶比須総論』があったという。『舶来…』は現在所蔵先不明（No.18[90]）。『宇倶比須総論』は、岩瀬文庫（No.20）と久留米市民図

書館（№19）に所蔵があるが、実は、両者とも『春鳥談』写本である。冒頭の細目「宇倶比須総論」を、書名と誤解したようである。しかも久留米市民図書館本は岩瀬本の写本であり、両者とも内容は同一である。この二本は、『春鳥談』の完全な写本ではなく、振り仮名を付さず、巻末に見返し・序・跋をまとめて筆写。附録を欠き、写し誤りが各所に見られる。[91]

板本『春鳥談』は、秋元万蔵の跡を継いだ鶯屋半蔵が序す。柏原宗阿との関係が記されるので以下に引用する。

余ガ先人、嘗テ福山侯ニ仕ヘ、秋元万蔵ト称ス（中略）余亦業ヲ先人ニ受ケ、鶯ヲ養フコト五十年（中略）頃ハ某州ノ太公、余ニ家号及ビ字ヲ賜ヒ鶯屋半蔵ト曰フ、微身之栄是レヨリ大ナルハ莫シ。宜シク書シテ以テ子孫ニ伝フベシ。而シテ唯文筆ニ疎キヲ苦シム也。偶々隅田舎ノ大人ト云ヒト有リ。旧余ガ先人ト相親シミ頗ル好事之称有リ。今兹養鶯ノ書ヲ著シ、名ヅケテ春鳥談ト曰フ。（中略）余、家法之伝有ルコトヲ深ク喜ブ。因テ請フテ以テ家ニ刻シ之ヲ巻端ニ叙シ、以テ大方ノ君子ニ告ゲ奉リテ云フ。

弘化二年歳次乙巳初冬鶯屋半蔵ニ代ハル海西鶴峯戊申

と、鶯屋半蔵の先人（師か）秋元万蔵（『養鶯弁』著者）は、福山藩に仕えていたがのち鳥屋を営み、隅田舎すなわち柏原宗阿と親交を深めた。半蔵は師とともに極めた養鶯法を書物として板行したく、柏原宗阿に著作を頼んだのである。

柏原宗阿については、『掃苔』[92]に、曾孫吉五郎の談に基づいて記された記事がある。これによると、明治五・六年（『国書人名辞典』と年が異なる）八十一歳で没。神田大和町（現、千代田区岩本町付近）地主で金座役人を勤めた。蘭書を読み舶来切子を愛し、向島に別荘を構えた。別荘の園内は風流を極め、孔雀等の珍獣を飼っていたという。このような多趣味の傾向は、次に引用する、佐藤蕉廬による、『春鳥談』跋文にもよく現れている。

故同僚柏原翁宗阿、夙肩好事之祢嚮者、既老隠於墨水之東、日以培花養鳥為楽、近著隅田採艸若干巻、具記平時所聞見、培養之方及菜肉之調理、餻餅之製造、衣服器皿去汚避蠹等之要法、此書則採艸中之一篇也。（中略）禽師某、就請刻之。因求余言。翁嘗言、読書万巻、徒食古人之糟粕、不若雖小事留心実用。嗚呼、余間居無為、手巻以終歳、未嘗著一書、翁不必読書而乃有此撰、則翁之所言信矣。因為書其末而還之云。

乙巳季冬　　　蕉廬佐藤信古識

「隅田採艸」とはシリーズ名で、ほかに園芸手引書（「培養之方」）、料理法（「菜肉之調理」）、菓子や洗剤の製造法（「餻餅之製造、衣服器皿去汚避蠹等之要法」）を著した一連の著作があったという。このように、金座の元同僚で考証家・蔵書家として著名な佐藤蕉廬が[93]、「漫然と読書せず実用を旨とすべきだ」と諭されてしまうほどの知識を誇った人物であった。

この柏原宗阿から序文の筆者・鶴峰戊申《つるみねしげのぶ》に宛てた書簡が八通、東京都立中央図書館に所蔵されている。[94] その内容は、『吾妻鑑』や『千葉紀行』[95]という書物を借り、一両四〇〇文で『奇鳥談』[96]二冊を購入した時の礼状[97]も含まれ、飼い鳥趣味を仲介にした、非常に親しい付き合いがあったことが知られる。

鶴峰戊申の日録[98]によると、天保十一年九月九日には、「柏原氏」が「石見聞見録」を校訂しており、同十二年三月二十五日には、同じく柏原氏が「松嶋可見録」校訂したとの記事がある。この柏原氏は、「天保三年壬辰七月以来於江戸東修姓名録抄江戸之部」にある、

柏原信五郎次郎弁天橋

であると思われ、鶴峰戊申の門人の一人であることが確認できる。ここに登場する「柏原氏」が宗阿を指すかどうか判断に迷う点ではあるが、「弁天橋」が「弁慶橋」の誤記であるならば、神田大和町の地主であった宗阿自身の可能性が高い。

『春鳥談』著者・柏原宗阿は、以上のとおり、自ら鶯を育てて鶯養育書を執筆する以外にも、様々なものに好奇心を抱いていた趣味人であった。同時代の多趣味の大名として有名な肥前平戸藩主・松浦静山《まつらせいざん》は、その著『甲子夜話』三編巻十三[99]において、鳥屋が持って来た、天保六年正月二十七日に向島で行われた啼合会の、飼い主・飼鳥屋・鶯の名を記した覚書をそのまま写している。飼い主には、「松平遠江守様」「御家人長浜新十郎」「酒井河内守様御家老河井殿」「大六天前札指加嶋」など大名・家老・御家人・富裕商人（札差）らが名を連ねる。飼鳥屋は、「檜扇」（檜扇は本石碑で浅草から出品される鶯）の鳥屋として小石川富坂上（現、文京区小石川）の「相模屋金蔵」、「東鏡」（同じく浅草田圃から出品）の鳥屋として「町田屋初五郎」、九段（現、千代田区）の「丸屋万蔵」など、十二名の名が確認できる。著者静山は、この覚書を見て、

何か不案内にては解難きものなり。

と記す。彼のような知識人が「不案内」というからには、水面下で流行していたに違いなく、売買の禁令が頻繁に出ていた鉢植植物とは、その規模を異にしていたといえる。

なお、板本『春鳥談』では、序文と同様に、跋文を「禽師」＝鳥屋（おそらく鶯屋半蔵）が佐藤蕉廬に依頼している。本書の附録には宗阿が作る薬販売広告があり、欲しい方は「うしじまみめぐりいなりのうしろ、かしは原と御尋」あれと「鶯屋半蔵（が）申」しており、宗阿は三囲稲荷（墨田区向島に現存）近くに住み、半蔵と極親しい関係にあったことがうかがえる。

『春鳥談』は、『国書総目録』[100]によると、国立国会図書館・同白井文庫・静嘉堂文庫・東京国立博物館・東北大学附属図書館狩野文庫・都立中央図書館加賀文庫・無窮会神習文庫・大橋図書館・楂考・村野文庫に各一冊所蔵とあるが、閲覧で

きたのは、国会・同白井文庫・静嘉堂・東博・狩野文庫・加賀文庫・無窮会本(101)である。国会・白井文庫・加賀文庫本は、同じ体裁で無地青色の表紙であり、これが元表紙であろう。狩野・静嘉堂本は別表紙で「此書ハ暦（ママ）年試ミたる所の鶯飼方の法をくわしくしるせり」云々の見返しを欠く。東博本は写本で、見返し・序・跋・附録を欠き表紙も異なる。内容は写し間違いはあるが、基本的に板本と同じである。『宇倶比須総論』も含む『春鳥談』諸本の本文末尾は、

（前略）今予が記するところは、年来したしく試みつる養視の方をしるすまでにて、引書等のことに心を用ひたるにはあらざる也。読給ふ君子これを察し給へ。

そして、東博本のみ続けて「鶯屋国輔申す」とあり、これが大尾である。本写本は、諸本と同じく冒頭に「隅田舎主人譔述」とあり、末尾を鶯屋国輔が執筆したとなると「今予が記す」とあるので、隅田舎と鶯屋国輔が同一人となってしまう。『日本動物学史』(102)は「著者は鶯屋半蔵と同一であろうか」というが、国輔が鶯屋半蔵の別名の可能性はあるものの、秋元万蔵や柏原宗阿の別名、ましてや『春鳥談』著者が半蔵・国輔であるとは考えにくい。「鶯屋半蔵」の名は「頃ハ某州ノ太公、余ニ家号及ビ字ヲ賜ヒ、鶯屋半蔵ト曰フ」と弘化二年に賜ったもので、「半蔵」は「万蔵」が先にありそこから採った名である。以前は金座役人だった宗阿が、飼鳥を「業」と言い、別名を名乗るはずもない。「鶯ヲ養フコト五十年」とすると、弘化二年で五十代の宗阿は五十年前は何歳であろうか。以上から「鶯屋国輔」とは「半蔵」と改名する前の名で「鶯屋」を名乗りつつ元の名の「国輔」と記したと考えられ、末尾の「申す」は「筆写す」の意にとる。

以上、『春鳥談』を詳細に紹介したのは、平易な文体で書かれ、写本が比較的多く中に誤りも多いことから、本書が文筆を得意としない鶯愛好家にとって需要が大きい点を明らかにしたかったからである。おそらく藩の鳥御用だった鳥屋・秋元万蔵、技術は教わったが文章化できない鶯屋半蔵、技術は万蔵に及ばないが、自らも養鶯の嗜みがあり実用書執筆に意欲的な向島住人・柏原宗阿、本書はこの三者の手によって世に出された、庶民が最も多く目にした鶯飼鳥書と考えられる。

近世の鳥に関する史料では、細川重賢《しげかた》『群禽之図《ぐんきんのず》』や島津重豪《しげひで》『鳥名便覧《ちょうめいびんらん》』、堀田正敦《まさあつ》『観文禽譜《かんぶんきんぷ》』等大名による図譜が有名である。図譜は写すことによって鳥名や生態が紹介され、知識が広がる。しかしそれは文字や絵を手掛ける武士による写本であり、限られた人間だけのものである。鶯の場合は、『春鳥談』など入手し易い板本によりこれを写す者も増え、天保・弘化・嘉永に至り武士よりも庶民主体の飼鳥文化が発達してきたといえる。

おわりに

鳥屋や啼合会については断片的な史料しかなく、今後の研

究がまたれるところである。しかしながら、本碑「初音里鶯之記」碑の内容は、この飼い鳥文化の担い手が判明するという意味で、史料的価値は高い。

向島は、幕末・明治期にかけて、百花園、萩の園、長春園、七松園、東花園などの庭園や、元植木屋の植半、武蔵屋、平岩など料亭が多く、種々の樹木を誇っていた。庭園の造作は、ここ向島で農業の傍ら植木業を兼ねた農家が行うが、啼合会では鶯保管の役目があった。果たして彼らは場を提供するだけの存在だったのだろうか。

植木屋による鶯養育例は未だないが、「名寄」において名前より植木屋かと疑えるのは「町谷（屋）植藤」「三川（河）島植宗」と「植」を冠する人物が農村部に二名おり、「今井連」「初音連」など数名が寄り合って結成されたグループと見られる「連」は、すでに文政十年刊『草木奇品かがみ』において、「小日向連」「本所連」など園芸文化の担い手に前例がある。[103] 啼合会は、高田馬場→向島→根岸と場所を替えてそれぞれ短期間の流行で終わるが、根岸では、維新後復活、明治末まで定期的に行われた。これは、文化→弘化→明治（団子坂菊人形）と衰退と流行を繰り返した菊細工や、天保→明治に愛好された万年青、文化・文政→嘉永・安政→明治と流行した朝顔などの園芸植物流行の時期と合致する。啼合会が行われた高田馬場は躑躅、向島は朝顔、根岸は万年青・朝顔と、各開催地がすべて園芸の担い手の集住地であることも無関係とは思われない。園芸は、はじめ武士の趣味であったが、大衆娯楽化していく文化の典型として、飼鳥もその例にもれない。

向島啼合会廃止は弘化年間であるが、同じ頃当地の植木屋では、巣鴨・染井で大流行した菊細工を開始した。[104] 一つの可能性として、この園芸熱によって養鶯は忘れられ、「同所の者の理由」（384頁）[105]とは、菊細工流行が契機であったと考えられないだろうか。

最大の理由は、鶯や別荘など娯楽に対して浪費を禁じた天保改革であるが、その後啼合会は復活していることから、改革で鶯から手を引いたのは、「名寄」で素性を隠した少数の武家であった。飼鳥文化を代表する鶯の啼合会は、高額の鶯を入手できる富裕な商人＝「名寄」で地名と屋号を刻む大多数の町人層の手に移っていったのである。

（1）以上、中世における鶯合の記録は、すべて梶島孝雄『資料日本動物史』（八坂書房、一九九七年）によった。
（2）八坂書房、一九九四年。
（3）『燕石十種』第三（廣谷国書刊行会、一九二七年）所収。
（4）東京都立中央図書館加賀文庫蔵［加4195］。
（5）一八九〇年。
（6）『画報』二〇号、一八九〇年。
（7）『杉田玄白日記―鷧斎日録―』青史社、一九八一年。

(8) 文京ふるさと歴史館蔵。
(9) 根岸倶楽部編『東京下谷根岸及近傍第一輯』(叢文閣、一九八一年)別冊付録『東京下谷根岸及近傍図(大槻文彦編、明治三十四年板の復刻)』。
(10) 詳細は第三部第一章を参照。
(11) 同右。
(12) 註(9)に同。
(13) 国立国会図書館蔵『同人集』[鶚2783]。第二章第一節(4)参照。
(14) 註(6)に同。
(15) 『画報』二六号、一八九二年。
(16) 今橋理子『江戸の花鳥画』(スカイドア、一九九五年)、『鳥かご・虫かご』(INAX出版、一九九六年)、藤島幸彦「江戸時代における武士の娯楽に関する一考察―「鶉趣味」を中心として―」(『生活文化史』一一号、一九八七年)があるが、鳥屋の記述は少ない。小林克「『鳥のえさいれ』について」(江戸遺跡研究会会報一五、一九八八年。「餌入れ」は「えいれ」が妥当)や、加賀藩上屋敷跡出土「御鳥御用」と墨書がある餌入れ(『歴史の文字―記載・活字・活版―』展図録　東大総合研究博物館、一九九六年)など、今後遺物により研究が進むことを期待する。
(17) 「鰻御蒲焼　坂本三丁目小鳥下ゑおろし　鮒屋幾三郎」(『江戸買物独案内』渡辺書店、一九七二年)と、摺り餌のための鰻を売る店が載る。
(18) 無窮会図書館織田文庫蔵[オ4197]。写本一冊。
(19) 註(9)に同。
(20) 台東区発行。
(21) 東京都立中央図書館蔵[東京誌料0461-21]。
(22) 根岸倶楽部編『東京下谷根岸及近傍第二輯』叢文閣、一九八三年。
(23) 『初音里鶯之記拓本』[歴資1417]。ほかに東北大学附属図書館狩野文庫[5-16072-1]にも所蔵される。裏面拓本はない。
(24) 二三号所収、栞山人「うぐひす(続)」。
(25) 台東区根岸二丁目に現存するが、個人宅内にあるため、一般に見る機会は少なく、註(22)に表・裏面ともに紹介されるのが唯一であった。なお本碑は、一九九九年、台東区文化財として台帳に登録された。
(26) 『台東区の文化財保護第三集』(台東区教育委員会、二〇〇一年)にも翻刻。
(27) 『増訂武江年表2』平凡社、一九六八年。
(28) 国立国会図書館蔵[特1-2925]。
(29) 註(28)に同。に「三代連綿と相続の書家なんと外にはござりますまいが」とある。
(30) 西尾市教育委員会岩瀬文庫蔵[16-113]、全十二冊。
(31) 架蔵。
(32) 『近世人名録集成』二巻(勉誠社、一九七六年)所収。
(33) 註(32)に同。
(34) 註(32)に同。

(35) 嘉永四年尾張屋板『東都下谷絵図』中の「立花左近将監」つまり筑後柳川藩上屋敷に突き当たる、東西に伸びる道に「〇オサウジ丁」とある。現住所は、台東区東上野二丁目九～十番地、区立西町公園の西側。
(36) 個人蔵、書名は題簽による。
(37) 国立公文書館内閣文庫蔵［207‐374］。天保十二年刊。
(38) 五丁表。
(39) 四丁裏。
(40) 『国語学大系』四巻（国書刊行会、一九七五年）に影印版収載。
(41) 静嘉堂文庫蔵［83‐42］。
(42) 「第十回例会の記」（『掃苔』三巻七号、一九三四年）。
(43) 小川春興「高島文鳳女史の墓」（同右四巻一号、一九三五年）。
(44) 明治元年三月四日八十三歳で没、品川区上大崎の最上寺に葬られた。法名は「荷心院殿香譽蓮庵安清大居士」（同右六巻三号、一九三七年）。
(45) 註(6)に同。
(46) 一六号（一八九〇年）に次の記事がある。
第十四号挿画に籠桶台を黒塗に画きしが、これは唐木にすかしの彫り金面取蒔絵なり。籠桶画の脇に、十一代将軍家斉公より戸川播磨守安清拝領す。此由緒ありて今余所蔵す。の三十字を脱す。此籠桶画の讃に、「鶯のころかす咽の玉くしけ箱入の艶啼く太夫さん　琛山人」と認めしを是亦脱せり。
(47) 註(18)に同。
(48) 註(32)に同。
(49) 註(32)に同。
(50) 国立国会図書館蔵『広告研究資料』［別‐3514］続編に収載。
(51) 『き丶のまに〳〵』（『未刊随筆百種』11、米山堂、一九二八年）。
(52) 二三号、一八九〇年。
(53) 裏面に剝落はないが、土中に埋まる箇所があったので註(9)から補った。
(54) 『風俗画報臨時増刊　新撰東京名所図会　第九編』東陽堂、一八九七年。
(55) 『続江戸砂子』『江戸名所花暦』（『江戸名所花暦』〈八坂書房、一九九四年〉所収）に「初音里」は小石川白山辺をいうとあり、「名寄」では「根岸初音里梅園建之」と根岸を冠するので、「初音里」を文京区小石川に含んだ。ただし小石川は、ホトトギスに対し初音と呼んだのであり、碑正面では根岸を「初音里鶯之記」といい、根岸からまったく出品されていない点が不審であり、最終決定ではない。
(56) 『画報』二四七号、一九〇二年。鶯専門家は連々助のみ。ほかに二十二名の鳥屋を載せるが、後述するほかの鳥屋の名は見えない。
(57) 二三号、一八九〇年。
(58) 『画報』二〇号、一八九〇年。

(59)『諸問屋名前帳　細目四（旧幕引継書目録6）』国立国会図書館、一九六四年。
(60)註(26)において、全飼鳥屋の翻刻をしたので参照されたい（筆者翻刻）。
(61)註(6)に同。また、加賀藩で小鳥を飼っていた証拠に、藩邸から餌入れが出土している。註(15)参照。
(62)『画報』一九号、一八九〇年。
(63)特に断らない限り『春鳥談』の引用は、東北大学狩野文庫蔵本［8-21662-1］による。
(64)古事類苑刊行会、一九二九年。
(65)国立国会図書館蔵『広告研究資料』巻三［別-3514］二十九丁裏。書画会については、第一部第二章第一節を参照。
(66)出典は註(65)に同。三十五丁裏。縦一七・九センチ、横二二・六センチ。
(67)隅田春・隅田里の持主は同じという事実から、「名寄」で同名を冠す鳥は同じ鳥屋から出たと思われ、特に㊺・㊷星が岡は可能性が高い。
(68)東京都立中央図書館加賀文庫蔵本［加4197］を使用。
(69)註(6)に同。
(70)『雑藝叢書』二巻（国書刊行会、一九一五年）所収。
(71)註(27)に同。
(72)請求記号［81-43］。
(73)註(58)に「三笠山は御膳所頭松本甚兵衛飼鳥」とある。
(74)磯野直秀「江戸時代の禽類図譜と養禽書」（『慶應義塾大学日吉紀要　自然科学』一一、一九九二年）にも、飼鳥書の詳しい内容が記されている。
(75)岩瀬文庫・加賀文庫蔵『諸禽万益集』。国会図書館蔵『鳥飼万益集』。
(76)岩瀬文庫蔵『蓄翎秘訣』［95-313］、内閣文庫蔵『蓄翎秘訣』［183-493］。ともに全六冊、写本。
(77)註(15)参照。薩摩藩「御鳥方」比野勘六は本草書『鳥賞案子』を執筆。
(78)加賀文庫本を使用。
(79)国立国会図書館蔵［特1-2303］。
(80)原史彦「大久保巨仙と阿部莎鶏」（『錦絵の誕生』江戸東京博物館、一九九六年）など。
(81)註(67)に同。
(82)同じ箇所に『鶯病鳥論』の広告が載る。
(83)『画報』三三号、一八九一年。
(84)註(4)に同。
(85)岩瀬文庫蔵、写本四冊。巻一・二が諸鳥飼方書、巻三・四は諸鳥図譜。
(86)内閣文庫所蔵本を使用。
(87)本書は註(70)『雑藝叢書』にない、跋文を含めた全文の筆写がある。
(88)加賀文庫本を使用。『随筆文学選集3』（書斎社、一九二七年）にも所収。
(89)二巻（岩波書店、一九九五年）。

(90) 外題・内題なし。表紙は、本草書が多い山本読書室旧蔵書と同様に青色絹本仕立てなので、本書も読書室旧蔵と考えられる。

(91) 例えば「若干」を「答テ」、「嚮」を「郷向」にするなど、誤記が多い。

(92) 三巻四号、一九三四年。伊藤武雄「博物家柏原宗阿居士墓所記」。墓石は宗阿が生前に建て、長命寺（現、墨田区向島）にあったのを、明治七年玉林寺（現、台東区谷中）に改葬した。正面に「隅田舎柏原宗阿居士」と刻む。宗阿墓については柏原稔氏ならびに玉林寺に謝辞を申し上げる。

(93) 国立公文書館内閣文庫蔵『岡谷蔵書目録』［219－0147］に蕉廬蔵書目録が付され『春鳥談』もある。

(94) 『渡辺刀水旧蔵書簡集』［渡3409～渡3416］。

(95) 本書は『国書総目録』に記載がない。

(96) 註(94)に同。

(97) ［渡3418］。

(98) 藤原暹『鶴峯戊申の基礎的研究』桜楓社、一九七三年。

(99) 『甲子夜話三篇1』平凡社、一九八二年。

(100) 四巻（岩波書店、一九七七年［第二刷］）による。

(101) 残る諸本は所蔵先不明。

(102) 上野益三著。八坂書房、一九八七年。

(103) 「連」については第一部第二章を参照。

(104) 註(27)に同。弘化二年条。

(105) 註(6)に同。

第三章　十九世紀江戸・東京の植木屋の多様化——近郊農村型から都市型へ——

はじめに

幕末・明治期に急成長した職種に、江戸・東京地域の植木屋がある。従来植木屋といえば造園業に携わる者を指していたが、化政期以降、変化朝顔や斑入り万年青など奇品流行を契機に鉢植愛好の風潮が一般化し、樹木だけでなく草花をも提供するようになった。そしてほぼ同時期に見立て作り物の一つとして、菊細工の見世物が、文化年間（一八〇四～一八）に江戸の北郊、巣鴨の植木屋で始まり、弘化年間（一八四四～四八）以降は、染井・千駄木団子坂・根津の植木屋も加わり、後の団子坂菊人形繁栄の基礎を築いた。

本章では、巣鴨と団子坂という、ともに江戸の北郊に位置する農村部において、菊細工を出品した植木屋を例に、それまで農間余業に過ぎなかった園芸を商売として成り立つように変質させた植木屋の特徴として採り上げる。従来型の業務形態を持つ前者の植木屋を近郊農村型とし、後者を都市型と名づけ、新しい分類をここで提唱する。都市型と命名した理由は、地理的な特質、繁華街との接近の度合いも含まれるが、むしろ都市における商業経済との連繋がより強まった点を重視する。すでに第一・二章に述べてきたように、都市における品評会・物産会の隆盛が、本草知識の蓄積と種子の販売などのように経済効果をもたらした。本章では、見世物という要素を付加することによって、その商業主義的な側面をさらに際立たせられると考え、以下で検討したい。

第一節　菊細工の地域的変遷と近郊農村型の特徴

菊の花をもって人物鳥獣を造形する菊の作り物（菊細工）は、遅くとも文化年間に始まったとされるが[1]、その製作者である植木屋の個々の名前と細工の内容が判明するのは、文化十一年（一八一四）の『造物菊の道記』[2]および『巣鴨名産菊の栞』[3]が初出である。前者の史料によると、文化期の植木屋の住まいは鶏声ヶ窪・新屋敷・巣鴨角・巣鴨通り・五軒町・稲荷前・火の番町・七軒町・中町（巣鴨仲町）であり、おおむね中山道沿いかその西側に位置していた。この範囲における南側部分、現在の文京区域の白山辺では大名屋敷が並び、北側（豊島区）の巣鴨に至り町家が増加し、江戸の中心部に近い白山よりかえって外縁部の巣鴨の方がにぎやかであった。このときの菊細工は、『武江年表』[4]によると、

文化十三年迄ありしが、夫より後造物は止みたり。

と、文化末にはいったん廃れてしまうが、天保十五年（弘化元年・一八四四）に規模を拡大して再開する。これ以降の菊細工のほとんどは、番付と呼ばれる一枚刷り物または冊子状の絵番付に描かれ、天保十五年と翌弘化二年時のものが圧倒的多数を占める。再開時に菊細工を出品した植木屋の居住地は広範な地域に及び、従来の巣鴨・白山に加えて、王子・庚申塚・染井・妙義坂・伝中・吉祥寺前・根津・千駄木が増加した。増加した地域は、主として日光御成道、現在の本郷通り沿いに広がり、北は王子から、南は駒込寺町（現、白山駅近辺）からやや東へ向かう、根津神社・団子坂近辺までを限度とする現在の北・豊島・文京区にまたがる地域である（図65、457頁参照）。しかし、一年限りで菊細工の出品をやめた植木屋も多く、弘化二年時だけでほかの年に登場せず、かつ複数の番付に名前が載る人物を数えたところ[5]、三十四名にのぼった。これは天保十五年に脚光を浴びた菊細工を翌年に手掛けてみたが、毎年行うほどの価値を見いだせなかった植木屋が多かったことをも物語る。

この後、嘉永年間（一八四八～五四）以降、幕末から明治初期にかけては、当該地域の中では江戸市中に最も近い地域、団子坂辺の植木屋が大きな割合を占めるようになり、最終的には、早くから手掛けていた巣鴨の植木屋さえ菊細工の製作をやめ、団子坂だけが菊細工（菊人形）の名所として生き残った。この菊細工の地域的変遷は、近郊農村からより都市部に近い行楽地を当時の庶民が望んだ結果ととらえられ、菊を供給するだけの「近郊農村型」から、娯楽を提供する「都市型」へと植木屋が志向したことに起因する。

番付には、菊細工の内容と担い手である植木屋の名前と居住地が記される。具体例を挙げれば「高さ壱丈横五間、外に七間の花だんあり見事〳〵、巣鴨植木屋弥三郎(6)」などと記され、傍らに富士山の図が描かれるという具合である。「植木屋」とあるかわりに「花屋」「種樹家《うえきや》」と付記される場合もあり、また「藪蕎麦」のように屋号の「蔦屋」を記して職業の呼称を省く場合も多い。これらの職業の呼称のうち、「花屋」というのは、

東都にて植木屋を花屋と唱ふるは、染井にかぎれり(7)。

とあるように染井の植木屋のみに適用された語句である。菊細工番付でもわずかな例(8)を除いて、染井の住人であれば「花屋」と称していた。染井において代々植木屋を営む、伊藤伊兵衛三之丞が元禄七年（一六九四）に記した『花壇地錦抄』(9)（刊行は元禄八年）序文では、

こゝに染井の畔《ホトリ》、庵閭《ヒキヨモギ》に耕夫のそれかし、農業《ナリワイ》のいとま〳〵にからのやまとのくさ〳〵をあつめて、五《コ》風《フウ》十《シウ》雨《ウ》の潤ひ・時候をかんかへ、種まき、根を植かえ、接木・さし枝につちかふことをゆたねたり。自然に橐駄（「たくだ」植木屋の異称）か伝に通せしや。（後略）

と、植木屋が農業の暇に行う、農間余業として成立した事情を物語る。

染井だけではなく、農間余業の植木屋は、他の植木屋集住地帯にも見受けられる。『安政年代駒込富士神社周辺之図』(10)に、「農ト植木屋」とある植木屋が、伝中や富士神社近くの農村地帯（現、文京区）で広い畑地を所有し

ていた点、三河島村（現、荒川区）の植木屋・伊藤七郎兵衛が、広大な農地を蓄えていった点、[11]「寺島村請地村」（現、墨田区）の「畑中」で、菊や撫子が栽培されていた点、[12] さらに立地条件から考えれば田畑に囲まれた入谷（現、台東区）の植木屋もみな同様に農業に従事していた。[13] 以上のように、実は園芸のみを専業にした植木屋を探す方が困難である。

なぜ染井のみ「花屋」と名乗ったのか、理由は定かではない。しかし、従来の武家屋敷や寺院の庭を整備する、造園業を指す「植木屋」ではなく、花を育てて都市に供給する役割を果したので「花屋」と称したのではないかと考えられる。つまり、農業のついでに「花」を栽培するだけの余力はあるが、様々な樹木を育てて契約した顧客（寺院・武家）の庭に搬入するという職業形態ではなかった。この意味で染井の「花屋」は、『安政年代…』で「農卜植木屋」と称された例と同じく、まだ本業は農業という近郊農村型であり、それゆえ明治以降に次世代が有名植木屋として活躍することはなく、染井在住の者は、天保十五年より菊細工に参加し、明治初年を限りにその名前が消えていった（文化十一年に出品している者がいるが、住所は染井ではなく巣鴨や五軒町であるため別人とした）。しかし、扱う植物を小型化したことで、後の時代に商品として流通させる基盤を築いた功績は大きい。また、次に掲げる明治期の史料[14]にあるとおり、菊などの草花供給地としての需要は依然として高かった。

> 団子坂の造菊に使用する菊花は、毎年本所向島辺の植木屋より不足の分を買入れ来りし処、本年は水害の為め、同地方の菊は、何処も腐敗して皆無なる為め、団子坂の小屋主は、仕入に困り、入谷及染井辺の植木屋へ俄に特約を為す有様にて、夫か為めに一本三銭の品は五六銭以上にも騰貴し、資本も前年より多額を要するより何も大弱りなるが、之に引替へ入谷の植木屋は思はぬ利潤を占め喜ひ居る由。

『安政年代駒込富士神社周辺之図』（図57）は、昭和十年（一九二六）に、安政年間（一八五四～六〇）の本郷通りを、九代目の床屋が、記憶をたどって描いた絵図である。文字の書き込みがある図説と、風景画との二種類で構成される。書き込みによると、植木屋は本郷通り沿いの東側に多い。しかし、駒込富士神社[15]を過ぎる付近から通り沿いの町家が減り、柳沢家下屋敷（現、六義園）以北では通りの東西両側に植木屋の書き込みが見えはじめ、同時に植木屋の占める面積が広くなる。風景画では、この地帯はゆるやかな丘陵地帯の如く描かれ、ここに都市の面影を見出すのは困難である。

表52に、この『安政年代駒込富士神社周辺之図』にある、植木屋の記事を拾った。「植木仕事に出る」とある書き込みが多いことに注目される。これらの植木屋は、「農卜植木や」とある、高木嘉平次・内海源之丞・清水弥平太と同じように農事の合間に植木業を営んだ者と考えられ、本郷通りより道を一本隔てた位置に広大な田畑を持ち、掲出した植木屋の大部分を占めている。

これらの農間余業の植木屋と一線を画すのが、網掛けを施した「番町吉っつあん」「万年青師大矢彦造」「カクさん」の三名である。「番町吉っつあん」は、本草学者として第二部で言及した柏木吉三郎である。万年青師は「植木仕事に出」る出職の植木屋とは異なり、斑入り植物の代表格・万年青を栽培する専門家である。この三名は、本郷通りに面した町家が建て込む場

図57　『安政年代駒込富士神社周辺之図』（部分）

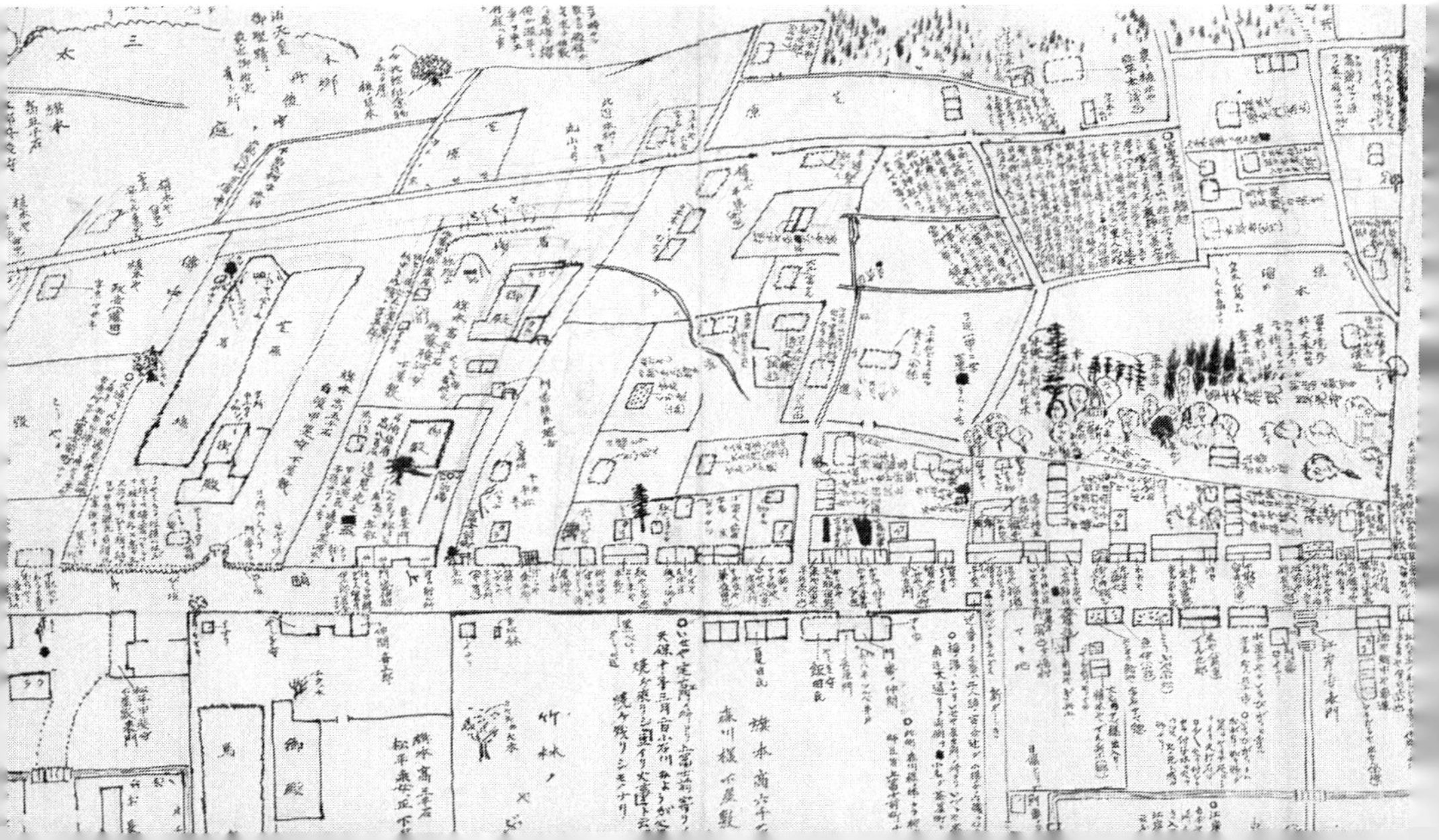

表52　『安政年代駒込富士神社周辺之図』に見る植木屋

	地域	方角	職種	姓	名	通称	備考
1	浅嘉町（本郷通り沿）	東側	植木や	（柏木）	（吉三郎）	番町吉っつあん	此人ハ植物ノ物（モノ）知りなり
2	吉祥寺門前	西側	植木や			カクさん	
3	富士前町	東側	エン日うえ木や				テッポーやの庄サン
4	神明	東側	農ト植木や	高木	嘉平次		クラ
5	神明	東側	農ト植木や	内海	源之丞		クラ
6	富士神社裏	東側	植木や	高木	源右エ門		
7	富士神社裏	東側	ウエ木仕事ニ出ル			鉄■（ママ）	
8	富士神社裏	東側	ウエ木仕ごとニ出ル	郷		シロトメ	
9	富士神社裏	東側	ウエ木仕事ニ出ル	芹沢	弥三郎		イチジクの木　モノオキ
10	富士神社裏	東側	ウエ木仕事ニ出ル	堀江	かね吉		
11	江岸寺門前	西側	大名のアベ様出入リノ植木や	郷	でん兵エ		でん兵エノモノオキ
12	富士神社裏	東側	うえ木や			ウラ鉄	白つばきノ大木
13	富士神社裏	東側	うえ木や	粕谷	源蔵		五よう松
14	富士神社裏	東側	農ト植木や	清水	弥平太		ウエ木ノムロ
15	富士神社裏	東側	ウエ木仕ごとニ出ル	小林		清さん	スモヽ
16	富士神社裏	東側	ウエ木や	立川	新太郎		
17	富士神社裏	東側	ウエ木や		三吉	サンキ	ウエ木や三吉
18	富士神社裏	東側	植木や	町田	半造		ウエ木ノむろ
19	富士神社裏	東側		（町田）		新さん	半造ノ聟

20	富士神社裏	東側					植木や弥平太ノ分家
21	富士神社裏	東側	ウエ木仕ごとニ出ル	野村		ウラ金	
22	富士神社裏	東側	ウエ木仕ごとニ出ル	諏訪	又蔵		
23	富士神社裏	東側	ウエ木仕ごとニ出ル		音八		
24	富士神社裏	東側	ウエ木仕ごとニ出ル	清水	文左エ門	ジャガ民	
25	伝中	東側	植木や	田中		安さん亀さん	
26	伝中	東側	植木や	藤田	政吉	マサキ	
27	伝中	東側	植木や	田中	馬之助		
28	伝中	東側	植木屋	高木	庄八		
29	伝中	東側	ごけ人	柏原	藤九郎		本村ノうえ木や高木五平次ノ分家ニテごけ人柏原藤九郎
30	伝中（本郷通り沿）	東側	万年青師	大矢	彦造		
31	伝中	東側	植木や		久八		モノオキ
32	伝中	東側	植木や		孫右エ門		ウエ木むろ
33	伝中	東側	植木や		清兵エ		
34	伝中	東側	ウエ木や				
35	伝中	東側	ウエ木や	高木			
36	伝中	東側	ウエ木や				
37	伝中	東側	ウエ木や				
38	伝中	東側	ウエ木や				
39	伝中	東側	植木や		宇平次		※団子坂の右平次とは別人
40	伝中	東側	植木や	芦沢	弥五郎		

41	伝中	東側	植木や	高木	喜兵エ		
42	伝中	西側	ウエ木や	伊藤	源エム金		
43	伝中	東側	ウエ木や		太郎吉		
44	伝中	東側	ウエ木や	田中	与一		
45	伝中	西側	ウエ木や			シヨ亀	
46	伝中	西側	ウエ木や			シゲさん	
47	伝中	西側	ウエ木や			ステカマ	
48	伝中	西側	ウエ木や	高野			
49	伝中	東側	ウエ木や	今井	金左エ門		

所に位置するため広大な敷地を持たず、農業を行った気配が薄い植木屋である。

本章で対象とするのは、これらの三名のような、植木屋という職能と都市近郊の立地条件を生かして、利益や名誉を得るようになった植木屋である。表53に、菊細工番付に十回以上名前が載る植木屋を列挙した。史料は、各年代別に次の二十四点を使用した（天保十五年など、複数枚の番付がある年は、代表的なものを掲げた）。

①文化十一年『巣鴨名産菊の栞』[16]
②文政三年（一八二〇）『武江年表』[17]
③天保十五年『巣鴨染井殿中江戸の花独案内』[18]
④弘化二年『菊の寿道しるへ』[19]
⑤弘化三年『藤岡屋日記』[20]
⑥弘化四年『藤岡屋日記』
⑦弘化四年『新板菊の道順双六』[21]
⑧嘉永元年『きくの番附』[22]
⑨《嘉永二年菊細工番付（当ル酉千駄木団子坂菊人形）[23]》
⑩年不明・嘉永三年以降『よきことを菊の繁栄』[24]

⑪年不明・嘉永三年以降『さかへハこ、と道しるへ菊の双六[25]』
⑫《嘉永五年菊細工番付（当ル十月上旬より所々弥ら敷銘花仕立御座候）[26]》
⑬文久元年（一八六一）『菊の寿道しるべ[27]』
⑭同二年『廿四孝八犬伝つくり菊ばん附[28]』
⑮明治三年（一八七〇）『御遊覧造きく番附[29]』
⑯同四〜八年『よき寿菊の花道[30]』
⑰同六年『道知部菊之姿絵[31]』
⑱同九年『文明開花菊博覧　根津須賀町裏門通千駄木団子坂辺[32]』
⑲同十一年『菊のしほり道しるべ[33]』
⑳同十二年『郵便報知新聞[34]』
㉑同十五年『菊のしほり道しるべ[35]』
㉒同十六年『菊のしほり道しるべ[36]』
㉓年不明・明治十七年以降『当十月廿五日ヨリ菊のしほり道しるべ[37]』
㉔年不明『造菊道しるへ[38]』

表53に掲げた植木屋の地域は、染井より七名（金五郎・粂蔵・小右衛門・留次郎・重兵衛・源右衛門・茂右衛門）、巣鴨四名（長太郎・卯之吉・弥三郎・四郎左衛門）、団子坂三名（右平次・傳次郎・六三郎）、伝中（喜兵衛）・藪下（沢次郎）各一名を数える。この中で、傳次郎は「藪蕎麦」店主であり厳密にいえば植木屋ではない。ここでは菊細工を最も数多く出品した（楠田）右平次、「艸花屋」と称した（内山）長太郎、両国に出張興行した（斎田）弥三郎、浅草花屋敷を開園した（森田）六三郎の四名（表53に網掛けを施した）を採り上げ、彼らの事績から都市型植木屋の特徴を考える。

第二節　巣鴨の植木屋①内山長太郎

植木屋の呼称のうち、異例として天保十五年九月に板行された番付にのみ「艸花屋」と名乗った内山長太郎が

表53　菊細工を出品した植木屋（上位16名）

	右平次	長太郎	金五郎	粂蔵	小右衛門	傳次郎	留次郎	卯之吉	沢次郎	重兵衛	弥三郎	四郎左衛門	六三郎	源右衛門	茂右衛門	喜兵衛
回　数	16	15	15	15	15	14	14	13	12	12	11	11	10	10	10	10
①文化11			○							○	○	○				
②文政３											○					
③天保15		○	○	○	○		○	○			○	○		○		○
④弘化２	○	○	○	○	○	○	○	○	○	○	○	○	○	○	○	○
⑤弘化３	○	○	○	○	○	○	○		○	○	○	○	○	○		○
⑥弘化４	○	○	○	○	○	○	○	○	○	○	○	○	○	○	○	
⑦弘化４	○	○	○	○	○	○	○	○	○	○	○	○	○	○	○	○
⑧嘉永元	○	○	○	○	○	○	○	○	○		○	○	○	○	○	○
⑨嘉永２	○	○	○	○	○		○	○		○	○	○	○	○	○	○
⑩嘉永３以降	○	○	○	○	○	○	○		○	○						○
⑪嘉永３以降	○	○	○	○	○	○		○	○	○			○	○	○	
⑫嘉永５	○	○		○	○		○	○			○	○		○	○	○
⑬文久元	○	○	○	○	○	○	○	○	○	○	○	○	○	○	○	
⑭文久２	○	○	○	○	○		○	○	○			○	○		○	○
⑮明治３		○	○	○	○		○	○		○						
⑯明治４－８	○															
⑰明治６	○	○	○	○	○	○	○	○	○	○					○	
⑱明治９	○					○										
⑲明治11	○					○			○							
⑳明治12													○			
㉑明治15	○					○										
㉒明治16年						○										
㉓明治17年以降						○										
㉔年不明		○	○	○	○		○	○	○	○						
備　考		卯之吉兄	文化十一年は巣鴨在住			藪蕎麦店主		長太郎の弟		文化十一年は五軒町在住	文政三年に両国で興行		浅草花屋敷園主			

※○が史料上に名前があるもの

注目される。彼は、後に「花戸（植木屋の呼称）中の太閤」と敬われ、年老いてからは「長翁」と呼ばれ、また「姜民」とも号した有名植木屋である。その園号を栽花園といい、巣鴨に居住していた。問題の箇所は、

十五　巣鴨
艸花屋　長太郎
（鏡餅の図）高さ壱丈横壱丈五尺余
いろきく見事の出来(39)

とあり（図58）、また「艸長」(40)という名で朝顔も出品しており、あるいは、

同所（巣鴨）艸蝶亭
壱本菊百色の花角力（菊花、扇子）(41)

と、長太郎の「長」と「蝶」をかけて「艸蝶亭」とも号した。長太郎が、この艸（草）にこだわるのは、何かしらの理由があると思われる。これを解明する手掛かりが、長太郎の没した翌々日の『郵便報知新聞』紙上の栗本鋤雲筆「内山長翁伝」(42)に見出せる。

翁始の名は長太郎、文化元年を以て巣鴨の地に生る。笊工某之長子なり。幼より花草を好み、常に路側の雑卉を摘み、玩弄して倦むを知らず。成童に及ふ時、父某誡めて云、男子年十五、既に賦役に供し、大人と異なる無けれは、一個の資力を以て、口を糊せさる可からす。汝今より労力して其の料を得るを謀れと。翁深く其言に服す。然れとも竹を編みて父の業を助る事を好まされは、則ち日々農家に至り、蕃椒苗を求め荷担して市に売り、一個四文の価銭を積み百五十文を父の許に入れて口貲と為す。懈らす残余漸く裕なるに及び始めて花戸に就き、草花数盆を購ひ、其名称の審ならさるは老丁に問ひ、神社の賽日に出て売る。越中富山

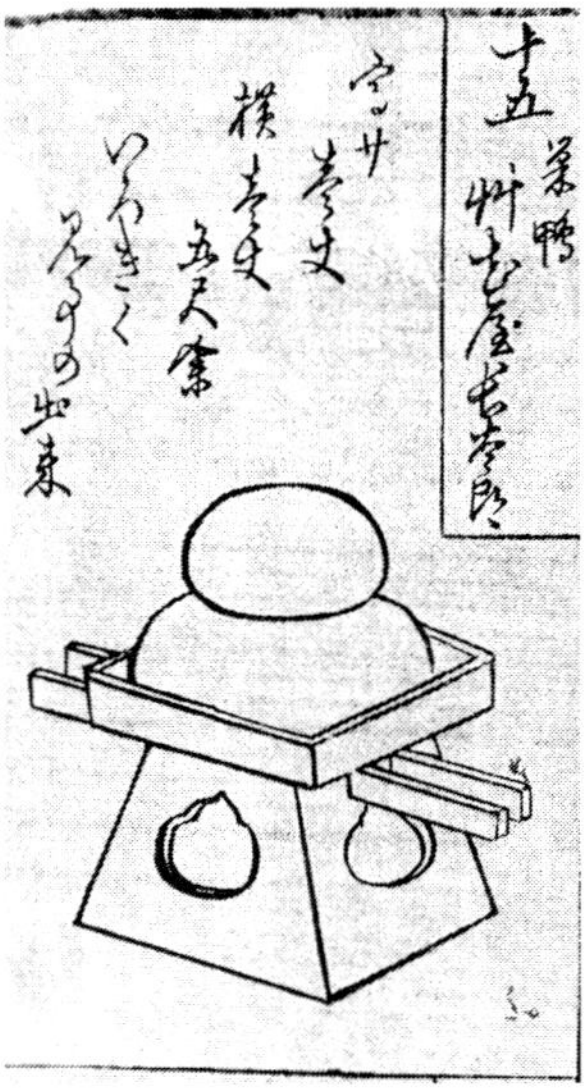

図58　艸花屋長太郎
（『造花一覧園百菊』部分）

の万香老侯未た世子たりし日、最も花草を好みて多く之を募り、猶ほ賽日には必す微行して之を購ふ。一日慈眼大師の賽日、上野広街を過き、翁か列肆中未見の花あるを見て、名を問ふ。翁、詳細に記す所を答ふ。侯大に其年少にして能く心を用ゆるを奇とし徴して、其邸に到らしむ。至れは則広屋大門、翁始めて其高貴人たるを知り、惶怖して敢て進ます。侯温言強て延て邸内後園に誘ひ、有る所の珍卉奇草数百品を示し、試に其名を問ふに、翁尽く知る所を答へ、未知らざるは則ち教を請ふ。於是侯益々喜ひ深く、其知らさるを強ひさるを重んし、爾来殊に厚遇を辱ふする。数十年終に親く介して、筑前侯・会津侯・薩州侯其他大藩諸侯の家に到らしむるに、皆其朴訥を愛眷せさる無し。茲に於て其弟、音吉・卯之吉二人皆兄を慕ひ、尽く花戸となり、各其業を盛にするに至り。（後略）

改めて長太郎伝を読んで強調したいのは、本業は笊屋であった点である。長太郎と同時代の植物知識に長けた植木屋に、柏木吉三郎がいる。彼を養子に迎えた柏木家の祖先は、元禄の頃、伊勢から江戸へ移住した代々の植木屋であり、わざわざ本草学者の門人となるなど植木屋としては名門の部類であった[43]。対してこの長太郎は、弟音吉・卯之吉、息子長太郎、孫の孫八を輩出した名家でありながら、植木屋としては長太郎が初代であった。最初は「慈眼大師の賽日、上野広街」、つまり毎月十八日の寛永寺慈眼大師縁日に催された下谷広小路における市[44]で日銭を稼ぐことから始め、ここで富山藩主・前田利保の知遇を得た。『安政年代駒込富士神社周辺之図』[45]には、本郷通り東側に「エン日うえ木や」として「テッポーやの庄サン」の文字が書き込まれている。「テッポー」は鉄砲の売買であろうか。とにかく「テッポーや」を本業とする者が縁日には植木屋となったと考えられ、長太郎も同様に笊屋を生業とする「縁日植木屋」で、植木屋の中でも最下層からのスタートだったのである。

長太郎は代々の植木屋ではないので、実績がない分信用を得るのに時間がかかることは予測できる。しかし、文化元年生まれの彼の時代は園芸の変革期に当たり、本草癖のある大名・旗本の研究熱を支えるため、望まれて奇品を集めて栽培し、実務担当として不可欠の存在になった。長太郎が目指したものは、それまでの植木屋のように造園を本業とするのではなく、自ら称すように「艸花屋」、つまり草花の専門家であった。大名に認められるという兄の成功を間近に見た弟たちが、同じように植木屋を本業とするようになったという事実も、園芸ブームが長く続いた時代だからこそ可能な、新しい職種への挑戦である。長太郎は、天保五年三十一歳の時、すでに秩父に採薬に赴いており、同九年に本草研究会・赭鞭会《しゃべんかい》の折に植木鉢を運び入れ、同十二年ダリヤを長崎より江戸へもたらし[46]、同十五年「艸花屋」と称した時は四十一歳であり、草本、特に花に詳しい植木屋として自他ともに認める実績があった。文中「筑前侯」とは福岡藩主・黒田斉清、「薩州侯」とは薩摩藩主・島津重豪《しげひで》を指し、それぞれ本草に一家言ある大名であった。その後も弘化五年に『福神草』、安政五年『七福見立福寿草』などに福寿草を出品し[47]、安政四年七月四日に長太郎宅で『牽牛花花合』を開催、同年『都鄙秋興』に朝顔を出品[48]、万延元年（一八六〇）『芍薬自讃花集[49]』に出品するなど種々の園芸植物を開発した。この結果、明治九年『東花植木師高名鏡[50]』では「万植木」として植物を特定せず、植木なら何でもやるという看板を掲げた。

明治維新後の長太郎は、「温知会」という本草研究会に出席、または自邸で開催し、自らの持つ植物知識を披露した[51]。明治十三年には、文政十二年出板の草木の斑入り葉を集めた水野忠暁著『草木錦葉集』の再版を遂げている。

本来の園芸業務を継承したのは、長太郎の長男「長太郎」や、これの次男で、長太郎にとっては孫に当たる「孫八」で、孫八は明治九年に、

> 植木屋の親玉巣鴨の長太郎の二男内山孫八は、此度両国横網町華族藤堂さんの邸内を借り受け住居を新築し、築山泉水を生取にして壮大な屋敷を設け、参議木戸公より賜りし芳樹園の号を鬼瓦へ金字に出し、外にも風雅な離れ座敷四五宇構へましたが、最早近々落成して、二十頃より開業し升、土地と云ひ庵定て大盛に至り

ませう。[52]

と、両国という栽培に不適当な地に、「芳（香）樹園[53]」という花園を開いた。近世における盛り場である両国をわざわざ選んだのは、栽培より販売により力を入れて利益を追求した結果であり、職人から商人へ転身した都市型植木屋の典型としてとらえられる。

第三節　巣鴨の植木屋②斎田弥三郎

前節で述べた新興植木屋である長太郎は実は稀な例であって、菊細工を出品した植木屋は従来の造園系植木屋が多かった。次に、そのうちの一人、菊細工の代表格といってもよい富士山の細工を出品した、巣鴨の斎田弥三郎を採り上げたい。弥三郎については、第一部第二章において大田南畝との関係上、すでに言及しているが[54]、本章では、都市型植木屋の中心人物として、商業主義的活動を中心に、改めて再評価するものである。天保十五年に初めて出品し、「御高評を受たれば目先をかへて当年も又々富士の作り菊[55]」と翌年も少々目先を変えて鶴を加えただけの富士山を出品、その後も弘化四年[56]、嘉永元年[57]、同五年[58]に富士山を出品した。富士といえば弥三郎というマンネリズムが喜ばれたらしいが、弘化三年の『藤岡屋日記[59]』には、

年毎にかわらず作る爰の庭
いく末広の菊ぞいろよき

あるいは、天保十五年の『藤岡屋日記』所載栗崎常喜作「菊見の道草[60]」に、

同弥三郎主の座しき殊によし、重き堂上方の御筆の額在、富士山の作もの。

とあるように、作り物の富士だけでなく、庭の景色やそれを愛でるための座敷に人気があった。弘化三年、弥三郎は富士を作らず大扇を作っているので、毎年変わらないというのは富士山の菊細工ではなく庭の風情を指すと

判明する。後の時代のものであるが、明治二十二年の楊洲周延筆の錦絵「江戸風俗十二ケ月之内　九月　染井造り菊の元祖」(61)は、背景に白菊で作られた富士、前景に石灯籠を配す池が描かれており、純日本式の庭園風景が描かれている。弥三郎の庭とは断っていないが、富士の作り菊であるゆえに弥三郎の庭と考えられる。『藤岡屋日記』弘化三年の項には、それぞれの菊細工に取材した狂歌が付されているが、庭が誉められているのは弥三郎ただ一人だけであり、高い水準の庭であったと考えられ、伝統的な造園技法を有す植木屋であった。

弥三郎は、菊細工の最初の流行期、文化十一年にも出品している数少ない生き残り組である。また、文化年間にいったん衰微した菊細工(62)を、文政三年に両国回向院において見世物として出張興行を行った。

○今年（文政三年）正月より秋にいたり、寺地或ひは両国橋詰へ大造の看せ物出る。(63)おのれが見る所を左にしるす。（中略）△文覚上人荒行（回向院へ出、細工人物助、弥三郎、泉五、茂定）

史料には、菊細工とは記されていないが、まだ生人形が登場していない頃のことでもあり、「文覚上人荒行」の細工自体が、天保・弘化期における菊細工の常連の題材であるので、ここでは菊細工と考えた。

弥三郎は、園名を群芳園といい、大田南畝が訪れ(64)、内山長太郎・森田六三郎らとともに福寿草図譜(65)を作成するなど有名植木屋の一人である。加えて弥三郎もまた長太郎以上に、本草学者としての側面を強く持っていた。前田利保と同じく赭鞭会のメンバー、旗本・馬場大助は、嘉永五年序『群英類聚図譜』(66)において、自らの支配領（美濃国釜戸。現、岐阜県瑞浪市）に自生する植物（ダイモンジソウの一種）の鑑定に際して「鴨丘（ママ）花戸群芳園金曜草ナリト云」と弥三郎に助言を求めている。また丹波亀山藩士松平貞幹（号芝陽）の随筆『芝陽漫録』(67)には、弥三郎の記述が三箇所あり、そのうちの一つに、

○観音艸ノ一種ニ運気（ウンキ）草アリ。冬紫花ヲ開ク。后紅実ヲ結フ。奇品。琉球産ナルベキ由、群芳園ノ翁申キ。（芝陽漫録　冬）

とある。『芝陽漫録』の記された年代は、文化十二年から文政五年とされ(68)、この時期に「群芳園ノ翁」であるからには、どんなに若く見積もっても三十代後半くらいであろう。仮に文政五年に三十五歳として、明治九年板行『東花植木師高名鏡(69)』に載る「斎田弥三郎」は、この時八十九歳ということになる。植木屋は長太郎や後述する楠田右平次、森田六三郎のように、代々同じ名前を名乗る場合が概して多く、弥三郎も代替りした可能性がある。しかし明治以降、弥三郎の名が、植木屋と積極的に交際し利用した伊藤圭介の日記など本草学者の周辺史料に現れないことからも、文化年間から活躍していた弥三郎が明治初年に没したと考えたい。

松平芝陽と同じ亀山藩士矢部致知《むねとも》は、弥三郎のことを「先生」と呼び、

　齊《(ママ)》田群芳園先生予ニ示曰、過本町シニ或薬舗ニテ耳松覆ヲ開キ風乾スル中ニ葉有モノヲ見ル。因テ請之、宿ニ帰暫時水ニ浸観ニ、物印満所載者ト小異也(70)

とあるように、江戸詰の藩士が、弥三郎を師として植物知識を得ていた。「物印満」とはウェインマン『花譜(71)』のことで、次に掲げる例でもわかるとおり、弥三郎はこれとドドネウスの『草木譜』を頻繁に引用している。

　㋚羅甸トアルハ左ノ書也。
　ヱインマン　写真彩色
　ド、ニヨウス　小略図各彩色(72)

㋚は斎田の略号である。文政十二年九月には、『花譜』に載る植物名一覧の記録『烏延異漫《ウエインマン》草木名(73)』を執筆している。これは、江戸の本草学者・岩崎灌園とともに宇田川榕庵宅で『花譜』を見た成果である(74)。

弥三郎について興味深い史料に、駿河国沼津原宿の庭園、「帯笑園」主・植松与右衛門（六代、蘭渓）に宛てた書簡がある。帯笑園は東海道の交通の要所にある庭で、東海道を往来する人々に観覧せしめ、当主の日記には江戸の植木屋との交際が記録されている(75)。その一人に弥三郎がいたことが、次に掲げる書簡(76)で明らかになった。

先達而之御報二月十三日御仕出同廿六日ニ相達拝見仕候、如来論暖和ニ相成候、愈御勇健被成御座奉恭喜候
然は先達而差上申候菊苗無滞相達申候旨承知仕喜悦いたし候、右ニ付金弐百匹御恵賜被下置忝仕合拝受仕候、
乍去彼是御心配之御事恐入奉存候、且又菊養作り方之事御尋被仰聞当時江戸ニて近年工夫いたし候菊作り方
略別紙相識差上申候、御覧被下江戸流ニ御作り被成候ハ、御一興と奉存候、江戸も先年之風とハ大ニ養作方
相違仕候、別紙御熟覧可被成候、乍去筆談ニては訳り兼申候、当秋菊花盛之時分御出府被下御覧奉待上候、
猶期後申上候、已上
二月廿七日　斎田弥三郎
植松与右衛門様（後略）

本書簡は、封書上書により、年代は文化十一年とわかる。帯笑園は、四季の草花を多く集め養うことに貪欲であったが、弥三郎はここへ菊の苗を送り代価を受け取っている。菊苗は江戸菊であり、沼津では栽培する術を知らないため、書簡の末尾には「養菊畧記」という菊栽培法を付す。折しも文化十一年、江戸における菊細工の最初の流行期に、抜け目無く商売をしていたのである。

第四節　団子坂の植木屋①楠田右平次

本草学者としての知識を有していた植木屋、長太郎と弥三郎は、菊細工を当初から行っていた巣鴨の在住であったが、以下では弘化年間以降明治十年代まで菊細工を担った、団子坂在住の植木屋に言及する。

団子坂の楠田右平次は、古くから当地に植木屋として住んでいた。寛政十一年（一七九九）の『江戸図説』[77]には、染井の有名植木屋・伊藤伊兵衛の紹介のくだりに、

其外百種の楓有。是を百紅葉前集ト云、後集百紅葉ハ千駄木植木屋宇平次と云方に有。

という記事がある。また、朝鮮人参御用として取り立てられた田村藍水《らんすい》と息子西湖《せいこ》の公用日記『万年帳』(78)巻一に、「地面之宜場所持候者并巧者」という理由で朝鮮人参の種の譲渡を許された者三十二名の中に「谷中三崎　右平次」「増長（上）寺村巣鴨村　弥三郎」が含まれる。さらに、『藩籬譜』(79)という庭の生垣の図案を、上・中・下各巻一〇〇種ずつ計三〇〇種描いたことも知られる。本書上巻の奥書(80)によると、

文化七庚午年暮秋

四代植木屋

楠田右平次

コノ奥書ハ文政十二年己丑七月右平次本ニテ校合之時書入（朱筆）

天保十一年庚子九月写畢　米洲（後略）

と、文化七年暮秋（九月）の時点で四代目を名乗る代々の植木屋と判明する。本節で採り上げる、菊細工を最も多く手掛けた（表53、424頁参照）右平次は、弘化二年から明治十五年までの番付に断続的に名前が登場し、同十六年に名がないことから、この頃に没したと推測される。年代を考慮に入れると、五代目か六代目であろう。

嘉永五年、漢詩人で自称本草学者、大谷木醇堂(81)は、菊細工見物として、巣鴨・染井・伝中をめぐって団子坂に到り、次のように右平次を語る。

コノ年（前の記述により嘉永五年）ノ九月、友人ト偕ニ巣鴨・染井・伝中・千駄木・団子坂ニ眺メ、「ヨキコトヲ菊見染井ノ水底ニ汲ムモ花ヨリ団子坂下」。コレハ団子坂下ナル宇平次（右平次）カ宅ニテ行厨喫飲中ノ即詠ナリ。宇平次ハ、小石川御守殿公主ノ御用向ヲ遣スルヲ以テ、予モ親シミ深キヲ以テ、居常往来シテ相語レリ。故ニ予カ花卉栽培ノ修行多ク彼レヨリ得ル所アリテ、又赭鞭ノ学ヲ我レヨリ彼レニ伝授セシモ尠カラス。造菊ノ起原ハ弘化元辰年ヨリ始マレリ。該時ノ製作今日見ルモノト同ジカラズシテ、巧ナラス。其ノ巧

ナラサルニ却テ見ル所アリシ也。[82]

この記述により、右平次が将軍家斉の娘で水戸藩八代藩主斉脩に嫁した（文化十二年）峰姫の周辺に出入りしていた事実も判明する。表54に掲げた通り、右平次は歌舞伎に取材した細工を多く出品し、天保・弘化期の総菊で造作する菊細工とは趣を異にした、歌舞伎の一場面を体現する「菊人形」を主流にした主導的人物である。しかし、菊花壇や鉢植の陳列にもスペースを割いたと見え、これらが番付に描かれることも多い。「巧ナラサルニ却テ見ル所アリ」とは、本草に詳しい大谷木醇堂がいう拙さとは、園芸上の技術を指し、しかしながら人形と合体させ、また菊花壇をしつらえる点に好感を覚えたのではないだろうか。明治十二年の批評に、

駒込団子坂の造菊も年々種々の趣向あれど、詰り木偶《にんぎよう》の観せ物めきて子供騙しのみ。根ッから菊見の趣をなさねば、[83]所々を巡見する人も少なく、只花戸右平次か園中のみ看客の入来多きハ純粋の菊花を愛るの故でありましよふ。

とあるように、明治期においては人形主体ではなく菊の花をどのように見せるかの演出の出来不出来が見物の動員数を左右した。これにより、人形と同時に毎年のように菊花壇を出品していた右平次が優れた演出家であったことが知られる。年代不明の朝顔番付『蕣花合』[84]によると、「駒込千駄木団子坂於右平次宅開莚」と右平次の家で品評会が開催されたが、のべ七十三名の出品者中に右平次の名は見えず、右平次自身は朝顔を出品せずに会場を提供しただけとわかる。これも、右平次の演出家としての才覚を証明する一例である。

右平次はまた、第一・二章で触れたとおり、嘉永五年春に、団子坂南側に「紫泉亭」という茶亭付きの梅林を開園した。次の「嘉永五年町奉行上申書」[85]が、その前後の事情を雄弁に語ってくれる。長文であるが、開園前からの準備、開園後の状況まで、具体的な内容が濃い史料なので、以下に全文を引用する。

一、谷中俗ニ団子坂植木屋宇平治方江当春梅林出来、花盛之頃見物人賑ひ近辺茶屋向相応ニ客有之、土地之潤

表54　右平次の出品演目

年　代	番付に描かれる要素		出典・所蔵先
	園芸的要素	演劇的要素(菊人形)	
弘化2	菊花壇・花瓶菊(生花)・鉢植	近江のお兼	①
弘化3		関の戸	②
弘化4	菊花壇	助六	②
嘉永元		(外題不明歌舞伎)	①
嘉永2	大花壇(菊)		③
嘉永3以降	菊花壇	音羽や猫	①
嘉永3以降	大花壇(菊)・鉢植	浦里時二郎・男之介　仁木	①
嘉永5		娘道成寺	①
文久元	菊花壇・鉢植	忠臣蔵	①
文久2	鉢植	一本作・近江のお兼・廿四孝	④
明治4-8	本花壇(菊)	頼光・玉藻の前	①
明治6	大花壇(菊)	忠臣蔵十段目・忠臣蔵六段目	⑤
明治9		石川五右衛門	①
明治10	本花檀実生作菊	勧進帳・三番叟・相生獅子・松風・野路玉川月の巻・其面影二人椀久	⑤
明治11	菊花壇	曽我対面・夏祭り・平井保昌・雪の松楼の仇討	⑥
明治15	菊花壇	伏姫富山之場・見たて五人女・鏡山奥庭の場・楠木太門丸	③

出典・所蔵凡例：①菊人形今昔(文京ふるさと歴史館展示図録)、②藤岡屋日記、③雑花園文庫、④国立歴史民俗博物館、⑤架蔵、⑥東京国立博物館

ひ相成候由、尤梅而已にも無之四季に人寄致し候趣向ニ而、桜菊茶花菖蒲其外植込庭之模様器用に出来致し候故、当節迚も見物之絶間なく、素より辺鄙に候得共、以前は谷中茶屋町に売女有之往来多く候ニ付、商人共渡世も有之候処、取潰相成候後至而衰微致し候ニ付、右場所出来候ハ、土地之潤ひ可相成と宇平治幷同所玉屋と申もの同意致し、多分之入用才覚致し庭向取建候趣、

此儀再風聞之趣ニ而は本文宇平治は下駒込村百姓ニ而植木渡世致し、右場所は凡三千坪程之内、八九百坪は御鷹餌鳥受負人本小田原町壱町目七郎兵衛店東国屋伊兵衛江十年以前卯年中貸遣、残り二千坪余幷同所続千駄木町地所、間口拾五間半奥行十間余之地面建茶見世ニ致し、奥之方は座敷向四五間幷風呂場等相建、一円ニ梅桜其外四季之花もの等植付候儀ニ有之、去亥十一月中より取掛、当二月中落成致し、同十九日庭開より殊之外見物人群集致し、客之好ミニ応し近辺より酒食取寄、右代銭之内二割程ツ、右宇平治方江請取候由ニ而、近辺潤ひ相成候処、当春火之元巌(ママ)重被仰出候ニ付、追々見物相減し、当時は日々二組三組ツ、ハ見物候得共、賑候程之儀ニも無之、群集致し候は全庭開当分之由、右起発之入用は前書之伊兵衛跡当時餌鳥請負人より金三百両程右宇平治養子駒吉実家、日光道中鉢石宿高橋佐左衛門儀身上合相応之ものニ付、同人よりも三百両余借受、右金子を以取建候儀ニ而、外ニ相仕は無之由、玉屋と有之候は千駄木町家主ニ而料理渡世致し候伊兵衛ニ有之候得共、同人は間口五間奥行四間半程之住居ニ而、身上不如意之ものニ付、中々右宇平治相仕ニ可成身柄ニは無之由ニ付、全同人一分之発意と相聞、右町触申渡等前段之通ニ付、新規之儀ニは御座候得共、素より村内之持地所江纔之買添地致し候迄ニ而場末之儀ニも有之、殊ニ同所植木屋共儀は何レも手広之庭有之、品ニ寄候而は諸家方等も立寄有之候儀ニ付、見躰宜敷造建鉢もの等立派ニ餝置不申候而は買人之気進ミ不宜、目立不申候ニ付、銘々形容取繕ひ金高成草木奇石等並置候は業躰ニ有之候ニ付、旁手広一ト通之儀は異論も無之候得共、人集之招ニ致し、酒食等差出候段超過致し候而は如何ニ有之候処、群集致し候

は庭開当座之儀ニ而、追々衰微致し候趣ニ付、其儘差置候とも取締筋ニ拘候程之儀は有之間敷奉存候、

花屋敷開園の目的が、文中に頻出する「土地之潤ひ」つまり観光名所としての価値を期待し、「人集之招」という集客目的であったというのが興味深い。ここには梅林とのみあるが、歌川広重（初代）筆「名所江戸百景」には「団子坂花屋敷」（安政三年）として描かれ、後に四季の花々を愛でる「花屋敷」という固有名詞が定着した。本園が開かれることによって土地の潤いになると考えた右平次と玉屋伊兵衛（料理屋）は、梅の時節だけでなく四季を通じての人寄せのため、桜・菊・茶・花菖蒲そのほかを植えた庭を完成させた。各三〇〇両ずつ借金して共同出資し、土地を借り、茶店を作り、座敷と風呂場を設け、見物客のために酒や食べ物を取寄せ、二割を取り分とするなどの手段を講じた。しかし、残念ながら段々と見物客が減ってきてしまったという。本史料の性格が、町々を取り締まる上での上申書なので、右平次の花屋敷のあらましを記し、このような事情であるが、結局衰微の方向に向かったので、特に取り締まらないと結論づけている。

飲食・入浴可能な設備投資手腕も興味深いが[86]、ここでは、近辺の植木屋はいずれも広い庭を有し、時には大名家も立寄るので見目よく鉢植を飾り置かなくては買う気も起こらないと述べる点に注目したい。「金高成草木奇石等並置候は業躰」といい、鉢植植物売買の事実を堂々と記す。高額な鉢植の取引は、幕府によって天保十二年十月、十三年七月、弘化二年、嘉永五年と、再三の禁令によって禁止させられていた点と矛盾する記述である[87]。建前では禁止するが、鉢植植物の売買は植木屋の業務なので特権的に許されていた事実がわかる興味深い史料である。

第五節　団子坂の植木屋②森田六三郎

右平次の梅林と同じ年に特例として認められた花園が、現在も遊園地として名高い浅草の花屋敷である。この

花屋敷の園主・森田六三郎もまた団子坂の植木屋で、右平次の庭と団子坂の通りを隔てた向かい側に住んでいた。

前節、右平次の庭で紹介したのと同じ史料、「嘉永五年町奉行上申書」[88]から、今度は浅草花屋敷の成立事情を、長きをいとわず全文を掲げる。

一、浅草寺ノ境内江新規梅林出来候は、右地内賑ひ候様可致企ニ有之、参詣人数目立候程職は不致候得共、薄情ニ流レ候哉、賽物上り高少く境内揚弓場見世もの其外諸商人も右ニ准し難渋致し候迚、伝法院ニ而目論見梅林之儀願相済、千駄木植木屋六三郎儀受負梅樹其外植込場所之儀は、奥山西之方余地二千坪程是迄植込有之候諸木を切払ひ、平地ニ致し皆出来ニ至り候得は、構之内江仮家を取建候由、右は浅草寺役者同所代官等相加り、弥出来致し候上は徳益ニも可相成と頻ニ粉骨致し候趣、

此儀再風聞之趣ニ而は、前書六三郎は下駒込村百姓ニ而植木屋渡世致し、忰半三郎一同日光御門主幷諸家方江手広ニ出入致し候もの共ニ有之、先年より浅草寺境内ニ借地致し居候ニ付、去々戌年十二月中より同人目論見ニ而、同所続植木茂り候場所手広ニ借地致し度旨同所代官江願出、去亥正月中上野江伺相済候ニ付、御鳥見方江御場障り有無問合候処、同三月中障無之旨答有之候ニ付、願之通六三郎江惣坪凡五千坪余借地申付、同十一月中より樹木取除梅桜其外茶花等植付、構之内江腰掛都合八ケ所入口茶屋壱ケ所取建、当時専ニ手入致し罷在、右場所は元来浅草寺代官支配ニ有之処、如何之訳ニ候哉、当四月中より上野直支配ニ相成、其後は右代官方ニ而何事も差構不申、素より六三郎父子目論見ニ而役者幷代官等最初より六三郎江加り候儀等無之、一躰観音奥山之儀は容儀宜茶屋女等数人出居候ニ付、遊客賑ひ候処、近来右様之ものも無之、其上猿若町近辺相成、奥山ニ而遊ひ居候もの無数ニ付、此上皆出来相成候共一旦之儀ニ而、向嶋猿若町吉原町江相越候もの共足を止め候程之儀は有之間敷趣に有之、右新規梅林等取建候儀に付町触申渡等差向相見不申候得共、繁花成町地等に右様之儀有之候而は如何にも大掛りに而取締にも拘り候儀ニ付、容易に難被仰付儀は勿論ニ

候得共、寺社境内等は別格之儀殊ニ寺院代官等利欲之筋ニは相聞不申、全右六三郎一手ニ取立候儀ニ而、其筋願済之趣ニも有之、猥ケ間敷儀等は相聞不申、殊ニ右境内之儀は都而寺社奉行進退場所之儀ニ付、御場差支有無之打合等有之上は、定而聞届相成居候儀ニ可有之と奉存候

ここでも団子坂と同じく、「地内賑ひ候様」と、境内の客寄せを目的として新規に梅林を作ったという。六三郎は息子半三郎とともに植木屋を家業にし、日光御門主（輪王寺宮）や大名家出入りの職人であり、先年より浅草寺境内に借地して一昨年（嘉永三年）十二月、樹木鬱蒼とした土地の借用を願い出、上野（寛永寺）に伺いも済ませ、去年十一月中より桜・梅など植付け、腰掛けを八箇所、茶屋を一箇所造った。この近辺は奥山・向島・猿若町・吉原へ向かう者でにぎわう繁華街のため、取り締まり上よろしくないが、寺社内は別格という理由で許可されたのである。嘉永三年の時点ですでに借用願を提出しておきながら、同五年まで開園を延期したのは、許可申請に手間取ったせいであろう。上層階級の保護を得た六三郎と、多額の借金をした右平次とを比較すると、場末に位置し、充分な準備期間を持っていなかったであろう右平次がスタートの時点で劣勢であるのは明白である。しかし、二園の同時開園は、お互いの競争心から生じた結果と思われてならない。開園して間もなく閑散となった団子坂花屋敷は、「名所江戸百景」に描かれ、少なくとも明治十五、六年頃[89]まで存続したことに加えて、菊人形のメッカとして団子坂を繁栄させた業績では、六三郎に負けてはいなかった。

六三郎は、号を「帆分亭」、また「植六」とも号し、本邦内地で初めて竜眼[90]という果実の結実に成功した。このことは当時の本草界にとって画期的な事実だったらしく、諸書に記事が散見する。赭鞭会の前田利保は、竜眼の実の写生を絵師・関根雲停に命じて描かせ、写生図を富山へ送らせた。雲停は、すでに第一部で紹介したとおり、園芸愛好家・水野忠暁のために「小万年青名寄」という一連の図譜を制作したが、天保年間に開催された赭鞭会の参加が確認でき、同会専属の画家として考えられる人物である。この雲停が、赭鞭会の主要メンバー、富

山藩主・前田利保のために描いた竜眼図が、武田科学振興財団杏雨書屋蔵『奇品写生』[91]中にあった（図59）。本図譜は、「奇品」（変異種）の図を集めたもので、その用箋から富山藩主・前田利保の旧蔵とわかる。雲停筆による竜眼の図の傍らには、次の説明文が付される。

是マテ竜眼ト申スモノ、葉細ニ方（ママ）千駄木団子坂花戸六三郎方ニテ、当春開花、初夏ニ入開花。実二十二結フ。当秋御成之節、五ツ御用ニ相成ル品写生ノ旨。

東武　雲停ヨリ

とある。末尾に「東武雲停ヨリ」とあることで、開花・結実の年には、利保自身は富山にいたとわかり、遠く離れた江戸の情報の探索を積極的に行っていた事実が判明する。

その証拠に、竜眼の写生図はこの一枚だけではないことが挙げられる。雲停と同時期に、絵師・服部雪斎に描かせたものが、この『奇品写生』の直後の丁に貼りこまれている（図60）。雪斎は、文部省掛図や伊藤圭介著『日本産物志前編』の挿絵画家として著名であるが、第一部で述べたとおり、朝顔図譜『朝顔三十六花撰』挿絵や、本図を描かせた前田利保と同じ赭鞭会に属する武蔵石寿《むさしせきじゅ》著の『目八譜』挿絵も描き、同世代の関根雲停同様、園芸愛好家や本草学者のための制作が多い。

雪斎の描いた図60は、左下に「雪斎」の印があり、右肩に貼紙がある。そこには、次のように記されている。

雪斎にも頼写生仕候由一枚余計ニ写呈上仕度由申聞候。何方之蔵木哉よく〳〵承跡（ママ）ゟ奉申上候。

この一文は、「雪斎にも写生を頼んだ」とあることにより、文章を書いたのは雪斎本人ではない。「何方之蔵木」つまり、どこの庭の竜眼を写生したのか調べた上で、利保に「奉申上」るべき立場にいた人間が記したものである。江戸在勤の富山藩士の可能性が高い。ただし、雪斎に写生を依頼したのは、文面から別の人間とわかる。それは、竜眼結実の情報そのものをもたらした、関根雲停自身と考えられる。

このことは、雲停が植物図にどのような機能を求めたのかを明らかにすることによって、必然的に解答を得られよう。まず、雲停と雪斎の描く『奇品写生』における二点の竜眼図（図59と図60）を見比べてほしい。葉の形状により同一植物と認められるが、実の部分および枝ぶりは見るからに大きさ・形状が異なる。それゆえ、実物を見る機会を得なかった、雪斎図に貼紙をした主は、別々の個体を写生したと判断した。しかし、これはまったくの誤解である点を、同じく雪斎による『龍眼図』（図61）が解明してくれた。画面右上に描かれた、丸みを帯びてより真球に近い果実が雲停の描くもの（図59）で、画面左上の細長い未成熟の果実が雪斎の描くもの（図60）である。図61は全体像であり、『奇品写生』では、雲停・雪斎ともに部分図を描いたのである。この部分図を複数描く手法は、説明不足のために誤解を生んでしまったが、手法としては合理的なものである。部分を写実的に描くことによって、細部が判明する利点があり、二種類の枝を描くことで成長段階の違いで生じる差を提示し得る。絵画的手法から考えれば、雲停の枝の方が描くにふさわしい画題である。にもかかわらず、雪斎が未熟な方を画題に選んだのは、本草における植物学的視点から、そのように雲停から依頼されたからと考えたい。

図60　服部雪斎筆リュウガン図（『奇品写生』）

図59　関根雲停筆リュウガン図（『奇品写生』）

雲停の描く図は、美術的に評価が高く、「さまざまなポーズの生きものがいくつもいくつも描かれる」「即物写生の高揚した気分をそのまま筆にのせた[92]」という意見が挙げられている。しかし、ズームアップの画法に言及した研究はなく、また同じものを多数描く点について、本草学的利用という観点から次に少々考察を加えたい。

図59と図61をさらに比べてほしい。図59右上方の枝ぶりは二方に、図61では三方に分かれている。これは、雪斎が『龍眼図』（図61）を描いてから、雲停が『奇品写生』（図59）を完成させるまでの間に、枝が切り落とされた可能性が考えられる。その証拠が、図62の高知県立牧野植物園所蔵、関根雲停の竜眼図画稿である。中央の図を見ると、本画稿をもとに『奇品写生』図を描いたことがよくわかる。注目してもらいたいのは、画面左上の果実の部分図である。ここには果実が四点描かれるが、中央の図にはこの部分図に相当する枝はない。別の枝を描いたのである。部分図のすぐ下方には「龍眼枝／実十二／則五ツ／献上由」との覚書がある。つまり、雲停の完成図に描かれていない枝は、家定御成の際に献上したため、すでに折られていたのである。画面左端には、「嘉永二歴十月廿三十日写　団子坂六三郎／園中」と写生地・写生年月日を明記する。写生年月日にあるとおり、二十日と三十日の二度訪れ、二十日に描いたのが左上の部分図であった。どこの部位が折られたのであろうか。図61において三叉に分かれている、向かって右端の枝の形状が似ている。この枝に実る果実は五つ描かれており、献上した果実の数と合致するのでこの枝であろう。以下に紹介する

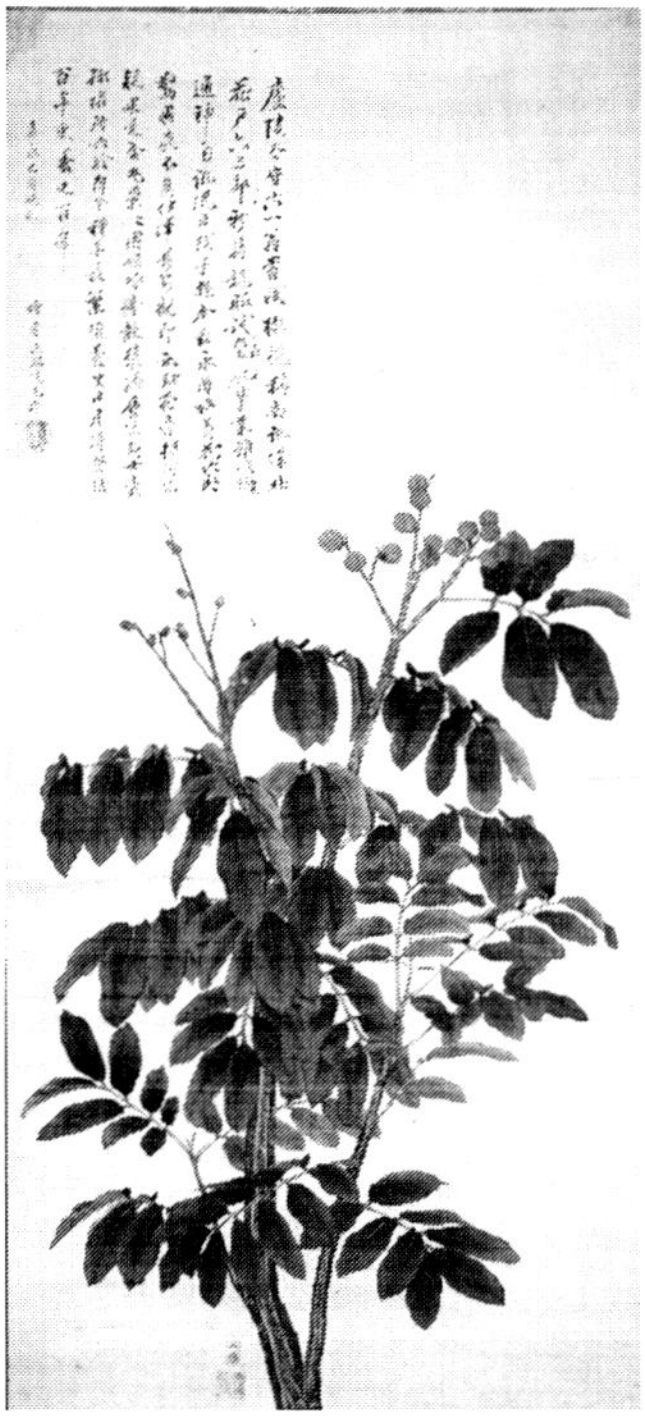
図61　服部雪斎筆「龍眼図」

ように、竜眼の結実は、本草学者間で大きく受け止められたニュースであった。江戸において森田六三郎以外の庭で龍眼が結実し、これを写生した可能性は極めて少ないといえる。

同じく赭鞭会の会員、旗本・馬場大助は、天保十五年の跋を持つ『蛮産衆英図説　木之部』(93)に図入りで竜眼を紹介するが、実の写生は図さない（図63）。しかしこの八年後、嘉永五年の序がある『群英類聚図譜』(94)には、

弘化ノ比薩州ヨリ千駄木ノ花戸へ初テ来リ。（四十四丁表）

と、弘化の頃に本邦に渡来したとし、開花の図（四十四丁裏～四十五丁表）、結実の図（四十五丁裏～四十六丁表）、種子とその解剖図（四十六丁裏）を加え、開花・結実を迎えたことによって図譜の記事をふくらませている（図64）。

白山鶏声ヶ窪（現、文京区白山）に住んだ本草学者・毛利《もうり》梅園《ばいえん》はその著『採薬記行（檟華園中榛集草木志《さんかえんちゅうそうしゅうそうもくし》）』(95)巻二において、

○又一種山龍眼

嘉永二年己酉十月五日

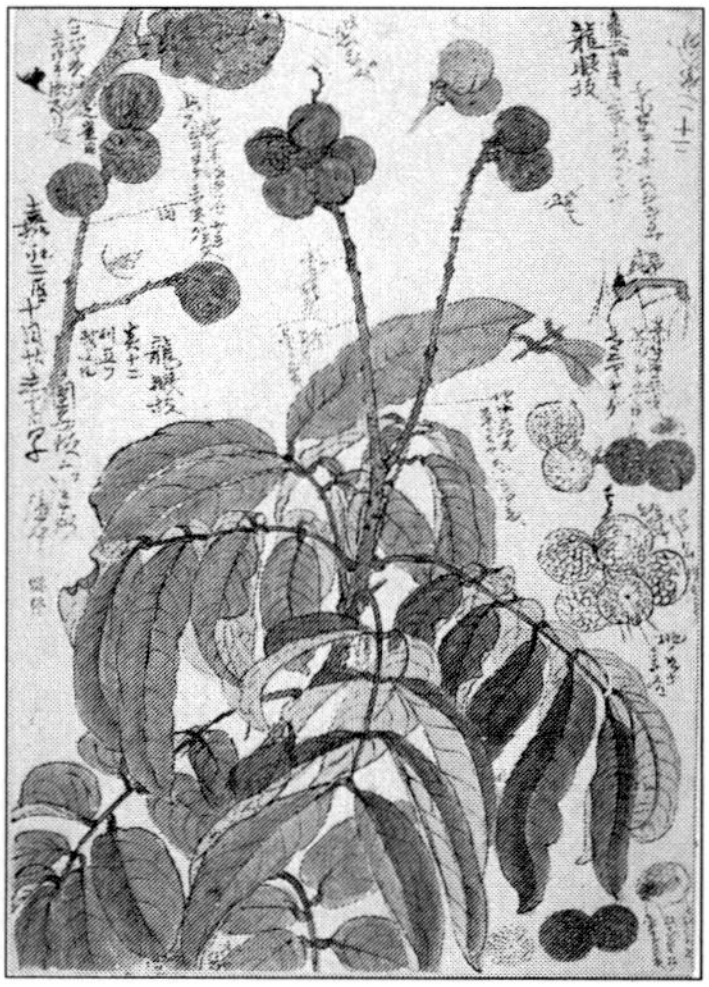

図62　関根雲停筆「龍眼枝」リュウガン

図63　リュウガン（『蛮産衆英図説　木之部』）

　西城公王子筋渡御御成ニ掛、千駄木植樹家六三郎園中ニテ龍眼ノ実御用トナル。当年初而六三郎所持ノ者花咲実ノル。高サ五六尺。日本へ竜眼木舶来之時六三郎養レ之テ漸ク当年実ル。

と、嘉永二年に初めて結実し、その年の秋、後の十三代将軍家定御成の節に供したとある。

　六三郎の庭が、次代の将軍の御成に際して立ち寄られたように、植木屋の庭は、貴人の休憩所として用いられる場合が多かった。前節で紹介した楠田右平次の梅園の史料にも、千駄木団子坂付近は、「諸家方等も立寄有之候[96]」との記載がある。また次に掲げる史料は、年代は不明であるが、浅草橋場（現、台東区橋場）にあった有名料理屋の「八百善」所蔵のもので、やはり、団子坂六三郎の庭が御成に際して、休憩場所に供されたことを示すものである。

　明九日公方様　御成りに付き左の通り相勤めるべく候

川上市郎左衛門
四郎兵衛
仁左衛門
善四郎

　右は明朝六ツ時　千駄木植木屋六三郎方へ相揃い差掛かり御用勤めるべく候。

　三月八日　掛り御鳥見

図64　リュウガン（『群英類聚図譜』）

肝煎中[97]

末尾に名が挙がる「善四郎」が、当時の八百善の当主である。この史料からわかることは、「御鳥見」とあることにより、鷹狩[98]のための御成と判明し、植木屋の庭に料理人を呼び、料理や庭木の観賞で貴人をもてなすために準備していた事実である。

第三節で紹介した斎田弥三郎の庭も、文政七年九月六日、将軍家斉の鷹狩に同行した絵師・狩野晴川院養信の『公用日記』[99]によると、

（前略）御道すがら御鷹野有之。植木屋弥三郎御小休ニ而御いとま被下、是より御駕籠ニ而還御。

と、王子辺で行われた鷹狩[100]の帰りにその庭で小休止をしたとある。

植木屋と当時の為政者という上層階級との結び付きは、屋敷に出入りする職人と雇用主という関係だけでなく、このような御成の機会を通じて徐々に接近していったと考えられる。長太郎では前田利保、弥三郎では旗本や地方の藩士、右平次では峰姫という具合に、上層階級の庇護により植木屋は力をつけていった。ましてや六三郎の浅草寺境内借り受けの事実は、輪王寺宮の助言なくしては考えられない。竜眼結実は、宮の心証をかなり良くしたと想像できる。ただし、この竜眼結実の前から、輪王寺宮と六三郎は園芸植物を介して交際があった。それが判明するのは、次に掲げる、幕末の漢詩人・大谷木醇堂[101]の随筆からの一文である。

龍眼肉は天保の末年都下に初めて苗を生したるもの也。（中略）然るにこの苗の茁長せしは、千駄木の花戸六三郎なる者、日光御門主より賜はりしものを蒔付けて生したるゆへに六三郎をもつてこの木成育の嚆矢と為する也。（中略）輪王寺宮、四月十七日御祭典の初に先だち御登山の御餞別として御倶衆を上使として龍眼肉一箱を遣せらるゝ事御例規也。六三郎凌雲院大僧正の仳睞を忝ふし、つゐに法親王に謁見して栽植培養の御用を勤めしかは、あるとき御門主よりこの実を賜はり、汝の園中に伏せて見よとの命を承りて、その如くせ

しに三顆生出して其一を献するの幸慶を得たるも奇なり。予も幼より嚢駝の癖ありて、巣鴨・染井・伝中・千駄木の花戸に交際し、殊にこの六三郎とはねんごろにせしをもつて、たゝちにこの事を同人より聞知せり。又茘芰・蒲桃・橄欖・蕃柘榴の如きも皆この六三郎の園中に生植せしもの也。胡椒・巴豆の如きは六三郎もいまたこれを内地に栽植するあたはす。又当時の御門主は花卉を愛翫し給ふ中にも、最も百両金を蔵せられしをもつて六三郎をめされてこの御用を命せられたり。ゆへに当時松葉蘭《まつばらん》世上に流行して喝采せり。[102]

以上のとおり、天保末年に輪王寺宮から賜った竜眼の実を栽培し、あるいは輪王寺宮が松葉蘭を愛好したため、六三郎を用いたと述べる。

六三郎は、弘化二年『松葉蘭奇品鑑』を編集しており、そのほか天保九年『にしきかがみ』[103]に錦蘭を出品、『五福艸』『七福神草』『福神草』『七福見立福寿草』などに福寿草を出品[104]、『都鄙秋興』[105]に朝顔を出品するなど、園芸植物の図譜の常連であった。大谷木醇堂は、さらに他の植物における、六三郎の栽培技術を紹介する。

（前略）然れとも六三郎これを培養にして丹誠を尽すの日また長かりしに、茘芰（ママ）の如く実を結はさりしは遺憾也。その寒を忌むは最甚しと見ゆるも、このもの（巴豆）と橄欖とは、予いまたその実の結へるものを見ず。[106]

本草学者の関心が高かった巴豆《はず》・竜眼・橄欖《かんらん》・茘枝《れいし》に言及し、巴豆と橄欖の結実したものを見たことがないと述べている。果たして結実したものかどうかは不明であるが、幕末・明治の本草学者・伊藤圭介の記した『東京六区一類植物』[107]によれば、六三郎は明治初期にすでに竜眼・橄欖・茘枝を販売している。圭介は、六三郎の竜眼について、

暖国ノ果樹保護能ク繁茂セシム。能ク栽培ノ妙ヲ得タリト云ベシ。

と誉める。六三郎は栽培技術に優れた植木屋として、本草学者の関心を集め、上層階級とも結び付いた。明治初年には、浅草という地の利のおかげもあり、花屋敷でも菊人形を開始し、貴人の庇護がなくても娯楽性の高い遊

園として生き残る術を得ていった。ただ注意したいのは、六三郎は、花屋敷を開園した後も団子坂に居住し[108]、浅草を一種の支店として扱ったのか、本拠地としての団子坂を去らなかった点である。いかに都市型と変化しても、植木の供給先（栽培地）の確保が必要不可欠な問題として残っていた。明治後期の代表的な菊人形園・盆栽園である「薫風園」は、関東大震災を機に大宮盆栽村へ移るが、昭和初期でも盆栽村と団子坂の往復を何回も行ったという[109]。もちろん現代でも、栽培と販売は別々の地で行われるのが普通で、六三郎が浅草に進出した事実は、これのさきがけとして、社会史・経済史上でも重要である。

おわりに

以上菊細工を出品した植木屋のうち、内山長太郎・斎田弥三郎・楠田右平次・森田六三郎の四名の事績を採り上げた。はじめは栽培地でなければ出来なかった菊細工であったが、この四名はただの手慰みで終らせず、その包含する娯楽性に着眼し、都市における商売として展開していった。彼らはまた本草学者と交流が深く、植物知識に長じていた[110]。そしてこれを武器にして貴人の保護を受け、花屋敷開園に象徴されるように、商人の要素を色濃く有していった。彼らが目指したものは、植物を商品とみなす金儲け以外の何者でもなく、同じ商売をするのならより都心部を目指すのは当然である。しかしながら、園芸という業務の性質上、ある程度広い栽培用の肥沃な土地を要した。この二つ、都心部に近く、広大で土質がよい栽培に適す、という条件に合致したため選ばれた地が団子坂であったのである。団子坂は、北西方向に巣鴨・染井・伝中という植木屋集住地帯を控え、南東方向に不忍池・上野寛永寺という繁華街を控えていた。武蔵野台地東端という、台地上の肥沃な土質という条件も備え、下谷・浅草を台地上から眺望できる「名所」としての付帯条件もあった。文化に始まり弘化に隆盛した菊細工という商業本位の見世物が、最後までこの地で行われた理由は、以上のような地理的条件による。団子坂は行政区分では駒込村という農村に属すが、駒込村の中でも最も町中に近接した地域にあり、ここでは農作物の代りに園芸植物を栽培し、かつ見世物の会場として提供される。この情景は、『安政年代駒込富士神社周辺之図』において「農ト植木屋」と書かれた同じ駒込村の農間余業とはかけ離れており、むしろ幕末・明治期に見世物小屋が建ち並んだ浅草奥山のイメージに近い。本章ではここに注目し、今までの近郊農村という大きな分類から、都市化が始まった農村というさらに細かい分類を与え、ここを本拠とする植木屋を都市型植木屋として新しく位置づけたい。これらの条件のさらなる検証によって、自ずと明治時代における菊人形繁栄と衰退の理由も判明しよう。(11)

また本拠地が江戸という都市であったからこそ、数多くの印刷物に名を残すことができたことも付記しておきたい。菊細工番付の書誌は次の補論に譲ることにするが、江戸以外の都市、例えば大坂でも菊細工は行われたが、江戸ほど番付は充実していない。

(1) 『遊歴雑記』二編(『江戸叢書　巻の四』江戸叢書刊行会、一九一六年)では文化八、九年のこととある。
(2) 一枚刷り。財団法人東洋文庫蔵『観物画譜』[三Hａほ16]。第一帖の内。
(3) 一冊。国立国会図書館蔵『商牌雑集』[別3721-27]。第二十七冊の内。
(4) 『増訂武江年表2』平凡社、一九六八年。
(5) 複数の番付に限ったのは名前の誤記が多いためである。
(6) 天保十五年刊『造花一覧園百菊』。文京ふるさと歴史館蔵。
(7) 文政十年刊『草木奇品かがみ』(国立国会図書館蔵[特1-951])。
(8) 文京ふるさと歴史館蔵『よきことを菊の繁栄』(嘉永二年以降成立)、国立国会図書館蔵『広告研究資料』三編[別-3514]所収『菊番附道順独案内』(天保十五年)、東京国立博物館蔵『菊番附道順独案内』(弘化二年)[Q11540と531①]など。
(9) 『日本農書全集　五十四巻　園芸Ｉ　花壇地錦抄』農山漁村文化協会、一九九九年。
(10) 文京ふるさと歴史館蔵。

(11) 『荒川区史　上巻』（東京都荒川区、一九八九年）七九三頁。
(12) 第三部第一章第三節を参照。
(13) 第一部第一章（122頁）参照。
(14) 『日本園芸会雑誌』七七号、一八九六年。
(15) 現、文京区本駒込。
(16) 註(3)に同。
(17) 註(4)に同。
(18) 架蔵。
(19) 文京ふるさと歴史館蔵。
(20) 『近世庶民生活史料　藤岡屋日記』二巻、三一書房、一九八八年。
(21) 名古屋市蓬左文庫蔵『鶏肋集』第三［10-3］。
(22) 文京ふるさと歴史館蔵。
(23) 雑花園文庫蔵。
(24) 文京ふるさと歴史館蔵。
(25) 架蔵。
(26) 文京ふるさと歴史館蔵。
(27) 『東京市史稿　遊園篇第二』東京市、一九二九年。
(28) 国立歴史民俗博物館蔵。
(29) 国立歴史民俗博物館蔵。
(30) 文京ふるさと歴史館蔵。
(31) 架蔵。
(32) 吉徳これくしょん。
(33) 東京国立博物館蔵［Qと11380-2-1］。

(34) 十一月五日号に次の記事がある。「浅草公園地内花屋舗の菊花も既に盛開《さきはじめ》の候に至り、且つ百花陳列の設けもあれハ小春日の麗《うらゝ》かさに乗して散歩行楽がてらの見物ハ至極妙だと申す評判」。
(35) 雑花園文庫蔵。
(36) 吉徳これくしょん。
(37) 吉徳これくしょん。
(38) 東京国立博物館蔵［Qと11380－2－2］。
(39) 文京ふるさと歴史館蔵『造花一覧園百菊』（天保十五年）。
(40) 雑花園文庫蔵、安政四年七月五日『牽牛花花合』。
(41) 文京ふるさと歴史館蔵、嘉永五年菊細工番付。
(42) 『郵便報知新聞』明治十六年一月十一日条。
(43) 第二部第二章第一節を参照。
(44) 「黒門前植木其余諸商人市立り」（『東都歳事記1』平凡社、一九七〇年）。
(45) 註(10)に同。
(46) 以上長太郎の事績三点については、磯野直秀『日本博物誌年表』（平凡社、二〇〇二年）によった。
(47) 第一部第二章第三節を参照。
(48) 第一部第一章第四節を参照。
(49) 註(46)に同。
(50) 文京ふるさと歴史館蔵。図8に図版掲載（121頁）。
(51) 第二部第二章第七節を参照。
(52) 『郵便報知新聞』明治九年三月十二日条。同月の二十四日にも「大川端の藤堂邸内へ出来た遊園地は芳樹園と号けて、此両三日前から諸人に縦覧をさせますが、ご覧なさい中々風流に出来て居り升」という紹介記事が載る。
(53) 『郵便報知新聞』明治十二年六月四日条・同十四日条や、名古屋市東山植物園蔵『錦窠翁日記』同年六月八日条には「香樹園」とあるので、「芳樹園」が誤記と思われる。

(54) 第一部第二章第三節を参照。
(55) 豊島区立郷土資料館蔵「流行菊の花揃　巣鴨植木屋弥三郎」(弘化二年)。
(56) 註(20)に同。
(57) 文京ふるさと歴史館蔵『きくの番附』。
(58) 同右《菊細工番付》(嘉永五年)。
(59) 註(20)に同。
(60) 註(20)に同。
(61) 文京ふるさと歴史館蔵。
(62) 「文化十三年迄ありしか、其より後造物ハ止ミたり」出典は註(4)に同。
(63) 註(4)に同。
(64) 第一部第二章第三節を参照。
(65) 註(47)に同。
(66) 武田科学振興財団杏雨書屋蔵［杏3139］。
(67) 明治大学図書館蔵『芝陽漫録』［092・5／64／／H］。
(68) 平野満「『芝陽漫録』とその著者松平芝陽」(『図書の譜─明治大学図書館紀要─』二号、一九九八年)。
(69) 註(50)に同。
(70) 文政元年成立、矢部致知『丹洲先生物印満写真略』国立国会図書館蔵［特1-3375］。
(71) ドイツの薬種業者J・W・ウェインマンの彩色植物図譜。日本にはオランダ語版が渡来した。
(72) 文政元年成立、矢部致知『諸家見聞啓蒙志』［特1-2172］(国立国会図書館蔵)。
(73) 国立国会図書館蔵『烏延異漫草木名』［特1-1985］。
(74) 木村陽二郎「ウェインマンの『花譜』」(『美花図譜─植物図集選─』〈八坂書房、一九九一年〉所収)。
(75) 小野佐和子「駿河原宿帯笑園の訪問者について(1)東海道を往来する人々」(『千葉大学園芸学部学術報告』五一号、一九九七年)、「駿河原宿帯笑園の訪問者について(2)宿内とその周辺からの訪問者」(同、同年)。

(76)「植松家文書　文化十一年二月二十八日」〈『沼津市史　史料篇　近世2』〈沼津市、二〇〇〇年〉所収〉。
(77)『江戸図説』染井の項〈『豊島区史　資料編三』〈東京都豊島区、一九七九年〉一九四頁〉。
(78)田村惟士氏蔵。翻刻は『田村藍水・西湖公用日記』（『史料纂集』第二十四、続群書類従完成会、一九八六年）。宝暦十三年（一七六三）から寛政三年（一七九一）までの記録。弥三郎と右平次の登場する箇所は、明和元年（一七六四）七月に出された「口上之覚」の別紙として添付される「朝鮮種人参指遣候者共名前」である。
(79)都立中央図書館加賀文庫蔵［加4174］。本書に描かれた垣根については、丸山宏「江戸後期の垣根図譜『藩籬譜』について」（日本造園学会『ランドスケープ研究』五九巻六号、一九九六年）に詳細に検討されている。
(80)中巻・下巻も同様の奥書が記される。
(81)大谷木醇堂については第二部第二章第五節を参照。
(82)国立国会図書館蔵『純堂叢稿』［214-29］第二十八冊。
(83)『郵便報知新聞』明治十二年十一月五日条。
(84)雑花園文庫蔵。
(85)「嘉永五年町奉行上申書」（『都市生活史料集成　三都篇Ⅱ』〈学習研究社、一九七八年〉所収）。
(86)植木屋が、花屋敷を観光地化していった手段については、第三部第二章で検討した。
(87)第一部第一章第三節（85頁）を参照。
(88)註(85)に同。
(89)明治維新後、紫泉亭は、松葉という遊廓に売ったという菊師の石幡富右衛門の談話が、『東京市史稿　遊園篇第二』（東京市、一九二九年）にある。明治十六年の番付（吉徳これくしょん）には、右平次の名が見えず「松ば楼」が出品しているので、この頃のことか。ほかに「花屋敷松葉」が興行元になっている明治期の引札（年月不明、文京ふるさと歴史館蔵）もある。
(90)竜眼。学名 LONGANAE　ARILLUS　ムクロジ科常緑高木。果肉は茘枝（ライチ）に似た甘い味がする。
(91)武田科学振興財団杏雨書屋蔵『奇品写生』［中57］第一帖。
(92)小林忠「関根雲停」（『彩色江戸博物学集成』平凡社、一九九四年）。

(93) 個人蔵。東北大学狩野文庫蔵『群英譜』[8-21542-3]第三帖は、本書と内容はほぼ同じであるが、識語の印が写しなので、本書の写本と考えられる。
(94) 武田科学振興財団杏雨書屋蔵『群英類聚図譜』[杏3139]続第二冊。
(95) 国立国会図書館蔵[111-326]。
(96) 註(85)に同。
(97) 栗山恵津子『食前方丈―八百善ものがたり』講談社、一九八五年。
(98) 『徳川実紀』では、天保七年三月九日「内府羅漢寺のほとり放鷹として成らせらる」、天保十年三月九日「浅草のほとり成らせらる」とある(『新訂増補国史大系四十九巻　続徳川実紀第二篇』吉川弘文館、一九三四年)。
(99) 東京国立博物館蔵『公用日記』[和3588]第十二冊。本記事は磯野直秀氏のご教示による。
(100) 『徳川実紀』に「六日王子村のほとり成らせらる」とある。出典は註(98)に同。
(101) 註(81)に同。
(102) 国立国会図書館蔵『純堂叢稿』第十四冊。
(103) 註(46)に同。
(104) 第一部第二章第三節を参照。
(105) 第一部第一章第四節を参照。
(106) 註(102)に同。
(107) 名古屋市東山植物園蔵[2-88]。写本、一冊、明治初期成立。
(108) 花屋敷開園より九年後の文久元年の番付(東洋文庫蔵『観物画譜』第四帖[三Haほ16])に団子坂とある。本稿原論文発表後、小沢詠美子「浅草花屋敷と『藪そば』―江戸植木茶屋考―」(『浅草寺』五〇九号、二〇〇三年)において、六三郎は明治八年でも「下駒込村四四番地」という団子坂の住所に居住していたと報告された。
(109) 薫風園のご子孫、山口光子氏による。
(110) 文化十三年から文政七年に成立したと考えられる『本草家番附』(平野満「本草学史史料二種―『本草家番附』と岩崎灌園伝記史料―」(『駿台史学』八二号、一九九一年)に「スガモ斎藤(斎田の誤り)弥三郎」の名が見え、また嘉永年間に成立したと考えられる番付『愛物産』（福井久蔵『諸大名の学術と文藝の研究』〈厚生閣、一九三七年〉所収）には、「巣鴨栽花園」「浅草帆今園（帆分亭の誤り）」の名が見え、楠田右平次を除く三名が本草学者として認識されていたことがわかる。

(111) 団子坂菊人形は明治年間で終了し、その後は両国国技館へと舞台を転ずる。国技館では電気を用いた新機軸を打ち出し、興行主として多くの観客動員に成功した乃村工藝社が参画した。また団子坂で菊人形を取り止めた植木屋は見世物興行とは縁遠くなり、関東大震災を機に大宮盆栽村へ移転する。昭和初年のことであり、交通網の発達により近接しなくても、充分に都市への園芸植物供給が可能になっていた。

第三章補論　菊細工番付再考——その地域性を中心に——

はじめに

かつて筆者は、文京ふるさと歴史館「菊人形今昔―団子坂に花開いた秋の風物詩―」展で、二十種の菊細工番付の展示を担当した。[1] 本展に用いた菊細工番付に載る植木屋についてを担当した。[2] 本展に用いた菊細工番付に載る植木屋については、名称（園号含む）、細工内容、植木屋の居住地データの入力作業を進めた。これにより、番付の年代決定および是正が可能になった。従来、菊細工番付も含んだ一枚刷りの類は、改印によって年代決定がなされており、あるいは美術史における画家の動向の研究により、制作年代の幅を狭めるという方法が常であった。しかし菊細工番付に限っては、年代を大幅に狭めることが可能となった。例えば、菊細工が江戸で最も流行したのは、天保十五年（弘化元年・一八四四）と弘化二年であるが、この二年分の番付を従来の改印による分類では、天保十四年から弘化四年までとしかされてこなかった。今回、植木屋について前述の作業を進め、『藤岡屋日記』[3]や『武江年表』[4]の記事と照合した結果、そのほとんどが天保十五年と弘化二年の刊行と確定し得た。本作業を終えても年代不明の番付は残ったが、同じ年にまったく別の細工を複数の植木屋が行うことはまず考えられないので、現在判明している年代から除いた結果、多くは嘉永三年（一八五〇）以降明治初年までと定め得た。

このような暫定的な年代決定を契機に、展示終了後に発見したものも含めてこれまで知り得た菊細工番付を紹介し、ここから地域との密着度を検証するのが本補論の目的である。菊細工の見世物は、番付の性格が毎年秋に刷られる消耗品であるため、一部の研究者や機関以外は番付を収集する理由もなく、所蔵機関においてでさえ一枚物であるため細部まで検討されることは非常に稀である。文京ふるさと歴史館の展示テーマ「菊人形」は、近郊農村でしかなかった団子坂（現、文京区千駄木付近）を明治年間に一大行楽地にした、現在まで続く見世物の殿堂ともいえよう。この文化事象「菊人形」の前身が菊細工であり、これを最初に手掛けたのは小石川（現、文京区）・巣鴨（現、豊島区）の地域住民であった。諸説あり文化初年頃に始まったとされるが、現存する最も古い番付は文化十一年（一八一四）である。一時すたれ、天保十五年に大々的に復活し、形と地域を変えながら、現在に至るのである。本補論では、番付を分析することで、植木屋を筆頭に、飲食店・寺社などの地域住民が、菊細工による経済効果を期待した事実を明らかにできると考えた。菊細工を支えた原動力は、近郊農村の副業として始めた植木屋が、商業主義に転じることで都市型植木屋へと転身したことにほかならないと考えているが、そのほかの要素について、今まで検討されていない視点から、番付を通して判明する事実を紹介したい。(5)

第一節　菊細工の年代と地域の特徴

菊細工番付は、近世後期から昭和期まで刊行されている。本研究で対象としたのは、明治十六年（一八八三）前後までとした。これ以降は、形式上では菊人形を観覧させる園ごとに番付を作成するように変化し、また絵葉書・写真という他のメディアによる宣伝が番付を凌駕し始めたからである。近世の番付形態そのものに着目するため、明治以降においては近世の形式を残したもの、おそらく双六の影響であろうが、コマ割で区画を区切り、細工人名や居住地・内容を記し、複数名の出品があるものに限定し、一つの園ごとに刷られた番付は除外した。(6)

年代の是正に関して特記しておきたいのは、番付記載の墨書（あるいは朱筆）である。表56（458〜460頁）の№11と12は、『東京市史稿　遊園篇第二』(7)掲載の番付である。№11は「弘化元年」、№12は「文化十一年」と墨書があるが、どちらも内容から検討した結果、弘化二年時のものと判明する。(8)最近は墨書年代の誤りを是正した記述も多くなってきたが、今までこの覚書を信用して間違った年代を記してしまったものも少なくない。

年代決定の根拠となるデータのすべては、紙幅の都合でここに載せられないが、例えば藪下（地名、団子坂辺）の勇蔵は、データにより弘化二年に狐が遊ぶ菊細工しか出品していないことが判明しており、この結果「藪下」「勇蔵」の組み合わせだけで、その番付が弘化二年時のものと定めるのが可能になった。もちろん複数人物に関して同じ作業を繰り返すわけであるが、二、三の事例において誤記する場合を除いて、年代決定上の齟齬はほとんどなかった。参考までに表55に錦絵の制作年代を掲げたが、番付の年代決定に用いたのと同様に、植木屋の名前・菊細工の内容・地域名の三点の組み合わせと『藤岡屋日記』(9)や年代が判明している番付と付き合せ、同年代の複数の番付が存在することで、一枚の番付に載るほとんどの名前が重複すれば同じ年に行われたもの、名前と細工内容が異なればまったく違う年として、年代を決定していった。(10)

「菊細工の地域区分図」（図65）は、弘化二年の番付を元に、(11)筆者が菊細工の地域を三つに区分して作図した。現在の東京都豊島区・文京区・北区に相当する地域が描かれている。便宜的に南西側、白山・小原町（ともに現、文京区）を含む地

表55　菊細工を描いた錦絵の年代

表題	所蔵	絵師	改印	版元	年代 従来	年代 今回決定
流行菊花揃 染井植木屋金五郎	東京都江戸東京博物館	一猛斎芳虎	村	不明	1844-48	1844
流行菊の花揃 巣鴨植木屋弥三郎	豊島区郷土資料館	胡蝶園 （二代歌川国盛）	普	「岡」 （岡野屋万次郎）	1844-48 春升（～弘化初） 胡蝶園（弘化初～）	1845
流行菊の花揃 巣鴨植木屋亀蔵	川添裕コレクション	胡蝶園春升 （同上）	普	巣鴨岡万（同上）	1844-48 春升（～弘化初） 胡蝶園（弘化初～）	1845
流行菊の花揃 植木屋弥三郎	名古屋市立博物館	一猛斎芳庯	村	不明	1844-48	1845
百種接分菊	文京ふるさと歴史館	一勇斎国芳	普	「米」 伊豆善	1844-48	1845

域を「巣鴨グループ」、北西側を、王子・西ヶ原（現、北区）、伝中・富士裏（現、文京区）までを含む「染井グループ」、北東側を根津・吉祥寺付近（現、文京区）まで範囲に入れた「団子坂グループ」とした。図中●を付すものが菊細工出品者であり、括弧内に細工の内容を示した。同様に、■を付すものを神社・仏閣、▲を付すものを飲食店として符号を加えた。

　また、表56（458～460頁）「菊細工番付一覧」では、現時点で判明している菊細工番付五十八種を掲げ、出品者を三地域に分け、各グループ別に人数とパーセンテージを示し、人数の最大値に網掛けをほどこした。これにより、菊細工が時間軸とともに地域的にも移行している事実を読み取れる。例外もあるが、おおよそ文化十一年には巣鴨グループ、天保十五年・弘化二年の全盛期には染井グループ、嘉永年間（一八四八～五四）以降明治十年代までは団子坂グループが、より多くの菊細工を出品した。一般に「巣鴨・染井から始まり幕末に団子坂へ移行した」と表現されることが多いが、厳密に言えば表56のとおり、はじまりは巣鴨（含小石川）のみで、染井の参加は天保十五年からである。また数字上では染井より少ないが、団子坂グループも天保十五年時から参加していることもわかる。

　表56を見ると、地域別では染井グループに最多の細工を出す番付が多いが、年代では天保十五年と弘化二年の二年間が

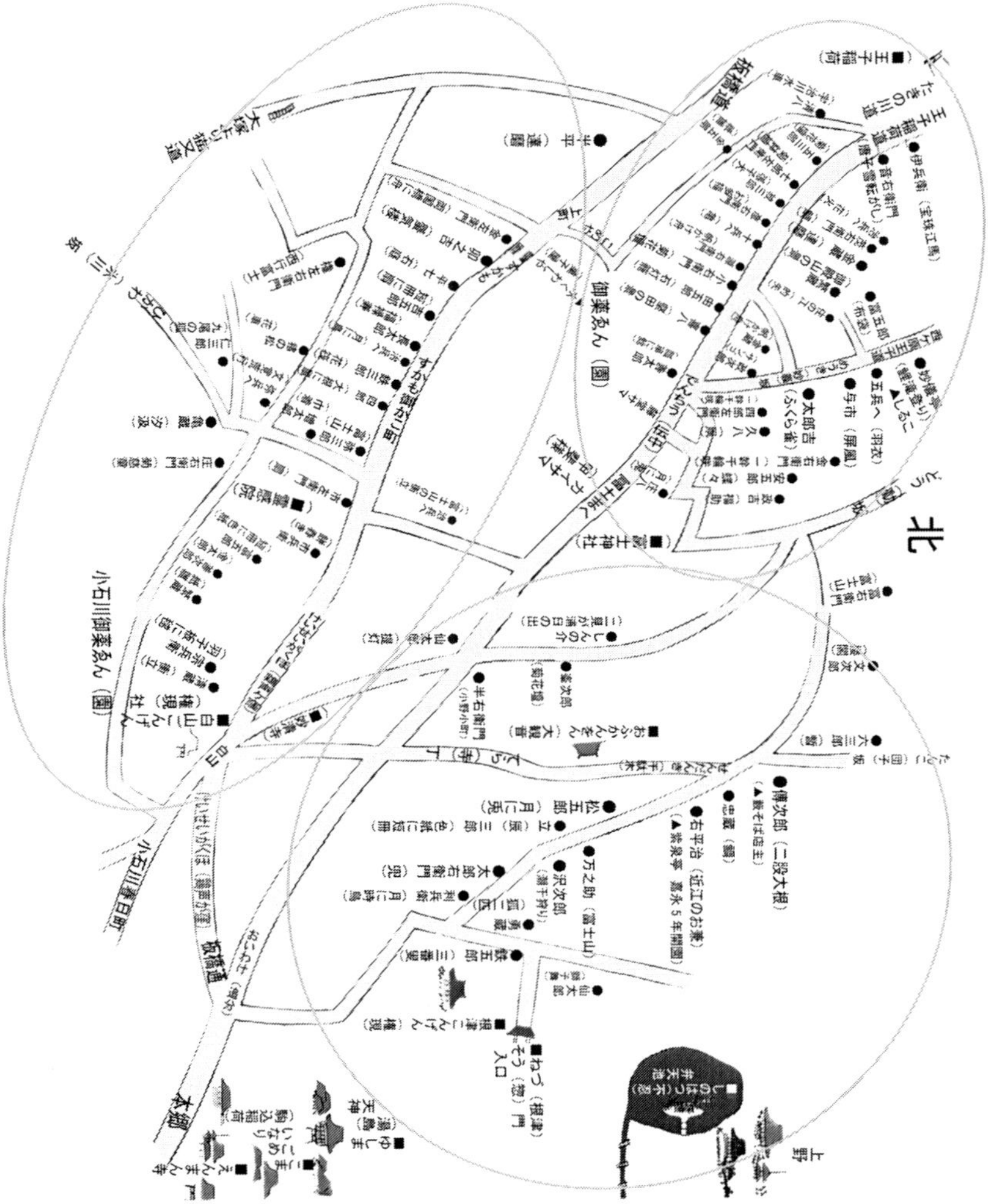

図65　菊細工の地域区分図

表56 菊細工番付一覧 グループ別

No.	年代	表題	全体	巣鴨	%	染井	%	団子坂	%	不明	%	その他	%	所蔵
1	文化11	造物菊の道記	52	52	100	0	0	0	0	0	0	0	0	①
2	文化11／9	巣鴨名産菊の栞	52	52	100	0	0	0	0	0	0	0	0	②
3	天保15／9	造花一覧園百菊	26	13	50	12	46	1	4	0	—	0	—	③
4	天保15	巣鴨染井殿中江戸の花独案内	25	12	48	12	48	1	4	0	—	0	—	④
5	天保15	巣鴨染井殿中江戸の花独案内	25	12	48	12	48	1	4	0	—	0	—	⑤
6	天保15	菊のしおり	13	5	38	8	62	0	—	0	—	0	—	③
7	天保15	菊番附道順独案内	23	15	65	8	35	0	—	0	—	0	—	②
8	天保15	菊番附道順独案内	23	11	48	12	52	0	—	0	—	0	—	⑥
9	天保15	春こま〳〵とよき事を菊寿すご六	20	4	20	7	35	0	—	9	45	0	—	⑦
10	弘化2	伝中染井王子造り菊ひとり案ない	42	2	5	36	86	4	9	0	—	0	—	⑧
11	弘化2	巣鴨染井殿中駒込千駄木根津小石川菊見道あん内	84	29	34	36	43	19	23	0	—	0	—	⑨
12	弘化2	きくみけんぶつちかみちひとりあんなひ	77	24	31	36	47	17	22	0	—	0	—	⑨
13	弘化2	根津駒込染井殿中　よき事を菊の道連／小石川巣鴨王子　よき事を菊の道連	84	27	32	38	45	19	23	0	—	0	—	⑤
14	弘化2	菊番附道順独案内	24	11	46	1	40	12	50	0	—	0	—	⑤
15	弘化2	菊番附道順独案内	21	0	—	21	100	0	—	0	—	0	—	⑧
16	弘化2	駒込染井巣鴨菊の見独案内一覧ノ地図（二枚一組）	76	25	33	32	42	19	25	0	—	0	—	⑩
17	弘化2	《菊細工番付》	79	24	30	32	41	23	29	0	—	0	—	③
18	弘化2	《菊細工番付》	19	2	11	16	84	1	5	0	—	0	—	③

19	弘化2	駒込染井巣鴨江戸の花独案内	73	23	32	31	42	19	26	0	—	0	—	③
20	弘化2／10改	菊の寿道しるへ	94	33	35	37	39	24	26	0	—	0	—	③
21	弘化2／9	藪下千駄木伝中染井すかも造菊道のしるべ	24	0	—	7	29	17	71	0	—	0	—	②
22	弘化2／9／17	染井巣鴨きくの番附（二枚一組）	25	24	96	1	4	0	—	0	—	0	—	⑪
23	弘化2／10～	小石川駒込巣鴨千駄木染井根津菊の道順独案内	81	28	35	34	42	19	23	0	—	0	—	⑫
24	弘化2	きくの道しるべ　たんご坂	73	22	30	35	48	16	22	0	—	0	—	⑫
25	弘化2	巣鴨染井千駄木菊の道しるへ	77	26	34	32	41	19	25	0	—	0	—	⑫
26	弘化2	板改菊道順独案内　巣鴨小石川染井こま込千駄木根津	80	37	46	24	30	19	24	0	—	0	—	⑫
27	弘化2	根津千駄木造りきく独案内	18	0	—	1	6	17	94	0	—	0	—	⑫
28	弘化2	《菊細工番付》	34	28	82	2	6	0	—	3	9	1	3	⑫
29	弘化2	菊枝折ちか道のばん付	70	27	38	32	46	11	16	0	—	0	—	⑪
30	弘化2	名所ぎく独あん内	35	7	20	19	54	9	26	0	—	0	—	⑩
31	弘化2／9	《菊細工番付》	26	23	88	3	12	0	—	0	—	0	—	②
32	弘化3	菊の道順独案内	48	13	27	23	48	12	25	0	—	0	—	⑧
33	弘化3	新板江都一菊の道順双六	46	12	26	23	50	11	24	0	—	0	—	③
34	弘化3	巣鴨染井殿中駒込千駄木根津菊見道あん内	47	15	32	21	45	11	23	0	0	0	0	⑩
35	弘化4／9	新板菊の道順双六	38	7	18	19	50	11	29	0	—	1	3	⑬
36	弘化4／10	菊の道づれ	38	7	18	19	50	11	29	0	—	1	3	⑤
37	嘉永元／10	きくの番附	27	6	22	15	56	6	22	0	—	0	—	③
38	（嘉永2）	《当ル酉千駄木団子坂菊人形》	27	6	22	18	67	3	11	0	—	0	—	⑪

39	嘉永3～	よきことを菊の繁栄	23	2	9	10	43	11	48	0	—	0	—	③
40	嘉永3～	よきことを菊の繁栄	23	2	9	10	43	11	48	0	—	0	—	⑥
41	嘉永3～	さかへハこゝと道しるへ菊の双六	25	5	20	10	40	9	36	1	4	0	—	④
42	嘉永5／9	《菊細工番付》	23	6	26	14	61	3	13	0	—	0	—	③
43	文久元／9～	御遊覧造きく番附	29	6	21	7	24	16	55	0	—	0	—	①
44	文久元／9カ	御遊覧造きく番附	29	6	21	7	24	16	55	0	—	0	—	⑪
45	文久元／9下旬～	きくの道しるへ	29	6	21	7	24	16	55	0	—	0	—	⑭
46	文久2／9～	廿四孝八犬伝つくり菊ばん附	32	5	15	12	38	15	47	0	—	0	—	⑥
47	明治3／9～	御遊覧造きく番附	9	3	33	6	67	0	—	0	—	0	—	⑥
48	(明治初年)11／10～	造菊道しるへ	12	2	17	10	83	0	—	0	—	0	—	⑧
49	明治4-8	よき寿菊の花道	11	0	—	0	—	11	100	0	—	0	—	③
50	明治6／11	道知部菊之姿絵	20	3	15	9	45	8	40	0	—	0	—	④
51	(明治6／11)	道しるべ菊の栄	23	3	13	9	39	11	48	0	—	0	—	⑧
52	明治9／11／1～	文明開花菊博覧　根津須賀町裏門通 千駄木団子坂辺	42	0	—	0	—	42	100	0	—	0	—	⑮
53	明治10／11／1～	菊しるべ独り案内	20	0	—	0	—	20	100	0	—	0	—	②
54	明治11／11／10	菊のしほり道しるべ	30	0	—	0	—	30	100	0	—	0	—	⑧
55	明治15／10／23	菊のしほり道しるべ	43	0	—	0	—	29	67	14	33	0	—	⑯
56	明治15／10	菊のしほり道しるべ	43	0	—	0	—	29	67	14	33	0	—	⑪
57	明治16／10／20	菊のしほり道しるべ	42	0	—	0	—	29	69	13	31	0	—	⑮
58	(明治16頃)10／25～	菊のしほり道しるべ	54	0	—	0	—	35	65	19	35	0	—	⑮

※所蔵先凡例：①東洋文庫、②国立国会図書館、③文京ふるさと歴史館、④架蔵、⑤東京都立中央図書館、⑥国立歴史民俗博物館、⑦川添裕コレクション、⑧東京国立博物館、⑨東京都立公文書館、⑩豊島区立郷土資料館、⑪雑花園文庫、⑫セップ・リンハルト氏、⑬名古屋市蓬左文庫、⑭豊島区史、⑮吉徳これくしょん、⑯東京大学総合図書館

圧倒的な割合を占める。また弘化二年では、例外として№14、21、27に団子坂が多く、№28、31に巣鴨が高い割合を示すが、これは一枚の番付にその年のすべての地域における菊細工を載せているのではないために起きた現象である。№27は、表題に「根津千駄木造りきく独案内」というとおり団子坂グループのみを扱う。№14は、№15と板元名が同じ「大伝馬しほ町　文四郎」（板元名は後掲表57を参照）で、一枚につき二十数名しか載せていない。これは二枚から三枚で、すべての菊細工が完結するように制作された組物の番付の一部であるためと考えられる。№7と8も同様に同じ板元から板行されたものと考えられる。№6は、№14・15と同形式の二段組色刷りであるが、上段冒頭の住居の記載は「同所　花屋喜兵衛」とある。喜兵衛はほかの番付より染井の住民と知られるが、本番付の前に位置する組物の番付があり、末尾の出品者の住居は染井と記してあったとわかる。

第二節　板元について

表57（462～465頁）は、表56に掲げた番付の書誌事項、特に板元について採り上げたものである。形態の項目に「コマ割」と記載したものは、双六のように番号が付されていないもの、また「市松障子」とは、菊花壇を覆う市松障子を番付全体に飾り枠として用いたものである。

板元の素性については不明な者も多いが、限られた情報の中でも、当該地域の特徴が顕著に現れている。№3の蔦屋重三郎のようにすでに名が売れている板元は例外で、注目すべきは、植木屋かもしくは植木屋の可能性のある者が、№7・8・25・39・40・45・50・52・53・54・55・56・57・58と、のべ十四名（実数は十名）もいる点である。№7『菊番附道順独案内』[12]の下段左隅には「巣鴨町菊屋鉄太郎」と刷られている。鉄太郎は、№8『菊番附道順独案内』にも同様に下段左隅に記されているほか№35[13]、36[14]にともに菊花壇の出品者として番付に名を連ねる。住居は巣鴨である点から菊屋鉄太郎と同一人物で、「菊屋」の名乗りにより植木屋と考えられる。№25の板元「すがも（巣鴨）吉五郎」は、弘化二年に扇と短冊を出品している植木屋吉五郎と同一人物と考えられる。№45の左上欄外に明記される「ふしうら（富士裏）源之丞」[15]も、番付類では名前が確認できなかったが、『安政年代駒込富士神社周辺之図』[16]により植木屋と特定できた。[17]№57の板元「団子堂」の住所は「駒込団子坂百五拾四番地」であるが、これは下駒込村一五四番地を指すと思われ、この住居表示は「紫泉亭」の位置にあたる。紫泉亭主は楠田右平次という植木屋で、団子堂＝楠田右平次かもしくは右平次の跡を継いだ可能性がある、№58の出版人の楠田梅次郎を指すと考えられる。№53の河原清吉は、一年前の明治九年に同じ団子坂から№52に出品する河原清太郎がいるので、おそらくその息子と考えられ、植木屋の可能性は高い。なお№54松村辰五郎について

表57　菊細工番付の板元（No.は表56と対応する）

No.	形態	改印	板元 職業	板元 現在地	板元 住所・氏名等	備考
1	文字のみ					図は菊慈童図のみ
2	冊子・コマ割			中央	馬喰町二丁目　森屋治兵衛	雑花園文庫に同一のものあり
3	絵番付	村		台東	浅艸金龍山内　蔦屋重三郎	
4	双六	村		千代田	いがや勘右衛門	異板、売弘所：白山社内佐久留
5	双六	村		千代田	いがや勘右衛門	異板、売弘所：白山社内佐久留
6	コマ割・市松障子			中央カ	(∧(山印)「文」、横山町辻岡屋文助か)	色刷
7	コマ割		植木屋	豊島	巣鴨町　菊屋鉄太郎	異板、色刷
8	コマ割		植木屋	豊島	巣鴨町　菊屋鉄太郎	異板、色刷、裏に西行菊細工図あり
9	双六			中央	南伝馬町壹丁目　紅英堂　蔦屋吉蔵	色刷
10		普		千代田	神田鍋町　伊賀屋勘右衛門	売弘所：白山社内佐久留
11	絵図					「弘化元年」と墨書
12	地図					「文化十一年」と墨書
13	双六	普		文京	駒込たん子坂上　宮亀　錦泉堂	色刷、売弘所：白山鳥居前　宮島
14	絵番付・市松障子			中央	大伝馬しお町　文四郎	異板、色刷
15	コマ割・市松障子	普		中央	大伝馬しお町　文四郎	上記の異板、色刷
16	絵図	普		港	新橋山王町　清水屋直次郎	色刷
17	貼交風	普				色刷、玉翁楼英橋画
18	コマ割・市松障子	普		台東	上金(池之端通仲町　上州屋金蔵)	色刷
19	コマ割	普	わら屋	文京・豊島	駒込　わら屋兼吉	

20	冊子・コマ割	吉村・村松		文京	湯嶋一丁目　日野屋乙次郎 墨書「乙次郎／板」	
21			本屋	文京	駒込冨士前町　本屋三之助	
22	コマ割・市松障子					墨書「弘化二年巳九月十七日　トマ二」
23	双六	普		文京	白山下　万屋安五郎	
24	コマ割・文字のみ			文京	だんご坂	
25	文字のみ・絵図		植木屋	豊島	すがも　吉五郎	江戸博に同一のものあり
26	絵番付	普		千代田	かんたお玉か池　紙や喜兵衛	
27	双六	普		千代田	神田鍋町　伊賀屋勘右衛門	売弘所：白山社内佐久留
28	双六	普		千代田	神田鍋町　中村屋藤四郎	
29	冊子・絵番付・市松障子	普		文京・台東	巣鴨原町一丁目　岡野屋万次郎 池ノ端仲町　越後屋長八	越後屋長八は池之端仲町名主
30	地図					色刷
31	コマ割		本屋	文京	駒込冨士前町　板元　本屋三之助	墨刷、絵師：昌久
32	絵番付・市松障子	米良		千代田	神田於玉ケ池　紙屋喜兵衛	色刷
33	双六	米良			積玉堂	色刷
34	絵図					墨刷、濃淡あり、狩野文庫・国会にも同一のものあり
35	双六					貼交帳（『鶏肋集』）に貼り込み
36	舗・コマ割	吉村・村松		文京	千駄木坂上　錦泉堂／宮亀	
37	コマ割のみ	衣笠・濱		文京	千駄木団子坂　絵馬□（破れ）	

38	コマ割・市松障子・文字のみ	衣笠・渡辺		文京	千駄木団子坂　絵馬屋新次郎	墨書「嘉永二酉年也」 端裏墨書「よしのナデシ（ママ）」
39	コマ割		植木屋か	文京	だんご坂　静岡亭	
40	コマ割		植木屋か		〈板元名空白〉	紙背墨書「のし　染井　華苑彦右衛門」
41	双六					
42	コマ割・市松障子	濱・馬込子九		文京	本二古勝（本郷二丁目古賀屋勝五郎）	
43	コマ割				東都遊楽堂	
44	コマ割				東都遊楽堂	朱筆で部分的に番付あり
45	コマ割		植木屋	文京	欄外「ふじうら　源之丞」	上記の海賊板
46	コマ割				東都遊楽堂	
47	貼交風・市松障子			台東	上金（池之端通仲町　上州屋金蔵）	
48	コマ割					
49	辻番付			文京	本郷二町目絵かつ（古賀屋勝五郎）	
50	コマ割		植木屋か	豊島		紙背墨書「のし／染井／植木屋／□□□（彦右衛門カ）」
51	コマ割			文京	だんご坂　∧（山印）清	
52	双六		植木屋か	文京	松村辰五郎（駒込千駄木町弐十五番地）	御届明治九丙子十月廿五日
53	歌舞伎番付風		植木屋か	文京	河原清吉（駒込千駄木丁十番地）	御届明治十年十一月廿七日　定価二銭
54	双六		植木屋か	文京	松村辰五郎（駒込千駄木町弐十五番地）	御届明治十一年十月　だんご坂藪下通り　芳春女
55	コマ割		植木屋か	文京	高木栄次郎（駒込千駄木町弐拾五番地）	明治十五年十月廿三日御届
56	コマ割		植木屋か	文京	高木栄次郎（駒込千駄木町弐拾五番地）	端裏墨書「壬午十一月（明治十五年）初五余与信友西停□□」

56	コマ割		植木屋か	文京	高木栄次郎(駒込千駄木町弐拾五番地)	端裏墨書「壬午十一月(明治十五年)初五余与信友西停□□」
57	コマ割		植木屋	文京	団平堂(駒込団子坂百五拾四番地)	明治十六年十月廿日御届
58	コマ割		植木屋	文京	駒込団子坂藪下通リ　楠田梅次郎	

は決め手がないが、弘化二年に七夕短冊の趣向で出品する、藪下の辰五郎か。ただし『東京有名植木師一覧』[18]に、「下駒込ムラ」の「石塚辰五郎」という植木屋がいるので双方の可能性とも捨て難く、確定はできない。

菊細工番付には、名主の改印を持つ正式な許可を得た印刷物のほか、販売を行わないため改印が捺されない配り物も相当数を数える。表57において植木屋の可能性のある板元によって刷られた番付は、すべて改印がない。板行する目的は、自分の庭にできるだけ多くの人間に来てもらいたいという願いをこめた植木屋主導の宣伝が第一であったため、印刷物の販売は必要としなかったのであろう。

また植木屋に限らず、板元の地域が、菊細工が行われている地域と重なる点にも注目したい。最盛期の天保十五年・弘化二年時には、神田鍋町「伊賀屋勘右衛門」や神田お玉が池「紙屋喜兵衛」、大伝馬塩町「文四郎」などの錦絵をも取扱う神田・日本橋の地本錦絵問屋に入り混じり、団子坂上「錦泉堂」、駒込冨士前町「本屋三之助」、白山下「万屋安五郎」、巣鴨原町一丁目「岡野屋万次郎」、駒込「わら屋兼吉」が挙げられる。嘉永年間以降は団子坂付近に集中し、「絵馬屋新次郎」、「静岡亭」、「∧(山印)清」、「松村辰五郎」、「高木栄次郎」、「団平堂」はすべて団子坂在住の板元である。このあたり、地域に根差した事象として特に強調したい。また、団子坂に隣接する地域、湯嶋(島)二丁目「日野屋乙次郎」、池之端仲町「越後屋長八」や「上金」、本郷二丁目「絵かつ」など、湯島・本郷の板元が多いのも、やはりそのローカル性を示すものとして興味深い。

さらに、刷りや板木の細かな差異もいくつか発見できた。すでに第三部第二章で紹介したが(362〜364頁)、№43と44は、版木が摩滅したため埋木を施して新たに刷ったと考えられる部分的な異板である上、№45は44の図柄を模写した海賊版である。このほか部分的な異板には、№4と5、№39と40がある。№4と5は図柄が同じであるが、「一　小石川小原町植木屋繁蔵」の鉢植の後方、菊の嵩が№5の方が多く、「二十四　駒込吉祥寺前　植木屋仙太郎」の鉢植は№5に鉢数が増えている。枠線の傷み具合などを見ても、№5の方が後に刷られたものであるのは明白である。一年の一季節（秋）のみ必要な番付であったが、板木を訂正するだけの需要があった（それも大きな訂正ではない）事実に、菊細工への熱中度を推し量れる。№40は、№39にある「板元　だんご坂静岡亭」の刷りがないほかはまったく同一のものである。40の紙背には「のし　染井　華苑　彦右衛門」と墨書があり、「華苑」は〈はなぞの〉と読み、本番付で煎茶の菊細工を出品する染井植木屋・伊藤彦右衛門が、板元名がまだ刷られていない番付を、関係者に贈呈したものではないかと推測できる。なお、類似の墨書として№50に「のし／染井／植木屋／□□□」があり、植木屋名は切断されているが、「彦右衛門」と読めなくもない（図66）。わずか二例であるが、これらの墨書は、菊細工番付が販売されず配り物として機能した証拠である。

図66　『道知部菊之姿絵』
「染井植木屋彦右衛門」の墨書
（画像を反転したもの）

第三節　飲食店の参入

菊細工を手掛けたのは、何も植木屋だけではない。番付には、植木屋に比べれば微々たるものであるが、飲食店と判明する者が複数存在する。名前から飲食店と判明するのは、№39・40の伝中（地名。現、文京区本駒込付近）の「柳すし」、№30、36、37、39、49、50・53の「藪そば」傳次郎である。傳次郎は、屋号を蔦屋、姓を三輪という。[19]天保十五年には出品せず翌弘化二年より参入し、「藪そば」より「傳次郎」の名乗りの出品が多い。

藪そばと同じ年の弘化二年番付から登場する、№30、33、34、35、36、37にある「玉屋」とは、団子坂の料理屋で名を伊兵衛という。第三部第三章で引用した「嘉永五年町奉行上申書」に、同じ団子坂の植木屋、楠田右平次が開園した梅屋敷に出資した人物である。

紫泉亭の例のように「亭」と名が付く者は、茶亭あるいは料理屋と考えられる。番付で「亭」を名乗るのは二名認められ、一人は嘉永三年以降、№39、41、50、51において「菊川亭」を名乗る人物で、弘化二年時では№10、17、20、27に「菊川」と載る者と同一人物。№10では「風流菊しん粉」、27では「風流しん粉」と刷られ、新粉を用いる団子の如き食べ物を販売したと考えられる。№41では「菊川」と「増三郎」、№27

では「菊川亭」と「増三郎」が併記してあり、それぞれの居住地の記載により菊川亭は団子坂の楠田増三郎の経営とわかる。「楠田増三郎」の名乗りは№52、58に見られ、おそらく同じ楠田姓を持つ人物、紫泉亭を開園した右平次と親族関係と考えられる。

「亭」を名乗る二人目は、妙儀坂の「妙儀（義・宜・喜・亀）亭」である。この名称は、天保十五年[20]、弘化二・三・四年の番付に登場する。「妙儀亭」と名乗らないが、前掲「菊細工の地域区分図」（図65、457頁）中においてその位置に「しるこ」と表記され、『藤岡屋日記』所収の「菊見廻り狂歌」[21]一覧では、十四番目は「妙義坂下　しるこや」で詠まれた狂歌に、

　餅うれる庭ニ酒樽有ときく　ほめやうのなき都鳥哉

とあるとおり、「都鳥」やほかにも「鯉の滝登り」や「亀」などと水に関連する菊細工を池のある庭で観賞させ、汁粉や餅など甘味を売って茶代を稼ぐ茶亭であった。

このほかにも№2「茶屋」利兵衛や、№17「茶屋」峯次郎[22]、№42、43、44、45、46では「団子坂茶屋中」、№43、44では「根津茶屋中」、「根津遊女屋中」「瀧茶や中」の記載がある。

なお表56、57に載せなかったが、弘化三年『目黒白銀菊の順道づけ[23]』は、巣鴨・染井・団子坂以外の地域における菊細工番付として珍しいものである。以下に出品者を列挙した。

　ほたんや喜代松（白金町）・大黒やてい蔵（白金町）・竹の茶や市五郎（白銀町）・梅の茶や金次郎・大黒や与平・たち花や善二郎（目黒たこ薬師）・あつまや十蔵（目黒たこ薬師）・七力やかせ（目黒たこ薬師）・桐や次左衛門（目黒たこ薬師）・内田や喜兵衛（目黒たこ薬師）・ふくしや□五郎（目黒たこ薬師）・梅やしき太郎兵衛（目黒たこ薬師）

（□は虫損）

括弧内は、居住地である。ここでは、屋号・名前・住居しか載せず、屋号からは植木屋か否か判断は付けられないが[24]、植木屋は自称他称にかかわらず、「植木屋」もしくは「花屋」と名乗っている場合が多いので、この可能性は低いと考えられる。「竹の茶や」「梅の茶や」「梅やしき」の三者は、名前から推して茶屋経営を営む者であろう[25]。目黒蛸薬師に住居がある者が多いことと合わせて考えると、同薬師の門前町が客寄せのために編み出した趣向の可能性が高い。

第四節　開帳と菊細工の地域性

以上、地域を挙げて菊細工を盛り立てた要素について述べてきた。この地域一体型イベントが最大のピークを迎えたのは、表56（458〜460頁）のとおり、番付も出品者数も群を抜いて多い、弘化二年である（文化十一年が二点、天保十五年が七点、弘化二年が二十二点、同三年が三点、同四年が二点、文久元年が三点、明治六年が二点、同十五年が二点、ほかは一点ずつ）。その理由として従来言われている、前年流行の余波という解釈だけでは説明不足である。また菊細工再度の

隆盛の直接のきっかけは、天保十五年の巣鴨霊感院会式の飾り物といわれている。寺院会式は毎年行われているにもかかわらず、天保十五年だけになぜ菊細工が登場したのか、この疑問に対しても明確な答えは得られていない。以下では、従来まったく言及されなかった条件、開帳を視点に据えて、天保十五年・弘化二年の爆発的流行を再考したい。

弘化二年という年は、『開帳免許帳』(26)によると、小石川白山八幡社（図65には「白山権現社」と表記）が、八月十五日から六十日間の日程で開帳があった。また駒込妙清寺（現、白山五丁目）においても、九月十二日から六十日間行われた。いずれも秋、菊の時季にかかる開帳である。当該地域で二件も開帳があることが、菊細工番付の板行の多さや出品者の増加をうながした最大の理由と考える。

そもそも菊細工は、作り物の一種である。朝顔などの園芸品評会とは趣を異にし、籠細工などの見世物と同じ分類になる。開帳に際して臨時見世物が境内に登場するのは、近世後期には当然のように行われてきた。信仰による奉納も多くなされ、雉子町名主・斎藤月岑は、茅場町薬師に奉納された火消し纏の漆喰塗細工を見て「誠に不細工」と評している。(27)このような元々奉納の作り物が住民の意識にあって、これに倣って菊細工を制作したことは充分に予測され得る。前年（天保十五年）の霊感院会式は開帳ではないが、寺院行事に合わせた作り物という考え方でひとくくりにすることは可能である。

さらにこの見世物の重要な効果は、開帳に赴く江戸市民に、金銭を落とさせるための広告である。(28)地域として外れているようだが、天保十五年の王子稲荷社開帳の影響も少なくない。江戸中心部に住む住民は、王子に向かうためには、必ず団子坂・巣鴨・染井を通過しなければならない。となれば沿道の住民は、この観光客を惹きつけるための趣向として菊細工を考案し、茶亭で小遣い稼ぎをしたというわけである。

菊細工を開帳にともなう見世物として理解すると、開帳に付随する事象が菊細工にも該当することに気付く。開帳と飲食についてはまだ研究が遅れているが、開帳における見世物の経済効果は、莫大なものであったらしい。(29)

江戸市中の住民である斎藤月岑は、その日記において、弘化二年四月、牛御前・蓮華寺・吾妻森神社の開帳見物に行くくだりがある。次に引用する箇所は、見物の際、隅田川の「橋際にて支度」とあるように、おそらく開帳に合わせて出た、臨時飲食店でまずくて高い食事を経験している。

> 市左衛門・母・おはる、牛御前開ちやう《(帳)》・牛島蓮花寺開ちやう・吾妻もり《(森)》開ちやうへ参る、同所橋際ニ而支度する、到而まづく価貴し(30)

この五年前の四月には、根津権現境内社、駒込稲荷開帳の際、(31)

> 市左衛門、小藤氏同道おはる連、根津境内駒込いなり《(稲荷)》開ちやうへ行、池の端しやうじんりやうり《(精進料理)》たべる《(食)》

見物のついでに、繁華街・池之端における臨時店ではない食事処で精進料理を堪能した。以上二例は、開帳と飲食の組み合わせだけだが、次に掲げるように、

　すがも・染井造り菊見ニ行、当年造り物多し、千太木（駄）やぶそ（藪蕎麦）バたべる(32)

と、菊細工と飲食のセットや、あるいは、

　白山社内八幡宮開ちやう〆巣鴨染井菊見ニ行、未出来揃はず、千太木藪そバたべる(33)

と、開帳・菊細工・飲食の三つ巴のセットが行楽の魅力であったことを月岑はよく記録している。

　図65（457頁）中の根津権現(34)・大観音(35)・湯島天神(36)などの寺社は、小石川御薬園同様(37)、地域のランドマークとして描かれたのであろう。しかし白山権現社(38)が描かれることによって、開帳の案内図としても通用するものになっている。図を見るとよくわかるが、根津権現・白山権現・王子稲荷（鳥居記号と位置により判明）は、菊細工見物のスタートとゴールに位置する。それゆえ、双六形式の番付で「振り出し」や「上がり」の位置に、圧倒的な割合でこの三社が多くを占める。これに対して天保十五年流行きっかけとされる霊感院は、地図には描かれない。この霊感院の細工は、

　時の鏡（ママ）稲荷霊感院ハ法花日蓮派の霊場、爰にも作り菊ありしが、二三日前に取払ぬるよし(39)

と、菊の時節半ばにして撤去されたことも遠因なのであろう。番付上では、細工が見られない霊感院よりむしろ白山社の方が菊細工における名所として重視されている。天保十五年の番付第一番目には、白山社「狸」か霊感院「時の鐘」が来るものが多く、現存する番付七点では、冒頭に白山社が三件、時の鐘二件であるが、『藤岡屋日記』に記録された番付四件のうち三件が白山社であるので、ランドマークとして、また菊細工を期間中より長く見られる場として、白山社の方が総合的に評価が高かった点がうかがわれる。また白山社近く、小石川小原町に住む善次郎は、天保十五年、自庭に奉納細工の定番、銭細工の額を、銭の代わりに菊で仕立てた作り物の趣向をこしらえ、「植善が奉納の額にハ開帳場のごとく群集し(40)」と評判になった。そのためであろう、翌弘化二年には、当の白山社内に奉納銭額を出品するに及んでいる。

　白山社は、ほかの要素から見ても重要である。表57（462〜465頁）備考欄に記したが、番付の売弘所（販売所）として白山社が選ばれている。№4、5、10、27に記され、№13では「白山鳥居前」「宮島」が売弘所になった。また№10の番付の冒頭では、

　風流菊しん粉／千駄木団子坂／菊川
　風流菊味もち／白山社内／菊寿庵
　風流菊のかんざし／小石川小原町出／深川花文
　　　　　　　　　　（「／」は改行）

と『江戸買物独案内』を思わせる、菊細工にあやかった飲食

店と土産物に関する文字のみの三行広告が刷られる。三店のうち、団子坂の菊川以外は、白山社内やその近所の小石川小原町に臨時に出た店舗である。以上のように白山社は、さしずめ現代における町内会イベントの本部といった役割を果たしていた。

寺社と連携した菊細工は、前述の目黒蛸薬師や根津社内に茶屋中や遊女中が奉納した以外にも、向島の秋葉神社[41]境内の例がある[42]。斎藤月岑はその日記において、因果関係を感じたのか、あるいは偶然なのか「すがも菊見ニ行、今日ゟ王子開帳始る[43]」と記している。

開帳と菊細工の密接な関係は、植木屋と寺社との結び付きの強さに起因すると考えられる。次の史料によると、文久三年（一八六三）九月二十八日、団子坂植木屋・楠田右平次は、

　団子坂楠田右平治方江開帳之儀ニ付、万端取持被㆓成下㆒候趣頼入ル[44]

と、身延山開帳の元講である取持講を務めている。また、右平次は、檀家総代を務めた菩提寺（日蓮宗延寿寺）の寺院明細簿[45]によると、

　一、塔中題目　釈迦　多宝　四菩薩　四天王　不動　愛染　木
　　像　九軀《ママ》
　　　　　　明治二年　楠田右平次　寄附
　一、祖書　六十五巻箱入　一　　楠田右平次寄附

という仏像・古文書など、右平次の寄附活動が認められる。

菩提寺に対して寄附等の援助を行った例に、蔵前札差[46]や新吉原の楼主[47]、本郷追分の酒肆[48]がいるように、比較的裕福な商人であることが多い。また、富裕な商人による開帳時の奉納には、自らの財力の顕示が見受けられる[49]。つまり、これらの商人と同様に、植木屋に金銭的な余裕があった事実を知らしめるのが、楠田右平次の事績なのである。

表58（471頁）は、明治十年代に植木屋もしくは菊細工を手掛けた者が、檀家総代を務める寺院の一覧である。植木屋と判断した典拠は、明治九年『東花植木師高名鏡』[50]、同十九年『東京有名植木師一覧』[51]および菊細工番付である。文京・豊島区域と北区王子・台東区谷中という、当該地域の寺院に限って調べたのでこの一覧は増える可能性があるが、十六箇寺において檀家総代として植木屋が存在したことだけでも、地域における植木屋の力量が示唆されよう。檀家総代としての事績の一例として、No.1の潮泉寺には、総代・三輪傳次郎が安政六年（一八五九）に建立した無縁塔が現存する（図67[52]）。表58では、用いた史料が明治年間のため必ずしも菊細工出品の植木屋だけでないが、三輪傳次郎、丹羽茂右衛門、伊藤留次郎、楠田右平次は、いずれも弘化二年からの継続的な出品者で、番付の常連に位置する者である（第三部第三章、表53、424頁）。これにより、植木屋が地域の有力者として機能し、その活動の一環として開帳があり、さらに菊細工があったと位置づけたい。

表58　明治十年『寺院明細簿』より植木屋が檀家総代を務める寺院

史料名	寺院名	寺院所在地(現在地)	役職	氏名	住所	備考
浄土宗明細簿	潮泉寺	駒込東片町100(文京区本駒込)	檀中世話人	三輪傳次郎	駒込村41	藪そば店主。菊細工出品弘化2-4、嘉永元、文久元、明治6・9-11・15-16ほか
	大運寺	駒込片町23(同上)	檀中物代	清水弥平太	下駒込村136	菊細工出品なし
	栄松院	駒込蓬莱町13(文京区向丘)	檀中世話人総代	高木権兵衛	駒込富士前町15	駒込富士前に高木喜兵衛という菊細工出品の植木屋あり
真言宗明細簿	西福寺	上駒込村87(豊島区駒込)	檀中世話人総代	丹羽茂右衛門	上駒込村66	菊細工出品弘化2・4、嘉永元-2・5、文久元-2、明治6ほか
			檀中世話人総代	伊藤留次郎	上駒込村64	菊細工出品天保15、弘化2-4、嘉永元-2・5、文久元-2、明治3・6ほか
	真性寺	巣鴨村1113(同上)	世話人物代	大川所左衛門	巣鴨三丁目20	菊細工出品明治6
	不動院	西ヶ原村367(北区西ケ原)	旦中世話人物代	小野沢角太郎	西ヶ原村38	菊細工出品なし。下駒込村副戸長
	与楽寺	田端村366(同田端)	檀中世話人物代	劔持豊太郎	田端村90	下田端に劔持安五郎という植木屋あり
曹洞宗明細簿	洞泉寺	記載なし(文京区本駒込)	檀家総代	田中馬之助	上駒込村4	菊細工出品なし
日蓮宗明細簿	龍谷寺	谷中村75(台東区谷中)	檀家総代	高木孫右衛門	上駒込村18	菊細工出品なし
	蓮華寺	谷中村42(同上)	檀中物代	河原清吉	駒込千駄木町10	団子坂植木屋に菊細工出品及び明治10番付板元の河原清太郎がいる
	延寿寺	谷中村40(同上)	檀家総代	楠田増三郎	駒込千駄木町8	菊細工出品弘化2・4、明治6・9・16ほか
			檀家総代	楠田右平次	下駒込村14	菊細工出品弘化2-4、嘉永元-2・5、文久元-2、明治6・9-12・15ほか
	長明寺	谷中村105(同上)	檀中物代	鈴木吉右衛門	下駒込村61	菊細工出品なし
寺院明細帳	長元寺	駒込蓬莱町35(文京区向丘)	檀中世話人総代	蔵石卯右衛門	駒込千駄木林町25	菊細工出品なし。明治期に菊人形を出品
			檀家総代	蔵石鉄蔵	記載なし	菊細工出品なし。明治期に菊人形を出品

※史料所蔵先はすべて東京都立公文書館

図67　無縁塔（文京区潮泉寺）

菊細工出品は果たしていないが、斎藤月岑宅出入りの植木屋・巣鴨の弥介は、

すかも弥介世話、同所植木や娘、亀之丞へ見合ニ連行、本郷喜福寺前水茶や也、[53]

と、月岑養子の名主見習亀之丞と植木屋の娘との見合いを企てる。まとまらなかったが[54]、名主と縁組可能なほど植木屋に財力・社会的な身分が認められていたことを物語るエピソードとして興味深い。

おわりに

以上、菊細工番付そのものが内包する情報の検討を行ってきた。番付の数量把握から始まり、その地域性という観点から、番付の板元、臨時飲食店の存在を見出してきた。この過程で菊細工流行の要因として開帳に注目した。これにより、菊細工と同時に開帳も行っていた、白山社の重要性が見えてきた。それとともに、植木屋が開帳や檀那寺に貢献した点を明らかにし、ひいては地域の有力者として、菊細工に参加したと結論づけた。

本補論は、植木屋と地域の密着度を、菊細工番付によって解明したものである。園芸文化の地域性については、前章まで、朝顔における下町地域や本草学者のフィールドを採り上げ触れてきた。しかし、植木屋集住地帯である、団子坂・染井・巣鴨を採り上げることによって、より明確に、植木屋の存在感の強さが再確認できた。菊細工番付は、これまで見世物研究史でも細部まで検討されておらず、印刷史や芸能史にも関わる問題なので、今後も検討を重ねたいと考える。

（1）菊細工とは、菊花を以て形作る作り物である。菊の造り物・菊の細工・造り菊ともいう。菊細工の情報は、多くの場合一枚刷りの広告に印刷され、従来「引札」「報条」「ビラ」「チラシ」等々不統一の呼称を用いてきた。一枚刷り以外でも、冊子体の絵番付・双六・絵図等種々の形態があり、本補論では番号を付さないものも含め、これらの総称として「菊細工番付」あるいは略して「番付」と呼ぶこととする。

（2）同館展示図録『菊人形今昔―団子坂に花開いた秋の風物詩―』（二〇〇二年）参照。

(3)『近世庶民生活史料　藤岡屋日記』二・三・七巻(三一書房、一九九〇〜九八年)。
(4)『増訂武江年表2』平凡社、一九六八年。
(5)川添裕「菊細工とはどんな娯楽だったのか」(註(2)所収)は、本稿執筆のヒントを含み大いに参考になった。
(6)園ごとの番付はもはや番付と呼べず、また年代不明なものが圧倒的に多いためもあり除外した。
(7)東京都、一九二九年。
(8)№11の『巣鴨染井殿中駒込千駄木根津小石川菊見道あん内』は、現物資料が山下和正氏のコレクションにある。山下和正『地図で読む江戸時代』(柏書房、一九九八年)に図版掲載。
(9)文化十一、天保十五、弘化二・三・四、嘉永元(一部)、安政二(一部)年の菊細工の記事があるが、表54には含めなかった。
(10)巣鴨弥三郎は富士山の細工が多いが、錦絵の「去年冨士山にて御高評を受たれば目先をかへて当年も又々冨士の作り菊」により、天保十五年の一年前、弘化二年と判明した。
(11)豊島区立郷土資料館蔵『駒込染井巣鴨菊の見独案内一覧ノ地図』。
(12)『広告研究資料』第三巻〔別3514〕所収。
(13)名古屋市蓬左文庫蔵『鶏肋集』第三〔10-3〕。
(14)東京都立中央図書館特別買上文庫『菊の道づれ』〔特4180〕。ただし、こちらは「鉄三郎」となっている。
(15)原本が所在不明なため、印刷か墨書なのかは不明。
(16)文京ふるさと歴史館蔵。
(17)№45は、第三部第二章に図版掲載(図53、365頁)。
(18)明治十九年十月刊。鴻森恵美子氏蔵の複写物を用いた。
(19)墓は文京区本駒込一丁目の潮泉寺にある。
(20)№6『菊のしおり』(文京ふるさと歴史館蔵)では「みやうきあん」と名乗る。
(21)『藤岡屋日記』一巻所収。
(22)№10『伝中染井王子造り菊ひとり案ない』(東京国立博物館蔵)では「植木屋」と書かれる。
(23)雑花園文庫蔵。
(24)植木屋は「〇〇園」という園号を名乗ることも多いが、変化朝顔で著名な成田屋留次郎など、「〇〇屋」とも名乗る場合もあるので、本史料から一概に植木屋の存在を否定できない。ただ、文化・文政期に変化朝顔を育てた大坂の出品者には屋号は多く、園号は明治以降の新聞等の史料に多く現れる傾向があることを記しておく。
(25)梅屋敷が茶亭として機能する点は第三部第二章で述べた。
(26)国立国会図書館蔵〔811-44〕。
(27)『斎藤月岑日記』天保十二年四月(東京大学史料編纂所編『斎藤月岑日記三』岩波書店、二〇〇一年)。

(28) 現、北区王子に所在。
(29) 見世物の経済効果については、川添裕『江戸の見世物』(岩波新書、二〇〇一年)で触れられている。
(30) 註(27)に同。弘化二年四月七日条。
(31) 同右、天保十一年四月二十六日条。
(32) 同右、天保十五年九月二十九日条。
(33) 同右、弘化二年九月二十八日条。
(34) 現、文京区根津一丁目に所在。根津神社。
(35) 現、文京区千駄木五丁目に所在。
(36) 現、文京区湯島三丁目に所在。湯島天満宮。
(37) 現、文京区白山三丁目に所在。東京大学大学院理学系研究科附属植物園(小石川植物園)。
(38) 現、文京区白山五丁目に所在。白山神社。
(39) 『藤岡屋日記』二巻所収、天保十五年『菊見の道草』。
(40) 同右『菊見物慈童のたどり』。
(41) 現、墨田区に所在。
(42) 註(27)に同。弘化二年九月十六日条。
(43) 同右、天保十五年十月十七日条。
(44) 「奥院祖師江戸開帳前日記録」身延文庫所蔵文書。北村行遠『近世開帳の研究』(名著出版、一九八九年)より引用。
(45) 東京都立公文書館蔵『日蓮宗明細簿』〔633-D3-6〕。
(46) 蔵前札差の丹羽茂右衛門は、菩提寺根岸円光寺に、本堂・庫裏再建費用や什物を寄附(台東区文化財調査報告書第二四集『蔵前に札差あり』台東区教育委員会、一九九九年)。
(47) 新吉原楼主・大黒屋金兵衛は、菩提寺感応寺(台東区下谷)の本堂再建に寄与している(『台東区史　通史編Ⅱ』台東区、二〇〇〇年)。
(48) 文京区本郷の酒肆、高崎屋の菩提寺台東区谷中本寿寺には、高崎屋主人が寄贈した調度品が現存(『台東区の文化財保護』第四集、台東区教育委員会、二〇〇四年)。
(49) 註(46)に同。札差・丹羽茂右衛門は、文化四年、浅草寺居開帳の折、臨時講中の仕事として弁天池の底浚い費用を負担、同七年、両国回向院嵯峨釈迦如来出開帳に、毎日一〇〇〇人分の蠟燭代を用意した。
(50) 文京ふるさと歴史館蔵。図8(121頁)に図版掲載。
(51) 註(18)に同。
(52) 石塔には「安政六未歳七月望蘭盆日　増上山澂譽成巖代　志主　蔦屋傳次郎建之」と刻まれ、おそらく安政大地震の慰霊塔として建てられたものである。本石塔には、別に昭和六年の改築銘がある。
(53) 『斎藤月岑日記』嘉永二年九月十八日条(東京大学史料編纂所編『斎藤月岑日記四』岩波書店、二〇〇三年)。
(54) 同右、同年同月十九日条。

終章　総括と今後の課題

第一節　総括

本書は、十九世紀の江戸・東京地域における園芸文化を明らかにすることを目的に、園芸文化を具現した人物として、植木屋とその周辺に登場する、本草学者や文人など、園芸に携る担い手側から考えてきた。本書の執筆順とは部分的に異なるが、序章に示した三つの課題（28〜29頁）に即して、以下に本書の総括を行う。

第一の課題は、地域的な特徴の解明であった。本書で採り上げた地域は、現在では台東区に位置する下町と、豊島区・文京区に位置する山の手であり、それぞれの代表的な特徴、下町における朝顔・万年青の品評会を第一部第一章で、山の手における菊細工を第三部第三章で採り上げた。

下町の特徴は、変化朝顔・小万年青を例に述べたとおり、土質や立地条件の差異によって栽培される植物に差が生じた点を明らかにした。また、園芸品評会が頻繁に行われる会場に、下谷・浅草という下町地域の寺院が選ばれ、その地域的な近さから、出品者の住所に下谷・浅草・本所という下町地域が多くなり、この地域の特色である、商人・職人の参加を招いた。特に第二次流行期である弘化四年の朝顔花合再開以降は、成田屋を代表に、巨利を生む商業人として成功を収める植木屋が登場し、そのブームを助長していった。この利を生んだ背景には、珍奇植物愛玩の風潮があり、変化朝顔から小万年青へ、再びさらに変異度が強い変化朝顔へ、幕末に至ってもなお新しい「奇品」サボテンへとより一層「奇品」を志向していった。そしてこの流行事象に携った代表的人物が、幕末期に浅草から入谷、駒込から根岸に移住した点を指摘し、これを商売のために新開地を求めて移住したとして、新興植木屋が商業主義から下町地域を選んだ点を強調した。このような変遷とともに、本所・下谷を中心とする、下町地域が園芸都市として機能した点を明らかにしたのは、本論が初めてと思われる。

一方で山の手地域では、当初は小石川など地名だけを載せる出品者の中には、士分の者が身分を隠して出品した。山の手の植木屋は、カバー図版に挙げたような桜や松という樹木を対象とし、出入りの屋敷の庭作りに専従していたと考えられるが、大きな転機は菊細工の開始によって訪れた。菊細工に従事した植木屋は、天保十五年以降の再開時には、従来の巣鴨・白山に加えて、北は王子から、南は駒込からやや東へ向かう、根津神社・団子坂近辺までを限度とする現在の北区・豊島区・文京区にまたがる地域に展開した。この近郊農村に集住する地域から登場した、「利益や名誉を得るようになった植木屋」(422頁)を「都市型植木屋」として位置づけ、楠田右平次、内山長太郎、斎田弥三郎、森田六三郎の四名の行った事績を紹介した。このうち三名は、本拠地の巣鴨と団子坂から離れた繁華街に進出し、巣鴨を離れなかった長太郎は、その孫が両国という繁華街に進出した。このことは「栽培より販売により力を入れ利益を追求した結果であり、職人から商人へ転身した都市型植木屋の典型」(428頁)と位置づけられる。

また、さらに細かく地点史的特徴も検討した。「巣鴨グループ」「染井グループ」「団子坂グループ」の三つに分類し、「文化十一年には巣鴨グループ、天保十五年・弘化二年の全盛期には染井グループ、嘉永年間(一八四八〜五四)以降明治十年代までは団子坂グループが、より多くの菊細工を出品した」(456頁)点を明らかにした。そして菊細工番付の板元や菊細工に便乗した飲食店に着目し、開帳との関連性を見出し、「地域を挙げたイベントとしての菊細工」という視点を提示した。菊細工の担い手としての植木屋が、開帳を行う寺院の檀家総代を務め、有力者として機能したこともその理由として示した。

以上のように、植木屋集住地帯を、下町地域と山の手地域のそれぞれの特徴から分析することで、細かな地域的差異、あるいは共通する部分を再発見し得た。方法としては、豊島区が行なったように生業から地域の歴史を考察したのであるが、「都市型」という、繁華街との隣接、商業主義の萌芽についてはまったく新しい見解と自負している。

またこの法則を、大坂・名古屋など園芸文化が発現した地域にまで適用したいと考え、第一部第三章では、朝顔を例に検討した。結果としては、史料が乏しいこともあって不充分な考察に終っているが、江戸の朝顔図譜・番付と大坂のそれの違いや受けた影響、また年代の一致を確認できた。そして、名古屋の本草学者の史料により、江戸と名古屋、江戸と大坂、大坂と名古屋で情報交換が行われた事実と、その担い手として尾張藩士や徒士という、武士身分の者の果たした役割の重要性を呈示した。今後、さらに大坂・名古屋側から推し進めてみたい分野である。

第二の課題は、思想史、とりわけ本草学の視点による園芸分野の考察であった。本草と園芸のそれぞれの担い手から、もう一方の分野への進出を検討したもので、本草学者・岩崎灌園と植木屋・柏木吉三郎という、二人の存在がこれを可能にした。園芸史と本草史は、近しい関係にありながら、両者を関連付ける論考は、ごくわずかであった。序章で問題点として挙げた「諸分野に細分化され、それぞれの分野を横断する視点の欠如がまま見られる」（4頁）弊害である。この異分野を横断して考察する手がかりとして本研究で採用したのが「会」の検討であった。本草では物産会（薬品会）であり、園芸では品評会であり、これに先行し手本となった会としてまず狂歌会と書画会に言及した。第一部第二章である。

ここでは文芸の視点を採り入れることで、園芸と狂歌の共通点の発見が可能になり、狂歌師として代表人物に採り上げた大田南畝の園芸における関わりの強さを確認できた。「園芸と文人の関わりは、一言でいうと近世後期日本の学芸活動において、担い手があらゆる階層にわたるという特色を顕著に示すものである。朝顔や江戸の園芸を近世史の中でどう位置付けるか考えるためには、他の近世文化の動向にも目を向けざるを得ない。本章で共通項として注視したのは、この『会』するということ、すなわち品評会・花合であり、寄合書や合作において異分野の専門家が集うというのがまさしく近世後期の文化の共通する特徴」（179頁）というのがこれである。

狂歌師と園芸愛好家あるいは植木屋との関係をそのままスライドさせて、次世代に台頭した本草学者と江戸の植木屋の関係にあてはめたのが、第二部「園芸と本草学」である。第一章では本草学者・岩崎灌園を採り上げることで、十九世紀の本草学が植物学的な色彩を帯び、かつ同時代の園芸文化に影響を与えた点を立証した。本草学者が「本草の専門家でありながら園芸に通暁していた事実から導き出されるのは、彼の中では本草と園芸をことさらに分けて考える必要性を感じていなかった」（257頁）としたように、近代の分類によって見失いつつある、近世における異分野交流の要因の提示に努めた。また第二章では、「本草学者と植木屋が出会う場所として薬品会があり、園芸品評会があ」り、「日本の植物学を代表する人物（牧野富太郎）によって画稿が保管され植物画の参考になるという、新しい文化・学問に役立った」（307頁）と、「会」によってもたらされた成果の重要性を指摘した。さらに「個々の植物を見極め記録するという技術は、この時代の本草学者であれば当然志すべき道」（283頁）とした、裾野が広くかつ実証的な本草学を、植木屋という職に従事する者が実践した点は今まで言及されていない新事実であろう。このような職能を超えた学問形態は、園芸分野以外のほかの分野にも適用できると考えている。次節の今後の課題で述べたい。

第三の課題は、植木屋の果たした園芸以外の役割を明らかにする点であった。ここでは、第一と第二の課題に対して判明した事柄をも総合し、本課題に対する答えを本研究の総括としたい。

第一の課題で述べたように地域的変遷を考えるため、植木屋が主体となって行った菊細工を採り上げた。この菊細工番付同様に機能したものとして、毎年板を改められる花暦をまず採り上げた。これの検討から、さらに特徴的な、植木屋が開園する場合が多い梅屋敷に言及した。花暦と梅屋敷の検討の結果得られたものに、「名所」という概念を植木屋の庭に与えたことが第一に挙げられる。そして名所化するために、第一の課題で明らかにした地域的な特徴が、経済的に機能し、第二の課題で判明した異分野交流の結果、園芸品評会開催や出板物刊行がうながされ、「都市型植木屋」というまったく新しいタイプの植木屋の誕生をうながした点を、植木屋の群像を示すことで明らかにした。

つまり本書の結論は、都市型植木屋の誕生に影響を与えたのは、十九世紀の異分野交流を特徴とする文化・思想の賜物であったということである。文化とは、印刷物出板であり、「会」開催であり、これが植木屋の庭の名所化の手段に適応し、思想とは、「会」することで歌を詠み、園芸植物を考究し、新奇なものを会することによって、学芸活動を進歩させるとの考えであった。この事実によって、園芸という技術だけではない広がりを持つ「園芸文化」が、補論で紹介した飼鳥文化と同様、十九世紀特有の文化活動であることの一端を明らかにできたと考える。

第二節　今後の課題

今後の課題に言及する前に、本書で用いた史料の特徴を挙げたい。これには二点挙げられ、一点は、多くが一枚物の刷り物である点で、一史料から得られる情報はわずかであったことである。しかし、ここに掲載される植木屋のデータをより多く集めることで共通点を見出し、実態を捉えにくい植木屋の地域と名前、数名の有名植木屋の業績を明らかにし得た。もう一点は、本草書にまで広げて捜索した点である。限られた園芸書に比較すると、本草学者は刊本以外にも多数の写本をのこしており、筆者自身、未だすべての本草書に目を通したわけではないが、検討が遅れていた写本の内容を吟味することで、園芸文化を考える上での重要な情報を得られた。筆者が使用した史料の二つの特徴は、序章で述べたとおり、どちらも本草学者の本分として認識された、収集し、公開する活動の賜物であった（15〜17頁）。

第一点に挙げた史料、番付および同じ一枚刷りの形態を持つ引札類の多くは、「貼交帖」と呼ばれる、現代でいうスクラップブックに貼り込まれる。所蔵者は、判明する限り本文で明らかにしておいたが、国立国会図書館や東京国立博物館等公共機関に多い。しかしながら、現所蔵機関に収蔵される以前は、個人のコレクションであった。蒐集家名を挙げてみると、白井光太郎・伊藤圭介・朝倉無声・田中芳男・牧野富太郎など、一見して本草研究を心掛けた人物が多く含まれるとわかる。これらの貼交帖は、蒐集家がいてはじめて目にすることが出来得るものであり、それが昭和まで生存した白井や牧野にまで影響を及ぼした事実に興味を覚えた。すなわち今後の課題として、近代以降における蒐集家の事績の解明を目指したいと考えるに至ったのである。

これらの蒐集家の特徴を、白井光太郎を例に見ていこう。白井の蔵書は、没後国会図書館に収められるが、折帖仕立てにしていない一枚物の大部分は散逸したと考えられる。白井の著書で参照されている史料が、国会図書館に所蔵されていないからである。白井の著作を追っていくと、実は、白井のコレクションは、本草・園芸書に留まらない、古物趣味全般であることが判明する。白井は、若いころからの友人である坪井正五郎とともに、東京近郊の遺跡を調査して歩き、坪井の創立した人類学会のメンバーであり、会誌の創刊号に祝辞を寄せている。大正二年、坪井が没した後、その死を悼む文章で、自身の古物趣味に触れている部分があるので次に引用する。

（前略）東京の地図、長禄の地図といふのが《ママ》坪井さんが持って居られまして、それを借りて写したのがあちらに出て居ります。すなわち長禄の図は私はその時分初めて見たのではなかった。まだ十歳くらゐの時分一度長禄の図を外の人から借りて写した事があります。これは二度目であります。さういう様に私も幾らか古い物が好きでありまして、ちやうど坪井君も古い物が好きといふ同癖でありまして、学科の外にまた古い書物であるとか珍しい物があるとそれを貸したり借りたりするといふ様になったのであります。（後略）(1)

このように、考古・人類学者として著名な坪井正五郎も同様だといい、地図を好み、古書を愛した好古家としての性癖を自ら記す。ところが、前に述べた人類学会誌創刊の祝辞(2)においては、当の白井自身が好古家を次のように強く非難する。

（前略）我邦人ハ惟其探究ノ結果ヲ視聴スルニ止リ。絶テ之カ是非ヲ論スルコト能ハザルヲ好マザルガ故ナリ。熟ラ方今世ノ好古学者ノ為ス所ヲ見ルニ、其探究ノ法、一モ西洋実検ノ説ニ合ハズ。専ラ書籍ト師伝トニ依頼シ実地実物ニ就テ考案ヲ恣ニスルコト甚稀ナリ。故ニ其云フ所モ師伝ト書籍ノ外ニ馳ズ。（中略）其何人種ノ所製ニ係リ何時代ニ起リ何時代ニ亡ビタルヤ等ノ疑問ハ其徒ノ考究スル所ニアラザルナリ。我邦好古学者流ノ探究粗ナルコトソレ斯ノ如シ。如何ゾ外人ノ精説ヲ批択シ其誤謬ヲ発見スルノ眼アランヤ。

日本人は、外国人の研究成果をただ視聴するのみで、その当否を考えることをしない。好古家たちの研究方法は、文献や師の言葉に依拠することを専らにし、西洋式の実物に向かって時代や人種の歴史を考究する態度がないから、外国人の批判する眼差しがないのは当然といい、「好古学者流ノ探究」が、考古学研究上での弊害と考えていたようである。このように、自ら古物愛好の性癖を認めながら、当時の好古家たちを非難する態度には矛盾があるように思えるが、白井は、好古家に対して西洋的な実物・実験主義を以て接するべきだと勧告するのである。

序章で述べたとおり、本草学年表の最初の編者は白井光太郎である。彼は文久三年（一八六三）生まれで、師として特定の人物名が挙がることがなく、その学問の系統は帝国大学で教えられた西洋式なものといって差し支えない。しかしながら、人類学会が学生たちの好古趣味（特に遺物・遺跡）によって発足したように、明治期においては「好古会」（明治十四年創立）、「集古会」（明治二十九年創立）のような会の場が、好古趣味を助長する人物を育んだこともまた一面である。好古癖を自認しながら学術上の弊害となり得る点を指摘した、白井のような明治期の学者の苦悩は、無意識のうちに園芸と本草の両立を成し得た、岩崎灌園や柏木吉三郎が抱えていなかったものである。この差異は、近世的な面が「近代化」と称して排除されていく経過の一端として捉えられよう。本書で触れられなかった、明治十年代後半から二十年代に結成された、全国各地の朝顔研究会の位置づけも、この「好古」の会と比較することで可能になると考えられる。年代としては、近代に登場した事象が近世文化を凌駕し定着する、明治三十年代までを対象にしなければならないであろう。

本書は、書名に「十九世紀」の語を含んでいるにもかかわらず、植木屋に関しては明治時代にまで対象としているが、全体としては、近代史への言及が弱い点は認めざるを得ない。近世後期の文化史を明らかにすることを目的に、今後は近代史料の検討に努めたい。また、博士論文審査時から指摘されてきたが、十九世紀以前の近世園芸の歴史にもほとんど触れられなかった。園芸文化を通史として考える上で、今後克服したい部分である。

さらに地域を広げて、引き続き園芸文化を江戸地域以外の京坂・名古屋を対象として探るとともに、その地方における本草学との接点を見つけることで、未だ解明されていない江戸植木屋の実態を知り得る手がかりを求める。並行して本草書のさらなる調査を進め、薬園管理、物産学興隆の理由、薬品会開催等、植物学や薬学的な視点を参考にしながら、あくまでも本草にまつわる人物たちの「行為」を大きな問題とし、最終的には近世における「本草」とは何であったのかを、日本思想史として明らかにしたいと考える。

（1）「故坪井会長を悼む」（『人類学雑誌』二八巻一一号、一九一三年）。

（2）「祝辞」（『東京人類学会報告』一号、一八八六年）。

付　録（十九世紀園芸文化関係地図・年表）

19世紀園芸文化関係地図

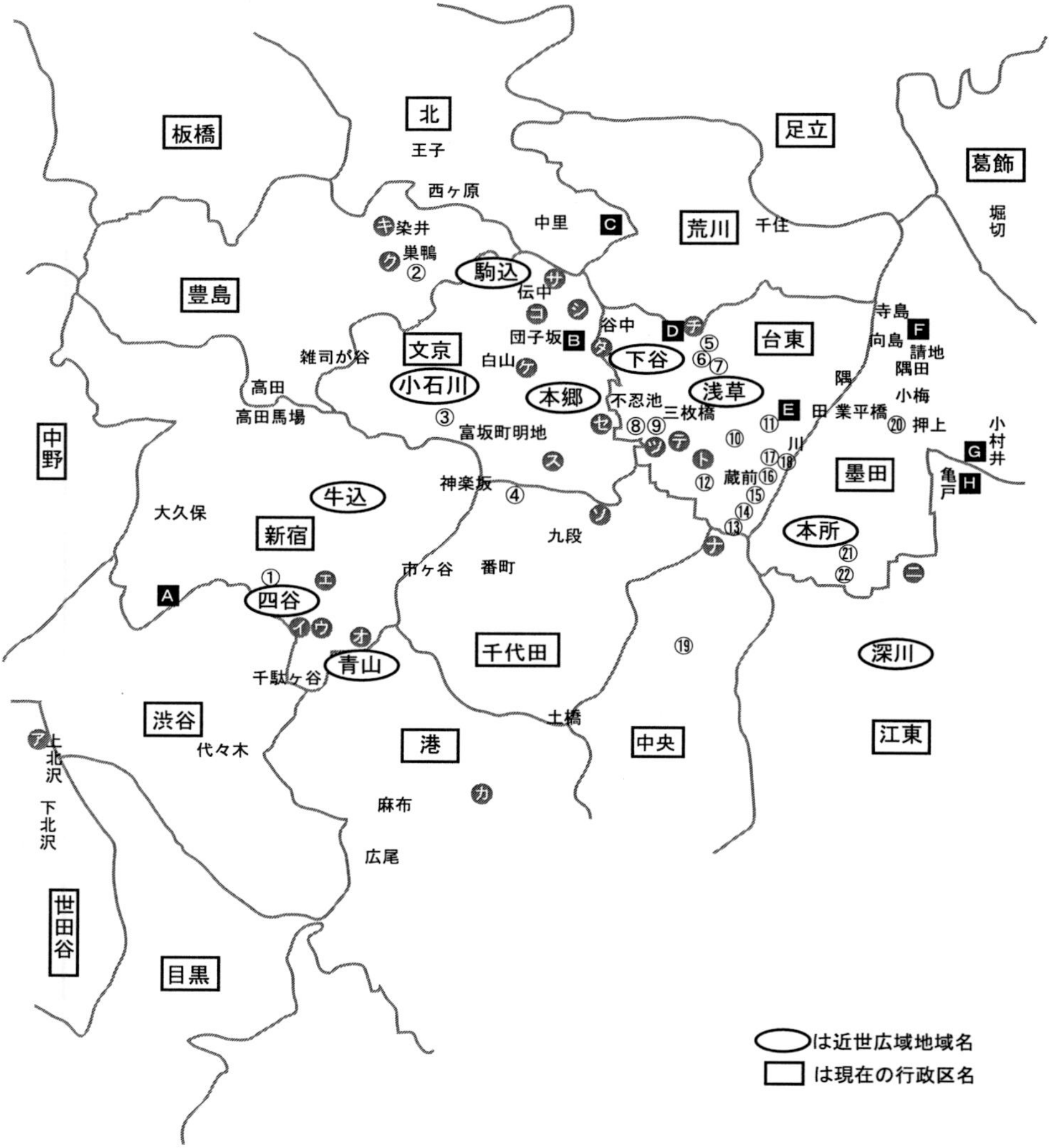

梅屋敷・梅園

A	四谷梅園
B	団子坂花屋敷
C	田端梅屋敷
D	根岸梅屋敷
E	浅草花屋敷
F	新梅屋敷(百花園)
G	小村井梅園
H	亀戸梅屋敷

花合・薬品会開催地

①	朝顔	牛込太宗寺
②	朝顔	植木屋長太郎宅
③	撫子	小日向某所
B	朝顔	楠田右平次宅(梅屋敷)
④	撫子	飯田町杏葉館
⑤	朝顔	下谷英信寺
⑥	サボテン	入谷長松寺
⑦	朝顔	成田屋留次郎宅
⑧	朝顔	不忍池生池院
⑨	薬品会	酒巻立兆宅・玉屋
⑩	朝顔	浅草新寺町欣浄寺
⑪	朝顔	浅草梅園院
⑫	薬品会	幕府医学館
⑬	薬品会	浅草大吉屋
⑭	朝顔	蔵前大円寺
⑮	朝顔	蔵前与住秋水宅
⑯	朝顔	御蔵前八幡宮
⑰	朝顔	蔵前榧寺
⑱	小万年青	大護院
⑲	朝顔	茅場町薬師
⑳	朝顔	押上大雲寺
㉑	朝顔	本所林町朝笑堂宅
㉒	朝顔	本所菊川町万花園宅

居住地

ア	名主	鈴木左内
イ	絵師	大岡雲峰
ウ	幕臣	水野忠暁
エ	絵師	関根雲停
オ	植木屋	増田金太
カ	旗本	馬場大助
キ	植木屋	伊藤伊兵衛三之丞
ク	植木屋	斎田弥三郎
②	植木屋	内山長太郎
ケ	本草学者	毛利梅園
コ	植木屋	柏木吉三郎
サ	植木屋	篠吉五郎
シ	植木屋	森田六三郎
B	植木屋	楠田右平次(梅屋敷)
ス	本草学者	伊藤圭介
セ	富山藩主	前田利保
④	旗本	鍋島直孝、杏葉館
ソ	狂歌師	大田南畝
タ	本草学者	岩崎灌園
チ	植木屋	篠常五郎
⑦	植木屋	成田屋留次郎
ツ	絵師	渓斎英泉
テ	幕臣	谷七左衛門
ト	本草学者	福井春水
ナ	書画届所	扇面亭
ニ	植木屋	成家文蔵

年表

元禄　八年　一六九五　一月、染井植木屋・伊藤伊兵衛三之丞著『花壇地錦抄』五冊刊。
元禄　年間　一六八八〜一七〇四　この頃、植木屋の柏木家、伊勢国より武蔵国葛飾郡木下川村に移住。
享保　八年　一七二三　尾張藩士・三村森軒『朝顔明鑑抄』を著す（三月序）。
元文　年間　一七三六〜四一　この頃、柏木吉三郎の養祖父・久太郎が、業平橋に居住し植木業を始める。
明和　元年　一七六四　七月、田村藍水の所持する朝鮮人参の種を巣鴨の植木屋・弥三郎、谷中（団子坂）の植木屋・右平次ら三十二名が譲り受ける。
安永　八年　一七七九　この頃、飼い鳥の教本『蓄翎秘訣』写本六冊成立。
天明　六年　一七八六　一月、石川雅望編『吾妻曲狂歌文庫』一冊刊。
六月、下谷三枚橋辺の徒士屋敷で岩崎灌園生まれる。
天明　年間　一七八一〜八九　四谷の朝比奈氏が温室「唐むろ」を考案。
寛政　四年　一七九二　一月十七日、谷文晁ら七名が、柳橋の万屋に書画会を催し、のち文化七年四月、このときの絵画を大田南畝が集めて絵巻物一巻となす。
閏二月二十五日、大田南畝『花見の日記』の執筆を始める。
四月、皆川淇園主唱により京都東山新書画展観会が開催される。
寛政　五年　一七九三　十千亭により花暦『花信風』一冊板行。寛政七・八年用のものもある。

十年　一七九八　八月二十五日、高価な鉢植の売買禁止の町触が出される。
十一年　一七九九　三月、小野蘭山が京から江戸へ幕府医官として招聘され、これより没年（文化七年）まで、医学館で本草を講ずる傍ら諸国採薬に赴き、また薬園の整備を図る。
『江戸図説』に、染井植木屋・伊藤伊兵衛と団子坂植木屋・楠田右平次が紅葉の名所として紹介される。
この年、柏木吉三郎、浅見喜寿の子として生まれる。後、植木屋・柏木家へ兄粂次郎とともに養子入りする。
享和　三年　一八〇三　秋、大田南畝が巣鴨の植木屋・斎田弥三郎の庭園を訪れる。南畝はこの頃から菊見に巣鴨へ通う。
文化　三年　一八〇六　三月四日の江戸大火の後、下谷辺空き地で植木屋が変化朝顔を作ったという。
五年　一八〇八　三月十六日、十千亭と大田南畝が江戸近郊の桜見物に出かける。
八月二十四日、葛飾北斎の書画会の補助に「扇面亭折主」の名が挙がる。
この年、石川雅望が「六樹園」の号で狂歌界に復帰。
五～六年　一八〇八～〇九　この頃、大番与力の谷七左衛門が変化朝顔の栽培を始め、彼が大坂に在番した際に多くの種子をもたらしたので大坂でも流行したという。
七年　一八一〇　七月、大田南畝、小石川金剛寺坂の遷喬楼から太田姫稲荷前の緇林楼に居を移す。
九月、垣根の図案三〇〇種を集めた図譜『藩籬譜』三冊を、四代目植木屋・楠田右平次が執筆する。
十月、巣鴨植木屋・弥三郎、自作の「花暦考」を大田南畝に見せる。
七～八年　一八一〇～一一　秋、寄合書「朝顔・蜻蛉図」「朝顔図」が制作される。これ以降文政初年まで寄合書の制作がなされる。

八年　一八一一　この頃、大坂で数十種の朝顔が流行したという。

この年から天保・嘉永年間まで京で「以文会」が開催される。

この年の序文がある『狂歌道の栞』に「六樹園取次所」として玉光舎占正の名が掲載される。

九年　一八一二　九月、石川雅望編『万代狂歌集』四冊刊。

十年　一八一三　この年、宇田川玄真・榕庵、岩崎灌園、斎田弥三郎がウェインマン『花譜』検討会を行う。

十一年　一八一四　二月十八日、巣鴨の植木屋・斎田弥三郎、駿河国沼津原宿の帯笑園（当主植松与右衛門）に宛てて菊の苗を送り、代価を受け取る。合わせて「養菊署記」という菊栽培法を執筆。

二月、岩崎灌園、『古今要覧稿』の編集および図画作製手伝（植物部門）を命ぜられる。

九月、冊子体番付『巣鴨名産菊の栞』一冊板行。山東京伝など江戸文人が巣鴨辺の菊細工を題に狂歌を詠む。『造物菊の道記』一枚も板行され、巣鴨・白山の植木屋が多くの菊細工を出品。

この年の朝顔好事家十一名が『牽牛花・芍薬培養法』の巻末に記される。

十二年　一八一五　三月、『朝鮮珍花彙集』一冊、五月、『花壇朝顔通』二冊、七月、峰岸龍父『牽牛品類図考』一冊刊。ともに大坂の朝顔図譜。

九月、扇面亭編『江戸当時諸家人名録』初編一冊刊。

十三年　一八一六　五月十五日、大坂の朝顔番付『朝顔大天狗』一枚板行。同年『朝顔名家集』一枚も板行される。

七月九日、江戸で最初の朝顔花合が、浅草大円寺で開催される。同年、不忍弁財天別当の生池院でも開催される。

この年、岩崎灌園著『救荒本草通解』（全八巻）の序文が記される。

十四年　一八一七　一月、四時庵形影著『朝顔叢』一冊刊。前年秋開催の花合に出品された朝顔を集め図譜となしたもの。

六月二十三日、朝顔番付『槿花合』一枚板行。会場は茅場町薬師。

六月〜九月、大坂の朝顔の番付『朝顔名花集』一枚板行。

この頃、岩崎灌園、谷中に居に定め「又玄堂」と称す。

この頃、名古屋の水谷豊文、江戸・大坂在住の人物と朝顔の種子交換を行う。

文化　年間　一八〇四〜一八　この頃、石川雅望編『狂歌画像作者部類』二冊刊。扇面亭の記事が載る。

文政　元年　一八一八　一月、岩崎灌園著『草木育種』二冊刊。「唐むろ」や接木を図解。

四月、『丁丑朝顔譜』一冊刊。本書序文により前年秋に開催した花合の主催者が、本書の著者与住秋水と判明。浅草寺内梅園院を含め花合を三回開催し、その中から選りすぐって図譜にした。四名の地名・出品者名が明記される。

四月、栽培手引書『朝皃水鏡前編』一冊刊。著者与住秋水の小伝を伊沢蘭軒が序す。

七月八日、番付『朝顔花合位附』一枚板行。会場は浅草御蔵前黒船町榧寺。

夏、大田南畝、下谷御徒町の大番与力・谷七左衛門の朝顔を見て狂歌を詠む。

十二月、扇面亭編『江戸当時諸家人名録』二編一冊刊。


二年　一八一九　五月、峰岸龍父著『牽牛品』初編一冊、二編一冊刊。大坂の朝顔図譜。

六月二十六日、蔵前榧寺で与住秋水主催による朝顔合が開かれ、大田南畝が榧寺と与住宅を訪れ、詩歌に興じる。

この頃、堺の住人・玄冥、水谷豊文に宛てて堺で開催した朝顔品評会の刷り物を送る。このほか種子交換も行う。

三年　一八二〇　二月、岩崎灌園、幕府に願い出て小石川富坂町明地に薬園を拝借。同六年七月に拝借地を拡大。

この年、巣鴨の植木屋・斎田弥三郎、両国回向院において菊細工を見世物として興行。

四年　一八二一　この年より天保十三年まで『古今要覧稿』が編纂される。古今事物を考証した百科事典的な書物。

六年　一八二三　この年、十方庵敬順、『遊歴雑記』において「南総館が梓せし花暦」について不満を洩らす。

この頃から、毎月十五日に集う研究会「三五会」が開かれ、この記録は『弘賢随筆』にまとめられる。

七年　一八二四　三月、『朝顔図譜』成立。写本二冊。本所林町の愛好家による朝顔図譜。「連」について説明がある。

三月、岩崎灌園画、柿園著『茶席挿花集』一冊刊。

三月、岩崎灌園著『武江産物志』一冊刊。「牽牛花」の項には、花形の変異二十一種、葉形の変異二十六種を載せる。本書には板木を削った訂正板があり、訂正箇所は団子坂植木屋の追加が主であった。本書稿本と考えられる『採薬時記』には、巣鴨の植木屋名が明記される。

九月六日、巣鴨植木屋・斎田弥三郎の庭が、将軍家斉の王子辺における鷹狩の際に休憩所として供される。

本年から翌年まで、江戸不忍池畔の淡々亭においてモノを持ち寄り批評を行う「耽奇会」が開かれる。

八年　一八二五　七月二十一日、番付『朝顔花合』一枚板行。会場は御蔵前八幡宮。

この年、『東都近郊図』一舗刊。

九年　一八二六　二月、尾張宮において伊藤圭介・水谷豊文らが、江戸参府途中のシーボルトと初めて対面、腊葉標本をシーボルトに見せる。

十年　一八二七　一月、岡山鳥著『江戸名所花暦』三冊刊。

十月、植木屋金太著『草木奇品かがみ』三冊刊。本書には「連」の名称や園芸愛好家の名が記され、また大岡雲峰が描き狂歌師が狂歌を寄せた「常葉七草」（成立は文化十四年から文政四年秋）も所収。

十一年　一八二八　岩崎灌園の私塾、谷中「又玄堂」における出席簿『本草会出席簿』一冊が記録される。本年と翌十二年分が現存する。植木屋・柏木粂次郎の名が見える。
岩崎灌園著『本草図譜』巻五〜八成稿（九月序）、同十三年から刊行を開始し、灌園没後の弘化元年に全巻が完結した。

十二年　一八二九　九月、巣鴨の植木屋・斎田弥三郎、ウェインマン『花譜』に載る植物名一覧の記録『烏延異漫草木名』を執筆。
十月、水野忠暁著『草木錦葉集』刊（全八冊）。下谷辺の土が桜草にいいというような園芸実務のほか、岩崎灌園に対する高い評価も載せられる。
この年、十方庵敬順、世田谷上北沢村名主・鈴木左内宅の牡丹見物に訪れ、その商業主義に腹を立てる。

天保　元年　一八三〇　夏、柏木粂次郎・吉三郎、既稿を増補し『草木名鑑』七巻を成す。
八月、長生舎主人（栗原信充）著『金生樹譜別録』三冊刊。図入りの園芸手引書で、本書序文は千駄木団子坂植木屋・森田六三郎が誌し、中巻に千駄木六三郎の船繋松を載せる。

二年　一八三一　この年以降、仲田惟善著『東都花暦名所案内』一舗が板行される。

三年　一八三二　三月、『小不老艸名寄七五三』一枚、九月の品評会にさきがけて印刷される。
六月、栽培手引書『朝顔集図』成立。写本一冊。
九月十五日・十六日、浅草御蔵前八幡別当大護院において小万年青の品評会開催される。同年三月から水野忠暁撰、関根雲停画による、一枚十五品ずつ六種の名寄が板行され、全部で九十種の小万年青が描かれる。

十月、水野忠暁撰、関根雲停画『小不老草名寄手鑑』一枚板行。

この年、福井春水主催の薬品会が江戸で開催される。

この頃から撰者水野忠暁没年（天保五年九月）までの間に『小不老草名寄次第不同』一枚、『実生小不老草奇品寄』一枚板行（絵師は関根雲停）。


四年　一八三三　春、仲田惟善著『花みのしおり』一帖刊。

夏、名古屋で朝顔が流行する。

朝顔番付板行。会場は神田和泉橋しがらき亭。

五年　一八三四　一月、き丶すのや泉庵著『みやひのしをり』一帖刊。本書には翌年春刊行の異本がある。
九月二十四日、水野忠暁没。六十八歳。

七年　一八三六　一月、斎藤月岑ほか著、長谷川雪旦画『江戸名所図会』完成。茅場町薬師前の植木市や団子坂植木屋の文化末年の風景が描かれる。

長生舎主人（栗原信充）著『松葉蘭譜』一冊刊（六月序）。

朝顔番付板行。会場は浅草御蔵前天王町の植木屋良助宅。

八年　一八三七　九月、阿部櫟斎喜任著『草木育種後編』二冊刊。桜草と朝顔に下谷辺溝土がよいとの記事あり。藪下植木屋・勇蔵の羅漢松（イヌマキ）の斑の発生原因に知識の誤りが見られる。

九年　一八三八　一月、斎藤月岑著『東都歳事記』五冊刊。花暦に類した部分が記される。

四月、「瞿麦連中」により小石川小日向某所で撫子の花合の会開催。番付『瞿麦変艸変化』により、四月二十七日に杏葉館、五月七日に瀑布亭で開催されたと判明。

六月二日、福井春水主催の薬品会が浅草御門外の料亭「大吉屋」で行われる。同年七月一日から、池之端の酒巻立兆宅（後「玉屋」に場所を移す）で再び薬品会を開催。

十二年　一八四一　十月、高価な鉢植物の売買を禁止。

十三年　一八四二　一月二十九日、岩崎灌園没。五十七歳。

七月、高価な鉢植物の売買を禁止。

十四年　一八四三　この年、根岸の小泉冨右衛門が梅を植樹し、ここを「新梅屋敷」と称す。

十五年　一八四四　秋、菊細工が再び流行。白山・巣鴨に加え、染井・団子坂地域から数多くの菊細工を出品、番付も複数枚板行された。これ以降、幕末まで菊細工番付は板行され続け、明治時代の菊人形へと継承される。

天保　年間　この頃、『瞿麦草譜』成立。

この頃、『小不老草名寄廿四品』二帖板行。

弘化　二年　一八四五　一月、林奎文房潤暉著『江戸花暦』一枚板行。

六月二十六日、大坂の朝顔番付「朝顔花合」一枚板行。催主は蕣舎松五良、会場は難波新地「登加久」。

近世二度目の朝顔流行の口火を切る。

八月十五日から六十日間、小石川白山八幡社で、また九月十二日から六十日間、駒込妙清寺で開帳が行なわれる。

秋、前年に引き続き菊細工が作られ、最多の番付が板行される。

秋、『乙巳秋百句合』板行。俳諧グループが巣鴨・染井の菊細工を題に句を詠む。

十二月六日、高価な鉢植植物の売買だけを禁じた禁令が出される。

冬、隅田舎主人（柏原宗阿）著『隅田採艸春鳥談』一冊刊。

弘化　三年　一八四六　春、菅井菊叟（渓斎英泉か）著『菊花檀養種』一冊刊。

四年　一八四七　開催月日不明、大坂の朝顔番付一枚板行（『朝顔花競』）。

秋、目黒の菊細工番付『目黒白銀菊の順道づけ』一枚（おそらく二枚一組）板行。

一月八日、「印章文通取次所」としての扇面亭の引札一枚板行。

七月六日、番付『朝顔花合』二枚一組板行。会場は浅草黒船町榧寺。本番付をもって江戸における朝顔花合の再開とする。

開催月日不明、大坂の朝顔番付一枚板行（『朝顔花競』）。

この年、成田屋が浅草から入谷に移る。


嘉永　元年　一八四八　一月、『福神草』成立。巣鴨の植木屋・斎田弥三郎（群芳園）自ら図を描き、俳諧も載せる。連名で巣鴨植木屋・内山長太郎（栽花園）と団子坂植木屋・森田六三郎（帆分亭）の名が挙がる。

六月に一種、および開催月日不明、三種の大坂の朝顔番付板行（『朝顔花競』）。

七月十九日、朝顔花合の番付一枚板行。会場は牛込太宗寺。植木屋を排除した番付。


二年　一八四九　一月、『嘉永二己酉花暦』一冊板行。

三月、根岸梅屋敷に「初音里鶯之記」碑建立。

六月二日、同十六日、同二十六日、および開催月日不明（二種）の大坂の朝顔番付板行（『朝顔花競』）。

六月二十六日、番付『朝花園追善朝顔華合』一枚板行。会場は浅草黒船町榧寺。

九月、団子坂の植木屋・森田六三郎の園中において、内地では初めてリュウガンの実が結実。十月五日、後の将軍家定御成の折、リュウガンの実が御用となる。富山藩主の依頼により関根雲停・服部雪斎が図を描き、このほか複数の本草学者に記録される。

この頃、柏木吉三郎、医学館番町薬園内に居住。

三年　一八五〇　六月十日、十六日、二十六日、大坂の朝顔番付各一枚板行（『朝顔花競』）。この頃、弘化三年から本年までの大坂における朝顔の番付十四種を切断して貼り込んだ『朝顔花競』が成立。
秋、歌川広重画『絵本江戸土産』初編刊行。この年から慶応三年まで十編を刊。植物を題材にした図が多く載る。
冬、切絵図『下谷三ノ輪浅草三谷辺之絵図』に「植木留次郎」の記載がある
この頃、成田屋は大坂より朝顔の良品の種子を得、常時奇品を備える植木屋として繁昌した。

四年　一八五一　七月十日、番付『朝顔花合』一枚板行。会場は亀戸天神社。成田屋留次郎の初出。
夏、摂津尼崎藩士によって『蕣花画譜』写本二冊が描かれる。

五年　一八五二　一月、馬場大助著『群英類聚図譜続編』（全十五冊）の序文が記される。岩崎灌園『本草図譜』を意識して執筆される。

春、団子坂梅屋敷を同所植木屋・楠田右平次が開園、また同所植木屋・森田六三郎が浅草奥山に梅屋敷を開園。このほか天保年間以降、植木屋による梅屋敷開園が急増する。

六月一日、大坂の朝顔番付『蕣花競』一枚板行。

六月十四日、番付『朝顔花合』一枚板行。会場は万花園。植木屋を排除した番付。

六月二十八日、番付『朝顔花合』一枚板行。会場は江戸浅草新寺町欣浄寺。成田屋留次郎が催主、撰者、評者を兼ねる。

十一月十五日、武家・寺院・植木屋が集会し利を追い求め、高価な小万年青を売買するのを目的にした取引を禁じた禁令が出される。

六年　一八五三　一月、春宵斎著・発行『嘉永六年癸丑花暦』一冊刊。

三月十八日、柏木吉三郎が飯室楽圃著『蓮図譜』一冊を写す。
六月、大坂で穐叢園により『朝顔花併』一冊刊。江戸・大坂を問わず、文化・文政期以降初めて出板された朝顔図譜。成田屋留次郎は、本書を少なくとも二冊所有していた。

七年　一八五四　初夏、柏木吉三郎、改定版『草木名鑑』成稿。ただし、これ以降の加筆もある。

安政　元年　一八五四　七月、成田屋留次郎編・発行『三都一朝』三冊刊。絵師は田崎草雲。
万花園主人撰『朝顔三十六花撰』一冊刊（八月跋）。植木屋を排除した図譜。絵師は服部雪斎。

二年　一八五五　一月、菅垣琴彦著『名松名木江戸花暦』一枚板行。
七月、成田屋留次郎編・発行『両地秋』一冊刊。

四年　一八五七　成田屋留次郎編・発行『都鄙秋興』三冊刊（七月序）。絵師は野村文紹。出品者の地域に江戸外、特に行徳・宇都宮の割合が増加し、本所・下谷の割合が高い。
七月五日、番付『牽牛花花合』一枚板行。会場は巣鴨の植木屋・内山長太郎宅。
嘉永年間からこの年までに、万年青培養の植木屋・篠家が駒込付近から根岸に移住。

五年　一八五八　一月、彩色図譜『七福見立福寿草』一軸板行。文章は巣鴨植木屋・内山長太郎が誌す。
順水庵天由著『花鳥暦』（三月序）一冊刊。
七月、浅草寺奥山に朝顔の見世物が興行されるが不評に終わる。
歌川広重、『江都近郊名勝一覧』再板の際、「千駄木団子坂紫泉亭庭中眺望」図を口絵に追加する。

六年　一八五九　七月十八日、朝顔花合番付一枚板行。会場は浅草黒船町榧寺。

安政　年間　一八五四～六〇　この頃から大正五年（没年）まで、田中芳男がほぼ年代毎に様々な資料を貼り込んだスクラップブック『捃拾帖』（全九十八冊）の作成を開始する。

万延　元年　一八六〇　七月四日、番付『朝顔花合』一枚板行。会場は本所押上大雲寺。
　　　　　　　　　　この頃、開催年不明の番付『蕣花合』一枚板行。会場は駒込千駄木坂植木屋・右平次宅。
文久　元年　一八六一　九月、東雲亭著『朝かゝみ』一冊刊。植木屋を排除した朝顔図譜。
　　　　　　　　　　九月、菊細工番付『御遊覧造きく番附』の海賊版が板行される。
　　　　　　　　　　十月、伊藤圭介、江戸に出仕し、蕃書調所物産局の責任者となる。
　　　　　　　　　　柏木吉三郎、本年、アメリカより舶来のポーチュラカに「松葉牡丹」という和名を与える。
　　　二年　一八六二　三月二十二日、伊藤圭介、柏木吉三郎を蕃書調所物産御用として推挙。
　　　三年　一八六三　六月二十七日、番付『朝顔花合』一枚板行。会場は下谷坂本英信寺。番付形式のものでは花・出品者とも総数が最多を数え、出品者に入谷の植木屋が多い。
　　　　　　　　　　九月二十八日、団子坂植木屋・楠田右平次、身延山開帳の元講である取持講を務める。
　　　　　　　　　　この年、長谷酔華著『撫子培養手引草』写本一冊成立。
元治　二年　一八六五　一月、月紘隣舎著『元治二乙丑花暦』一枚板行。
慶応　三年　一八六七　五月九日・十日、サボテンの番付『覇王樹入谷於長松寺』一枚板行。会場は入谷長松寺。
　　　　　　　　　　この年、田中芳男、パリ万博のため渡欧、ジャルダン・デ・プラントなどを見学。
明治　二年　一八六九　この年、団子坂植木屋・楠田右平次、菩提寺の延寿寺に什物を寄附する。
　　　四年　一八七一　五月十四日から二十日まで、大学南校物産会が九段坂上の招魂社で開かれる。
　　　五年　一八七二　四月二十五日、柏木吉三郎、田端与楽寺より道灌山に採薬して、計二三八品を採取。
　　　　　　　　　　この年に序文が記される『東京府志料』坂本村物産の項に「土焼牽牛花鉢」と「牽牛花」「土焼手遊物」「燈明土器」が記される。

六年　一八七三　四月、浅草奥山花屋敷園主・森田六三郎、「新に大牡丹を植る報條」の宣伝文を河竹黙阿弥に依頼。また年月不明「百花細工報告」も同人に依頼する。
この年、伊藤圭介著『日本産物志前編』山城・武蔵・近江が刊行される。武蔵部に関しては、岩崎灌園著『武江産物志』の引用が多い。
七年　一八七四　二月、伊藤圭介著『日本植物図説』初編一冊刊行。
九年　一八七六　三月十二日、巣鴨の植木屋・鈴木孫八、両国横網町に香樹園を新設。
八月、『東花植木師高名鏡』一枚板行。
秋、団子坂菊人形において初めて木戸銭を徴収する。
この年より十二年までの記録『北豊嶋郡坂本村引帳』一冊成立。鈴木又八（入谷の植木屋「入又」）著。
十年　一八七七　八月、第一回内国勧業博覧会開催。
十一年　一八七八　十月二十日、第一回温知会が森田六三郎宅で開かれる（翌年九月まで全十二回開催）。
この年、天保四年刊『花みのしおり』の写本『花見のしほり』一冊成立。
十四年　一八八一　三月、第二回内国勧業博覧会開催。
十六年　一八八三　一月九日、巣鴨植木屋・内山長太郎死亡。『郵便報知新聞』同月十一日号に「内山長翁伝」掲載。
十七年　一八八四　七月、銅版画による『本草図譜』復刻出版。二冊目まで刊。
十八年　一八八五　三月、篠常五郎著『万年青図譜』一冊刊。三十三年四月に再版。
四月、篠常五郎著『万年青培養秘録』一冊刊。
十九年　一八八六　十月、『東京有名植木師一覧』一枚板行。
二十二年　一八八九　九月、『日本園芸会雑誌』に成田屋留次郎の経歴が載せられる。

二十三年　一八九〇　四月、第三回内国勧業博覧会開催。
二十四年　一八九一　白井光太郎著『日本博物学年表』一冊刊行。
この年、成田屋留次郎没。八十一歳。
二十六年　一八九三　九月、白井光太郎が団子坂の植木屋「薫風園」に出品された変異種の菊を見る。大正三年、『植物妖異考』に紹介。
二十八年　一八九五　四月、第四回内国勧業博覧会開催。
三十二年　一八九九　この年、与住秋水著『朝皃水鏡前編』再版。
三十三年　一九〇〇　五月二十六日、『日本園芸会雑誌』に連載していた府下植木市一覧の掲載を取りやめる。
秋、入谷で興行された菊人形の番付『俳優似顔菊細工生人形』一枚板行。

あとがき

本書は、二〇〇四年度に、総合研究大学院大学に提出した博士論文『近世後期の園芸文化―植木屋とその周辺』を改稿したものである。出版に当たっては、トヨタ財団より出版助成をいただいた。

学部・修士時代は、中世村落史を専門とする、明治大学教授・高島緑雄先生に指導を仰ぎ、一九八九年に提出した卒業論文の題名は「風流踊の基礎的研究―絵画史料と文献史料を使って―」、一九九一年の修士論文も「中世末風流踊の異装―民間風俗との関連性―」であり、同年に「『洛中洛外図』風流踊の女装」としてまとめ、『明治大学大学院紀要』に掲載した。このように、対象とした時代は十六世紀、地域は京都であった。

それが、一九九一年から約十一年、東京都台東区教育委員会で非常勤職員・文化財保護調査員としての勤務経験が、研究対象を十九世紀江戸に転換する原因となった。ここでは、毎年、無形文化財や生活用具を作る生活文化財を、聞き取りや文献によって裏づけを行い、同時に近世の仏像・絵画・石造物・史跡の調査、そして文化財映画の監修、各宗派の『明細簿』や『御府内寺社備考』翻刻など、台東区という狭い地域における幅広い知識を求められた。今になって思えば、これらの職人技術の調査が、「植木屋」を研究主軸に据える発想と結びついたのであろう。また、調査の過程で多くの人々と知り合い、特に田中芳男の御子孫、田中義信氏には後に様々な情報をいただいた。

台東区では、審議会委員の絵画・彫刻・建築・歴史・民俗等各分野の先生から、モノに対する具体的な調査法を教えていただいた。特に戸板女子短期大学教授（当時）・小野一成先生には、「日本生活文化史学会」を紹介していただき、本書に収録した論文の半数は本学会における報告がもとになっている。また、寛永寺住職・浦井正明先生には、『台東区史』執筆委員に推薦していただき、朝顔について発表する場を得た。記して感謝の意を表したい。

園芸文化について最初の論文は、『台東区史』であった。この執筆により、後に国立歴史民俗博物館「伝統の朝顔」展に関わることが可能になった。国立国会図書館で調査中の岩淵令治・辻誠一郎の両氏に出会い、一九九九年の朝顔展に協力を求められ、二〇〇〇年に展示プロジェクト委員を委嘱されたことは、本書の成立と深い縁がある。

二〇〇二年には、相変わらず非常勤であるが、職場を台東区から文京区に移し、文京ふるさと歴史館で展示業務を経験した。「菊人形今昔」「本草から植物学へ」という専門に接近した展示経験が、本書に果たした役割は大きい。それぞれ一緒に展示を担当した川口明代・田中斉・北田建二の三氏をはじめ、アルバイトの大学院生や研究生、また展示にあたり、資料協力とアドバイスをいただいた皇學館大学教授・川添裕氏、獨協大学教授・加藤僖重氏に深く感謝する。

文京区に移った同じ年度に、「伝統の朝顔」展で縁があった国立歴史民俗博物館に専攻を置く、総合研究大学院大学に入学した。新しい職場と新しい学生生活の上、この年は「旅の文化研究所」から助成をいただいた年でもある。「菊人形今昔」展と同時に地方史研究協議会大会報告も行い、かなり忙しかったが実りある一年であった。翌二〇〇三年にはトヨタ財団で研究助成が決定し、博士論文執筆と同時進行で「本草から植物学へ」の展示も含め、本草学と園芸の関係についてまとめるよい機会となった。

二〇〇四年における博士論文審査では、主査として高橋敏教授、副査として久留島浩教授、永嶋正春教授（以上総合研究大学院大学）、横田冬彦教授（京都橘女子大学／現京都橘大学）、そして「伝統の朝顔」展でそのパワーに圧倒された辻誠一郎教授（東京大学）に指導を仰いだ。指導教官の久留島先生には、私が「書きちらかした」論文を一つにまとめることの難しさを教わった。ともすると明後日の方向へ行きたがる私を呼び戻して博論へと軌道修正していただいた。辻先生は、博物館における研究、とりわけ理系と文系という異分野の出会いの機会を与えてもらい、その難しさとともに面白さを味わせていただいた。高橋先生も辻先生と別の意味でパワフルであった。その発する言葉が印象的なことこの上なく、展示で使用させてもらったフレーズもある。本書の刊行は、総合研究大学院大学の諸先生方および一九九九年の「伝統の朝顔」展以来、有効なアドバイスをいただいた岩淵令治氏の勧めにより一歩足を踏み出せた感があり、感謝してやまない。

そのほかにも様々な方々から叱咤激励をいただいたが、中でも研究者として尊敬する慶應義塾大学名誉教授・磯野直秀先生には、一言では片づけられないほど大変お世話になった。論文抜き刷りも毎回送っていただき、こちらから論文をお送りした返信は、いつも丁寧な感想と問題点の指摘があり、数知れない関連情報を教示していただいた学恩に感謝している。また磯野先生と同じく国会図書館の常連である、土井康弘氏にも幾度か資料所在を提示してもらい、同じように博士論文を執筆し単著を発行する同志として、相談に乗ってもらった。史料調査という点でも、何人もの方々といくつもの機関にお世話になっているが、特に名古屋園芸の小笠原亮氏と名古屋市東山植物園の横山進氏には、閲覧の便宜はもちろんのこと、研究上でのヒントをたくさんいただいた。

出版にあたっては、冒頭に述べたとおりトヨタ財団より二〇〇五年度成果発表助成をいただき、思文閣出版に出版をお願いした。二〇〇五年三月、洋学史学会・実学資料研究会の合同大会が折しも京都大学で開催され、これに合わせて思文閣出版を訪れたのがはるか昔のことのようである。しかし、このときはまだ博士論文の製本も終えていない時点であり、初めての単著出版としては早い方であろう。そのため原稿にもミスが多く、出版に何の知識もない私であったので、トヨタ財団助成担当の喜田亮子氏や、思文閣出版の林秀樹氏や秦三千代氏をわずらわせてしまった。この三者のご助力がなければ、とうていなし得なかったと、今さらながら感慨深い。

最後になってしまったが、明治大学で学んだことは、これまでの私の糧となっていることをぜひ付け加えたい。直接には、博士論文提出直後の二〇〇四年十一月、木村礎先生がお亡くなりになったことがきっかけで得た想いである。木村先生とは、「金曜研究会」という明治大学で開かれた研究会上でお会いして、いわゆる「木村節」を聞いている。私のような非常勤身分の者でもこの会で何度か報告の機会をいただいたが、その特質は、学部学生でも研究職に付いていない社会人でも、誰にでも門戸が開かれた会であることだった。ここで得た「他人と同じことをやっていては、研究ではない」という木村先生の考えは、今では私の中で至極当然のように身についてしまっている。この考えは木村先生の教え子である、私のかつての指導教授・高島緑雄先生や、夫・平野満にも継承され、私自身に強く影響を与えていたことを今になって感じている。木村先生をはじめ、研究に関しては非常に厳しい態度で臨まれた高島緑雄先生、ならびに研究の上では夫婦であることの甘えを許さないでくれた平野満にも、改めてここで御礼を申し上げたい。

二〇〇五年十二月

著　者

平野　恵（ひらの　けい）…台東区立中央図書館
郷土・資料調査室専門員

十九世紀日本《じゅうきゅうせいきにほん》の園芸文化《えんげいぶんか》
—江戸《えど》と東京《とうきょう》、植木屋《うえきや》の周辺《しゅうへん》—
（オンデマンド版）

Digital Publishing

2017年4月17日　発行

著　者　　平野　恵
発行者　　田中　大
発行所　　株式会社 思文閣出版
〒605-0089　京都市東山区元町355
TEL　075-533-6860　FAX　075-531-0009
URL　https://www.shibunkaku.co.jp/

装　幀　　上野かおる（鷺草デザイン事務所）
印刷・製本　株式会社 デジタルパブリッシングサービス
URL　http://www.d-pub.co.jp/

©K.Hirano
AJ876

ISBN978-4-7842-7031-6　C3021　Printed in Japan
本書の無断複製複写（コピー）は，著作権法上での例外を除き，禁じられています

◆著者略歴◆

平野　恵（ひらの　けい）

1965年　大阪府生
1991年　明治大学大学院文学研究科博士前期課程修了
　　　　台東区教育委員会 台東区文化財保護調査員
2000年　国立歴史民俗博物館「伝統の朝顔」展示プロジェクト委員
2002年　旅の文化研究所第9回公募研究プロジェクト採択
2003年　2003年度財団法人トヨタ財団研究助成プログラム研究助成採択
2005年　総合研究大学院大学博士（文学）学位取得
　　　　武田科学振興財団2005年度研究奨励採択
現　在　文京区教育委員会 文京ふるさと歴史館 文化財調査員

十九《じゆうきゆう》世紀《せいき》日本《にほん》の園芸文化《えんげいぶんか》—江戸《えど》と東京《とうきよう》、植木屋《うえきや》の周辺《しゆうへん》—

平成18（2006）年3月31日発行

著　者　　平野　恵
発行者　　田中周二

発行所　　株式会社 思文閣出版
606-8203　京都市左京区田中関田町2-7
電話075（751）1781（代）

印刷製本　株式会社 図書印刷 同朋舎

©K. Hirano

ISBN4-7842-1292-2 C3024

人名索引

注：植木屋名については**植木屋**という大項目のあとに掲載

き

く

け

こ

さ

し

す

せ

そ

た

ち

つ

て

と

な

に

の

は

事項索引

あ

い

う

え

お

か

き

く

こ

さ

た

ち

つ

て

と

ほ

ま

み

む

め

も

や

ゆ

よ

ら

り

れ

ろ

わ

史料名索引

お

か

き

さ

し

す

せ

そ

た

ち

つ

て

と

な

に

図表一覧

図31　「圧接の図」(『草木育種』巻上)……架　蔵……249
図32　「第四図圧接」(『草木栽培書』)……文京ふるさと歴史館……249
図33　「第五図皮接」(『草木栽培書』)……文京ふるさと歴史館……249
図34　岩崎常正之墓(『見ぬ世の友』)……明治大学図書館……250
図35　『金生樹譜別録』中巻……架　蔵……251
図36　大正８年刊『本草図譜』巻64……文京ふるさと歴史館……256
図37　柏木吉三郎家系図……272
図38　『救荒本草通解』……国立国会図書館……274
図39　『蓮図譜』……国立国会図書館……278
図40　シクラメン(『本草書残欠』)……東京国立博物館……286
図41　マツバボタン(『亜墨利加草類図』)……高知県立牧野植物園……287
図42　『安政年代駒込富士神社周辺之図』部分……文京ふるさと歴史館……294
図43　『花みのしおり』凡例(部分)……架　蔵……317
図44　『花みのしおり』裏表紙墨書……架　蔵……317
図45　『花みのしおり』部分……架　蔵……318
図46　「根津権現旧地」(部分『江戸名所図会』巻５)……文京ふるさと歴史館……356
図47　「団子坂茶亭之図」(『絵本江戸土産』９編)……文京ふるさと歴史館……356
図48　団子坂花屋敷略図(安政年間当時)……356
図49　「詩歌連誹をもとむるのこと書」……国立国会図書館……359
図50　「日本伝統引き仮名口銘鶯保存会」会長深津鉞郎氏……360
図51　『御遊覧造きく番附』(『観物画譜』第４帖)……(財)東洋文庫……364
図52　『御遊覧造きく番附』……雑花園文庫……364
図53　『きくの道しるへ』……『豊島区史地図編上』107頁より転載……365
図54　「奥山花屋舗百草の園」(『絵本江戸土産』７編)……文京ふるさと歴史館……367
図55　裏面「鶯之名寄」……396
図56　「梅本」の位置　(『広告研究資料』巻３)……国立国会図書館……400
図57　『安政年代駒込富士神社周辺之図』(部分)……文京ふるさと歴史館……419
図58　艸花屋長太郎(『造花一覧園百菊』部分)……文京ふるさと歴史館……425
図59　関根雲停筆リュウガン図(『奇品写生』)……武田科学振興財団杏雨書屋……440
図60　服部雪斎筆リュウガン図(『奇品写生』)……武田科学振興財団杏雨書屋……440
図61　服部雪斎筆「龍眼図」……武田科学振興財団杏雨書屋……441
図62　関根雲停筆「龍眼枝」……高知県立牧野植物園……442
図63　リュウガン(『蛮産衆英図説　木之部』)……個　人……442
図64　リュウガン(『群英類聚図譜』)……武田科学振興財団杏雨書屋……443
図65　菊細工の地域区分図……457
図66　『道知部菊之姿絵』「染井植木屋彦右衛門」の墨書(画像を反転したもの)
架　蔵……466
図67　無縁塔……文京区潮泉寺……472